제주 방언과 언어 연구의 구심력과 원심력

저자 소개

강정희(한남대학교 명예교수)
고영진(日本 同志社大學 敎授)
우창현(대구대학교 한국어교육학부 교수)
김선미(日本 天理大學 敎授)
이기갑(목포대학교 명예교수)
백승주(전남대학교 국어국문학과 교수)
정승철(서울대학교 국어국문학과 교수)
문순덕(제주연구원 석좌연구위원)

고동호(전북대학교 국어국문학과 교수)
신우봉(제주대학교 국어국문학과 교수)
치다 슌타로千田俊太郞(日本 京都大學 敎授)
최전승(전북대학교 명예교수)
서형국(전북대학교 국어교육과 교수)
이정애(전북대학교 국어교육과 교수)
강정식(제주대학교 강사)
한창훈(전북대학교 국어교육과 교수)

전북대학교 교과교육연구총서 ⑫

제주 방언과 언어 연구의 구심력과 원심력

**초판 1쇄 인쇄** 2022년 8월 19일
**초판 1쇄 발행** 2022년 8월 29일

**지은이** 강정희·고동호·고영진·신우봉·우창현·치다 슌타로·김선미·최전승
　　　　　이기갑·서형국·백승주·이정애·정승철·강정식·문순덕·한창훈
**펴낸이** 이대현
**책임편집** 강윤경 | **편집** 이태곤 권분옥 임애정
**디자인** 안혜진 최선주 이경진 | **마케팅** 박태훈 안현진
**펴낸곳** 도서출판 역락 | **등록** 1999년 4월 19일 제303-2002-000014호
**주소** 서울시 서초구 동광로46길 6-6 문창빌딩 2층(우06589)
**전화** 02-3409-2060(편집부), 2058(영업부) | **팩스** 02-3409-2059
**전자우편** youkrack@hanmail.net | **홈페이지** www.youkrackbooks.com

ISBN 979-11-6742-358-0 94710
　　　　979-11-5686-187-4 (세트)

전북대학교 교과교육연구총서 ⑫

# 제주 방언과 언어 연구의 구심력과 원심력

고영진 · 신우봉 · 한창훈 편저

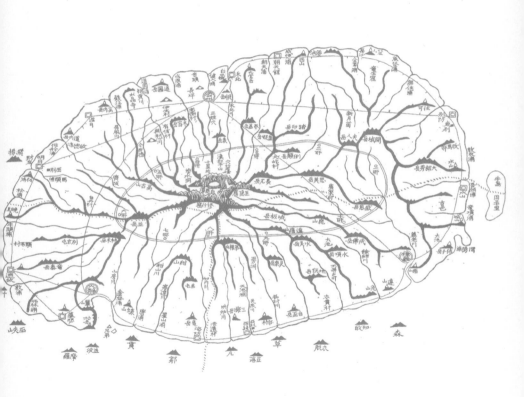

역락

## 발간사

　이 시대 교육의 중요성에 대해서는 다시 강조해도 부족함이 없을 듯합니다. 우리 전북대학교 사범대학은 지역사회와 나라를 대표하는 교육 연구와 실천의 요람으로서 나름의 역할을 충실히 해왔음을 자부합니다. 그동안 안으로는 학문적으로 교육의 이론을 세우고, 밖으로는 이를 실천하는 우수한 선생님들을 수없이 배출해 온 역사가 이를 잘 보여준다고 믿습니다. 그러나 하루가 다르게 변화하는 교육 현실은 우리에게 또 다른 도전을 요구하고 있습니다.

　특히 그동안 광범위한 영역에서 교과 교육은 있어 왔으나, 이에 관한 이론 수준의 연구가 부족했던 것이 사실입니다. 이에 우리 전북대학교 교과교육연구소는 이런 학계와 교육계의 반성을 바탕으로 교과 교육 방면의 지식 체계를 구조화할 수 있는 이론의 개발에 노력하기로 했습니다. 교과교육연구총서의 발간과 보급은 이를 뒷받침할 수 있는 사업의 하나로 기획된 것입니다.

　이론 없는 실천은 공허하기 쉽습니다. 우리의 궁극적 목표는 교육 현장에서 이루어지는 것이지만, 이를 위해서는 치열한 이론 탐구가 전제되어야 합니다. 이론 제시가 토론을 낳고, 토론의 결실이 현장에 반영되고, 다시 그 결과가 이론 연구에 영향을 주어야 합니다. 학교 현장에서의 교육은 교과 교육의 형태를 띠고 있습니다. 때문에 교과 교육에 대한 이론적 연구는 어떤 연구보다 우선시되고 중요하게 여겨져야 할 것입니다. 우리 전북대학교 교과교육연구소는 앞으로도 이 점에 역점을 두고 여러 사업을 진행해 나가고자 합니다.

　우리 연구소의 노력이 총서의 형태로 결실을 맺기까지는 집필에 참여해주신 연구자 여러분은 물론이거니와, 많은 분들의 헌신적인 노고가 깃들어 있음을 잘 알고 있습니다. 우리는 이를 항상 기억하고 또 다른 결실로 보답하기

위해 노력하고자 합니다. 특히 이런 뜻깊은 사업의 취지에 동감하고 아낌없는
지원을 해주시는 전북대학교 당국의 배려에 감사의 말씀을 드립니다.

　이제 약간은 두근거리는 심정으로 우리 노력의 결과를 하나씩 세상에 내놓
고자 합니다. 아무쪼록 이 총서를 접하는 많은 이들에게 의욕과 성과가 함께
하기를 기원합니다.

전북대학교 교과교육연구소장

# 머리말

근대적 의미의 국어 방언 연구의 역사도 이제 100년이라는 시간을 훌쩍 넘어서고 있다. 식민지 시기에 이루어지긴 했으나, 국어 방언에 대한 조사 연구는 결국 20세기 들어 전국 각 지역의 방언 자료를 남겼고, 한국 언어지리학의 발판을 마련하기도 하였다. 광복 이후에는 서구의 다양한 언어 이론과 연구 방법론을 받아들여 각 지역의 방언 연구에 적절히 적용하여 적지 않은 성과를 거두어 왔음도 사실이다. 이를 바탕으로 개별 방언의 체계와 구조가 밝혀지고, 방언 분화와 방언 구획 등 방언학의 여러 분야를 발전시켜 왔음은 우리가 익히 알고 있는 바이다.

이 과정에서 제주 방언 연구가 크나큰 역할을 해 왔음 또한 부인할 수 없다. 식민지 시기에 오구라 신페이가 중심이 되어 행해진 자료 조사 및 연구에 제주 방언이 크나 큰 위상을 가지고 있었음은 물론이고, 해방 이후에도 석주명의 『제주도 방언집』(1947)을 비롯하여 박용후의 『제주방언연구(자료편)』(1960/1988)와 현평효의 『제주도방언연구(자료편)』(1962/1985) 등 많은 자료집들이 출간되었다. 그리고 이런 자료 정리와 더불어 다양한 관점에서 이론적 접근이 시도되어, 그야말로 한때는 제주 방언 연구가 한국의 방언 연구를 이끌었다고 해도 과언이 아닐 정도로 적지 않은 업적을 축적하기도 했었다.

그러나 근자에 들어 우리들은 이런 풍성한 연구 결과 앞에서 한편으로 위기감을 느낀다. 더 이상 의미 있는 자료의 축적이 불가능한 시대가 도래 했으며, 기존 선학들의 연구 업적을 이으며 새 시대를 개척해 나갈 신진 세대 학자들의 부상도 그리 뚜렷하지 않다.

이에 제주 방언의 구심력이라는 취지로 제주 방언 연구의 어제와 오늘을 검토하고, 제주 방언의 원심력이라는 취지로 일반 언어학을 기반으로 한 방언

연구의 현황을 다각적으로 검토해 보고자 한다. 이를 통해 제주 방언 연구의 현재 지형도가 그려지고, 이를 바탕으로 제주 방언 연구가 미래로 나아갈 수 있는 계기가 마련되기를 기대한다. 이에 덧붙여 다른 지역 방언 연구나 인접 학문 분야에도 무언가의 울림이 전해지기를 고대해 본다.

제주 방언 연구가 새로운 단계로 도약하기 위해서는, 다른 지역 방언들과의 비교 연구는 물론이거니와, 항상 한국어라는 대상을 두고 이루어지고 있는 일반 언어학 연구의 굳건한 토대가 절대적으로 필요하다는 인식을 공유하고자 한다. 제주 방언은 굉장히 특이하다. 그래서 좋은 것이다라는 전제는 논리적 귀결을 맺기 어렵다. 방언 연구의 경우, 특수성을 그 기반으로 하는 것은 분명하지만 그것이 직관적 특수성으로 끝나서는 곤란하며, 보편적 인식이 균형을 이루어야 하는 것이다.

이런 관점에서 볼 때, 이 기획이 지난 반세기 동안 일반 언어학 이론과 언어 교육에 대한 이론적 연구, 국어 문법에 관한 이론적 연구, 그리고 제주 방언 연구의 새 지평을 열어가는 등, 다방면에 걸쳐 수많은 업적을 쌓아온 경상국립대학교 김지홍 교수의 정년퇴임이라는 새로운 출발을 조금이나마 축하하는 의미를 부여할 수 있다면 다행이라 생각한다. 성품상 정년퇴임 기념이라는 형식을 완강히 거부하실 김지홍 교수이기에 논문집 편집은 철저하게 학문적 문제의식 측면만을 고려하였다.

그러나 원고의 청탁과 수합 과정에서 이 책은 김지홍 교수의 정년퇴임 기념의 성격을 띤다는 것을 원고를 주신 선생님들께 미리 말씀 드리고 허락을 받았으며, 모두 그렇게 알고 기꺼이 허락해 주셨기 때문에 본 기획이 빛을 볼 수 있었다. 제도적으로는 정년이 있으나, 실제 학문 세계에서의 정년은 나이로 계산되지 않는 것으로 알고 있다. 앞으로도 더욱 원숙한 모습을 여러 후학들에게 보여주시리라 믿어 의심치 않는다.

하나의 학술서가 출판되기 위해서는 많은 이들의 노고가 깃들게 된다. 여러 석학들의 연구 내용이 한 자리에 모여 결실을 맺는데 큰 디딤돌이 되어 주신 전북대학교 교과교육연구소 관계자 여러분께 이 자리를 빌려 감사드린다. 그리고 한없이 늘어지기만 하는 편자들을 무던히도 참아 주신 도서출판 역락의 관계자분들께도 깊은 사의를 표하는 바이다.

2022년 6월
편자들 쓰다

# 차례

# II. 원심력

# III. 인접성

I.

구
심
력

# 제주방언 어말어미의 화행론*

## ―'-게', -ㄴ게' '-녜'를 중심으로

강정희

## 1. 서론

이 연구는 제주방언 종결어미 체계 안의 평서형 어말어미 '-게'와 '-ㄴ게', '-녜'의 의미를 화용론적인 측면에서 설명하는 데에 목적이 있다. 앞의 어말어미들은 제주방언(이하 제주방언을 이 방언으로 함)에서 화자가 담화 현장에서 이전에 이미 알고 있었거나, 처음 비로소 알게 된 사실을 화자 스스로 확인하는 '화자 지향적 확인' 발화행위와 화자가 확인한 사실에 대하여 청자도 인정/긍정 하도록 하는, 청자의 반응을 유도하는 '청자 지향적 확인' 발화행위에 참여한다. 이 연구는 이와 같은 평서형 어말어미 '-게'와 '-ㄴ게', '-녜'의 선택이 화자와 청자의 사이에서 화자 스스로에게 대한 내향적, 일방적 확인 발화행위일 경우와 화자가 확인한 사실을 청자와 공유하기 위한 외향적, 양방향적 확인 발화행위에 밀접한 관계가 있음에 주목하여 이를 설명하는 데에 초점을 둔다.

이 논의를 위하여서 필자는 제주대 국어문화원의 총서로 발간된 <제주어

---

* 이 연구는 영주어문학회의 『영주어문, 29호, 2015.2』, pp.12-31에 게재했던 「제주방언 종결어미 '-게'의 양태성에 대하여」의 제목과 내용을 수정 보완한 것임을 밝힌다.

와 의미에 대한 설명을 기본으로 하기로 한다. 논의 진행은 먼저 이들 세 어미
들의 선어말 어미들과의 형태론적 결합 형태 이 형태들의 의미를 검토한 후,
이를 근거로 대화 장면에서의 평서형 어말어미 '-게'의 화행 의미를 먼저 설
명하고 그 다음 단계로 통합형 어말어미 '-ㄴ게'와 평서형 어말어미 '-녜'의
화행의미 순서로 하되 특히 '-ㄴ게'와 '-녜'의 발화행위에서 나타나는 화행
의미인 '확인'의 대상에 어떤 차이가 있는가를 서로 대비하면서 진행하기로
한다. 마지막으로 어말어미 '-게'와 같은 모습을 지닌 이 방언의 단어, 구, 절,
문장 등의 뒤에 첨가되어서 '확인, 강조, 요구, 촉구'의 의미를 수행하고 있는
종결보조사 '게'도 어말어미 '-게'와 문법화에서 문법 범주화라는 다중문법화
의 결과임을 설명할 것이다.


## 2. 어말어미 '-게', '-ㄴ게', '-녜'의 형태론적 분포와 의미


### 2.1. '-게'

    (1) -게4 囘 -어요. 체언에 붙은 존대의 형태소 '-우-'에 연결되어서 '흡서'할
           자리에서 <u>그 사실을 인정하게끔 하는 뜻</u>을 나타내는 종결
           어미. (예)저건 우리 쉐우게.(저것은 우리 소예요) = -
           께.(12쪽)

    (2) -께 囘 -어요 ① 체언에 붙은 존대의 형태소 '-우-'에 연결되어서, '흡서'
           할 자리에서 <u>그 사실을 인정하게끔 하는 뜻</u>을 나타내는 종
           결어미. (예)저건 우리 쉐우께.(저것은 우리 소예요) ② 용언
           어간에 붙은 '-암수-·-엄수-·-염수-·-람수-', '-앗수
           -·-엇수-·-엿수-·-랏수-' 따위에 연결되어서, '흡서'

할 자리에서 <u>그 사실을 인정하게끔 하는 뜻</u>을 나타내는 종결어미. (예)자의 놀암수게.(저 아이 놀고 있어요.)/이 애기도 이젠 밥 먹엄수게.(이 아기도 이제는 밥 먹고 있어요.) = -게.(25쪽)

(3) -암/-엄수게 回 -고 있습지요. 양성모음의 용언 어간에 붙어서, '흡서'할 자리에서 <u>그 동작이 계속되고 있음을 상대방도 인정하게끔 하는 뜻을(필자 가선) 나타내는 종결어미. (예) 이 아긴 잘 놀암수게.(이 아기는 잘 놀고 있습지요.) = -암/-엄수게.(182, 229쪽)

(4) -ㅂ데게 回 -었지요-았지요. ① 용언 어간에 붙어서, '흡서' 할 자리에서 <u>과거에 경험한 동작이나 상태를 회상하여 강조하는 뜻</u>을 나타내는 종결어미. (예) 고사리 하영 꺼끕데게(고사리 많이 꺾었지요) 새각시 막 고웁데게(새색시 막 고왔지요) ② 체언 다음에 연결되어 <u>확인하는 뜻</u>을 나타내는 종결어미. (예) 먹어 보난 게도 약입데게.(먹어보니까 그래도 약이었지요.)(142쪽) (이상 필자 가선)

(5) **-니께 (자료: 필자 추가)**
**그 사름 경 굴읍니께/흡니께, 신경쓰지 맙써.**
**(그 사람은 그렇게 말합니다/합니다.)**


이 사전에 등재된 (1)~(4)의 평서형 어말어미 '-게'에 대한 설명에서 제일 먼저 알 수 있는 사실은 우선 의미와 분포가 동일함을 알 수 있다. 비록 이 사전은 (1)~(4)와 같이 평서형 어말어미 '-게'를 형태소 분석을 세밀히 하지 않은 채 등재하고 있으나 우리는 (1)~(4)의 예문의 선어말과의 형태소 결합체에서 '-게'가 독립형태소임을 알 수 있다. 즉 (1)~(4)의 '-게', '-께'는 각각 청자존대어미 '-수-/-우-' 뒤에 결합((1)~(3))하거나 회상법어미 '-데-' 뒤에 결합((4))되어서 문장을 종결시키는 독립형태소이다. 그리고 (1)~(3)의 '-게', '-께'는 "상대방도 인정하게끔 하는 뜻"의 '확인'이라는 공통적인 화행의미를 수행하며 이 방언권의 하위 지역이나 연령대에 따라서 평음/경음으로 실현되는 수의 변이형태가 있음을 보여주기도 한다.

그런데 "과거에 경험한 동작이나 상태를 회상하여 강조, 확인하는 뜻"으로 해석하고 있는 (4)의 회상법어미 '-데-'와 결합하고 있는 '-데게'에는 '-게'가 '-께'로 실현되는 수의 변이형태가 없다. 즉 회상법어미 '-데-' 뒤에 결합된 (4)의 '-게'는 (1)~(3)의 '-게'처럼 '-께'로 수의 교체가 되지 않기 때문이다. 반면에 이 사전에는 등재되어 있지 않지만, 격식성의 발화형인 '-홉니다'의 설명형 종결어미 '-다'와 계열관계를 이루는, 현재 발화 빈도수가 높은 (5)의 원칙법어미 '-니-' 뒤에 결합된 '-께'는 (4)와는 반대로 평음형인 '-게'로 수의 교체되어 실현되지 않는다.

(6) 이거 누구네 쉐우가/까?

(7) 어드레 감수가/까?

(6), (7)은 이 방언의 청자존대의 의문문이다. 그리고 의문형 어말어미들은 모두 '평음/경음'으로의 이형태를 가진다.[1] 그런데 이 두 형태소 중에서 현재 제주방언의 문법론에서는 경음인 '-수까/-우까'를 기본형으로 하는 경향이 일반적인 추세이다. 평음형인 '-수가/-우가'는 보수형으로 인지하거나 개인, 지역적 변이로 간주하고 있다. 이러한 방언적 현실을 기본으로 한다면 문제의 (1)~(3)의 '-게/-께'의 수의 변이형의 기본형도 경음형인 '-께'로 해야 합리적인 것으로 보인다. 그러나 이러한 설명은 또 다음의 (8)의 의문형에는 '-까/-깡/-꽈' 등의 앞의 자료 (4)에서 지적한 바와 같이 경음형은 오히려 부자연스럽

---

1  이형태의 분포는 지역적인 변수가 다른 변수보다 크다고 하겠다. 제주도 남쪽 지역은 평음으로 부드러운 어조, 북북 지역은 경음으로 상대적으로 강하게 발화하는 경향이 있다.

다²는 이 방언 사용언중들의 인식 차이에서 보류되어야 할 것 같다.

    (8) 어디 갔다옵데가?/

        강 보난 밥 먹어십데가?

        게난 밥 먹읍데강?³

  (8)의 의문형 어미 '-가'에 대하여 <제주어 조사·어미 사전>에는 "-ㅂ데 -·-ㅂ디-…… 따위에 연결되어서…… 과거에 경험한 동작을 회상시켜 묻는 종결어미"로 설명하면서 관련 형태로 '-강'과 '-꽈'를 참조하라는 표시를 하고 있다. 그런데 문제는 '왜 동일한 의문형 형태소인 '-가'가 (1)~(3)에서는 경음형인 '-까'를 기본형으로 인지할 만큼 생산성이 높고 (8)에서는 이와 반대로 '-가'가 생산성이 높은가'이다.

    (9) 가. 언제 와수까? (언제 왔어요?)

        나. 언제 옵데/디가? (언제 왔어요?)

  (9)는 필자가 고향에 갔을 때 종종 듣는 질문이다. 화자는 경우에 따라서 두 가지 의문형을 임의로 선택한다. 억양도 다르지 않다. 다만 형태소 결합 구조가 조금 다를 뿐이다. (9가)는 청자존대어미 '-수-' 뒤에 의문형어미 '-가'

---

2  필자의 고향인 성산읍에서는 '언제 옵데가?'로 발화하지, '언제 옵데까?'는 부자연스럽다고 한다. 이 논문을 쓰는 과정에서 제주시 40대 2명과 성산읍 30대, 60대 여자 2명에게 전화 인터뷰로 재확인한 바가 있다.

3  현평효·강영봉(2011:9, 24~25)회상어미 뒤에 결합되는 의문형 종결어미가 경음으로 실현되는 자료 표제어로 예상하는 '-까'는 없고 '-가'(9쪽)와 '-꽈'만 등재(25쪽)되어 있다. 그리고 이에 해당하는 방언 자료에는 '-까'로 전사하고 있는 반면에 의문형 어미 '-가'와 관련 형태로 '-강'과 '-꽈'를 참조하라는 표시를 하고 있다. 이 의문형 어미의 기본형 '-가'와 대응하는 평음 변이형이 남쪽 지역에서 '-과'로 실현되고 있음을 염두에 두고 있음을 알게 하는 예들로 이해하고자 한다.

가 결합된 것으로, (9나)는 회상어미 '-데-/-디-'에 의문형어미 '-가'가 결합된 <제주어 조사·어미 사전>의 (4)의 '-ㅂ데게'와 계열관계를 보인다. (9가)와 (9나)의 다른 점은 의문형어미에 선접된 형태소가 각각 청자존대와 회상어미라는 점이다. 그래서 이 방언의 '의문형어미 '-가'가 회상어미 뒤에 결합되는 환경에서는 경음형의 이형태가 없다.'고 간단히 기술하면 될 것 같지만, 그러나 동일한 의문형 체계 안에서 (9나)의 '옵데/디가?'의 의문형어미만 경음의 수의변이형을 가지지 않는 이유를 간단히 기술만 할 수는 없을 것 같다. 그래서 이 방언의 회상어미 '-데-'는 '-더-'가 전설모음화된 단일 형태소가 아닌 '-더-+-이-'가 융합된 형태소로서의 '-데-'(<'-더-+-이-')'에 녹아 있는 '-이-'가 경음화를 저지시키는 완충 역할[4]을 하는 것으로 가정하기로 한다.

만일 이 가정이 옳다면 단일 형태소인 청자존대어미 뒤에 결합된 의문형어미 (6), (7), (9가)의 '-가'와 평서형 어말어미 (1)~(3)의 '-게'는 선접한 형태소와의 경계가 분명하기 때문에 형태소 경계 사이에서 경음화가 수의적으로 적용되는 것으로 설명할 수 있게 된다. 그리고 회상어미 '-데-'[5]의 이형태인 '-디-'의 출현은 '-데-'가 경음화 저지 현상이 일어난 후 고모음화된 변이형으로 간주할 수 있으며 앞에 제시한 문제의 초점인 '-데/디게' (4), (8), (9나)가 평음의 기본형을 유지, 실현되는 현상으로 설명할 수 있다.

이상의 설명에서 우리는 앞에서 제기된 (1)~(3)의 '-게'가 '-께'로 수의 교체 가능하지만, (4), (8), (9나)의 '-게'는 불가능한 이유를 어느 정도 밝힐 수가 있었다. 이제 남은 문제는 이와 반대 현상인 (5)의 '-니께'의 '-께'는 '-게'로 수의 교체가 불가능한 현상을 설명하는 일이다. 이 문제는 (1)~(3)에서 본 바

---

4  준어 '/안다/[안따], /감다/[감따]'의 어간에 사. 피동 접미사 '-기-'가 결합되면 [*안기따], [*감기따]로 실현되지 않고 [안기다], [감기다]로 어미 '-다'의 경음화를 저지하는 현상과 결부하여 설명할 수도 있으나, 이 문제는 앞으로 더 연구해 봐야 할 과제이다.

5  회상어미 '-데-'는 '-더-'가 전설모음화한 것으로 볼 수도 있다. 만일 전설모음화한 형태로 본다면 이 분석은 보류될 수밖에 없다. 그러나 현대어에서 '합데/디다', '갑데/디다' 등의 회상 표현이 '하더이다', '가더이다'로 문헌어로 소급시킬 수 있다는 사실에 근거하기로 한다.

와 같이 이 방언의 종결어미 '-게/-께'의 기본형을 보수형인 '-게'로 설정하여 설명하기로 한다.

이 문제와 관련하여 <제주어 조사·어미 사전>은 의문형 어말어미가 '-가/-강/-까/-깡/-과/-광/-꽈/꽝' 등의 평음과 경음형이 수의 변이형들을 등재하고 있음에 주목할 필요가 있다. 여기에서 또 우리는 다음과 같은 의문을 가지게 된다. 왜 의문형 어미들과 '확인'의 평서형 '-게'만 '평음/경음'의 수의 변이형 관계에 있는가이다. 이와 같은 의문점은 앞에서 설명한 음운, 형태론적 요인만 적용되고 있는 것이 아닌, 담화론적 요인도 작용하고 있다고 볼 때 좀더 합리적인 설명이 가능할 것이다. 즉 화자의 '전달력을 높이기 위한 음운강화'라는 담화 전략의 한 형태로 풀어보자는 것이다.

알다시피 제주 지역은 바람이 매우 강한 지역으로서 강한 바람은 청자와의 공간적인 거리가 생길 때 소통의 장애물로 작용하게 된다. 이러한 악조건에서 특히 화자가 청자로부터 직접 정보를 얻고자 할 때나 자신이 가지고 있는 정보를 청자에게 전달, 확인시키고자 할 때, 화자는 말끝의 억양을 높이거나 강하게 하여 자신의 의사 전달력을 최대화하려고 한다. 이 방언의 의문형어미 '-가/까'와 문제의 종결어미인 '-게/-께'의 경음형은 이와 같은 화자의 심리적 요구에 따른 대화 전략으로서 수의적인 음운강화의 결과로 볼 수 있을 것이다.

이상에서 우리는 이 방언의 의문형어미 '-가'와 문제의 종결어미 평서형 '-게'가 경음형의 이형태를 가지는 환경을 첫째, 청자존대 어미와의 형태소 경계를 인식할 때, 둘째, 의사 전달력 최대화를 위한 음운강화가 필요하다고 느낄 때이며, 이 둘의 화용 음운론적 조건은 복합적일 수도 있고 별개로 작용된다는 사실을 알게 되었다.

(10) 가. 그 사름 경 곧읍니께/흡니께.

　　　나. 그 사름 경 곧읍니다.

　　　(그 사람은 그렇게 말합니다/합니다.)

(10가)는 (5) '-니께'의 실제 발화형이다. 이 예문의 '-니께'가 '-니게'로 수의 교체가 안 되는 이유는 앞의 설명의 연장선상에서 설명해야 할 것 같다. (10가)는 (9나)의 설명형 '-다'로 교체가 가능하다. 설명형 '-다'의 자리에 문제의 '-께'로 교체가 가능하다고 해서 이 둘의 관계는 수의 변이형의 관계는 아니다. 이것은 '-수-/-우다'를 '-수-/-우께'로 교체하게 되면 화행 의미가 달라지는 것과 동일하기 때문이다. 이와 같은 맥락에서 '-니게'의 경우는 *'-게'의 단계를 거치지 않고 앞에서 설명한 '음운강화형'을 상대적으로 늦은 시기에 유추, 확대 적용한 형태라고 할 수 있다. 이러한 이유로 '-니께'는 '-니게'로 수의 교체가 불가능한 것이다.

## 2.2. -ㄴ게

(11) -ㄴ게 回 -ㄴ데. ① 체언에 붙어서 '하여' 할 자리에서 <u>상대방도 그 사실을 인정하게끔 하는 뜻을</u> 나타내는 종결어미. (예) 저거 우리 혹꼰게.(저거 우리 학교인데.) ② 동사 어간에 붙은 '-암시-··-엄시-··-염시-··-시-' 따위에 연결되거나 또는 '-아시-··-어시-··-여시-··-라시-' 따위에 연결되어서 '하여' 할 자리에서 그 행동을 나타내는 종결어미 (예) 가읜 책 보암신게.(그 아이는 책 보고 있는데.)/ 가읜 집의 오란 신게.(그 아이 집에 와 있는데.) (28쪽)

(12) -게3 回 -데. 용언 어간에 붙은 '-안-, -언-, -연-, -란-' 따위에 연결되어서, '하여' 할 자리에서 과거에 경험한 <u>사실을 상대방도 긍정하게끔 하는 뜻을</u> 나타내는 종결어미. (예) 그 사람 말 잘 흔덴 흐연게.(그 사람 말 잘한다고 하던데.) (12쪽)

이 사전에는 (11) '-ㄴ게'의 분포에 "내일 비 오른게, 나가 해지른게"와 같은 추측법어미 '-크-' 뒤에 결합되는 설명이 누락되어 있다. 그리고 (11)의 '-ㄴ게'와 (12)의 '-게3'도 각각 별개의 어미로 로 분석하여 따로 등재하고 있으나 (11)의 '-ㄴ게'와 (12)의 '-게3'의 형태소 결합체를 분석해 보면 이 둘의 표제어에서 보이는 '-게'가 별개의 형태소가 아니라 동일 형태소임을 쉽사리 짐작할 수가 있다.

또한 (11)의 (12)의 "용언 어간에 즉 이 사전은 (11)의 평서형 어말어미 '-ㄴ게'와 (12)의 '-게3'의 의미는 2.1에서 제시된 (1)~(5)의 독립형태소로 분석한 '-게'와 형태소 결합구조가 다름에도 불구하고 "사실을 상대방도 긍정하게끔 하는 뜻"으로 그 의미가 동일하게 풀이하고 있다 이 설명에 근거하여 (11)의 '-ㄴ게'를 재분석해 보면 이 종결어미는 동작의 완료형인 '-ㄴ'에 이 방언에서 어말어미로 문법화를 거친 의존명사 '-게'가 통합된 통합형 어미임을 알수가 있게 된다. 이러한 (11) '-ㄴ게'가 (1)~(5)에서 보이는 어말어미 '-게'들에 비해서 선행하는 선어말 어미들과의 결합이 좀더 이른 시기에 이루어졌기 때문에 이 어말어미를 재분석하는 데에 주저하게 되는 것이다.

## 2.3. '-는게'

다음에 <제주어 조사·어미 사전>의 (11)의 평서형 어말어미 '-ㄴ게'과 형태소 결합구조와 유사성을 보이는 (13), (14)의 '-는게'를 보기로 하자. 이 사전은 (13)의 '-는게1'와 (14)의 '-는게2'에 대하여 "습관적인 사실을 인정하면서 의아스럽게 생각될 때 쓰는", 으로서 '-ㄴ게'와 의미가 일치하지 않으며 또한 문법 기능도 (13)의 '-는게1'은 '종결어미', (14)의 '-는게2'는 '연결어미'로 규정하고 있다.

> (13) -는게1 뎬 -는데. 용언 어간에 붙어서, 그 습관적인 사실을 인정하면서
>       의아스럽게 생각될 때 쓰는 종결어미. (예) 그 사름 어떠난 아

니 왐서, 잘 오는게. (그 사람 어째서 아니 오지, 잘 오는데.)
(37쪽)

(14) -는게2 回 -는데, 용언 어간에 붙어서, 그 습관적인 사실을 인정하면서
의아스럽게 생각될 때 쓰는 <u>연결어미</u>. (예) 그 사람 일 잘 흐는
게 오늘은 못흐여라. (그 사람 일 잘하는데 오늘은 못하더라.)
(37쪽)


(1) 그 사람 어쩌냔 아니 왐서, 잘 ①<u>오는게</u> / ②<u>완게</u>.
(그 사람 어째서 아니 오지, 잘 오는데.) (37쪽)

(2) 그 사람 일 잘 ①<u>흐는게</u>, / ②<u>흐연게</u> 오늘은 못흐여라.
(그 사람 일 잘하는데 오늘은 못하더라.) (37쪽)


위의 예문 (1)의 '잘 오는게'를 종결어미로 분류한 기준은 이 예문을 두 개의
문장을 별개의 문장으로 간주하고 있기 때문이다. 그러나 (1)은 (2)의 선행절의
서술부와 후행문이 도치된[6] 데에 지나지 않은 문장이다. 그러므로 이 사전의
(13)의 '-는게1'은 종결어미가 아니라, 연결어미이며, 비종결어미인 연결어미
가 종결어미 기능을 수행하는 것으로 설명하는 것이 좀 더 간편하다.

(1), (2)는 화자가 주어진 후행 상황에 선행하는 상황을 어떻게 판단하느냐
에 따라서 ① '습관'이나 ② '완료된, 기정 사실'로 판단하는가에 따라서 선택
되는 것이다. 화자의 심적 태도에 따라서 형태상 현재 진행형처럼 보이는 ①
'흐는게, 오는게'를 회상의 ② '흐연게, 완게'로 교체할 수 있다. 즉 화자가
발화시 현재 (1), (2)의 '① 흐는게, 오는게'를 선택할 때는 동작이 발화시 현장
에서 일어나고 있는 것이 아니라 발화시 이전까지 일어난 동작, 행위의 반복
성에 초점이 있을 때이며. 반면에 '② 흐연게, 완게'는 과거 어느 시점에서

---

6  (12)의 선행절과 후행절이 두 문장이 도치되는 이유는 화자의 심적 태도에 의한 담화론적 요
구에 의한 것이므로 양태성을 다루는 다음 장에서 논의하기로 한다.

관찰된 행위 그 자체에 초점이 있을 때이다.

현대국어에서도 '습관적인 사실, 일반적인 현상, 사실'은 주로 부정시제 평서문 '-는/ㄴ다'로 표현된다. (1), (2)의 ① '흐는게, 오는게'의 '하다, 오다'라는 동작이나 행위는 후행문의 시제나 화자의 발화시와 무관한 '습관적인 동작, 사실'이기 때문에 시제로 설명하기가 어렵다. 반면에 ② '흐연게, 완게'는 후행문 시제, 발화 기준으로 그 이전에 일어난 행위, 동작을 관찰한 사실이 회상어미로 반영되기 때문에 시제를 정하기가 어렵지 않다.

문제는 (1), (2)의 ① '-는게'와 ② '흐연게, 완게'의 '-ㄴ게'의 관계를 밝히는 일이다. 다시 (1), (2)의 예문의 뜻풀이를 보기로 하자. (1)의 선행절의 '잘 흐는게'의 의미를 '하는데'로 대역하고 있다. 이것은 화자가 동작주의 행위를 오랫동안 관찰한 내용을 진행의 '-는'에 의해서 표시되는 것처럼 생각할 수도 있다. 그러나 (1)의 선행절의 '잘 하는'은 진행이 아니라, 본 사전에 풀이된 바와 같이 '습관적인 사실'이기 때문에 시간 선상에서 직시적인 시제로 표시하기 어렵다. 그렇다면 '-는'을 더 분석하여서 '-느-+-ㄴ'으로, 직설법어미 '-느-'의 관형형 '-느-+-ㄴ'과 후행하는 의존명사 '게'[7]의 통합구조로 볼 수밖에 없다. 이렇게 보면 '습관적인 사실'이 "화자 자신의 현실적인 경험을 바탕으로 얻은 지식을 근거로 한 진술"이라는 점에서 직설법어미 '-느-'의 인식양태를 설명한 것에 일치한다. 그렇다면 이 구조에서 직설법의 관형형어미 '-ㄴ'은 '과거'라는 시제성의 약화로 대신 '기정 사실, 확실성'의 양태를 얻은 것으로, 의존명사 '게'는 '언술 내용의 근거를 확인'이라는 양태성을 얻게 된 것으로 설명할 수가 있게 된다. 이와 같은 분석 절차는 형태소 분석을 남겨놓았던 평서형 종결어미 (12), (13)의 '-ㄴ게'는 직설법어미 '-느-'가 Ø 형태로 나타나는 구조인 부정법이 관형 구조를 보이는 'X-Ø-ㄴ+게'[8]의 통합형 어미임을

---

7   이 '게'를 첨사로 볼 수도 있겠으나, 'X-는+데(의존명사)'와 통사구조상의 일치를 보이는 '하는 데>하는데'로 통사구조에서 형태구조인 '전제 상황 설명, 근거에 대한 설명'의 연결어미로 문법화하는 모습과 일치한다는 의미에서 중세어 의존명사 '게'로 보고자 한다.

알게 해준다.

## 2.4. -녜

(15) -녜囘 -네. 용언 어간에 붙은 '-아‥-어‥-여‥-라' 또는 '-암시
‥-엄시‥-염시‥-람시-', '-아시-‥-어시-‥-여시-‥-라
시-' 따위에 연결되어서, 화자가 그 사실을 지정하되 그 사실은
나이가 적은 <u>상대방도 인정하게끔 하는 뜻을 나타내는 종결어미.</u>
(예)가의도 이걸 보아녜.(그 아이도 이것을 보았네.)/가인 밥 먹엄
시녜.(그 아이는 밥 먹고 있네.) (35쪽)

(15)' (자료) ① 경 꿀으민 화 내느녜.(cf.-느니.)

② 가인 느량 경 ᄒᆞ느녜.(cf.-느니.)

③ 영등달 넘어가가민 날도 ᄄᆞᄄᆞ허여지느녜.(cf.-느니.)

④ 내일 비 오크녜.

(15)의 평서형 어말어미 '-녜' 역시 화자와 동년배나 아랫사람에게 쓰는 평
대법 어미이다. (15)의 평서형 종결어미 '-녜'는 앞의 자료에 제시된 바와 같이
용언 어간에 결합되는 회상법어미 뒤와 용언 어간에 직접 결합되지만, 본 사
전에서 누락된 (15)' ①~④에서와 같이 '-느녜, -크녜'와 같이 직설법어미 '-
느-'[9]와 추측법어미의 '-크-' 뒤에 결합되기도 한다. (16)의 평서형 어말어미

---

8  중세국어의 종결어미와 관형사형어미의 형태상의 상관성에 대하여는 고영근(1995:165~212)
참조하기 바란다.

9  제주방언의 선어말어미 체계에 관여하는 문제의 '-느-'가 시제가 아닌, 양태성을 지닌다는
논의는 현평효(1985), 홍종림(1991), 한동환(1996), 문숙영2004)와 우창현(2005)에서 이루어졌
다. 자세한 내용은 앞의 연구들을 참조하기 바란다.또한 최근에 토착화자가 아닌 일본 거주
재일동포 출신 정성여(2013)의 논의도 주목할 만하다. 이와 관련 있는 중세어와 현대국어의
'-느-'에 대하여 고영근(1995, 254)은 '-느-'를 서법체계 안의 직설법어미로서 인식양태의
성격을 지닌다고 하였다.

'-녜'의 의미는 앞에서 검토한 (12)의 평서형 어말어미 '-게'는 물론 (13)의 통합형 어말어미 '-ㄴ게'의 의미와 동일하게 '상대방도 인정하게끔 하는'으로 풀이되어 있다. 그런데 (15)' ①~③의 '-느녜'가 '-느니'로 교체하게 되면 (15)와 (15)' ①~③에 대한 '상대방도 인정하게끔'이라는 의미가 적용이 되지 않는다. 그 이유는 (15)' ①~③의 '-느녜'는 '-느-니-여>느녀>느녜'로서 '직설법-원칙법-감탄법어미'의 결합체로서 '-녜'는 이전 단계의 '-녀>녜'로 전설모음화가 된 것이다.

그러나 본 연구에서는 공시태로서 '-녜'를 더 이상 분석하지 않는 통합형 어미로 보기로 한다. 감탄법어미가 녹아있는 '-느녜'는 화자의 '감탄'이라는 정감성의 관여로 원칙법어미로 끝나는 '-느니'에 비하여 화자의 '확인'의 의미가 강하지만 원칙법어미로 끝나는 '-느니'는 화자 자신이 경험을 통해서 얻은 사실을 객관적으로 규범화하는 의미가 강하다.

한편 '-느니'는 '직설법-원칙법-설명법'의 결합체인 '-느니라'와도 관련이 있다. 이 구조는 앞에서 분석 시도한 '-느녜'의 전 단계인 '-느-니-여'와 일치한다. 그 결과 -'느니여'의 마지막 감탄형어미 '-여'와 '-느니라'의 설명형어미 '-라'는 계열관계에 있음을 알 수 있다. '주어진 사실을 객관적으로 규범화'하는 동일한 의미를 가진 이 어미들인 '-느리라' 형은 대화 장면에 사용되지 않고 문어체로 쓰이는 반면에 원칙법어미로 끝난 '-느니'는 대화체에서 주로 쓰인다. 이러한 차이는 화자와 청자가 동일 시공간 안에 존재해 있을 때라는 화행 조건이 관여된다 하겠다.


## 3. 어말어미 '-게', '-ㄴ게', '-녜'의 화행론

화자가 주어진 사실이나 명제에 대하여 어떤 형식으로 청자인 상대방에게 전달하느냐는 순전히 화자가 어떤 언어형식을 선택하느냐는 심적 태도에 따라서 달라진다. 이 방언의 어말어미인 '-ㄴ게'와 '-녜'도 화자의 대화 전략에 따라 선택될 수 있는 어미들이라는 점에서 양태범주의 연구 대상이 될 수 있다.

따라서 3장에서는 2장에 제시된 이 방언의 어말어미 '-게', '-ㄴ게'와 '-녜'의 공통 의미인 '① 그 사실을 상대방도 인정하게끔, ② 강조하는 뜻, ③ 확인하는 뜻'은 화자에게 주어진 사실, 정보에 대해서 화자가 내린 판단의 확실성을 화자 자신이 인정하거나 청자로부터 인정을 요청하는 화용 행위와 상관관계가 있음을 설명하는 데에 초점을 두기로 한다.

## 3.1. 어말어미 '-게'와 관련 어미들의 의미

다음은 이 방언에서 평서형 어말어미 '-게'가 앞의 ①-③의 의미를 가진 문장이 출현하는 가장 기본적인 대화 장면이다.

> **화자1:** 가이 밥은 잘 먹어/먹엄신가? (직접 질문)
>
> 가이 밥은 잘 먹어신가/먹엄신가, 모르켜. (간접 질문)
>
> **화자2:** 잘 먹어/먹엄수다.
>
> 잘 먹어/먹엄수게/께.

이 장면은 화자1이 화자2에게 자신이 알고자 하는 내용을 확인 요청하는 면대면의 직, 간접 질문에 대한 화자2의 대답 유형을 보여주는 것이다. 이를 바탕으로 하여 화자2의 대답 유형 중 평서형 종결어미 '-게'의 의미를 기본으로 하여 좀 더 살펴보기로 한다.

### 3.1.1. '-게'

(1) 먹어/엄수다. ↔ (1)' 먹어/엄어수게/께

(2) 질이 머우다. ↔ (2)' 질이 머우게/께

(3) 가의 경 굴웁니다. ↔ (3)' 가의 경 굴웁니께

평서문은 화자가 청자에게 어떤 정보를 객관적으로 기술 전달하고자 할 때 사용되는 형식이다. 이 방언의 (1), (2)는 청자에게 화자가 자신이 관찰했거나, 발화시 현재 관찰하고 있는 상황이나 자신이 체험하여 느낀 느낌을 직접 기술하는 평서문 형식의 발화이다. (3)은 (1), (2)와는 문체가 다소 다른 화법으로서 (1), (2)에 비해서 격식성을 갖추고 있고, 또한 청자와 '심적 거리감'을 가진다. 여기에서 '심적 거리감'이란 화자가 관찰, 경험을 통해서 알고 있는 사실을 일반적인 사실로 규정해서 객관화시킨다는 의미이다. 즉 (1), (2)의 화법이 화자의 주관이 개입된 것이라 한다면 (3)은 화자가 제3자적인 관찰자 위치에서 서술하는 화법이다. (1)~(3)의 설명형어미 '-다'에는 화자의 심적 태도인 양태성은 무표지로 나타난다. 화자의 객관적인 진술이기 때문이다. 이러한 설명문 형식의 발화는 청자가 반드시 반응하지 않아도 되는 의사 전달의 일방성을 가진다. 반면에 종결어미 평서형 '-게'가 청자존대, 원칙법어미 뒤에 결합된 (1)'~(3)'은 화자가 (1)~(3)의 설명형 '-다'로 전달하는 것보다 자신의 믿음이나 확신을 더 강하게 전달하고자 할 때 선택한다.

평서형 어말어미 '-게'로써 담화 현장에서 화자가 확인하고자 하는 정보는 첫째, 제3자로부터 얻은 정보, 둘째, 청자로부터 얻은 정보, 셋째, 화자 자신이 경험하거나 발화시 현재 관찰하여 얻은 정보 등으로 정보제공 경로가 다양할 수가 있다. 화자의 평서형 종결어미 '-게'의 선택은 이러한 다양한 경로를 통해서 얻은 정보의 확실성을 동일 시공간 안에서 손위 청자에게 확인시키고자 할 때 이루어진다. 그러므로 이러한 경우에는 평서형 종결어미 '-게'는 화자가 청자의 적극적인 반응을 기대하지 않는, 의사 전달의 일방향적인 '확인 단언'의 화행의미를 수행한다. 이와 같이 평서형 종결어미 '-게'의 '확인 단언'의 화행은 '-게'에 얹히는 어조에도 나타난다.

우리말 문장의 어조는 화자의 심적 태도와 감정이 문장-절-구-단어들의 마지막 음절에 얹혀서 표현된다. 이와 마찬가지로 이 방언의 문장 마지막 음절에 위치하고 있는 (1)'~(3)'의 어말어미 '-게'의 어조의 변화는 화자의 심적 태도와 화행 전략과 긴밀한 상관관계를 보인다. 즉 (1)'~(3)'의 평서형 어말어미 '-게'의 어조의 변화가 곧 대화 현장에서 화자가 청자의 반응, 요청의 정도에 큰 변수로 작용된다는 것이다. 다음의 (4)~(8)과 같이 화자가 청자의 반응을 기대하지 않을 경우 어말어미 '-게'의 어조는 평서형 '-다'처럼 그 앞에 있는 음절보다 조금 낮은 음역의 위치인 낮은 수평조로 발화하거나, 낮은 수평조의 핵음절인 '-게'의 길이를 짧게 발음하기도 한다.[10]

(4) 나/가이 밥 먹어/먹엄수**게/께**. (MML: 낮은 수평조)

(5) 이거 우리 쒜우**게/께**. (HML: 낮은 수평조)

(6) 비 오쿠**게**. (MML: 낮은 수평조)

(7) 애기 잠십데**게**. (MML: 낮은 수평조)

(8) 그 사름 경 골읍니**께**. (MML: 낮은 수평조)

(4)~(8)은 설명형 어말어미 '-다'에 의한 발화인 (1)~(3)에 비하여 (4)~(8)은 화자의 확고한 믿음의 정도가 높다. 이 발화는 화자가 동일 시공간에 있는 청자에게 낮은 목소리로 의사 전달이 어려울 정도로 공간상의 거리가 떨어져 있을 때는 발화 전체의 음역을 높이기는 하지만 어조에는 큰 변화가 없다.

그러나 화자가 자신의 판단에 대한 믿음, 확실성, 자신감이 다소 떨어진다고 생각할 때는 자신의 믿음, 판단이 참임을 재확인하기 청자의 인정, 동조,

---

10  허웅·김선정(2006:135)은 한국어의 핵억양 목록으로 9가지 패턴이 존재한다고 하였다. 핵억양 패턴을 찾기 위해서는 발화된 문장의 음의 높낮이 영역을 3등분하여 '높은 높이, 가운데 높이, 낮은 높이'로 나눈다. 예를 들면 '**학교에 갑니다**'의 핵음절은 평서형어미 '-**다**'이며 이 음절의 어조는 바로 앞 음절보다 조금 낮은 위치를 차지하고 있으므로 '낮은 수평조'에 해당시키고 있다.

공감을 촉구하는 담화전략을 대화 전략을 계획하게 된다. 그것이 바로 어조의 변화이다. 이럴 경우에는 핵음절인 종결어미 '-게'의 어조는 가운데 높이에서 시작하여 조금 낮아졌다가 가장 높은 높이로 끝난다(MLH). 구체적으로 설명하면 이때의 종결어미 '-게'는 바로 앞의 음절보다 한층 높은 음영역으로 오름조가 되면서 음의 길이도 장모음으로 발화되며 동시에 화자의 어조에도 부드러움이 동반하게 된다. 그런데 이러한 어조가 이 방언의 평대법 청유형어미이자 핵음절인 (9)의 '-게'와 매우 유사하다에 주목할 필요가 있다.

(9) 이제 그만 가게. (MLH)

알다시피 청유형은 상대방의 행동을 화자와 함께 수행할 것을 요청하는 문형이다. (9)의 청유문에서 '함께…할 것'을 요구하는 청유형어미 '-게'의 의미가 (4)~(8)의 '확인 요청'의 평서형 종결어미 '-게'와 어조와 화행 의미가 매우 유사하다. 이러한 유사성들에서 우리는 (4)~(8)의 평서형 어말어미 '-게'는 이 방언의 화자들이 자신에게 주어진 사실에 대한 판단의 확실성을 청자로부터 확인 받기 위하여 종결어미 체계 안의 '요청'의 의미를 가진 청유형어미 '-게'를 확대 적용한 화행 전략에 의한 형식임을 시사 받을 수가 있다.

이상에서 평서형 어말어미 '-게'의 의미를 화용론적인 요소들을 적용하여 살펴 본 결과 우리는 다음과 같이 결과를 얻게 되었다.

첫째, 평서형 어말어미 '-게'는 화자에게 주어진 정보에 대한 확실성이 가장 높을 때는 청자의 적극적인 반응을 기대하지 않는 일방향적인 화자 중심의 확인 단언의 의미를 수행한다. 반면에 확실성의 정도가 낮아지게 되면 자신의 믿음, 판단이 참임을 재확인하기 위하여 청자를 대화에 적극 참여시키려는 청자 지향적인 대화 전략을 짠다. 이에 따라서 청자의 긍정적인 반응, 즉 인정, 동조, 공감을 촉구한다. 이와 같은 화자의 담화 전략에서 화자의 발화형을 결정하는 가장 중요한 변수는 어조이다.

둘째, 어조의 선택이 주어진 상황을 전달하려는 화자의 심적 태도 외에 화자의 감정, 정감과 밀접한 관련이 있는 것으로 판단되므로 어조도 양태성의 범주에 속한다고 할 수 있다.

### 3.1.2. '-ㄴ게'

> 화자1: 가이 무시거 햄신가?
>   가이 무시거 햄신가, 모르켜.
> 화자2: 첵 봄수다/
>   첵 봄쪄. 첵 봄선게/봄신게

이 장면에서는 화자1의 동일한 확인 요청 의문문에 대하여 화자2의 대답 유형이 세 종류가 가능하다. 그런데 화자2 의 응답 중 밑줄 친 '봄선게/봄신게'는 화자2가 발화시 현재 현장에서 응답하고 있음에도 불구하고 관찰시가 현재, 과거의 의미로 갈리고 있다. 이러한 사실은 곧 '-ㄴ게'의 '-ㄴ'이 시제와는 무관하다는 점을 증명하는 것이다. 다음, 화자2의 응답형이 앞의 3.1.1.의 청자 존대법어미 뒤에 결합된 '-게'가 아닌 '-ㄴ게'라는 점에서 화자1과 화자2의 나이 관계를 짐작할 수가 있다.

> (1) 가. 가원 첵 보암/선게/신게/시른게.
>     (그 아이는 책 보고 있던데/는데/겠는데.)
>   나. 가원 집의 오란 시언게/신게/시른게.
>     (그 아이 집에 와 있던데/는데/겠는데.) (28쪽)
> (2) 그 사름 말 잘 혼덴 ᄒᆞ연게/ᄒᆞ염신게/ᄒᆞ른게.
>     (그 사람 말 잘한다고 하던데.) (35쪽)
> (3) 비 와선게/왐신게/오른게.

(비 왔던데/오고 있는데/오겠는데)

(4) 그 옷 느/나안티 족안게/족은게/족으큰게.

(그 옷 느/나한테 적던데/적은데/적겠는데)

(5) 불 숨아가난 똣똣허여전게/점신게/지른게.

(불을 때어가니까 따뜻해지던데/지는데/지겠는데)

 

통합형 평서형 어말어미 (1)~(5) '-ㄴ게'는 동년배나 아랫사람에게 쓰는 평대법어미이다. 2.2의 종결어미와 연결어미의 기능을 두루하고 있는 이 '-는게'의 설명에서 우리는 '-는게'는 직설법어미 '-느-'가 나타나는 구조로, 종결어미 '-ㄴ게'는 직설법어미 '-느-'가 Ø 형태로 나타나는 구조로서 둘 다 더 이상 분석할 수 없는 통합형어미로 보았다. 이 통합형어미는 시상과 관련 있던 관형형어미 '-ㄴ'이 후행하는 의존명사 '게'가 형태론적 구조로 문법화 과정에서 문법기능을 상실한 대신 양태성을 획득한, '잃고 얻는' 현상으로 보아야 할 것임도 시사하였다. 이러한 구조와 관련하여 고영근(1995:259)과 장경희(1985:131)는 국어의 서술어 관형구조의 '-ㄴ'은 시제와는 무관한 화자의 심리적 태도가 반영된 양태성을 가진 것이라 하였다. 또한 장경희(1985:131)는 "관형절에서 {-ㄴ}은 [確實性]의 의미를 지닌다……[確實性]은 화자가 사실의 眞理値에 대하여 지니는 태도인데 직접 체험하여 분명히 알고 있는 사실과 확인은 하지 못했지만 확실하게 眞일 것으로 확신하는 사실"로 설명하고 있다. 이러한 설명은 문제의 이 방언의 통합형 평서형 어말어미 '-ㄴ게'의 양태성 해석에도 충분히 적용이 될 수 있다.

(1)~(5)는 화자에게 주어진 사실, 상황이 화자가 직접 관찰((1), (2))하거나, 들어서 알고 있는 사실(3), 직접 체험하고 느낀 사실((3)~(5))을 표현한 발화들이다. 이 사실들은 화자의 발화시 기준으로 시상의 대립들을 보이고 있지만, 모두 어말어미 '-ㄴ게'의 결합이 가능하다. 이러한 현상은 곧 평서형 어말어미 '-ㄴ게'가 시상의 문법의미보다는 화자가 주어진 사실을 어떻게 파악하느냐

하는 양태와 관련이 있음을 보여주는 것이다. 따라서 통합형 평서형 어말어미에 '-ㄴ게'에 녹아 있는 '-ㄴ'은 주어진 사실이 참일 것이라고 믿는 화자의 인식양태인 '확실성'과 관련이 있다고 보아야 한다. (1)~(5)의 추측법 어미 '-ㅋ-'로 표현되는 추측되는 불확실한 사실도 그 사실이 실현 여부보다는 그렇게 판단하고 있는 화자 자신의 판단, 믿음에 대한 확실성을 관형형 '-ㄴ'에 의해서 표현하고 있는 것이다. 그래서 통합형 평서형 어말어미 '-ㄴ게'의 양태성은 2장에서 평서형 어말어미 '-게'에 대하여 설명한 '확인'을 추가하여 '화자가 주어진 사실에 대한 확실성을 확인 요청하는 어말어미'로 정리할 수가 있다.

그러나 우리는 주어진 정보의 '확실성'과 화행의 한 방식인 '확인'은 동일한 범주가 아님을 알아야 한다. '확실성'은 화자에게 주어진 사실의 증거성[11]의 정도와 관련이 있으나 '확인'은 주어진 사실(직, 간접적인 증거)에 대하여 자신이 내린 판단을 토대로 화자 스스로에게 거듭규정, 인정하는, 화자 스스로의 심적 행위이거나[12] 청자의 반응을 통해서 인정받는 화행 방식이라는 복합적인 개념으로 정의할 수가 있다. 즉 확인은 자기 자신의 판단 결과(증거)를 스스로에게 인정받는 '화자 지향적, 주관적 확인'[13]과 청자의 동의, 인정을 얻어서 인정받는 '청자 지향적, 객관적 판단'의 성격을 가진다는 것이다.

이 정의에서 핵심어는 바로 '인정'이다. 이 인정이 바로 <제주어 조사·어

---

11  최근의 국어의 '-지, -네, -군'의 양태성에 관한 연구들이 주로 Palmer F. R.(1993, re.) 증거성을 기준으로 논의를 진행하고 있다. 그러나 본 연구에서는 '증거'라는 단어에 대한 필자의 부정적인 선입견으로 이 용어를 사용하지 않지만, 필자가 사용하는 '주어진 사실, 정보, 내용' 등은 이 '증거성'과 크게 다르지 않음을 밝힌다.

12  고영근(1981:120)의 현대국어의 선어말어미의 확인법 어미 '-깃/엇-'의 설명 가운데에서 확인법의 양태적 해석을 "心蘊과 같은 주관적 경험을 토대로 하여 자신의 지식의 상태를 규정하는 것"으로 설명하고 있다. 이 설명 중 밑줄 친 내용은 필자의 '확인'의 개념과 대동소이하다고 믿는다.

13  인식양태로서의 '확실성'과 화행 방식으로서의 '확인'은 화자 자신 내부의 작용일 때는 동시에 작용하기도 하고 증거가 시간차를 두고 작용하기도 한다. 이와 같은 의미에서 '확인'도 화자의 인식양태 범주에 해당된다 하겠다.

미 사전>에서 종결어미 '-게'와 '-ㄴ게'의 의미로 '그 사실을 상대방이 인정하게끔'의 핵심어가 된 이유일 것이다. 다음에 이와 같은 화행상의 '확인 요청'의 정도성이 통합형어미 종결어미 '-ㄴ게'에서는 어떻게 나타나는지 살펴보기로 하자.

### 3.1.2.1. 화자 확인-주관적 확인

화자 자신을 향한 주관적 확인이란 앞에서도 언급한 바와 같이 주어진 사실, 상황에 대한 판단을 화자 스스로에게 심리적으로 인정하는 것이라고 하였다. 그러므로 확인은 특히 화자 자신이 체험한 사실 외에 제3자를 통해서 얻은 정보일 경우는 그 정보의 참/거짓 여부가 확인의 초점이 된다. 이때 확인 대상의 참/거짓의 판단 기준으로서 화자의 '기대감'이 작용한다. 즉 제3자로부터 정보를 얻을 때 화자에게 그 정보는 새로운 정보이거나 이미 알고 있는 사실일 수가 있다. 이렇게 얻어진 정보를 확인할 경우 화자는 그 사실이 참/거짓인지, 기대한 대로인지 기대에 빗나간 것인지에 관심이 있다. 만일 주어진 정보 내용이 화자 자신이 예상한 대로라면 참이 될 것이며 예상에서 빗나간 의외의 사실이라면 '의외성'이라는 양태성을 가지게 된다. 그래도 통합형 평서형 종결어미 '-ㄴ게'는 주어진 사실의 적정성 여부는 물론, 의외의 사실까지도 확실하게 확인할 때 선택되는 통합형 종결어미라는 점은 양태부사 중 '확실히' '의외로'의 통합을 허용하는 것에서도 증명이 될 수 있다.

화자 스스로에게 확인할 때 '-ㄴ게'의 어조는 핵음절 '-게'가 그 앞에 있는 음절보다 조금 낮은 음역의 위치인 낮은 수평조로 발화하여 진술문의 기본 어조를 가진다.


(1) 가. 가인 첵 보암/선게/신게/시큰게.

　　　 나. 가인 집의 오란 시언게/신게/시큰게.

(2) 그 사름 말 잘 흐덴 흐연게/흐염신게/흐큰게.

(3) 그 옷 느/나안티 족안게/족은게/족으른게.

(4) 비 와선게/왐신게/오른게.

(5) 불 숨아가난 뜻뜻허여전게/점신게/지른게.

　(1가)는 화자가 제3자가 화자로부터 '그 아이는 책을 보지 않고 있음', (1나)는 '아직 집에 오지 않음', (2)도 '그 사람은 말을 잘 한다'는 정보를 얻은 후 그 정보의 참/거짓의 여부를 화자가 발화시 현장에서 비로소 알게 되어 판단하여 스스로에게 확인하는 발화형이다. 이와 동일하게 (3)~(5)도 화자가 발화시 새로운 사실을 비로소 처음 체험하여 느낀 지각, 지식, 앎의 결과를 스스로에게 '확인'하고 있다.[14] 그러므로 이와 같은 화자의 주관적인 확인을 할 때는 반드시 청자가 화자와 동일 시공간 안에 존재하지 않아도 되며, 존재한다 하더라도 화자는 자신의 확인 사실을 청자와 함께 하려는 요청을 하지 않는다. 그래서 이와 같은 대화 현장에서의 통합형 종결어미 평서형 '-ㄴ게'는 독백이나 방백의 성격을 띠게 되는 것이다. 그러므로 청자는 화자의 이러한 발화에 반드시 반응하지 않아도 된다.

### 3.1.2.2. 청자 지향적 확인-화자 확인의 객관화

　청자 지향적 확인이란 화자 자신이 확인한 사실을 청자에게 일방적으로 통보하여 확인 시키는 화행전략을 말한다. 그러므로 청자 지향적 확인 과정은 앞의 3.1.2.1.의 화자 스스로에게 하는 주관적 확인 과정이 전제된다.

(6) 가. 가읜 책 보암신게.(↗ H: 오름조)

　　나. 가읜 집의 오란 시언게.(↗ H: 오름조)

(7) 그 사름 말 잘 흔덴 흐연게.(↗ H: 오름조)

---

14　이와 같은 이 방언의 주관적 확인의 '-ㄴ게'의 양태성은 표준어의 '-네'보다는 '-군'에 더 가깝다고 하겠다.

(6), (7)은 정보 제공자가 제3자일 경우, 주어진 사실은 화자와 청자 모두가 화자의 발화시까지 모르던 사실일 수도 있고, 청자가 정보 제공자일 경우, 청자가 잘못 알고 있거나 기대와 다른 정보일 수가 있다. 이 때 화자는 주어진 사실이 참/거짓인가에 대한 확실성을 자신이 먼저 확인한 후 그 확인한 결과를 청자에게 '-ㄴ게'의 핵음절 '-게-'를 바로 앞 음절보다 한 영역 높은 상승조인 청유형과 동일한 어조로 통보하게 된다. 즉 이 전략은 표면형으로 보면 화자가 직접 확인한 사실을 청자에게 확인, 통보의 형식을 취하지만 내면적으로는 "내가 확인한 사실을 청자인 당신도 알기를 바란다"라는 기대와 요청이 함의되어있다. 그러나 화자가 청자에게 확인 사실을 공유하자는 언표내적 요청의 정도는 3.1.1.의 평서형 어말어미 '-게'에 비해서 매우 낮다. 그 이유는 3.1.1.의 평서형 어말어미 '-게'는 화자와 청자가 동일 시공간 안에서 면대면의 직접 대화인 평서형 어말어미 '-ㄴ게'는 화자가 확인한 사실의 확실성을 청자에게 알려주는, 일종의 화자 자신의 확실성을 '재확인'하는 화행이기 때문이다. 이와 같이 화자가 상승조의 어조로써 자신의 주관적인 확인을 객관화하는 대화 현장에서 화자는 청자의 어떤 반응을 기대하지만, 청자의 반응은 필수적이 아니다. 만일 청자가 반응할 경우 청자의 예상, 기대에 어긋날 경우는 '그래?' 등의 의외의 반응을 하거나, 기대 했던 사실이라면 '알았다.' 등으로 인정, 동조하게 된다.

## 3.2. 어말어미 '-네'와 '-ㄴ게'와의 화용 의미의 상관관계

3.2.에서는 청자 지향적 확인의 화행 의미를 수행하는 평서형 어말어미 '-네'를 3.1.에서 설명한 평서형 어말어미 '-ㄴ게'와 담화 현장에서 어떤 차이점을 보여주는가에 대하여 설명하기로 한다. 다음은 이 방언의 평서형 어말어미 '-네'와 '-ㄴ게'의 화용 의미의 상관관계를 보여주는 발화 장면이다.

장면1: 아이가 잠자고 있다. 다른 사람들은 이 사실을 모르고 떠든다. 어머니가 아이를 재우고 나오다가

**화자1: 아이 잠시네. 조용히들 허라.**

(이 장면에서 화자1만 현재 상황을 알고 있다. 그러나 화자1은 이 상황을 모르는 불특정 다수인 청자들에게 현재의 상황에 대하여 확인 시키려는 의도가 있다.)

장면2: 한참 지난 후 화자1이 이미 아이가 자고 있음을 알고 있지만 그래도 궁금해서 화자2에게 확인 요청한다.

**화자1: 아이 아직 잠시네.**

(화자1는 전경이 되는 사실을 이미 알고 있고, 화자2는 모르고 있다. 그러나 화자1은 청자인 화자2도 그 사실을 알고 있다고 기대하고 상황이 자신의 기대대로 이루어지기 바라는 마음으로 화자2에게 확인에게 요청하는 것이다.)

**화자2: 응, 아직 잠신게/잠선게, 아니, 깨신게.**

(화자2는 화자1의 요청에 따라서 발화시 현장에서 직접 관찰한다. 그리고 그 사실이 화자1의 기대에 맞는지/어긋나는지에 대한 확실성을 확인한 후 화자2에게 통보한다.)

다음의 (1)~(7)은 앞의 장면과 같은 상황에서 가능한 대화문이다. (1)~(7)의 어말어미 '-네'가 어떤 대화 장면에서 화-청자의 '양방적 확인 요청'의 화행 의미를 가지게 되는지에 대하여 살펴보기로 하자.

(1) 가윈 밥 먹엄시녜. (그 아이는 밥 먹고 있네.) (35쪽)

(2) 가의도 이걸 보아녜. (그 아이도 이것을 보았네.) (35쪽)

(3) 그날 비 하영 오라녜. (61쪽)

(4) 내일 비 오크녜.

(5) 가인 느량 경 흐느네. (-느니.)

(6) 경 굴으민 화 내느네. (-느니.)

(7) 영등달 넘어가민 날도 뚯뚯허여지느네. (-느니.)


(1)~(7)의 평서형 어말어미 '-네'는 통합형 평서형 어말어미 '-ㄴ게'와 마찬 가지로 동년배나 아랫사람에게 쓰는 평대법 어미이다. (1)~(7)은 평서형 어말 어미 '-네'는 3.1.2.의 평서형 어말어미 '-ㄴ게'와는 정보 제공 경로가 다소 다르다.

화자의 발화시 현재 청자가 동일 시공간 안에 있을 때 화자 자신이 체험하 거나 관찰한 사실이나 앞으로 일어날 일에 대한 추측이 확실하다는 것을 청자 의 긍정적인 반응을 통해서 인정받으려고 할 때 쓴다. 그러므로 종결어미 '-네'는 통합형 어말어미 '-ㄴ게'와 다소 다른 담화 요소를 요구하게 된다. 즉 (1)~(7)의 어말어미 '-네'는 화자의 발화시 현재 청자가 반드시 동일 공간 안 에 존재해야 한다는 것이다. 그래서 화자는 자신이 확실하게 알고 있는 사실 을 대화 현장에서 청자에게 알림으로써 자신의 판단이 참임을 자신에게 인정 하는 소극적인 확인 방법과 청자의 긍정적인 반응을 촉구하여 화자, 청자가 공동으로 인정하는 적극적인 확인 방법의 2가지 전략을 세우게 된다.

(1)~(3)은 화자가 발화시 현재 알게 된 사실(1)이나 이미 알고 있는 사실((2), (3)), 추측하고 있는 사실(4)을 청자에게 알려주려고 할 때 사용하는 발화형이다. 그리고 이러한 사실은 청자가 이미 알고 있거나 화자가 청자도 이미 알고 있 다고 믿는 사실들이다. 바로 이 점이 통합형 어말어미 '-ㄴ게'와 다른 점이다. 이와 같은 담화 효과의 차이점을 통합형 어말어미 '-ㄴ게'와 대비하면서 설명 하면 다음과 같다.

먼저 청자의 반응의 촉구 정도를 기준으로 할 경우, 어말어미 (1)~(4)의 '-네'는 화자 자신이 확실하다고 판단 내린 결과에 대하여 청자의 즉각적인 반 응을 기다린다. 즉 화자인 "나는 이렇게 확인, 생각했다, 너도 그렇게 생각하지? 그러니 대답해다오"를 함의하기 때문에 이 경우 청자는 "예" 또는 "알았다" 등의 긍정적인 대답을 해야 한다. 그러나 통합형 종결어미 '-ㄴ게'형은 청자의 반응에 별로 신경을 쓰지 않는다. 단지 화자 자신이 확실하다고 판단 내린 결과를 청자에게 전달하는 데에 그친다. 이와 같이 화자의 청자에 대한 반응을 기대하는 데에는 (1)~(4)의 '-네'의 확실성에 대한 자신감이 통합형 어말어미 '-ㄴ게'에 비하여 높다는 사실을 파악할 수 있다. 그래서 전자는 양방향성 확인, 후자는 일방향성 확인의 성격을 띤다고 하겠다. 이때의 두 유형의 종결어미의 억양은 모두 동일하게 평서형어미의 억양과 동일한 수평조이다.

(1) 가원 밥 먹엄시네. ↔ (1)' 가원 밥 먹엄신게.[15]
(2) 가의도 이걸 보아네. ↔ (2)' 가의도 이걸 보안게.
(3) 그날 비 하영 오라네. ↔ (3)' 그날 비 하영 오란게.
(4) 내일 비 오크네. ↔ (4)' 내일 비 오큰게.

그러나 화자가 좀더 적극적으로 청자의 적극적이며 긍정적인 동조를 촉구할 때는 핵음절인 '-네'의 억양을 바로 그 앞의 음절에서 한층 오름조로 장음으로 발화한다. 이러한 억양은 통합형 어말어미 '-ㄴ게' 의 경우와 동일하다. 결국 이 방언의 종결어미 '-네'와 통합형 어말어미 '-ㄴ게'의 공통적인 의미인 '상대방도 인정하게끔' 재촉하는 것은 화자가 대화 현장에서 자신에게 주어진 정보에 대한 판단 결과를 확인하는 담화론적 전략의 하나라는 것으로

---

15 이와 같은 이 방언의 두 어미의 양태성에 관한 상관관계는 표준어의 '-지'와 '-군'의 담화 기능과 동일한 면을 보인다고 하겠다. 한편 '-군'과 '-네' 그리고 확인의 '-지'의 양태성 연구로서 장경희(1985)를 시작으로 하여 신선경(2001)의 서술시점 차이로 설명한 연구 외에 최근에는 Palmer F. R.(1993, re.)의 증거성을 근거로 논의로서 정경숙(2012, 2014)과 권익수(2013)의 논쟁이 있었으며, 가장 최근의 송재목(2014)의 겨울 국어학회에서의 발표가 있었다(필자는 참석하지 못해서 그 자세한 내용을 소개하지 못함을 유감으로 생각함). 그 외 국어학자들의 연구업적이 많으나 필자의 불찰로 다 검토하지 못했음을 밝힌다.

정리할 수가 있다. 평서형 어말어미 '-네'는 자신의 믿음, 정보에 대한 확실성을 청자에게 확인시킨다고 한다면 통합형 어말어미 '-ㄴ게'는 자기 자신에 대하여 확인하는 것으로서 전자가 청자 지향적 확인, 후자는 혼잣말에 해당하거나 방백에 가까운 화자 지향적 확인이라 하겠다. 이상에서 우리는 어조가 화자의 확인 방법에 중요한 역할을 하고 있음을 알았다. 화자가 핵음절의 억양을 오름조로 상승시키는 것은 자신의 확인 내용의 전달력을 높이려는 일종의 음운강화 전략이라고 하겠다. 이와 같은 음운강화 전략이 바로 청자 존대 어미 뒤에 결합되는 의문형어미 '-가'와 확인의 어말어미 '-게'가 각각의 이형태인 '-까'나 '-께'의 출현과 무관하지 않은 것 같다.

이상에서 우리는 평서형 어말어미 '-ㄴ게'와 '-네'의 화행 의미를 대화 장면과 어조의 변화로 살펴보았다. 그 결과 평서형 어말어미 '-ㄴ게'는 화자 자신이 경험, 관찰로 얻은 정보의 확실성을 확인하는 데에는 청자가 필수적인 조건은 아니다. 이와 같은 의미에서 화행상 주어진 정보, 사실에 대하여 화자가 청자에게 '정보의 일방적인 통보'의 성격을 가진다. 평서형 어말어미 '-네'는 화자와 동일 시공간 안에 청자의 존재가 필수적이다. 즉 자신이 알고 있는 사실의 확실성을 청자와 공유하기 위하여 확인을 요청하는 의미에서 청자 지향적인 '정보의 양방향적인 공유'의 화행 의미를 수행하는 것이라 하겠다.

## 3.3. 종결보조사 '게'의 화행 의미

다음에 2장에서 살펴보았던 평서형 어말어미 '-게'와 관련이 있는 문장 말에 첨가되는 담화표지인 종결보조사 '게'의 화행 의미를 살펴보기로 한다.

> 게2 조 서술어 뒤에 연결되어서, **강조·확인·촉구**·친절·반어의 뜻을 나타내는 **종결보조사**. (예) 그디 오래 싯지 말앙 제기 와붑서게. (거기 오래 있지 말고 재우(빨리) 와 버리십시오)

(1) 누게가 경 말 해연? - 영희, 영희게 (확인, 강조)

(2) 이레 옵써 - 어드레? 어드레게. (확인)

(3) 영 해영게. (이렇게 해서 말이야. 확인)

(4) 경 헙니께게. (그렇게 합니다요. 확인)

(5) 이제 그만 허주게 (요청, 확인)

　　종결보조사 '게'는 (1)~(5)처럼 단어, 구, 절, 문장 등 다양한 문장 단위에 첨가되어서 선행 요소들에게 '확인, 강조, 요청, 촉구'라는 의미를 보태준다. 이 종결보조사 '게'가 2장에서 살펴본 평서형 종결어미 '-게'와 통합형 어말어미 '-ㄴ게'와 '-녜'와 그 외 다른 어미 범주에 다양하게 분포되어 있는 현상을 설명해보기로 하자. 종결보조사 '-게'의 '강조·확인·촉구' 3가지 의미 중에서 우리는 이미 3장에서 '확인, 요청'의 의미를 파악한 바가 있다. 그러나 '강조'는 확인이나 요청을 거듭하는 화자의 감정 상태와 관계가 깊다.

　　종결보조사 '-게'의 화용론적 의미인 '강조·확인·촉구'는 문법화의 틀에서 본다면 탈 범주화 현상의 하나로서 다중문법화에 따른 의미의 퇴색화로 설명해볼 수가 있다. 즉 종결어미로 문법화를 거친 '-게'는 통합형 어말어미 '-ㄴ게'로서 이 방언의 연결어미와 평서형 종결어미로 기능하면서 '근거'라는 어휘 의미(원의미)를 가졌던 의존명사 '게'가 '확인'의 종결어미로, 또 다른 한편으로는 종결보조사로 다중문법화를 경험하면서 '확인, 강조, 촉구'의 의미로 확대된 것으로 설명할 수 있다. 또한 '게'의 이와 같은 화행 의미들은 상대방의 인정을 '요청'하는 화행전략에 따라서 청유형 어미로까지 기능하게 된다.

　　한편 종결어미로 문법화된 '-게'가 분포상의 제약이 종결보조사인 '게'에 비하여 큰 것으로 보아 문법화 단계가 종결보조사인 '게'보다 더 이른 시기에 이루어졌을 가능성이 높다고 하겠다. 종결보조사가 가지고 있는 화행 의미가 앞의 종결어미들이 가지고 있는 의미와 동일하다는 점이 시사해주는 점에서 우리는 이와 같은 가정을 해 볼 수가 있는 것이다. 결국 이 방언의 종결보조사는 앞에서 분석한 평서형 어말어미 '-게', '-ㄴ게', '-녜'가 가지는 '확실성과 확인' 의미에 거듭 결합됨에 따라서 '강조, 촉구'라는 부차적인 의미를 얻게 된 것이다. 그렇기 때문에 종결보조사 '-게'가 평서문 뒤에 첨가 될 때는 '강조', 청유문 뒤에 첨가될 때는 '재촉(촉구)'의 화행 의미를 얻게 된 것으로 볼 수가 있는 것이다.


## 4. 결론

지금까지 이 연구는 제주방언 종결어미의 체계 안의 평서형 어말어미 '-게'의 의미를 중심으로 관련 어미들인 '-게', -ㄴ게', '-녜'에 대하여 형태론적으로 검토한 후 그 의미를 화용론적으로 설명하였다. 그 내용을 요약하면 다음과 같다.

평서형 어말어미 '-ㄴ게'는 직설법 관형형에 중세어 의존명사 '게'의 통합구조가 형태구조로 문법화한 통합형 평서형 어말어미이며, '-녜'는 원칙법어미 '-니-'에 감탄법어미 '-여'가 결합되어서 형태의 문법화를 거친 융합형 어미이다.

평서형 어말어미 '-게'의 '확인'의 의미는 화자가 담화전략에 따라서 선택하는 심적 태도와 관련이 있다. 평서형 어말어미 '-게'는 청자와 직접 대화 장면에서 주로 쓰여서 청자가 확인 요청한 사실을 화자가 확인한 후 청자에게 직접 전달하는 화행의 한 형식이다. 이때 화자가 청자의 반응에 대한 화자의 기대 정도와 어조는 서로 함수관계에 있다.

제주방언 평서형 어말어미 '-게'는 화자의 확인 요청의 정도와 대상에 따라서 화자 지향적인 주관적 확인과 청자 지향적 객관적 확인의 화행 기능을 수행한다. 이때 핵음절인 '-게'의 어조는 상승조, 장모음으로 발화한다.

평서형 어말어미 '-ㄴ게'는 화자 지향적 확인의 의미로 수행된다. 화자가 담화 현장에서 청자의 적극적인 반응을 요청하지 않으므로 주로 독백, 방백의 형식을 취한다. 이 경우 마지막 핵음절 '-게'의 어조는 수평조이지만, 청자에게 자신이 확인한 사실을 통보할 때는 상승조가 된다. 평서형 어말어미 '-게'의 화행 의미와 상관성을 가진 것으로서 평서형의 '-녜'가 있다. 이 평서형 어말어미 '-녜'는 청자 지향적 객관적인 확인의 양태성으로 기능한다. 평서형 어말어미 '-녜'는 화자가 체험, 확인한 사실에 대한 판단에 청자가 동의해 줄 것을 요청하는 의미가 '-게, -ㄴ게'보다 강하다. 그것은 화자는 확인하고자 하는 사실을 이미 알고 있지만, 청자로부터 재확인 받고자 할 때 선택하는 언어 형식이기 때문이다. 이런 장면에서의 평서형 어말어미 '-녜'의 어조는 평서형 어말어미 '-게, -ㄴ게'의 화자 지향적 확인인 경우와 동일하게 어조는 상승조, 장모음으로 발화 수행된다.

담화표지로서의 종결보조사 '-게'가 수행하는 '강조'는 확인의 의미로 기능하는 평서형 어말어미 '-게', -ㄴ게', '-녜' 뒤에 첨가될 때 파생되는 부가적인 의미이다. 그 이유는 '확인'을 거듭하는 것은 화자의 감정과 직결되므로 자연히 '강조'가 되는 것이다. 그렇기 때문에 종결보조사 '-게'가 평서문 뒤에 첨가 될 때는 '강조', 청유문 뒤에 첨가될 때는 '재촉(촉구)'의 화행 의미로서 수행하게 되는 것이다.

끝으로 이 방언 어미체계 안의 '-게' 계열에 대한 다중문법화 과정에 관한 연구는 후학들의 연구로 미루기로 한다.

참고문헌

고영근(1981), 『중세국어의 시상과 서법』, 탑출판사.

고영근(1995), 『단어 문장 텍스트』, 한국문화사.

권익수(2013), 「한국어 종결어미 '-네'의 의미 재고찰: 정경숙(2012)에 대한 다른 생각」, 『언어』 제38권 제1호, 한국언어학회, 54-66.

문숙영(2004), 「제주 방언의 현재시제 형태소에 대하여」, 『형태론』 6권 2호, 박이정, 293-316.

신선경(2001), 「'-군(요)'와 '-네(요)'의 쓰임에 대한 연구-서술 시점의 차이를 중심으로」, 『형태론』 3권 1호, 69-84.

우창현(2005), 「제주 방언의 '-느-'에 대하여, -'-느-'와 '-ㄴ-'의 상관성을 중심으로」, 『형태론』 6권 2호, 박이정, 387-402.

장경희(1985), 『현대국어의 양태범주 연구』, 탑출판사.

정경숙(2012), 「한국어 종결어미 '-네'의 의미: 증거성 및 의외성과 관련하여」, 『언어』 제37권 제4호, 한국언어학, 995-1015.

정경숙(2014), 「한국어 종결어미 '-네'와 단언화행」, 『언어』 제39권 제3호, 한국언어학회, 616-639.

정성여(2013), 「제주방언의 '-ㄴ다-'와 관련 어말형식들의 대립에 대하여」, 『방언학』 17호, 한국방언학회, 105-139.

한동환(1996), 『국어의 시제 연구』, 태학사.

허용·김선정(2006), 『외국어로서의 한국어 발음교육론』, 박이정.

현평효(1985), 『제주도 방언 연구』, 이우 출판사.

현평효·강영봉 편저,(2011) 『제주어 조사·어미 사전』, 제주대학교 국어문화원.

홍종림(1991), 『제주 방언의 양태와 상 범주 연구』, 성균관대학교 박사학위 논문.

Palmer. F. R.(1993), *Mood and Modality*, Cambridge University Press.

# 제주방언의 유기음과 경음의 형성 과정*

### —어중의 ʦʰ, tʰ, k', t'를 중심으로

고동호

## 1. 머리말

1.1. 이 글의 목적은 현대 제주 방언에 나타나는 일부 유기음의 역사적 변화 과정을 살펴보는 데에 있다. 이 글에서는 특히 제주 방언의 어중 위치에 나타나는 유기음과 경음 계열에 한정하여, 중부 방언을 비롯한 나머지 방언들과 다른 변화를 겪었다고 간주되는 과정을 검토하고자 한다. 비어두 위치에서 일어난 변화에 대한 면밀한 검토는 후일 어두 위치의 변화 과정을 고찰하는 기초가 될 수 있으리라고 믿는다.

제주 방언의 비어두 유기음의 특이성에 대해서는 이미 李崇寧(1957:20-21, 24-25, 56-59, 69-70)에서 일부가 지적되었고, 李基文(1980)에서 문헌형의 어중 -ㅅㄱ- 자음군과 제주 방언의 유기음의 대응이 관찰되었으며, 鄭承喆(1995a:186-202)에서는 어간말 위치에서 일어난 자음 변화를 논하는 자리에서 함께 다루어졌다. 한편, 제주 방언 이외의 현대 방언이나 문헌어에 나타나는 특수한 유기음이나 경음의 대응에 대해서도 李丞宰(1983), 李賢熙(1987), 박창원(1991:95-

---

* 이 글은 『한글』 225호에 수록된 것을 부분적으로 수정 보완한 것이다.

105)에서 꾸준히 논의되어 왔다.

1.2. 이 글에서는 다음과 같은 점에 유의하고 논의를 전개해 나가고자 한다.

첫째로, 재구는 공시적인 변이(variation)를 이전의 불변체(invariance)로 환원시키는 방법인데, 방언적 경계이든 언어적 경계이든 언어학적 경계(linguistic boundaries)를 넘어서 존재하는 변이를 이전 시기의 불변체(invariance)로 환원시키는 방법은 비교 재구이다(Hock 1986:532). 따라서, 방언 간의 비교는 비교 재구의 범주에 포함된다.[1]

둘째로, 언어 변화에 관한 두 모델 중에서 실제로는 전통적이고 단순한 계통수 모형을 사용하고 필요하다면 관련된 역사적 단계에 대하여 공시적인 등어선 지도로 보충하는 것이 일반적으로 바람직하다(Hock 1986:454).

셋째로, 어휘 확산 이론에서도 음 변화는 S-곡선의 형태로 확산된다는 가설이 제기되어 장기간의 세월이 지난 후의 음 변화의 규칙성을 인정하고 있으며(McMahon 1994:52), 역사 언어학자는 모든 변화가 규칙적인 것처럼 연구를 수행하여야 한다(Baldi 1990).

넷째로, 해방 이후 국어에 대한 역사적 연구는 '현대적 편견'을 극복해 온 과정(李基文 1972:9)이었다. 같은 논리로 국어 방언의 역사가 훈민정음 창제 이후에 시작된 것이 아니기 때문에, 방언사 연구에 대한 시각이 훈민정음 창제 이후로 한정되어서는 안될 것이다.

---

1  Hall(1950)은 방언 간의 비교 방법에서 출발하여 로만스 조어를 재구하고 있고, 服部四郎 (1971)에서는 일본어의 東京 방언과 首里 방언 간의 음운 대응의 규칙을 수립하여 방언적 차이를 설명하고 있다.

## 2. 유기음

### 2.1. ʧʰ

후기 중세국어의 'ㅅㄱ'에 대해서는 자음군으로 보는 견해와 경음으로 보는 견해가 있음은 주지하는 바와 같다. 이 'ㅅㄱ'은 현대 방언에서는 대부분 kʼ와 대응되는데, 다음 (1)에서 보는 바와 같이 제주 방언에서도 대부분 kʼ로 나타난다. (1)a는 어두 위치, (1)b는 형태소 경계와 인접하지 않은 형태소 내부 위치, (1)c, d는 각각 동사의 어간말과 명사의 어말 위치의 예이며, (1)e는 어기와 파생접사의 경계가 'ㅅ'과 'ㄱ' 사이에 있는 경우인데, 제주 방언에서는 이러한 환경과 관계없이 모두 kʼ로 나타나고 있는 것이다.

> (1) a. 깔다: kʼʌl-, cf. 실-(석보 6:25).[2]
>
>     깨다(覺): kʼe-, cf. 끼-(석보 9:31).
>
>     꾀: kʼwe, cf. 꾀(용가 19.).
>
>     꿩: kʼwʌŋ, cf. 꿩(용가 88.)
>
>  b. 거꾸로: kʌkʼulo, cf. 갓ㄱ로(능엄 10:56),
>
>     고깔: kokʼal(걸궁이라는 민속놀이시 쓰는 모자), cf. 곳갈(월곡 130.).

---

2  '표준형: 제주 방언형, cf. 문헌형'의 형식으로 자료를 제시하기로 한다. 제주 방언형들은 필자가 직접 조사한 제주 방언 자료는 IPA 기호로 음운 전사하고, 玄平孝(1962), 濟州方言研究會(편)(1995) 등 기존 자료집에 수록된 자료는 한글로 전사하여 구별한다. 한편, 문헌 자료는 주로 한글학회(1991)에 의존하였다. 그리고, 번거로움을 피하기 위하여 꼭 필요한 경우에만 재구형 표시를 달기로 한다.
필자가 조사한 주요 기간과 제보자는 다음과 같으며, 필요한 경우 수시로 전화로 확인하였다.
  1차: 1992.8.29.-9.2. 강두길(당시 76세, 제주도 북제주군 애월읍 수산리 거주), 고운일(당시 59세, 제주도 북제주군 애월읍 하귀리 거주)
  2차: 1993.1.3.-1.5. 고운일
한편, 모음의 IPA 음가는 이현복(1984:12, 66-68, 77-81)에서 전사된 것을 따랐다.

새끼(雛): sek'i, cf. 삿기(월곡 24.)

c. 깎다: kak'ɯ-, cf. 갔-(월곡 120.),

묶다: muk'ɯ-, cf. 뭊-(능엄 5:8)

d. 밖: pek'jʌt, cf. 밨(월석 2:53)

e. 솟구다: sok'u-, cf. 솟고-(법화 1:51)

그러나, 후기 중세국어의 'ㅺ'이 항상 제주 방언의 k'와 대응되는 것은 아니다. 다음의 (2)는 제주 방언을 비롯한 일부의 방언에서는 'ㅊ'으로 나타나는 반면에 중부 방언에서는 'ㄲ'으로 나타나는 어사들인데, 이 중부 방언의 'ㄲ'은 15세기 문헌형에서는 'ㅺ'로 표기되어 있는 것이다.[3]

(2) 가깝다: katʃʰap-, cf. 갓갑-(법화 4:49)

도깨비: totʃʰepi, cf. 돗가비(석보 9:36)

도끼: totʃʰi, cf. 돗귀(월석 1:29), 도최(능엄 8:85)

부끄럽다: putʃʰilʌp-, cf. 붓그리-(월석 14:62)

후기 중세국어의 'ㅺ'과 남부 방언의 'ㅊ'의 대응에 대해서는 李丞宰(1983)에서 'ㅅ'은 'ㅈ'이 'ㄱ' 앞에서 중화된 결과이고, 'ㅊ'은 'ㅈ' 앞에서 'ㄱ'이 'ㅎ'으로 약화된 후에 유기음화된 결과라고 설명된 바 있다. (2)와 같은 후기 중세국어의 'ㅺ'과 현대 제주방언의 tʃʰ의 대응에 대해서도 같은 추론이 그대로 적용된다.

앞의 (1)에서 후기 중세국어의 'ㅺ'은 현대 제주 방언 및 중부 방언에서 k'에

---

3  머리말에서 언급한 바처럼 세부적인 면에서는 약간씩 다르지만, 이러한 종류의 대응에 대해서는 이미 기존의 연구에서 다루어진 바 있다. 예를 들어, 15세기 문헌형 '붓그리다'의 'ㅅ'은 李基文(1980)에서는 'ㅊ'에 소급되는 것으로 보았고, 李丞宰(1983), 박창원(1991)에서는 'ㅈ'에 소급되는 것으로 보았으며, '돗가비'의 'ㅅ'은 李基文(1985)에서는 속격의 'ㅅ'에 소급한다고 보았고, 李丞宰(1983)에서는 'ㅈ'에 소급한다고 보았다.

대응되는 것이 대부분이라는 것을 살펴 본 바 있다. 만약, 제주 방언의 ʧʰ와 대응되는 후기 중세국어의 'ㅅㄱ' 연쇄의 'ㅅ'이 기원적인 것이라고 한다면, 'ㅅㄱ' 연쇄가 제주 방언에서 (1)과 같이 kʼ로 바뀌기도 하고, (2)와 같이 ʧʰ로 바뀌기도 했다고 보아야 할 것이다. 그러나, 같은 조건 하의 음은 같은 방향으로 바뀐다는 역사음운론의 일반적인 원리에 비추어 볼 때, 이와 같은 두 갈래의 변화는 인정하기 어렵다. 그러므로, 현대 제주 방언의 ʧʰ에 대응되는 후기 중세국어의 'ㅅㄱ'은 kʼ에 대응되는 'ㅅㄱ'과 서로 다른 음에 소급된다는 결론을 내릴 수 있다.[4]

중부 방언형을 기준으로 볼 때, 'ㄱ' 앞에서 'ㅅ'이 될 수 있는 자음은 'ㅈ'과 'ㅊ'이다. 왜냐하면 음절말 위치에 오는 'ㅅ, ㅈ, ㅊ'는 국어사에서 다음의 표와 같은 변화를 겪어 왔기 때문이다(李基文 1972:69, 1977:80, 85-86). 다시 말해서, 후기 중세국어의 'ㅅㄱ' 연쇄의 'ㅅ'은 그 자체가 기원적인 것이 될 수도 있지만, 'ㅈ'이나 'ㅊ'이 자음 앞 위치에서 'ㅅ'으로 중화된 결과일 수도 있다는 것이다.[5] 결국, 후기 중세국어에서는 'ㅈ'과 'ㅊ'이 'ㅅ'으로 중화되었기 때문에, 제주 방언의 ʧʰ와 대응되는 후기 중세국어의 'ㅅㄱ' 연쇄의 'ㅅ'은 후기 중세국어 이전 단계에서 'ㅈ' 혹은 'ㅊ'이 'ㅅ'으로 중화된 결과라고 할 수 있는 셈이다.

| | 고대국어 | 13세기 중엽 | 15세기 | 16세기 이후 |
|---|---|---|---|---|
| ㅅ | ㅅ | ㅅ | | |
| ㅈ | ㅈ | | ㅅ | ㄷ |
| ㅊ | ㅊ | ㅈ | | |

---

4   어휘 확산설에 따르면, 제주 방언에서 'ㅅㄱ>ㄲ'의 변화의 확산이 완성되기 이전에 'ㅅㄱ>ㅊ'의 변화가 일어나서 'ㅅㄱ>ㄲ'의 변화의 예외가 되었다고 설명할 수 있다. 그러나, 이러한 설명이 정당화되기 위해서는 'ㅅㄱ>ㅊ' 변화의 이유와 합리적인 변화 과정이 제시되어야 할 것으로 보인다.

5   일반적으로 역사적인 관점에서 중화는 음절말 위치를 기준으로 논의되어 왔다. 그러나, 음절말 위치를 바꾸어 말한다면 자음 앞 또는 어말 위치라고 할 수 있기 때문에, 'ㅅㄱ'이 동일한 음절에 속했다고 하더라도, 자음 앞에서 ㅈ과 ㅊ이 중화되었다고 할 수 있을 것이다.

중부 방언형만을 기준으로 한다면, 'ㅅ'이 소급되는 음이 'ㅈ'인가, 'ㅊ'인가를 결정하는 것은 쉽지 않아 보인다. 그러나, 다음 (3)의 제주 방언형들을 고려하면, 이러한 대응을 보이는 후기 중세국어의 'ᄼ'의 'ㅅ'은 'ㅈ'에 소급되는 것으로 간주된다. 즉, 중부 방언에서는 'ㅈㄱ' 연쇄가 'ᄼ'으로 바뀐 다음, 다시 k'로 바뀌었고, 제주 방언에서는 'ㅈㄱ' 연쇄에서 'ㄱ'이 'ㅎ'으로 바뀐 다음, 'ㅈㅎ' 연쇄가 'ㅊ'으로 바뀌었다고 생각해야 할 것이다.

(3) a. 낮다: nɔʧʰap-, cf. ᄎ갑-(금삼 3:25)
    b. 썻다: siʧʰi-, cf. 싯-(월곡 124.)
    c. 짖다: 주치-, cf. 즞-(법화 2:113)

(3)a는 제주 방언과 후기 중세국어 문헌형이 ʧʰ과 'ᄼ'의 대응을 보이는 예이고, (3)b는 ʧʰ와 'ㅅ'의 대응을 보이는 예이며, (3)c는 'ㅊ'과 'ㅈ'의 대응을 보이는 예이다. 제주 방언에서 '낯-' 자체는 '低'의 뜻이 아니라 '惡'의 뜻을 가지고 있다. 그러나, 'ᄂ지껭이, ᄂ직하다' 등이 사용된다는 점을 근거로, 모음조화를 고려하여 'ᄂ족'이라는 어기를 설정한다면, (3)ª의 'nɔʧʰap-'은 'ᄂ족+-이-+-압-'에서 제2음절의 모음 「·」의 탈락과 어기의 말음 「-ㅣ-」의 탈락, 그리고 'ㄱ'의 약화를 거쳐 형성된 것이라고 간주된다.[6]

그런데, 어기 말음 「-ㅣ-」의 탈락은 15세기 문헌에서도 일어났던 과정이기 때문에 논외로 한다면, 제2음절의 모음 탈락과 'ㄱ' 약화의 선후 관계가 문제가 될 수 있다. 먼저, (2)의 puʧʰilʌp-'부끄럽-'의 어기인 '*붗그리-'의 'ㅈ'과 'ㄱ' 사이에 형태소 경계나 모음을 삽입할 근거는 현재로서는 발견되지 않기

---

6  제주 방언형의 '*낯갑-'의 둘째 음절의 'ㄱ'이 본래 접미사의 두음이 아니라 어기의 말음이었다고 보는 이유에 대해서는 李丞宰(1983), 金星奎(1994:72-78) 등 참조. 그리고, 접사 '-이-'의 첨가는 ak'ap-(←아끼-), mukʌp-(←*므기-), puʧʰilʌp-(←붗그리-) 등의 제주 방언형을 고려하여 李賢熙(1987)의 견해를 따랐다.

때문에, 제2음절의 모음 탈락은 'ㄱ'의 약화보다 먼저 일어났다고 볼 수도 있다. 즉, 'ᄂ죽+-이-+-압->(ᄂ기압->)ᄂ갑->ᄂ합->ᄂ찹-'의 단계를 거쳤다는 것이다. 그러나, 다른 예들에서는 어기와 파생 접사의 경계 혹은 합성어의 첫째와 둘째 구성 요소 사이에서 이 현상이 일어났다는 점을 고려한다면, 제2음절의 모음 탈락과 'ㄱ'의 약화가 동시에 일어났다고 보는 것이 합리적일 것이다.[7]

(3)b는 15세기 문헌형과 현대 제주 방언형의 대응 관계를 음운 변화에 의해서는 합리적으로 설명하기가 어렵다. 따라서, 15세기 문헌형에 '拭'의 뜻을 가지고 있는 'ᄉ긏(몽산 6)'이 존재한다는 것을 생각하면 형태론적 과정의 차이에 의해서 두 어형의 차이가 생겨 났다고 보는 것이 타당해 보인다. 즉, siʧʰi-는 'ᄉ긏-'에 "어기의 통사 및 의미 범주를 바꾸지 않는 접사 '-ᄀ/그-'의 첨가" (鄭承喆 1995b)로 형성된 'ᄌᄀ' 연쇄에서 'ㄱ'이 'ㅎ'으로 약화되고 다시 'ᄌㅎ' 연쇄가 ʧʰ로 바뀌었다는 것이다.[8] 한편, '씻-'의 현대 방언형의 분포를 고려할 때, 이 어사에 접사 '-ᄀ/그-'가 첨가된 것은 남부 방언의 특징인 것으로 보인다. 어간 말음이 전라 방언에서는 대체로 ʧʰ로 나타나고 경남 및 경북 남부 방언에서는 대체로 kʼ로 나타나고 있다. 이로 미루어, 전라 방언에서는 'ㄱ'이 약화된 반면에, 경상 방언에서는 그러한 과정을 겪지 않았음을 알 수 있다.

(3)c 역시 같은 과정을 경험한 것으로 보인다. 즉, 제2음절은 '*긏-'에 접사 '-ᄀ/그-'가 첨가되고 'ㄱ'의 약화 과정을 경험한 것이다. '짖-'의 또 다른 제주 방언형인 'ʧukʼɯ-'의 kʼ는 '긏+-그-'에서 'ㄱ'의 약화를 경험하지 않고, 'ㅈ'의 중화 및 미파음화를 통해 형성된 것으로 보인다. 한편 15세기 문헌형과 비교할 때, 제2음절의 모음은 'ʧʰip-(除), cf. 츠-(월석 13:21)', 'ʧʰik(葛), cf. 츩(두해

---

7  '도끼'는 李基文(1991:40)에서는 '돓(石)+귀(耳)'의 합성어로, '도깨비'는 李承宰(1983)에서 '도죽+아비'의 합성어로 추정되었다.

8  이것은 제주 방언에서 어느 시기엔가 '拭>洗'의 의미 변화가 일어났다는 것을 전제하여야 한다. 모음 변화는 'silpʰɯ-(厭) cf. 슳-(법화 1:83)'과 같은 과정을 겪었다고 판단된다. 그러나, 같은 뜻을 가지고 있는 'ᄉᆞᆺ-(구간 6:41)'과 'ᄉ긏-'의 관계는 현재로서는 알 수 없다.

-초 15:10)', 'tʃʰiŋ(層), cf. 충(석보 19:11)' 등과 같은 변화 과정을 겪었고, 제1음절의 모음은 'tʃusi(滓), cf. 즈의(법화 1:189)'와 같은 변화 과정을 겪은 것으로 생각된다.[9]

(4) 새끼: sɔk'i, cf. 숯(월석 8:98), 왼숫기(청언-원 62)
마치다: mɔk'ɯ-, cf. 못-(용가 51.)
부치다: puk'ɯ-, pʰuk'ɯ-, cf. 붗-(금삼 5:4)

그런데, 위의 (4)는 제주 방언의 k'와 15세기 문헌형의 'ㅊ'가 대응되는 예들이다. 먼저, '새끼'에 대해서는 후기 중세국어 및 근대국어 문헌형을 비교할 때 접사 '-기'가 첨가된 것으로 보아야 하는데, 제주 방언형도 이와 같은 과정을 겪었으리라고 추정된다. '못-'에 대해서는 'ᄆᆞᆽ, ᄆᆞᆽ막' 등과 의미 면에서 어느 정도의 연관성을 부여할 수 있고, 성조에서도 '평성+평성'에서 제2음절 모음의 탈락으로 어간 성조인 '평성'이 형성되었다고 볼 수 있다. 그러나, 어기나 접사에 'ㄱ'이 존재했다는 적극적인 증거는 발견되지 않는다. '부치-'에 대해서도 마찬가지이다. 예를 들어, 그 파생어인 puʃʰe의 문헌형으로는 계림 유사의 '孛采'나 '부체(두해-초 10:36)'을 들 수 있는데, 'ㄱ'의 흔적을 찾을 수 없는 것이다.[10] 따라서, '마치다, 부치다'에 대한 현대 제주 방언형은 '못-', '붗-'에 접사 '-ᄀᆞ/그-'가 첨가된 것으로 분석된다(鄭承喆 1995b).

제주 방언에서 'ㅈ-ㄱ' 연쇄는 'ㄱ'의 약화를 통해 'ㅈㅎ>ㅊ'의 변화를 경험

---

9  앞의 변화는 19세기에 중부 방언에서 'ㅅ, ㅈ, ㅊ' 아래의 'ㅡ'가 'ㅣ'로 변한 것(李基文 1972: 203)과 같은 유형이고, 후자와 같은 유형의 변화 또한 중부 방언에서 '즈름(노번, 하:7)>주릅, 츠-(월석 21:190)>추-'에서 찾아볼 수 있다. 그러나, 제주 방언에서의 이러한 변화에 대해서는 앞으로 면밀한 고찰이 이루어져야 할 것이다.

10  '부체'에 대해서 허웅(1975:235)에서는 '붗+에'로 분석하고 있고, 李 基文(1991:98)에서는 '붗+채'로 분석하고 있다. 전자의 분석을 따른다면, '*부즉+에>붗게>부체'로 볼 가능성이 없는 것은 아니다.

했음을 앞에서 살펴 본 바 있다. 그런데, (4)의 제주 방언에서는 'ㅊㄱ'연쇄가 k'로 나타나는 것이다. 이러한 사실로 미루어 후기 중세국어의 ㅺ과 제주 방언형의 ʧʰ가 대응되는 경우에, ㅺ의 ㅅ은 ㅊ이 아니라 ㅈ에 소급됨을 알 수 있다.[11] 이상에서 논의한 바를 요약하면 다음과 같다.

| 재구형 | 후기 중세국어 | 현대 중부방언 | 제주방언 |
|---|---|---|---|
| ㅅㄱ | ㅅㄱ | k' | k' |
| ㅈㄱ | ㅅㄱ | k' | ʧʰ |
| ㅊㄱ | | | k' |

중부 방언에서 고대 국어 시기를 제외하고는 음절말의 'ㅈ, ㅊ'이 중화되었다는 사실을 생각할 때, 제주 방언에서 'ㅈㄱ, ㅊㄱ'이 서로 다른 변화를 경험했다는 것은 두 변화가 음절말 위치에서 'ㅈ, ㅊ'이 서로 구별될 때 동시에 일어났거나, 'ㅈㄱ' 연쇄에서 'ㄱ'의 약화가 먼저 일어나고 나서, 'ㅊ'이 'ㄱ' 앞에서 중화되어 'ㅊㄱ>(ㅈㄱ>ㅅㄱ)>ㄷㄱ>k''의 변화가 일어났다고 가정해야 할 것이다. 그런데, 전자는 'ㅈㄱ, ㅊㄱ' 연쇄에서 'ㅈㄱ'은 'ㄱ'이 변화를 경험했고, 'ㅊㄱ'은 'ㅊ'이 변화를 경험한 이유를 제시하기 어렵다. 따라서, 두 변화의 시기가 달랐다는 입증이 이루어지지 않았지만, 후자 쪽이 가능성이 더 높아 보인다.

이렇게 볼 때, 대두되는 문제 중의 하나는 제주 방언에서 ㅈㄱ연쇄의 ㄱ이 ㅎ으로 변할 수 있는가 하는 것이다. ㄱ이 파열음이 아니라 고동호(1995)에서 가정하는 것처럼 마찰음이었다면, 제주 방언에서의 이 변화의 개연성이 좀더 높아진다는 것은 부인할 수 없다. 그러나, 마찰음으로 보면 중부 방언에서 '마찰음' 앞의 ㅈ이 ㅅ으로 변화할 수 있는가, 그리고 '마찰음'이 왜 파열음인

11 그러나, 똑같이 후기 중세국어의 'ㅊ'에 제주 방언의 'ㄲ'이 대응되는 '김치: ʧimk'i, cf. 딤치(훈몽—초, 중:11)'의 대응은 현재로서는 합리적으로 설명하기 어렵다.

'ㄱ'으로 변화했는가 하는 문제가 또다시 대두된다. 비록 활용의 경우이기는 하지만, 후기 중세국어의 '좃ᄌᆞ바' 또는 '좃ᄌᆞ바'(←좇+-ᄉᆞᆸ-+-아)에서 알 수 있는 것처럼, '파찰음+마찰음' 연쇄는 '파열음+마찰음' 또는 '마찰음+파찰음'으로 변화하는 것이 보다 자연스러운 변화라고 판단된다. 그리고, 현재로서는 ㅈ뒤의 마찰음이 파열음인 'ㄱ'으로 바뀌는 동기도 부여할 수 없다. 이러한 점에서 이 글에서는 ㅈㄱ 연쇄의 ㄱ은 파열음인 *k였다고 간주하고자 한다.

마지막으로 '함께'와 후기 중세국어의 문헌형 'ᄒᆞᄢᅴ(월곡 39.)', 제주 방언형 hɔmʧʰi를 비교해 보면, 이 어사에 나타나는 ㅴ 연쇄의 'ㅅ' 역시 'ㅈ'에 소급되고 'ㄱ'의 약화를 경험한 것으로 보인다. 그런데, 李基文(1955) 및 鄭承喆(1995a: 163-165)에서 지적된 'ㅴ>ʧʰ'의 변화가 일어나기 이전에 'ㄱ'의 약화가 일어난 것으로 보아야 한다. 'ㅂㅈㄱ' 연쇄에서 'ㅴ'이 먼저 'ㅊ'으로 바뀌었다면, 'ㅊㄱ' 연쇄는 'ㅊ'의 중화를 거쳐 제주 방언에서 k'로만 나타나야 하기 때문이다. 따라서, hɔmʧʰi의 제2음절의 ʧʰ를 설명하기 위해서는 'ㅂㅈㄱ' 연쇄에서 'ㄱ'이 'ㅈ' 뒤에서 'ㅎ'으로 변화한 다음 'ㅂ'가 탈락한 것으로 해석된다.[12]

## 2.2. tʰ

다음의 (5)는 현대어를 기준으로 중부 방언의 k'과 제주 방언의 tʰ가 대응하는 예들이다. 먼저, 李賢熙(1987)에서는 후기 중세국어의 '둗겁-'을 [[[둗]V+읍]N+이]V+업]A의 구조로 파악하고 있고, 또한, 김성규(1996)에서는 후기 중세국어 문헌에서 '들글:드틀, 둗겁-:두텁-, 돋갑-:도탑-, 둗긔:두틔' 등의 어사들이 공존하는 현상에 대해, 방언에 따라 'ㄷㄱ>ㄷㅎ'의 변화를 경험하기도 하였고 경험하지 않기도 하였는데, 변화를 경험하지 않은 방언형을 차용한 것이

---

12  제2음절의 'ㅂ'은 'ㄴ'이 'ㅁ'으로 동화된 후에 탈락한 것은 확실하지만 그 동화가 'ㄱ>ㅎ' 변화 이전인지 이후인지는 불확실하다. 즉, 'ㅁㅂㅈㄱ>ㅁㅂㅊ>ㅁㅊ'의 단계를 거쳤다고 볼 수도 있고, 'ㅁㅂㅈㄱ>ㅁㅈㄱ>ㅁㅊ'의 단계를 거쳤다고 볼 수도 있는 것이다.

중세 국어의 '듣글'류라고 간주하였다.

(5) 두꺼비: tutʰepi, cf. 두텁(훈민-원, 해례:24) 둣겁이(물보, 수족)

두껍다: tutʰʌp-, cf. 둗겁-(월석 2:58), 두텁-(석보 19:7)

두께: tutʰi, cf. 둗긔(구간 1:72), 두틔(구방, 상:71)

제주 방언형인 '두둑ᄒ-(두둑하-), 두드레기(두드러기), 두득(두둑)' 등이 의미적으로 'tutʰʌp-'의 어기와 관련이 있을 것이라고 판단되며, 鄭承喆(1995b)에서 제시하고 있는 '두덥-(厚), 두데옷(두꺼운 옷)'도 'tutʰʌp-'의 어기와 관련이 있다고 여겨진다.[13] 따라서, (5)의 'tutʰʌp-'도 李賢熙(1987)의 분석을 따라 제2음절의 모음 탈락과 'ㄱ'의 약화 과정을 겪어 어중 유기음이 생성된 것이라고 파악된다. 또한 'tutʰi'는 같은 방법으로 '[[[[둗]ᵥ+윽]ₙ+이]ᵥ+의]ₙ'에서 형성된 것으로 파악된다. 그렇다면, 'tutʰepi' 역시 [[[[둗]ᵥ+윽]ₙ+압]ₙ에서 모음조화와 움라우트를 거쳐 형성되었을 가능성이 있다. '두텁'의 제2음절의 성조와 '압(炎)'의 성조가 평성으로 일치한다는 사실도 참고된다.

그런데, 현대 국어에서 국어 자음의 위치 동화는 '연구개음>순음>치조음'의 강도를 가지고 있어서, '걷+고→걱고'에서 보는 것처럼 t+k 연쇄에서는 t가 k에 규칙적으로 동화되기(김차균 1976) 때문에, 제2음절의 모음이 탈락하면서 생기는 'ㄷㄱ' 연쇄의 'ㄱ'이 'ㅎ'으로 약화된다는 점에 대해서 의문이 제기될 수 있다. 그러나, 현대 국어의 자음의 위치 동화는 음절말 위치에서 파열음의 개방이 이루어지지 않아서 생기는 것인데, 이러한 파열음의 미파음화와 밀접한 관련을 맺고 있는 것이 음절말 위치에서 나타나는 자음의 중화 현상이다. 그런데, 앞에서 언급한 것처럼 국어의 음절말에서 나타나는 자음 체계는

---

13 이 중 '두드레기'에서 'ㄹ'이 나타나는 이유와 '두덥-'에서 'ㄷ' 뒤에 '-압/업-'이 연결되는 이유는 분명하지 않다. 참고로, 鄭承喆(1995b)에서는 제주 방언의 '두껍다'는 [[[둗]ᵥ+과ᵥ+업]ₐ으로, '두텁다'는 [[둗]ᵥ+업]ₐ으로 파악하고 있다.

시대를 내려올수록 단순화되었기 때문에, 고대 국어에서는 모든 자음이 음절 말 위치에서 제대로의 음가를 가지고 있었다(李基文 1972:69)고 간주되고 있다. 따라서, 'ㄷㄱ' 연쇄의 'ㄱ'이 'ㅎ'으로 약화될 수 없다고 단정하기는 어려울 것이다.

또한, 제주 방언에서 'ㄷㄱ' 연쇄의 'ㄱ'이 'ㅎ'으로 약화되었다고 볼 만한 근거가 아주 없는 것은 아니다. 그것은 'ㄷ' 말음 어기에 사동 접사가 통합된 경우인데, 먼저, 15세기 국어부터 살펴 보기로 한다. 허웅(1975:162-168)에 따르면, 15세기 국어의 「오/우」계 사동 접사는 'ㅅ' 뒤에는 '-고-'가 오고(예: 솟고다), 'ㅈ' 뒤에는 '-호/후-'가 오며(예: 마초다), 'ㄷ, ㅌ, ㄹ, ㅅㄱ, ㅿ' 및 i, j 뒤에는 '-오/우-'가 온다(예: 모도다, 녀토다, 머믈우다, ㅈㄱ고다, 나소다, ㄴ리오다). 그런데, 15세기 국어에서 나타나는 '나토다'를 '낟-(몽산 4)+-호-'로 분석해야 할지, '낱-(몽산 8)+-오-'로 분석해야 할지 확실하지 않다. 참고로, 허웅(1975:167)에서는 '낟-'을 어기로 잡고 있고, 安秉禧(1959)에서는 '낱-'을 어기로 잡고 있다. 만약, 후자의 분석 방법을 취한다면, 15세기 국어에 나타나는 「오/우」계 사동 접사의 이형태는 서로 상보적 분포를 보이기 때문에, 이전 시기의 단일형에 소급되는 것으로 내적 재구를 할 수 있다.[14]

이렇게 재구된 단일형은 15세기 문헌형의 기반이 되었다고 일반적으로 간주되고 있는 중부 방언에서만 가정되는 것이 아니라, 대부분의 국어 방언에서 가정될 수 있다. 왜냐하면, 같은 어기라도 표준어에서는 '-이-'계 사동 접사가 통합된 반면, 개별 방언에서는 '-오/우-'계가 통합된 어사들이 꽤 있기 때문이

---

14  15세기 국어에서 '-오/우-'는 'ㄹ' 말음 어기에 통합될 때는 반드시 분철된다는 점, j 뒤에서 '-요/유-'가 되는 일이 없는 점 등이 사동 접사 '-이/기-' 및 나열형 어미 '-오/고'와 동일하다. 따라서, 이 사동 접사의 두음은 'ㄱ' 계통의 것이었을 것이라고 추정할 수 있다. 李基文 (1977:94-95), 金周弼(1988)에서는 각각 15세기 문헌에 나타나는 사동과 피동 접사의 이형태 들이 기원적으로 *γi라는 단일형에 소급되고, 이것이 환경에 따라 달리 분화되었다고 간주하고 있다. 김성규(1996)에서도 '듣글~드틀' 유형의 제2음절초 자음은 유성 마찰음이었으리라고 추정하고 있다.

다. 예를 들어, ≪韓國方言資料集≫에서 보면, 각 개별 방언에서 아래의 표준
어에 대응되는 방언형들은 사동 접사 「오/우」계가 통합된 형식으로 나타난
다.[15] 이 사실은 15세기 국어나 현대 표준어에 비해서 개별 방언들은 「오/우」
계 사동 접사가 비교적 활발하게 통합되었음을 말해 준다.

　　얼리다(강원, 경기, 경남, 경북, 전남, 전북, 충남, 충북), 불리다(강원, 경기, 경
　　남, 경북, 전남, 전북, 충남, 충북), 넓히다(강원, 경기, 경남, 경북, 전북, 충북),
　　알리다(강원, 경남, 경북, 충남, 충북), 절이다(강원, 경기, 전남, 충남, 충북), 걸리
　　다(경남, 전북), 말리다(전남); 삭이다(경남, 경북, 전남, 전북, 충남, 충북), 식히다
　　(경남, 경북, 전남, 전북, 충남, 충북), 썩히다(경남, 경북, 전남, 전북, 충남, 충북),
　　묵히다(경남, 경북, 전남, 전북, 충남), 녹이다(경남, 전남, 전북, 충북); 속이다(경
　　남), 축이다(경남), 앉히다(강원, 경남, 경북, 충북), 튀기다(경남, 제주), 숨기다(경
　　남, 경북), 굶기다(경남)

　　다음의 (5)는 제주 방언에서 사동 접사 「오/우」가 통합된 예들이다. 현대어
의 'ㅐ, ㅔ, ㅚ, ㅟ' 등이 하향 이중모음에 소급된다는 사실을 고려하면, 제주
방언에서 어기의 말음이 l, j, i일 때에는 '-오/우-'가 통합되고(5a, 5b, 5c), s일
때는 '-구-'가 통합되며(5d), ʧ, t일 때에는 '-후-'가 통합된다(5e, 5f)는 사실을
알 수 있다.[16]

---

15　예를 들어, '얼리다'의 각 방언형들은 '얼구-'의 형태로 경기도의 연천·포천·양주·남양
　　주·가평·양평·용인·이천·여주, 강원도·충청북도의 전지역, 충남의 연기·논산·금산,
　　전북의 익산·완주·진안·무주·임실·장수, 경북의 '얼우-'의 형태로 나타나는 지역을 제
　　외한 전지역, 경남의 거창·함양, '얼우-'의 형태로 전남의 곡성·구례·광양·영암·장흥·
　　보성·고흥·여천, 경북의 영덕·군위·칠곡·경산·고령·청도·월성, 경남의 '얼구-'로 나
　　타나는 지역 및 의창·통영을 제외한 전지역에서 나타난다. 나머지에 대한 구체적인 방언형
　　및 지역은 생략한다.
16　pallu-(바루다, cf. palɯ-), moto-(모으다, cf. mot-)에서 '-오/우-'가 통합되는 이유는 분명하
　　지 않다.

(5) a. 기르다: ʧillu-(cf. ʧil-), cf. 길우-(능엄 8:30)

　　잦게 하다: p'ullu-(cf. p'ul-)

　　얼리다: ʌllu-(cf. ʌl-), cf. 얼우-(용가 20.)

　　조리다: ʧolo-(cf. ʧol-), cf. 조리-(노번, 하:38)

　　이루다: illu-(cf. *il-), cf. 일우-(용가 57.)

　b. 깨우다: k'eu-(cf. k'e-), cf. 찌오-(두해-초 15:26)

　　데우다: teu-(cf. te-), cf. 데우-(능엄 8:97)[17]

　　메우다: meu-(cf. me-), cf. 메우-(법화 2:140)

　　비우다: piu-(cf. pi-), cf. 뷔우-(두해-초, 20:19)

　　에우다: eu-(cf. *e-) cf. 에우-(금삼 4:13)

　　쥐게 하다: ʧweu-(cf. ʧwe-) cf. 쥐-(능엄 1:108)

　　튀기다: tʰwiu-(cf. tʰwi-), cf. 뛰우-(용가 48.)

　　피우다: pʰiu-(cf. pʰi-)cf. 퓌우-(석보 9:35)

　c. 깨뜨리다: k'aʧu-(cf. k'aʧi-)

　　끼우다: k'iu-(cf. ʧ'i-), cf. 끼우-(훈몽-초, 하:9)

　　터뜨리다: tʰʌʧu-(cf. tʰʌʧi-)

　　지우다: ʧiu-(cf. ʧi-), cf. 디오-(역해, 상:47)

　d. 솟구다: sok'u-(cf. sos-)cf. 솟고-(법화 1:51)

　e. 갖추다: koʧʰu-(cf. koʧ-), cf. ᄀ초-(두해-초 7:25)

　　늦추다(緩): nɯʧʰu-(cf. nɯʧ-), cf. 느치-(용가 17.), 느추-(내훈-초 3:32)

　　맞추다: maʧʰu-(cf. maʧ-), cf. 마초-(석보 9:34)

　　잦게 하다: ʧoʧʰu-, 줏고-, 줏구-(cf. ʧoʧ-)

　　낮추다: noʧʰu-(cf. *noʧ-), cf. ᄂ초-(야운 64)

　f. 돋구다: totʰu-, cf. 도도-(용가 85.)

___

17　이 어사는 '덜-(暑)'에 이중의 사동접사 '-이우-'가 결합된 것으로 분석할 수도 있다.

굳히다: kut$^h$u-, cf. 구티-(용가 30.)

받치다: pat$^h$u-, cf. 바티-(박해, 하:31)

곧추다: 곧후-, cf. 고티-(용가 73.)


그런데, (5)a, b, c는 15세기 국어에서 'ㄹ'과 과도음 j 및 일부의 'ㅣ' 뒤에서는 'ㄱ'이 탈락했던 현상과 같은 맥락에서 파악할 수 있다는 점과 (5)e에서 '즛고-, 즛구-'가 나타나는 점을 고려한다면, 제주 방언에서도 사동 접사 「오/우」는 이전 시기에 두음으로 'ㄱ'을 가졌다고 추정된다. t로 끝나는 어기에 '-*고/구-'가 통합된 것이 (5)f인데, 이 예들의 제2음절의 음절초 자음은 모두 t$^h$로 실현되기 때문에 'ㄷ' 뒤의 'ㄱ'은 'ㅎ'으로 약화되었다고 간주되는 것이다.

이 'ㄱ'은 파열음은 아니었던 것으로 보인다. 후기 중세 국어에서 'ㄷㄱ' 연쇄를 찾기 어렵다는 것은 김성규(1996)에서 지적된 바 있는데, 그 중에서 '몯ㄱ지(번소 10:17)'가 제주 방언에서 '모꺼지'로 나타나기 때문이다. '싣-(載)'의 제주 방언형 'sik'ɯ-'는 'sit-'에 접미사 '-ㄱ/그-'가 첨가된 것으로 해석되는데, 여기에서도 'ㄷㄱ' 연쇄가 k'로 실현되고 있다. 동일한 'ㄷㄱ' 연쇄가 이처럼 k'로 대응되기도 하고, (4), (5)f와 같이 t$^h$로 대응되기도 하는 것이다. 이에 대해, (6)a처럼 같은 음의 연쇄에 소급된다고 보기 위해서는 t$^h$, k'로 분화되는 조건이 밝혀져야 하는데, 현재로서는 그러한 조건을 밝히기가 어렵다. 따라서, (6)b와 같이 두 'ㄱ'은 서로 다른 음에 소급된다고 보아야 한다.[18] 이것은 앞에

---

18  현대 방언형의 lk가 후기 중세 문헌에서는 'ㄹㄱ'과 'ㄹㅇ'으로 대응되는 어사들의 'ㅇ' 역시 같은 논리로 파열음에 소급되지 않는다고 보아야 할 것이다. '갈기, 돌고지, 빨기, 술고, 쓸게, 줄기' 등은 전자의 예이고 '굴에, 달아-, 멀위, 벌에, 술위, 얼에, 몰애' 등은 후자의 예인데, 이들은 함경 방언에서 모두 lk로 나타나는 것이다. 함경 방언형은 김병제(1980), 金泰均(1986), 郭忠求(1994) 등 참조. 만약, 한 단어 안의 형태소 경계를 사이에 둔 'ㄹㅇ'의 'ㅇ'이 [g]에 소급되는 것(李基文 1977:22, 주9)이라고 해도, 위의 후자들이 형태소 분석이 가능한 근거, 전자의 예들이 형태소 분석이 안 되는 이유, 그리고 이 'ㅇ'이 음운 규칙의 화석(宋喆儀 1993)이라고 간주되는 근거 등이 제시되어야 'ㄹㅇ'의 'ㅇ'이 파열음에 소급된다고 할 수 있을 것이다.

서 언급했던 김성규(1996)의 논의와 관련해 볼 때, 'ㄷ' 뒤에서 'ㄱ¹', 'ㄱ²'가 합류한 방언이 있는 반면에 제주 방언에서는 그러한 변화 과정을 겪지 않았다는 것으로 귀결된다.

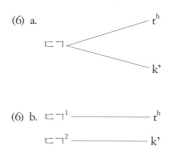

(6) a. ㄷㄱ $<$ t$^h$ / k'

(6) b. ㄷㄱ¹ ——————— t$^h$
　　　ㄷㄱ² ——————— k'

　이처럼 'ㄱ¹', 'ㄱ²'가 기원적으로 구별되었다고 할 때, ㄱ¹류에 대하여 지금까지 유성 파열음이 가정되기도 하였고, 유성 마찰음이 가정되기도 하였다. 그런데, 유성 파열음의 재구는 국어의 알타이어족설이 그 배경을 이루고 있는데, 국어가 알타이어족에 속한다는 것이 아직까지 증명되지 않았고(金芳漢 1983: 147, 김주원 1991), 알타이조어의 어두 파열음이 '유성:무성'의 대립을 가졌다는 것조차 의심스럽다(성백인 1978)는 점에서 재고할 필요가 있다. 그리고, 유성 마찰음의 재구는 유성 파열음이 없이 무성 마찰음보다 더 많은 유성 마찰음을 재구하는 것이 타당한가 하는 문제가 있다. Maddieson(1984)에 수록된 음운 체계를 검토해 보면, 전체 120개 언어 중 유성 파열음이 없는 언어는 86개인데, 이 중에서 유성 마찰음이 무성 마찰음보다 많은 언어는 5개 언어로 5.81%이다. 이 비율은 유성 파열음이 없으면 일반적으로 유성 마찰음의 수가 무성 마찰음보다 적다는 것을 말해 준다. 재구된 언어가 유형론적으로 가능한 것이어야 하는가에 대해서는 많은 논란이 있어 왔지만, 이 비율로 미루어 적어도 유성 마찰음 재구의 타당성 여부를 재검토할 필요성은 제기할 수 있을 것이다.[19] 한편, 고동호(1995)에서는 무성 마찰음 계열을 가정하였으나, 이 역시 유성음간 무성 마찰음의 유성음화 과정의 타당성 여부가 문제이다. 따라서, 현재로서는 'ㄱ¹, ㄱ²'로 설정하고, 이 두 음의 구체적인 성격은 앞으로의 과제로 돌리는 것이 온당하다고 생각된다.


## 3. 경음

### 3.1. k'

다음의 (6)에서는 현대어를 기준으로 중부 방언의 pʰ와 제주 방언의 k'가 대응되고, (7)에서는 중부 방언의 tʰ와 제주 방언의 k'가 대응된다. (6)a에 대해 고동호(1995)에서는 P:K 대응 및 산발적인 음운 변화로 처리하였으나, P:K 대응으로는 유기음과 경음의 대응 관계를 합리적으로 설명하기가 어렵다.

(6) a. 덮다: tʌk'ɯ-, cf. 덮-(남명, 상:37), 둪-(월곡 158.), 닫-(월곡 178.)[20]

엎다: 어꾸다, cf. 엎-(금삼 3:14)

b. 높다: 노끄다, cf. 높-(월곡 99.)

---

**19** 구체적인 수치를 '유성 마찰음+무성 마찰음(언어의 수)'의 형식으로 표시하면 다음과 같다.
0+0(10), 0+1(2), 0+2(9), 0+3(11), 0+4(7), 0+5(2), 0+6(2), 0+7(1), 1+0(2), 1+2(1), 1+3(6), 1+4(3), 1+5(2), 1+6(1), 1+7(1), 1+8(1), 2+1(3), 2+2(2), 2+4(2), 2+6(1), 3+3(4), 3+4(2), 3+5(2), 4+4(1), 4+5(6), 4+6(1), 5+5(1)
한편, 무성음 뒤에서 유성음이 무성음화되는 과정의 자연성에 대한 의문이 제기될 수도 있지만, 현대 국어에서도 일부 환경에서 반모음, 비음 및 유음이 무성음화 한다(이호영 1992)는 점을 생각하면 불가능해 보이지는 않는다. 그러나, 15세기 국어에서 파생 접사 「-봊-」, 활용 어미 「-슣-」의 두음은 공시적으로는 유성 마찰음을 기저형으로 잡을 수도 있겠지만, 통시적으로 유성 마찰음이 환경에 따라 달리 변화한 것으로 간주할 수 있는가 하는 점은 앞으로 면밀하게 검토되어야 할 것이다.
**20** 비교의 대상인 어사가 바뀌어도 어간말 자음은 동일하다. 그리고, 'tʌk'ɯ-'는 '蓋, 閉'의 의미를 동시에 가지고 있다.

깊다: 지끄다, cf. 깊-(용가 109.)

높이: 노끼, cf. 노피(월석 1:32)

(7) 뱉다: pak'ɯ-, cf. 밭-(두해-초 8:31)

홅다: hʌk'ɯ-, cf. 헡-(법화 2:122), 홀-(월석 10:81)


　(3)b에서 '마치다, 부치다'에 대한 현대 제주 방언형들을 접미사 '-ㄱ/그-'가 통합된 것으로 간주한 바 있다. 이와 마찬가지로, (6), (7)의 예들도 '덮-, 엎-, 높-, 깊-; 뱉-, 헡-' 등의 어간에 이 접미사가 첨가된 것으로 보면 설명이 간단해질 것이다. 鄭承喆(1995b)에서는 '-ㄱ/그-'는 대체로 'ㅈ, ㅊ, ㅌ' 등 [-grave] 자음으로 끝나는 동사에 결합된다고 규정하고 있다.

　그러나, (6)a는 후기 중세국어 문헌형의 어간말 자음이 'ㅍ'이라는 점에서, 그리고 (6)b는 어간말 자음이 'ㅍ'이라는 점 이외에도 어간이 형용사라는 점에서 (3)b 및 (6)a와 다르다. 그런데, 15세기 국어에서는 형태적으로나 의미적으로 형용사와 동사를 구별하기가 어렵다(허웅 1975:411-416)는 점과 이 두 품사를 구별한다고 하더라도 명사파생의 '-이', 동사파생의 '-받/왇-, -츠/츠-, -히-', 부사파생의 '-오/우' 등과 같이 형용사와 동사에 모두 통합될 수 있는 접사들이 있다(양정호 1991:55-63)는 점을 고려한다면, '-ㄱ/그-'가 형용사와 동사에 통합된다고 볼 수도 있다.

　한편, 鄭承喆(1995a:193)에 제시되어 있는 예들을 보면, '-ㄱ/그-'가 결합되는 어기는 '싣-'을 제외하면, '*줒-, *붗-, *싳-, *밭-, *섭-, *헡-, *덭-' 등 모두 유기음으로 끝나고 있다. 따라서, '짗-, 싣-'을 예외적인 존재로 처리한다면, (3)b와 (6), 그리고 (7)을 포괄하여 유기음으로 끝나는 용언 뒤에 '-ㄱ/그-'가 통합될 수 있었다고 수정할 수 있을 것이다. 이렇게 보면, 중부 방언과 제주 방언에서 어간말 자음이 똑같은 pʰ인 '가프-(갚-)'는 이 접사가 통합되지 않은 것으로 해석되는데, 이 방법은 음 변화의 규칙성을 어기지 않는다는 장점이 있다.

한편, 李基文(1962)에서는 15세기 국어에서 성조가 '평성+평성'이고, 제2음절이 '·/ㅡ'로 끝나는 어사들이 특수 어간 교체를 보이는 것은 폐음절이었던 제2음절의 음절말 자음이 자음 앞에서는 탈락했으며, 그 자음이 'ㄱ'인 경우에는 모음 앞에서 약화되었다고 설명된 바 있다. 그리고, Ramsey(1986)에서는 '15세기 국어에서 자음군이나 유기음으로 시작되는 1음절 용언 어간들이 모두 거성이라는 점과, 최소모음(minimal vowel)인 ʌ, ɨ, i로 끝난다는 공통점이 있다'는 점에서 CVCV(자음군으로 시작되는 어간) 또는 CVHV(유기음으로 시작되는 어간)을 재구하고,[21] 이 재구된 어간들은 제1음절의 최소모음의 탈락 과정을 경험했다고 추정되었다.

이러한 두 가지 방법에 의지하면, (6), (7)의 어간말 자음이 중부 방언에서는 약화된 반면에, 제주 방언에서는 약화되지 않았다는 설명이 가능할 것으로 보인다. 즉, $C_1V_1C_2(V_2)C_3(V_3)$의 음절 구조에서 (6), (7)의 15세기 문헌형들의 어간말 자음은 $C_3$의 약화를 통해서 형성되었고, 제주 방언에서는 $C_2C_3$ 연쇄에서 치(齒)음 또는 양순음인 $C_2$가 연구개음인 $C_3$에 동화되었다는 것이다. 앞 절에서 'ㄱ₁, ㄱ₂'를 구분하고, 제주 방언에서 'ㄷㄱ₁'은 $t^h$로 변화했고, 'ㄷㄱ₂'는 $k$'로 변화했음을 살펴 본 바 있는데, 이 결과에 따르면, $C_3$는 파열음 'ㄱ₂'에 소급된다고 보아야 한다.

이렇게 추정할 때, $V_2$를 설정한 다음 $V_2$의 탈락이 일어나고 나서, 제주 방언의 약화와 나머지 방언의 동화 과정이 일어났다고 볼 것인가, 그렇지 않으면 $C_2C_3$의 연쇄에서 직접 약화와 동화 과정이 일어났다고 볼 것인가가 문제된다. 이 문제에 대한 직접적인 증거는 아직 찾을 수 없다. 그러나, 李基文(1962)의 제1류에 해당하는 '*namʌk'(木), '*simɯk-'(植)의[22] 제주 방언형인 'naŋ, 낭게(←남게←낡+-에)', 'siŋkɯ-'가 제2음절의 모음 탈락만을 보이고 자음의 약화는

---

21 여기에서 V는 ʌ 또는 i이고, 성조는 '평성+상성'이다.
22 '*simɯk-'은 李基文(1962)에 제시되어 있지 않으나, '*namʌk'의 경우로 미루어 제1류의 용언들의 제2음절도 '자음 앞의 교체형+k'로 재구될 수 있을 것이다.

보이지 않는 점으로 보아, V2의 탈락을 가정하는 것이 온당하다고 판단된다. 이 경우에, (6)과 (7)의 15세기 문헌형들의 성조가 모두 평성이라는 점으로 보아, 선행 연구들에서 가정된 대로 V2는 15세기 국어의 '·/ㅡ'에 대응되는 약모음이었고 약화를 경험하기 이전의 어간의 성조는 '평성+평성'이었다고 가정할 수 있다.

지금까지 살펴 본 두 가지의 설명 방법, 즉 접미사 '-ㄱ/ㄱ-'의 첨가에 따른 경음화 과정과 모음 탈락 및 자음 동화에 따른 경음화 과정 중 어느 쪽을 택할 것인가는 판단하기가 쉽지 않다. (8)은 중부 방언의 tʰ와 제주 방언의 k'가 대응되는 예들인데, 이 예들은 두 번째 설명 방법을 뒷받침해 준다. 이 예들의 문헌형의 제1음절 성조 역시 평성으로, (6), (7)과 같이 중부 방언에서는 모음 탈락과 자음의 약화가 일어났고, 제주 방언에서는 모음 탈락과 자음의 동화가 일어난 예이다.

(8) 도투마리: tok'omali, cf. 도토마리(훈몽-초, 중:9)

거품: kʌk'ɯm, cf. 더품(월석 10:15)

만약, 접미사 '-ㄱ/ㄱ-'가 첨가되는 형태론적 과정에 의해 (6)의 예들을 설명하고자 한다면, '-ㄱ/ㄱ-'가 첨가되는 조건을 수정하고, (8)의 예에서 명사의 내부에서 중부 방언의 유기음과 제주 방언의 경음이 대응되는 과정을 합리적으로 설명할 수 있어야 할 것이다. 그러나, 두 번째 방법 즉 모음 '으/으'의 탈락 및 자음의 동화 과정으로 설명하고자 하더라도, 똑같이 중부 방언에서 어간말 자음이 유기음인 '갚-'의 제주 방언형이 '가ㄲ-'가 아니라 '가프-'라는 점이 규칙적인 음 변화의 예외로 남겨야 한다는 점이 문제로 남는다.

재구의 목적은 구체적인 증거가 없는 언어 상태로부터 현재 알고 있는 언어 상태까지의 변화 과정을 세우는 데 있다는 점을 생각한다면, 예외가 많은 변화 과정보다는 예외가 적은 변화 과정을 상정해야 할 것이다. 또한 다른 조건이 같을 경우에 재구는 원칙적으로 음 변화 및 규칙적 변화를 상정해야 하고, 필요 이상으로 복잡한 과정을 상정해서는 안 된다(Hock 1986:535-540). 따라서, 이러한 점을 고려하여 이 글에서는 접미사 '-ㄱ/ㄱ-'의 첨가에 따른 변화 과정 보다는 모음의 탈락 및 자음 동화에 따른 변화 과정을 택하고자 한다.[23]

## 3.2. t'

(9)는 중부 방언의 유기음과 제주 방언의 경음이 대응되는 예로, (9)a, b에서 는 tʰ와 t'가 대응된다. 근대국어 시기에 나타나는 (9)b의 '붇-'은 제주 방언형 과 제1음절의 모음이 일치하고 어간말 자음의 대응 양상이 (9)a의 '븥-'과 같 다는 점에서 '붇-'이 후기 중세국어 문헌에 나타나지 않는 것은 우연적인 결 과라고 보아도 좋을 것이다.

> (9) a. 붙다: put'ɯ-, cf. 븥-(석보 9:37)
>
>      부터: put'ʌ, cf. 브터(월곡 109.)
>
>      같다: kɔt'ɯ-, cf. ᄀᆞᆮᄒᆞ-(법화 6:15)
>
>  b. 밭다: pɔt'ɯ-, cf. 붇-(동해, 하:40)

그런데, '같다'의 15세기 문헌형은 'ᄀᆞ'이 부사로도 사용되는 것이 '몯ᄒᆞ-' (능엄 1:65)와 동일하다는 점에서,[24] 'ᄀᆞᄐᆞ-'(용가 9:29)와 'ᄀᆞᆮᄒᆞ-'의 관계는 전자 의 'ㅌ'을 후자의 'ㄷ+ㅎ'로 재분석한 것이 아니라, 후자의 'ㄷ+ㅎ'가 전자의 'ㅌ'으로 축약된 것이라고 보아야 한다. 그렇다면, 다른 증거가 발견되지 않는

---

23 그러나, 제주 방언에서 나타나는 어간말 모음 ɯ의 기원성 여부는 앞으로 해결해야 할 과제 이다. 이에 대해서는 어간말 위치에 나타나는 중부 방언의 ø(zero)와 제주 방언의 ɯ의 대응 에 대해, 제주 방언에서 ɯ가 첨가된 것으로 보는 견해(金光雄 1988, 鄭承喆 1995a:180-181) 와, 중부 방언에서 ɯ가 탈락한 것으로 보는 견해(玄平孝 1971, 金洪植 1977)가 있다.
24 예: 벼리 눈 ᄀᆞᆮ 디니이다(용가 50.); 오늘 몯 숣뇌(월곡 26.).

한, '같다'의 제주 방언형 kɔt'ɯ-의 t'도 역시 'ㄷ+ㅎ'에 소급된다고 보아야 할 것이다. 제주 방언에서는 '골짝ㅎ-=골착ㅎ-(飢), 숙비쟁이=숙피쟁이(무두장이), 울뚱불뚱=울퉁불퉁, ㅎ마테민=ㅎ마뗴민(하마터면)'에서 보는 것처럼 유기음과 경음이 공존하는 어사들이 있다. 이 공존 현상의 원인은 현재로서는 알 수 없지만, 제주 방언형 kɔt'ɯ-의 t'는 이러한 현상과 관련이 있는 것으로 여겨진다.

(9)a와 같은 유형의 대응을 보이는 제주 방언형은 ㅅㄷ에 소급된다고 간주되어 왔다(강정희 1988:10-12; 鄭承喆 1995a:195-196). 다시 말해서, 제주 방언에서는 '*ㅅㄷ>t'의 변화가 일어났다는 것이다. 명백하게 언급되어 있지는 않지만, 이러한 견해는 15세기 문헌형 '블-'과 비교할 때, 중부 방언에서 후기 중세국어 이전에 '*ㅅㄷ>ㅌ'의 변화가 일어났다고 간주하고 있는 것으로 판단된다. 이러한 변화를 상정한다면, 15세기까지는 자음 앞에서 ㅅ이 마찰음으로 발음되었기 때문에, ㄷ앞에서 ㅅ이 ㅎ으로 바뀌었다고 보아야 할 것이다. 이러한 추정은 '맡다(臭)'의 제주 방언형은 'matʰɯ-'로 (7), (9)처럼 k'나 t'가 나타나지 않고, '흩-'의 제주 방언형은 '허트-'로도 나타난다는 점에서 정당하다고 생각된다.[25] 물론, '같다'를 제외한 (9)a의 나머지 예들도 '같다'의 제주 방언형과 같은 과정을 겪었다고 볼 수도 있다. 또한, '맡다'의 제주 방언형 'matʰɯ-'의 제2음절초 자음이 경음과 대응되지 않는 것은 유기음과 경음의 대응이 수의적이기 때문이라고 설명할 수도 있다. 그러나, 앞에서 언급한 Hock의 음변화 및 규칙적 변화의 우위성 때문에 제주 방언형에서 t'로 나타나는 것은 ㅅㄱ에 소급되고, tʰ로 나타나는 것은 그 자체가 기원적인 것이었다고 보고자 하는 것이다.

그러나, 후기 중세국어에서 어간말 자음이 ㅅㄷ인 유일한 예인 '맔-'은 현

---

25 '짙-, 옅-'의 제주 방언형은 'tʃʰinhɔ-, himihɔ-'로 중부 방언형과 동원어가 아니다. 그러나, '옅-'의 제주 방언형 'japʰɯ-'는 그 반의어인 'tʃ'ipʰɯ-'(깊다)에 유추된 것으로 생각되는데, 유추가 일어나기 이전에는 어간말 자음이 tʰ였던 것으로 추정된다.

대어로 내려 오면서 ㄷ 앞에서 ㅅ이 ㅎ으로 바뀌었다고 볼 수는 없다. 물론 이러한 설명은 어간말 ㅅㄷ의 편재성을 극복할 수 있다는 장점을 가지고 있다. 그러나, '쩍(두해-초 25:8), 쯰-(용가 112.)'의 현대 중부 방언형이 't'ʌk, t'ɯi-'라 는 것에서 볼 수 있는 것처럼, 후기 중세 국어의 ㅅㄷ은 현대 중부 방에서 t'로 대응되는 것이 원칙이다.[26] 즉 '맗-'의 어간말 자음이 17세기 초에 와서야 ㅌ로 변한 이유를 합리적으로 설명하기가 어렵다는 것이다.

그런데, 15세기 국어의 사동 접사는 'ㄷ' 변칙 동사에는 「-ㅣ-」가 붙고(예: 길이다, 들이다, 돌이다 등), 정칙 동사 뒤에는 「-히-」가 붙는다(예: 고티다, 구티다, 무티다, 바티다 등)(허웅 1975:161). 따라서, 정칙 동사인 '맗-'에 사동 접사 「-ㅣ-」 가 붙은 '맛디-'는 예외적인 존재였기 때문에, 다른 'ㄷ' 정칙 동사에 유추되 어 '-히'가 통합된 '맛티-'(이륜-중 18)가 나타났고, 이것이 '맛ㅌ+-ㅣ-'로 형 태론적인 재분석 과정을 거친 것이 '맡-'(동신, 충1:48)이라고 해석할 수 있다. 15세기 문헌형인 '맛디-'의 후대형인 '맏디-(동속, 효:29), 맏지-(왜어, 하:36)' 등 이 17세기와 18세기 문헌에서도 나타나는 것은, 사동 접사의 통합 방법이 바 뀌는 과정 및 그 이후의 형태론적 재해석 과정이 상당 기간 계속되었음을 의 미한다.

각각 유일한 예이기는 하지만, 제주 방언에서도 '걷-'의 사역 동사는 'kʌlli-'이고, '묻-'(染)의 사역 동사는 'muʧʰi-'이다. 또한, '맡-'의 사역 동사는 '마끼-, 매끼-'이다.[27] 따라서, 제주 방언에서도 위와 같은 과정을 겪었으리라 고 추정된다.

---

26 이 변화는 중부 방언에 국한된 것이 아니라 제주 방언을 포함한 대부분의 방언에서 일어난 것이다. 한편, '쩍, 쯰-'와 '맗-'에서 ㅅㄷ의 위치가 각각 어두와 어간말이지만, '꼬리>꼬리, 밧고->바꾸, 갏->깎-'의 예를 보면 어두와 어중, 어간말이라는 위치의 차이는 고려하지 않아도 될 것으로 생각된다.

27 'ㄷ' 말음 어간인 다른 동사들은 사동 접사가 통합되지 않거나, 「-이-」계가 아닌 사동 접사 가 통합된다. 그리고, '맡기-'의 뜻으로는 '마끼-, 매끼-'보다는 'mʌʧʰi-'가 널리 사용되는 것으로 보인다.

## 4. 맺음말

15세기 문헌형의 ㅅㄱ 연쇄는 현대 국어의 제방언에서 일반적으로 k'로 대응되지만, 제주 방언을 비롯한 일부 방언에서 ʧʰ로 대응되는 예들도 있다. 이 예들로 미루어, 파찰음인 ㅈ과 파열음인 *k의 연쇄에서 제주 방언 및 일부 방언에서는 *k>h의 변화가 일어난 반면에, 다른 대부분의 방언에서는 자음 앞에서의 ㅈ>ㅅ 중화를 거친 sk가 k'로 실현된 것임을 알 수 있다. 이처럼, *k가 제주 방언에서 약화된 근거로는 똑같이 ㄱ으로 시작되는 파생접사가 통합된 결과가 ㅈ 뒤에서는 ʧʰ로 실현되는 반면에, ㅊ 뒤에서는 k'로 실현되는 현상을 들 수 있다. 즉, ㅈㄱ 연쇄에서 ㄱ의 약화가 먼저 일어나고 나서, ㅊㄱ 연쇄의 ㅊ이 ㅅ으로 중화된 다음, 다른 ㅅㄱ 연쇄와 마찬가지로 k'로 변화한 것이다.

중부 방언을 비롯한 대부분의 방언에서는 k'로 실현되는 반면에, 제주 방언에서는 tʰ로 실현되는 것은 ㄷㄱ¹ 연쇄에서 파열음이 아닌 ㄱ¹이 제주 방언에서는 ㅎ으로 약화되고, 다른 대부분의 방언에서는 파열음인 ㄱ²와 합류했기 때문이다. 제주 방언의 ㄷㄱ 연쇄가 사동 접사가 통합된 경우에는 tʰ로 실현되고, 그렇지 않은 경우에는 k'로 실현된다는 사실에서, 파열음인 ㄱ²와 파열음이 아닌 ㄱ¹이 이전 시기에는 구별되었고, ㄷ 뒤의 ㄱ¹이 ㅎ으로 약화되었음을 알 수 있다.

다른 방언형의 유기음 pʰ, tʰ에 대응되는 제주 방언형의 k'는 평성 음절 뒤에서 오는 평성 음절의 모음만 탈락한 결과인 C²C³(C²=ㅂ, ㄷ, C³=ㄱ²)에서 뒤의 연구개음에 앞의 양순음 또는 치(조)음이 동화된 결과이다. 제주 방언 이외의 방언형에서 나타나는 pʰ, tʰ는 파열음 ㄱ²가 약화된 ㅎ이 앞 자음과 축약된 결과이다. 15세기 국어에서 특수 어간 교체를 보였던 어사들 중 일부의 제주 방언형에 k 혹은 그 흔적이 남아 있다는 점이 제주 방언은 C³가 약화되지 않았다는 것을 말해 준다.

대부분의 방언에서 $t^h$로 실현되지만 제주 방언에서 t'로 실현되는 것은 ㅅㄷ 연쇄에서 다른 방언에서는 ㅅ>ㅎ의 변화가 일어난 반면에, 제주 방언에서는 다른 ㅅㄷ 연쇄와 마찬가지로 t'로 변화했기 때문이다. 15세기 국어의 '맗-'의 후대형인 '맡-'은 사동 접사의 통합 방법의 유추 및 형태론적 재해석 과정을 경험한 것이다.

　문헌 기록이 남아 있지 않은 방언의 역사 연구는 재구에 의지할 수밖에 없고, 이 재구는 음 변화의 규칙성 가설에 그 기반을 두고 있다. 그런데, 규칙성 가설에서 예외를 인정하는 구체형을 재구할 것인가, 그렇지 않으면 예외까지 설명할 수 있는 추상형을 재구할 것인가가 문제이다. 또한 방언 분화는 그 속성상 점진적이고 파동적일 수밖에 없다. 방언사 재구에서 이러한 점진성과 파동성을 어디까지 인정해야 하는가도 역시 문제이다. 그리고, 통시적인 관점에서 형태소 내부와, 파생·활용 등의 형태소 경계의 구별 여부도 문제이다. 이 글에서는 규칙성 가설과 계통수 모형에 입각하여 형태소 내부 및 경계를 구별하지 않고 제주 방언사의 일부를 살펴 보았지만, 방언사 연구에서 이러한 문제에 대한 논의가 앞으로 활발하게 이루어지기를 기대한다.

강정희(1988), ≪제주방언연구≫, 한남대학교 출판부.

고동호(1995), <국어 마찰음의 통시적 연구-제주도 방언 자료를 중심으로>, 서울대학교 박사학위논문.

郭忠求(1994), ≪咸北六鎭方言의 音韻論≫, 太學社.

金光雄(1984), <濟州島南部語의 硬音化에 對한 硏究>, ≪제주대 논문집≫ 17, pp.99-128.

金光雄(1988), <濟州島 地域語의 音韻論的 硏究>, 世宗大學校 박사학위논문.

金芳漢(1983), ≪韓國語의 系統≫, 民音社.

김병제(1980), ≪방언사전≫, 과학, 백과사전출판사.

김성규(1994), <'사ᄅᆞ다'류의 파생어>, ≪南鶴 李鍾徹先生 回甲紀念 韓日語學論叢≫, pp.381-394.

김성규(1996), <'드틀'과 '들글'의 공존>, ≪李基文敎授停年退任紀念論叢≫, 신구문화사, pp.84-96.

김주원(1991), <韓國語의 系統과 形成에 대한 연구사적 考察>, ≪한국고대사논총≫ 1, 김주원(1993), ≪모음조화의 연구≫, 嶺南大學校出版部, pp.219-261에 재수록.

金周弼(1988), <十五世紀 被動接尾辭의 異形態와 그 分化過程에 대하여>, ≪冠嶽語文硏究≫ 13, 서울大學校 國語國文學科, pp.45-71.

김차균(1976), <국어의 자음 접변>, ≪언어학≫ 1, 한국언어학회, pp.25-41.

金泰均(1986), ≪咸北方言辭典≫, 京畿大學校出版局.

金洪植(1977), <用言의 母音 脫落에 대하여-特히 濟州島方言과 關聯해서>, ≪논문집≫ 8(인문·사회과학), 제주대학, pp.29-47.

박창원(1991), <국어자음군연구>, 서울대학교 박사학위논문.

성백인(1978), <한국어와 만주어의 비교 연구 (1)-알타이 조어의 어두 파열음 체계 재구에 관한 문제점>, ≪언어학≫ 3, 한국언어학회, pp.121-144.

宋喆儀(1993), <언어 변화와 언어의 화석>, ≪國語史 資料와 國語學의 硏究≫, 문학과 지성사, pp.352-370.

安秉禧(1959/1982), ≪十五世紀 國語의 活用語幹에 對한 形態論的 硏究≫, 塔出版社.

양정호(1991), <중세 국어 파생 접미사 연구>, ≪國語硏究≫ 105, 國語硏究會.

李基文(1955), <語頭子音群의 生成 및 發達에 對하여>, ≪震檀學報≫ 17, 震檀學會, pp.

187-258.

李基文(1962), <中世國語의 特殊 語幹 交替에 대하여>, 《震檀學報》 23, 震檀學會, pp.119-147.

李基文(1972), 《國語史槪說(改訂版)》, 塔出版社.

李基文(1977), 《國語音韻史研究》, 塔出版社.

李基文(1980), <加波島 方言의 特徵>, 《延岩玄平孝博士回甲紀念論叢》, pp.455-466.

李基文(1985), <國語 語彙史의 한 側面>, 《歷史言語學－金芳漢先生回甲紀念論文集》, pp.57-66, 李基文(1991:33-42)에 재수록.

李基文(1991), 《國語 語彙史 研究》, 東亞出版社.

李崇寧(1957/1978), 《濟州島方言의 形態論的 研究》, 塔出版社.

李丞宰(1983), <再構와 方言分化－語中 ‘－ㅅㄱ－’類 단어를 중심으로>, 《國語學》 12, 國語學會, pp.213-234.

이현복(1984), 《한국어의 표준발음－이론과 실제－한국어 음성독본》, 대한음성학회.

李賢熙(1987), <중세국어 ‘둗겁-’의 형태론>, 《震檀學報》 63, 震檀學會, pp.133-150.

이호영(1992), <한국어 변이음 규칙과 변이음의 결정 요인들>, 《말소리》 21-24, 대한음성학회, pp.144-175.

鄭承喆(1995a), 《濟州島 方言의 通時音韻論》, 太學社.

鄭承喆(1995b), <濟州島 方言의 派生接尾辭－몇 개의 재구형을 중심으로>, 《大東文化研究》 30, 成均館大學校 大東文化研究院, pp.359-374.

濟州方言研究會(編)(1995), 《濟州語辭典》, 濟州道.

한글 학회(1991), 《우리말 큰사전 4－옛말과 이두》, 어문각.

허웅(1975), 《우리 옛말본－15세기 국어 형태론》, 샘문화사.

허웅(1985), 《국어음운학－우리말 소리의 오늘·어제》, 샘문화사.

玄平孝(1962), 《濟州島方言研究—第一輯 資料篇》, 精研社.

玄平孝(1971), <濟州島 方言 語詞의 層位學的 考察>, 《藏菴池憲英先生華甲紀念論叢》, 玄平孝(1985), 《濟州島方言研究－論考篇》 二友出版社, pp.279-292.

《韓國方言資料集 Ⅰ(京畿道 篇)》, 韓國精神文化研究院, 1995.

《韓國方言資料集 Ⅱ(江原道 篇)》, 韓國精神文化研究院, 1990.

《韓國方言資料集 Ⅲ(忠淸北道 篇)》, 韓國精神文化研究院, 1987.

《韓國方言資料集 Ⅳ(忠淸南道 篇)》, 韓國精神文化研究院, 1990.

《韓國方言資料集 Ⅴ(全羅北道 篇)》, 韓國精神文化研究院, 1987.

《韓國方言資料集 Ⅵ(全羅南道 篇)》, 韓國精神文化研究院, 1991.

≪韓國方言資料集 Ⅶ(慶尙北道 篇)≫, 韓國精神文化研究院, 1989.

≪韓國方言資料集 Ⅷ(慶尙南道 篇)≫, 韓國精神文化研究院, 1993.

≪韓國方言資料集 Ⅸ(濟州道 篇)≫, 韓國精神文化研究院, 1995.

服部四郎(1971), <比較方法>, 服部四郎(編), ≪言語の系統と歷史≫, 岩波書店, pp.1-22.

Baldi, P.(1990), "Introduction: The Comparative method," P. Baldi(ed.)(1990), *Linguistic Change and Reconstruction Methodology*, Berlin: Mouton de Gruyter, pp.1-13.

Hall, R. A, Jr.(1950), "The Reconstruction of Proto-Romance," Language 26, also in A. R. Keiler (ed.)(1972), *A Reader in Historical and Comparative Linguistics*, New York: Holt, Rinehart and Winston, pp.25-48.

Hock, H. H.(1986), *Principles of Historical Linguistics*, Berlin: Mouton de Gruyter.

Maddieson, I(1984), *Patterns of Sounds*, Cambridge: Cambridge University Press.

McMahon, A. M. S(1994), *Understanding Language Change*, Cambridge: Cambridge University Press.

Ramsey, S. R. (1986), The Inflecting System of Proto-Korean, *Language Research* 22.2, pp.183-194.

# 다시 제주도 방언의 보존운동에 대하여*

고영진

## 1. 들어가는 말

1.1. 제주도 방언에 대하여 논의하려면 반드시 거쳐 가야 할 가장 높은 봉우리의 하나인 현평효의『제주도 방언의 정동사 어미 연구』는 "제주도는 절해고도"[1]라는 말로 시작한다. 그의 말대로 제주도는, 목포와는 약 154km, 그리고 부산과는 약 288km 떨어진 지점에 위치하고 있는 한반도 최남단의 섬이다(김봉옥 2001:16). 제주도가 이처럼 육지와 멀리 떨어져 있는 섬이다 보니, "절해고

---

\* 본고는『제주작가』제33호(제주작가회의, 2011년 6월)에 실렸던 것을, 제목을 바꾸고, 부분적으로 수정한 것이다. 또한 이 글의 초고는 오키나와국제대학교 종합연구기구 남도문화연구소(沖縄國際大學總合硏究機構南島文化硏究所、しまくとぅばプロジェクト) 주최로, 2010년 11월 13일에 오키나와 현립박물관·미술관 강당에서 개최된 '제32회 남도문화시민강좌'『'오키나와 섬 언어'의 미래-소수파 언어와 그 재활성화("しまくとぅば"の未來―少數派の言語とその再活性化)』에서 일본어로 발표되었으며,『제주작가』에 실린 것은 그 발표를 한국어로 옮기고 일부 내용을 수정, 보완한 것이다. 당시 귀중한 발표 기회를 주셨던 오키나와국제대학교의 관계자 여러분들께, 특히 니시오카 사토시(西岡敏) 교수께 감사드린다. 그리고 따뜻한 코멘트와 날카로운 질문으로 필자에게 많은 가르침을 주신 '시민강좌'의 보고자 및 청중들께도 깊이 감사드린다.

1 현평효(1974/1984:4).『제주도 방언의 정동사 어미 연구』는 1974년에 동국대학교 대학원에 제출한 현평효의 박사학위 논문이다. 이 논문은 1976년에 아세아문화사에서 단행본으로 간행이 되었다가, 1985년에는 다시『제주도 방언 연구-논고편』(3-133쪽)에 거두어 실렸다. 이 글에서의 인용은 후자의 것이다.

도인 제주도에 희귀하고도 진중한 고어들이 많이 간직되어 있고, 따라서 그 연구할 가치가 가장 높은 지역으로 인정"되고 있다고 현평효(1974/1985:4)는 말한다.

이와 더불어 "조선 후기 200여 년간 출륙 금지령에 묶여 육지로의 출입을 제한 받"(조성윤·이상철·하순애 2003:33)아 더욱더 고립된 생활을 강요당한 결과, 제주도에는 한반도의 다른 곳에 비하여 훨씬 더 많은 과거의 모습이 보존되어 있는 것으로 알려져 있다.

1.2. 이에 따라 제주도 방언도 한반도의 여타 방언들과는 다른 모습이 기대되는 바, 이에 대해서도 많은 사람들이 인정하고 있다. 실제로 제주도 방언에는 음운, 문법, 어휘 등의 각 층위에 걸쳐 독특한 모습을 보여 주는 요소들이 적지 않다. 잘 알려진 음운 면에서의 '아래아'를 비롯하여, 문법적인 측면에서는 여타의 방언에서는 볼 수 없는 '-앖/없-'의 존재와 사용, 그리고 어휘적인 면에서는 한반도에서는 보기 드물게 몽고어 기원의 단어들이 꽤 있다는 점, 등으로 말미암아 일찍부터 많은 주목을 받아 왔다.

1.3. 이 글은 지금까지 제주도 방언의 특징으로 지적되어 온, 위에서 언급한 사실 등도 염두에 두면서, 최근 들어 이곳저곳에서 말해지고 있는 제주도 방언의 절멸 위기론 및 그에 따른 보존운동을 전반적으로 재검토해 보고자 하는 의도에서 쓰여졌다. 이를 위하여 2장에서는 제주도 방언의 현황을 간단히 살펴보고, 이어서 3장에서는 제주도 방언의 보존운동에 대하여 점검해 보기로 하겠다.

## 2. 제주도 방언의 현황

2.1. 연령의 고하를 막론하고, 제주도 방언의 모어 화자라면 누구나 제주도 방언이 사라져가고 있음을 피부로 느끼고 있을 것이다. 20대나 30대의 경우만 놓고 보더라도, 그(혹은 그녀)가 제주시나 서귀포와 같은 도회지에 살고 있다면, 그들에게서는 기껏해야 몇몇 어휘 혹은 일부의 어미에서나 제주도 방언의 흔적을 찾아 볼 수 있을 정도일 것이다.

그렇다고 해서 제주도의 도회지에 거주하는 대부분의 20, 30대들이 제주도 방언을 전혀 알아들을 수 없다는 뜻은 아니다. 예를 들어, 거리에서 생면부지의 사람에게 길을 물을 경우, 만일 그 곳이 번화한 도회지거나 관광지라고 할지라도, 그리고 이쪽이 토박이 제주도 방언을 사용하여 질문을 한다고 할지라도, 또한 질문을 받는 상대방이 제주 출신의 20-30대라고 할지라도 그 곳의 지리를 잘 알고 있기만 하다면, 그(녀)는 질문자가 알기를 원하는 정보를 기꺼이 제공해 줄 것이다. 물론 그(녀)의 대답은 제주도 방언보다는 표준어일 가능성이 훨씬 더 높을 것이고, 설혹 그(녀)가 제주도 방언을 쓴다고 하더라도 그것은 표준어에 무척 가까워진 모습일 것이다.

이 경우는 모르는 사람과의 대화이므로 거리감이 느껴져서 그렇다고 할 수도 있을 것이다. 그러나 서귀포시나 제주시의 시내에 거주하고 있는 가까운 친척 중에 20대 혹은 30대의 젊은이가 있거든, 그(녀)에게 제주도 방언으로 말을 걸어 보라. 대부분의 경우에 그들의 답변은, 거의 완벽한 표준어이거나, 혹은 서울말의 영향을 무척 많이 받은 제주도 '방언'일 가능성이 매우 크다. 설사 그(녀)가, 이른바 제주 토박이로서, 제주도에서 나고 자라고 교육을 받았으며, 제주도를 벗어난 적이라고는 고작 며칠간의 짧은 여행 정도밖에 없다고 할지라도 그렇다. 다시 말하면 그들은, 제주도 방언을 알아들을 수는 있으나, 말은 할 수 없다(혹은 하지 않는다)는 것이다.

제주도 방언의 토박이 화자라면, 위와 비슷한 경험을 한 적이 적어도 몇

번은 있을 것이다. 그리하여 그런 일을 경험할 때마다, 특히나 필자와 같은 언어학도들은 더욱더, 제주도 방언이 사라져가고 있음을 피부로 느끼곤 하는 것이다. 이에 대해서는 이미 여러 연구자들이 우려의 발언을 내 놓은 바 있는데, 다음에서 우리는 그 일단을 확인할 수 있다.

> 오늘날 제주도 방언은 크게 변화를 입고 있음이 어김없는 사실이다. 8·15 후 물밀 듯이 밀려 들어오는 개신파의 조류에 밀리고 밀려 이 지역 방언의 언어 형식들은 마구 파쇄 당하고 매몰 당하여 가고 있다. 그것은 변화하기 쉬운 음운이나 어휘들만이 아니고 어법도 큰 변화를 입고 있다.(현평효 1971/1985:370-371)[2]

> (제주도말은) 의욕적인 학자들의 손으로 많은 연구가 이루어져 왔고 지금도 연구되고 있으나, 아직도 해결되지 않은 부분이 꽤 많은 '언어학의 보물창고'인 셈이다. 그러나 근세에 들어와서 역사적인 여러 사건과 교육과 언론 매체의 영향을 받은 데다가 교통의 발달로 제주도가 관광 중심지가 됨으로써 제주도말의 순수성이 급격하게 변질되고 있다. 따라서 제주도말의 계속적인 수집과 연구는 무엇보다도 시급하다.(강정희 1983:169)

물론 위의 발언들은, 구체적인 통계에 근거한 것이 아니므로, 단순한 인상에 지나지 않는 것이라고 치부해 버릴 수도 있다. 그러나, 국립국어원과 제주대학교 국어문화원의 이름으로 간행된 『제주 지역어 생태 지수 조사 보고서』

---

2  현평효는 1966년에 발표한 「제주도 방언 형태소의 이형태에 대하여」에서도 "제주도는 언어 전파의 가장 큰 장벽인 바다에 에워 싸여 있는 고도다. 그러나 오늘날과 같이 교통이 발달되고 상호 교류가 빈번한 시대에 와서는 바다나 강, 산 따위가 그렇게 큰 언어전달의 장벽이 되어지지 않는다. 20년 간에 있어서의 국어교육과 교통의 발달은 제주도 방언에 커다란 변천을 가져 오고 있는 상태이다."(현평효 1966/1985:231-232)라고 말하고 있는 것으로 보아, 이러한 위기 의식을 이미 1960년대부터 가지고 있었던 것으로 추정된다.

에 따르면, 이러한 우려는 이미 사실로 판명되어 가고 있는 것으로 보인다. 이 보고서는 제주도 방언 연구사상 처음으로 제주도 방언의 사용 실태에 대하여 조사·보고하고 있는 것인데, 여기의 내용을 그대로 인정할 경우 한마디로 그것은 충격이라고밖에 달리 표현할 수가 없다. 이 보고서에 의하면, 조사 대상으로 제시된 단어들의 약 80% 정도는, 연령에 따라 조금씩 다르기는 하지만, 대부분의 사람들이 쓰지 않거나 혹은 들은 적은 있지만 지금은 쓰지 않는다고 답했다고 한다. '제주 지역어의 생태 지수'[3]는 가히 절망적이었던 것이다. 이러한 결과는 여러 매스컴에도 보도가 되어 많은 화제가 되기도 하였다.

그러나 유감스럽게도 이 보고서에는 재고가 필요해 보이는 부분도 몇 가지 있는 것으로 보인다. 첫째로 조사 대상 어휘들이 대부분 '농사'와 '전통 가옥의 구조' 등에 관련된 것이었다는 점, 둘째로 시기적으로도 앞 시기의 것들이었다는 점, 그리고 셋째로는 농촌에서 쓰일 것이 기대되는 어휘들을 주로 제주 시내(비록 외곽 지역이기는 하지만)에서 조사했다는 점 등은 문제라고 하지 않을 수 없다. 즉, 21세기를 사는 사람들에게 19세기 후반 내지는 20세기 초반의 단어들을 알고 있는지 또는 사용하고 있는지를 물었다는 것이다.

그러나 이러한 문제점들이 있다고 해도, 이 보고서의 중요성이 떨어지는 것은 아니다. 그 과정이야 어떻든 간에 이 보고서는, 그동안 설만 무성했던 제주도 방언의 위기를 눈 앞에 보여 주는 생생한 자료로서의 역할을 충실히 해 냈을 뿐 아니라, 매스컴을 통하여 일반에 알려지게 됨으로써 '위기에 처한 언어'의 하나로 '내가 속한 언어공동체에서 나와 내 이웃이 지금 사용하고 있는 말'도 포함된다는 것을 새삼스럽게 인식시켜 주었기 때문이다.

이러한 제주도 방언의 '절멸 위기론'은 2011년 벽두 "(제주어가) 유네스코가 분류하는 「사라지는 언어」 가운데 「아주 심각하게 위기에 처한 언어」로 등록"되었음이 밝혀지면서 현실이 되었으며, 마침내 "제주도는 제주어 발전위원회

---

3   이 보고서에서는 '제주도 방언'이라는 용어 대신에 '제주 지역어'라는 용어를 사용하고 있다.

를 구성해 체계적으로 제주어와 관련한 자료를 수집하고, 제주어 활용 실태조사와 제주어의 보전 및 발전 시책을 강화하기로"하는 등, 이제는 그 누구도 제주도 방언이 절멸 위기에 처했음을 인정하지 않을 수 없게 되었다.[4]

2.2. 그렇다면, 위와 같이 제주도 방언이 급격히 위축되거나 혹은 사라져 가게 된 이유는 과연 무엇일까. 그 중의 하나로 과도한 표준어화 정책에 따른 방언의 위축을 생각할 수 있다. 실제로 이기문은 "제주 방언이 이 지경에 이르게 된 가장 중요한 원인은 광복 이후 오늘날까지 국어 교육이 표준어의 중요성만 강조하고 방언의 소중함을 말하지 않은 데서 찾을 수 있다."[5]라고 단언한다. 또한 김창집도 "1970년대 고등학교 교단에서 고문 수업을 할 때는 제주어의 예를 들어 고어를 설명해서 많은 호응을 얻었는데, 지금은 제주어의 뜻을 알아듣는 학생이 별로 없다. 연구수업에서 사투리 몇 마디 썼다고 장학사에게 호되게 지적당하고도 얼굴을 붉힐 수밖에 없던 시절이었다. 그럴 지경이다 보니 학교에서 지역어를 쓰는 것조차도 촌스럽게 여겨 금기시할 정도가 되고, 집집마다 안방에 TV가 자리를 잡아 빠른 기간에 표준어를 정착시키게 되었다."(김창집 2007:80)라고 함으로써 이기문의 주장을 뒷받침하고 있다.

이처럼 제주도 방언이 빠른 속도로 위축되게 된 원인은, 아무래도 제주도 방언이 여타의 방언들에 비하여 훨씬 더 방언차가 컸다는 데에서, 달리 말해 '순수한' 제주도 방언을 사용했을 경우에는 제주도 방언의 화자가 아닌 사람들과의 의사소통이 원활하지 않았으리라는 데에서도 찾을 수 있을 것이다. 이와 함께 "언중들 사이에서 방언은 표준어보다 못하다는 열등의식과, 표준어 사용이 가져다주는 사회적 지위와 여러 가지로 이로운 점 때문에 남들 앞에서

---

4  허호준, 「유네스코, "제주어, 아주 심각한 위기"」, 『한겨레』, 2011년 1월 18일. 이 글에서의 인용은 <http://www.hani.co.kr/arti/society/area/459186.html(2022년 3월 27일 확인)>에 의한다.
5  이기문, 「제주 방언을 살립시다」, 오창명, 「지금 왜 제주어를 말하는가」, 『제주작가』 제19호, 심지, 2007, 25쪽에서 재인용.

제주방언 사용을 꺼리는 경향"(문성숙 외 2002:103-104)[6]도 그 원인의 하나였을 것으로 생각된다.

그러나 무엇보다도 큰 이유는, 산업 구조와 생활 양식의 변화가 제주도 방언을 급속도로 몰아낸 것이라고 본다. 척박한 농토와 거친 파도, 그리고 해마다 몇 번이고 닥쳐오는 태풍 등의 자연 재해와 싸우며 겨우겨우 영위해 오던 생존을 위한 농업과 어업이 제주의 주산업이었음은 주지의 사실이다. 그러던 것이 농업 분야에서는, 1967년에 정부에서 농민소득 특별사업으로 지정된 감귤 재배가 늘어나면서 한동안 주 수입원이 되었고(김봉옥 2001:357-358), 1973년에는 '제주도관광종합개발계획'(1973-1982)이 마련되면서 관광 또한 제주 경제의 한 축으로 자리를 굳히게 된다(신행철 2004:57). 그리고 이 무렵부터 관광객들이 해마다 제주도로 몰려 들었고, 제주도는 신혼여행지로도 각광을 받기 시작한다. 덩달아 개발 바람이 불었고, 그에 따라 제주도에도 어김없이 땅 투기의 광풍이 몰아쳤고, 급기야는 제주 땅의 많은 부분을 외지인이 소유하게 되는 사태가 벌어지게 되는 것이다. 이러한 과정에서 제주도 방언은, 외부에 노출되어 다른 방언과 끊임없이 접촉을 하게 되었으며, 그 결과 원래 가지고 있던 모습을 급격히 잃어 갔던 것이다.


# 3. 제주도 방언의 보존운동

## 3.1. 전통적인 방언학과 그 주변

3.1.1. 아카데미즘의 세계에서 제주도 방언은 비교적 이른 시기부터 주목을 받았다. 그 주요한 이유는 다른 방언에서는 이미 사라져 버린 모음 아래아와

---

6   그런데 "이 현상은 노년층보다 젊은 층으로 갈수록 심해지며, 남성보다는 여성이 더 부정적으로 생각"한다고 한다(문성숙 외 2002:104).

그 이중모음의 존재가 무엇보다도 컸던 것으로 보인다. 일찍이 오구라 신페(小倉進平)와 고노 로쿠로(河野六郎)가 제주도 방언을 조사한 적이 있으며(현평효 1979/1985:455-458), 해방 후에는 경성제국대학 부속 생약연구소 제주도시험장에서 근무하던 석주명에 의하여 1947년에 『제주도 방언집』(서울신문사)이 간행되어 많은 주목을 끌었다. 그리고 1957년에는 한국의 방언 연구사에 한 획을 그은 업적으로 평가되고 있는 이숭녕의 「제주도 방언의 형태론적 연구」(『동방학지』 제3집, 연세대학교 동방학연구소)가 발표됨으로써, 제주도 방언 연구는 본궤도에 오르게 된다.

그러나 이 무렵까지만 해도, 제주도는 교통이 매우 불편하여, 한국전쟁 기간을 제외하고는 육지와의 왕래도 무척 드문 거의 고립되어 있는 섬이라 보아도 무방할 정도였다. 게다가 앞에서도 언급했던 '출륙금지령'으로 인하여, 제주도는 외부와의 접촉이 거의 차단된 상태가 오랫동안 계속된 섬이었으므로, 여러 가지 면에서 옛모습을 간직하고 있었을 터이다.

그런데, 1970년대 초반부터 본격적으로 시작된 관광과 개발 붐을 타고, 제주도는 급속히 과거의 모습을 잃어 가기 시작한다. 이 때부터 많은 사람들이 제주도의 방언과 민속 등이 변해 가고 사라져 가는 것을 무척 안타깝게 바라보게 된다. 아니, 바라보는 정도에 그치는 것이 아니라, 더 이상 그 모습이 일그러지거나 일실되기 전에 하루라도 빨리 그것을 수집하고 보존해야 한다고 이구동성으로 말하기 시작한다. 제주도 방언 연구의 개척자라 할 수 있는 현평효의 다음 언급은, 바로 이러한 사라져 가는 제주도 방언에 대한 아쉬움의 일단을 표출한 것이다.

> 제주어는 국내의 어느 지역의 언어보다도 가장 희귀한 언어로 인정되어 왔고, 국어학사상에서도 값어치 있는 자료로 평가되어 온 터다. 그러나 최근에 들어서는 표준어의 보급·매스컴의 발달·경향 각지와의 인문 교류가 빈번해지면서 전래의 제주어는 일실될 위기에 처해 있다. 이런 점을 늘 안타깝게 생각해 오던

본인은 본래의 제주어가 사라지기 전에 이에 대한 체계적인 조사·수집은 물론 사전으로 편찬하는 게 무엇보다도 중요한 제주 문화 유산을 전승하는 길이라 여겨, 제주도 당국과 여러 번 접촉을 시도했다. 그 때마다 예산이라는 현실적 문제에 부딪쳐 마음과 뜻 대로 되지 않아 애 타는 심정을 몇 년 가슴에 지니고 있어야만 했다.(현평효 1995:4)

현평효는 일찍이 약 600여 쪽에 달하는 제주도 방언의 자료집을 간행하여[7] 제주도 방언 연구에 지대한 공헌을 하였는데, 1995년에 공간된 『제주어 사전』도 실은 그의 이 자료집을 "근간으로 하여 재조사된 어휘와 문법 사항인 어미와 조사를 추가"(『제주어 사전』의 「일러두기」)한 것이었다.

이와 같은 '일실될 위기에 처한 제주어가 사라지기 전에 체계적으로 조사·수집하여 사전으로 편찬해야 한다'는 그의 태도는 후학들에게도 이어졌으며, 그것은 『제주말 큰사전』(송상조 엮음, 2007, 한국문화사) 및 『개정 증보 제주어 사전』(제주문화예술재단 편, 2009, 제주특별자치도)의 간행으로 결실을 보았다. 이것은 다음에서 보는 이들 사전의 간행 목적에서 명확히 드러난다.

사람들은 말로 생각을 주고받으며 살아간다. 자연물에 말을 붙여, 가치 있는 새로운 사물로 만들어, 그것을 나름대로 부려 쓰는 동안에 그들만의 문화를 이루게 된다. 육지와 멀리 떨어진 제주, 이곳의 사람들도 그들의 환경에 맞게 말을 부려 쓰면서 살아왔다. 외부로부터 들어온 말들도 있지만, 그들만의 방식에 의해 만든 말도 있어서, 이 말들을 '제주식'으로 발전시키며 살아왔다. 이런 가운데 말이 가지는 일반성과 특수성을 아울러 갖추면서, 우리들만의 독자적인 정체성을 지닌 삶의 모습을 이루었다. (중략) 사물이 없어지면 말도 사라진다는 것은 잘 알려진 일이다. 머지않아 '제주말'을 이루는 어휘나 문법소들도 지금과 같은

---

7  현평효의 『제주도 방언 연구 자료편』은 1962년에 정연사에서 초판이 나왔고, 수정판은 1985년에 태학사에서 간행되었다.

모습으로 남아 있기를 바라는 것은 무리다. (중략) 말에는 그 말을 쓰는 사람들의 삶의 모습이 투영된다고 한다. 그나마 변화가 더디었던 20세기까지에 쓰이던 '제주말'이 어제가 옛날이라는 21세기를 맞으면서, '자연어'에 가까웠던 우리말이 사라지기 전에 그 어휘나 문법소들을 모아 정리하는 일은 서둘러야 할 일로 여겨 이 일에 손을 대었다.(송상조 엮음 2007:v)

『제주어 사전』 개정 · 증보 사업은 제주어에 대한 관심과 좋은 사전을 열망하는 사회적 욕구의 결과이다. 이 사업은 "여러 요인으로 전래의 제주어가 사라질 위기에 처함에 따라 일실되기 전에 이에 대한 체계적 조사와 수집을 통하여 사전으로 발간하여 제주의 정체성을 확립하고 전승시킴과 동시에 국어학 연구 자료로 보급 · 활용하고자"하는 목적으로 제주도와 제주문화예술재단이 업무 협약을 체결함으로써 이루어졌다.(강영봉 2009:5)

위의 인용에서 알 수 있듯이,『제주말 큰사전』도,『개정 증보 제주어 사전』도, 그 목적은 '절멸될 위기에 처한 제주말이 사라지기 전에 그것을 조사하여 사전으로 정리하고, 정체성의 확립을 도모'하고자 한 것이라는 데에서는 별반 다르지 않다. 보통 사전 편찬의 첫째 목적은 어휘의 규범화인 데에 비하여, 위의 두 사전은 여타의 사전들과는 달리 '제주말의 조사와 정리'를 더욱 강조하고 있는 것이다.

이들 사전은 개인적인 차원 혹은 제주도 차원에서의 방언의 보존을 위하여 수집 · 정리한 것들이라 할 수 있음에 비하여, 정부 기관(혹은 준정부 기관)에서 방언 자료를 수집 · 정리하여 공간한 것도 있다. 한국정신문화연구원에서 나온 『한국방언자료집 Ⅸ(제주도편)』(1995)이 그것이다. 그러나 이 자료집 또한 그 간행 목적은 위의 두 사전과 크게 다르지 않다. '1978년 6월에 정신문화연구원이 창설'된 후, "산업화와 도시화로 인하여 급격히 소멸되어 가는 민족문화유산의 보존 대책을 시급히 마련해야 한다는 의견이 이 두 가지 사업(인용자

주―「전국방언조사연구」와 「전국구비문학조사연구」를 말함)"을 "어문연구실의 장기
사업으로" "채택한 근본 이유"라고, 1995년 당시의 한국정신문화연구원 인문
과학연구부장 송기중은 말하고 있는 것이다(송기중 1995:3).

결국, 아카데미즘의 세계에서 방언 자료를 조사하고 정리하는 것은, 그 방
언을 사용하는 사람들의 언어생활에 직접적인 도움을 주기 위한 것이라기보
다는, 일단 사라져 가는 방언을 하루라도 빨리 수집·정리해 두는 데에 그
의의를 두고 있음을 알 수 있다.

3.1.2. 제주도 방언이 사라지고 있음을 안타까워한 사람들은 학자들만이 아
니었다. 특히 탐라문화제를 주관하고 있던 '한국예총 제주도지부' 소속의 문
인들은 그것을 더욱더 안타까이 여겨, 급기야는 탐라문화제에서 '제주 방언으
로 말하기 대회'를 열기 시작하였는데, 이것은 나중에 '제주어 말하기 대회'로
확대 개편되었다. 문순덕에 의하면, 최근에는 여기에서 더 나아가 여러 방면에
서 말하기 대회가 이루어지고 있는 바, 예컨대 2008년의 경우에는 다음과 같
은 대회들이 있었다고 한다.

① 탐라문화제(←한라문화제) 기간(2008.10.2~10.6)에 '제주어말하기대회, 제
주어가요제, 제주어연극제, 제주민요'가 있어서 제주어의 보존과 활용을 실천하
고 있다.(중략)

② 제주교원총연합회(제주교총) 주관 '제주어말하기'(2003년 시작해서 2008
년 제6회: 2008.9.10)에는 제주도내 초중등학교에서 대표로 참가하고 있다.

③ 국어문화원(←국어상담소 2007.3 개원) 주최 '제주어말하기대회'(2007년
제주민속문화의 해 기념 제주방언경연대회, 2008년에는 제주어말하기대회 개최)
는 한 사람 중심으로 말하기 성격을 잘 살려서 진행되었다. 또한 이 기관에서는
한글날 기념으로 「전도 외국인 한국어 말하기대회」(2007년 제1회, 2008년 제2회)
를 개최해서 한국어의 활용에도 기여하고 있다.

④「제1회 전도 이주민 한국어 말하기 대회」(제주외국인근로자센터, 2007.12. 1)는 한국어를 잘 구사하면서 제주어 말하기·듣기에도 자신감을 갖게 된다는 사례를 보여주었다.(문순덕 2008:295)

위에서 보는 바와 같이, '제주어 말하기 대회'는, 이곳저곳에서 주최가 되어 일견 다양하게 분화가 되어 가고 있으며, 사라져 가는 '제주어'를 지키는 데에 도 상당한 역할을 하고 있는 듯한 느낌을 준다. 그러나 "단순히 방언으로 치러 지는 말하기 대회, 연극대회 등 일회성 행사를 통해 방언을 지키려면 한계가 있다. 이를테면 말하기 대회는 어린 학생들을 동원해서 억지 상황을 연출하고 억지 억양으로 제주방언을 발음하게 하고 있어서 현재성·현장성을 살려내지 못해 실감 있게 들리지 않"으며, "연극대회도 제주방언이 실현되는 상황은 말하기 대회와 비슷하다고 할 수밖에 없다."라는 평가도 나오고 있는 모양이 다(문성숙 외 2002:114). 그리고 이러한 말하기 대회에 대한 비판적인 평가에는 제주특별자치도 교육청도 의견을 같이 하고 있음은 다음에서 알 수 있다.

> 우리 교육청에서는 제주어 전승·보존의 노력을 기울이기 시작하였습니다. 물론 그동안 탐라문화제의 일환으로 제주어 말하기 대회와 같은 제주어 계승 노력이 꾸준히 이어져 왔습니다만 일회성 행사에 그치는 경향이 있었고 학생들 의 생활 속으로 제주어가 파고들기에는 부족한 점이 많았습니다.
> 그래서 학생들에게 제주어를 보다 효과적으로 잘 구사하도록 하기 위해서 학교 교육과정과의 관련성을 따져 생활현장에서 직접 활용할 수 있도록 초·중 등별로 제주어 교육자료를 발간하기에 이르렀습니다.(양성언 2009:3)

그런데, 위에서 본 말하기 대회나 연극대회 등의 이벤트성 행사든 혹은 그 에 대한 비판이든 모두 그 배경에는, '언어는 정신문화의 그릇'이므로 "제주어 가 사라진다는 것은 그 속에 담겨 있는 제주인의 삶과 얼이 사라지"는 것이라는 생각(양성언 2009:3)이 자리잡고 있다. 이러한 고전적인 언어관이 『제주어 교육자료 Ⅲ 생활 제주어』를 발간하게 된 배경에 작용하고 있음을 우리는 윗 글에서 확인할 수 있다. 그렇기 때문에, 탐라문화제의 말하기 대회와 같은 이벤트성 행사로는 제주 사람들의 삶과 정신이 담겨 있는 '제주어'를 보존하기에는 턱없이 부족하므로 그것을 학교의 교육과정에 편입시켜 교육해야 한다는 말을 할 수 있게 되는 것이다. 물론 위의 인용문에는 "제주어를 보다 효과적으로 잘 구사하도록" "생활현장에서 직접 활용할 수 있도록"이라는 표현도 나오고는 있다. 그러나 그것은 곧 이어지는 "이 자료가 일선학교 현장에서 적극 활용되어 사라져가는 제주어를 전승·보존함과 아울러 제주인의 정체성을 지닌 학생을 육성하는데 많은 도움이 되기를 바랍니다."(양성언 2009:3)라는 표현에 파묻히고 만다. 일상의 언어를 잘 구사함으로써 당면한 문제(개인적 문제이든, 사회적 문제이든)를 해결하는 능력을 키워 준다는 언어교육적 측면보다는, '제주어'가 사라져 가고 있으므로 이를 계승·보존하여 제주인의 정체성을 가진 인재를 키운다는 데에 방점이 찍혀 있는 것이다.

이것은 결국, 학교에서 '제주어'를 교육하는 목적도 앞에서 보았던, '제주어'의 사전 편찬자들이 말하는 사전 편찬의 동기 및 탐라문화제 등의 이벤트성 행사에서 '말하기 대회'를 개최하는 목적과 전혀 다르지 않음을 보여 주고 있다. 다만, 차이가 있다면, 그것을 학교 교육의 현장으로 가져 왔다는 점이 다를 뿐인 것이다.

## 3.2. 민중의 언어로서의 제주도 방언

3.2.1. 약 20여 년 전까지만 해도 제주도에는 하나의 금기가 있었다. 4·3이다. 이에 대하여 시인 김수열은 다음과 같이 말한다.

"버스를 타고 제주도를 돌아다니기 시작했어요 여름에 시골에 가면 팽나무

밑에 할아버지들이 이렇게 앉아 있는데 소주 하나 들고 가면 막 얘기를 하는 거야. 근데 어느 시점이 되면 서로 말을 안 해. 그게 4·3이었던 거지."[8]

누구에게나, 4·3은 금기였고, 알고도 모른 척, 보고도 못 본 척해야 하는 것이었다. 일례로 필자의 고향은, 그리 크지 않은 마을이지만, 해마다 어느 날인가에는 정확한 숫자는 잊어 버렸으나 스무 곳 이상의 집에서 제사를 지내고 있(었)다. 그 날이 4·3 당시 희생된 사람들을 기리는 날이었음을 알게 된 것은 한참 후의 일이다. 그런데 이 금기를 깬 것이 바로 『창작과비평』(통권 49호, 1979)에 발표된 현기영의 「순이 삼촌」이었다. 다시 김수열의 말이다.

제주 4·3항쟁의 상징적 코드를 들라 하면 서슴없이 조천읍 북촌리를 먼저 손꼽는다. 항쟁 기간에 마을 전체가 송두리째 방화되어 잿더미로 변해버렸고, 두 발로 걸어다니는 모든 것들을 포함하여 네 발로 기어다니는 가축들마저 화마에 목숨을 내놓아야 했으니 오죽했으면 이후 사람들은 그곳을 무남촌이라 불렀을까?

이른바 '북촌사건'의 진상이 드러나게 된 결정적인 계기는 소설가 현기영의 「순이 삼촌」에서부터 비롯된다. 물론 현기영의 소설에는 '서촌'이라는 이름으로 나오지만 그 마을이 조천읍 북촌이라는 사실을 모르는 사람은 이제는 없다. 현기영의 「순이 삼촌」은 단지 북촌 사건의 진상을 고발하는데 머무는 것이 아니라 30년이 넘도록 침묵을 강요당해온 4·3을 역사의 반열에 당당하게 편입시킨 일대 사건이었다. 하여 제주 4·3의 진상규명은 현기영의 「순이 삼촌」에서 시작되었다고 해도 지나친 말이 아니다. 지금은 4·3특별법이 통과되고 진상규명작업이 본격적으로 이루어지면서 정부 차원에서 '제주 4·3사건 진상조사보고서'가

---

8 김기선, 「제주 민주화운동의 현장을 찾아서 1」, 『웹진 희망세상』 11월호, 민주화운동기념사업회, 2009년, 11쪽. 이 글에서의 인용은 <http://www.kdemocracy.or.kr/KDFOMS/Search/WonmunView2.asp?ArtcRegNo=2338&FileSeq=1(2011년 5월 6일 확인)>에서 하였다.

작성되었고 결국 노무현 대통령은 제주 4·3과 관련하여 대국민 사과를 하게 된다.(김수열 2005:75)

김수열의 윗글은 현기영의 「순이 삼촌」이 왜 제주도 역사(서술)의 새로운 장을 연 작품인지를 요령 있게 정리하고 있다. 위의 인용문에서 알 수 있는 바와 같이, "현기영의 「순이 삼촌」은 단지 북촌 사건의 진상을 고발하는데 머무는 것이 아니라 30년이 넘도록 침묵을 강요당해온 4·3을 역사의 반열에 당당하게 편입시킨 일대 사건"인 것이다. 그리하여 이 소설은, 그렇게 오랫동안 터부시되어 왔고 없는 것으로 치부되어 왔던 4·3을, 백일하에 여지없이 드러내 버렸다. 이제 아무도 4·3을 피해 갈 수 없게 된 것이다.

그런데 많은 사람들이 현기영의 「순이 삼촌」을 이러한 측면에서만 강조하는 경향이 있으나, 실은 이 소설에는 또 다른 중요한 점이 내포되어 있다. 언어적인 측면에서 등장 인물들의 대화에 제주도 방언을 적극적으로 활용한 것이 그것이다. 여기에서 우리는 "(탐라국이 고려에 합병된 이래) 언어의 문제는 정치문화적인 범주에서 작동"해 왔다는 지적(홍기돈 2005:251)을 상기할 필요가 있다. 즉, "「육지 것들」이 「이 섬의 사람들」을 무시"했던 것은, "지리적으로 변방인데다가 척박하기만 한 땅 위에 펼쳐졌던 제주의 경제 수준"도 있지만, 그러한 "사실보다 더욱 중요하게 영향을 끼친 것은 언어의 문제"라는 것이다(홍기돈 2005:251). 그런데 이러한 무시당함의 근원인 제주말을 이 소설의 등장인물들이 적극적으로 사용하고 있다는 것은, 달리 말하면 그들이 현실의 문제를 회피하지 않고 거기에 적극적으로 달려들겠다는 뜻이기도 할 터이다. 따라서 「순이 삼촌」에 등장하는 제주도 방언은, 등장 인물들이 제주도 사람이기 때문에 사용된 것이 아니라, 그 자체가 또 하나의 메시지인 것이다. 「순이 삼촌」이, 전혀 의도하지 않았음에도 불구하고, 나중에 제주도 방언의 보존운동에도 적지 않은 영향을 미치게 된 연유는 바로 여기에 있다고 할 것이다. 또한 「순이 삼촌」에서 군데군데 '손질이 가해진' 제주도 방언이 사용되고 있음에도 위화

감이 거의 느껴지지 않는 것은, 아마도 이러한 이유 때문일 것이다.

　그러나 당시는 살벌하기 그지없는 군사정권 시절이었기 때문에, 4·3을 입에 올리는 것은 간단한 일이 아니었다. 일례로, 현기영은 「순이 삼촌」을 쓰고 나서 보안사에 끌려가 혹독한 고문을 당하기도 했던 것이다.[9]

　3.2.2. 4·3과 더불어, 제주도를 이해하기 위한 또 하나의 키워드가 있었다. 땅이다. 관광이란 아름다운 이름으로 포장된 이면에는, 육지 사람들의 땅에 대한 탐욕이 감춰져 있었던 것이다.

　어느 시대, 어느 장소에서도 그렇지만, 험악한 세상에 맞서는 데에는, 거칠게 말해, 두 가지 길이 있을 수 있다. 직접 총칼이든 돌멩이든 손에 들고 앞을 향하여 나아가는 것이 그 하나라면, 좀더 장기적인 안목에서 후세대도 키우면서 미래를 준비해 나가는 일이 다른 하나인데, 후자는 보통 '문화운동'이라 불린다. 1980년대 제주도의 문화운동은 '극단 수눌음'(이하 '수눌음')을 빼 놓고는 이야기할 수 없다고 해도 과언은 아닐 것이다. "우리는 오늘 시행착오 속에서 출발할 지도 모르지만, 결국 내일을 위한 실천 속에서 새로운 가치들을 찾아내"기 위하여 "지혜롭게, 끈질기게 서두름 없이 한걸음씩 나아갈 것"이라 천명하고 있는 「수눌음 문화 선언」[10]을 보면, 그들의 우선적인 목표는 문화운동이었음이 명백하다. 그리하여 이 무렵부터 수눌음의 멤버들은, 문화패를 자처하면서, 문화운동의 길을 걷게 되는데, 마침 '80년 광주'의 여파로 제주에

9　현기영은 한 인터뷰에서, "사실은 「순이 삼촌」을 시작으로 연작 세 편만 쓰고 4·3 이야기는 접을 생각이었다. 그런데 79년 겨울에 「순이 삼촌」을 썼다는 이유로 신군부에 의해 보안사에 연행됐다. 남산 서빙고에서 3일 동안 온갖 모욕과 구타를 경험했다. 얻어 맞은 상처에 멍이 가시는 데만도 보름이 걸리더라. 거기서 생각했다. '정부와 나는 일대 일이구나.' 그 깨달음이 내개 4·3과 소설가로서의 의미를 다시 생각하게 했다."라고 말하고 있다. 홍성식/노순택, 「"자기시간 갖는 걸 두려워 말라"─[열린 인터뷰 45] 소설가 현기영의 옛 적과 새 적」, 『오마이뉴스』, 2001년 1월 16일. 이 글에서는 <http://www.ohmynews.com/nws_web/view/at_pg.aspx?CNTN_CD=A0000030392(2022년 3월 27일 확인)>을 참조하였다.

10　이 「수눌음 문화 선언」은 김수열 시인의 호의로 얻어 볼 수 있었다. 귀중한 자료를 보내 준 김수열 시인께 감사드린다.

와 있던 소설가 황석영이 가세하면서, 수눌음은 더욱더 활기를 띠게 된다.

　그러나 시기가 시기였던 만큼 4·3부터 이야기를 시작할 수는 없었고, 제주도의 또 하나의 질곡인 땅 이야기, 곧 「땅 풀이」로 극단 수눌음은 첫걸음을 내딛게 된다. 이와 관련하여, 수눌음의 주역의 한 사람이었던 문무병은, '「땅 풀이」는 제주도 땅의 85%가 육지 사람들에게 넘어갔다는 충격적인 내용을 담고 있는 것'으로, "제주에서는 처음으로 살벌한 시대의 한복판에서 정면으로 현실을 고발한 공연이었고, 공연은 원자폭탄의 폭발처럼 무서운 파괴력을 지닌 엄청난 충격을 가져다준 사건이었다."라고, 회상한다(문무병 2007:129).

　또한 여기서 지나칠 수 없는 중요한 사실은 이 연극의 언어가, 「순이 삼촌」의 등장인물들의 대화처럼, 제주도 방언으로 이루어져 있었다는 점이다. 이것은 관객과 현장에서의 소통을 중요시하는 마당극이라는 형식을 취한 이상 피할 수 없는 것이었다. 그러나 그에 앞서 우리가 주목해야 하는 것은, 수눌음이 핍박받는 제주 민중의 삶을 이야기하고 그들과 소통하려 했으므로, 언어 또한 그들의 것을 사용하지 않을 수 없었다는 사실이다. 이것은, 마당극이 "대중과 직접 판에서 만나, 울고 웃고 놀고 싸우고 맺고 풀고 하면서 어우러지다가 함께 두 주먹 불끈 쥐게끔 하여, 우리 이웃들의 아픔과 설움, 그리고 분노를 체감할 수 있"(오승국 2008:103)게 하는 것이었기 때문에, 필연적인 것이었다. 뿐만 아니라, 그것은 "가능한 한 탐라인들의 가슴 깊은 곳에서 우러나오는 순수한 마음과 본래적 신명으로써 그것을 받아들일 수 있도록, 그러한 수용형식을 창조 실험해 나가야 할 것"이라는 「수눌음 문화 선언」에 따른 실험이기도 했다.

　그리하여 그들은 제주도 방언을 그들의 언어로 선택했는데, 이것은 또한 가외의 선물을 그들에게 하나 안겨 주었다. 무엇인고 하니, 당시는 계엄 하였으므로, 검열을 피할 수 없었는데, 김수열의 회고에 따르면, '제주도의 토지 투기 문제를 다룬 「땅 풀이」'를 "전두환이 정권 잡은 직후인 80년 8월 2일, 3일 공연했"음에도 불구하고, "계엄 하에서 대본을 검열할 땐데 제주 말로 쓰니까 모르더라."는 것이다(김기선 2009:11).

이렇게 하여 본격적인 활동을 시작한 수눌음은, 「땅 풀이」, 「항파두리 놀이」, 「돌 풀이」, 「줌녀 풀이」 등을 계속하여 발표함으로써, 많은 충격과 감동을 안겨 주었다. 그러나, "외지인과 외세가 몰려와 제주를 투기의 대상으로 농락하는 과정을 실감 있게 표현"한 「태순 땅」(1983년 10월)의 공연이 문제가 되어, 수눌음은 당국에 의해 해체당하고 만다(서연호 2005:397-398).

3.2.3. 결국 극단 수눌음은 3년 남짓이라는 짧은 기간밖에 활동하지 못한 셈이다. 그렇지만 그들이 남긴 흔적은 컸다. 그들은, 몇몇 예외를 제외하고는, 줄기차게 제주도 방언으로 대본을 만들었고, 제주도 방언으로 공연을 함으로써, 제주의 민중들과 호흡을 함께 하고자 하였다. 그리고 이러한 전통은 1987년의 6월항쟁 이후에는 그들의 후신인 '놀이패 한라산'으로 이어졌다.

이러한 작업을 통하여 제주도 방언이 젊은이들 속으로 파고들 수 있는 계기의 하나를 수눌음은 제공했고, 또 그 결과 새로이 일어난 문화운동 가운데에는 그들의 직간접적인 영향을 받은 이들도 적지 않았다. '노래패 소리왓'과 '제주의 민중가수' 최상돈은 제주도 방언으로 노래를 창작하고 불렀으며(부르고 있으며), 노래패 소리왓 출신인 오영순은 제주시 탑동 광장을 비롯한 사람들의 휴식 광장을 찾아다니며 제주말로 1인 공연을 하기도 하였던 것이다.[11] 그뿐만 아니라 수눌음에서는, 그가 있음으로 하여 적어도 제주도에서의 '마당굿'이라는 장르가 가능했음에 틀림없을 타고난 광대이며 뛰어난 배우인 정공철을 비롯하여, 문무병과 김수열 등의 탁월한 연출가이자 시인이 배출되어, 나중에 '민족예술인총연합 제주도지회'(이하 '제주민예총')의 결성에도 크나큰 역할을 하게 된다.

앞에서도 잠깐 언급했지만, 1987년의 6월항쟁 이후에는 수눌음 출신의 문

---

11  한애리, 「오영순씨 '제주신화' 공연」, 『제주매일』 2006년 8월 18일. 이 글에서는 <http:// www.jejumaeil.net/news/articleView.html?idxno=27824(2022년 3월 27일 확인)>을 참조하였다.

화패와 그 후예들이 다시 결집하여 놀이패 한라산을 결성하여 활동하고 있다. 이들은 수눌음이 창립 초기부터 하고자 했던 목표의 하나인 4·3의 공론화와 진상 규명, 그리고 피해자들의 해원에 온 힘을 기울이고 있다. 놀이패 한라산이 해마다 4월에 '4월굿'이라는 이름의 마당극을 무대에 올리고 있는 것은 그 한 예에 지나지 않는다.

놀이패 한라산의 대본 역시 제주도 방언으로 창작되고, 공연도 제주도 방언으로 행해지고 있음은 굳이 여기에서 다시 들어 말할 필요는 없을 것이다. 결과론이긴 하지만, 이들이 줄기차게 제주도 방언으로 대본 작업을 하는 것은 또한 문학어로서의 제주도 방언의 가능성을 탐색해 보는 하나의 실험이기도 할 것이다.

그리하여 그들은, 애초의 목표가 제주도 방언의 보존운동이 아니었음에도 불구하고, 실제로는 그 어떠한 보존운동보다도 더욱 큰 활약을 한 셈이 되었다. 이러한 경험과 노력이 축적되어 있었기에, 2007년에는 그간의 경험을 살려 '제주어'의 보존을 위한 조례를 제정하는 데에서도 그들은 맨 앞에서 활약할 수 있었던 것이다.

## 3.3. 국제자유도시와 제주도 방언

3.3.1. 2000년대에 들어 제주도 방언의 보존운동은 또 다른 전기를 맞이하게 된다. 제주국제자유도시의 추진과 그에 따른 영어공용어화론의 등장 때문이다. 앞에서도 보았듯이, 대략 1970년대를 전후한 무렵부터 제주도의 주산업이 관광과 감귤이었음은 널리 알려진 사실이다. 그런데 1980년대에 들어 해외여행이 자유화되면서 관광객이 줄었고, 수입자유화로 인하여 감귤도 더 이상 독점적인 지위를 누릴 수 없게 되었다.

제주도의 주력이던 두 산업, 즉 감귤과 관광이 철퇴를 맞게 되자, 또 다른 길을 찾을 수밖에 없었는데, 이와 같은 급속한 경제 환경의 변화를 맞아 새로운 전략 수단으로 모색된 것이 국제자유도시였다(김태보 2003:78). 그런데 제주도는, 이 국제자유도시로서의 입지 조건이 여타의 경쟁 지역보다 특별히 나을 게 없었으므로, 그것을 상쇄할 만한 특단의 대책을 강구해야만 했다. 그리하여 국제자유도시를 "사람·상품·자본의 국제적 이동과 기업 활동의 편의가 최대한 보장되도록 규제의 완화 및 국제적 기준이 적용되는 지역적 단위"[12]라고 정의함으로써, 사회적 조건으로 자연적 조건의 불리함을 만회하고자 시도하게 된다.

영어공용어화론은 바로 이러한 배경 하에서 등장한 것이었다. 이와 관련하여 당시 여당이던 민주당의 이해찬 정책위의장은 2001년 5월 중순에 제주도를 국제자유도시로 만들기 위해서는 제주도에 한하여 영어를 공용어로 할 필요가 있다는 입장을 천명하면서 정부와 민주당이 이 문제를 논의 중이라는 애드벌룬을 띄웠다(오창명 2001:405). 이를 계기로 제주도에서의 영어공용어화를 두고 격렬한 논란이 일게 된다.

제주도에서의 영어공용어화론에 대해서는 찬성 의견도 물론 없지는 않았으나(김원보·변길자 2005), 적어도 매스컴이나 인터넷 등을 통하여 밖으로 표출된 의견들 가운데에는 반대 의견이 압도적으로 많았다. 거기에다가 그 내용 또한 무척 강경했다. 예컨대 "(영어를 공용어화하겠다는 발상은) 제주 문화를 말살하겠다는 의도와 전혀 다르지 않다."(오창명 2001:413)라거나, "영어의 공용이 국어의 말살이나 정체성을 해치지 않는다는 논리는" "일제가 우리말을 금지하고 일본말을 쓰라고 강요했을 때와 왜 이다지도 똑 같은가?"(김수열 2005:101) 등의 의견은 그 일부에 지나지 않는다. 그리하여 정부에서는, 2002년 1월 26일에 법률 제6643호로 제정·공포된 '제주도국제자유도시특별법'에서 '영어공용어화'가 아니라 '외국어 서비스 제공'이라는 용어를 씀으로써 사태를 무마하고자 하였다.

---

12 「제주특별자치도 설치 및 국제자유도시 조성을 위한 특별법」의 제2조(정의) 참조. 이 법률은 국가법령정보센터<http://www.law.go.kr/(2011년 5월 6일 확인)>에서 그 전문을 볼 수 있다.

3.3.2. 그런데 이 무렵부터, 그동안 언어정책적인 문제에 대해서는 직접적인 언급이 거의 없었던 문화운동 그룹이, 지금까지의 침묵을 깨고, 적극적으로 발언을 하기 시작한다. 제주민예총의 산하 단체로 1998년 2월에 공식 출범한 '민족문학작가회의 제주도지회'(이하 '제주작가회의')에서 간행하는 기관지 『제주작가』(제7호)에 실린 오창명의 「제주도 영어 공용어화, 과연 능사인가?」는 그 좋은 예였다. 당시 제주작가회의 회장 김병택은, 같은 책의 「권두언」에서 "지금까지 제주작가회의는 성명서 발표·신문사 기고 등의 방법을 통해 줄기차게 영어 공용어화에 반대해 왔거니와, 이 논문(인용자 주-오창명의 앞의 글을 말한다)을 계기로 우리는 영어 공용어화의 주장으로 야기되는 불필요한 논쟁이 종식되기를 희망한다."(김병택 2001:6)라고 말함으로써, 그 의도를 명확히 드러내고 있다.

이러한 과정을 거치면서 문화운동 그룹은 현실의 언어정책 문제에 한발을 걸치게 되었고, 그 결과 그들도 제주도에서의 영어공용어화를 막아 내는 데에 적지 않은 공헌을 하게 된다. 그러나 '외국어 서비스'라는 것이 언제 다시 '영어공용어화'로 살아날지 알 수 없는 일이었다. 그렇게 되었을 때에는 그러지 않아도 표준어에 치이고 있는 제주도 방언은 더욱더 설 자리가 좁아질 것임에 틀림없었다. 그리하여 제주민예총에서는 제주대학교 국어상담소(현 국어문화원)와 손을 잡고 근본적인 해결책을 모색하게 된다.

이들이 손을 잡고 이루어 낸 무엇보다도 크고 중요한 일은, 「제주특별자치도 제주어 보전 및 육성 조례」(조례 제280호, 2007년 9월 27일 제정)를 한국에서는 최초로 제정하게 한 것을 들 수 있다. 이 조례의 초안은 제주민예총이 주관하고 제주대학교 국어상담소와 제주문화예술재단 등이 공동 주최한 심포지엄 '제주어 보존 및 활용방안 모색'(2007년 5월 11일)에서 처음으로 선을 보였고, 이 안은 다시 같은 해 7월에 민예총 제주지회장 김수열의 이름으로 발표된 글(김수열 2007:47-54)에 전재되었다. 이 조례를 제주특별자치도 의회에 직접 발의한 신관홍 의원에 따르면, 이 조례가 제정된 데에는 "수년전부터 이 분야에 관심을 가졌던" "한국민족예술인총연합 제주도지회의 노력이 절대적"이었다고 한다(신관홍 2007:41). "민예총 제주지회는 조례초안을 마련하여 저(인용자 주 —신관홍 의원을 말한다)를 비롯한 오옥만, 위성곤 의원과 별도의 면담을 가졌고, 구체적으로 조례를 제정하기로 한 후에는 민예총 제주지회 사무실에서 전문가들을 초청하여 간담회를 개최하기도 하"(신관홍 2007:41)는 등 적지 않은 품을 들였던 것이다.

아카데미즘 그룹에서도 적극적으로 움직였다. 예를 들면 위의 심포지엄에는 제주대학교 교수 강영봉도 참가하여 「제주어 보존의 필요성」이라는 제목의 발표를 한 일이라든가, 제주대학교 강사 오창명이 『제주작가』(제19호)에 「지금 왜 제주어를 말하는가?」라는 논문을 발표하여 절멸 위기에 처한 '제주어'의 보전을 호소한 것 등은 그 좋은 예라 할 것이다. 오창명은 "제주어를 보전하고 전승하는 것은 현재를 살아가는 우리의 책무"(오창명 2007:36)라고까지 말한다. 또한 제주대학교 국어상담소에서는 이 조례가 제정되고 나서부터 '제주어'를 발전시키기 위해 필요한 일들을 정리하여 『제주어 발전 기본 계획(안)』(2008)을 만들어 내는 등의 활약을 하기도 하였다.

3.3.3. 이처럼 아카데미즘이라는 이론의 세계와 운동이라는 실천의 장에서 따로따로 활동하던, 어떻게 보면 이질적이라고까지 할 수 있는, 두 그룹이 하나로 합류할 수 있었던 이유로는 외부에서 가해진 충격이 워낙 강했다는 점을 들지 않으면 안 될 것이다. 다시 말하면, 제주국제자유도시에 따른 영어공용어화 논의는 너무나 충격적인 것이어서, 이유 여하를 막론하고 일단은 서로 일치단결하여 발등의 불부터 꺼야 했다는 것이다.

제주일보 2008년 11월 10일자에는 "허영선 민예총 지회장과 강영봉 국어문화원장은 10일 오전 민예총 회의실에서 '제주어 문화콘텐츠 아카이브 업무협정'을 체결, 앞으로 제주어 학술문화 자료와 정보 교환, 공동사업 개최, 관련사업 자문, 연구자료 성과물 공동 출간 등 구체적인 협력 사업을 추진키로 했다."라는 기사가 실렸다. 이로 미루어 조례가 제정된 이후에도 한동안 이들의 협력 관계는 변함없이 유지되고 있었던 것으로 추정된다. 게다가 "민예총이 올해부터 추진 중인 '제주어 문화콘텐츠 아카이브' 구축과 관련 국어문화원은 전문 학술적인 자문을 제공"하는 등, 제주민예총과 제주대학교 국어문화원이 손을 잡고 "제주어 자원의 전승과 활용 기반 구축에 동행"하기로 했다는 내용도 같은 기사에 등장한다.[13] 그러나 그 이후 10여 년 이상이 흐른 지금에 이르기까지 두 그룹이 다시 손을 잡고 무언가를 이루어냈다는 이야기는 없는 것으로 미루어, 이들의 협력 관계는 사실상 일회성에 불과했던 것으로 보인다.

## 4. 결론을 대신하여

언제부터인가, 특히 제주도에서 활약하고 있는 연구자와 활동가들 사이에서는, 본문에도 여러 번 등장했지만, 제주도 '방언'(혹은 제주 '방언')이란 말은 거의 쓰이지 않고, 제주'어'란 말이 일반화되어 쓰이는 듯하다. 그러나 왜, 제주(도) '방언'이 아니고, 제주'어'인가 하는 물음에 대하여 명확한 답은 제시하지 못하고 있다. 조태린(2014:126)이 지적하고 있는 바와 같이, "제주어라는 용어를 사용하는 문헌들 중에서 제주어의 개념이나 사용 이유를 밝히고 있는 것이 매우 적"거나, "제주어의 개념을 밝히고 있더라도 그 개념이 제주방언의 개념과 잘 구별되지 않"는 형편인 것이다. 만일 앞으로도 계속해서 제주'어'를 고수하고자 한다면, 앞으로 이에 대한 적극적인 근거의 제시와 함께, 그것을 좀더 정교하게 다듬는 작업도 병행되지 않으면 안 될 것이다.

또한 금후 제주도 방언이 제주'어'라 말해지려면, 언젠가는 그것의 글말,

---

13  이상의 제주일보 기사는, 김현종, 「민예총-국어문화원 '제주어 보존' 동행」, 『제주일보』 2008년 11월 10일에서 인용한 것인데, 이 글에서는 <http://www.jejunews.com/news/article View.html?idxno=238978#(2022년 3월 27일 확인)>을 참조하였다.

곧 규범화한 제주'어'가 필요하게 될 텐데, 이를 위하여 없어서는 안 될 존재가 바로 규범문법이며, 표기법이며, 사전이다. 그런데 우리는 현재, 그 질을 따지는 것은 고사하고, 온전한 규범문법서 한 권조차 가지고 있지 못하다. 이러한 상황에서 만들어진 '표기법'은 무척 불완전한 것일 터이고, 사전 또한 자료집 이상의 가치를 가지기는 쉽지 않다.

제주'어'의 글말의 확립과 관련하여 또 하나 염두에 두지 않으면 안 되는 것은 이른바 '언문일치'의 문제이다. 현재 우리가 쓰는 입말이 제주'어'라면 글말은 한국어이므로, 우리는 '언'과 '문'이 불일치한 상황에 놓여 있다고 할 수 있다. 그러므로 '언'과 '문'을 일치시키려는 노력이 필요한데, 이것은 생각처럼 쉬운 일이 아니다. 일례를 들자면, 1887년에 언문일치체로 된 소설 『부운(浮雲)』을 발표하여 당시 일본 문학자들에게 커다란 영향을 준 후타바테 시메(二葉亭四迷)가 "뜻대로 문장이 써지지 않으면, 우선 러시아어로 쓴 후에 그것을 구어 일본어로 역번역했다"(이연숙 2006:46)는 것은 대단히 유명한 이야기인데, 그 일화와 관련하여 심지어 이연숙(2006:46)은 "만용이라고 불러도 과언이 아닐, 위험을 각오한 언어 모험"이라고 부르고 있다.

혹시 이것은 일본의 아주 특별한 예외적인 경우라고 할지도 모르겠다. 그러나 한국이라고 해서 별반 다르지 않았다. 예컨대 김동인은 "과거에 혼자에 머리속으로 구상하던 소설들은 모두 일본말로 상상하던 것이라, 조선말로 글을 쓰려고 막상 책상에 대하니 앞이 딱 막힌다."(김동인 1948/1984:434)라는 회상을 남겼는데, 이를 좀더 구체화하여 "구상은 일본말로 하니 문제 안 되지만, 쓰기를 조선글로 쓰자니, (중략) 거기 맞는 조선말을 얻기 위하여서 많은 시간을 소비하"고는, "막상 써 놓고 보면 그럴듯하기도 하고 안 될 것 같기도 해서 다시 읽어 보고 따져 보고 다른 말로 바꾸어 보고 무척 애를 썼다."(김동인 1948/1984:434)는 설명을 덧붙이고 있다. 김동인의 이러한 고민을 김광해(2006:162)는 "개명한 세계에 이미 깊숙이 빠져들어간 한 지식인이 자신의 생각을 우리말로 표현해 보자고 마음은 먹었으나 막상 그것을 우리말로 옮기자고 하였을 때 어떠한 상황에 처하였던 것인지를 알려 주는 생생한 자료"라고 해석하고 있다. 김광해의 해석에 동의하든 하지 않든, 위의 김동인의 회고는 초창기에 한국어의 글말을 규범화해 나가는 과정에는, 지금의 우리로서는 상상도 하기 힘든 어려움들이 있었고, 그것을 극복해 나가는 과정이 있었음을 말해 주는 예화로써 부족함이 없다.

어느 정도 혹은 상당한 정도로 글말의 전통이 있던 한국어와 일본어를 두고도 이러할진대, 글말의 전통이 전무한 제주'어'의 경우 문제가 더욱 심각하리라는 것은 쉬이 상상할 수 있는 일이다. 현재 몇몇 시인, 소설가, 수필가 들에 의하여 제주'어'의 글말을 만들어 나가려는 노력이 행해지고 있는 듯한데,[14] 어쩌면 그들도 후타바테 시메나 김동인과 비슷한 고민을 하고 있을지도 모를 일이다.

어쨌거나, 궁극적으로는 제주말로 소설이 씌어지고, 학술 논문이 씌어지는 그 날, 비로소 제주도 방언은 제주'어'가 되었다고 말할 수 있을 것이고, 또 그 때에 비로소 제주'어'는 절멸의 위기에서 벗어났다고 말할 수 있을지도 모른다. 그 길이 멀고 험할 것임은 명약관화한 바, 제주도 방언과 관련한 활동가들과 이론가들이, 영어 공용어화론의 등장했을 무렵처럼, 다시 한 번 굳게 손을 잡고 문제 해결을 향하여 함께 나아간다고 하더라도 전도는 험난할 터인데, 앞으로도 지금과 같은 상태가 유지된다고 한다면 제주도 '방언'이 제주'어'가 되어 절멸의 위기에서 벗어날 가능성은, 유감스럽지만, 그다지 높지 않다고 말할 수밖에 없다고 생각한다.

---

14 이와 관련하여 『제주작가』에 연재되고 있는 '제주어' 산문은 주목할 필요가 있다. 이것은 강덕환의 「제주어로 쓴 수필/조팥넓기」가 『제주작가』(제19호, 2007)에 게재되자, 그 반응이 좋았던 데다가, "지역문학도 지역어를 치열하게 탐색해야 온전히 구현해나갈 수 있다는 신념을 실천하기 위해 '제주어 산문'(제목을 변경함)을 연속기획의 형식으로 이어가고자" 하여 기획된 것이라고 한다(『제주작가』, 제20호, 317쪽). 만일 '제주어'를 진실로 수립하고자 한다면, 이러한 시도는 성패 여부에 관계없이, 계속되어야 할 것이다.

「제주특별자치도 설치 및 국제자유도시 조성을 위한 특별법」<http://www.law.go.kr/(2011
    년 5월 6일 확인)>.

강덕환(2007), 「제주어로 쓴 수필/조팥볿기」, 『제주작가』 제19호, 심지, 97-99.

강영봉(2007), 「제주어 보존의 필요성」, 『2007 제주민예총 정책심포지엄 제주어 보존 및
    활용방안 모색』, (사)한국민족예술인총연합제주도지회 주관, 29-44.

강영봉(2009), 「조사ㆍ집필 경위」, 제주문화예술재단 편(2009:5-6).

강영봉ㆍ김미진ㆍ김성용(2008), 『제주 지역어 생태 지수 조사 보고서』, 국립국어원ㆍ제주
    대학교 국어문화원.

강정희(1983), 「제주도의 말-언어학의 보물창고」, 『한국의 발견-제주도』, 뿌리깊은나무,
    160-169.

고영진(2011), 「제주도 방언과 그 보존운동 재검토-'제주도 방언'에서 '제주어'로」, 『제
    주작가』 제33호, 사단법인 제주작가회의, 209-234.

김광해(2006), 「조망-국어에 대한 일본어의 간섭」, 목원대학교 편(2006:153-184).

김기선(2009), 「제주 민주화운동의 현장을 찾아서 1」, 『웹진 희망세상』 11월호, 민주화운동
    기념사업회. <http://www.kdemocracy.or.kr/KDFOMS/Search/WonmunView2.asp?ArtcRegNo
    =2338&FileSeq=1(2011년 5월 6일 확인)>

김동인(1948/1984), 「문단 30년의 자최」, 김치홍 편저(1984:421-511).

김병택(2001), 「문학의 대중화운동」, 『제주작가』 제7호, 실천문학사, 5-6.

김봉옥(2001), 『증보 제주통사』, 도서출판 세림.

김수열(2005), 「섬 속 또하나의 섬 북촌리」, 『문화예술』 314호, 한국문화예술위원회, 74-81.

김수열(2005), 『섯마파람 부는 날이면』, 삶이보이는창.

김수열(2007), 「제주어 보존 조례 제정의 필요성과 조례 제안」, 『제주문화예술정책연구』
    제5집, 제주문화예술재단, 47-54.

김원보ㆍ변길자(2005), 「제주국제자유도시와 영어 공용어화 방안」, 『현대영어교육』 Vol.6,
    No.1, 현대영어교육학회, 49-71.

김창집(2007), 「제주어를 활용한 글쓰기」, 『제주작가』 제19호, 심지, 80-96.

김치홍 편저(1984), 『김동인 평론 전집』, 삼영사.

김태보(2003), 「제주지역경제정책의 허와 실」, 제주불교사회문화원 엮음(2003:49-79).

김현종(2008), 「민예총-국어문화원 '제주어 보존' 동행」, 『제주일보』 2008년 11월 10일.
　　<http://www.jejunews.com/news/articleView.html?idxno=238978#(2022년 3월 27일 확인)>

목원대학교 편(2006), 『해방 60년, 한국어문과 일본』, 보고사.

문무병(2007), 「문학적 초상화 거리의 뒷골목에서 채집한 인류학 보고서」, 『제주작가』 제
　　19호, 심지, 123-135.

문성숙 외(2002), 『제주국제자유도시 외국어 서비스 강화에 따른 국어와 제주방언 보존
　　방안 연구』, 제주발전연구원.

문순덕(2008), 「제주어 문화정책 방안」, 『제주발전연구』 12호, 제주발전연구원, 291-309.

문순덕(2011), 「제주어의 활용과 보존 방안」, 『제주발전포럼』 37호, 제주발전연구원, 56-
　　62.

서연호(2005), 『한국연극사-현대편』, 도서출판 연극과인간.

석주명(1947), 『제주도 방언집』, 서울신문사.

송기중(1995), 「'한국방언자료집' 완간에 붙여」, 『한국방언자료집 Ⅸ(제주도 편)』, 한국정
　　신문화연구원, 3-6.

송상조 엮음(2007), 『제주말 큰사전』, 한국문화사.

신관홍(2007), 「'제주어 보전 및 육성에 관한 조례' 제정의 의미」, 『제주작가』 제19호, 심지,
　　38-43.

신행철(2004), 『제주사회와 제주인』, 제주대학교 출판부.

양성언(2009), 「발간사」, 『제주어 교육자료 Ⅲ 생활 제주어』, 제주특별자치도 교육청, 3-3.

오승국(2008), 「(대담)강물은 쉼없이 흐르지만 결코 피곤해하지 않는다」, 『제주작가』 제20
　　호, 심지, 98-106.

오창명(2001), 「영어공용어화, 과연 능사인가?」, 『제주작가』 제7호, 실천문학사, 405-417.

오창명(2007), 「지금 왜 제주어를 말하는가?」, 『제주작가』 제19호, 심지, 24-37.

이숭녕(1957), 「제주도 방언의 형태론적 연구」, 『동방학지』 제3집, 연세대학교 동방학연구
　　소, 39-193.

이연숙(2006), 『국어라는 사상』, 고영진·임경화 옮김, 소명출판.

제주대학교 국어상담소(2008), 『제주어 발전 기본 계획(안)』, 제주특별자치도

제주대학교 박물관(제주방언연구회) 편(1995), 『제주어 사전』, 제주도

제주문화예술재단 편(2009), 『개정 증보 제주어 사전』, 제주특별자치도

제주불교사회문화원 엮음(2003), 『전환기 제주도 지역개발 정책의 성찰과 방향』, 도서출판
　　각.

조성윤·이상철·하순애(2003), 『제주지역 민간신앙의 구조와 변용』, 백산서당.

조태린(2014), 「제주어와 제주 방언, 이름의 정치언어학」, 『어문학』 제126집, 한국어문학회, 117-135.

탐라민속문화연구회(1980), 「수눌음 문화 선언」, 유인물.

한애리(2006), 「오영순씨 '제주신화' 공연」, 『제주매일』 2006년 8월 18일. <http://www.jejumaeil.net/news/articleView.html?idxno=27824(2022년 3월 27일 확인)>

허호준(2011), 「유네스코, "제주어, 아주 심각한 위기"」, 『한겨레』, 2011년 1월 18일. <http://www.hani.co.kr/arti/society/area/459186.html(2022년 3월 26일 확인)>

현기영(1978), 「순이 삼촌」, 『창작과비평』 통권 49호, 창작과비평사, 265-297.

현평효(1966/1985), 「제주도 방언 형태소의 이형태에 대하여」, 현평효(1985:226-251).

현평효(1971/1985), 「제주도 방언의 음운」, 현평효(1985:370-384).

현평효(1974/1985), 「제주도 방언의 정동사 어미 연구」, 현평효(1985:3-133),

현평효(1979/1985), 「제주도 방언 연구에 대한 검토」, 현평효(1985:454-493).

현평효(1985), 『제주도 방언 연구 논고편』, 이우출판사.

현평효(1985), 『제주도 방언 연구 자료편』, 태학사.

현평효(1995), 「조사 경위」, 제주대학교 박물관(제주방언연구회) 편(1995:4-5).

홍기돈(2005), 「근대 국민국가와 4·3소설-제주 언어, 신화, 역사의 특수성을 중심으로」, 『어문연구』 제33권 제2호, 한국어문교육연구회, 239-260.

홍성식·노순택(2001), 「"자기시간 갖는 걸 두려워 말라"-[열린 인터뷰 45] 소설가 현기영의 옛 적과 새 적」, 『오마이뉴스』, 2001년 1월 16일. <http://www.ohmynews.com/nws_web/view/at_pg.aspx?CNTN_CD=A0000030392(2022년 3월 27일 확인)>.

# 제주 방언 단모음의 산출과 지각 양상 연구*
## ―50대 화자를 중심으로

신우봉

## 1. 서론

이 연구의 목적은 현재 음변화(sound change)에 놓인 제주 방언 50대 화자들을 대상으로 그들의 단모음 실현 양상과 음변화의 중심에 있는 /·/에 대한 지각 양상을 분석하고, 이를 토대로 제주 방언 단모음의 변화 양상을 파악하는 것이다. 아울러 세대 내에서의 음변화를 보다 면밀히 파악하기 위해 50대 내에서 단모음의 실현 양상을 비교해 보고자 한다.

언어 변이 연구에서 설정되는 사회 계층, 세대, 성별 그리고 말의 스타일 등과 같은 사회적 변인들은 언어적 특질의 본질을 규명할 수 있는 요소이다. 제주 방언은 세대에 따라 서로 다른 단모음 체계를 지니고 있어서 공시적으로 음변화를 살펴볼 수 있는 방언 중 하나이다.[1] 주지하다시피 제주 방언은 세대에 따라 서로 다른 단모음을 실현된다. 정승철(1998:134)에 따르면 제주 방언에는 '이, 에, 애, 으, 어, 아, 우, 오, ㅇ'의 9개 단모음이 실현된다(이중모음은 '예,

---

\* 이 글은 어문논집 77집(2016, 민족어문학회)에 게재된 논문을 깁고 수정한 것이다.
1 세대에 따른 음변화의 양상은 다른 지역 방언에서도 확인할 수 있다. 서울 방언의 경우 'ㅔ/ㅐ'의 합류나 'ㅡ'의 전설화에서 음변화를 확인할 수 있으며, 경남 방언의 경우 'ㅡ/ㅓ'의 실현에서 세대에 따른 음변화를 확인할 수 있다.

애, 여, 야, 유, 요, ᄋ, 위, 웨, 왜, 워, 와, 의'의 13개가 실현). 그런데 대체로 40대 이하의 방언 화자들은 단어의 첫 음절인 경우에도 '에, 애', '오, ᄋ'를 구별하지 못하고 각각 '에[E]'와 '외[ö]'로 발음한다고 하였다.

이러한 세대 간 차이에 대해 실험음성학적인 방법론을 도입하여 음변화의 관점에서 제주 방언 단모음을 분석한 연구들로는 김원보(2006), 고동호(2008), 신우봉(2015) 등이 있다. 김원보(2006)에서는 세대와 성별에 따른 제주 방언 단모음의 실현 양상을 살펴보았다. 이 연구에서는 제주 방언 70대 화자는 9개의 단모음을 가지고 있으며, 20대 화자는 /·/를 /ᅥ/나 /ㅗ/와 구별하여 발음하지 못하여 7개의 단모음을 지니고 있다고 하였다. 그리고 50대 화자의 경우 개인의 성장 환경이나 단어에 따라서 /·/음을 /ㅗ, ᅥ/와 구별하여 발음하는 경우가 많으며, /ᅦ/와 /ᅢ/는 20대와 동일하게 변별하지 않아서 8개의 단모음을 가지고 있다고 하였다. /·/의 세대별 변화양상을 중심으로 연구한 고동호(2008)은 김원보(2006)의 결과와 유사하게 나타났다. 고동호(2008)에서는 제주 방언 70대 화자는 제1음절에서 /·/를 그대로 보존하고 있지만, 50대 화자는 /·/를 /ㅗ/로 바꾸어 발음하는 경향이 있고, 20대 화자의 경우 /·/를 /ㅗ/로 완전히 대치하고 있다고 하였다. 이처럼 제주 방언 단모음에서 음변화의 중심에 놓인 세대는 50대 화자로 볼 수 있다.

이러한 사실은 신우봉(2015)에서도 재확인되었는데, 이 연구에서는 제주 방언 화자를 세대별로 나눈 후 각각의 발화를 실험음성학적인 측면과 통계적인 방법을 활용하여 분석하였다. 제주 방언 단모음의 세대 간 차이는 /·/의 실현 여부와 /ᅢ, ᅦ/의 구별에서 나타났다.[2] 이로 인해 제주 방언 70대 화자는 9모음 체계를 지니며, 제주 방언 20대 화자는 서울 방언과 동일한 7모음 체계를 가지고 있음을 보여 주었다. 그리고 50대 화자의 경우에는 남성은 8모음 체계

---

2  이 연구에서는 /·, ᅢ, ᅦ/의 변화 외에도 /·/의 소실로 인하여 /ᅳ, ᅥ, ㅗ, ᅮ/ 모음의 음변화를 확인할 수 있었다. /·, ᅢ, ᅦ/ 모음의 실현 여부는 세대 간 음소 목록의 변화를 초래하였으며, 그 외 모음들의 변화는 음성학적인 차원에서 모음 공간에서의 변화를 가져왔다.

그리고 여성은 7모음 체계를 가지고 있어서 동일 세대 내에서 성별에 따른 차이가 있음을 확인하였다.[3] 또한, 이 연구에서는 제주 방언 20대와 70대와는 다르게 50대 화자의 경우 음변화의 중심에 놓여있기 때문에 50대 화자의 경우 세대 내에서의 차이를 확인하기 위해 남성 화자의 경우 50대 초반과 후반으로 나누어 단모음의 실현 양상을 분석하였다. 그 결과 두 집단 모두 / · /를 발음하고 있음을 확인하였다. 하지만 여성 화자의 경우 50대 내에서의 변화 양상을 살피지는 못했다. 따라서 본고에서는 선행 연구에서 확인하지 못했던 제주 방언 50대 여성 화자의 세대 내에서의 차이를 산출 실험을 통해서 확인하고자 한다.

Labov(2001:279-284)에서는 언어 변화에 있어서 성별에 따른 두 가지 중요한 차이가 있다고 하였다. 첫째, 안정적인 언어 상황에서는 남성이 비표준형을, 여성이 표준형을 더 사용한다. 둘째, 언어 변화의 상황에서는 남성보다 여성이 새로운 형태를 더 사용하며 변화를 이끄는 경향이 있다. 그리고 이와 관련하여 주요한 변화(major tendency)는 여성이 남성보다 앞서며, 부차적 변화(minor tendency)는 남성이 여성보다 앞선다고 하였다. 본고에서는 이러한 성별적 차이에 대해 제주 방언 50대에 단모음의 발화 자료의 분석을 통해 알아보고자 한다.

기존 제주 방언 단모음에 대한 연구들은 산출 연구 결과에 대한 분석이기 때문에 보다 정확한 단모음의 실현 양상을 논의하기에는 부족함이 있다. 음변화의 양상을 살피기 위해서는 산출뿐만 아니라 지각의 측면에서 제주 방언 단모음을 바라볼 필요가 있는 것이다. 이에 본고에서는 제주 방언의 50대 여성 화자를 대상으로 세대 내에서의 단모음의 음향적 특성을 관찰하고, 이 연구의 결과를 동일한 연구 방법으로 제주 방언 50대 남성 화자 단모음의 음향적 특성을 관찰한 선행 연구(신우봉, 2015)와 비교하여 제주 방언 50대 화자들에게서 나타나는 단모음의 실현 양상에 대해 논의하고자 한다. 그리고 동일한

---

3  50대 남성 연령의 평균은 55세(표준편차 2.80)였으며, 여성 연령의 평균은 53세(표준편차 2.94)였다.

피험자들을 대상으로 단모음에 대한 지각 실험을 병행하여 제주 방언 단모음에서 나타나는 음변화에 대해 산출과 지각의 측면을 고려하여 보다 종합적으로 파악하고자 한다.

제주 방언 50대 화자가 발화한 단모음의 실현 양상을 산출과 지각의 측면에서 검토한 본고의 연구 결과는 변화 중인 음변화에 대한 이해를 확장시켜준다는 점에서 의의가 있다. 또한, 이러한 결과는 한국어의 다른 지역 방언에서 나타나는 음변화 양상과 함께 논의할 수 있을 것이다.


## 2. 산출 실험

산출 실험에서는 제주 방언 50대 여성 화자 내에서 50대 초반과 후반의 단모음 실현 양상을 비교할 것이다. 그리고 신우봉(2015)에서 제시한 50대 남성 화자의 결과와 비교하여 성별에 따른 차이에 대해서 살펴볼 것이다.

### 2.1. 피험자 및 실험 자료

산출 실험에 참가한 피험자는 총 20명이며 부모가 제주 방언 화자이고, 제주에서 태어나 현재 제주에 살고 있는 50대 여성 화자이다. 본고에서는 50대 내에서의 변화를 살펴보기 위해서 실험 집단을 50대 초반과 후반으로 나누어 단모음 실현 양상을 살필 것이다. 50대 초반 여성 10명의 평균 연령은 51.3세였으며, 50대 후반 여성 10명의 평균 연령은 57.9세였다.

산출 실험을 위한 실험 단어는 2음절 혹은 3음절 유의미 단어로 구성하였다. 표준 발음법에 의하면 현대 한국어의 단모음은 10개이지만, 많은 선행 연구들에서 /ㅚ/, /ㅟ/는 이중 모음으로 발음되는 것이 일반적이라고 밝혀졌다. 따라서 이 두 모음을 제외하고 / · /를 포함한 9개의 단모음을 대상으로 산출 실험을 진행하였다. 신우봉(2015)에서 제시한 50대 남성 화자의 결과와 비교하기 위해서 본고에서는 동일한 실험 단어로 녹음을 진행하였다. 산출 실험에서 사용한 실험 단어는 아래 <표 1>과 같다.

<표 1> 산출 실험 단어

| /ㅣ/ | /ㅔ/ | /ㅐ/ | /ㅏ/ | /ㅡ/ | /ㅓ/ | /ㅗ/ | /ㅜ/ | /ㆍ/ |
|------|------|------|------|------|------|------|------|------|
| 이동 | 에염 | 애기 | 아시 | 으남 | 어멍 | 오족 | 우굼 | 뭉셍이 |
| 이마 | 에너지 | 애월 | 아방 | 으뜸 | 어제 | 오늘 | 우산 | 뭄국 |
| 이불 | 에스키모 | 애벌레 | 아기 | 은행 | 어깨 | 오리 | 우비 | 놈삐 |

총 27개의 단어를 3회 반복하여 피험자 1인당 81개의 자료를 확보하였다. 이렇게 얻어진 자료의 수는 총 1,620개(실험 단어 27개×3회 반복×20명)이다.

## 2.2. 녹음 및 분석 방법

산출 실험의 녹음은 조용한 실내에서 이루어졌다. 녹음에 이용한 기기는 SONY사의 PCM-D50이었으며, 마이크는 PCM-D50 내장 마이크를 이용하였다. 녹음된 자료는 44,100Hz 표본 추출률, 16bit 양자화로 디지털화하였다. PCM-D50 내장 마이크를 사용하여 녹음하면 스테레오 방식으로 녹음되기 때문에 녹음된 음성 자료를 praat 5.4.04를 이용하여 모노로 변환한 후에 음성 분석을 실시하였다.

모음의 음향적 특징은 모음의 포먼트(F1, F2, F3), 내재적 길이(intrinsic duration), 강도, 피치 등으로 파악할 수 있다. 본고에서는 수집된 음성 자료에서 측정된 모음의 제1포먼트(F1)와 제2포먼트(F2) 주파수를 분석 대상으로 할 것이다. 모음을 발음할 때 성도(vocal tract)의 모양은 화자의 혀의 위치와 입술과 같은 조음 기관의 동작에 따라 변화한다. 이와 같이 성도 모양이 변하기 때문에 서로 구별되는 모음이 형성되는데, 각 모음의 조음 활동은 스펙트로그램으로 표출된다. 따라서 스펙트로그램의 포먼트 주파수를 측정하여 분석하면 그에 해당하는 모음의 조음 활동을 추정할 수 있다. 또한, 이 수치로부터 해당 모음의 음향적 공간의 위치를 파악할 수 있다. F1은 혀의 높이와 역수 관계에 있으며, F2는 혀의 전후와 관련이 있다. 이러한 포먼트의 특성을 바탕으로 음향적 모음 공간(acoustic vowel space)에서 모음의 위치를 파악할 수 있는 것이다. Ferrand (2006)에 따르면 F1/F2 도표는 포먼트 정보를 통해 모음 공간(vowel space)을 보여주는 것으로, <그림 1>과 같이 혀의 고저와 일치하는 세로축은 F1이며 혀의 전후와 관련 있는 가로축은 F2로 나타낸다고 하였다.

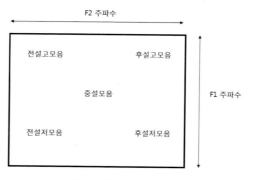

<그림 1> 음향적 모음 공간의 예

　산출 실험에서는 제주 방언 50대 화자들이 발화한 단모음의 F1과 F2 수치를 측정하고, 이 수치를 바탕으로 모음의 음향적 모음 공간을 살펴볼 것이다. 그리고 이 수치와 모음 공간에서의 차이를 바탕으로 제주 방언 50대 화자의 단모음의 실현 양상을 논의할 것이다.

## 2.3. 연구 결과 및 논의

　제주 방언 50대 여성 화자가 발화한 단모음의 F1과 F2의 포먼트 평균과 표준편차 값을 50대 초반과 후반으로 나누어 제시한 것이 <표 2>이다. 여기서 나타난 수치들은 제주 방언 50대 초반과 후반의 여성 화자 각각 10명이 모음별 3개의 단어를 3회씩 반복한 자료이므로, 각각의 수치들은 90개 측정치의 평균값이다.

<표 2> 제주 방언 50대 여성 화자의 F1과 F2의 평균과 표준편차(단위: Hz)

| | | ㅣ | ㅐ | ㅔ | ㅓ | ㅏ | ㅡ | ㅜ | ㅗ | · |
|---|---|---|---|---|---|---|---|---|---|---|
| 50대 초반 | F1 | 403 | 615 | 589 | 627 | 972 | 428 | 405 | 478 | 498 |
| | s.d. | 36.7 | 59.4 | 51.8 | 42.5 | 76.4 | 55.8 | 48.9 | 45.4 | 40.1 |
| | F2 | 2831 | 2410 | 2387 | 1132 | 1510 | 1557 | 852 | 777 | 810 |
| | s.d. | 128.5 | 111.2 | 98.5 | 97.5 | 109.3 | 105.2 | 78.5 | 69.7 | 83.2 |
| 50대 후반 | F1 | 413 | 621 | 582 | 649 | 987 | 485 | 388 | 450 | 548 |
| | s.d. | 48.2 | 50.3 | 63.2 | 51.2 | 88.3 | 61.2 | 42.3 | 51.2 | 58.9 |
| | F2 | 2775 | 2287 | 2309 | 1231 | 1558 | 1432 | 842 | 825 | 782 |
| | s.d. | 137.2 | 148.1 | 123.1 | 118.3 | 98.6 | 114.2 | 89.6 | 77.8 | 82.1 |

<표 2>에서의 포먼트 값을 바탕으로 음향적 모음 공간에서 제주 방언 50대 여성 화자의 세대 내에서 단모음의 실현 양상을 비교해 보면 아래 <그림 2>와 같다.

<그림 2>에서 보듯이 제주 방언 50대 초반 여성 화자가 발화한 단모음의 F1 값은 403Hz~972Hz에 분포하고 있으며, F2 값은 777Hz~2831Hz에 분포하고 있다. 또한 50대 후반 여성 화자가 발화한 단모음 F1 값은 388Hz~987Hz에 분포하고 있으며, F2 값은 782Hz~2775Hz에 분포하고 있다. 이 포먼트 차트를 살펴보면, 제주 방언 50대 초반 여성 화자와 후반 여성 화자들의 /ㅣ, ㅏ, ㅜ/가 모음 공간상에서 거의 같은 위치에서 나타난다. 이 세 모음들은 음향적 모음 공간에서 각 꼭짓점에 나타나는 모음들로 극점 모음이라고 하며, Stevens(1972)에 따르면 모음의 실현 공간에서는 보편적으로 작용하는 음향적인 안정 공간

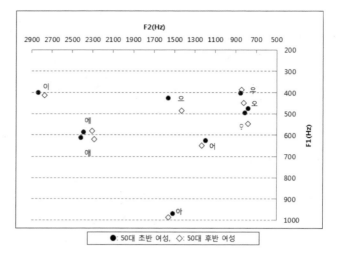

<그림 2> 제주 방언 50대 여성 화자의 세대 내 포먼트 차트 비교(단위: Hz)

(stable space)이 있다고 한다. 즉 모음이 실현되는 음성적 공간에서는 각 모음들의 안정 공간이 있으며, 특히 /i, a, u/와 같은 극점 모음에는 그에 상응하는 안정된 지역이 있다. 따라서 극점 모음은 비극점 모음보다 범주 내적인 변이를 덜 보일 것이라 예측할 수 있다(장혜진, 2007:300 재인용). 제주 방언 50대 여성 화자의 경우 세대 내에서 극점 모음들이 유사한 위치에 실현되는 것은 이들 모음들이 각각의 안정된 모음 실현 공간을 가지기 때문으로 해석된다.

제주 방언 단모음의 세대 간 차이에서 특징적인 것은 /ㅐ, ㅔ/의 구별 여부와 /·/의 존재 여부이다. 이 세 가지 모음을 중심으로 제주 방언 50대 여성 화자 내에서의 차이를 알아보면 다음과 같다. <그림 2>를 통해 알 수 있듯이 50대 초반 여성 화자와 후반 여성 화자 모두 /ㅐ/와 /ㅔ/가 모음 공간상에서 매우 가깝게 실현되고 확인할 수 있다. 두 모음의 F1과 F2에 대한 통계 결과 제주 방언 50대 초반 여성 화자와 후반 여성 화자가 발화한 /ㅐ/와 ㅔ/의 포먼트 값의 차이가 <표 3>에서 보이는 바와 같이 통계적으로 유의한 차이가 없는 동질적 집단으로 나타났다.

<표 3> /ㅐ/와 /ㅔ/의 F1과 F2 값에 대한 주파수 차이 검정

| /ㅐ/ vs. /ㅔ/ | F1 | | F2 | |
|---|---|---|---|---|
| | t | 유의확률 | t | 유의확률 |
| 50대 초반 여성 화자 | −1.195 | .348 | 1.384 | .451 |
| 50대 후반 여성 화자 | −.592 | .152 | 2.419 | .758 |

즉, 제주 방언 50대 여성 화자의 경우 50대 초반과 후반 모두 /ㅔ/와 /ㅐ/를 동일한 음으로 발음하고 있는 것이다. 반면, 제주 방언 50대 남성 화자의 경우에는 두 모음의 차이가 동일 세대 내에서도 초반과 후반에 따라 다르게 나타났다. 신우봉(2015:145)에 따르면 제주 방언 50대 후반 남성 화자의 경우에는 /ㅐ/와 /ㅔ/를 F1의 차이로 구별하여 발음하지만, 제주 방언 50대 초반 화자의 경우 두 모음을 구별하여 발음하지 못하는 것으로 나타났다.[4] 이러한 사실을 종합해 보면, /ㅐ/와 /ㅔ/의 변별에 있어서 50대 초반 이하의 제주 방언 남성 화자들의 경우 음성학적 관점에서 두 모음의 차이가 점차적으로 사라지고 있으며, 여성 화자들의 경우 이미 두 모음의 차이가 이미 사라졌다고 해석할 수 있는 것이다.

다음으로 /·/의 실현 양상을 살펴보도록 하자. <표 2>를 통해 알 수 있듯이 /·/의 평균 F1과 F2가 50대 초반 여성 화자는 498Hz-810Hz이고, 50대 후반 여성 화자는 548Hz-782Hz이다. /·/의 포먼트 평균값을 모음 공간에서 유사한 위치에서 실현되고 있는 후설 모음인 /ㅜ/, /ㅗ/의 포먼트 평균값과 비교

---

4 제주 방언 50대 남성 화자 세대 내에서의 /ㅐ/와 /ㅔ/의 F1과 F2 값에 대한 t-검정 결과는 아래와 같다(신우봉 2015:145).

| | 50대 초반(50~55) 남성 | 50대 후반(56~59) 남성 |
|---|---|---|
| F1 | t=0.381, p>0.05 | t=−4.818, p<0.05 |
| F2 | t=−1.901, p>0.05 | t=−1.037, p>0.05 |

해보면, 50대 초반 여성 화자의 /ㅜ/는 405Hz-852Hz, /ㅗ/는 378Hz-777Hz이며, 50대 후반 여성 화자의 /ㅜ/는 388Hz-842Hz, /ㅗ/는 450Hz-825Hz이다. 즉, 포먼트 값을 통해, 50대 후반 여성 화자는 /ㆍ/를 /ㅜ/, /ㅗ/에 비해 저모음으로 발음하며, 상대적으로 전설 모음으로 발음함을 추론할 수 있다. 그러나 50대 초반 여성은 /ㆍ/를 /ㅗ/와 상당히 유사하게 발음하고 있음을 확인할 수 있다. 이와 같이 동일 세대 내에서도 여성 화자의 경우 /ㆍ/의 실현의 차이가 있음을 확인할 수 있다. 이러한 결과를 바탕으로 제주 방언 50대 여성 화자의 세대 내에서 /ㆍ/가 /ㅗ/로 합류하는 것은 진행 중인 음변화라는 것을 추론할 수 있다. 동일 세대 내에서 나타나는 차이를 보다 객관적으로 파악하기 위해 /ㆍ/와 /ㅗ/의 F1과 F2 값에 대해 t-검정을 실시한 결과는 아래 <표 4>와 같다.

<표 4> /ㆍ/와 /ㅗ/의 F1과 F2 값에 대한 주파수 차이 검정

|  | 50대 초반 여성 | 50대 후반 여성 |
|---|---|---|
| F1 | $t=3.125$, $p>0.05$ | $t=2.893$, $p<0.05$ |
| F2 | $t=4.254$, $p>0.05$ | $t=.879$, $p>0.05$ |

/ㆍ/와 /ㅗ/의 F1과 F2에 대한 t-검정 결과, 제주 방언 50대 초반 여성 화자의 경우에 F1, F2 모두 통계적으로 유의한 차이가 없는 동질적 집단으로 나타났다. 하지만 50대 후반 여성 화자의 경우에 /ㆍ/와 /ㅗ/의 F1 값에서 통계적으로 유의한 차이를 확인할 수 있었다. 즉, 50대 후반 여성 화자는 /ㆍ/를 /ㅗ/와 구별하여 발음하고 있는 것이다. 그렇다면 50대 제주 방언 남성 화자들의 경우 세대 내에서 어떻게 발음하고 있을까?

<표 5> 제주 방언 50대 남성 화자 세대 내에서의 /ㆍ/와 /ㅗ/의 F1과 F2 값에 대한 t-검정 결과
(신우봉 2015:137)

| | 50대 초반(50~55) 남성 | 50대 후반(56~59) 남성 |
|---|---|---|
| F1 | t=-4.638, p<0.05 | t=-5.002, p<0.05 |
| F2 | t=-5.652, p<0.05 | t=-6.712, p<0.05 |

<표 5>에서 보는 바와 같이 제주 방언 50대 남성 화자들은 동일 연령대에서는 큰 차이 없이 /ㆍ/를 /ㅗ/와 구별하여 발음하는 것으로 나타났다. 이러한 사실을 종합해 보면, /ㆍ/와 /ㅗ/의 변별에 있어서 제주 방언 50대 남성 초반 화자들과 후반 화자들 그리고 50대 여성 후반 화자들은 두 모음을 구별하여 발음하고 있으며, 제주 방언 50대 여성 초반 화자들은 두 모음을 구별하여 발음하지 못함을 알 수 있다.

/ㆍ/와 /ㅗ/에 대한 세대 내의 음변화에 대해 다각도로 살펴보기 위해서 각 모음의 포먼트 수치들의 차이 외에도 두 모음 간의 모음 공간에서의 거리도 비교해 보았다. 즉, 이 연구에서는 신우봉(2015)에서 제시한 제주방언 20대, 60대 여성 화자들의 발화한 /ㆍ/와 /ㅗ/의 포먼트 수치와 본고에서 살펴본 50대 초반 여성(10명)과 50대 후반 여성(10명)가 발화한 /ㆍ/와 /ㅗ/의 포먼트 수치를 통하여 모음 공간상에서 두 모음 간의 거리를 유클리드 거리(Euclidean distance) 공식[5]을 이용하여 비교하였다.

<표 6> 제주 방언 여성 화자의 /ㆍ/와 /ㅗ/의 거리 비교

| 세대 | 70대 | 50대 후반 | 50대 초반 | 20대 |
|---|---|---|---|---|
| /ㆍ/와 /ㅗ/의 거리 | 188.60 | 107.01 | 38.58 | 30.52 |

---

5   이 연구에서는 유클리드 거리 공식을 활용하여 /ㆍ/와 /ㅗ/ 사이의 거리를 계산하였다. 이러한 모음 사이의 거리는 남녀 간, 노소 간, 지역 간, 언어 간 모음 사이의 거리 차를 비교하는데 유용한 값으로 쓰일 수 있다(성철재(2005)

&lt;표 6&gt;에서 보는 바와 같이 /ㆍ/와 /ㅗ/ 사이의 거리는 70대에서 20대로 올수록 줄어드는 것을 확인할 수 있다. 그리고 두 모음 사이의 거리에 있어서 50대 초반 여성 화자와 20대 여성 화자가 유사한 결과를 보이며, 50대 후반 여성 화자는 50대 초반 여성 화자에 비해서 두 모음 사이의 거리가 멀게 나타나는 것을 확인할 수 있다. 이를 통해, 두 모음의 실현이 50대라는 동일 세대 내에서도 다르게 실현되는 것을 확인할 수 있다. 이상의 결과들을 통해 /ㆍ/의 소실은 제주 방언 50대 여성 화자들에게서 중점적으로 나타나고 있는 음변화 현상이라고 해석할 수 있는 것이다.

이와 같은 제주 방언 50대 화자들에게서 나타나는 음변화 현상은, 음운론적인 측면에서 제주 방언 단모음의 변화 양상을 논의한 정승철(1995)의 결과와 구어자료를 바탕으로 음성ㆍ음운론적인 측면에서 세대 간 단모음 변화 양상을 논의한 신우봉(2015)의 결과를 뒷받침한다.

| ㅣ | ㅡ | ㅜ | | ㅣ | ㅡ | ㅜ | | ㅣ | ㅡ | ㅜ |
|---|---|---|---|---|---|---|---|---|---|---|
| ㅔ | ㅓ | ㅗ | → | ㅔ | ㅓ | ㅗ | → | ㅔ | ㅓ | ㅗ |
| ㅐ | ㅏ | ㆍ | | | ㅏ | ㆍ | | | ㅏ | |

| 제주 방언 | | | | | | | | 제주 방언 |
|---|---|---|---|---|---|---|---|---|
| 노년층의 | | | | | | | | 젊은 층의 |
| 단모음 체계 | | | | | | | | 단모음 체계 |

&lt;그림 3&gt; 제주 방언 노년층과 젊은 층의 모음 체계(정승철, 1995)

&lt;그림 3&gt;에서 보는 바와 같이 정승철(1995)에서는 9모음 체계에서 7모음 체계로의 변화[6] 원인으로 'ㆍ>ㅗ, ㅐ>ㅔ' 모음 상승을 꼽고 있다. 그리고 정

---

6   김종훈(2006)에서는 제주 방언 70대 화자가 /ㅔ/와 /ㅐ/를 음향적으로 확연히 구분하여 변별력을 충분히 갖추고 있으며, 모음 공간 안에서 /ㆍ/가 /ㅗ/와 /ㅏ/ 사이에서 나타나서, 9개의 단모음 체계를 가지고 있는 것을 확인하였다. 그리고 고영림(2003)에서는 제주 방언 20대 화자들이 /ㆍ/를 발음하지 못하며, /ㅔ/와 /ㅐ/의 중화 현상으로 인해 7모음 체계를 가진다고 하

승철(1995:29-30)에서는 선행 연구들에서 언급한 합류의 시기를 근거로 /ㅔ/와 /ㅐ/의 합류가 /ㆍ/와 /ㅗ/의 합류보다 먼저 일어난 것으로 해석하였다. 또한 신우봉(2015)에서도 제주 방언 50대 초반 남성 화자들의 경우 /ㆍ/를 /ㅗ/와 구별하는 반면, /ㅐ/와 /ㅔ/를 구별하지 못한다는 사실을 바탕으로 /ㅐ/와 /ㅔ/의 합류가 먼저 이루어진 것으로 해석하였다. 이러한 사실을 본고의 결과로 재확인할 수 있는 것이다.

본고의 실험 결과, 제주 방언 50대 여성 화자는 동일 연령대에서 모두 /ㅐ/와 /ㅔ/를 구별하지 못하고 있다. 하지만 /ㆍ/와 /ㅗ/의 경우 50대 초반 여성 화자는 구별하지 못하지만 50대 후반 여성 화자는 구별하여 발음하는 것을 확인할 수 있었다. 즉, 제주 방언 50대 여성 화자의 경우 동일 세대 안에서 /ㅔ/와 /ㅐ/의 합류가 /ㆍ/와 /ㅗ/의 합류보다 먼저 일어난 것으로 보이며, 이는 전자의 모음 합류가 먼저 나타난다는 선행 연구들의 결과를 뒷받침 해 주는 것으로 보인다. 이상의 결과를 정리하면 아래 <표 7>과 같다.

<표 7> 제주 방언 50대 남녀 화자에게서 나타나는 모음의 합류 양상

|  | /ㅐ/와 /ㅔ/의 합류 | /ㆍ/와 /ㅗ/의 합류 |
|---|---|---|
| 50대 초반 여성 | ○ | ○ |
| 50대 후반 여성 | ○ | × |
| 50대 초반 남성 | ○ | × |
| 50대 후반 남성 | × | × |

<표 7>에서 보듯이 제주 방언 단모음에서 50대의 경우, 동일 세대 내에서 성별에 따라, 연령이 초반인지 후반인지에 따라 차이가 있다는 것을 알 수 있다. 즉, 50대 내에서 성별 및 연령층에 따라 변화의 정도성에 차이가 나타나며, 남성 화자에 비해 여성 화자의 경우 단모음의 합류가 먼저 나타나는 것을 알 수 있다. 이를 통해, 여성 화자에 비해 남성 화자가 제주 방언의 보수형을

였다.

좀 더 유지하고 있음을 추론할 수 있다. 이러한 현상은 /ㅡ/의 동일 세대 내에서의 변화에서도 확인할 수 있다.

제주 방언 50대 초반 여성 화자가 발화한 /ㅡ/는 50대 후반 여성 화자에 비해 전설 쪽에서 실현되는 것을 <그림 2>를 통해 확인할 수 있다. 이러한 사실을 구체적으로 비교하기 위해서 송창헌(2005)에서 제시한 /ㅡ/의 전설도[7]를 구하면 다음과 같다.

(1) /ㅡ/의 전설도: (/ㅡ/의 F2 - /ㅜ/의 F2) / (/ㅣ/의 F2 - /ㅜ/의 F2)[8]

<표 8> 제주 방언 50대 여성 화자 /ㅡ/의 전설도 비교

|  | 제주 방언 50대 초반 | 제주 방언 50대 후반 |
|---|---|---|
| /ㅡ/의 전설도 | 0.356 | 0.305 |

<표 8>에서 보는 바와 같이 제주 방언 50대 초반 화자가 발화한 /ㅡ/의 전설도는 후반 여성 화자가 발화한 /ㅡ/보다 높게 나타난다. 이러한 사실은 제주 방언 50대 초반 여성 화자가 발화한 /ㅡ/의 전설화 경향이 후반 여성 화자에 비해 크다는 것을 보여주는 것이다. 이 결과는 제주 방언 50대 여성 화자의 경우 동일 세대 내에서 /ㆍ/와 /ㅗ/의 합류와 더불어 음변화의 차이가

---

7  모음의 전설도는 극한적인 F2 값을 보이는 모음 /i/와 모음 /u/의 F2에 대한 해당 모음의 F2의 상대적인 크기이다. 이 전설도를 구하기 위한 공식으로는 $\triangle F = F2 - F1$와 $(F2 - F2u)/(F2i - F2u)$의 두 가지 를 활용하여 구할 수 있다. 송창헌(2005)에서는 이 중에서 평순후설고모음 /ㅡ/의 전후설성을 적절히 포착하기 위해서는 후자의 공식이 적절하다고 하였다. 따라서 본고에서도 이 공식을 이용하여 /ㅡ/의 전설도를 구하여 비교하도록 한다.

8  전설도는 모음 /ㅣ/의 F2를 개인 화자가 생성할 수 있는 F2의 최댓값으로, 모음 /ㅜ/의 F2를 그 최솟값으로 가정하고, 이 두 값에 대한 해당 모음의 F2의 상대값을 계산한 것이다. 이 식에 따르면 모음 /ㅣ/의 전설도는 1, 모음 /ㅜ/의 전설도는 0이 되고, 모든 모음의 전설도는 0과 1 사이의 값을 갖게 되어 해당 모음의 F2가 클수록 전설도는 1에 가깝게, F2가 작을수록 전설도는 0에 가깝게 된다. 이 전설도 값은, 기본 모음의 전설도 값들을 기준으로 하여, 측정 모음의 전후설성 판단 척도로 사용할 수 있다(송창헌, 2005:6-7).

있다는 증거로 보인다.

송창헌(2005)에서는 서울 방언 화자의 경우 50대와 20대 화자 /ㅡ/의 전설도를 계산한 결과 50대에 비해 20대의 /ㅡ/가 전설 쪽에서 실현되며, 남성 화자보다 여성 화자에게서 이러한 전설화 경향이 먼저 시작되는 것을 확인하였다.[9] 신우봉(2015)에서는 세대 별 단모음의 포먼트 수치를 보여주었는데, 이를 활용하여 제주 방언 세대별 /ㅡ/의 전설도 변화 모습을 살펴보면 아래 <표 9>와 같다.

<표 9> 제주 방언 세대별 /ㅡ/의 전설도 비교

|  | 남성 | 여성 |
|---|---|---|
| 70대 | 0.287 | 0.302 |
| 50대 | 0.313 | 0.390 |
| 20대 | 0.412 | 0.445 |

<표 9>에서 보인 바와 같이 제주 방언 화자들은 연령이 낮을수록 /ㅡ/의 전설화 경향이 크다는 것을 확인할 수 있다. 그리고 여성 화자가 남성 화자에 비해서 전설화 경향이 좀 더 크다는 것을 확인할 수 있다. 이는 송창헌(2005)에서 조사한 서울 방언에서 보이는 세대별 차이의 결과와 동일하다는 점에서 매우 흥미로운 사실이다. 이상의 결과를 종합해보면, 제주 방언 50대 여성 화자의 경우 동일 세대 내에서 /ㆍ/와 /ㅗ/의 변별이 다르게 나타나며, /ㅡ/의 음성적 실현 양상에도 차이가 나타난다는 사실을 알 수 있다.

---

9  서울 방언에서 연령에 따른 /ㅡ/의 전설화 경향성은 장혜진 외(2015)에서도 확인되었다. 이 연구에서는 60대 화자는 /ㅡ/가 후설모음인 /ㅜ/와 좀 더 가까운 위치에서 실현되며 연령이 낮아질수록 /ㅡ/가 전설모음인 /ㅣ/와 가까운 곳에서 실현됨으로써 /ㅡ/가 점차 전설 쪽으로 이동하는 경향이 드러난다고 하였다.

## 3. 지각 실험

2장에서 살펴본 산출 실험의 결과와 신우봉(2015)의 결과에 의하면 제주 방언 50대 화자의 경우, 남성 화자와 50대 후반 여성 화자는 / · /를 다른 모음들과 서로 다르게 구별하여 발음하고 있으며, 50대 초반 여성 화자의 경우 / · /를 /ㅗ/의 조음 위치와 거의 동일하게 발음하고 있었다. 그렇다면 제주 방언 50대 화자들은 / · /를 /ㅗ, ㅓ/의 소리와 구분하여 지각할 수 있을까? 혹은 / · /를 발음은 할 수 있지만 지각하지 못하는 것일까? 다시 말해 제주 방언 50대 화자들은 / · /를 어떻게 지각하고 있을까? 이 절에서는 이러한 문제를 다루어 보기로 한다.

### 3.1. 피험자 및 실험 자료

지각 실험에 참여한 피험자는 총 40명으로 제주 방언 50대 화자 남녀 각 20명이다. 산출 실험의 결과와 비교하기 위해서 50대 여성 화자의 경우 동일한 피험자들을 대상으로 지각 실험을 실시하였다. 그리고 50대 남성 화자의 경우 신우봉(2015)에서의 산출 실험에 참여한 피험자들을 대상으로 실험을 진행하였다.[10]

지각 실험 자극에 사용한 음성은 70대 제주 방언 남성 화자가 발화하여 녹음한 자료이다. 녹음은 조용한 실내에서 이루어졌으며, 녹음에 이용된 기기는 SONY사의 PCM-D50이었으며, 마이크는 PCM-D50 내장 마이크를 이용하였다. 녹음된 자료는 44,100Hz 표본 추출률, 16bit 양자화로 디지털화하였다. 지각 실험에 사용한 자극은 산출 실험에서 사용한 단어(몽셍이, 몸국, 늡삐) 외에

---

10 제주 방언 50대 여성 화자의 경우 산출 실험과 동일하게 50대 초반 10명, 50대 후반 10명의 피험자를 대상으로 지각 실험을 진행하였으며, 50대 남성 화자의 경우 50대 초반 9명, 50대 후반 11명을 대상으로 지각 실험을 진행하였다.

추가로 7개의 단어를 사용하여 실험 자료를 구성하였다. 실험 자료는 아래 <표 10>과 같다.

<표 10> 지각 실험 자극

| /ㆍ/ | /ㅗ/ | /ㅓ/ | /ㅏ/ |
|------|------|------|------|
| ᄀᆞᆯ다 | 골다 | 걸다 | 갈다 |
| ᄆᆞᆼ셍이 | 몽셍이 | 멍셍이 | 망셍이 |
| ᄆᆞᆷ국 | 몸국 | 멈국 | 맘국 |
| ᄂᆞᆷ삐 | 놈삐 | 넘삐 | 남삐 |
| ᄇᆞ름 | 보름 | 버름 | 바름 |
| ᄃᆞᆨ새기 | 독새기 | 덕새기 | 닥새기 |
| ᄉᆞᆯ칵 | 솔칵 | 설칵 | 살칵 |
| ᄌᆞᆷ녀 | 좀녀 | 점녀 | 잠녀 |
| ᄆᆞᆯ방 | 몰방 | 멀방 | 말방 |
| ᄂᆞᄆᆞᆯ | 노믈 | 너믈 | 나믈 |

## 3.2. 지각 실험 방법

지각 실험은 음성구별실험(Discrimination task: AX-test)과 음성판별실험(Identification task: ABX-test)을 실시하였다. 우선, 제주 방언 50대 화자들 전체를 대상으로 /ㆍ/를 /ㅗ/, /ㅓ/, /ㅏ/와 변별하는지 알아보기 위해서 음성구별실험을 하였다. 그리고 /ㆍ/를 변별하지 못하는 집단을 대상으로 /ㆍ/를 /ㅗ, ㅓ/ 중에서 어떤 소리로 듣는지를 알아보기 위한 음성판별실험을 실시하였다.

음성구별실험의 경우 피험자들에게 두 자극을 들려주고 두 소리가 같은 소리인지 다른 소리인지를 판단하여 각각 '같음' 버튼과 '다름' 버튼 둘 중에 하나를 누르게 하는 실험이다.[11] 각각의 과정 내에서 자극 쌍은 무순위(random)

---

11  산출 실험을 통해 제주 방언 70대 화자의 /ㆍ/가 모음의 음향적 공간상에서 /ㅗ/, /ㅓ/, /ㅏ/의 중간에 위치하였기 때문에 이 모음들을 이용하여 음성구별실험(AX-test)을 실시하였다.

로 제시하였다. 피험자는 아래 <그림 4>에서와 같이 자극 60쌍을 2번 반복해서 총 120개의 실험 자극을 듣고 판단하는 과제를 수행하였다.[12]

<그림 4> 음성구별실험(AX-test)의 실제 화면

음성판별실험의 경우 음성구별실험을 통해서 /·/를 변별하지 못하는 집단이 이 소리를 어떤 모음으로 대체하여 지각하는지를 알아보기 위해 실시하였다. 피험자들에게 세 개의 소리를 들려준 뒤 세 번째 들은 소리가 첫 번째와 두 번째 중에서 어느 것과 같은지를 판단하여 '첫 번째' 버튼과 '두 번째' 버튼 둘 중에 하나를 누르게 하는 실험이다. 이 실험에서 피험자는 /ㅗ, ㅓ, ·/ 순서 10개의 쌍과 /ㅓ, ㅗ, ·/ 순서 10개의 쌍을 2회 반복해서 총 40개의 실험 자극을 듣고 판단하는 과제를 수행하였다.

---

12 /·/를 /ㅗ, ㅓ, ㅏ/와 각각 쌍을 이루어 만든 자극쌍 30개와 /ㅗ - ㅓ/, /ㅗ - ㅏ/, /ㅓ - ㅏ/의 위장 자료 30쌍을 이용하여 실험 자극을 제작하였다.

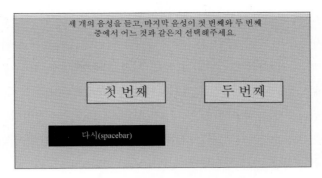

<그림 5> 음성판별실험(ABX-test)의 실제 화면

각각의 실험에서 연이어 나오는 자극들 사이에는 500ms의 간격을 두었으며, 항목 간에는 1,000ms의 간격을 두고 들을 수 있도록 했다. 지각 실험 도구는 praat 5.4.04의 ExperimentMFC(Multiple Forced Choice listening experiment)를 이용하였다. 피험자는 조용한 실내에서 노트북 앞에 앉아 이어폰을 통해 실험 자극을 듣고 응답하였다.

## 3.3. 연구 결과 및 논의

음성구별실험(AX-test)에 대한 결과를 세대와 성별로 나누어 살펴본 평균 정답률은 아래 <표 11>과 같다.

<표 11> 세대 및 성별에 따른 평균 정답률(단위: %)

| 성별 | 연령 | ㅗ · | ㅓ · | ㅗ ㅓ | ㅏ · | ㅗ ㅏ | ㅓ ㅏ |
|------|------|------|------|-------|------|-------|-------|
| 남성 | 50대 초반 | 67.9 | 71.5 | 82.6 | 88.2 | 87.6 | 89.8 |
|      | 50대 후반 | 80.2 | 83.7 | 84.8 | 87.7 | 90.4 | 93.5 |
| 여성 | 50대 초반 | 24.8 | 28.7 | 23.5 | 84.8 | 87.9 | 90.2 |
|      | 50대 후반 | 61.5 | 65.8 | 71.5 | 85.5 | 86.6 | 91.1 |

　　<표 11>의 자극에 대한 평균 정답률을 살펴보면 /ㅏ, ·/와 /ㅗ, ㅏ/ 그리고 /ㅓ, ㅏ/ 자극쌍에 대한 정답률은 남녀 모두 80% 이상으로 높게 나타났다. 그리고 이 세 쌍의 자극과 관련하여 50대 남성 화자와 여성 화자 모두 동일 세대 내에서 정답률의 차이는 유의미하지 않은 것으로 나타났다. 즉, 제주 방언 50대 남녀 화자들의 경우 모두 /ㅏ/와 다른 세 모음들의 변별이 지각에서 잘 이루어지는 것으로 해석된다. 다음으로 나머지 자극쌍에 대하여 남성 화자들의 자극에 대한 평균 정답률을 살펴보도록 한다.

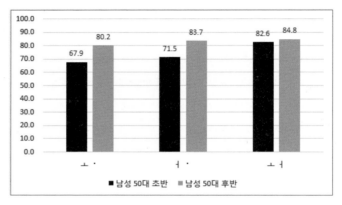

<그림 6> 제주 방언 50대 남성 화자들의 평균 정답률(단위:%)

　　<그림 6>에서 보듯이 제주 방언 50대 남성 화자들의 경우 /ㅗ, ㅓ/의 자극쌍에 대한 정답률이 80% 이상으로 높게 나타나서 이 두 음에 대한 구별이 잘 이루어지고 있는 것으로 보인다. 그리고 이 자극쌍에 대하여 50대 초반 화자와 후반 화자의 정답률의 차이는 유의미하지 않은 것으로 나타났다. 반면에 /ㅗ, ·/와 /ㅓ, ·/의 정답률에는 세대 내에서의 차이가 나타났다. 50대 초반 남성 화자의 경우 /ㅗ, ·/가 67.9%, /ㅓ, ·/가 71.5%로 나타났고, 50대 후반 남성 화자의 경우 각각 80.2%(/ㅗ, ·/$\chi2$=35.482, $p<0.05$), 83.7%(/ㅓ, ·/$\chi2$=13.781, $p<0.05$)로 통계적으로 유의미하게 높게 나타나는 것을 확인하였다. 즉, /·/와

/ㅗ/, /ㆍ/와 /ㅓ/의 지각에서 50대 남성 화자의 경우 동일 세대 내에서도 차이가 나타난다는 것을 알 수 있다. 이는 제주 방언 50대 후반 남성 화자들이 50대 초반 화자들에 비해 /ㆍ/와 다른 모음들의 음성적 차이를 듣고 보다 정확하게 구분하고 있음을 보여주는 것이다. 이러한 결과는 50대 초반 그리고 후반 남성 화자들이 /ㆍ/를 /ㅗ/와 구별하여 발음하는 것으로 나타난 산출 결과와는 다르다는 점에서 매우 흥미로운 결과이다.

말소리의 지각 능력과 산출 능력의 선후행 관계에 대한 많은 논의들이 있다. Best(1994), Jusczyk(1997) 등에 의하면 모국어 습득에서 영유아들의 산출 능력은 지각 능력에 비해 뒤떨어진다는 결과가 있었으며, 그와 반대로 Sheldon and Strange(1982)에서는 일본어 학습자의 영어 /l, r/의 습득에서 산출 능력이 지각 능력보다 더 뛰어나다는 결과도 보고된 바가 있다. 본고에서 살펴본 제주 방언 50대 남성 화자의 산출과 지각 실험의 결과는 후자의 연구들과 유사하게 나타났다. 즉, 제주 방언 50대 남성 화자의 경우 /ㆍ/와 관련하여 산출 능력이 지각 능력보다 우위를 보이는 것으로 해석된다. 다음으로 제주 방언 50대 여성 화자들의 자극에 대한 평균 정답률에 대해 살펴보도록 한다.

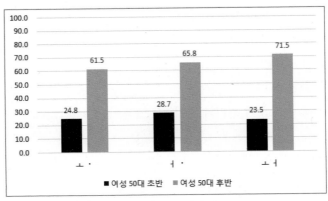

<그림 7> 제주 방언 50대 여성 화자들의 평균 정답률(단위: %)

<그림 7>에서 보듯이 제주 방언 50대 초반 여성 화자들에 비해 50대 후반 여성 화자들의 경우 /ㅗ, ·/와 /ㅓ, ·/ 그리고 /ㅗ, ㅓ/의 자극쌍에 대한 정답률 이 높은 것을 확인할 수 있다. 그리고 이 세 자극쌍의 정답률을 살펴보면 동일 세대 내에서의 차이를 확인할 수 있다. /ㅗ, ·/의 정답률은 각각 24.8%, 61.5% 로 나타났고, 이러한 차이는 유의미하게 나타났다($\chi2=36.705$, $p<0.05$). /ㅓ, ·/ 의 정답률은 각각 28.7%, 65.8%로 나타났고, 이러한 차이 또한 유의미하게 나타났다($\chi2=9.316$, $p<0.05$). 그리고 /ㅗ, ㅓ/의 정답률은 각각 23.5%, 71.5%로 이 차이도 유의미하게 나타났다($\chi2=13.663$, $p<0.05$).

이와 같은 결과는 제주 방언 50대 초반 여성 화자들이 /·/를 들었을 때, /ㅗ/ 그리고 /ㅓ/와 구별하는 데 어려움이 있으며, 또한 /ㅗ/와 /ㅓ/도 구별하는 데 어려움이 있는 것으로 해석된다. 2장에서 살펴본 산출 실험의 결과, 제주 방언 50대 초반 여성 화자들은 /·/를 다른 모음들과 구별하여 발음하지 못했다. 그리고 지각 실험의 결과에서도 /·/를 다른 소리와 변별하지 못함을 확인할 수 있다. 이러한 결과는 제주 방언 50대 초반 여성 화자들이 /·/를 음소로 갖고 있지 않음을 보여주는 것이다. 그리고 50대 후반 여성 화자들은 산출과 지각 모두 /·/를 다른 모음들과 변별되는 음소로 지니고 있어서 동일 세대 내에서도 /·/의 산출과 지각에서 차이가 있음을 확인할 수 있다. 이들을 종합 해보면 제주 방언 화자들의 /·/의 산출과 지각 사이에 어느 정도 상관관계가 있음을 알 수 있다.

이상의 결과는 말소리의 지각 과정이 산출 과정에 근거하여 이루어진다는 운동 이론(motor theory)의 원리와 일치하는 결과이다.[13] 말소리의 지각 과정을

---

13 말소리의 지각과정을 설명하는 데 큰 어려움은 말소리의 물리적인 음향 속성과 지각된 결과 로서의 언어적 단위인 음소 간의 불변성을 찾기가 어렵다는 것이다. 이러한 불변성의 문제 를 해결하기 위해 운동이론은 말소리의 음향 속성 자체보다 뇌로부터 발성기관에 내려지는 조음 운동명령에서의 불변성을 찾고 있다. 동일한 음소일지라도 화자나 말의 빠르기, 동시 조음되는 주변의 음소에 따라 말소리 자체의 음향적인 속성은 달라지는 반면, 그 음소를 발 음하기 위한 조음과정은 동일하다고 보기 때문이다(최양규·신현정, 1999:60).

설명하는 이론 가운데 하나인 운동 이론에 따르면, 청자는 하나의 소리를 그 자체로 듣고 받아들이는 것이 아니라, 들리는 소리와 비슷한 말소리를 청자 자신이 산출할 때의 조음 기관의 움직임에 대응하여 지각한다(Liberman & Mattingly 1985). 예를 들어, Stevens et al.(1969)에서는 영어에는 사용되지 않으나 스웨덴어에서는 사용되는 /y/와 /ʉ/가 영어를 사용하는 미국인들에게는 식별(identification)되지 않는다고 한다(최양규, 2007:91 재인용). 이러한 결과들과 동일하게 제주 방언 50대 초반 여성 화자들은 /·/를 산출하지 못하며 그로 인해 지각에서도 /·/를 다른 모음들과 변별해내지 못하는 것으로 해석할 수 있다.

한편, 제주 방언 50대 초반 여성 화자들의 경우 /ㅗ, ㅓ/의 자극쌍에 대한 정답률이 23.5%로 매우 낮게 나타나서, 50대 후반 여성 화자와 50대 남성 화자와는 다르게 이 두 모음에 대한 변별이 잘 이루어지지 않고 있었다. 제주 방언 50대 초반 여성 화자들이 /·/를 /ㅗ/ 혹은 /ㅓ/와 변별하지 못하는 원인이 산출과 지각의 연계의 결과로 나타난 것이라면 제주 방언 70대 화자들이 산출한 /ㅗ/와 /ㅓ/를 변별하지 못하는 원인은 어디에 있을까? 이는 제주 방언 50대 여성 초반 화자들이 제주 방언 70대 화자의 /ㅓ/를 들었을 때, 이 소리를 정확히 하나의 음소로 범주화하지 못했기 때문에 나타나는 현상으로 해석된다. 이와 관련하여 지각 실험의 자극으로 사용한 제주 방언 70대 남성 화자와 50대 여성 화자가 발화한 /ㅡ, ㅓ, ·, ㅗ/의 포먼트 차트를 보이면 아래 <그림 8>과 같다.

<그림 8>에서 알 수 있듯이, 제주 방언 70대 남성 화자의 /ㅓ/는 제주 방언 50대 초반 여성 화자의 모음 공간상에서 /ㅡ/와 /ㅓ/ 그리고 /ㅗ/ 사이에 실현된다. 그리고 70대 남성 화자와 50대 초반 여성 화자의 /ㅗ/는 모음 공간상에서의 차이를 보인다. 따라서 제주 방언 70대 화자가 발화한 /ㅓ/와 /ㅗ/를 들었을 때, 그 소리가 50대 초반 여성 화자들이 가지고 있는 두 모음의 발음 영역과 다르기 때문에 혼동할 가능성이 있는 것이다. /ㅓ/의 발음 영역의 차이는 50대 후반 여성 화자에게서도 확인할 수 있다. 하지만 50대 초반 여성 화자와는

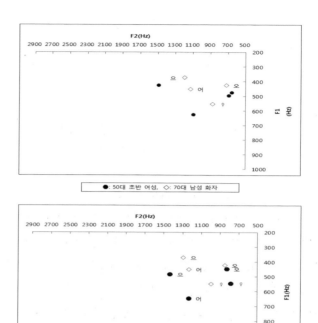

<그림 8> 제주 방언 50대 여성 화자와 70대 남성 화자의
/ㅡ, ㅓ, ㆍ, ㅗ/ 포먼트 차트 비교
(위: 50대 초반 vs. 70대 남성 / 아래: 50대 후반 vs. 70대 남성)

달리 50대 후반 여성 화자와 70대 남성 화자의 /ㅗ/는 모음 공간상에서 유사한
위치에 있기 때문에 50대 후반 여성 화자에게서 /ㅗ, ㅓ/의 정답률이 높게 나타
나는 것으로 해석된다.

　음성구별실험을 통해 제주 방언 50대 초반 여성 화자들이 /ㆍ/를 지각하지
못하고 있음을 확인하였다. 그렇다면 제주 방언 70대 화자가 발화한 /ㆍ/를
제주 방언 50대 초반 여성 화자는 어떤 음으로 지각하고 있는 것일까? 이를
알아보기 위해서 본고에서는 50대 초반 여성 화자 10명을 대상으로 음성판별

실험을 실시하여 / · /가 /ㅗ/로 들리는지 혹은 /ㅓ/로 들리는지를 알아봤다. <표 12>는 음성판별실험 결과의 반응 빈도를 제시한 것이다.

<표 12> / · / 자극에 대한 반응 빈도

|          | 반응 빈도 | 비율    |
|----------|-----------|---------|
| /ㅗ/로 지각 | 178회     | 44.5%   |
| /ㅓ/로 지각 | 222회     | 55.5%   |

<표 12>는 자극 40개에 대해 피험자 10명이 참여한 400개의 결과를 정리한 것이다. 제주 방언 50대 초반 여성 화자는 총 400개의 자극 중에서 / · /를 /ㅗ/ 로 178회, /ㅓ/로 222회 지각하고 있다. 즉, 전체 400개의 / · / 자극 중에서 44.5%를 /ㅗ/로 지각하고 있으며, 55.5%를 /ㅓ/로 지각하고 있었다. <그림 8>에서 보듯이 자극으로 사용된 / · /의 모음 공간상에서의 위치는 제주 방언 50대 여성 화자의 /ㅓ/와 /ㅗ/ 사이에서 실현되는 것을 알 수 있다. 이러한 결과는 제주 방언 50대 초반 여성 화자가 / · /를 정확히 하나의 소리로 범주화시켜 지각하지 못하고 있음을 보여주는 결과이며, 음성구별실험의 결과에서 / · /를 /ㅗ/, /ㅓ/와 혼동하는 결과와 일맥상통하는 것이다.


## 4. 결론

본고는 제주 방언 50대 남성 화자의 경우, 단모음 실현에 있어 세대 내에서 차이가 존재한다는 선행 연구의 결과를 동일 세대 여성 화자에게도 나타나는지 알아보고, 지각에서도 동일한 결과가 나타나는지 알아보고자 한 것이다. 이를 위해 20명의 제주 방언 50대 여성 피험자를 대상으로 산출 실험을 실시하였으며, 40명의 제주 방언 50대 남녀 피험자들을 대상으로 지각 실험을 실시하였다.

산출 실험 결과, 제주 방언 50대 여성 화자의 경우 모음 공간상에서 극점 모음인 /ㅣ/, /ㅏ/, /ㅜ/는 세대 내에서 큰 차이를 보이지 않았다. /ㅐ/와 /ㅔ/의 변별에 있어서 50대 여성 화자들은 두 모음을 변별하지 못했으며, 세대 내에서는 차이를 보이지 않았다. 하지만 /·/의 실현 양상에서는 동일 세대 내에서 차이가 나타났다. 제주 방언 50대 후반 여성 화자들의 경우 /·/를 /ㅗ/와 변별하여 발음하고 있으나, 제주 방언 50대 초반 여성 화자들은 /·/와 /ㅗ/를 구별하여 발음하지 않은 것으로 나타났다. 그에 반해 제주 방언 50대 초반, 후반 남성 화자들의 경우 /·/와 /ㅗ/를 구별하여 발음하고 있어서, /·/의 소실이 제주 방언 50대 여성 화자들에게서 우선적으로 나타나는 음변화 현상인 것을 확인하였다. 이러한 경향성은 /ㅡ/의 실현에서도 확인할 수 있었다. 송창헌(2005), 신우봉(2015)에서 /ㅡ/는 젊은 세대일수록 전설화 경향이 크다고 입증하였으며, 이러한 차이가 제주 방언 50대 여성 화자들에게서도 나타났다. 이상의 산출 실험 결과로 미루어 볼 때, 제주 방언 50대 여성 화자들의 경우 세대 내의 연령 차이라는 요소가 단모음의 실현 양상을 살펴볼 때 중요한 요소임을 알 수 있었다.

그리고 본고에서는 산출 실험에서 나타난 세대 간의 가장 큰 차이인 /·/를 중심으로 지각 실험을 실시하였다. 제주 방언 50대 화자의 경우, 남녀 모두 /ㅏ ·/, /ㅗ ㅏ/, /ㅓ ㅏ/ 자극쌍에 대한 정답률이 높게 나타나서 /ㅏ/와 다른 세 모음을 명확하게 지각하고 있음을 확인하였다. 제주 방언 50대 남성 화자들의 경우, /·/와 다른 모음들의 음성적 차이를 듣고 정확하게 구분하고 있었으며, 50대 후반 남성 화자들이 초반 남성 화자들에 비해 좀 더 정확하게 구분하고 있음을 확인하였다. 반면 제주 방언 50대 초반 여성 화자들의 경우 /·/를 /ㅗ/ 혹은 /ㅓ/와 구별하지 못하는 것으로 나타났다. 이러한 사실은 현재 제주 방언 50대 초반 여성 화자들이 /·/를 음소로서 지니지 못하고 있음을 확인해 주는 것이다. 하지만 제주 방언 50대 후반 여성 화자들은 /·/를 /ㅗ, ㅓ/와 구분하여 지각하고 있어서, 제주 방언 50대 여성 화자들의 경우 세대 내에서의 차이가 있음을 확인하였다.

기존하는 연구들에서는 산출 실험의 근거로 제주 방언 50대 화자들에게서 / · /가 사라지고 있음을 제시하였는데, 이 연구에서는 산출뿐만 아니라 지각 실험을 통해서 / · /가 제주 방언 50대 여성 초반 화자들에게서 사라지고 있음을 확인하였다. 그리고 50대의 경우 세대 내의 차이가 있다는 점을 확인하였다는 데 의의가 있다. 본고에서는 제주 방언 50대 화자들을 대상으로 지각 실험을 진행하였는데, 추후 20대 및 70대에 대한 지각 실험을 실시하여 세대에 따른 지각의 차이도 함께 고려할 필요가 있다. 특히, 합류가 발생하는 / · /에 대한 세대별 지각 실험을 실시하여, 산출 실험의 결과와 비교하면 이들 모음들의 합류가 완성된 시기를 보다 정확히 파악할 수 있을 것이다.

고동호(2008), 「제주 방언 'ㆍ'의 세대별 변화 양상」, 『한국언어문학』 65, 한국언어문학회, 55-74면.

고영림(2003), 「현대제주 방언 단모음의 음향 음성학적 특성 연구」, 『한국언어문학』 30, 한국언어문학회, 5-20면.

김원보(2005), 「제주 방언에서 /ㆍ/음의 음향분석」, 『언어과학연구』 33, 언어과학회, 23-36면.

김원보(2006), 「제주 방언화자의 세대별 20대, 50대, 70대 단모음의 음향분석과 모음 체계」, 『언어과학연구』 39, 언어과학회, 125-136면.

김종훈(2006), 「제주 방언 단모음과 현대국어 단모음의 음향 분석 비교」, 『언어연구』 21, 한국현대언어학회, 261-274면.

송창헌(2005), 「한국어 모음 /ㅡ/의 음가 변화에 관한 실험 음성학적 연구」, 서울대학교 석사학위논문.

성철재(2005), 「충남 지역 대학생들의 한국어 단모음 포만트 분석」, 『언어학』 43, 한국언어학회, 189-213면.

신우봉(2015), 「제주 방언 단모음과 어두 장애음의 음향 음성학적 연구」, 고려대학교 박사학위논문.

장혜진(2007), 「대구 방언 20대 화자의 단모음 실현 양상에 나타난 표준어 지향성의 성별적 차이」, 『한국어학』 36, 한국어학회, 289-314면.

장혜진·신지영·남호성(2015), 「서울 방언 단모음의 연령별 실현 양상」, 『음성·음운·형태론 연구』 21-2, 한국음운론학회. 341-358면.

정승철(1995), 『제주 방언의 통시음운론』, 태학사.

정승철(1988), 「제주 방언의 특징에 대하여」, 『새국어생활』 8-4, 국립국어연구원, 133-152면.

최양규·신현정(1999), 「한국어 모음지각에 대한 방언간 비교연구」, 『언어치료연구』 8, 한국언어치료학회, 43-64면.

최양규(2007), 「국어 말소리 지각에 관한 일 고찰」, 『재활과학연구』 25, 대구대학교 특수교육재활과학연구소, 89-106면.

Best, T. Catherine., (1994). Learning to perceive the sound pattern of English, *Advances in Infancy*

*Research* 8, 217-304.

Ferrand, C. T.(2006), *Speech Science 2/E: an Integrated Approach to Theory and Clinical Practice*, Allyn and Bacon.

Labov, W.(2001) *Principles of Linguistic Change II: social factors*, Cambridge: Blackwell Publishers.

Liberman, A. M., & Mattingly, I. G.(1985), The motor theory of speech perception revised, *Cognition 21*, 1-36.

Sheldon, Amy, & Winifred Strange.(1982), The acquisition of /r/ and /l/ by Japanese learners of English: Evidence that speech production can precede speech perception, *Applied Psycholinguistics 3*, 243-261.

Stevens, K, N.(1972), The Quantal Nature of Speech: Evidence from Articulatory-Acoustic Data, *In Human Communication: A Unified View*.

Stevens, K, N et al.(1969), Cross-language study of vowel perception, *Language and Speech* 12, 1-23.

Jusczyk, Peter.(1997), *The Discovery of Spoken Language*, Cambridge: MIT Press.

# 방언 문법 형태 연구 방법*

## —제주방언 선어말어미 '-크-'를 중심으로

우창현

## 1. 서론

기존의 제주방언 선어말어미 연구는 주로 형태 분석 문제와 분석된 형태의 문법 의미를 어떻게 보느냐 하는데 초점을 두고 있다. 이러한 기존 연구에 의해 제주방언 선어말어미에서 '-(으)크-' 형태를 분석해낼 수 있다는 사실에 대해서는 어느 정도 확인된 듯싶다. 그런데 그 문법 의미에 대해서는 아직까지 異見이 있다.

'-(으)크-'의 문법 의미에 대해 논의하였던 기존의 논의를 정리하면 '추측법, 의도법'의 문법 의미를 나타내는 것으로 보는 견해(현평효(1985))와 '상황의 근접성과 그 인식'의 문법 의미를 나타내는 것으로 보는 견해(김지홍(1992)), 그리고 '모순적 대립 관계에 있는 진술의 가능성을 배제함으로써 그 판단을 실연화하는 화자의 확신'으로 보는 견해(홍종림(1991))와 '가능성'으로 보는 견해(우창현(2000)) 등으로 나눌 수 있다.[1]

---

* 이 논문은 방언학 7권 0호에 게재되었던 논문을 일부 수정하여 재수록하였음을 밝혀둔다.
1 홍종림(1991)에서는 '추측, 의도'라고 보아왔던 '-(으)크-'의 문법 의미를 하나로 묶으려 노력하고 있다. 이에 따라 '화자의 자의'를 하나의 자질로 두고, [자의성]에 긍정의 값을 갖는

그런데 이들 기존 논의를 정리하면 대개 선어말어미 '-(으)크-'의 문법 의미를 어느 하나로 규정하려 하고 있음을 확인할 수 있다. 방언 연구 초기 단계에서는 이처럼 형태소 분석이 먼저이고 그 이후에는 형태소의 문법 의미를 어느 하나로 두어 설명하려는 경향이 강하다.

이에 대해 언어 현상을 설명하는 방법이 다양할 수 있다는 점에서 이들을 의미 복합체로 보는 설명도 가능하다고 판단한다. 즉 선어말어미나 조사 등이 어느 하나의 문법 의미를 가지는 경우도 있지만 그렇지 않고 여러 문법 의미를 가지는 경우도 있는데 이 경우 해당 문법 형태가 가지는 의미를 모두 인정하는 방법도 있을 수 있다는 것이다.[2] 예를 들면 '-(으)크-'는 '미래'의 시제 의미와 '추측, 의도'의 양상 의미를 가진다.[3] 이를 하나의 문법 의미로 제한하는 것은 현상을 다양하게 설명할 수 없는 어려움이 있다. 이에 따라 다양한 의미를 가진 의미 복합체로 두고 개별 문장에 나타나는 문법 의미를 결정하는 조건이나 규칙을 두고 설명하는 것이 더 바람직할 수도 있다고 판단된다. 이는 개별 문장의 의미가 어느 한두 형태소나 어휘에 의해 결정되는 것이 아니

---

냐, 부정의 값을 갖느냐에 따라 긍정의 값을 가지면 '의도'의 의미가 나타나고 부정의 값을 가지면 '추측'의 의미가 나타나는 것으로 해석하고 있다. 이는 '-(으)크-'의 문법 의미를 구체적으로 제한하지 않고 이를 묶을 수 있는 자질을 두고 각각의 문법 의미가 나타나는 것을 별개의 조건으로 설명하려 하였다는 점에서 기존 논의와 다르다고 할 수 있다. 이는 이글에서 제안하는 것처럼 제주방언 선어말어미의 문법 의미를 구체적인 어떤 문법 의미로 제한하는 것 이외에 다르게 해석할 수 있는 가능성을 보여주었다는 점에서 의의가 있다고 하겠다.

2　해당 선어말어미에 어떤 문법 의미가 포함될 수 있을지에 대해서는 좀 더 논의가 필요하리라고 판단된다. 다만 이글에서는 지금까지 논의되어왔던 내용들을 참고하여 연구하시는 분들에 따라 세부적으로는 조금씩 다르게 논의하고 있지만 크게 시제, 상, 양상의 의미로 구분하고 이들을 대표하는 문법 의미를 중심으로 하여 이러한 논의가 가능하다는 사실만을 보이는 것에 목적을 두기로 한다.

3　'-(으)크-'의 문법 의미를 이렇게 볼 수 있는가 하는 것은 문제가 된다. 즉 기존 논의에서 '-(으)크-'의 문법 의미를 보다 세부적으로 논의하고 있어 이렇게 묶는 것이 타당한가 하는 문제가 남는다는 것이다. 다만 이글에서는 '-(으)크-'의 문법 의미를 밝히는 것이 목적이 아니고 해석의 방법이 다양할 수 있음을 보이는 것이 목적이라는 점, 그리고 기존의 논의에서 정의했던 '-(으)크-'의 문법 의미를 포괄적으로 보아 이렇게 묶는 것에 큰 무리는 없다고 판단하여 '-(으)크-'의 문법 의미를 '미래, 추측, 의도'라고 보고 논의를 진행하기로 한다.

고 문장에 포함되어 있는 어휘와 문법 형태의 의미 모두에 의해 결정되기 때문이다.

이글은 이처럼 어떤 형태의 문법 의미에 대해 논의함에 있어 어느 하나의 접근 방법만이 있는 것이 아니고 다양한 접근 방법이 있음을 보이어 방언 형태 연구 방법론을 다양화할 필요가 있음에 대해 논의하는 것을 목적으로 한다.

## 2. 선어말어미 의미 해석 원리

앞서 제주방언의 선어말어미 '-(으)크-'에 대해 기존 논의에서는 '추측, 의도'로 보는 견해(현평효(1985))와 '상황의 근접성과 그 인식'으로 보는 견해(김지홍(1992)), 그리고 '모순적 대립 관계에 있는 진술의 가능성을 배제함으로써 그 판단을 실연화하는 화자의 확신'으로 보는 견해(홍종림(1991)), '가능성'으로 보는 견해(우창현(2000)) 등이 있다는 사실에 대해 논의하였다. 그러나 '-(으)크-'는 중앙어의 '-겠-'과 유사하게 '미래'의 시제 의미를 나타내기도 한다.

이에 대해 이글에서는 '-(으)크-'의 문법 의미를 어느 하나로 제한하지 않고 '-(으)크-'에 대해 논의했던 기존의 세부적인 논의들을 참고하여 이를 크게 '추측, 의도, 미래'의 문법 의미로 묶어서 '-(으)크-'가 이들 문법 의미를 복합적으로 가지고 있다고 보기로 한다. 그리고 개별 문장의 경우 '-(으)크-'가 가지고 있는 문법 의미 중 어느 문법 의미로 해석되어야 하는지는 같은 문장에 어떤 어휘나 문법 형태소가 포함되어 있는지를 보고 판단해야 한다고 본다. 이는 중앙어의 '-었-'이 '과거' 시제 형태소이지만 '너 내일 죽었다'와 같은 문장에서는 시제로 볼 수 없는 것과도 맥을 같이 한다. 즉 일반적으로 '-었-'은 '과거'의 문법 의미를 나타내지만 '너 내일 죽었다'와 같은 문장에서의 시제 의미는 '내일'이라는 어휘에 의해 '미래'가 된다. 따라서 '-었-'이 가지는 '과거'의 시제 의미는 나타날 수 없게 되고 이 경우 '-었-'을 '확신' 등의 다른 문법 의미로 해석해야만 한다.

기존 논의대로 하면 이처럼 문장 내에 선어말어미의 문법 의미를 제약하는
어휘나 다른 문법 형태가 나타나는 경우 해당 선어말어미의 문법 의미가 제약
을 받게 되어 기존의 설명 방법과는 다른 설명 방법을 통해 설명해야 하는
부담이 생긴다. 즉 기존에 정해졌던 문법 범주의 문법 의미가 아닌 다른 문법
의미로 해석해야 하는 부담이 생긴다는 것이다. 그리고 이렇게 설명하면 해당
선어말어미의 문법 범주를 본래대로 규정할 수 있느냐 하는 문제가 생기게
된다. 즉 시제 이외에 양상, 상과 같이 다른 문법 의미를 가지고 있는 경우
시제로 제한해서 문법 범주로 설정하는 것이 타당한가 하는 문제가 생긴다는
것이다.

> (1) 가. 난 시에 가쿠다. (저는 제주시에 가겠습니다.)
>
> 나. 시험 때난 철순 공뷔 열심히 흐쿠다. (시험 때니까 철수는 공부 열심히
> 하겠습니다.)

(1가)는 같은 문장에 '-(으)크-'와 1인칭 주어가 함께 나타나는 경우이다.
이외에 (1가)에서 '-(으)크-'의 문법 의미에 영향을 줄 수 있는 다른 어휘나
문법 형태는 없다. 이 경우 '-(으)크-'의 문법 의미는 '미래'와 '의도'가 되고
'추측'의 의미는 나타나지 않는다. 그 이유는 '-(으)크-'의 문법 의미 중 '추측'
이 '의도'에 의해 차단되기 때문이다. '의도'와 '추측'은 함께 나타날 수 없는
특징을 가진다.[4]

(1나)에서 '-(으)크-'의 문법 의미에 영향을 줄 수 있는 어휘나 문법 형태는
확인되지 않는다. 따라서 이 경우 '-(으)크-'의 의미는 '미래'와 '추측'이 된다.
이 경우 평서문이면서 주어가 1인칭이어야만 나타날 수 있는 '-(으)크-'의 '의

---

4 이에 대해서는 뒤에서 자세하게 논의하기로 한다.

도' 의미는 나타나지 않는다.

만일 이 경우 '-(으)크-'의 문법 의미를 기존의 논의처럼 어느 하나로 제한하게 되면 설명하기 부담스러운 문제가 생긴다. 즉, '-(으)크-'의 문법 의미를 '추측' 하나로 제한하게 되면 (1가)의 문법 의미가 '의도'로 해석되는 것을 설명하는 것이 부담스럽게 되고, '의도'로 제한하게 되면 (1나)의 문법 의미가 '미래', '추측'으로 해석되는 것을 설명하는 것이 부담스럽게 된다. '미래'로 제한하는 것 역시 같은 문제를 가진다.

이에 대해 다른 예를 통해 보다 자세하게 살펴보기로 한다.

(2) 가. 난 내일 시에 가쿠다. (저는 내일 제주시에 가겠습니다.)

　　나. 오널 시험이난 철순 어제 공뷔 열심히 해시쿠다. (오늘 시험이니까 철수는 어제 열심히 공부 했겠습니다.)

(2가)의 시제는 '내일'에 의해 '미래'가 된다. 따라서 이 경우 '-(으)크-'는 '미래'로 해석될 수 있게 된다. 이에 반해 (2나)의 시제는 '어제'에 의해 '과거'가 된다. 따라서 이 경우 '-(으)크-'는 '미래'의 시제 의미를 나타낼 수 없게 된다.

그런데 (2가)에서 '-(으)크-'의 문법 의미는 '미래' 이외에 '의도'도 확인된다. 이는 같은 문장 내에 1인칭 주어 '나'가 포함되어 있어 '-(으)크-'의 문법 의미 중 평서문이면서 1인칭 주어와 함께 나타나는 경우 '의도'의 문법 의미를 나타낼 수 있다는 조건 때문이다. 이에 대해 (2나)에서 '-(으)크-'의 문법 의미는 '미래' 혹은 '의도'로 해석되지 못하고 '추측'으로만 해석된다. 그 이유는 앞서도 언급했던 것처럼 '-(으)크-'의 '미래' 의미는 '어제'에 의해 차단되고 '의도' 의미는 주어가 1인칭이 아니라는 점에서 차단된다.[5]

---

5　'-(으)크-'의 '의도' 의미는 평서문에서는 1인칭이어야 나타날 수 있고, 의문문에서는 2인칭이어야 나타날 수 있다.

이처럼 선어말어미의 문법 의미를 어느 하나로 두지 않고 TAM 범주와 같이 의미복합체로 두고 개별 문장에 나타나는 문법 의미를 같은 문장 내에 이들의 문법 의미에 영향을 줄 수 있는 어휘나 다른 문법 형태와의 고려에 의해 결정되는 것으로 설명하면 개별 문장의 의미를 정확하게 설명할 수 있다는 장점이 있다.

위에서의 설명을 간단하게 도식화해 보이면 다음과 같다.

(1가)

| '난' | + | '-(으)ㄹ-' | | 결정된 '-(으)ㄹ-의 의미 |
|---|---|---|---|---|
| | | [미래] | → | [미래] |
| | | [추측] | → | × |
| [1인칭] | + | [의도] | → | [의도] |

(1나)

| 철수 | + | '-(으)ㄹ-' | | 결정된 '-(으)ㄹ-의 의미 |
|---|---|---|---|---|
| | | [미래] | → | [미래] |
| | | [추측] | → | [추측] |
| [1인칭(×)] | | [의도] | → | × |

(2가)

| '난' | '내일' | + | '-(으)ㄹ-' | | 결정된 '-(으)ㄹ-의 의미 |
|---|---|---|---|---|---|
| | [미래] | + | [미래] | → | [미래] |
| | | | [추측] | → | × |
| [1인칭] | | + | [의도] | → | [의도] |

(2나)

| 철수 | '어제' | + | '-(으)ㄹ-' | | 결정된 '-(으)ㄹ-의 의미 |
|---|---|---|---|---|---|
| | [과거] | + | [미래] | → | × |
| | | | [추측] | → | [추측] |
| [1인칭(×)] | | | [의도] | → | × |

그러면 다음은 구체적인 검증 과정을 통해 지금까지의 논의가 타당한지를 확인하기로 한다. 앞서 (2가)에서 '-(으)크-'의 문법 의미는 '미래'와 '의도'가 된다고 하였다. 그리고 (2나)에서 '-(으)크-'의 문법 의미는 '추측'이 된다고 논의하였다.

(3) 가. 난 내일 시에 가쿠다. 경후주만은 안 갈 수도 이수다. (저는 내일 제주시에 가겠습니다. 그렇지만 안 갈 수도 있습니다.)

　　나. *난 어제 시에 가수다. 경후주만은 안 갈 수도 이수다. (저는 어제 제주시에 갔습니다. 그렇지만 안 갈 수도 있습니다.)

　　일반적으로 미래 상황은 앞으로의 일이기 때문에 상황이 이루어지지 않을 수도 있다는 부정적 추론이 가능하다. 그런데 (3가)에서 선행절의 상황은 후행절에 의해 부정될 수 있음을 보여준다. 이는 선행절의 상황이 아직 이루어지지 않은 경우에만 가능하다. 즉 (3가) 선행절의 시제 의미가 '미래'이어서 이에 대한 부정적인 추론이 가능하다는 것이다. 이는 (3나)와 같이 선행절이 '과거' 상황의 경우 후행절에서 이에 대해 부정적으로 추론하는 것이 불가능하다는 사실과 구분된다.

(4) 가. 난 내일 틀림어시/확실히 시에 가쿠다. (저는 내일 틀림없이/확실히 제주시에 가겠습니다.)

　　나. ??난 아마도 내일 시에 가쿠다. (??저는 아마도 내일 제주시에 가겠습니다.)

　　(4가)는 주어가 1인칭이면서 평서문인 경우 '-(으)크-'와 '확신'을 나타내는 '틀림어시/확실히'가 자연스럽게 결합할 수 있음을 보여준다. 이에 대해 (4나)는 어색하거나 비문인 경우로 주어가 1인칭이면서 평서문인 경우 '-(으)크-'는

'추측'의 의미를 나타내는 '아마도'와 같은 부사어와는 자연스럽게 결합할 수 없음을 보여준다. 이 두 예문을 통해 주어가 1인칭 평서문의 경우 '-(으)크-'가 '의도'의 문법 의미를 나타낼 수 있음을 확인할 수 있다.

> (5) 가. [?]오널 시험이난 철순 어제 공뷔 열심히 해시쿠다. 경흐주만 아니 해실 수도 이시쿠다. (오늘 시험이니까 철수는 어제 열심히 공부 했겠습니다. 그렇지만 하지 않았을 수도 있겠습니다.)
>
> 나. 오널 시험이난 철순 어제 틀림어시 공뷔 열심히 해시쿠다. (오늘 시험 이니까 철수는 어제 틀림없이 공부 열심히 했겠습니다.)
>
> 다. 오널 시험이난 철순 어제 아마도 공뷔 열심히 해시쿠다. (오늘 시험이 니까 철수는 어제 아마도 공부 열심히 했겠습니다.)

(5가)는 선행절에 대한 부정적인 추론이 어색함을 보여준다. 이는 선행절이 추측 상황이어서 후행절에서 이를 부정적으로 추론하는 것이 어느 정도 가능할 수도 있지만 상황이 과거이고 또 과거 상황에 대한 추측의 경우 먼저의 추측이 더 구체적인 근거에 기댔을 가능성이 높아 사실 가능성이 높기 때문에 후행절에서의 부정적 추측이 어색한 것으로 판단된다.

다음으로 (5나)는 '확신'의 의미를 나타내는 '틀림어시'와 '추측'의 의미를 나타내는 '-(으)크-'가 결합한 경우로 자연스럽다. 이에 대해 (5다)는 '추측'의 의미를 나타내는 '아마도'의 경우도 '-(으)크-'와 자연스럽게 결합할 수 있음을 보여준다. 이는 (5가)에서 '-(으)크-'가 '의도'를 나타내는 경우 '틀림어시'와만 자연스럽게 결합할 수 있었던 것과는 구분된다. 즉 '의도'를 나타내는 경우는 '-(으)크-'가 '틀림어시'와만 결합할 수 있지만 '추측'의 경우는 둘 다 와도 결합할 수 있다는 것이다. '-(으)크-'가 '틀림어시', '아마도'와 결합할 수 있는 이유는 어떤 구체적인 근거를 가지고 추측해 이야기하는 경우와 그렇지 않은 경우로 구분될 수 있기 때문이다.

지금까지의 논의를 정리하여 각 선어말어미의 문법 의미를 TAM과 같은 의미복합체로 두고 개별 문장에 나타나는 문법 의미를 조건 짓는 원리를 정리하면 다음과 같다.

(6) 선어말어미 의미 해석 원리[6]

선어말어미의 의미는 문장의 문법 형태, 어휘 등의 결합에 의해 결정된다.[7]

## 3. 선어말어미 의미 해석 원리의 타당성

위에서 제시한 선어말어미 의미 해석 원리의 타당성은 다음과 같은 예를 통해서도 확인된다. 기존 논의에서 언급되었던 예를 중심으로 하여 살펴보기로 한다.

(7) 가. 오늘밤 비 오키여. (오늘밤에 비 오겠다.) (현평효(1985:91)에서 인용)

나. 철순 공부 잘 ㅎ키여. (철수는 공부를 잘 하겠다.) (현평효(1985:91)에서 인용)

다. 올훤 곡석 잘 되키여. (올해에는 곡식이 잘 되겠다.) (현평효(1985:91)에서 인용)

(8) 가. 난 집의 가키여. (나는 집에 가겠다.) (현평효(1985:97)에서 인용)

나. 이디서 놀암시크라? (여기서 놀고 있겠어?) (현평효(1985:97)에서 인용)

---

6  이 선어말어미 의미 해석 원리에 대해서는 방언학회 발표 자료집에서도 언급한 바 있다.
7  이러한 '선어말어미 해석 원리'는 다른 제주방언 선어말어미 예를 들면 '-느-'와 같은 경우에도 적용될 수 있다고 판단된다. 다만 이에 대해서는 다른 기회에 자세하게 논의하도록 한다.

(7가)에서 '-(으)크-'의 문법 의미를 해석하기 위해서는 먼저 (7가)에 '-(으)크-'의 문법 의미에 영향을 줄 수 있는 어휘나 다른 문법 형태가 포함되어 있는지를 확인해야 한다. 다음으로 이들 어휘 혹은 문법 형태가 '-(으)크-'의 문법 의미에 어떻게 구체적으로 관여하는지에 대해 살펴보아야 한다. 이에 따라 (7가)를 살펴보면 '-(으)크-'의 문법 의미에 영향을 줄 수 있는 어휘 '오늘 밤'을 확인할 수 있다. 그런데 '오늘밤'은 '미래'의 시간을 나타낸다. 따라서 (7가)에서 '-(으)크-'의 문법 의미 중 '미래'가 나타날 수 있는 조건이 충족된다. 이외에 '추측'의 문법 의미에 영향을 줄 수 있는 어휘나 문법 형태는 확인되지 않는다. 따라서 '추측'의 문법 의미 역시 (7가) '-(으)크-'의 문법 의미가 된다. 다만 (7가)에 1인칭 주어가 나타나지 않아 '의도'의 문법 의미는 확인되지 않는다.

(7나)에는 '-(으)크-'의 문법 의미에 영향을 줄 수 있는 어휘나 문법 형태를 확인할 수 없다. 따라서 (7나) '-(으)크-'의 문법 의미는 '미래, 추측'이 된다. 이 경우 '의도'의 문법 의미는 나타날 수 없는데 그 이유는 '의도'가 나타나기 위해서는 평서문의 경우 1인칭 주어이어야 한다는 제약이 있는데 (7나)에서는 이를 확인할 수 없기 때문이다.

(7다)의 '올희'는 '현재'의 의미를 나타낸다. 따라서 '-(으)크-'의 문법 의미에 영향을 줄 수 있다. 그러나 이 경우 '올희'는 어느 특정 시간을 나타내는 것이 아니라 1년이라는 시폭을 가리킨다. 즉 발화 시간을 포함하여 발화 시간 이전 이후 모두를 포함한 1년이라는 시폭을 가진다. 그러므로 (7다)의 경우 '올희'는 발화시와 사건시를 모두 포함하게 되어 '-(으)크-'가 가지는 시제 의미 해석에 영향을 주지 않는다. 따라서 (7다)의 시제는 '-(으)크-'에 의해 '미래'가 된다. 실제로 (7다)에서 '곡석이 잘 되는 사건이 발생하는 시간'은 발화시 이후가 된다.

다음으로 (7다)에서 '-(으)크-'가 가지는 '추측'의 문법 의미에 영향을 줄 수 있는 어휘나 문법 형태 등은 확인되지 않는다. 따라서 '추측'의 문법 의미 역시 (7다) '-(으)크-'의 문법 의미가 된다. 이에 대해 '의도'의 문법 의미는 해석되지 못한다.

(8가)에는 '-(으)크-'의 문법 의미에 영향을 줄 수 있는 1인칭 주어가 포함되어 있다. 다만 '미래'의 시제 의미에 영향을 줄 수 있는 어휘나 문법 형태는 확인되지 않는다. 따라서 (8가)에서의 '-(으)크-'의 문법 의미는 '미래'와 '의도'가 된다. 이 경우 '추측'의 문법 의미는 나타나지 않는다. 그 이유는 1인칭 주어가 나타나 '의도'의 의미로 해석되는 경우 '의도'의 문법 의미가 '추측'의 문법 의미를 차단하기 때문이다.

(8나)에서 '-(으)크-'의 문법 의미에 영향을 줄 수 있는 어휘나 문법 형태는 확인되지 않는다. 다만 (8나)의 문장 형식이 문제가 된다. 즉 (8나)는 2인칭 직접 의문문이다. 이처럼 2인칭 직접 의문문의 경우는 화자가 청자의 '의도'를 묻는 문법 의미를 가진다. 따라서 '-(으)크-'가 평서문이면서 1인칭 주어일 경우 '의도'의 문법 의미를 가지는 것처럼 직접 의문문이면서 2인칭 주어가 나타나게 되면 청자의 '의도'를 묻는 문법 의미로 해석된다. 즉 '의도'의 문법 의미가 해석되어 나타난다.

그리고 (8나)에서 '미래'의 시제 의미 역시 다른 어휘나 문법 형태에 의해 간섭받지 않아 '-(으)크-'의 문법 의미로 해석된다. 다만 '추측'의 문법 의미는 '의도'의 문법 의미로 인해 차단되어 나타나지 않는다.

이를 도식화해 보이면 다음과 같다.

(7가)

| 비 | + | '-(으)크-' | | 결정된 '-(으)크-'의 의미 |
|---|---|---|---|---|
| | | [미래] | → | [미래] |
| | | [추측] | → | [추측] |
| [1인칭(×)] | | [의도] | → | × |

(7나)

| 철수 | + | '-(으)ㅋ-' | | 결정된 '-(으)ㅋ-의 의미 |
|---|---|---|---|---|
| | | [미래] | → | [미래] |
| | | [추측] | → | [추측] |
| [1인칭(×)] | | [의도] | → | × |

(7다)

| 곡석 | + | '-(으)ㅋ-' | | 결정된 '-(으)ㅋ-의 의미 |
|---|---|---|---|---|
| | | [미래] | → | [미래] |
| | | [추측] | → | [추측] |
| [1인칭(×)] | | [의도] | → | × |

(8가)

| 난 | + | '-(으)ㅋ-' | | 결정된 '-(으)ㅋ-의 의미 |
|---|---|---|---|---|
| | | [미래] | → | [미래] |
| | | [추측] | → | × |
| [1인칭] | | [의도] | → | [의도] |

(8나)

| 너 | + | '-(으)ㅋ-' | | 결정된 '-(으)ㅋ-의 의미 |
|---|---|---|---|---|
| | | [미래] | → | [미래] |
| | | [추측] | → | × |
| [2인칭](의문문) | | [의도] | → | [의도] |

　　다음은 이러한 논의가 타당한지를 앞서 확인했던 것처럼 구체적인 검증 방법을 통해 확인하기로 한다.

　　(9) 가. 오늘밤 비 오키여. 경호주만은 안 올 수도 이시키여. (오늘밤 비가 오겠
　　　　　다. 그렇지만 안 올 수도 있겠다.)

나. 철순 공부 잘 ᄒ키여. 경ᄒ주만 머리만 믿엉 놀민 잘 ᄒ지 못홀 수도
  잇저. (철수는 공부를 잘 하겠다. 그렇지만 머리만 믿어서 놀면 잘하지
  못할 수도 있다.)

다. 올ᄒᆡ 곡석 잘 되키여. 경ᄒ주만은 센 태풍 오민 안 될 수도 잇저. (올해
  에는 곡식이 잘 되겠다. 그렇지만 큰 태풍이 오면 잘 안 될 수도 있다.)

(9가, 나, 다)는 각각 '-(으)크-'가 포함된 선행절에 대한 부정적인 추론이
가능함을 보여준다. 이는 앞서 논의했던 것처럼 (9가, 나, 다)의 선행절의 문법
의미가 '미래'이어서 아직 일어나지 않은 일에 대해 이야기하는 경우이기 때
문에 가능하다.

(10) 가. 오늘밤 틀림어시 비 오키여. (오늘밤에 틀림없이 비 오겠다.)

  나. 오늘밤 아마도 비 오키여. (오늘밤에 아마도 비가 오겠다.)

(11) 가. 철순 틀림어시 공부 잘 ᄒ키여. (철수는 틀림없이 공부를 잘 하겠다.)

  나. 철순 아마도 공부 잘 ᄒ키여. (철수는 아마도 공부를 잘 하겠다.)

(12) 가. 올ᄒᆡ 틀림어시 곡석 잘 되키여. (올해에는 틀림없이 곡식이 잘 되겠
  다.)

  나. 올ᄒᆡ 아마도 곡석 잘 되키여. (올해에는 아마도 곡식이 잘 되겠다.)

(10가, 나)를 보면 '-(으)크-'가 '틀림어시'와도 결합할 수 있고, '아마도'와
도 결합할 수 있음을 보여준다. 즉 화자가 하늘에 있는 먹구름을 보았다던가
하여 비가 오늘밤 올 것이라는 사실에 대해 '확신'하고 있는 경우는 '틀림어
시'와 결합할 수 있고 그러한 뚜렷한 증거는 없지만 단순하게 비가 올 것이라
고 추측하면서 이야기 하는 경우에는 '아마도'와 결합할 수 있다는 것이다.
이는 '의도'가 '틀림어시'와만 결합할 수 있는 것과 구분된다.

다음으로 (11가, 나), (12가, 나) 역시 '-(으)크-'가 '틀림어시', '아마도'와 결

합할 수 있음을 보여준다. 이는 앞서 논의했던 것처럼 화자가 구체적인 근거를 가지고 앞에 일어날 일을 예측하여 이야기하는 경우인가 그렇지 않은 경우인가에 따른 차이라고 판단된다.

다음은 (8)에서 논의했던 '-(으)크-'의 문법 의미에 대한 해석이 타당한지에 대해 살펴보기로 한다.

> (13) 가. 난 집의 가키여. 아니 안 갈 수도 잇저. (나는 집에 가겠다. 아니 안
> 갈 수도 있다.)
> 나. 이디서 놀암시크라? 아니민 집이 가커라? (여기서 놀고 있겠어? 아니
> 면 집에 가겠어?)

(13가, 나)는 선행절에 대한 부정적인 추론이 가능함을 보여준다. 이는 (13가, 나)에서 가는 상황 혹은 노는 상황이 앞으로 일어날 일이기 때문에 가능하다.

> (14) 가. 난 틀림어시 집의 가키여. (나는 틀림없이 집으로 가겠다.)
> 나. *난 아마도 집의 가키여. (*나는 아마도 집으로 가겠다.)
> (15) 가. 이디서 틀림어시 놀암시크라? (여기에서 틀림없이 놀고 있겠어?)
> 나. *이디서 아마도 놀암시크라? (*여기에서 아마도 놀고 있겠어?)

(14가)는 주어가 1인칭인 평서문의 경우로 '-(으)크-'가 '틀림어시'와 자연스럽게 결합할 수 있음을 보여준다. 이에 대해 (14나)는 동일한 상황에서 '-(으)크-'가 '아마도'와 결합할 수 없음을 보여준다. 이는 (14가, 나)의 '-(으)크-'의 의미가 '의도'임을 의미한다.

(15가)는 주어가 2인칭이면서 의문문인 경우로 '-(으)크-'가 '틀림어시'와 자연스럽게 결합할 수 있음을 보여준다. 이에 대해 (15나)는 같은 상황에서 '-(으)크-'가 '아마도'와는 자연스럽게 결합할 수 없음을 보여준다. 이는 2인칭

직접 의문문인 경우 '-(으)크-'가 청자의 의도를 나타내는 문법 의미를 가지는 데 청자의 '의도'를 나타내는 문법 의미와 '추측'의 의미를 나타내는 '아마도'의 결합이 자연스럽지 않기 때문이다.

지금까지 기존 논의에서 선어말어미를 어느 하나의 문법 범주로 해석해왔던 것과 달리 선어말어미가 가지는 모든 문법 의미를 포함하는 TAM과 같은 의미복합체를 인정하고 개별 문장에 나타나는 문법 의미는 동일한 문장에 해당 선어말어미의 문법 의미에 영향을 주는 어휘나 다른 문법 형태들과의 관계에 의해 결정된다는 사실에 대해 논의하였다. 그리고 이렇게 볼 수도 있다는 것을 다양한 구체적인 예를 통해 확인하였다. 이는 기존의 문법 형태에 대한 연구 방법과는 또 다른 연구 방법이 있을 수 있다는 것을 보이기 위함이다.


## 4. 결론

이 글은 제주방언 선어말어미 '-(으)크-'를 대상으로 하여 기존의 방언 형태 연구 방법 이외에 또 다른 새로운 연구 방법이 있을 수 있다는 사실을 보이는 것을 목적으로 하였다. 이를 위해 선어말어미 '-(으)크-'가 단독으로 나타나는 경우와 어휘, 문법 형태 등에 의해 간섭을 받는 경우를 구분하여 단독으로 나타나는 경우는 '-(으)크-'의 문법 의미 중 '미래, 추측'의 의미가 해석되는 것으로 논의하였다.

다음으로 '-(으)크-'의 문법 의미 중 '의도'는 평서문의 경우 주어가 1인칭이어야 하고 의문문의 경우는 주어가 2인칭이어야 하기 때문에 이러한 조건이 갖추어지지 않으면 나타나지 않는 것으로 논의하였다. 그리고 이러한 주장이 타당하다는 것을 구체적인 근거를 들어 논의하였다.

다음으로 '-(으)크-'가 '내일', '어제' 등 시간부사어 등에 의해 간섭을 받는 경우에 대해 논의하였다. 이처럼 '-(으)크-'가 다른 시간부사어에 의해 간섭을 받는 경우, 시간부사어가 '-(으)ㅋ-'와 동일한 문법 의미를 나타내는 경우는 '-(으)ㅋ-'의 문법 의미가 해석되지만 반대의 경우, 시간부사어에 의해 간섭받는 문법 의미는 해석되지 못하고 다른 문법 의미만 해석되는 것으로 논의하였다. 즉 '-(으)ㅋ-'가 '내일'과 같은 시간부사어와 결합하는 경우는 '미래'의 문법 의미가 해석되지만 '어제'와 같은 시간부사어와 결합하는 경우는 '미래'의 시제 의미가 해석되지 못하고 다른 문법 의미인 '의도'나 '추측'의 문법 의미만 해석되게 된다는 것이다.

이외에 주어가 1인칭인 평서문과 주어가 2인칭인 의문문에서는 '추측'의 문법 의미가 해석되지 못하는 것으로 논의하였다. 그리고 이러한 논의를 정리하여 '선어말어미 의미 해석 원리'로 제시하였다.

그리고 구체적인 예를 들어 선어말어미 의미 해석 원리가 타당함에 대해 논의하였다.

참고문헌

강정희(1988), 『제주방언 연구』, 한남대학교 출판부.

강정희(2005), 『제주방언 형태 변화 연구』, 역락.

고영진(2007), "제주도 방언의 형용사에 나타나는 두 가지 「현재 시제」에 대하여", 『한글』 275호, 한글학회, 77-106면.

고영진(2008), "제주도 방언의 형태론적 상 범주의 체계화를 위하여", 『한글』 280호, 한글학회, 101-128면.

김지홍(1992), "{겠}에 대응하는 {(으)크}에 대하여", 『제주도 언어 민속 논총』, 제주도 언어 민속 논총 간행위원회, 33-98면.

문숙영(1998), "제주도 방언의 시상 형태에 대한 연구", 『국어연구』 151호, 국어연구회.

문숙영(2004), "제주방언의 현재 시제 형태소에 대하여", 『형태론』 6권 2호, 형태론 편집위원회, 293-316면.

우창현(2007), "제주방언 보조 용언의 문법 범주와 의미 해석", 『어문학』 97집, 한국어문학회, 43-62면.

이수득(2002), 『국어의 상 해석 연구』, 박사학위논문(서강대).

이승욱(2001), "문법화의 단계와 형태소 형성", 『國語學』 37, 國語學會, 263-283면.

정승철(1997), "제주도 방언 어미의 형태음소론", 『애산학보』 20, 애산학회, 67-107면.

현평효(1985), 『제주도 방언 연구』, 이우 출판사.

홍종림(1987), "제주방언의 아프펙트 형태에 대하여", 『국어국문학』 98권, 국어국문학회, 108-209면.

홍종림(1991), "제주방언의 양태와 상범주 연구", 박사학위논문(성균관대).

Lee Kee Dong(1981), "A Tense-Aspect-Modality System in Korean", 『애산학보』 1, 애산학회, 71-117면.

Östen, Dahl(1985), *Tense and Aspect System*, Basil Blackwell.

Palmer, F. R.(1986), *Mood and Modality*, Cambridge University Press.

Smith, Carlota(1991), *The Parameter of Aspect*, Kluwer Academic Publishers.

# 웹과 어휘집: 한국어 제주 방언 어휘 연구의 과제와 전망*

치다 슌타로千田俊太郎

## 1. 들어가는 말

한국어 제주 방언은 이 글에서 소개하는 바와 같이 이미 사전과 어휘집이
여러 개 출판되어 있으며, 최근에는 인터넷 상에 여러 언어 대역 사전이 발표
된 바 있다. 지금까지 어휘 연구 성과들이 많이 축적되어 왔는데, 사전 편찬에
종사한 연구자들이 주로 방언 화자인 것을 보면 외국인 연구자가 할 작업이
남아 있지 않은 듯도 하다.[1] 그 상황에서 의미 분류를 활용한 새로운 복수
언어 대역 어휘집을 편집하여 인터넷상에서 발표하기로 했다(http://kikigengo.jp/
jeju/doku.php?id=exhibition:start). 이 글에서는 지금까지 제주 방언의 사전들과 어
휘집들의 성격을 살펴봄으로써 새로운 시도에 어떠한 의의가 있는지 확인하
고자 한다. 이하 제2절에서는 『제주어사전』과 『제주방언사전』을 중심으로 지
금까지의 사전과 어휘집이 남긴 과제에 대해서 살펴본다. 그 후에 제3절에서

---

* 본 논문의 출처는 다음과 같다. 千田 俊太郎(2017) 「ウェブと語彙集: 朝鮮語濟州方言語彙硏究
の課題と展望(Web and lexicon: Problems and prospects in the lexical study of the Jeju dialect of
Korean)」 『ありあけ 熊本大學言語學論集』 16卷, pp.35-46, 熊本大學文學部言語學硏究室. 이
출처 논문(일본어판)은 일본 과학연구비보조금(대표자: 千田俊太郎, 研究課題番號: 25284078)
의 연구 성과이다. 이 논문의 한국어판인 본 논문의 작성에 있어서 한국어 교정을 해주신
김선미 교수님께 감사드립니다.
1 제주 방언 어휘 연구와 사전 편찬에 대해서는 오창명(2014)를 참조

필자가 작성 중인 온라인 사전이라는 시도를 소개하며 그 특징에 대해서 설명한다.


## 2. 지금까지의 사전과 어휘집

### 2.1. 『제주어사전』

제주문화예술재단 편(2009)(이하 『제주어사전』)는 1995년에 발간된 『제주어사전』을 개정·증보한 사전이며 현재 가장 신뢰할 수 있는 제주 방언 사전이다. 「일러두기」에 1995년판은 표제어가 18,456 항목, 2009년판은 25,350 항목을 수록했다고 나와 있다. 단어마다 의미 설명은 물론이거니와 품사와 조사 지점에 관한 정보가 명시되어 있으며, 변이형(여러 방언형)이 있는 경우에는 원칙적으로 반드시 설명 다음에 나열되어 있다. "식물", "의류", "질병"과 같은 의미 분야("전문 영역")가 표시되어 있으며, 예문과 사진이 그런대로 많이 실려 있다는 점도 장점이다. 표제어로 지명과 접사(접미사, 어미)가 많이 채록되어 있는 것도 특징적이다. 파생어와 합성어는 다 표제어가 되어 있어, 예를 들어 "각벨", "각벨이", "각벨ᄒ다"가 병렬되어 계층적으로 표제어화 부표제어로 다루지는 않았다. 자모 "ㆍ"는 모음 자모들 중에서 가장 마지막에 배열하였다. 의미 설명에는 표준어로 번역어를 제시할 뿐만 아니라, 한자표기를 넣거나 다른 방법으로 설명을 명확히 하려는 시도를 볼 수 있다. 예컨대 표제어 "가메"는 세 개 항목이 어깨번호로 1, 2, 3으로 구별되어 있는데, 번역어 자체는 모두가 "가마"이며 괄호 안에 한자 표기(旋毛, 釜, 轎)가 있다. 또한, "섬"도 두 개 항목이 어깨번호 1, 2로 구별되는데 번역어는 둘 다 "섬"이며, 1에는 한자 표기(島), 2에는 추가 설명을 "곡식 따위의 분량을 계산하는 단위의 하나"라고 달았다. 이와 같이 동음어가 있는 고유어에 대해서 의미적인 구별을 명시하기 위한 한자 표기가 쓰여 있다.

그런데 발음 표기는 없다. 예를 들어서 "눈곱" / "눈꼽" / "눈콥" 등 변이형이 실려 있으나, 이 중 "눈곱" / "눈꼽"이 표기상의 변이를 표시하는지, 혹시 발음상의 차이를 표시하려고 하는 것인지 판단하기 어렵다. 『제주어사전』과 관련하여 가장 아쉬운 점은 이 사전이 비매품이며 유통이 제한되어 있다는 점이다. 기타 편집 단계의 오류와 미흡한 점이 약간 있기도 하다. 이하에서는 기본 어휘, 변이형, 참조에 관한 문제를 지적한다.

### 2.1.1. 안 실린 기본 어휘

표제어 선정 과정에서 빠뜨려 버린 기본 어휘가 많이 있다. 그 중에 유난히 많은 것은 기본적이며 표준어와 표기가 동일한 것들이다. 예컨대, 한자어 수사 (일, 이, 삼)가 전반적으로 실리지 않았으며, "보다", "해/헤", "일", "것/거" 등은 표제어로 채록되지 않았다.[2] 동서남북 중 표제어로 채록된 것은 "남"뿐이며, 1월부터 12월까지의 달 이름은 "이월", "ᄉᆞ월", "십일월"만 실려 있다. "ᄉᆞ월"이 표제어로 실린 이유는 표준어형 "사월"과의 차이 때문일 수도 있다. "이월"은 의미 설명이 있는 표제어가 아니라, 화살표로 대표형이 "영등둘"임을 표시한 항목인데, 그 설명이 "음력 이월"이라고 되어 있어 양력에도 쓸 수 있는 "이월"이라는 어휘의 설명으로 적당하지 못하다.

기타, 기본 어휘라고 하기는 어려우나 문화적으로 중요한 "홍짓대"(홍두깨)가 표제어로 채록되었는데 "다듬이"나 "다듬잇돌"이 없는 것은 본의 아니게 빠뜨린 어휘들이라고 보아도 될 것 같다.

---

2  표제어로 채록되어 있지 않은 기본 어휘들은 『제주어사전』의 예문 안에서 볼 수 있는 경우가 많다. 예를 들어서 1월부터 12월까지의 달 이름은 표제어로 채록되지 않은 것들이 있으나, 예문까지 보면 12개 이름을 모을 수 있다.

### 2.1.2. 변이형

#### 2.1.2.1. 대표형 선정과 표준화의 문제

『제주어사전』은 어휘의 변이형과 동의어는 대표형을 설정하여, 대표형 이외는 설명 내용이 비어 있고, 화살표로 대표형을 찾아가도록 지시하고 있다. 독자적인 표준화를 시도한 것이라고 볼 수 있다. 설명이 없는 빈 항목이 있다는 것은 종이 매체 특유의 분량 제약과 관계가 있을 것이다. 항목의 설명 부분이 없어도 품사, "전문 영역", 조사 지점 정보는 붙어 있으며, 예문이 제시된 것도 있다. 대표형 쪽 항목에도 변이형에 대한 정보가 거의 모든 경우에 마련되어 있다. 그러나, 표준화 방식이 일관성이 없는 경우가 있다. 예를 들어, "조문"은 설명이 없는 빈 항목이고 대표형 "고렴"을 참조시키게 되어 있는데, "ᄒᆞ다"가 붙은 항목은 거꾸로 "고렴ᄒᆞ다"의 설명이 비어 있고 대표형 "조문ᄒᆞ다"를 찾아가게 지시를 하고 있다. 비슷한 예로, 사냥을 뜻하는 "사냥"(대표)/"사농"은 사냥꾼을 뜻하는 "사냥꾼"/"사농꾼"(대표)과 다르게 다루었으며, 게를 뜻하는 "깅이"(대표)/"겡이"는 일종의 게를 뜻하는 "심방깅이"/"심방겡이"(대표)[3]에서는 취급이 다르다. 완전히 거꾸로가 아니면서 유사한 예들로, "멩질"(대표)/"멩절"/"명절"과 "멩질ᄒᆞ다"/"명질ᄒᆞ다"(대표), "ᄋᆞ라"(대표)/"여라"와 "여러분"(대표)/"여라분", "여섯"(대표)/"ᄋᆞᆺ"/"ᄋᆞᆺ"과 "여섯체"/"여섯째"/"ᄋᆞᆺ채"(대표)/"ᄋᆞᆺ쩨"가 있다.

표준화의 대상으로 삼는지 여부 자체에 일관성에 관한 문제가 있는 것도 있다. "주울이다"(대표)/"기울이다"에 대해서 "기울다"는 독자적인 항목이 되어 있으며 수퇘지를 뜻하는 "수토새기"는 "수톳"(대표)/"수퇘야지"와 서로 참조되어 있지 않다.

---

3  게 이름은 모두 열 몇 개 항목이 실려 있으며, 대표형 설정은 가지각색이다.

## 2.1.2.2. 참조가 없는 변이형

변이형들이 서로 참조되어 있지 않은 경우가 있다. "섞다"를 뜻하는 "서끄다1"(대표)/"서트다"/"허끄다" 중 대표형의 항목에는 변이형 "허끄다"에 대한 참조가 없다. 홍두깨를 뜻하는 "홍시리"는 독자 항목으로 다루었으나 "홍짓대"(대표)/"바깃대"/"방깃대"/"뱅깃대"/"홍질대"와 서로 참조가 필요하다. 기타 "주랑"과 "지팡이" 등 동의어가 서로 참조되어 있지 않은 경우가 있다.

## 2.1.3. 의미 설명에 대해서

"듣다"의 번역어가 "듣다"로 되어 있다. 그러나 이 어휘는 표준어와 달리 (그리고 일본어와 같이) "묻다"의 뜻도 가지고 있어, 기술이 불충분하다. 또한 "성"의 번역어가 "형"이 되어 있으나, "언니"를 뜻하는 용법이 있다(어문연구실 편 1995:84).

"불2"의 번역어가 "불"이라고만 되어 있으나, 표준어와 똑같이 "불이 나다", "불을 켜다"와 같은 다양한 문맥에서 쓸 수 있는지, 번역어만 제시하는 기술은 애매할 수밖에 없다. 비슷한 예로 "빗"의 번역어 "빛"(light, colour), "목"(neck, throat) 등이 있다.

## 2.2. 『제주말 큰사전』

송상조 편(2007)(이하『제주말 큰사전』)은 표제어 수에 대해서 기재가 없으나, 규모로 보아 표제어 항목 수가 현재 최대라고 생각되는 제주 방언사전이다. 설명이 없는 항목을 포함하면 어림잡아 4만개 정도에 달하지 않을까 한다. 『제주어사전』 1995년판의 영향도 역력하나, "일러두기"에 자세히 밝혔듯이 독자적인 편집 방침을 세워 엮은 것이다. 제1부 "어휘", 제2부 "1. 씨끝과 토, 2. 접사"로 나눈 구성과 자모 "·"를 모음 자모의 최초로 한 부분이 『제주어사전』과 다르다. 품사 명칭은 고유어가 채용되었으며, 한자 표기가 매우 적은 특징이 있다. 조사 지점 정보는 있으나 의미 분야에 대한 정보는 없다. 사진 제시도 없으며, 예문은 전혀 없는 것은 아니나 거의 눈에 띄지 않는다.

『제주말 큰사전』은 『제주어사전』 1995년판에 비해 어휘가 늘어나기도 했으나 추가된 표제어는 변이형인 경우가 많기도 하다. 같은 페이지에 실려 있는 항목의 대다수가 설명이 비어 있는 경우도 있을 정도이다. 예를 들면 제8페이지의 경우, 67개 항목 중에 대표형으로 의미 설명이 붙어 있는 것은 22개뿐이다.[4] 특히 모음 표기 "ㅣ/ㅓ", "ㅚ/ㅔ/ㅐ", "ㅔ/ㅐ"는 "일러두기"에서 밝혔듯이 음운론적인 대립이 있는지 없는지 문제가 될 수 있는데, 이 사전에서는 이미 통용되고 있는 표기와 표준어 표기, 어원 등을 고려하여 표기상의 변이를 추가하고 대표형을 독자적으로 설정함으로써 문제 해결을 시도한 것으로 보인다. 즉, 『제주어사전』 1995년판 등 기존 자료에 표기된 형식도 그대로 표제어로 포함시키면서, 기계적으로 바꾼 다른 표기를 늘린 부분이 있다고 본다.

설명이 비어 있는 항목이 많아, 사전을 이용할 때는 검색을 다시 해야 되는 경우가 많다. 대표형과 비대표형을 나누는 방침 자체는 『제주어사전』과 다름이 없으나 비대표형을 포함한 항목수를 늘린 결과 그렇게 될 수밖에 없다.

『제주어사전』과 비슷한 기술이면서 한자 표기가 없는 경우가 있다. 그러한 것들 중에 의미 설명에 약간의 배려가 필요하지 않았을까, 의문이 생기는 부분이 있다. 예를 들어 "ᄉᆛ1"과 "ᄉᆛ2"는 양쪽 다 표준어 번역이 "사유"인데, 어느 쪽이 "事由"이며 어느 쪽이 "私有"인가. 또 "눈"은 다섯 개 동음이의어로 표제어를 나누어 표시했다. 먼저 어깨번호 1번이 "눈 '眼'"과 같이 한자 표기

---

4  이 페이지는 "ᄀᆞ슬창마"로 시작되고 "ᄀᆞ제"까지를 포함한다. 『제주어사전』의 해당 어휘는 페이지 124–125에 걸친 부분에 나타나며, 47 항목 중에 대표형이 24개가 확인된다. 즉, 설명이 비어 있는 항목이 많은 부분이기는 해도, 반 이상이 대표형이고 비율로 보아도 숫자로 보아도 『제주말 큰사전』보다 실질적인 항목이 많다.

가 있다. 이하 "눈2", "눈3", "눈4"는 문제가 없으나, "눈5"의 설명이 "눈"이라는 번역어만 제시되어 있다. 독자는 여기서, 표준어에 있는 "눈"(eye)과 "눈"(snow)이라는 동음이의어가 제주 방언에도 있다고 가정해서 "눈5"가 "눈"(snow)을 의도하는 것이라고 추측하게 된다. 비슷한 예로, "사훼1"은 설명이 없으며 대표형 "ᄉ훼"를 찾으라고 되어 있는데, "사훼2"는 "사회 '社會'"로 표시되어 있다. "ᄉ훼"라는 항목의 설명은 "사회"이다. 이것도 "사회"가 社會, 司會의 동음이의인 것을 파악해서 "사훼1"="ᄉ훼"가 司會라는 것을 추측할 수밖에 없다.[5]

## 2.3. 『한국방언자료집 IX 제주도편』

어문연구실 편(1995)(이하 『방언자료집』)은 의미 영역을 크게 나눈 분류에 따라 어휘가 리스트되는 형식이며, 권말에 색인이 붙어 있는 분류 어휘집이다. 편집 스타일이 조사 기록을 의식한 것인지, 채집하지 못한 어휘에 대해서도 항목이 유지되어 있어, 독특하다. 어휘수는 적으나 의미분류로 검색할 수 있어, 또 다른 자료에서 찾을 수 없는 발음 표기 때문에 지금도 이용 가치가 있다. 또한, 정보 안에는 위에서 언급했듯이 "성"이 "형"과 "언니"를 포괄하는 의미를 가지고 있음을 명시하는 등 『방언자료집』으로만 확인할 수 있는 기술이 있다.

## 2.4. 『표준어로 찾아보는 제주어사전』

현평효·강영봉(2014)는 가장 최근에 출판된 사전이며, 표준어를 표제어로 삼은 특색이 있다. 방언형은 "13,800여 어휘에 따른" 것이라고 되어 있어, 이

---

5   『제주어사전』과 비교를 하면 더 의도를 알기 쉽다. 『제주어사전』에서는 "ᄉ유1"이 "사유(事由)", "ᄉ유2"가 "사유(私有)"이다. 또한, 『제주어사전』에서도 "사훼1"은 설명이 없는 항목으로 대표형 "ᄉ훼"를 찾도록 표시되어 있으며, 대표형 쪽에는 "사회 '司會'"와 같이 한자 표기가 있다. 『제주말 큰사전』이 이러한 기술을 계승하면서 한자를 배제한 것임을 알 수 있다.

숫자가 표시하는 대상이 약간 애매하나, 개산(槪算)하면 표제어의 숫자(주로 표준어)가 "어휘"이며, 어휘마다 해당되는 여러 방언형을 제시했다는 뜻인 것 같다.

　이 획기적인 시도에는 편집 방침에 한 가지 문제가 있는 듯하다. 표준어가 제시되는 표제어 사이에 가끔 별표가 붙어있는 방언 어휘가 섞여 있다는 점이다. 표제어로 수록된 방언형은 표준어로 대응되는 단어를 하나로 정하기 어려운 것,[6] 즉 표준어로 찾는 사전에 있어서는 사전에 포함하기 어려운 것들이다. 이러한 처리는 아마도 일종의 망라성을 노린 것이라고 해석할 수 있으나, 방침에 일관성이 있다고 하기 어려운 데다 사용 방법이 애매하다.

## 2.5. 『제주어 기초어휘 선정 및 활용 방안』

　오승훈·문순덕(2013)(이하 『제주어 기초어휘』)은 특수한 어휘집이다. 『제주어 사전』, 『제주말 큰사전』, 『방언자료집』, 강영봉 외(2010) 등, 기존 자료에 나타난 어형만을 대상으로, 이차적 정리 작업을 한 성과물이다. 기초적이라고 생각되는 항목을 여러 명이 주관적으로 선정하여, 의미에 따라 번호를 붙여 변이형과 동의어를 한 항목으로 묶은 것으로 대단히 주의 깊게 작업을 진행했음이 분명하다. 이 리스트를 보면 각 사전과 어휘집에 빠져 있는 항목(그것도 기초어휘)과 상호 참조가 탈락된 부분을 한눈에 볼 수 있어, 리스트 자체가 선행연구의 비판이 되어 있다는 점이 관심을 끈다. 현재 제주 방언 어휘 자료는, 아직 이차적 자료 정리를 할 여지가 크게 남아 있는 셈이다.

　다만, 『제주어 기초어휘』에는 번역어나 의미 설명은 없어, 각 형식의 의미는 다른 자료를 참조할 필요가 있다. 작성 목적이 기초 어휘 선정과 그 활용이기는 하나, 이대로 "활용"할 수 있는 사람은 상당히 한정된다. 또한, 일부 어휘

---

6　"일러두기" 4-2에는 "제주어의 특징이 드러나는 어휘"라고 하였다.

에 중복이 있으며, 같은 의미를 나타내는 형식에 다른 번호가 붙어 있는 경우
가 있다.[7]

## 2.6. 인터넷상의 『방언사전』

제주특별자치도 사이트의 "제주방언"―"방언사전"(https://www.jeju.go.kr/culture/
dialect/dictionary.htm)은 번역어로서 표준어 외에 영어, 일본어, 중국어가 제시된
표제어 7,000을 넘는 인터넷상의 사전이며, 새로운 시도로 의욕적인 사전이라
고도 하겠다.[8] 그러나 몇 가지 중대한 결함이 있다. 이 사전은 학술적인 성과
물은 아닐 수도 있으나 『제주어사전』과 그 발표 주체가 같으며, 또한 본 논문
에서 소개하는 기획과 비교해 볼 때, 여러 언어로 대역을 하고 있다는 점, 의미
분류 기호가 붙어 있다는 점, 인터넷상에서 발표되었다는 점이 유사하므로,
아래에서 그 문제점을 확인해 두고자 한다.

첫째로, 이 사전에서는 자모 "·"를 포함하는 문자로서 한국내 특정 소프트
웨어와 글꼴만이 지원하는 코드(소위 "한양 PUA")가 사용되고 있어, 국제적으로
는 적절한 글꼴을 도입하지 않으면 표시가 되지 않는다.

둘째로, 이 사전은 가령 글자가 보이고 적절한 소프트웨어로 문자 입력이
가능한 환경이 있다고 하더라도 검색하기가 매우 불편하다. 먼저 화면은 모든
어휘가 일람 형식으로 표시되어 7,000개가 넘는 표제어가 여러 페이지로 나뉘
어 규칙성 없이 늘어서 있다. 어두 자모를 지정할 수 있게 버튼이 마련되어
있는데, 어두 자모 하나만 지정할 수 있기에 결과가 한정되기는 해도 막대한

---

7    예를 들어 0312번과 0321번에 출전만 다른 "누들다"가 나타나고 0410번과 0987번에 출전만
     다른 "동산"이 나타나는 중복이 있으며, 0597번 "물웨"와 1046번 "웨/외"는 다 "오이"를 나
     타낸다.
8    어휘집이나 사전은 아니나, 외국어 대역을 표시한 의의 깊은 시도로서 표준어와 영어 번역
     을 표시한 제주방언회화집(오승훈·문순덕 2012)이 있다. 제주문화를 화제로 삼은 예문이 있
     는 등, 소멸 위기 언어의 재활성화 활동에도 유용할 것이다.

양의 리스트가 무질서하게 나타날 뿐이다. 색인처럼 쓸 수는 없다. 어휘를 34개의 의미 분야로 분류했는데, 전체 어휘수에 비해 분류된 분야수가 너무 적어서 검색할 때 어휘수를 한정시키는 데 거의 쓸모가 없고, 결과 표시의 순서는 여전히 무질서하다. 문자열로 검색할 수도 있으나, 단어의 어딘가에 그 문자열이 포함이 되는 어휘가 다 표시되는 시스템이 되어 있어, 지금까지 지적한 바와 같이, 무질서한 리스트가 나오게 된다. 따라서, 예를 들어 한 글자만 지정해서 검색을 할 경우, 검색 결과의 커다란 리스트를 눈으로 일일이 확인하면서 찾게 된다. 또한, 자모 "·"를 포함하는 문자는 검색할 수가 없다. 위에서 지적한 바와 같이, 특수한 코드가 사용되어 있는데 검색 시스템이 지원을 안 해서 그렇게 된 것 같다.

셋째로, 이 사전에는 영어, 일본어, 중국어의 번역어가 붙어 있는데도, 인터페이스 자체는 복수 언어 대응이 안 되어 있다는 문제점이 있다. 즉, 어휘가 표시되는 범위를 한정시키고 검색을 하는 단계에서는 사용자가 한국어를 읽고 쓸 수 있어야만 한다. 이 사전에서는, 사용자가 검색한 결과 표시된 제주방언과 표준어의 대역 어휘리스트에서 항목을 선택한 후, 그 항목의 자세한 기술(記述) 페이지로 들어가야만, 영, 일, 중 번역어를 확인할 수 있게 되어 있다. 한국어 화자 이외의 어떤 언어의 화자를 위한 복수 언어 대응인지 이해하기 어렵다.

이 사전에서는 설명이 비어있는 항목에 관한 문제도 심각하다. 표준어 "뜻풀이" 난에는 화살표로 참조할 항목을 표시한 항목이 있다. 자세한 항목별 페이지로 들어가면 표준어 이외(영, 일, 중)는 번역어가 표시가 된다. 그런데 표준어 "뜻풀이"만 참조할 항목이 표시되는데, 링크 형식이 아니기 때문에 표준어화자는 "뜻풀이"를 확인하기 위해 재검색을 해야 한다. 즉, 웹페이지라는 하이퍼텍스트의 한 이점(利點)이기도 한 링크 기능이 이 사전에서는 활용이 안 되고 있는 것이다. 종이 매체에 비해서 분량에 관한 제한이 적은 웹페이지에서는 재검색을 아예 하지 않아도 되도록 "뜻풀이" 내용을 표시하면 더 편리

할 수도 있다.

마지막으로, 표준어 이외의 기술에는 방언에 대한 이해가 모자라서 번역어를 잘못 단 경우가 너무 많다. 알기 쉬운 예를 몇 가지 들어본다. "가림"(실 등을 사리어 감은 뭉치)에 대한 표준어 번역어가 "사리"가 되어 있는데, 동음이의어가 많아 뜻을 명확히 알기가 어렵다. 아마도 그것을 번역한 영어 "self-interest", 일본어 "私益", 중국어 "事理"는 모두 다 틀린 번역어이다. 또한, "도께아돌"의 번역어가 "도리깨아들"인데 표준어형 "도리깻열"로 해야만 오해를 초래하지 않았을 것이다. 영어 "flail son", 일본어 "殻竿の息子"(도리깨의 아들)는 다 의미가 안 통하는 직역이며, 중국어 "木排" 도 틀린 번역어이다. "옵서"의 대한 표준어 번역 "오다"는 "오십시오"로 해야 하며, 영어 "Come", 일본어 "來る", 중국어 "來"는 똑같이 불충분하다. "가마귀연줄"(괭이밥)과 "가마귀웨줄"은 지시 대상이 같으므로, 같은 번역어를 제시해서 상호 참조를 하는 것이 바람직한데도, 전자는 "괭이밥", 후자는 "괴승아"로 다른 번역어(동의어)를 쓰고 있다. 모든 번역자가 "괴승아"를 "개승마"로 잘못 본 것인지 사정을 알기가 힘든데, 후자에 대해서 영어 "Cimicifuga acerina"(개승마의 학명), 일본어 "オオバショウマ", 중국어 "小升麻"는 모두 잘못된 번역어이다. 기타 전혀 엉뚱한 번역어가 제시되어 있는 경우가 아주 많다.

예를 들어, 이 사전에서 영어와 중국어의 번역이 잘못된 항목으로 "고딋흑"(새우=지붕의 기와와 산자(橵子) 사이에 끼는 흙)이 있는데, 영어 번역어가 "shrimp", 중국어 번역어가 "蝦"로 나와 있다. 영어만 잘못된 항목으로 "감쥐"(甘酒)가 "persimmon liquor", "치1"(키=舵)가 "winnow", "거수에"(거위=蛔蟲)가 "goose", "갯노물"(갓=芥菜)이 "Korean hat"로 나와 있다. 일본어만 잘못된 예로 "달귀"(달고)가 "高麗時代の初期に活躍したツングースの一族"(고려시대 초기에 활약한 퉁구스의 일족), "거름체"(가는 체)가 "美しい體"(아름다운 몸), "얼랑쉬"(아첨)가 "朝"(아침)이 되어 있다. 중국어만 잘못된 예로 "꿈"(침)이 "針"이 되어 있다. 오류가 생긴 원인까지 일일이 살펴보지는 않겠으나, 오역은 (주로 표준어 의미 기술 중의)

동음이의어를 잘못 해석했거나 복합어를 직역하면서 생긴 것들이 많아 보인다. 틀린 예와 애매한 표현은 영어가 가장 많으며, 그 다음에 일본어가 많다. 중국어 번역은 그에 비하면 나은 편이다.

이러한 내용적인 오류는, 방언 지식이 모자라서 생긴 면이 있으나,[9] 원자료로 쓰인 표준어 기술이 불충분했었다는 면도 있으며, 또한 기술(記述)한 언어마다 그 해석이 각각 다르다는 점에 관해서는 편집작업에서 복수의 언어내용을 통괄하는 부분에 문제가 있었다고 할 수밖에 없다.

이 사전의 작성 주체는 완전히 밝혀지지는 않았다. "방언사전"의 담당부서는 문화체육대외협력국 문화정책과이며, "담당자"는 양회연 씨인 것으로 기재가 되어 있으나, 언어마다 번역어가 다르니, 여러 사람들이 관여했음이 분명하다. 또, 이 사전이 의거한 원자료가 어떠한 것인지도 명확하지 않다. 기존 자료(사전과 어휘집)에 없는 독자 항목이 있는데, 평가를 내리기가 어렵다.

## 2.7. 정리

문자 순, 자모 순으로 배열된 종이로 된 보통 사전 외에, 분류어휘집이나 표준어로 찾을 수 있는 사전까지 존재하며, 기초어휘 선정 성과물뿐만 아니라 인터넷 상에 복수 언어로 대역 어휘집까지 있는 소멸위기 언어는 드물 것이라고 생각한다. 그러나 사전에 많은 기초어휘가 기재되어 있지 않으며, 복수 언어 대응은 학술적으로 수준미달이라는 등 과제가 남아 있다. 특히, 망라적인 분류어휘집은 존재하지 않으며, 전자 매체의 이점(利點)을 살린 사전이 없다. 山口(2016)는 그 부론(付論) "이상적 사전 시스템과 IT"에서, 1. 의미 기술 사전, 2. 분류 어휘집(thesaurus), 3. 활용 사전: 예문과 인용의 사전이라는 세 가지를 서로 연결하는 IT시대의 "삼각 구상"이, 기존의 분류 어휘집의 문제를 해결할

---

9  방언형을 전혀 보지 않고 표준어만을 참조해서 번역했을 가능성도 있다.

가능성이 있다고 지적하고 있다. 의미분류는 오래된 사전의 형태이면서 새로운 사전 형태를 향하는 관건이 된다.

## 3. 새로운 제주방언 어휘집

본 논문에서 소개하고 있는, 필자에 의한 새로운 제주방언 어휘집 "디지털 박물관 제주방언 대역 어휘집"을 작성함에 있어서의 목표는, 선행연구에 기재된 방언형을 주된 자료로 삼아, 복수 언어 대역을 붙인 분류어휘집을 만든다는 것이다. 작업에 있어서는 미네기시 마코토의 "언어 조사표 2000년판"[10]을 이용해, 각 항목에 대해서 대응하는 제주방언 형식을 먼저 모았다. 약 2,000개 항목 중 후반부에 있는 항목은 꼭 필요한 어휘는 아니기도 했으나 대응 어휘를 찾을 수 없는 것이 많았다. 그 다음에 "제주어 기초어휘"를 모두 망라하도록 했다. 이 작업으로 기존의 사전들에서는 빠졌던 기초어휘를 포함하게 되었다. 다른 표제어를 선정하는 데에는 위에서 소개한 사전과 어휘집의 표제어와 예문, 그리고 강영봉(2001a, 2001b), 강영봉 외(2010), 김순자(2014) 등의 어휘 연구를 참고하였다. 2017년 3월 현재, 항목 총수는 변이형과 동의어를 포함해 10,000개 정도이며, 변이형과 동의어를 뺀 항목 수는 대강 5,000 정도가 되는 것 같다. 제주 방언 어형은 일관성 있게 Unicode 조합형으로 입력했다. 현재로서는 대응 글꼴이 많지는 않으나 국제적인 규격이며, 앞으로 가장 오래 쓰이게 될 것 같다. 또, 한양 PUA를 지원하는 글꼴은 보통 Unicode문자를 문제없이 표시할 수 있다.

원자료는 번역어를 여러 언어로 입력했는데, 데이터가 실용적으로 쓸 수

---

10 "언어 조사표 2000년판"은 "아시아 아프리카 언어 조사표"와 소위 "핫토리 조사표"를 통합해서 전자화한 데이터 파일이다. 다음 url를 참조하기 바란다. http://www.aa.tufs.ac.jp/~mmine/kiki_gen/query/aaquery-1.htm

있는 규모가 된 것은 한국어 표준어, 일본어(新假名新漢字·舊假名舊漢字), 영어, 에스페란토이며, 이 네 가지 언어를 공개하기로 했다.

어휘 항목마다 의미 분야 정보를 부여했다. 의미 분야 정보는 일본 국립국어연구소(편)(2004)(이하, "분류 어휘표")식의 번호와, 두 개 분류 어휘집: 山口(2016)와 大野·濱西(1985)를 참조해서 만든 분류 계층 형식이다.

한 항목을 다양한 관점에서 검색할 수 있도록, 먼저 두 가지 대역 리스트를 준비하였다. 하나는 제주 방언 사전 순(" · "는 모음 자모 중의 마지막 순으로 다루었다)으로 배열한 대역 어휘 리스트(그림 1, 약칭 "사전")이며, 어두 자음 자모마다 다른 페이지를 만들었다. 또 다른 하나는 "분류 어휘표" 식의 분류 어휘 리스트이다(그림 2). 일본어 인터페이스에서는 분류 어휘 리스트의 차례가 되는 페이지를 작성해서 분류 계층을 대분류에서 소분류까지 따라갈 수 있다.

이 두 가지 리스트에서 항목별로 상세 정보 페이지로 갈 수 있도록 연결이 되어 있다. 상세 정보 페이지(그림 3)는 동음이의어를 한 페이지에 정리했으며, 항목별로 기술언어에 의한 대응어휘 혹은 뜻풀이를 제시했으며, "제주어기초어휘" 번호, "분류어휘표" 번호, 변이형이 있는 경우는 변이형 리스트, "연상어휘" 리스트를 표시하도록 했다.

"연상 어휘" 리스트는 분류 어휘집과는 또 다른 의미 기준 어휘 리스트이며, 한 어휘를 중심으로 분류 계층 정보를 이용해서 의미 분야가 가까운 어휘를 리스트로 만든 것이다. 많은 항목이 링크 형식이 되어 있으며, 링크마다 각 정보 페이지로 직접 들어갈 수 있다. 이러한 구조를 가지고 있으므로 한 어휘 항목에서 의미가 관련된 말을 또 검색할 수 있다. 연상 어휘 리스트가 있어서, 기술 언어의 번역어가 동음이의어를 가지고 있을 때에는 의미를 명확히 하기 위해 유용할 것이다.

기존의 사전과 다른 점은 의미 분류 데이터와 다언어 대역, 링크뿐만이 아니라, 실질적으로 설명이 없는 항목을 폐지했다는 데도 있다. 예를 들어서 그림1의 마지막 항목은, 상세 페이지는 대표형식을 참조시키도록 링크를 표시하고 있는데, 동시에 번역어 "瞳"(눈동자)도 표시하고 있다. 또한, "제주어기초어휘"에 포함된 어휘 항목, 특히 그 대표 형식은 큰 글자로 표시해, 시각적인 액센트를 두었다. 한국어 표준어 표기에 일일이 한자 표기를 추가한 것도 기존 자료와 다른 점이다.

가까운 미래의 예정(본고가 발표되기 전이 될 수도 있음)으로, 기술 언어를 표제어로 한 리스트를 작성해, 쌍방향 대역 사전을 발표할 계획이 있다. 동식물 어휘에 대해서는 학명 데이터 입력이 거의 끝난 상태이며,[11] 항목 상세 페이지에 추가할 예정이다.

그러나, 과제도 많이 남아 있다. 의미 기준 어휘집 작성이라는 주된 목표와 시간적 제약 때문에 품사 정보가 표시되지 않는데 보통 사전에는 필수적으로 기재되는 항목이다. 선행연구에서는 조사 지점 정보가 밝혀져 있는데, 데이터 입력을 하지 않았다. 조사 지점이 사용 지역과는 뜻이 다를 수밖에 없는데, 오해를 일으킬 수도 있다. 의미 분야로서는 무속과 같은 민속에 관한 항목이 아직 적다는 과제도 있다. 현재의 어휘집은 정적(靜的)인 페이지군으로 구성되어 있는데, 이 점도 시스템 상 개선되는 것이 바람직하다. 사용자의 지시에 따라, 한 원자료를 참조해서 동적으로 사전 데이터를 출력하는 방법도 연구할 만한 문제이다.

## 4. 맺는 말

현재 진행 중인 제주 방언 다언어 대역 분류 어휘집 작성 의의는 다음과 같이 요약할 수 있다. 인쇄물로 출판된 제주 방언의 기존 어휘집과 사전을

---

11 생물학적 특정은 하지 못했으며, 기존 자료에서 제시하는 표준어 변역을 이용해서 대응되는 생물을 특정했다. 주로 참고한 것은 한국 국립생물자원관의 "한반도의 생물다양성" 사이트: https://species.nibr.go.kr/index.do이다.

둘러싼 현 상황은, 이차적인 자료 정리를 할 여지가 있다. 또한, 웹페이지 특성을 살리면서도 내용적으로 정확한 사전은 아직 없다. 본 논문의 필자가 작성한 "디지털 박물관 제주 방언 대역 어휘집"에서는 되도록 정확한 다언어 대역을 정비하면서, "사전"과 두 종류의 의미 배열 어휘 리스트로 "분류 어휘"와 "연상 어휘"를 작성하고, 링크로 페이지 군을 연결시킨 후, 널리 독자를 획득할 가능성이 있는 웹페이지상에 공개하였다. 종이 매체와 같이 분량의 제약이 없기 때문에 설명이 없는 표제어는 사실상 폐지했다. 그러므로 정보에 대한 접근면에 있어 그 편의성은 높다. 본 사전은 출판물과 달리 필요할 때마다 보충·수정이 가능한 유연성이 있으며, 이미 개량을 위한 예정도 있다. 장래적으로는 파푸아 제어 등 소수 언어의 사전을 만드는 데 있어서도 본고에서 논한 사전 편집 기술을 응용해 나가고 싶다.

| | |
|---|---|
| 누치다 | 波打なみうつ |
| 눅다¹ | 伏ふす, 寝ねる, 横たわる |
| 눅다² | 弛ゆるい, 緩ゆるい |
| 눅이다 | 緩ゆるめる |
| 눅지다 | 寝ねかせる |
| 눈¹ | 目め |
| 눈² | 水中眼鏡すいちゅうめがね |
| 눈³ | 雪ゆき |
| 눈곱 | 目脂めやに |
| 눈공저 | →눈공조 瞳ひとみ |

## 15601(頭·目鼻·顔)

| 済州方言 | 日本語 |
|---|---|
| 머리 | 頭あたま |
| 뒷고밧듸, 검은곡듸 | 後頭部こうとうぶ |
| 목 | 首くび |
| 톡, 토가리, 토고 마지, 토사리 | 頰あご |
| 알톡 | 下顎したあご |
| 목고망, 목 | 喉のど |
| 목구레왕, 술페 | 喉仏のどぼとけ |
| 우하늘, 입천장 | 口蓋こうがい |
| 뒷고개, 두곡지, 뒷 야개 | うなじ |
| 양지, 얼굴, 노 | 顔かお |
| 삐얌, 볼 | 頰ほお |
| 볼태기, 볼치, 볼맘 데기 | ほっぺた |
| 잇뎅이, 이뎅이 | 額ひたい |
| 솜굴 | ひよめき |
| 눈 | 目め |

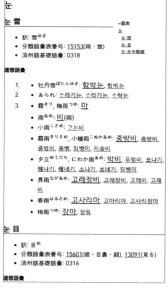

**눈**

**눈 雪**

- 訳: 雪ゆき
- 分類語彙表番号: <u>15153</u>(雨·雪)
- 済州語基礎語彙: 0318

**連想語彙**

1. 牡丹雪ぼたんゆき: <u>함박눈</u>, 험벅눈
2. あられ: <u>소레기눈</u>, 소락기눈, 소락눈
3. 霧きり, 梅雨つゆ: <u>마</u>
   - 雨あめ: <u>비</u>(雨)
   - 小雨こさめ: <u>フ는비</u>
   - 霧雨きりさめ, 小糠雨こぬかあめ: <u>춧방비</u>, 춤방비, 춧번비, 춧벵, 질뱅이, 지슬비
   - 夕立ゆうだち, にわか雨あめ: <u>박비</u>, 우렁비, 쏘나기, 쐴나기, 쐴네기, 소네기, 쏘네기, 짐뱅이
   - 長雨ながあめ: <u>고레장비</u>, 고래장비, 고레비, 고래비
   - 春雨はるさめ: <u>고사리마</u>, 고아리마, 고사리장비
   - 梅雨つゆ: <u>장마</u>, 장럼

**눈 目**

- 訳: 目め
- 分類語彙表番号: <u>15601</u>(頭·目鼻·顔), <u>13091</u>(見る)
- 済州語基礎語彙: 0316

**連想語彙**

참고문헌

강영봉(2001a), 『제주의 언어 1(증보판)』, 제주문화(초판 1994년 발행).

강영봉(2001b), 『제주의 언어 2(증보판)』, 제주문화(초판 1997년 발행).

강영봉·김동윤·김순자(2010), 『문학 속의 제주방언』, 글누림.

김순자(2014), 『제주도방언의 어휘 연구』, 박이정출판사.

송상조 편(2007), 『제주말 큰사전』, 한국문화사.

語文硏究室編(1995), 『韓國方言資料集』, 韓國精神文化硏究院.

오승훈·문순덕(2012), 『제주어와 영어로 걷는 제주 이야기』, 제주발전연구원.

오승훈·문순덕(2013), 『제주어 기초어휘 선정 및 활용 방안』, 제주발전연구원.

오창명(2014), 「제주방언 어휘론 연구의 현황과 과제」, 『제주방언 연구의 어제와 내일』, 제6장, 제주발전연구원.

제주문화예술재단편(2009), 『개정증보 제주어사전』, 제주특별자치도

현평효·강영봉(2014), 『표준어로 찾아보는 제주어 사전』, 도서출판 각.

大野晉·濱西正人(1985), 『類語國語辭典』, 角川書店.

國立國語硏究所(編)(2004), 『分類語彙表增補改訂 版データベース』, 國立國語硏硏所.

山口翼(2016), 『日本語シソーラス第2版─類語檢 索辭典』, 大修館書店.

# 한국어 제주 방언의 자연발화 텍스트*

## ―옛날 음식

김선미

## 1. 들어가기

한국어의 제주 방언은 한국의 제주도(행정구역으로서는 제주특별자치도)에서 쓰이고 있는 방언이다. 음운체계로서는 자음음소에는 /p, ʔp, pʰ, t, ʔt, tʰ, s, ʔs, c, ʔc, cʰ, k, ʔk, kʰ, h, m, n, ŋ, l, j, w/가 있으며, 모음음소에는 /i, e, ɛ, ɯ, ʌ, a, u, o, ɔ/가 있다(정승철(2001), Tida et al(2012)도 참조할 것).

---

\* 본 논문의 출처는 다음과 같다: 金善美(2015), 「韓國語濟州方言の自然發話の書き起こしテキスト―昔の食べ物」(A text of spontaneous speech in the Jeju dialect of Korean: Food of the old days) 『ありあけ熊本大學言語學論集』第14卷, pp.81-105, 熊本大學文學部言語學研究室. 이 출처 논문(일본어판)은 일본과학연구비보조금(課題番號: 21320082) 및 일본과학연구비조성사업(課題番號: 25284078)의 성과의 일부이다.

1  음소분석의 내용 자체는 정승철(2001:306)에서 보인 것과 대동소이하나, 정승철이 이중모음으로서 처리한 많은 요소에 있어, 그 제1요소를 자음(소위 반모음)으로 간주하고, 음소표기는 Tida et al(2012)에서 보인 표기를 사용하였다. 자음음소는 한글표기로는 'ㅂ, ㅃ, ㅍ, ㄷ, ㄸ, ㅌ, ㅅ, ㅆ, ㅈ, ㅉ, ㅊ, ㄱ, ㄲ, ㅋ, ㅎ, ㅁ, ㄴ, ㅇ, ㄹ, /j/(2개 점이 있는 모음부호), /w/(ㅜ와 ㅗ의 복합모음부호)'에 해당하며, 모음음소는 'ㅣ, ㅔ, ㅐ, ㅡ, ㅓ/ʌ/, ㅏ, ㅜ, ㅗ, ·/ɔ/'에 해당한다. 또한 Yale식 로마자 전사에 있어서는 각각 'p, pp, ph, t, tt, th, s, ss, c, cc, ch, k, kk, kh, h, m, n, ng, l, y, w'(이상 자음), 'i, ey, ay, u, e, a, wu, o, 전사지정기호 없음(본고에서는 @를 사용했음)'(이상 모음)이다. 제주방언의 음소체계는 다음과 같은 두 가지 점에서 중부방언 (현재 한국어의 표준어 설정 기준지역 방언)과는 다른 차이점이 인정된다. 그 하나는

　　본고는 제주 방언의 자연발화 텍스트가 주된 내용이다. 원래의 자연발화 (파일 J0038_110821_KimP.M._1)의 전체 길이는 55분 14초이다. 그 중에서 18분 13초부터 24분 15초까지의 약 6분간의 연속적인 자연발화를 대상으로, ① 제주 방언, ② 제주 방언의Yale식 로마자 전사, ③ 일본어 gloss(축어번역(逐語飜譯)), ④ 한국어 표준어 번역, ⑤ 일본어 의역을 붙이는 작업을 하였다(번역판주: 본 한국어 번역판에서는 ③ 일본어 gloss(축어번역(逐語飜譯))를 한국어로 번역하고, ⑤ 일본어 의역은 생략하였다. 또한 일본어판의 오식을 정정하였다).

　　주 발화자인 김(K, P-M) 님은 1923년생의 제주도 출신 여성이며, 제주 방언을 일상적으로 사용하는 화자이다.[2] 대화자인 고(K, Y-J) 님은 제주도 출신의 1960년생 남성이며 제주 방언의 모어화자이다.

　　본고의 텍스트 구성은 아래와 같다. 행 단위로 나누고, 행마다 일련번호를 붙여 참조가 가능하도록 하였다. 전체는 104행으로 구성되어 있다. 단, 주 발화자의 발언과 겹치면서 들어간 (대화자의) 맞장구 등, 몇몇의 발언에 대해서는 주된 발화 아래에 아포스트로피를 붙인 예문 번호로 제시하였으며, 기술된 발화는 조금 더 길다. 각 행은 우선 제1행째에 제주 방언을 한글로 표기하였다. 제주 방언의 한글 표기는 기본적으로 제주특별자치도의 고시 제2014-115호 (2014년 7월 18일자)의 '제주어표기법'에 따랐으나, 후술하듯이 실제의 음성이 복원될 수 있도록 일부 보조기호를 첨가한 곳이 있다. 다음으로 제2행째는 제1행 째의 제주 방언을 로마자로 표기하였다. 이 로마자 표기는 기본적으로 Samuel E. Marin에 의한 현대 한국어의 Yale식 전사(The Yale Romanization System)를 따르고 있으나, 몇 가지 점에서 변경을 가하였다. 우선 양순자음 뒤에서도

---

　　후설원순중저모음인 'ㆍ/ɔ/'가 존재한다는 것, 또 하나는 'ㅟ, ㅚ'가 이중모음([wi], [we])으로서 발음된다는 점이다. 정승철(2001:306), Tida et al(2012)도 참조할 것.

2　번역판주: 본 논문의 대화는 본 논문의 집필자가 녹음하였다. 인포먼트이신 김(K, P-M) 님은 이 논문의 일본어판이 발행된 2015년에는 살아 계셨으나, 그 후 2016년 8월 말에 돌아가셨다는 소식을 전해 들었다. 이 논문의 일본어판이 발행되기까지 제주 방언의 조사 작업에 흔쾌히 협력해 주셨던 그간의 노고에 깊이 감사드리며, 이 자리를 빌려 고인의 명복을 빕니다.

wu를 사용하였다. 또한 이 로마자표기에 있어 중저원순모음은 편의적으로 '@'를 사용하여 표기하였다. '~'는 복합어에 있어서 후속요소의 경음화를 나타내는 기호이다. '&'는 선행요소인 말미의 자음이 음절초두에 복사되는, 정승철(2001:307)에서 지적하고 있는 자음의 '복사 현상'이 일어나는 위치를 나타낸다. '^'는 복합어의 후속요소 초두의 n이 삽입되는 위치이다. 또한 발화중에는, 분명히 어떤 발음을 하고 있으나 그 발음이 불분명한 소리도 섞여있다. 이들 중 거의 의미가 없다고 생각되는 소리는 중괄호 {…}로 묶어서 나타내고, 글로스(gloss, 축어번역(逐語飜譯))는 붙이지 않았다. 또한 제2행째는 형태소 분석에 따라 그 경계에 하이픈을 붙였다. 제3행째는 상단에 맞추어 형태소 분석을 행하고, 일본어 글로스(gloss, 축어번역(逐語飜譯))를 붙였다. 가독성(可讀性)을 중시하여 글로스의 정보에 있어 일부는 자세하게 제시하지 않은 곳이 있으나, 명사에 붙는 조사에는 주격, 목적격, 처격 조사를, 명사의 수식어에는 관형형 어미를, 동사에는 과거, 평서, 의문, 대우 어미를, 어떤 형태로든 파악할 수 있게끔 표시하였다. 제4행째는 한국어 표준어에 관한 지식이 있는 사람이 알기 쉽도록 한국어표준어역을 붙였다. 제5행째는 제3행째의 글로스보다도 의미적으로 자연스러운 번역인 의역(일본어)을 붙였다(번역판주: 앞에서 미리 언급하였듯이, 본 한국어 번역판에서는 제3행째의 일본어 gloss(축어번역(逐語飜譯))를 한국어로 번역하고, 제5행째의 일본어 의역은 생략하기로 한다).

　본고의 내용은 주 발화자인 김 님이 시집을 가서 얼마 지나지 않은 시대, 즉 일본에 의한 조선의 식민지 통치 시대 말기의 어려웠던 시대에, 주식으로 보리를 반으로 쪼개어 좁쌀을 섞어 먹었던 체험을 이야기한 것이다. 이 이야기 속에는 당시의 농기구로서 3인용 절구인 '시골방에(시콜방에)'가 등장하는 등, 내용적으로도 당시의 생활양식을 엿볼 수 있는 귀중한 기록이라 할 수 있다. 아래의 제2장에서부터 그 텍스트를 제시하기로 한다.

## 2. 텍스트 '옛날 음식' (파일 J0038_110821_KimP.M._1의 18분 13초~24분 15초)

1) 녹음 날짜: 2011년 8월 21일.
2) 녹음 장소: 한국제주도(한국제주특별자치도) 제주시.
3) 대화자: 김(K, P–M) 1923년생(번역판주: 김(K, P–M)1923년–2016년, 주3 참조), 제주도 출신. 고(K, Y–J) 1960년생, 제주도 출신.

(1) 고:　　그땐　　　　무시 거　　먹으멍　　　살앗수과?
　　　　　ku-ttay-n　mwusi-ke　mek-umeng　sal-as-swukwa?
　　　　　그-때-는　무슨-것　　먹다-면서　　살다-[완료]-습니까
　　　　　그때는　　무엇　　　먹으면서　　살았습니까?
　　　　　(1') 김: 그 때, 「그 때」

(2) 고:　　시집　　　곧　　　간　　　　　　때.
　　　　　sicip　　k@t　　ka-n　　　　　ttay.
　　　　　시집　　막　　　가다-[과거.관형]　때
　　　　　시집　　이제 막　갔을　　　　　때.

(3) 김:　　보리쏠　　　좁쏠.
　　　　　poli-ss@l　　co-pss@l.
　　　　　보리-쌀　　　조-쌀
　　　　　보리쌀　　　좁쌀.

(4) 고:　　보리쏠　　　좁쏠,　　　　예?
　　　　　poli-ss@l　　co-pss@l,　　yey?
　　　　　보리-쌀　　　조-쌀　　　　말이죠

보리쌀   좁쌀,   말이죠?

(5) 김:   예,   보리쏠.   아, 이제는   통보리쏠   그냥   먹어도
yey,   poli-ss@l. a,   icey-nun   thong-poli-ss@l kunyang mek-eto
예   보리-쌀   아 이제-는   통-보리-쌀   그냥   먹다-어도
예,   보리쌀.   아, 이제는   통보리쌀   그냥   먹어도

(6) 김:   머   흐는디,   웨   그땐   굴안만   먹엇수과?
me   h@-nunti, wey   ku-ttay-n k@l-an-man   mek-es-swukwa?
무엇   하다-는데   왜   그-때-는   갈다-아서. [과거]-만 먹다-[완료]-습니까
무엇 하는데,   왜   그땐   갈아서만   먹었습니까

(7) 김:   ᄀ래에   영   굴안.
k@lay-ey   yeng   k@l-an.
맷돌-에   이렇게   갈다-아서. [과거]
맷돌에   이렇게   갈아서.

(8) 고:   개역   마씨?
kayyek   massi?
보리미숫가루   말입니까
보리미숫가루   말입니까?

(9) 김:   아니우다게.   그냥   보리쏠을   게난
ani-wuta-key.   kunyang poli-ss@l-ul   keynan
아니다-입니다-강조   그냥   보리-쌀-을   그러니까
아닙니다.('게'는 [강조])   그냥   보리쌀을   그러니까

(9') 고: 그냥 굴앙? 「그냥 갈아서?」

(9") 고: 예예. 「예예.」

(10) 김:　건　　　나가　　알지　　　　　　　못ᄒᆞ켜.
　　　　　ke-n　　na-ka　al-ci　　　　　　mos-h@-khye.
　　　　　그것-은　내-가　알다-[부정접속]　[불가능]-하다-[완곡].　[종결]
　　　　　그건　　내가　　알지　　　　　　　못하겠다.

(11) 김:　웨　거　　보리쏠　　　그러케　　　못　　　　　견디게
　　　　　wey　ke　poli-ss@l　kulekhey　mos　　　kyenti-key
　　　　　왜　거　　보리-쌀　　그렇게　　[불가능]　견디다-[부사화]
　　　　　왜　거　　보리쌀　　　그렇게　　힘들게

(12) 김:　그　　보리쏠을　　　굴안.　　　　　먹엇는가　　　ᄒᆞ난,
　　　　　ku　poli-ss@l-ul　k@l-an.　　mek-es-nunka　h@-nan,
　　　　　그　　보리-쌀-을　　갈다-아서.[과거]　먹다-[완료]-는가　하다-니
　　　　　그　　보리쌀을　　　갈아서.　　　　먹었는가　　　하니,

(13) 김:　그것도　　우리　제주도에는　　사름덜이예　　　　하도
　　　　　kukes-to　wuli　ceycwuto-eynun　salum-tel-i-yey　hato
　　　　　그것-도　　우리　제주도-에는　　사람-들-이-말이죠　하도
　　　　　그것도　　우리　제주도에는　　사람들이 말이죠　　하도

(14) 김:　그냥　　　윽앙　　　　어떵　　ᄒᆞ믄 {이}　보리쏠을,
　　　　　kunyang　y@k-ang　etteng　h@-mun {i}　poli-ss@l-ul,
　　　　　그냥　　　현명하다-서　어떻게　하다-면　　보리-쌀-을

그냥     현명해서     어떻게  하면          보리쌀을,

(15) 김: {이} 혼     섬이     열~닷   말     아니우꽈.

{i}   h@n  sem-i  yel~tas  mal   ani-wukkwa.

한     섬-이    열다섯   말    아니다-입니까

한     섬이     열다섯   말    아닙니까.

(15') 고: 예예예. (예.)


(16) 김: 경행         열~닷    말이난        그    열~닷    말을

kyenghayng   yel~tas   mal-i-nan   ku   yel~tas   mal-ul

그래서        열다섯    말-이다-니까 그    열다섯    말-을

그래서        열다섯    말이니까      그    열다섯    말을


(17) 김: 골아      골아그녱에,      골아도    저   푸르르하게

k@l-a     k@l-a-kuneyngey,  k@l-ato   ce   ph@luluha-key

갈다-아서 갈다-아-서        갈다-아도 저   가볍다-[부사화]

갈아서     갈아서,           갈아도    저   파르르하게


(18) 김: 그냥       예    방에가예          혼    혼    번만

kunyang   yey   pangey-ka-yey   h@n   h@n   pen-man

그냥       예    정미소-가-말이죠 대략   한    번-만

그냥       예    방아가 말이죠     대략   한    번만

(18') 고: 예. (예.)

(18'') 고: 예예. (예.)


(19) 김: 영      느리왕,      이젠   또   멍석에      물류왕

yeng    n@liw-ang, icey-n    tto    mengsek-ey m@llyu-wang
이렇게   내리다-어서 이제-는  또    멍석-에   말리다-어서
이렇게   내려서,   이젠    또    멍석에    말리어서

(20) 김:  그걸    이제  훈   불만     바르르하게    굴아마씨.
kuke-l  icey  h@n  pwul-man paluluha-key  k@l-a-massi.
그것-을 이제  한   번-만     가볍다-[부사화] 갈다-[종지]-아요
그걸    이제  한   번만     바르르하게    갈아요.
(20') 고: 예예. (예.)

(21) 김:  ᄀ를로도  안    뒈곡    그냥   그  똑   반쪼가리썩
k@lul-loto an    twey-kok kunyang ku  ttok  pan-ccokali-ssek
가루-도  [부정]  되다-고 그냥   거  딱   반-쪽-씩
가루도    안    되고    그냥   거  딱   반쪽씩

(22) 김:  쪼개어지게.         기영   굴앙    그걸   밥을  ᄒ민
ccokay-eci-key.       kiyeng  k@l-ang  kuke-l pap-ul h@-min
쪼개다-[자벌]-[부사화] 그렇게  갈다-아서 그것-을 밥-을 짓다-면
쪼개어지도록.         그렇게  갈아서   그걸   밥-을 하면
(22') 고: 예에. (예.)

(23) 김:  밥 솟디서  밥 ᄒ민게     얼른 풀어질       거 아니우꽈.
pap-sos-tise pap-h@-min-key ellun phwuleci-l       ke  ani-wukkwa.
밥-솥-에서  밥-짓다-면-말이죠 얼른 풀어지다-[미래.관형] 것 아니다-입니까
밥 솥에서   밥 하면 말이죠   얼른 풀어질       거 아니겠습니까.
(23') 고: 예. (예.)

(24) 김: 거      반쪽으로      쪼개어      부난,      게난      그거
　　　　ke    panccok-ulo ccokay-e    pwu-nan,  keynan    kuke
　　　거      반쪽-으로      쪼개다-어    버리다-니    그러니까    그거
　　　거      반쪽으로      쪼개어      버렸으니,    그러니까    그거
(24') 고: 예. (예.)


(25) 김: 반쪽으로      쪼개엉      파르르ᄒ게      궤민,
　　　　panccok-ulo ccokay-eng   phalulu-h@-key      kwey-min,
　　　반쪽-으로      쪼개다-어서    부글부글-하다-[부사화]    끓다-면
　　　반쪽으로      쪼개서      파르르하게      끓으면,


(26) 김: 이젠      연날      낭      ~불      살랑      밥      ᄒ는디³
　　　　iceyn    yennal nang    ~pwul  sall-ang    pap    h@-nunti
　　　이제는      옛날      나무      불      사르다-아서    밥      짓다-는데
　　　이제는      옛날      나무로    불      살라서      밥      하는데


(27) 김: 뚜껑      올앙      영      봐그넹에 {그}      보리쏠이
　　　　ttwukkeng  y@l-ang    yeng    pw-akuneyngey {ku}  poli-ss@l-i
　　　뚜껑      열다-어서    이렇게    보다-고      보리-쌀-이
　　　뚜껑      열어서      이렇게    보고는      보리쌀이


(28) 김: ᄒ꼼      물이      매절매절ᄒ면은      그때엔      또
　　　　h@kkom  mwul-i    maycelmaycelh@-myen-un  ku-ttay-yeyn    tto
　　　조금      물-이      적은 편이다-면-은      그-때-에는    또

---

3　여기서는 정서법에 따라 '-디'로 표기했으나, 음성적으로는 '-듸'인지 '-디'인지 명확하지
　　않다. 또한 여기에 음운적인 차이가 있는지에 관한 문제도 미해결이다.

|  | 조금 | 물이 | 자작자작하며는 | 그땐 | 또 |
|---|---|---|---|---|---|

(29) 김: 이제 좁쌀을 그 우터레 영 허끕데다.

icey co-pss@l-ul ku wu-theley yeng hekku-pteyta.

이제 조-쌀-을 그 위-에 이렇게 섞다-더군요

이제 좁쌀을 그 위에 이렇게 섞더군요.

(29') 고: 예에. (예.)


(30) 김: 좁쌀 좁쌀을 그 우터레 영 혼 되~박

co-pss@l co-pss@l-ul ku wu-theley yeng h@n toy~pak

조-쌀 조-쌀-을 그 위-에 이렇게 한 됫박

좁쌀 좁쌀을 그 위로 이렇게 한 됫박

(30') 고: 예예. (예.)


(31) 김: 경 영 허ㄲ민, 우리 씨집간 보난예

kyeng yeng hekku-min, wuli ssicip-kan po-nan-yey

그렇게 이렇게 섞다-면 우리 시집-가서.[과거] 보다-니까-말이죠

그렇게 이렇게 섞으면, 우리 시집가서 보니까 말이죠


(32) 김: 씨어머님이 경 헴십데다게. 경흔난예

ssiemenim-i kyeng heymsi-pteyta-key. kyengh@-nan-ey

시어머님-이 그렇게 하다.[불완전]-고 있더군요-[강조] 그러다-니까-말이죠

시어머님이 그렇게 하고 있더군요('게'는 강조) 그러니까 말이죠


(33) 김: 씨어머님이 밥을 헤도예, 우린 영 게도

ssiemenim-i pap-ul heyto-yey, wuli-n yeng keyto

시어머님-이  밥-을    짓다.어도-말입니다 우리-는 이렇게 그래도
시어머님이  밥을    해도 말입니다,    우린   이렇게 그래도

(34) 김: 일로    벵벵      돌아가멍예        젓는디,  젓질
il-lo    peyngpeyng tolaka-meng-yey    ces-nunti, ces-ci-l
이리-로 뱅뱅       돌아가다-면서-말이에요 젓다-는데  젓다-[부정접속]-을
이리로 뱅뱅       돌아가면서 말이에요  젓는데,   젓지를

(35) 김: 아녀.    젓이믄   밥  맛    &엇녠,    맛   &엇녠
anye.    ces-imun pap mas    &es-neyn,  mas  &es-neyn
않는다.[종결] 젓다-면   밥   맛    없다-고.[과거] 맛   없다-고.[과거]
않아.    저으면   밥  맛    없다고    맛   없다고
(35') 고: 예. (예.)

(36) 김: 홉데다게.     경    흐멍    젓질        아녀.
h@-pteyta-key. kyeng  h@-meng ces-ci-l       anye.
말하다-더군요-[강조] 그리   말하다-서   젓다-[부정접속]-을  않는다.[종결]
하더군요.      그리   말하면서  젓지를        않아.

(37) 김: 경예        그  보리쏠  굴앙      경     먹지.
kyeng-yey     ku  poli-ss@l k@l-ang  kyeng   mek-ci.
그렇게-말이죠 그  보리-쌀  갈다-아서 그렇게   먹다-[강조]
그렇게 말이죠 그  보리쌀  갈아서    그렇게   먹지.
(37')고: 예. (예.)

(38) 김: 또 이제   그것 대거름체   헤여근에    이젠

|        |      |       |              |              |         |
|--------|------|-------|--------------|--------------|---------|
| tto    | icey | kukes | tay-kelumchey | hey-yekuney | icey-n  |
| 또      | 이제는 | 그것    | 대-거름체       | 치다-어서는     | 이제-는   |
| 또      | 이제는 | 그것    | 대거름체로      | 쳐서는        | 이젠     |

(39) 김:

|             |      |              |              |            |
|-------------|------|--------------|--------------|------------|
| 대거름체       | 안    | 나옵니다게.     | 대거름체       | 흐영예      |
| tay-kelumchey | an | nao-pnita-key. | tay-kelumchey | h@-yeng-yey |
| 대-거름체      | [부정] | 나오다-습니다-[강조] | 대-거름체    | 하다-서-말이죠 |
| 대거름체       | 안    | 나옵니다('게'는 강조). | 대거름체를   | 해서        |

(40) 김:

|             |       |           |            |     |        |
|-------------|-------|-----------|------------|-----|--------|
| 치면은        | 그것이   | 스레기가    | 나와마씨.     | 그   | 쑬에    |
| chi-myen-un | kukes-i | s@leyki-ka | naw-a-massi. | ku  | ss@l-ey |
| 걸러내다-면-은  | 그것-이  | 싸라기-가    | 나오다-[종결]-습니다 | 그 | 쌀-에   |
| 걸러내면      | 그것이   | 싸라기가    | 나와요.       | 그   | 쌀에    |

(40') 고: 예. (예.)

(41) 김:

|          |        |      |         |              |         |
|----------|--------|------|---------|--------------|---------|
| 스레기     | 나오민    | 그    | 스레기    | 해그넹에,       | 이젠     |
| s@leyki  | nao-min | ku   | s@leyki | hay-kuneyngey, | icey-n  |
| 싸라기     | 나오다-면  | 그    | 싸라기    | 하다-아서       | 이제-는   |
| 싸라기가    | 나오면    | 그    | 싸라기를   | 해서,         | 이젠     |

(42) 김:

|      |          |        |      |         |      |        |
|------|----------|--------|------|---------|------|--------|
| 또    | 스레기     | 솟을    | 이레   | 흐영     | 또    | 밥을    |
| tto  | s@leyki  | sos-ul | iley | h@-yeng | tto  | pap-ul |
| 또    | 싸라기     | 솥-을    | 이리로  | 하다-어서  | 또    | 밥-을   |
| 또    | 싸라기     | 솥을    | 이리로  | 하여     | 또    | 밥을    |

(43) 김: 뚜로 흐곡, 이제 큰 보리쏠은 큰 보리쏠데로,

tt@lo  h@-kok,   icey   khun  poli-ss@l-un khun   poli-ss@l-teylo,
따로   하다-고   이제   큰    보리-쌀-은 큰      보리-쌀-끼리
따로   하고,     이제   큰    보리쌀은 큰        보리쌀대로,
(43') 고: 예예. (예.)

(44) 김: 이제    ᄀ테믄           쏠만        낭          밥해영
         icey    k@theymun      ss@l-man    nw-ang      pap-hay-yeng
         이제    같으면          쌀-만        놓다-아서    밥-하다-아서
         이제    같으면          쌀만         놓아         밥해서

(45) 김: 손님       대접ᄒᄂ는          거,      스레기만        싯엉
         son-nim    tayceph@-nun      ke,      s@leyki-man     sis-eng
         손-님      대접하다-[관형]    것       싸라기-만        씻다-어서
         손님       대접하는          거,      싸라기만         씻어서

(46) 김: 우리 먹는     거,   이추룩        ᄒᄋ엿수다게.
         wuli mek-nun ke,   ichwulwuk    h@-yes-swuta-key.
         우리 먹다-[관형] 것  이처럼       하다-[완료] -습니다-[강조]
         우리 먹는     것,   이처럼        했지요.
         (46') 고: 예예. (예.)

(47) 김: 옛날          옛날          경           햇수게.
         yeysnal       yeysnal       kyeng        hays-swukey.
         옛날          옛날          그렇게        하다. [완료]-지요
         옛날          옛날          그렇게        했지요

(48) 김: 이제는    예    경    흐엿당        큰일나주마는.
　　　icey-nun   yey   kyeng  h@-yes-tang    khunilna-cwumanun.
　　　이제-는    말이죠  그렇게  하다-[완료]-면.[비과거]  큰일나다-지만
　　　이제는    말이죠  그렇게  했다가는        큰일나지마는.

(49) 김: 우리    그    살아온              세상을      생각흐믄
　　　wuli    ku    salao-n              seysang-ul   sayngkakh@-mun
　　　우리    그    살아오다-[과거.관형]  세상-을      생각하다-면
　　　우리    그    살아온              세상을      생각하면

(50) 김: 흔도          끗도        엇수다게.
　　　h@n-to        kkus-to      es-swuta-key.
　　　한계-도        끝-도        없다-습니다-[강조]
　　　한(한계)도      끝도        없지요(강조).

(51) 고: 겨난          그    왜정      말기엔      왜정      땐,
　　　kyenan        ku    wayceng    malki-ey-n   wayceng   ttay-n,
　　　그러니까        그    왜정(倭政)  말기-에-는   왜정      때-는
　　　그러니까        그    왜정      말기엔      왜정      땐,

(52) 고: 보리쑬에      좁쑬.
　　　poli-ss@l-ey   co-pss@l.
　　　보리-쌀-에      조-쌀
　　　보리쌀에      좁쌀.

(53) 김: 예. 보리쑬에 좁쑬.    보리쑬에 좁쑬      보리쑬에 좁쑬    해영

**184**  I . 구심력

yey. poli-ss@l-ey co-pss@l. poli-ss@l-ey co-pss@l. poli-ss@l-ey co-pss@l. hay-yeng

예 보리-쌀-에 조-쌀 보리-쌀-에 조-쌀 보리-쌀-에 조-쌀 하다-서

예. 보리쌀에 좁쌀 보리쌀에 좁쌀 보리쌀에 좁쌀 해서


(54) 김: 먹곡, 이젠 그 스레긴 또 치여그넹에 이젠

mek-kok, icey-n ku s@leyki-n tto chi-yekuneyngey icey-n

먹다-고 이제-는 그 싸라기-는 또 찌다-아서 이제-는

먹고, 이제 그 싸라기는 또 쩌서 이젠


(55) 김: ᄀ루 이제 막 ᄀ는 체로 ᄀ루 치여두곡

k@lwu icey mak k@nu-n cheylo k@lwu chiyetwu-kok

가루 이제 아주 가늘다-[관형] 체-로 가루 치다-고

가루 이제 아주 가는 체로 가루를 쳐두고


(56) 김: ᄒ영 그건 멋을 ᄒ느냐 ᄒ믄 호박^입

h@-yeng kuke-n mes-ul h@-nunya h@-mun hopak-^ip

하다-서 그것-은 무엇-을 하다-느냐 하다-면 호박-잎

해서 그건 무엇을 하느냐 하면 호박잎


(57) 김: 톹앙예, 그땐 하도나 너미나 어신 때난예

th@t-ang-yey, ku-ttay-n hatona nemina esi-n ttay-nan-yey

뜯다-다가-말이죠 그-때-는 너무나 너무나 없다-[과거.관형] 때-니까-[강조]

뜯어다 말이죠, 그땐 너무도 너무나 없던 때니까


(58) 김: (홍) 호박 호박^입 톹아당 그거 이젠 박박

(hong) hopak hopak-^ip th@t-atang kuke icey-n pakpak

(홍) 호박　　　호박-잎　　　뜯다-다가　　그거　　이제-는 박박

(홍) 호박　　　호박잎　　　뜯어다가　　그거　　이제　　박박

(59) 김:　무지려그넹에　　　　　깨끗ᄒ게　　　　　　이젠　　거풀

　　　　mwucily-e-kuneyngey　kkaykkush@-key　　icey-n　　kephwul

　　　　잘라내다-어-서　　　　깨끗하다-[부사화]　이제-는　껍질

　　　　무지려서　　　　　　　깨끗하게　　　　　　이젠　　껍질

(60) 김:　베껴두곡　　　　해영　　　　무지령　　　싯엉

　　　　peykkyetwu-kok　hay-yeng　mwucily-eng　sis-eng

　　　　벗기다-고　　　　한-다음에　잘라내다-어서　씻다-어서

　　　　벗겨두고　　　　한 다음에　무지려서　　　씻어서

(61) 김:　그거　　놯으넹에　　　이젠　　　호박^입　　놯

　　　　kuke　nw-ang-uneyngey　icey-n　　hopak-^ip　　nw-ang

　　　　그거　　놓다-고-서　　이제-는　호박-잎　　놓다-어서

　　　　그걸　　놓고서　　　이젠　　　호박잎　　놓아서

(62) 김:　바글바글　　끄려가믄　　　그　졈쌀　　　놘

　　　　pakulpakul　kkulyeka-mun　ku　c@m-ss@l　nw-an

　　　　보글보글　　끓여가다-면　　그　잔 보리-밥　놓다-어서.[과거]

　　　　보글보글　　끓여가면　　　그　잔보리쌀밥을　놓아서

(63) 김:　국을　　　　끄련　　　　　　먹엇수게.

　　　　kwuk-ul　　kkuly-en　　　　mek-es-swukey.

　　　　국-을　　　끓이다-어서.[과거]　먹다-[완료]-지요

국을        끓여서             먹었지요.

(64) 고:  난   그   호박^입국      먹어난        먹어낫수다.
na-n ku  hopak-^ip-kwuk mek-enan     mek-enas-swuta.
나 는 그   호박-잎-국       먹다-[경험].[과거]  먹다-[경험].[완료]-습니다
나는 그   호박잎국       먹은 적       먹었었습니다.
(64') 고: 예예. (예.)

(65) 김:  경헷지예?            아    게난     그      호박^입
kyengheys-ci-yey?   a    keynan   ku     hopak-^ip
그렇다.[완료]-지-예   아    그러니까  그      호박-잎
그랬지요?            아    그러니까  그      호박잎
(65') 고: 예예. (예.)

(66) 김:  경ㅎ연             먹엇어마씀.          경ㅎ난
kyeng-h@-yen        mek-ese-massum.     kyengh@-nan
그렇게-하다-서.[과거]  먹다-[완료]-습니다   그러다-니까
그렇게             먹었어요.          그러니까
(66') 고: 예. (예.)

(67) 김:  옛날은         게      밥을   경      츠례로      우리가
yeysnal-un    key     pap-ul kyeng   ch@lyey-lo  wuli-ka
옛날-은        말이죠   밥-을   그렇게   차례-로      우리-가
옛날은         말이죠   밥을   그렇게   차례로      우리가

(68) 김:  츠례     출련        살질        못    햇수게.

전북대학교 교과교육연구총서 ⑫

| | | | | |
|---|---|---|---|---|
| ch@lyey | ch@lly-en | sal-ci-l | mos | hays-swukey. |
| 차례 | 차리다-어서.[과거] | 살다-[부정접속]-를 | [불가능] | 하다.[완료]-지요 |
| 차례 | 차려서 | 살지를 | 못 | 했지요. |

(69) 김: 옛날은　게　　츠례　출런　　　살아젓수과.

| | | | | |
|---|---|---|---|---|
| yeysnal-un | key | ch@lyey | ch@lly-en | sal-acy-es-swukwa. |
| 옛날-은 | 말이죠 | 차례 | 차리다-어서.[과거] | 살다-[가능]- [완료]-입니까 |
| 옛날은 | 말이죠 | 차례 | 차려서 | 살 수 있었습니까. |

(70) 김: 츠례　못　출런.　　게난　아이고　이거　　원,

| | | | | | | |
|---|---|---|---|---|---|---|
| ch@lyey | mos | ch@lly-en. | keynan | aiko | ike | wen, |
| 차례 | [불가능] | 차리다-어서.[과거] | 그래서 | 아이고 | 이거 | 원(탄식) |
| 차례는 | 못 | 차렸어 | 그래서 | 아이고 | 이거 | 원, |

(71) 김: 멘날　　　해밧자　　이거　살아가는　　　게

| | | | | |
|---|---|---|---|---|
| meynnal | hay-pasca | ike | salaka-nun | key |
| 매일 | 하다-보았자 | 이거 | 살아가다-[관형] | 것이 |
| 매일 | 해보았자 | 이거 | 살아가는 | 게 |

(72) 김: 이거로구나　　허멍　　ㅎ여낫수다,　　　우리.

| | | | |
|---|---|---|---|
| ike-lokwuna | he-meng | h@-yenas-swuta, | wuli. |
| 이것-로구나(감탄) | 하다-면서 | 하다-[경험].[완료]-습니다 | 우리 |
| 이것이로구나 | 하면서 | 했었습니다, | 우리. |

(73) 고: 식게　맹질　　때는　　　어떵ㅎ여마씀?

| | | | |
|---|---|---|---|
| sikkey | mayngcil | ttay-nun | etteng-h@-ye-massum? |

| 제사 | 명절 | 때-는 | 어떻게-하다-[종결]-습니까 |
|------|------|-------|--------------------------|
| 제사와 | 명절 | 때는 | 어떻게 합니까? |

(74) 고: 무신거 먹읍네까?

mwusin-ke   mek-upneykka?

| 뭐-것 | 먹다-습니까 |
|-------|------------|
| 뭐 | 먹습니까? |

(75) 김:

| 제사홀 | 때엔 | 제사홀 | 때엔 | 또 | 거 |
|--------|------|--------|------|-----|-----|
| ceysah@-l | ttay-yey-n | ceysah@-l | ttay-yey-n | tto | ke |
| 제사하다-[미래.관형] | 때-에-는 | 제사하다-[미래.관형] | 때-에-는 | 또 | 그 |
| 제사할 | 땐 | 제사할 | 땐 | 또 | 거 |

(76) 김:

| 방에 | 도구통 | 방에, | 그 | 이제는 | 돌방에나 | 이시난 |
|------|--------|-------|-----|--------|----------|--------|
| pangey | tokwuthong | pangey, | ku | icey-nun | tol-pangey-na | isi-nan |
| 절구 | 절구통 | 절구 | 그 | 이전-에-는 | 돌-절구-라도 | 있다-어서 |
| 방아 | 절구통 | 방아, | 그 | 이제는 | 돌방아라도 | 있어서 |

(76') 고: 예. (예.)

(77) 김:

| 좋앗수다. | 옛날은 | 거 | 이만훈 | 남방에 | 남방에 |
|-----------|--------|-----|--------|--------|--------|
| coh-as-swuta. | yeysnal-un | ke | imanh@n | nam-pangey | nam-pangey |
| 좋다-[완료]-습니다 | 옛날-은 | 그 | 이 정도의 | 나무-절구 | 나무-절구 |
| 좋았습니다. | 옛날은 | 거 | 이만한 | 나무방아 | 나무방아에 |

(77') 고: 예. (예.)

(78) 김:

| 해영으넹에, | 집의서 | 쏠 | 훈 | 말쭘 |
|-------------|--------|-----|-----|------|

hay-yeng-uneyngey, cip-uyse    ss@l    h@n    mal-ccwum

하다-서-서는    집-에서    쌀    하나    말-쯤

해서는,    집에서    쌀    한    말쯤

(79) 김:  둥갓당    이게    그거    이젠    그거    뿐시멍

t@ngk-as-tang ikey    kuke    icey-n    kuke    pp@si-meng

담그다-[완료]-다가 이것이    그거    이제-는    그    빨다-면서

담갔다가    이게    그거    이제는    그    빨으면서

(80) 김:  진짜  시골방에가  세글러서마씀.    (겨 여 여)

cincca  sikolpangey-ka  seykull-ese-massum.    (kye ye ye)

진짜    3인용절구-가    서로 호흡이 안 맞다-[완료].[종결]-습니다  (아 아 아)

진짜    '시콜방에'가    서로 호흡이 맞지 않았어요    (겨 여 여)

(81) 김:  팍    방에랑    팡팡    찌멍,    가시오름

phak  pangey-lang  phangphang  cci-meng,  kasiolum

팍    방아-는    팡팡    찧다-면서  가시오름

팍    방아는    팡팡    찧으면서,  가시오름의

(82) 김:  강 당장    칩의    시골방에  세글럼떠라

kang-tangcang chip-uy sikolpangey seykull-emttela

강-당장(堂長)    집-의    3인용절구    서로 호흡이 안 맞다-[불완전].[과거회상]

강 당장    집의    '시콜방에'가  호흡이 맞지 않더라

(83) 김:  흥멍    팡팡    그걸    서이서  그거

h@-meng    phangphang  kuke-l    se-ise  kuke

하다-면서        팡팡        그것-을         셋-이서  그거
하면서          팡팡        그걸          셋이서  그거
(83') 고: (웃음)


(84) 김:  찌민예,           아이  진짜     웃겨마씀,              진짜로.
          cci-min-yey,     ai    cincca   wusky-e-massum,       cinccalo.
          찧다-으면-말이죠  아이  진짜     웃기다-[종결]-습니다    진짜로
          찧으면 말이죠,    아이  진짜     웃겨요,               진짜로.


(85) 고:  나도    물방엔                 하영     햇수다마는,
          na-to  m@lpangey-n            hayeng   hays-swuta-manun,
          나-도  말,소가 끄는 방아-는    많이      하다. [완료]-습니다-지만
          나도    연자방아는             많이      찧었습니다마는,


(86) 고:  집이서  흐는        방엔      안      해밧수다.
          cip-ise  h@-nun      pangey-n  an      hay-pas-swuta.
          집-에서  하다-[관형]  방아-는   [부정]  하다-보다.[완료]-습니다
          집에서  하는        방아는     안      해봤습니다.


(87) 고:  물방엔        걍        쉐          시꺼그네
          m@lpangey-n  kyang     swey        sikk-ekuney
          말,소 방아-는  그냥      소          싣다-어서
          연자방아는    그냥      소등에       지우고서


(88) 고:  쉐한티        그, 이끄게ᄒ영
          swey-hanthi   ku,  ikku-key-h@-yeng

소-에게  그 끌다 [부사화] -하다-어서
소에게  그, 끌게 해서

(89) 김: 이 집의서  머 흐는    건예     거 무시거
    i  cip-uyse me h@-nun ke-n-yey  ke mwusi-ke
    이 집-에서 뭐 하다-[관형] 것-은-말이죠 그 뭐-것
    이 집에서  뭐 하는   건 말이죠  거 뭐

(90) 김: 흐엿수게게.   흔 말 두 말 흔    건
    h@-yes-swukey-key. h@n mal twu mal h@-n   ke-n
    하다-[완료]-습니다-[강조] 한  말 두  말 하다-[과거.관형] 것-은
    했잖아요.    한 말 두 말 한    건

(91) 김: 그 낭방에에  젓수다.   남방에에   뼌산
    ku nang-pangey-ey cy-es-swuta. nam-pangey-ey pp@s-an
    그 나무-절구-에  찧다-[완료]-습니다 나무-절구-에 빻다-아서.[과거]
    그 나무절구에다 찧었습니다. 나무절구에  빻아
    (91') 고: 예예. (예.)
    (91'') 고: 예예예. (예.)

(92) 김: 뼌사네예   그거 뼌산   그냥  지연   먹고,
    pp@s-an-eyyey kuke pp@s-an  kunyang ci-yen   mek-ko,
    빻-서.[과거]-말이죠 그거 빻다-아서.[과거] 그냥   찧다-어서.[과거] 먹다-고
    빻아서 말이죠 그거 빻아서   그냥  찧어서   먹고,

(93) 김: 그래도 고구마  갈앗당    고구마  해영예

kulayto kokwuma kal-as-tang kokwuma hay-yeng-yey

그래도 고구마 심다-[완료]-다가고구마 하다-어서-말이죠

그래도 고구마 심었다가 고구마 캐서 말이죠

(94) 김: 그 떡에 섞엉, 흐린좁쌀떡을 마니

ku ttek-ey sekk-eng, hulin-co-pss@l-ttek-ul mani

그 떡-에 섞다-어서 차지다-조-쌀-떡-을 많이

그 떡에 섞어서, 차좁쌀떡을 많이

(94') 고: 예예. (예.)

(95) 김: 홉데다. 흐린좁쌀 아이고 이게예 벨콩 섞으곡

h@-pteyta. hulin-co-pss@l aiko ikey-yey peyl-khong sekku-kok

하다-습디다 차지다-조-쌀 아이고 이게-말이죠 여러가지-콩 섞다-고

합디다. 차좁쌀 아이고 이게 말이죠 별콩 섞고

(96) 김: 뭣 흔 것보단 그것이 맛셔마씀. 그것이

mwes h@n kes-pota-n kukes-i massy-e-massum. kukes-i

뭐 하다-[과거.관형] 것-보다-는 그것-이 맛있다-[종결]-습니다 그것-이

뭣 한 것보단 그것이 맛있어요. 그것이

(97) 김: 좁쌀 섞으곡 다 고구마 섞으곡 흐영

co-pss@l sekku-kok ta kokwuma sekku-kok h@-yeng

조-쌀 섞다-고 다 고구마 섞다-고 하다-여

좁쌀 섞고 다 고구마 섞고 하여

(98) 김: 떡 치민 얼마나 흐리틀이(?)[4] 맛 좋은

| ttek | chi-min | elmana | huli-thuli(?) | mas | coh-un |
|---|---|---|---|---|---|
| 떡 | 찌다-면 | 얼마나 | 차지다-(?) | 맛 | 좋다-[관형] |
| 떡을 | 찌면 | 얼마나 | 차진(?) | 맛 | 좋은 |

(99) 김: 중 알암쑤과?

cwung al-amsswukwa?

줄 알다-[불완전].습니까

줄 아십니까?

(100) 고: 거 범벅도 경헨 해나지 아녓수과?

ke pempek-to kyeng-heyn hay-na-ci any-es-swukwa?

그 범벅-도 그렇게-해서.[과거] 하다-[경험]-[부정접속] [부정]-[완료]-습니까

거 범벅도 그렇게해서 했었지 않습니까?

(101) 김: 예. 범벅 햇수게. 범벅 거 보리쏠

yey pempek hays-swukey. pempek ke poli-ss@l

예 범벅 하다. [완료]-지요 범벅 그 보리-쌀

예. 범벅 했지요. 범벅 거 보리쌀

(101') 고: 예예, 범벅. (예.범벅.)

(102) 김: 글아난 ᄀ루 그것두 내불지 아녀.

k@l-anan k@lwu kukes-twu naypwul-ci anye.

갈다-[경험]. [과거] 가루 그것-도 내버리다-[부정접속] 않는다.[종결]

---

4 음성을 명확히 알아들을 수 없는 부분이며, 해당되는 어휘도 확정 지을 수 없기에 확실하게
받아쓸 수 없었다. 단 제주 방언 모어화자의 의견으로는 전후 문맥상 '차지다'라는 의미임에
틀림없을 것이라는 것이었다.

갈았었던　　　가루　그것도　　내버리지　　　　　않아.

(102') 고: 예예. (예.)


(103) 김: 그것두　　　내불지　　　　　　　아녕,　　　그걸로

kukes-twu　naypwul-ci　　　　　any@ng,　kukel-lo

그것-도　　　내버리다-[부정접속]　않고　　　그것-으로

그것도　　　내버리지　　　　　않고,　　그것으로


(104) 김: 범벅 ᄒ연　　　　먹엇수게게.

pempek-h@-yen　mek-es-swukey-key.

범벅-하다-어서　먹다-[완료]-습니다-[강조]

범벅을 만들어서　먹었지요.

*주

먼저 본고의 인포먼트이신 김(K, P-M) 님께 감사를 드립니다. 본고는 TIDA, Ko and Kim(2012)의 발표자료로서 일부를 제시한 경위가 있다. 본고의 집필에 있어서는 고영진 교수님께서 초고 단계에서부터 읽어주셨을 뿐만 아니라, 제주 방언의 모어화자로서 또한 언어학자로서 많은 귀중한 조언을 주셨다. 또한 치다 슌타로(千田俊太郞) 교수님께서는 필드워커로서의 오랜 경험을 쌓은 언어학자로서 정확하고도 많은 시사를 주는 조언을 주셨다. 이 자리를 빌려 두 분 교수님께 감사의 말씀을 올립니다. 단, 본고에서 발견되는 모든 잘못은 집필자의 책임임을 밝혀 둔다.

(본고의 본문에서는 일일이 참조를 하지 않았으나, 텍스트의 형태 분석과 의미를 명확히 함에 있어 참고를 한 문헌을 아래에 제시해 둔다.)

洪宗林(1991),『濟州方言의 樣態와 相範疇 研究』성균관대학교 박사논문.

현평효·강영봉(2011),『제주어 조사·어미 사전』, 제주대학교국어문화원.

제주발전연구원(2014),『제주어 표기법 해설(제주발전연구원 제주학총서 13)』, 제주발전연구원 제주학연구센터 발행. (http://archive.jst.re.kr/jejustudiesDBList.do?cid=01에서 다운로드하여 참조하였다.)

제주특별자치도(2009),『개정증보 제주어사전』, 제주특별자치도.

정승철(2001),「제주 방언」,『方言學事典』, 방언연구회 편, 태학사.

김지홍(2001),「제주 방언 대우법 연구의 몇 가지 문제」,『백록어문』17, 白鹿語文學會(제주대학교국어교육과), pp.7-35.

고영진(1991),「제주도 방언의 회상법의 형태와 관련된 몇 가지 문제-회상법의 형태소 정립을 위하여」,『국어의 이해와 인식』, 김석득 교수 회갑기념논문집 간행위원회 편, 한국문화사(서울), pp.1009-1024.

고영진(2002),「제주도 방언의 상대높임법의 형태론」,『한글』256, 한글학회, pp.7-43.

고영진(2008),「제주도 방언의 형태론적 상 범주의 체계화를 위하여」,『한글』280, 한글학회, pp.101-128.

Martin, Samuel E.(1992), A Reference Grammar of Korean, Tuttle Publishing.

小倉進平(1924),『南部朝鮮の方言』, 朝鮮史學會.

小倉進平(1944),『朝鮮語方言の研究(上)(下)』, 岩波書店(東京).

小倉進平 著·李珍昊 譯注(2009),『한국어 방언 연구』, 전남대학교출판부.

朴用厚(1988),『濟州方言研究(考察編)』, 科學社.

송상조(2007),『제주말 큰사전』, 한국문화사.

TIDA Syuntarô, Ko Young-Jin and Kim Sunmi(2012), Morphological system of tense aspect and modality in the Jeju dialect of Korean, The International Symposium on Contrastive and Descriptive Studies of Japanese and Korean Dialects 2012 With Special Focus on Jeju Dialect of Korean and Tense Aspect and Modality, Kyoto University, Kyoto. 2012년 11월 4일.

II. 원심력

# 구상적 형태와 크기에서 인식양태와 동급비교의 부사격조사로 이르는 문법화 과정에 대한 일고찰*

## ―전라방언에서 '맹이로/마니로/마냥으로'의 3부류 형성을 중심으로

최전승

## 1. 서론: 외형적 유사성 자질>비교표지

이 글에서 글쓴이는 현대 전라방언에서 동급(동등) 비교구문에 쓰이고 있는 비교표지 '맹이로' 부류와, '마니로' 부류 그리고 '마냥으로' 등의 3부류에 속하는 각각의 다양한 이형태들을 그 기원적 유형에 따라서 정리하고, 이러한 형태들이 통시적으로 수행하여온 문법화 과정을 의미변화의 기본 원리(모양/정도>인식양태>동급 비교표지)에 비추어 기술하려고 한다.

여기서 '맹이로'의 부류로 대표되는 기원적인 구상명사 유형은 '본/뽄(本), 톄(體), 모양(模樣)' 등으로 소급시키려고 한다. 이들 역사적으로 구상적 어휘의

---

* 이 글의 초고를 읽고, 여기에 내재된 기술상의 많은 문제점과 애매한 부분을 찾아서 그 대안과 개선점들을 제시하여준 이기갑(목포대), 이정애(전북대), 이금영(충남대), 김규남(전북대), 서형국(전북대), 김태인(한남대), 강희숙(조선대), 이진병(전북대) 교수님에게 깊은 감사를 올린다.
그러나 이 글에서 파생되는 모든 잘못과 부족은 오로지 글쓴이에게 있다.
다시 수정된 초고는 <한국언어문학회> 62회 학술대회(2021.11.19.)에서 비대면 줌으로 발표하였다. 그 자리에서 도움말을 주신 허인영(고려대) 교수에게 감사한다.

미를 가지고 있던 어휘들이 일정한 통사적 환경에서 일어난 문법화 과정을 점진적으로 밟아서 외형적인 모습이 유사성을 나타내는 양태성 자질로 전환된 다음, 이어서 일련의 통시적 변화를 거쳐 전라방언에서 의존명사와, 동급비교의 부사격조사로 발달하는 일반적인 경향(Heine & Kuteva 2002:256)을 예증할 것이다.[1]

또한, 구상적 크기로 대표되는 유사한 정도와 한도를 비교하는 의존명사 '만'에서 파생된 일단의 형태들이 비교구문에서 양태성 유사 의미로 전환되어 동급비교의 부사격조사 [마니로/매니로/매로; 만치로/맨치로] 등으로 문법화의 과정을 거치는 '마니로' 부류들도 여기서 관찰하려고 한다. 그리고 전라방언에서 역사적 기원형 '만+양(樣)으로' 구문에서 출발하여 역시 동급비교의 부시격조사로 발달하는 '마냥으로' 부류에 속한 이형태들 [마냥/마냥으로/매냥으로] 등의 파생 과정을 문법화의 관점에서 기술하려고 한다. 이와 같은 일련의 형태들이 오늘날의 전라방언에서 최종적인 동급 비교격조사로 정착되는 원리를 이해하기 위한 하나의 방편으로 1세기 앞선 19세기 후기 전라방언의 자료에서 추출된 동급비교 범주와, '같다'에 해당되는 추정 또는 짐작의 단계에 접근하는 통사구문 'N+쎤으로', '-는 쎤(本)으로', 'N+쎤이다' 등이 점진적으로 밟아온 역사적 발달 과정을 먼저 제시할 것이다.

여기서 의미변화의 기본 원리는 일정한 모양이나 형태가 나타내는 의미에 관한 정보가 실제의 언어사용에서 화용론적으로 강화되어 진행하는 주관화(subjectification)의 방향을 가리킨다(Traugott 1989, 1990, 1995).[2] 간단하게 요약하면,

---

1 이러한 경향은 의미변화로 실현되며, 그러한 전이의 단계를 Hopper & Traugott(1994/2003)은 "대상(object)>양태성(modality)의 원리로 제시한 바 있다.

2 주관화(subjectification)는 Traugott 교수가 공식적으로 1982년의 논문에서부터 주로 문법화의 과정에서 일어나는 의미변화의 단일방향 진행 과정을 "명제적(propositional) 의미>담화구조를 이루는 텍스트 구성(textual)의 의미>감정 표현(expressive) 의미"로 요약될 수 있는 공식으로 제시하였다. 그 이후, 그 적용 범위를 양태 조동사, 양태 부사, 화행동사 등과 같은 일반 어휘의미의 발달에까지 확대시키며, 최근까지(Traugott 1989, 2006) 거의 20년 넘게 꾸준하게 정밀화시켜 왔다. 특히, Traugott & König(1991)에서는 이러한 발달의 단계들을 세 가지의 의

객관적이며 외부 상황을 가리키는 형태나 모양이 가지고 있는 외연적 의미에서부터 이것을 바라보는 화자의 내적 심리에 근거한 상황 판단이나, 추정, 평가 등으로 이르는 인식양태로 전환되는 일련의 과정을 포함한다. 이 글에서 양태(modality)는 명제에 대한 화자의 주관적인 인식 내용과, 그것에서 나오는 심리적 태도가 주로 문장의 종결어미, 부사격조사(양태성 특수조사), 양태성 의존명사, 양태부사, 양태성 동사 및 화용표지 등으로 실현되는 문법 범주를 포괄한다(장경희 1985, 고영근 1995, 박재연 2005, Lyons 1977, Bybee 1985). 이 가운데, 이 글에서의 인식양태(epistemic modality)는 화자가 인지한 상황에 대한 지식의 측정 가운데, 주로 외형적 상황과 사건으로부터 그 내면을 심리적으로 추론해서 이끌어낸 사실적 또는 반사실적인 추정과 개연성으로 파악한다(박재연 1999, Kiefer 1994, Palmer 1986).

자연계에 존재하는 일정한 현상이나 사물 및 형태나, 그것이 보이는 성질과 크기, 그리고 정도성 등의 속성들을 파악하거나 기술하는 가장 분명하고 손쉬운 방식은 우리가 이미 경험한 잘 알려진 기지의 대상들과의 비교에 있다. 따라서 비교를 이용하는 언어적 표현법과 그 결과로 형성된 통사적 비교구문은, 그 유형에 있어서 다양한 형식이 존재하지만, 일반적으로 범언어적 현상이다. 이러한 비교의 내적 관점은 객관적이며 물리적 세계와 반드시 일치할 필요는 없으며, 발화자가 체득한 인식론의 체계에서 비롯된 주관적이며 정감적인 해석과 평가에 속하는 것이다. 따라서 비교의 구문은 화자가 세상과 자연물을 대하는 인지 작용의 양태적 내용이 통사적으로 표출된 것이라 할 수 있다(김정대 1993:16). 또한, 그러한 비교구문의 내용과 형식에는 일정한 보편성이 개별 언어에 존재하고 있으며, 은유나 직유와 같은 문학적 수사가 여기에 참

---

미·화용론적 경향으로 재해석하고, 동시에 마지막 단계인 감정 표현의 의미를 주관화라는 용어로 대치하였다.
이 글에서는 의미·화용론적 변화로 화자의 주관적인 양태성이 강화되는 최종 제3단계를 주목하려고 한다. 이 단계에서는 일정한 객관적인 명제나 상황에 대한 화자의 내적 해석이 증가하여 주관적인 판단, 신념과 태도를 표출하는 의미로 향한다.

여하고 있다.

우리가 통상적으로 사용하는 주관적 평가를 나타내는 표현들 가운데, 긍정적인 평서문 "A는 똑똑하다.", 또는 최상급의 감탄문 "A는 아주/제일 똑똑하구려!" 등과 같은 예들도 원칙적으로 화자의 비교 개념에서 나온 비교 구성문의 속성을 보유하고 있다(Heine 1997:109). 그러나 이 글에서 주로 취급할 전라방언에서의 동급비교의 대상은, 전형적인 '-처럼/같이'에 대응되는 비교표지로 기능하는 부사격조사(또는 특수조사, 보조사)와 용언 '같다'(同) 범주에 속하는 동급의 비교서술어 부류를 포함한 통사구문에 한정된다. 따라서 여기서 동급비교의 개념은 원관념과 보조관념이 비교표지(=같이, -처럼, -마냥)를 통하여 직접 연결되는 직유법에 해당된다.[3]

이 글의 짜임은 다음과 같다. 제2장에서 19세기 후기 전라방언 자료에 출현하는 동급비교의 구성체 'N+쁜으로∽N+쁜이다∽-는(은) 쁜이다∽-는(은) 쁜으로' 등이 구상적인 원형 형태 '본'(本)에서 출발하여 통사적 환경에 따라서 인식양태의 범주로 귀속되는 동급비교의 서술어와 부사격조사로 향하는 문법화의 진로를 제시한다. 그리고 이러한 과정을 최명옥(2007)이 경주방언 구술자료에서 추출한 '는·은 본으로'의 구문과 대조하고, 경상도 방언 등지에서 19세기 후기 전라방언의 단계보다 한 단계 더 발달된 문법화의 양상을 관찰한다. 제3장에서는 현대 전라방언에서 구상적인 형태 '톄'(體)에 조격조사 '-로'가 연결되어 의존명사 '-는 치로/철로/처로'와 동급비교의 부사격조사 'N+치로/칠로'로 쓰이는 2가지 유형의 문법화 현상과, 이러한 문법형태들의 역사적 발달과정을 복원한다.

제4장에서는 전라방언에서 사용되고 있는 통상적인 동급비교 부사격조사

---

3  여기서 동급 또는 동등비교(equative)라는 용어는 비교의 주체와 비교의 대상과의 대조에서 화자가 주관적으로 인지하는 비교의 속성인 형태나 현상 및 정도성 등에 미치는 부분적 유사성(닮음)에서부터 완전 일치 사이에 이르는 어느 연속적인 선상을 모두 포괄한다. 따라서 'N+같이'의 구성에서 부사격조사 '-같이'의 기본형 형용사 '같다'(同)의 의미는 비유적 유사성까지 포함하는 다의어에 속한다.

들의 유형을 살펴보면서, 그 가운데 '맹이로'와, '같다'(如)에 해당되는 동급비교의 서술어 '맹이다' 부류가 '모양+으로'와 '모양+이다'에서 문법화를 수행한 과정임을 예증한다. 제5장에서는 구상적 정도와 그 한도를 규정하는 의존명사 '만'에서 조격조사 '-이로', 대용동사 'ㅎ-'의 활용형에서 파생된 '만+이로→마니로/마이로/매로', '만치+로→만치로/맨치로', '만케+로→맹키로' 부류의 형성과 아울러, 동급비교의 부사격조사 '마냥/마냥으로'가 '만+양(樣)+(으로)'의 구문에서 발달되어 나왔다는 가정을 설정하고 검증한다.

제6장 결론과 논의에서는 문법화의 본질과 관련하여 이 글에서 파생된 몇 가지 문제점과, 여기서 해결하지 못한 사항들을 중심으로 논지를 요약한다. 그리고 전라방언에서 일련의 양태성 의존명사를 동급비교의 부사격조사로 전환시키는 원동력을 부여한 조격조사 '-이로/로'(<-의로)의 역사성을 논의할 것이다.


## 2. 구상적 형태 '본'(本)에서 동급비교 문법형태로의 전개 과정

### 2.1. 19세기 후기 전라방언 '뽄'(本)의 용법과 동급비교 구성

여기서 취급할 19세기 후기 전라방언의 동급비교의 형태소 '뽄으로' 부류는 '맹이로'의 부류와 기원적 계통을 달리하지만, 그 문법화의 본질과 영역이 동일한 성격을 가지고 있다. 현대국어에서 명사 '본'(本)은 어떤 개념이나 대상의 기준이 되는 전형적인 원형, 즉 모범이나 본보기의 뜻을 포괄하고 있다. 그리하여 '(본을) 따르다', '(본을) 보이다' 등의 서술어와 관습적인 연어 관계를 맺는다. 이러한 '본'의 추상적 의미는 은유를 거쳐 2차적으로 파생되어 나왔으며, 원래는 버선이나 옷 등을 만들 적에 기준 잡기 위한 실물 크기의 구상적인 대상을 지칭하였다. 명사로서 구상적인 '본'(本)과, 이것과 합성된 '본딕' 형태는 이미 15세기 국어에서부터 쓰이는 환경에 따라서 이미 추상적인 2차적 의미로 발달되어 왔다. 이어서 '본듸'의 경우는 '본듸>본디'의 규칙적인 변화를 겪어서 오늘날 명사와 부사의 신분인 '본디'(元)로 지속되고 있다.

19세기 후기 전라방언의 자료(완판본 고소설 부류와 신재효 판소리 사설)에서도 이러한 '본'의 형태와 그 쓰임은 현대국어와 거의 동일하게 나타난다. '본'의 원래의 1차적 의미로 쓰이는 경우에는 어두 경음화가 간혹 면제되어 있으나, 다양한 대화 상황에서 화자들이 구사하는 말의 스타일에 따라서 '본>쏜'으로 변화하였다.⁴ 그러나 전라방언에서 '쏜'의 사용이 중부방언의 상황과 상이한 특질을 반영하는 몇몇 경우를 관찰할 수 있다. 19세기 후반 당대의 구어적 성격이 강한 전라방언 자료를 이용하여 다양한 맥락에서 독특하게 출현하는 이러한 '쏜'의 예들을 그 통사적 환경을 기준으로 4가지 유형으로 정리하면 다음과 같다.⁵

(1-1) 'N +쏜으로'; (동급 비교격조사)

ㄱ) 간치 적우리 쏜으로 각식 비단 찌져니여(판소리, 박타령.382),

ㄴ) 평양 가난 어드니 쏜으로 광쩨우의 짊어지고(판소리, 박타령.336),

ㄷ) 굿ㅎ는 집에 고인 쏜으로 마루에 느러 안쏘(판소리, 변강쇠,590),

ㄹ) 문상 간 놈 쏜으로 어니어니 ㅎ니(신재효 가람본, 춘향가, 남창, 42ㄴ),

ㅁ) 거문고 소리 쏜으로 맛츄워 가것다(판소리, 심청가.216),

---

4  ㄱ) 밍호연의 본을 바다 나구 등의 넌즛 실코(완판 29장본 별춘향전 2ㄱ),
   이 수셜 드르신 후 남여간의 본 바드면 가가효열이 안인가(판소리, 심청가.248),
   ㄴ) 예양의 본을 바다 지쵸슈절ㅎ라시니 사쏘도 그 본 바다 두 님금을 셤기실야우(판소리, 남창 춘향가, 40, 신재효본)=예양의 쏜을 바다 지쵀슈절ㅎ라신이 스쏘 그 쏜 바다 두 임군을 셤긔시랴오(판소리, 남창 춘향가, 가람본 25ㄱ).
5  본문에서 이용한 19세기 후기 전라방언 자료들에 대한 문헌적 정보는 주로 최전승(1986)을 참조. 또한, 인용된 예문들의 출처들 가운데, <판소리>는 언제나 신재효 판소리 사설 여섯 마당(『영인 신재효 판소리 전집』{연대 인문과학연구소}; 『신재효 판소리 사설집』{강한영 1971})을 가리킨다.

a) 년놈이 훨셕 벗고 <u>민손이 쏜</u> 작난홀 제(판소리, 변강쇠.536),

b) 안진 거슨 명부젼에 <u>시왕 쏜</u> 츠례로 안쳐노니(판소리, 변강쇠.592),

c) 잔 지침 벗쎡하며 <u>어린양 쏜</u> 말을 너여(판소리, 춘향,남창.24).

(1-2) '-는 쏜'+(으로) (의존명사 )

그 쓱어운 밥이로디 두숀으로 셔로 쥐여 셰쑥(細竹) 방울 놀이난 쏜 큰나 큰 밥덩이가 숀의 쩌러지면 목구녁을 바로 넘어(판소리, 박타령.372),

(1-3) '-는 쏜+이다/아니다; (의존명사)

ㄱ) 조조가 관공보고 말타고 비러시되 <u>비는 쏜 아니기</u>로(판소리, 적벽 가.524),

ㄴ) 사람으로 의론ᄒ면 발압부리를 듸듸고 뒤측만 <u>달쌕ᄒ는 쏜이엇다</u>(판 소리, 변강쇠.556).

(1-4) 'N+쏜+이다/아니다'; (의존명사)

ㄱ) 초란이 탈 아니써도 쳔셩 <u>말쏙이 쏜이어든</u>(판소리, 변강쇠.592),

ㄴ) 도령임 쩌여 보니 당신 <u>편지 쏜이여든</u>(판소리, 춘향,동창.14),

ㄷ) 니 형상을 니 보아도 <u>숫쟝사 쏜이로다</u>(판소리, 적벽가.492),

ㄹ) 이것이 젼장에 온 <u>군수 쏜 아니라</u> 긔갑년 <u>긔민 쏜이러구나</u>(판소리, 적벽가.498).


위에서 구상(명사)에서 추상화 단계(의존명사)를 거친 '쏜'(本)이 참여하는 4가 지 유형의 예들은 원래의 고유한 명사범주의 '본'(本)의 사용 영역을 넘어서 그 통사적 환경이 다양하게 확대되어 있다. 이러한 발달에 기여한 첫째 요인 은 일정한 맥락에서 '쏜'이 수행하는 의미 발달에서 찾을 수 있다. 먼저, (1-1) 의 예에서 명사 다음 위치에 오는 '쏜'은 부사파생 접사 기능을 하는 조격조사 '-으로'와 통합되어 있다. (1-1ㄱ)에서 '간치 젹우리+쏜으로'의 경우에 기원 적 원형의 독자적 '본'의 의미 영역에서 선행명사의 "모양 그대로"라는 의미 로 표면상 한정된 것으로 보인다. 그러나 선행명사의 "모양 그대로"라는 맥락에서 추출된 의미는 특수화된 것은 아니다. 'N+쏜으로'의 구문은 선행명사의 종류에 따라서 얼마든지 가변적인 모습으로 확장되어 "선행명사와 같은 모양으로"와 같이 동급의 대등한 비교를 표시하는 추상적 의미로 일반화되었다.

그리하여 이러한 구성의 'N+쏜으로'의 쓰임이 19세기 후기 전라방언 사회에서 화용적 관습화를 거치면서 '쏜'의 의미가 점진적으로 추상화되었다고 추정한다. 다시 말하자면, '쏜'이 참여한 구문은 선행명사의 형태, 성질 및 상태 등의 속성에 지배를 받는 'N+모양으로' 정도의 의미로 확대된 것이다. 이와 같은 유형의 'N+모양으로' 동급비교의 구성은 같은 전라도 방언에서 뿐만 아니라, 19세기 후기에서 20세기 초반에 걸치는 중부방언 자료들에서도 보편적으로 등장한다.[6]

> (2) ㄱ. 외국칙상 모양으로 만든 칙상과 의주를 쓰고(독립신문, 1896.6.25),
>
> 꼬리를 노랑 강아지 모양으로 그사롬 압희셔 흔들고(상동. 1896.8.18),
>
> ㄴ. 큰 쩌러진 뒤웅이 모양으로 비가죽이 등뒤에 가 부터(1908, 신소설, 구마검,32),
>
> 사방이 두주 모양으로 싱긴 것이(1912, 고목화. 상,89),

---

6  19세기 후기 중부방언에서 특히 'NP+모양으로'의 구문이 'NP+같이/처럼'에 준하는 동급비교의 영역으로까지 확대되었을 가능성은 『한어문전』(1880)의 후반부에 제시된 <단계별 연습> 강독 교제 텍스트에서 확인된다.

ㄱ) 춤으로 부즈 형뎨 모양으로 지내여 아모도 아ᄂᆞᆫ이 없더니(--comme, 제22과, p.18),
ㄴ) 그놈들이 다 놉흔 냥반 모양으로, 쏘 돈이 만하(--sur le pied de grands nobles, 제23과, p.19).

또한, 20세기 초반 독일인 선교사 Roth가 저술한 Grammatik der Koreanischen Sprachen(1936)에서 제시된 <읽기 연습>(übung) 한글 텍스트에서 '-는 모양으로' 구문은 대역 독일어 문장에서 동급비교의 '마치 -와 같이/-처럼'(so wie)으로 대응되어 나타난다.

ㄷ) 아레브는 마치 사자가 양의 무리에 들어가는 모양으로 소란하게 부뜰었쇼("사랑의 승리", 레오톨스토이 작),
　—faβte Arep, so wie eine Löwe sich auf eine Herde Schaf stürzt...(Roth 1936:386).

ㄷ. 장마속 밍꽁이 모양으로 졍신업시 쑤구리고 안져셔(주해 어록총람 96
ㄱ)

셩닌 ᄉ람 모양으로 입을 싹브리고(상동.90ㄱ),

ㄹ. 톡기가 죠쎄노라 원싱이 모양으로 압발은 춰어 들고(판소리, 퇴별
가.310),

셧나락 모양으로 단단이 언져쑤나(판소리, 박타령.370).


(2)의 예에서 'N+모양으로'의 구문은 화자의 주관적인 연상 작용으로 인한
화용적 추론을 거쳐 'N과 같은 형태와 생김새→N과 같이'로 진전되어 상황에
따라서 선행명사의 성질, 상태 및 형태와 주관적으로 견주는 동급비교의 영역
으로 진전된 것이다. 이와 유사한 과정이 (1-1) 'N+쏜으로'의 예들에서도 그
대로 적용되었을 개연성이 높다. 그리하여 'N+쏜으로'는 "N과 동일한 모형
으로→N의 성질과 상태로→N과 같이→N같이/처럼"으로의 의미발달을 밟아
온 것으로 보인다. 이러한 의미변화를 수행한 (1-1) 'N+쏜으로'의 구문에서
'-쏜으로' 형태는 원래의 명사구 '본(本)+으로'에서 일반명사의 기능과 속성
을 상실하고 앞선 명사와 융합되기 시작해서 결국에는 동급비교를 나타내는
일종의 접미사 또는 비교격조사의 단계를 반영하고 있다.

그리하여 우리가 예문 (1-1)에서 나열한 다양한 명사 뒤에 '-쏜으로' 대신
에 다른 통상적인 동급비교를 나타내는 비교격조사 '-같이' 또는 '-처럼'으로
대치하여도 의미해석이나 통사적 구문에서 큰 문제를 야기하지 않는다. '-쏜
으로' 구문을 예문 (2)의 '-모양으로'로 전환시킨다고 하더라고 역시 동일한
구문과 의미를 유지한다. 이번에는 예문 (2)의 '모양으로' 성분을 (1-1)의 '쏜
으로' 형태로 바꾼다고 해도 역시 의미 해석에서 분명한 표면상의 차이를 식
별하기 어렵다.[7]

---

7    그러나 다음과 같은 예문에서는 '쏜으로=모양으로'의 직접적인 상호 대치가 어색하다. 그러
한 경우에도 'N 모양으로=N 같이/처럼'의 대비는 가능하다. 여기서 '-쏜으로'는 "거문고에

(3-1) ㄱ. 간치 격우리 쏜으로=간치 격우리 모양으로=간치 격우리같이/처럼,

ㄴ. 평양 가난 어드니 쏜으로=--어드니 모양으로=어드니같이/처럼,

ㄷ. 굿ᄒᆞᄂᆞ 집에 고인 쏜으로=---고인 모양으로=고인같이/처럼,

ㄹ. 문상 간 놈 쏜으로=놈 모양으로=---놈같이/처럼,

(3-2) ㄱ. 외국 칙샹 모양으로=외국 칙샹 쏜으로=외국 칙샹같이/처럼,

노랑 강아지 모양으로=강아지 쏜으로=강아지같이/처럼,

ㄴ. 쓴 쩌러진 뒤웅이 모양으로=뒤웅이 쏜으로=뒤웅이같이/처럼,

ㄷ. 장마속 밍꽁이 모양으로=밍꽁이 쏜으로=밍꽁이같이/처럼,

ㅁ. 톡기가 죠쎄노라 원싱이 모양으로=원싱이 쏜으로=원싱이같이/처럼.

이러한 등식이 성립되는 사실을 보면, 19세기 후기 전라방언에서 'N+쏜으로'의 구성에서 '-쏜+으로'는 기원적 명사 '본'(本)이 역사적 어느 단계에서 문법화 과정을 점진적으로 밟아서 동급비교의 부사격조사 '-같이/-처럼'의 기능 범주로 접근했음을 알 수 있다. 그러나 '-쏜으로'와 교체시킬 수 있는 '-모양으로'의 구성은 명사 '모양'에서 적어도 중부방언에서는 이 글의 §4에서 관찰되는 전라방언에서와 동일한 방식으로 문법화가 수행되지 않았다는 사실에서 큰 차이를 보인다.[8]

또한, 19세기 후기 전라도 방언 자료 가운데 '쏜으로'는 명사 뒤에 직접 연결되어 있는 예들이 생산적이지만, 같은 시기의 자료에서도 '모양으로'의 경우는 관형절을 이끄는 '-는 모양으로' 구문이 가능하였다. 통인이 닥쌈하는

---

서 나오는 소리 방식으로" 정도로 해석된다. '쏜으로=모양으로=같이/처럼' 등식이 형성되려면, '모양으로'의 의미를 "방식으로"까지 걸치는 일종의 다의어로 파악할 필요가 있다.

거문고 소리 쏜으로 맞츄워 가것다(판소리, 심청, 216).

8  그 반면, 전라방언을 포함한 남부지역 방언에서 '-는 모양으로' 구문이 독특한 문법화 과정을 수행하여 축약형 '맹이로'로 등장하는 상황에 대해서는 이 글의 §4.2에서 논의될 예정이다.

<u>모양으로</u> 마조 업데서(수절,하.12ㄱ). 이 예문에서 '<u>닥쌈하는 쏜으로</u>'로 교체시켜 볼 수 있으나, '-는 같이/처럼' 등과 같은 동급비교의 부사격조사와 직접 연결은 불가능하다. 그 대신, '-는 <u>것</u>같이/처럼'의 구조가 가능하다는 사실은 '-는 모양으로/쏜으로'의 구문이 동급유사의 기능으로 전환되었으나 아직은 그 성분이 명사적 실체를 유지하고 있음을 가리킨다. 따라서 위의 (3)에서와 같은 '쏜으로=모양으로'와 같은 1:1의 직접적인 등식은 관형절 구문에서 성립되지 않는다.

19세기 후기 전라방언에서도 '쏜'이 관형절의 수식을 받는 통사적 환경이 등장하는데, 위의 (1-2)에서 제시된 유일한 예문이 여기에 속한다. 이러한 통사적 환경이 19세기 후기의 방언 자료에서 드물게 등장하는 이유는 언어 현상 자체에서 기인되었던 사실이 아니고, 자료상의 제약에서 비롯되었을 가능성이 있다. (1-2)의 예문 "세쭉(細竹) 방울 <u>놀이난 쏜</u> 큰나큰 밥덩이가 숀의 쩌러지면"에서 '-는 쏜' 구문은 원래 '-는 쏜으로'에서 '-으로'가 생략된 것으로 파악된다. 이러한 조격조사 '-으로'의 수의적 생략은 우리가 앞서 제시한 'N+쏜으로' 구문으로 분류된 (1-1a-c)의 예들에서도 확인된다. a) 미손이 쏜(+으로) 작난홀 제, b) 명부전에 시왕 쏜(+으로) 츠례로 안쳐노니, c) 어린양 쏜(+으로) 말을 너여. 그러나 (1-2ㄱ)의 구문에 동급비교의 부사격조사 '-같이/처럼'이 연결되려면, '-는 것+같이/처럼'에서와 같이 의존명사 '것'이라는 N을 동반해야 된다. 세쭉(細竹) 방울 놀이난 쏜=세쭉(細竹) 방울 놀이난 <u>것</u>+같이/처럼.[9] 여기서 '쏜'은 의존명사의 신분이기도 하지만, '쏜'이 단순히 의존명사 '것'으로 대치되는 것이 아니다. 해당되는 '쏜'은 선행 체언의 유사성 자질을 내포하고 있기 때문에, '것같이/것처럼'으로 대치된다고 간주되어야 한다.[10]

---

9  그러나 동급비교의 부사격조사 '-처럼'의 경우에는 진전되어가는 문법화의 과정에서 관형 사절에 연결되는 단계가 있었을 가능성에 대해서는 이 글의 §3.2에서 논의될 것이다.

10  이러한 사실은 이 글의 초고에 대한 검토에서 김규남(전북대) 교수가 지적하여준 것이다. 김 교수는 19세기 후기 전라방언의 예들에서 '쏜같이/쏜처럼'의 구성이 불가능한 이유는 '쏜'의 의미자질 가운데 선행 체언과 유사성 특질을 이미 포함하고 있기 때문이라고 보았다.

(1-3ㄱ∞ㄴ)의 예는 '-는 쏜+이다/아니다'와 같은 구문에 해당한다. 이와 같은 통사적 구성에서도 '-는 쏜이다/아니다=-는 모양이다/아니다'의 등식은 가능하지만, 동급의 비교격조사 신분인 '-같이/-처럼'은 물론 직접 연결되지 못한다. 비는 쏜 아니기로=비는 모양 아니기로. 이러한 '쏜+아니다'에서 '쏜'의 의미는 "전형적인 방식"을 포괄하고 있다. (1-3ㄴ)의 '뒤측만 달싹ᄒᆞ는 쏜이엇다'에서도 '달싹ᄒᆞ는 모양이엇다'로의 대치가 가능하다. 또한, (1-4)의 예들에서는 'N+쏜이다' 구문 전체가 동급비교의 서술어 '같다(同)' 정도에 해당된다. 천성 말쏙이 쏜이어든=천성 말쏙이 같거든, 당신 편지 쏜이여든=당신 편지 같거든, 긔갑년 긔민 쏜이러구나=긔갑년 긔민 같구나.

19세기 후기 전라방언 자료에서 지금까지 추출된 '쏜'이 관여하는 구문의 이러한 4가지 예문들은 결국은 두 가지 유형으로 다시 정리될 수 있다. (ㄱ) 'N+쏜으로/N+쏜이다', (ㄴ) '-는+쏜으로/-는+쏜이다'. 구문 (ㄱ)의 형식은 "선행명사 N의 모양으로/N의 모양이다"로 대치되며, 동시에 N의 형태, 성질 등의 속성과 "같다"(同) 또는 "유사하다"의 의미로 전개되어 동급비교의 부사격조사 '같이/처럼'에 준하는 일종의 비교소의 영역으로 접근하였다. 'N+쏜이다'에서 '쏜'은 동급의 비교를 지시하는 의존명사의 신분이 유지된다. (ㄴ)의 형식은 선행명사 N대신에 관형절의 지배를 받고 있다는 통사적 장치만 제외하면, 관형절의 지시 내용과 일치하는 동급비교의 내용을 반영하였다고 생각한다.

19세기 후기 전라방언에서 또한 '쏜'이 앞선 명사와 결합하여 "N의 전형적인 방식"을 의미하는 추상적 의존명사의 역할을 담당하고 있는 예들도 등장하고 있다. 이러한 예들의 경우에 '쏜'은 동급비교의 부사격조사 '같이/처럼' 등이 수행하여 온 문법화 이전 단계의 상태를 반영하는 것으로 보인다. 아래의 (6-2ㄱ)에서 '말쏜'은 "말하는 모범적인 방식"에서 통상적으로 "말하는 모양, 방식" 정도로 일반화된 것인데, 판소리사설 자료의 이본인 가람본 『춘향가』의 동일한 구문에서는 '말쏜세'로 교체되어 있다. 오늘날의 전북방언에서도 '뽄

새'형이 관형절의 수식을 받는 명사로 지속적으로 사용되고 있다. 시방 허는 짓탯거리가 벌쎄 이 일 사단을 아조 모르든 않는 뿐샌디, 저 지랄을 허고 주뎅이 철벽을 딱 허고 자빠졌네이.(최명희의 『혼불』, 7권:103). 이러한 예를 보면, 방언형 '뿐새'의 구조는 '뿐'(本)에 '모양-새, 생김-새' 등과 같이 접미사 '-새'가 연결된 것이다.[11]

(4-1) 무안ᄒᆞ야 디답쏜을 곳처셔(판소리, 적벽가, 498),

(4-2) ㄱ. 나이 아직 절믄 거시 말쏜을 잘못히도 신셰ᄀ 나즐쩌슬(판소리, 남창, 춘향가, 88).

ㄴ. 나이 아직 졀믄 것이 <u>말쏜세</u>를 잘못히도 졔의 신셰 히롤 쩌슬(판소리, 남창, 춘향가/가람본.52ㄱ).

지금까지 제시한 19세기 후기 전라방언의 (1-1)~(1-3)의 예들은 '쏜'이 관여하는 통사적 맥락에 따라서 형성된 화용적 의미로 인하여 원형적 의미로부터 앞선 명사의 "모양이나 속성 그대로 따라서→동일하다, 같다" 등과 같은 동급비교의 영역으로 변화하였다는 사실을 보여준다고 잠정적으로 판단한다. 오늘날의 전라방언에서 '쏜' 또는 '쏜'이 포함된 구문이 '-같이/처럼'에 준하는 동급비교의 기능이 19세기 후기 단계에서와 같이 적극적으로 출현하지는 않는다. 그러한 출현 분포상의 제약은 다른 유형의 문법화를 거친 다양한 형태소들과의 경쟁에서 급기야 '쏜', 또는 '쏜'이 포함된 구문이 밀려버린 연유에 그 일단이 있을 것으로 추정한다.[12] 전남 토착어를 구사하는 곡성의 방언

---

11  전북방언에서 사용되는 '뿐새'는 '본새'의 변이형이다. '본새'는 (ㄱ) 본디의 생김새, (ㄴ) 어떠한 동작이나 버릇의 됨됨이를 의미한다.

우리글틀은 울이 조선말을 발르게 쓰기를 갈아치는 틀이나 <u>본새</u>이다(1927, 김희상의 『울이 글틀』, p.1)

Martin(1992, part II, p.77)은 접미사 '-새'에 "mode, manner, way"와 같은 의미를 부여하며, '짜임-새, 차림-새, 모양-새, 생김-새, 잎-새, 낌-새' 등의 보기를 제시하였다.

화자에 따라서 19세기 후기 전라방언의 (1-3)의 예들과 동일한 'N+뿐이다' 구문이 사용되는 경우도 있다. 아래의 예에서 (5ㄱ)은 동급비교의 기능보다는 "N의 방식이다"의 의미가 분명한 반면에, (5ㄴ)은 "모양이다"에 가깝다.

> (5) ㄱ. '아들'도 '아달'이라고 헌단 말이여. 전라도 <u>뽄이여</u>(김명환, 1992:55),[13]
>
> ㄴ. 근디 어찌 시꺼매 갖고 어떻게 얽었던지 덕석 떨어진 그 <u>뽄이여</u>(상동, 89).

또한, 오늘날의 전북방언 등지에서 'N+뽄나다'와 같은 구문이 일상어로 관찰된다. 이러한 구문은 앞선 명사의 "모양(틀) 또는 방식을 그대로 따르다" 등의 의미에서부터, 앞선 명사와 "같다"와 같은 동급비교의 영역에까지 걸쳐 있다. 19세기 후기 전라방언 자료에서도 이와 동일한 용법으로 '뽄(이) 나다' 구문이 아래와 같이 쓰이고 있었다. 이러한 문맥에서 '뽄 나다'는 '모양+나다'와 직접 대치되기 어렵지만, 동급비교의 서술어 '-같다'와 어느 정도 일치한다.[14]

---

12 그러나 이전 19세기 후반 판소리 사설의 구술 전통을 계승한 현대 판소리 사설 텍스트에는 동급 비교의 'NP+뿐으로'의 구문이 관찰된다. 아래의 예들은 전남 구례출신 박봉술(1922-)의 판소리 『흥부가』 사설 텍스트(『판소리 다섯마당』, 1982, 한국 브리태니카 회사)에서 추린 것이다.

(ㄱ) 아니고, 영감은 똑 까마귀 새끼 같고, <u>청인(淸人)뿐으로</u> 생겼것구만요(흥부가, 143)
(ㄴ) 그놈 <u>내 집뿐으로</u> 잘 꾸며났네요(상동.144),
(ㄷ) 놀보는 꽝꽝 얼은 <u>동태뿐으로</u> 전신이 이미 굳었는지라(상동.171).
 cf. 자네는 똑 버들 속에 꾀꼬리 <u>새끼매이로</u> 생겼것구만(상동.143).

13 『내 북에 앵길 소리가 없어요』(1992, 뿌리깊은 나무 민중 자서전 11, 고수 김명환의 한 평생).

14 또한, 전라방언과 제주방언 등지에서 '뽄- 없다, 뽄-좋다, 뽄-내다' 등의 구문이 각각 '모양 없다, 모양 좋다'와 '멋을 내다'의 의미로 쓰이기도 한다(석주명 1947:99, "제주도 방언과 전라도방언(광주 부근)의 공통점". 또한, 경남 창원방언에서 '본대-없다는 "버릇이 없다"의 의미로 쓰이고 있다(김영태 1985:134, 어휘부). 근본을 가리키는 역사적 '본디'로부터 이와 같은 의미가 발달된 것으로 보인다.

(6) ㄱ. 패랭이 씬 놈이 이케 삼지창을 들고 문압으가 입석, 요새 말허믄 순경 수위 <u>뽄나게</u> 입석을 스고 있어(=같이, 『한국구비문학대계』, 5-1, 남원 편, 61),

비는 촐촐히 맞고 따땃히 방, 방 <u>뽄나게</u> 원두막으가 의지를 허고 보닌 게(상동·57),

ㄴ. 어ㅅ쏘가 츈향어모한틔 무장 그릇 보이노라고 밥을 메쥬썽이 <u>뽄나게</u> 뚤뚤 뭉처 가온더 군역을 뚤코(같이, 장자백 창본 춘향가 57ㄴ).

두 눈의 찌인 눈쑵 木花씨 <u>뽄이 나고</u>(모양이 나고=그 모양이 같고, 판소리, 동창 춘향가/가람본,10ㄴ).

## 2.2. 경상방언에서 '-는/은 본(本)으로' 구문과 지속적 발달

최근에 최명옥(2007)은 지역 방언의 현장 조사에서 자료제공자가 관찰자의 통제나 간섭을 받지 않고 자연스러운 발화 상태에서 추출된 구술 자료의 가치와 그 중요성을 음운론과 형태론 및 통사론과 관련된 예들을 이용하여 환기시킨 바 있다. 이러한 구술 자료 중심의 예들 가운데, 최명옥 교수가 자연발화에서 직접 관찰한 경주방언의 형태소 '-은{본, 뽄}으로'에 관한 통사론적 해석을 글쓴이는 §2.1에서 관찰한 전라방언에서 동급비교 형태 '-는 뽄으로' 유형과 관련하여 주목한다.

최명옥(2007:38-41, 44)에 따르면, 조사자는 먼저 '-은 본으로' 구문이 들어간 아래의 발화를 자연스러운 토박이의 구술에서 처음 접하고, 그것의 의미를 짐작조차 할 수 없어서 자료제공자에게 질문하여 가정이나 양보의 뜻을 포괄하는 "-은다고 할지라도"에 해당된다는 응답을 얻었다고 한다.

(7) ㄱ. 그 영감이야 참, 인자 <u>잠든본으로</u> 아까운 기이 머가 잇노?

(=그 영감이야 참, 지금 <u>잠든본으로</u> 아까운 것이 무엇이 있나?),

그리하여 최명옥(2007)은 자료제공자의 이러한 현대국어의 의미해석을 기반으로 하여 '-은본/뿐으로' 구문이 들어가는 아래와 같은 9가지 예들을 가능한 많이 자연스러운 담화에서 수집하고 이를 정밀하게 분석하게 된다. 이 글에서 논의를 전개하여 가는 필요에 의해서, 최명옥(2007)이 제시하고 분석한 경주방언의 문장의 예들을 통사적 환경에 따라서 글쓴이가 다시 3가지 통사적 환경으로 재분류하여 아래에 인용하기로 한다(예문에 같이 첨부된 현대어 대응은 생략한다).

(8ㄱ) '-은/는+본으로'
(8-1) 손가락이 <u>얼어터진본으로</u> 남정네들이 머로 아나?
(8-2) 육도베실로 <u>한본으로</u> 그만이 좋오까!
(8-3) 열두살 묵은 아아가, 누가 디꼭지에서 <u>시기는본으로</u> 그렇기 야무락지기 말로 할 수가 잇이까?
(8-4) 이 사람이 어디 <u>쥑인달본으로</u> 입을 열 사람인가요?

(8ㄴ) 'N-인+본으로'
(8-5) 비록 <u>무시다린본으로</u> 어느 여자가 무시다리 소리로 듣기 좋아하겠노?
(8-6) 지아무리 힘 좋은 <u>장산본으로</u> 매 앞에 장사 없지.
(8-7) 지금 <u>자녠뿐으로</u> 전연 못하지느 안 할 꺼이 아이라?

(8ㄷ) '-는/은 본을'
(8-8) 시집살이가 아무리 <u>덴본을</u> 벨 데 잇이까방.
(8-9) 그런 첩자가 목에 칼이 들온본을 바린말로 술술 불 택이 잇겟는기요?

최명옥(2007)은 위와 같이 형태론적으로 분석된 3가지 유형의 구문에 대한 공시성과 통시성의 문제를 논의하면서, (8ㄱ) '-은/는 본으로', (8ㄴ) '-N+인 본으로', (8ㄷ) '-은/는 본을' 등과 같이 쓰인 구문의 전후의 문맥으로 미루어 언제나 '가정'이나 '양보'의 의미만 나타내고 있다고 판단하였다.[15] 그리고 최명옥(2007:40)은 이러한 3가지 유형의 구문에서 공시적으로 '본'을 따로 분리시켜 독립된 명사의 요소로 취급할 수 없기 때문에, 명사 '본'은 어휘적 의미를

---

15  이기갑(목포대) 교수는 이 글의 초고에 대한 논평에서 전남방언에서도 양보 의미를 표현하는 이와 유사한 구문이 생산적으로 사용되고 있다고 하였다. 이기갑 교수가 글쓴이에게 보여준 아래의 예문들은 현재 집필 중인 『서남방언의 문법』에서 가져온 것이다.

가. 어제 아침 식은 밥이 한 발 한 발 남는 분에 청삽사리 너를 주랴?
  칠산 바다 깨죽물이 방긋방긋 내린 불로 황삽사리 너를 주랴?(해남 민요)
나. 마늘 꼬치가 맵단 불로 시누와 같이도 매울쏘냐?(해남 민요)
다. '우리집 가정 헹펜이 곤란헌 불로 내 집 실인(室人)이 저렇고 마음이 변허고 친자부가 저렇고 마음을 변했는가?' 그러고는 무안하야 기양 고부이는 나가 불었는디.(함평 구비)
라. 어째 난 불로(=난들) 장개 안 가고 잡다냐? 장개가고 잡제.(해남 구비)
마. 그람 내가 그라게 내가 생겼제. 가랭이 고쟁이를 입었드니 보린 불로(=보리인들) 안 떨어지며 질성인 불로(=신명인들) 안 날까?(해남 구비)
바. 그랑께 돌아서서 그양 그 남자가 긁어 보듬고 통곡을 하고 운 불로이(=운들) 먼 소양(=소용) 있을 것이요(해남 구비).

이기갑 교수의 설명에 따르면, 위의 예에서 밑줄 친 '-는 분+에' 또는 '-는 불로'는 조사 '-에'와 '-으로'와 결합이다. 그리고 모든 예문은 수사의문문이기 때문에, '-분에/-불로'는 수사의문문에서만 쓰이고 있다는 것이다.
주갑동(2005:175)의 전남방언사전에도 '-불로'형이 부정 표현 앞에서 쓰인다는 설명과 함께 등록되어 있다.

(ㄱ) -불로: (조사)→나 불로(는) 돈 없답니까?, 나 불로(는) 못할 줄 압니까?

이기갑 교수가 지적한 바와 같이, 수사의문문에 등장하는 '-는 불로' 형태는 양보의 의미를 보유하고 있으나, 위의 예문 (바)에서 보이는 또 다른 형태 '-는 불로-이'형이 특이하다. 이 형태는 구술담화(『한국구비문학대계』, 6-5 전남 해남군 화산군 설화 50)에서만 아니라, 다음과 같은 해남읍 민요 가운데에서도 등장하고 있다. 따라서 양보의 의미를 가지고 있는 '-는 불로'와 '-는 불로-이' 형태간의 해명이 필요하다고 생각한다.

머리카락을 빼여서/참채뿔로 폰 뿔로이/ 친구대접 못하까
눈구녁은 빼여서 우렁노물포 폰 불로이/ 친구대접 못하까
코구녁은 빼여서 침대롱으로 폰 불로이/ 친구대접//못하까
  (김증춘 여 95세, 1. 전남 해남군 해남읍 민요 18).

상실한 것으로 파악하였다. 그리하여 최 교수는 (8ㄱ)∽(8ㄷ)의 밑줄 친 구문은 공시적으로 전체가 하나의 독립적인 별개의 단위로 문법 기능을 행사하는 활용어미로 전환되어, 현대어로 양보 또는 가정의 '-라고/은다 하더라도'의 기능을 발휘하고 있다고 파악하였다. 위와 같이 분석된 사실을 근거로 하여 최명옥(2007:41)은 경주방언에는 "(ㄱ) '-는다{은, 는, 을}본으로', (ㄴ) '-은다{은, 는, 을}본으로', 그리고 (ㄷ) '-다{은, 는, 을}본으로'"와 같은 3가지 유형의 활용어미를 추출하였다.

여기서 최명옥(2007)이 경주방언의 자연 발화에서 최초로 발견하고, 정밀한 분석을 거쳐 제시한 이러한 예문 (8ㄱ)∽(8ㄷ)에 대한 논의와 설명을 우리가 이 글의 §2.1에서 검토한 바 있는 19세기 후기 전라방언 '쁜'(本)의 구문과 견주어 살펴보기로 한다.

우선, 글쓴이 나름의 논의에 앞서 국어의 지역 방언의 문법 자료에 대한 하나의 보편적 전제가 선행되어야 한다. 즉, 경주방언 구술 자료에서 최초로 이끌어낸 위의 (8ㄱ)∽(8ㄷ)의 예들은 경주방언 자체에서만 출현하는 독자적인 현상은 아니며, 동시에 다른 여타의 지역 방언의 문법과도 무관한 하나의 고립된 형태가 아닐 것이라는 사실이다. 국어의 전반적인 지역 방언의 형태·통사적 특질들은 고유한 방언적 특성에 따라서 질과 양적으로 표면상으로 상이하게 출현할 수 있다. 그러나 그러한 언어적 특질의 본질은 농담의 차이는 있으나 연속선을 이루고 있음이 일반적 현상이다. 그렇기 때문에, 경주방언의 구술 자료에 주로 등장하는 최명옥(2007)의 (8ㄱ)∽(8ㄷ)의 예들은 이번에는 다시 대단위인 경상방언의 차원에서 거시적으로 폭넓게 논의되어야 하는 대상인 동시에, 같은 남부방언의 구성원인 전라방언 자료와의 비교 검토도 요망되는 것으로 생각한다.

먼저 (8ㄱ)의 유형에 포함되는 (8-1)∽(8-4)의 보기들은 관형사형 어미 '-는/-을'에 체언 '본'에 조격조사가 연결되어 '본-으로'로 통합된 구성으로, 여기서 '본'은 상황에 따라서 '쁜'으로도 실현될 수가 있다고 한다. 이러한 사실로 미루어 보면, 최명옥(2007)에서 추출된 경주방언의 '본/뿐'은 우리가 앞서 19세기 후기 전라방언 자료 (1-2)에서 관찰하였던 '쏜'(本)이 취하는 통사적 행위와 유사한 점이 발견된다. (1-2)에서 '-는 쏜(으로)'의 경우는 '-는 모양(으로)'로 교체할 수가 있으며, 구상적인 형태나 일정한 동작의 상태에서 쓰이는 맥락에서 화용적으로 추론된 의미 발달을 거쳐서 문법화 과정을 밟은 '-는 쏜(으로)→ -는 모양(으로)→-는 (것)같이'로 진전되었을 단계를 설정한 바 있다. 19세기 후기 전라방언 자료에서 얻은 이러한 가정을 경주방언의 예들인 (8-1)∽(8-3)의 보기에 먼저 잠정적으로 적용해 보기로 한다.

(9) ㄱ. 손가락이 얼어터진 본으로=얼어터진 모양으로→얼어터진 것같이,

ㄴ. 육도베실 한 본으로=육도베실 한 모양으로→육도베실 한 것같이,

ㄷ. 누가 디꼭지에서 시기는 본으로=시기는 모양으로=시기는 것같이.

위에서 먼저 (9ㄱ)∽(9ㄷ)의 '-는 본으로' 구문의 의미는 19세기 후기 전라방언 (1-2)에서의 '는 쏜(으로)'에서 이끌어낸 상황적 의미와 대략 일치한다. 그리하여 감탄문인 (9ㄴ)은 "육도벼를 한 것같이/처럼 그만큼 좋을까!"로 현대어로 해석될 수 있다. 이와 동일한 해석이 수사 의문문 (9ㄷ)의 예문에도 그대로 적용되어도 아무런 문제가 생기지 않는다. 즉, "열두 살 먹은 아이가 뉘가 뒤꼭지에서 시키는 것같이/처럼 그렇게 야무지게 말을 할 수가 있을까?" 따라서 (9ㄴ)과 (9ㄷ)의 예문에서는 최명옥(2007)에서 현대어로 제시한 "가정"이나 "양보"의 의미를 가진 '-은다고 하더라도'로 직접 해석하지 않아도 의사전달에 큰 장애가 개입될 것 같지는 않다. 그러나 원래의 경주방언 (8-2)와 (8-3) 예문을 수사 의문문으로 설정한다면, 가정이나 양보의 상황으로 되돌릴 수는 있다. (8-2) 육도벼슬을 한{다고 하더라도} 그 정도로/같이 좋을까?[16] (8-3) 열두살 먹은

---

16 19세기 후기 전라방언을 반영하는 필사본 장자백 창본 『춘향가』(1865년, 강한영 1992, 해설)에 위의 본문 (8-2)와 비교될 수 있는 아래와 같은 구문이 등장한다.

아이가 누가 뒤꼭지에서 시킨{다고 하더라도} 그렇게 야무지게 할 수 있을까?

그러나 위와 같이 수사 의문문으로 파악하면, 경주방언 (8-2)와 (8-3)에서의 '-는 본으로'는 두 가지 문제를 야기한다. 첫째는 19세기 후기 전라방언 자료에서 파악된 것과 같은 동급비교 구문이 결과적으로 형성되지 않는다. (10-2) "육도벼슬을 한다.<그 정도보다 더 좋다."; (10-3) "누가 뒤에서 시킨다.<그보다 더 아이가 야무지다." 둘째, 경주방언의 '-는 본으로'의 구문에서 현대역인 '-는다고 하더라도'와 같은 가정이나 양보의 의미 발달을 직접 설정할 수 있는 방법을 찾기 어렵다.

이러한 두 가지의 문제를 해결하기 위해서는 경주방언 (8-1)-(8-3)에서의 '-는 본으로'를 앞서 제시한 바 있는 (3-1)과 (3-2)의 대응에서 (쏜으로=모양으로=같이/처럼)와 같이 19세기 후기 전라방언 (1-2)에서 획득된 '-는 쏜(으로)'의 의미와 동일하게 설정할 수 있다. 그리고 수사 의문문의 경우에 가정과 양보의 의미가 대화적 함축으로 후대에 한 단계 더 첨가 되었을 것으로 추정할 필요가 있다. 그리고 이어서 '-고 하더라도'와 같은 가정과 양보의 성분은 표면에서 생략되었다고 해석한다. 이와 같은 부가적인 장치를 하면, 경주방언에서의 수사 의문문 (8-1)과 (8-3)은 아래의 (10ㄱ)-(10ㄴ)에서와 같이 합리적으로 이해된다. 또한, (8-2)의 경우에도 수사 의문문으로 해석되어 (10ㄷ)으로 파악된다.

(10) ㄱ. 손가락이 얼어터진 것같이=얼어터진 {것 같다-고 하더라도},
　　　ㄴ. 누가 디꼭지에서 시킨 {것 같다-고 하더라도}.
　　　ㄷ. 육도베실 한 것같이=육도베실 한 {것 같다-고 하더라도},

또한, 최명옥(2007)에서 다른 (8)의 예문들 아홉 가지를 경주방언의 구술 발

---

(도련님 죠와라고), 너가 장원급졔를 한덜 이에셔 더 죳컷나(15ㄴ).

화에서 이끌어내는 동기가 되었던 최초의 (7ㄱ)의 "그 영감이야 참, 인자 <u>잠든</u> <u>본으로</u> 아까운 거이 머가 잇노?"에서도 위의 (3)의 대응과 동일한 원리로 귀속될 수 있다.

지금까지 우리가 특별히 언급하지 않았던 경주방언 (8-4)에서의 '-쥑인달본으로'의 예는 여타의 '-은(는) 본으로'의 통사적 환경과 상이한 점이 주목된다. 최명옥(2007:40)은 이 구문을 '쥑이-온다-ㄹ본으로'로 분석한 다음, /-은다고 하-ㄹ 본으로/에서 '-고 하-'의 탈락을 공시적인 규칙으로 설명할 수 없기 때문에, '-은달본으로'는 그 전체 구성이 하나의 문법형태소, 즉 활용어미로 설정되어야 한다고 설명하였다. 그러나 글쓴이는 이 경우에서도 앞서 (9)에서 설장한 원칙(ㄱ. 동급비교의 "같이"로 문법화, ㄴ. 나중에 경주방언에서 수사 의문문의 경우에, "-같다고 하더라도"와 같은 양보나 가정의 의미가 화용적으로 추가)에서 크게 벗어나지 않는다고 생각한다. 19세기 후기전라방언의 한정된 자료에서는 미래 관형사형 어미 '-을/를 쏜으로'의 예는 출현하지 않았다. 그러나 (8-4)에서의 구문 '쥑인달본으로'에서도 '-는/은 본으로'의 사례와 동일하게 "죽인다고 할 본(모양)으로→죽인다고 할 것같이→죽인다고 할 것 같-더라도"의 방식으로 진행된 의미발달의 단계를 밟아왔을 것으로 추정한다.

경주방언의 구술 자료에서 두 번째 (8ㄴ) 유형에 속하는 'N+인 본으로'의 예들은 19세기 후기 전라방언에서의 (1-1) 'N+쏜으로'에 접근하고 있다. 그러나 전자의 형태들은 기원적으로 체언에 서술격조사가 연결된 관형사형 어미의 수식을 '본'(本)을 받고 있는 통사적 환경을 나타낸다는 점에서 큰 차이가 존재한다. 이와 같은 (8ㄴ)의 (8-5)-(8-7)의 예들은 19세기 후기 전라방언의 한정된 자료에서나, 그 이후의 오늘날의 전라도 방언에서도 관찰되지 않는 특이한 유형들이다. 이러한 사실에도 불구하고, 글쓴이는 이러한 (8ㄴ)의 'N+인 본으로'의 예들에서도 우리가 설정했던 19세기 후기 전라방언에서의 원칙이 아래와 같이 어느 정도 통용될 수 있을 것으로 생각한다.

(11) ㄱ. 무시다린 본으로=무시다리인 본/모양으로→무시다리인 것같이→무
　　시다린 {것과 같더라도}→<u>비록</u> 무시다리인 것 같더라도,

　　ㄴ. 힘 좋은 장사인 본으로=장사인 본/모양으로→장사인 것같이→장사
　　인 {것 같더라도}→<u>아무리</u> 장사인 것같더라도,

　　ㄷ. 자녠 뽄으로=자네인 본/모양으로→자네인 것같이→자네인 {것 같아
　　도}.


　　이러한 사실을 보면, 경주방언의 'N+인 본으로'의 유형에 속하는 예들은
기본적으로 19세기 후기 전라방언에 등장하였던 (1-1) 'N+뽄으로'에서의 부
분적인 변형일 뿐이다. 그렇기 때문에, (8ㄱ) '무시다린 본으로=무시다리 뽄으
로'; (8ㄴ) '장사인 본으로=장사 뽄으로'; (8ㄷ) '자녠 뽄으로=자네 뽄으로'
등과 같은 등식이 성립된다. 다만 경주방언에서 'N+인 본으로' 유형과, 이러
한 맥락에서 파생된 가정과 양보의 부가적 의미는 후대의 지속적인 발달 과정
에서 기인된 것으로 보인다. 이와 같이 새로 파생된 양보나 가정의 의미를
보강하기 위해서 따로 '비록'과 '아무리'와 같은 양태부사가 가변적으로 출현
할 수 있음을 위의 경주방언의 예들은 보여준다.

　　끝으로, 경주방언에서 마지막 세 번째 유형에 속하는 '-는/은 본을'의 보기
들 역시 지금까지 설정한 19세기 후기 전라방언 '뽄'에 대한 해석의 원칙에서
크게 벗어나지 않는다고 생각한다. (8-8)-(8-9)의 두 예문은 '본'(本) 다음에
통상적으로 연결되는 조격조사 '-으로' 대신에 대격조사 '-을'이 출현하였다
는 점에서 특이하다. 그렇지만, 경주방언 (8-8)-(8-9)의 두 예문은 위의 다른
두 가지의 유형과 동일한 방식으로 정리될 수 있다. (8-8) 시집살이가 덴본을=시
집살이가 된 뽄(모양)을→시집살이가 고된 것 같음을→시집살이가 고된 {것을 같더라도}
→아무리 시집살이가 고된 것 같다{고 할지라도}; (8-9) 목에 칼이 들온본을=목에 칼이
들어온 뽄(모양)을→목에 칼이 들어온 모양 같은 것을→목에 칼이 들어오는 것 같아도.
그리하여 결과적으로 '-는/은 본을'의 예에 등장하는 가정이나 양보의 구절

'-는/은 본을 {-을 하더라도}에서 {하더라도} 부분이 표면에서 탈락된 과정으로 볼 수 있다.

지금까지의 사실을 정리하면, 경주방언 구술 자료에서 추출된 '-는/은 본으로' 계열은 우리가 §2.1에서 관찰한 19세기 후기 전라방언에서의 '쏜'(本)의 용법과 역사적 연관성을 보유하고 있다. 따라서 이러한 예들은 경주방언의 구어에서 양보와 가정의 의미를 지시하는 '-은다/라고 하더라도'에 해당하는 공시적인 활용어미로 발달된 단계로 보기는 어렵다. 여기서 '본'은 조격조사 '-으로'와 통합되어 하나의 융합된 단위를 형성하여 동급비교의 '-것같이'를 의미하는 의존명사의 신분을 가지고 있을 개연성이 있다.


## 3. 구상적 형태 '톄'(體)에서 동급비교 부사격조사로의 전개

### 3.1. 현대 전라방언에서 '톄+로'(體로)의 두 가지 유형의 문법화

역사적인 발달 과정 '톄+로>쳬로>처럼'의 투명한 진로는 적어도 중앙어 중심으로 종래에 설득력 있게 제시된 바 있다(이기문 1972, 왕문용 1988, 홍윤표 1994, 한용운 2003). 그러나 19세기 후기의 단계와 현대 전라방언의 관점에서 문법화를 거친 '-처럼'에 준하는 독특한 이형태들의 분포와 고유한 변별적인 기능을 다시 점검해 볼 필요가 있다고 생각한다. 현대 전남방언의 일부 하위 지역방언 진도, 고흥 및 전북의 군산 등지에서 15세기 단계에 구상적 형태와 모습을 의미했던 한자어 '톄'(體)에서 조격조사 '-로'와 통합되어 지속적으로 발달된 (12) 양태성 의존명사 '치로/철로' 등과, (13) 동급비교의 부사격조사 '-치로/-칠로/-철로' 등의 이형태들이 아래와 같이 쓰이고 있다.

(12) ㄱ. 그래 갖고 여그서 쪼깐 <u>사는 치로</u> 하다가 도개 나갔제(전남 진도 군내

ㄴ. 아조 <u>잘한 철로</u> 생각을 한단 말이요.(아주 잘한 것처럼 생각을 한단 말이예요, (전남 고흥, 배주채 1994:82).[18]

(13) ㄱ. 문화원에서 <u>하는 것철로</u> 내가 돈만 내고 한단다 … 그런 사람 해 <u>주는 것철로</u> 궁게 한단다(최소심 135). 대사<u>치는 것철로</u> 잔치집데기 장만해 갖고는(최소심 34).

그라고 우리 새끼들은 아주 나밖에 <u>없는 것철로</u> 해. 아주 우리 색기들 같이 아주 궁게 하는 새끼가 있댜(최소심 136). 꼭 산 <u>것철로</u> 하고(최소심 34),

쬐깐 떠 잡수는 <u>것철로</u> 하고는(최소심 34),

머 사러가는 <u>것치로 가자</u> 그러두마(최소심 54).

ㄴ. 말씀은 똑똑해도 진도 <u>사람덜치로</u> 멋은 없었어라(전남 진도군 의산면, 채정례 1991:68),

이 배아지럴 칼로 딴 <u>것철로</u> 배가 아프요(채정례 61),

ㄷ. 그 놈으는 봉분을 어떻게 지어놓고 또 안판 <u>것치로</u> 하고(구비 5-4, 전북 군산/옥구군 편, 대야면 19:755),

배가 속에서 꼭 터진 <u>거철로</u> 아퐁께(채정례 62),[19]

ㅁ. 갈키지도 안해놓고 저렇게 <u>머심철로</u> 일만 시킨다 하는데서 인자 불만 이 생겼는 갑디다(한국구비문학대계, 6-7, 전남 신안군 편, 팔면 5:412). 야, 임자 없는 <u>소철로</u> 너라도 잔 먹이기 위해서 먼 나올 데 들 디가

---

17 『시방은 안해, 강강술래럴 안해』(진도 강강술래 앞소리꾼, 최소심의 한평생, 뿌리 깊은 나무 민중 자서전 9. 1992).

18 고흥방언의 음운론적 연구에서 배주채(1994)는 이러한 부류에 속하는 의존명사들은 음운론 적인 자립성이 약하기 때문에, 하나의 독립된 음조구조를 이루지 못하고 앞에 오는 수식성 분과 한 음구조로 융합된다고 기술하였다.

19 『"에이 짠한 사람!" 내가 나보고 그라요』(진도 단골 채정례의 한평생, 뿌리 깊은 나무 민중 자서전 20. 1991).

있냐? 한국구비문학대계, 6-1, 전남 진도군 군내면 2:124).

위의 (12)에 제시된 의존명사 '치로/철로'는 '톄(體)+-로>쳬로'와 같은 구개음화 적용 단계를 근대국어에 와서 거친 다음, 이어서 전라방언에서 수행된 몇 가지 고유한 형태변화를 거친 결과로 보인다. 이와 동일한 변화가 (13 ㄱ)-(13ㅁ)에 열거된 동급비교를 나타내는 부사격조사들의 형태에도 반영되어 있다. 원래 구상적 생김새나 형태를 지시했던 '모양+으로'의 의미에서부터 관형절의 수식을 받는 통사적 환경으로 출현하면서, 이러한 구문에 화자의 사태 파악에서 양태성이 주관화를 거쳐 발생한 것으로 추정된다. 그와 동시에 '쳬+-로'의 구성에서 체언과 조사 사이에 개입된 형태론적 경계가 탈락되고 융합이 일어나서, 그 결과로 하나의 단위 [쳬로]로 일종의 재구조화가 수행되었다. 이러한 문법화의 과정을 거친 '-는 치로/철로'의 구문에서 의존명사 '치로/칠로'의 의미는 관형절의 내용에 동급비교를 형성하는 '것처럼/것같이'에 접근하게 된 것이다.

전남 진도방언을 구사하는 최소심(1992년 당시 72세) 구술자의 텍스트에는 본문에서의 예문 (12)-(13)과 같은 '-는 치로'와 '-는 것치로/것칠로' 이외의 환경에서 '-치로'형이 확대되어 등장한다. 이와 같은 유형은 전남의 다른 지역에서도 산발적으로 관찰된다.

(14) ㄱ. 멋+칠로; 순사부장이 크게 멋한 멋칠로, 군수마이로 서장마치, 그렇게 되얏지(최소심 1992:26),

ㄴ. 맨+칠로: 미친 사람맨로/맨칠로 웃었다 울었다 함시로 가드라(김웅배 1991:125),

ㄷ. 아까 쳐올리기만칠로 시작해서 하다가 당삭을 내레 놓고는(진도군 의신면, 채정례 1991:46),

위의 (14ㄱ)의 '멋칠로'에서 '-칠로'는 같은 담화에서 이어서 연속되는 동급 비교의 '마이로', '마치'와 유사한 기능을 하는 형태로 불명확한 대상을 지칭 하는 '무엇+처럼' 정도에 해당된다. (14ㄱ)의 '멋칠로'에 연속되는 '군수마이 로'에서 동급비교의 기능을 하는 '-마이로'는 정도성 '만'에 조격조사 '-으로' 가 통합된 형태이다(이 글에서 §5.1을 참조). 이어서 같은 문장에서 출현하는 '서 장마치'에서 '-마치'형은 '마이로'와 같은 동급비교의 의미로 구사되었을 것 이지만, 정도를 나타내는 '만치'와 관련 있을 것이다. 1930년대 『사정한 조선 어 표준말 모음』(1936:26)에 표준어 '만큼'에 대한 방언형들 예시에 '마치'형이 포함되어 있다.

(14ㄴ)의 '미친 사람맨로/맨칠로'에서 '맨칠로' 격조사는 (14ㄷ)에서의 '만칠 로'에서 '만칠로>맨칠로'와 같은 움라우트를 수용한 형태이다. 여기서 '-만+ 칠로'의 형성은 2가지의 방식으로 파악할 수 있다. 한 가지는 정도성과 한도를 나타내는 의존명사 '-만'에 '-처럼'에 해당되는 전라방언의 이형태 '-칠로'가 연결되어 '만+처럼'의 의미를 나타내고 있다고 해석한다. 이렇게 본다면, (14 ㄴ)의 '미친 사람맨칠로'에서는 N을 지시하는 한도성이 '맨+칠로'와 통합되 어 동급비교의 영역인 [미친 사람 똑+같이]로 전개되었다. 다른 한 가지의 방 안은 역시 의존명사 '만'과 관련된 정도성 '만치'형에 조격조사 '-로'가 통합 되어 '만치+로→만치로>맨치로'가 형성된 이후에, '만칠로/맨칠로'로 등장한 것으로 보는 것이다(이기갑 2001).

전남방언의 구술 자료에서 '-치로'와 통합된 동급비교의 이형태로 간주되 는 'N+맹치로'도 등장하고 있다. 여기서 아래의 예문 (15ㄱ)의 '-맹치로'형은 '맹+치로'로 분석된다. 이것은 앞으로 §4에서 취급될 동일한 문법범주에 속 하는 '맹이로'(<모양으로)에서 유추되어 '-치로'형이 연결된 혼성어(blending)의 일종으로 파악한다(Brinton & Traugott 2005:97). (15ㄴ)의 'N+매치로/매칠로/매처 로'의 경우는 위에서 언급된 '만칠로/맨칠로' 형태와 유관한 것으로 보이지만 (이기갑 2001), 전라방언에서 '맹이로>매이로>매로'와 같은 일련의 변화에서

형성된 '매-'에 '-치로/칠로/처로'가 연결된 역시 혼성어로 판단된다.[20]

(15) ㄱ. 그 숭어를 쳐들고 갯가에를 오니까 또 역시 뱃나복이맹치로 그 길이
　　　여전히 남어 있드랍니다(한국구비문학대계. 6-6, 신안군 편 하의면
　　　6:564),
　　ㄴ. 뭔 말이 용마가 번개매치로 나갔다 없어지고 그러거든(6-9, 전남 화순
　　　군 이서면 23:365),
　　　호랑이가 개매칠로 사람을 인도해 주고 갔다 그것이재(6-9, 전남 화
　　　순군 이서면 68:453),
　　　가만 있어. 또 아까매칠로 화전놀이를 갔는디 응?(상동. 이서면 78:
　　　485),
　　　그란디 여거도 이 동네매처로 저 건네 사는 총각놈이 살던 모양이여
　　　(구비 6-3, 전남 고흥군 풍양면 6:321).

또한, 전라방언에서 '그렇게, 저렇게'에 해당되는 구성에 '-치로'가 연결되
어 '그러치로, 저로치로' 형태로 등장한다.『한국구비문학대계』전남과 전북
편에 실린 구술 자료에서 일부 추출하면 (16ㄱ)에서와 같다. 이러한 유형은
19세기 후기와, 20세기 초엽에 걸친 전북방언 자료 (16ㄴ)에 반영된 언어로
소급된다.

(16) ㄱ. 그랗께 그 조화가 그러치로 있든 모양이여. 대처나,
　　　아 어째 낮에 꿈에 큰 용이 저로치로 올라 가는고?

─────────
20 이와 같은 '치로/칠로'형은 부사 '새로'(新)에 연결되어 '새로+칠로→새칠로'(새 것처럼=새
　 롭게) 형태로 전주 등지에서 쓰이고 있다. 또한 '다시'(更)에 연결되어 '다시+칠로→다칠로'
　 와 같은 혼성어가 등장하기도 한다.
　　근게 인자 내일 다칠로 히얀다. 그 이튿날 인자 다시 진맥 허는디…(5-5, 정주시 정읍군 정
　　우면 22:774).

인자 생각해 본게 그 없는 이가 <u>그러치로</u> 할띠게는 보통 뭣이 아닌게.

ㄴ. <u>이러쳐로</u> 세월을 보닐 찌의(장자백 창본 춘향가,81),

양반의 즈식이 되야 글을 <u>일어체로</u> 닉는단 말리나(성열.194),

<u>이러최로</u> 구산홀졔(필사본 봉계집. 2ㄴ), 밤이 시도록 <u>이러최로</u> 실변 하시ᄃᄀ(좌동.11ㄱ),

집의 계신 모친은 <u>엇더최로</u> 걱정을 ᄒ시ᄂ고(상동.17ㄱ),

d. 노는 <u>닐쳬로</u> 알고 ᄒ냥 ᄀ자ᄒ니 허락ᄒ거늘(상동.47ㄴ).

이와 같은 동급비교의 '-처럼'에 대한 전라방언에서 '-치로/칠로'의 쓰임과 관련하여 '같이'(如)형과 관련 있는 또 다른 형태 '같이-로' 유형이 '-는 것같 이로' 또는 'N+같이로' 등으로 사용되고 있다.

(17) ㄱ. 일부러 그 바우독에가 빨래 널어놓은 <u>것같이로</u> 흐한적삼이 널려 갖고 있다고 그런 전설이 지금 있습니다(6-1. 전남 진도 군내면 29:246),

ㄴ. 그서 그놈을 딱 갖고는 인자 참 [자신을 가리키며] <u>우리같이로</u>, 오늘 <u>우리같이</u> 거주 성명없이 떠났단 말여(5-1. 남원 감곡면 21:632),

옛날에는 거가 뼈가 있고 <u>둠벙같이로</u> 이렇게 웅뎅이 있었어(6-5. 해남 군 마산면 688),

그 날 <u>저역같이로</u> 깜깜헌 그런 밤은 내 생전에 첨 봤소(6-2. 함평 엄다 면 13:117),

ㄷ. 일성 따숙게 친 <u>자식가칠로</u> 임한림을 모신다 말이여(6-2. 함평군 엄 다면 29:171),

<u>무지랭이가칠로</u> 농사나 지꼬 사는 사람드리(전남 진도, 이진숙 2012: 165),

그 멧은 크제. 왕멧 같어. <u>경주불국사가칠로</u> 잉게 굵어.(상동. 110).

위의 (17ㄴ)에서 제시된 남원지역에서 동일화자의 구술 담화 가운데 등장하는 "우리같이로 … 우리같이"와 같은 연속은 '-같이로' 형태가 '-같이'에서 동급비교를 나타내는 다른 부사격조사들의 계열 '맹이로/만치로/만이로/마이로' 등과 같은 마지막 성분 '-(이)로'에 유추되어 형성되었을 가능성을 보여준다. 따라서 전라방언에서 (17ㄱ)에서의 '--는 것같이로' 구문은 '-는 것맹이로/만치로/만이로/마이로' 등과 동일한 동급비교의 기능을 수행한다.

그 반면에, (17ㄷ)에서 'N+가칠로'의 경우는 '같이로'에 대한 발음을 그대로 전사한 것으로 여겨지기도 한다. 'N+가치로'의 형태도 같은 자료에 등장하기 때문이다. 나도 저런 사람들가치로 우리 아부지를 모셨으먼(전남 화산면 33). 그러나 전남 진도방언의 구술담화를 그대로 음성전사한 이진숙(2012)의 예들은 '가칠로'와 함께, '처럼'에 대한 '-칠로'형을 반영하고 있다. 그런데 지금칠로 알븐 옷 같으믄 얼른 모르는데(이진숙 2012:248). 우리가 앞의 (13)의 예에서 확인한 바와 같이 진도방언에서 '-처럼'에 대한 '-칠로'형이 수의적으로 쓰이고 있음을 보면, [-치로→칠뢰의 발음 조정을 거친 것이다. 근대국어 단계에서의 중철을 연상시키는 이러한 발음 현상은 이진숙(2012)의 텍스트 가운데 '맹키로→맹킬로'에서도 관찰된다. 요케 딱 틀에다 담어놓고, 해우쌍맹킬로 막 담어놓고 또 갈으는 것이 있어(김처럼, p.504). 이러한 사실을 보면, (17ㄷ)의 '가치로/가칠로'의 형태들은 동급비교의 '같-'(如)형에 '-처럼'에 대한 방언형 '-치로'가 연결되어 혼성어 '같치로'를 만들어낸 다음에, [갇치로→갓칠뢰와 같은 발음상의 조정을 수행한 결과로 생각된다.[21]

---

21  이 글의 초고에 대한 논평에서 이금영(충남대) 교수는 방언형 '같-치로'를 '새-칠로'나 '다-칠로'와 같은 혼성어로 분석하고자 한다면, 동급비교의 부사격조사 '같-'(如)형이라기보다는 부사 '같-'(如)에 결합한 것으로 기술하는 것이 더 적절하다고 하였다. 그리하여 이 교수는 '치로/칠로'를 의존명사로 본다면 '새(관형사)+칠로→새칠로'가 더 타당하겠으나, '다-칠로'의 존재로 미루어 모두 부사와 결합한 것으로 파악하는 것이 옳다고 하였다.

## 3.2. 의존명사 '치로/철로'와 동급비교의 '것치로/것칠로'의 역사성

앞서 §3.1에서 제시한 현대 전라방언에서 쓰이고 있는 이러한 다양한 (12)∽ (16)의 용례들도 그대로 19세기 후기 단계의 모습으로 아래와 같이 소급된다. 이 시기에 공존하고 있는 동일한 텍스트의 이본들 간에는 'N+쳬로/쳐로'의 구성은 동일한 기능을 가지고 있는 'N+갓치'로 교체되어 등장하기도 한다. 또한, 아래의 (18ㄷ)의 에에서는 '쳐로>쳐롬'과 같이 어말 'ㅁ'이 첨가되어 있다.

(18) ㄱ. 춘향이가 그졔야 <u>못이기난 쳬로</u> 계우 이러나 광한누 건네 갈 졔(완판 84장본 춘향젼,상. 11ㄱ),

　　ㄴ. 밍상군의 눈섭<u>쳬로</u> 어슥비슥 오려노코(상동,상.24ㄴ),
　　　아히 씬 글일키<u>쳐로</u> 시른게 쏘 인냐(장자백 창본 춘향가, 22ㄴ),
　　　=아히쪄 글익기<u>갓치</u> 시른게 어듸 잇슬이요(완판 84장본 춘향젼,상. 17ㄴ),
　　　요지연의 편지 젼튼 쳥조<u>쳐로</u> 건너갈졔(장자백 창본 춘향가. 10ㄱ),
　　　=요지연의 편지 젼턴 쳥조<u>갓치</u> 이리 져리 건네 가셔(완판 84장본 춘향젼,상. 10ㄱ),
　　　강튀공의 조작<u>쳐로</u> 쩻거드면(장자백 창본 35ㄴ), 쇠늪갈<u>쳐로</u> 싱긴 즈식(좌동.11ㄱ),
　　　지샹만난 싱인<u>쳐로</u> 익고익고 보고지거(상동.57ㄴ).

　　ㄷ. 이러<u>쳐롬</u> 공궤ㅎ되 조심이 각별터라(완판 심쳥젼,하. 10ㄱ),
　　　쳥쳔의 푸린 안기 시로난 난 동방<u>쳐롬</u> 일기 명낭ㅎ더라(상동,하. 7ㄱ),

위에서 제시된 현대 전라방언의 예들과, 19세기 후기의 단계에서 추출된 (18)의 예들을 비교해 보면, 두 시기의 자료에서 예의 의존명사 '쳬로'와 '치로/ 철로'형이 쓰이는 용례가 매우 희소하게 출현한다는 사실이 드러난다. 이러한 제약된 의존명사 유형의 등장은 물론 여기서 취급된 자료상의 한계에서 비롯되었을 가능성이 크다. 그렇지만, 19세기 후기나 지금이나 이 지역방언에서 의존명사로서 '쳬로'와 '치로/철로'형이 발휘하는 기능부담량이 그렇게 크지 않았을 잠재성을 보여준다. 적어도 19세기 후기의 자료에서는 오늘날의 '-는 치로/철로' 위치를 대신하여 나타나는 '-는 것칠로/거치로' 등의 구성은 출현하지 않았다. 따라서 19세기 후기 이후의 단계부터 '-는 쳬로>-는 것칠로, 거치로'와 같은 형태론적 조정이 이루어진 셈이다. 이러한 대치 과정은 '쳬로/치로' 유형이 의존명사로서의 속성을 부분적으로 상실하고 주로 체언에 연결되어 동급비교를 의미하는 부사격조사로 정착하는 경향에서 비롯되었을 것으로 생각한다.

19세기 후기-20세기 초엽의 중부방언 등지에서도 전라방언에서의 '-는 것치로/거칠로'와 대응되는 '-는 것처럼' 구문이 등장하였다. 빅성에게 징계홀신 <u>것처럼</u> 호셧스니(1894, 천로역정,하,132ㄱ), 그런 일을 히본 <u>것처럼</u> 서슴지 안코(1912, 신소설, 재봉춘,48>, 누가 붓잡는 <u>것처럼</u> 쏘 멈치고셔(지봉츈, 135). 이와 같은 '-는 것처럼'의 구문의 존재는 중앙어에서도 역사적 어느 단계에서 의존명사 '톄로/쳬로'가 관여하는 '-는 톄로/쳬로'와 같은 통사적 구성이 부분적으로 선행하였음을 전제로 한다.[22]

    (19) 돌겨와 침노호고 나룰 쪄 거즛 <u>패훈 톄로</u> 호고 가거든(1612, 연병남, 9ㄴ),
        밧겨ㅌ로 비록 順承호는 <u>톄로</u> 호나 안흐로 원망호며(여훈해,하, 15ㄱ),
        쥬져넘게 <u>아는 쳬로</u> 음양슐슈 탐혼호야(註解 樂府/李用基 編, 鄭在皓 외
        2인 주해/愚夫歌/고대민족문화 연구소/1933년 이전 필사 완료),

---

22 이와 같은 의존명사 '톄로/쳬로'의 기능은 서울지역에서도 말의 스타일에 따라서 20세기 초
   반에도 지속되었다. 서울 출신 개화기의 대표적인 인물 유길준(1850-1914)이 작성한 문법서
   필사본 『조선문전』(1902)의 예문에서 '-는 처럼'의 구문이 등장한다.
   ㄱ) 비가 붓는 처름 쏘다질 쌘더러 손 갓튼 물결이 비를 덥풀득히 모러오다(1902:28ㄱ),
   ㄴ) 못본 처름, 가지고도 아니 가진 득히(1902:31ㄴ).

져리 모야 투젼질에 부ᄌᆞ집의 <u>긴헌 쳬로</u> 친헌 사람 이간질과(상동, 660).

16세기 후반에 이르러야 구상적 형태의 '톄'(體)의 쓰임에서 인식양태로의 전환이 본격적으로 감지되기 시작한다. 이러한 양상은 『소학언해』(1586)의 텍스트에서부터 점진적으로 출현하는데, 이 자료에서 '톄'의 용례는 쓰이는 환경에 따라서 다음과 같은 3가지 방식으로 실현되어 있다(이기문 1972:182). (1) 원래의 구상적 형태 의미를 어느 정도 유지하는 사례: 관찰ᄉᆞ 톄엿 벼슬이라(소학언해,5,78ㄱ). 여기서 '톄엿'은 "(관찰사와 같은) 모양(→부류, 범주)+에 속하는" 등의 의미로 한 단계 추상화되었다.[23] 여기서 또한 '톄엿'은 "선행 체언과 동일한 것/부류"이라는 함축도 아울러 포함하고 있다. 그 다음은, (2) 외현적인 모양새, 또는 밖으로 드러나는 상황으로부터 화자가 내적으로 추정하여 거짓과 위선으로 인식하는 사례: 公孫의 뵈니블 긔롱이 이시니 公孫弘이 뵈로 니블을 ᄒᆞ야 검박ᄒᆞᆫ 톄 ᄒᆞ거늘(소학언해, 6,128ㄴ). 이와 같은 (2)의 사례는 '-는 톄+ᄒᆞ-'의 구문으로 [-는/은 체하다, 그럴 듯하게 꾸미는 가식적 태도가 있다.]로 근대국어 이후의 시기로 지속되어 가지만, 의존명사 '톄'는 앞선 (20)에서의 '-는/은 톄로'와 가까운 '-는/은 것처럼'에 접근하여 있다(왕문용 1988:155-159).[24] 끝으로, (3) 'N+톄로'의 구성으로 오늘날의 동급비교의 부사격조사 'N+처럼'으로의

---

23 'N+톄엿'의 구성은 '톄(體)+처격조사 -예'에 속격조사 '-ㅅ'이 통합된 복합격조사인데, 이러한 유형은 '뎌, 귀엿골회'(예산본 훈몽자회, 중.12ㄱ) 등에서도 관찰된다. 여기에 적용된 '귀+옛>귀엿'의 음성변화는 특이하다. 귀엣 구슬호리라코(석보상절, 13:10ㄱ). 16세기의 자료에서 'N+톄엿'의 구성도 등장하였다.

日本 사름은 肉食톄읫 거슬 먹디 아니ᄒᆞ오니(1676, 첩해신어 초간.3.9ㄱ).
  cf. 엇지혼지 肉食톄엣 거슬 먹지 아니ᄒᆞ오니(1748, 개수첩해, 3,11ㄴ).

이러한 통사적 환경에 등장하는 16세기의 '톄엿/톄읫' 부류는 하나의 단위로 융합되어 [N의 모양에의]에서 '等類'를 의미하는 의존명사 또는 접미사의 단계를 반영한다고 생각한다.

24 왕문용(1988:157)은 근대국어의 의존명사 가운데 유사 의존명사로 '체'(<톄)를 선정한 다음, '는/은-체+ᄒᆞ-'의 구문에 등장하는 다양한 대역 자료에서 "거짓 꾸미는 행위, 속이다, -인 체하다" 등에 해당되는 한자 대응어들을 이끌어낸 바 있다.

발단을 이룬다. 兄의 나 フ톤 이롤 기러기톄로 돈니고(兄之齒를 雁行ᄒ고, 소학언해 2.64
ㄴ), 안즘을 키톄로 말며(坐毋箕ᄒ며, 좌동 3.9ㄴ). 『소학언해』(1586)에서 언해문에 이
렇게 등장하는 'N+톄로'는 본문의 해당 구결문에서는 '-처럼/같이'에 준하는
동급비교 또는 유사의 의미를 뜻하는 '如'를 직접 보여주지 않는다. 그러나
문맥의 흐름에 따르면, 여기서 '톄로'는 진행 중인 의미변화의 속성인 다의를
반영하는 것으로 보인다. 즉, [(N)의 모양으로]∽[N의 모양과 같이/처럼]∽[N처
럼/같이].

그러나 17세기 초엽 『동국신속삼강행실도』의 단계에 이르면, 'N+톄로'는
해당 한문 텍스트에서 'N+フ티' 또는 'N+대로'에 대응되는 동급비교의 지시
사 '如'(같다)를 보여주기 시작한다.

(20) ㄱ. 호굴フ티 초상톄로 ᄒ야(如初喪, 동국신속, 열녀 6:1ㄴ),

　　　ㄴ. 삭망애 졔뎐을 호굴곧티 초상フ티 ᄒ며(如初喪, 상동, 열녀 1:68ㄴ),
　　　　울며 소ᄒ기롤 여순히롤 초상젹フ티 ᄒ고(상동, 열녀 7.14ㄴ),

　　　ㄷ. 울며 졔ᄒ믈 호굴ᄋ티 초상대로 ᄒ야 (莫一依(전과 같을)喪, 상동, 열
　　　　녀 2:64ㄴ),
　　　　졔스를 가례대로 ᄒ며(一依家禮, 동국신속/속삼강행실, 효자 23ㄴ),

　　　ㄹ. 이톄로 므르명 나ᅀᆞ명 네번 합젼ᄒ매 니르러(如是進退至四合, 상동.
　　　　충신 1:12ㄴ),

　　　cf. 마초아 그톄로 ᄒ다(照依, 어록해, 중.27ㄱ).


이와 같은 'N+톄로=N+フ티=N+대로'의 대응을 보면, 17세기 국어의 단
계에서 '톄로'는 기원적 '톄'(體)로부터 분화하여 '-는 톄(의존명사)+ᄒ-'의 구
성과는 또 다른 문법화의 진로를 취하여 결국에는 동급비교의 부사격조사로
접근하기 시작한 것으로 판단된다. (20ㄹ)에서 '이톄로'의 구문은 원문 '如
是…'에 대한 당시의 번역이지만, [이런 모양으로∽이런 방식으로∽이와 같은

방식으로∞이같이] 등과 같은 다의성을 반영했을 것이다. 그렇지만, 역시 그러한 변화의 방향은 유사성에 기반을 둔 동급비교에 있다. 그와 동시에, 17세기 국어에서도 'N+톄로'의 구성에서 '톄로'의 형태가 수행하는 문법화의 진행 단계는 자료의 유형에 따라서 단일한 방향으로만 전개되지 않았을 것으로 생각한다.[25]

## 4. 현대 전라방언에서 '맹이로'와 '맹이다'의 형성과정

### 4.1. 동급비교 부사격조사들의 계통적 분류

지금까지 기술했던 §3.1에서 구상적 '톄'(體)로부터 발달된 '-칠로/치로/철로'의 유형 이외에, 현대 전라방언에서 쓰이고 있는 여타의 다른 부류에 속하는 동급비교 부사격조사들의 이형태들이 매우 다양한 모습으로 분포되어 있다. 주로 전남방언을 중심으로 이루어진 주갑동의 『전라도 방언사전』(2005: 133-135)을 참고하면, 동급비교 부사격조사들은 다음과 같이 잠정적인 3가지 유형으로 나타난다. (1) 맹이로, 맹키로, 멩기(로), (2) 마니로, 메로, 메니로, 메니롱, (3) 메치로, 멩클로, 만치로. 또한, 『전남방언사전』(1997, 이기갑 외)에 등록되어 있는 동급비교 부사격조사의 다양한 이형태들(21.1-23.13)과, 동급비교 서술어들의 (21ㄱ-ㅁ)의 유형과 그 분포 지역을 정리하면 대략 아래와 같다.

---

25 ㄱ) 안자셔 禮 어려오니 당톄로 잔쑨 들기롤 禮를 삼습새(첩해신어 초간,3,9),
ㄴ) 안자셔 禮 어려오니 唐體로 잔 쑨 들기롤(개수첩해 3.12ㄴ).

위의 예에서 초간본 『첩해신어』 텍스트에 실린 일본어 'がらの むきに'에서 'むき'는 오늘날의 일본어로 "방향, 방면, 경향" 등의 의미를 나타낸다. 그러나 첩해신어 대화의 문맥에 따르면, '당+톄로'는 [당나라의 모양으로→당나라의 방식으로→당나라 (방식) 같이] 정도로 파악된다.

(21-1) '마냥으로': 장성, 화순; '마냥이로': 화순, '마냥': 화순,

(21-2) '마니로': 장성, 담양, 화순, 순천, 강진,

(21-3) '마이로': 화순, 함평, 강진, 진도; '메로': 곡성,

(21-4) '만치로': 영광, 무안, 강진;

(21-5) '만칠로': 진도; '멘치로': 담양, 순천, 완도,

(21-6) '메니로': 담양, 순천,

(21-7) '멘치': 담양, 순천;

(21-8) '메칠로/메치로': 화순,

(21-9) '메이': 화순,

(21-10) '맹키': 구례, 순천, 고흥,

(21-11) '맹이로': 화순, 곡성, 보성, 고흥;

(21-12) '맹클로': 영광,

(21-13) '맹기로': 담양, 보성, 고흥, 순천, 완도,


(21-ㄱ) '맹이다': 화순, 곡성, 보성;

(21-ㄴ) '맹키다': 담양, 구례, 순천, 고흥,

(21-ㄷ) '메니다': 담양;

(21-ㅁ) '맹기다': 담양, 보성, 고흥, 순천, 완도

이러한 동급비교 부사격조사 형태들은 고유한 지역에 한정되어 분포되어 있는 것이 아니라, 말의 스타일에 따라서 상호 교체되어 출현하는 경향을 보인다. 예를 들면, 위에서 제시된 전남 화순방언에 등장하는 이형태들은 다음과 같다. 마냥으로/머냥이로∞마냥∞마니로∞마이로∞메칠로∞메치로∞맹이로∞매이.

위와 같은 다양한 이형태들은 역사적으로 크게 몇 가지의 기원으로 소급될 수 있다고 잠정적으로 가정할 수 있다.[26] 첫째 부류는 동급비교 부사격조사 '맹이로'와 양태성 의존명사 '맹이다'로 대표된다. 이러한 문법형태들은 구상

구상적 형태와 크기에서 인식양태와 동급비교의 부사격조사로 이르는 …  **233**

적인 형태 X로부터 출발하여 일정한 통사적 환경에서 문법화를 밟아서 지속
적인 음운론적 변화를 거듭하여 '맹이로>매이로>매로' 등과 같은 이형태들
로 등장하고 있다고 전제한다. 둘째 부류는 '마니로/만치로'로 대표되는데,
'마이로, '만치로/맨치로, 맹키로' 등의 이형태에서 공통되는 성분 '마-/만-/맨
-/맹-' 등의 역사적 기원형 X를 탐색하여야 된다. 세 번째 부류는 '마냥으로'
로 대표되며, 형태적으로 '만+양'으로 투명하게 분석할 수 있으나 후행 성분
'양(?)의 정체를 규명하여야 된다. 이 부류에 속하는 이형태들은 '마냥이로/마
냥으로/마냥/매냥' 등으로 전라방언 등지에 생산적으로 분포되어 있다.

전북방언의 경우에서도 다양한 동급비교 부사격조사 형태들은 서로 중복되
어 등장하고 있다. 남원방언을 예로 들면, 앞서 제시한 전남 화순방언의 상황
과 비슷하게, 이러한 이형태들의 분포가 서로 명료하게 식별될 수 있는 대상
은 아닌 것 같다. 동일한 지역에서도 개인 간이나, 같은 화자의 담화 가운데에
서도 말의 스타일에 따라서 동급비교의 부사격조사들의 이형태들은 아래의

---

26 이기갑(2001)은 전라방언을 대상으로 동급비교의 부사격조사들이 다음과 같은 4가지 기원에
서 출발하여, 그 이후 아래와 같은 고유한 음성변화를 수행하여온 것으로 설명하였다.

  (1) '만치' 계통: 만치+-로>만치로>맨치로(움라우트 현상)>매치로(ㄴ 탈락);
  (2) '만키' 계통: 만키+-로>망키로(조음위치 동화)>맹키(로)>맹클로(ㄹ 첨가);
  (3) '만기' 계통: 만기+-로>망기로>맹기(로)>맹이로(ㄱ 탈락);
  (4) '만이' 계통: 만이+-로>매니로(움라우트 현상)>매이로(ㄴ 탈락)>매로('이' 탈락).

이기갑(2001)은 위와 같은 4가지 계통 가운데, (1)의 '만치' 계통은 (2)의 '만키' 계통에서 '만
키>만치'와 같은 구개음화를 거쳐 나온 형태로 간주하였다. 그리하여 (2)의 '만키'와 (3)의
'만기' 계통이 가장 오래된 기원으로 소급될 수 있는 선조형이며, 모두 정도를 나타내는 '만'
을 공통으로 보유하고 있으나, 이 둘의 역사적 선후 관계는 확실하지 않다고 보았다.
또한 이기갑(2003:92-101)은 한국어 방언문법의 체계에서 동급비교 부사격조사들의 지역별
이형태들을 포괄적으로 논의하면서, 주로 전라도와 경상도 방언 등지에 분포된 '만' 계열의
다양한 이형태들을 5가지의 유형으로 분류하며, 그 최종적인 기원 형태를 가상적인 '*만기'
로 설정하여 여기서 다양한 이형태들이 역사적으로 고유한 3가지 유형의 분화의 과정을 밟
아서 파생되어 나온 결과로 간주하였다. 여기서 최초의 '*만기'형은 정도성을 나타내는 '만
큼'에 포함된 '만'과 동일한 형태인 것으로 보았다. 이기갑(2003)에서 설정된 '*만기'의 역사
적 분화의 4가지 과정은 이 글을 전개하여 가는 적절한 상황에서 따로 제시하여 논의하려고
한다.

보기에서와 같이 상호 교체되어 통용되는 방식이 일반적인 현상이다. 『한국구비문학대계』(5-1, 남원군 편, 1982)에 실린 주로 노년층의 토박이 화자들의 구술 자료에서 수집한 동급비교 부사격조사들의 출현 양상('-맹이로∽-맹키로∽-매로∽-마냥∽-마냥으로∽-메니루')을 그 예문과 함께 부분적으로 제시하면 아래와 같다.

(22-1) -맹이로: 저, 아는 사람은 서기줄이라고 뱃가닥(布)맹이로 이렇게 질러 가지고 있당만(주천면 1.78),

(22-2) -맹이로∽맹키로: 노적이 막 태산떼미맹이로 있는디… 그 노적, 거그 도 태산떼미맹키로 쌓아놓고(보절면 1.625),

(22-3) -매로: 당신 아들, 시골서매로 어떠케 까불고 지랄하다가(보절면 7.664),

(22-4) -맹이로∽-매로: 자네 맹이로 얘기를 해야 많이 재워 주지… 내일 아 침에 당장 수속꺼대기를 갖고 가서 방아매로 해 가지고(덕과면 7.579),

(22-5) -만이로: 눈이 딱 떨어져 버리거든! 그래서 개안했지 심봉사만이로(덕 과면 1:559),

(22-6) -마냥: 내가 여적지마냥 나를 키워줄 때 그렇게 키웠을 것인디(덕과면 17.601),

(22-7) -마냥으로: 둘이 막 대체 성제간 마냥으로 산개(금지면 7.447),
그런개 그 놈은 인도 환생을 못해서 도깨비마냥으로(송동면 6.265),

(22-8) -것메니루: 저 군사 거시기 한 것메니루 훈련을 시켜(송동면 36.317).

이러한 다양한 이형태들 가운데, 먼저 글쓴이가 주목하는 유형은 전라방언에서 전형적인 동급비교의 부사격조사 '맹이로' 부류(22.1∽22.4)이다. 이것은, 앞에서 간단하게 언급한 바와 같이, 구상적인 형태를 나타내는 기원적인 자립명사 '모양(模樣)'에서 조격조사 '-의로'(<-이로)와 통합되어 문법화의 과정을 거쳐 '모양+으로>맹이로'로 점진적으로 발달되어 왔다고 추정하려고 한다.[27]

종래에 '맹이로' 부류의 기원을 다른 방향에서 추구한 고찰도 있다. 오늘날의 다양한 동급비교 부사격조사 형태들의 역사적 형성을 단일한 가상적인 '＊만기'형으로 설정하고, 여기서부터 그 분화의 과정을 여러 가지 경로로 제시한 이기갑(2003:93)에서 예의 문법형태소 '맹이로' 부류에 속하는 형태들은 다음과 같은 연속적인 변화 과정 가운데 출현한다(밑줄은 글쓴이가 편의상 첨가).

> (23) [분화2] ㄱ. ＊만기(로)→(망기(로))→맹기(로)→맹이(로)
>
> ㄴ. ＊만기(로)→(망기(로))→맹기(로)→맹거로→맹구로
>
> ㄷ. ＊만기(로)→(망기(로))→맹기(로)→맹거로→(맹걸로)→맨덜로

위와 같은 분화과정을 제시한 이기갑(2003)에 따르면, 전라방언형 '맹이로' 부류의 형성은 다음과 같은 3단계의 연속적인 음성변화를 수행하여 나온 산물이라는 것이다.

> (ㄱ) 조음위치 동화: ＊만기(로)>＊망기(로)' → (ㄴ) 움라우트 현상: '＊망기(로)>＊맹기(로)' → (ㄷ) 연구개 비음 ŋ의 모음 사이에서 탈락: ＊맹기(로)>맹이(로).

그러나 국어 방언사 또는 국어음운사의 관점에서 이와 같은 발달의 진로에는 심각한 몇 가지 문제점들이 내재되어 있다. 첫째는 (23) [분화2]에서 대표된 가상적인 기원형 '＊만기'의 잠재적 위상이다. 둘째는 [분화2]에서 최종적인 형태 '맹이(로)/맹구로/맨덜로' 등이 표면으로 등장하기 이전까지의 선행 단계의 형태들이 역사적 변화과정을 통해서 자료상으로 전혀 확인되지 않는다는 사실이다. 셋째는 시기적으로 한정할 수 있는 움라우트 현상이 적용되기 이전 단계의 형태마저도 구체적인 자료에서 문증하기 어려운 가상적인 어형이 오

---

27 현대 남부방언 등지에서 조격조사 '-으로'형이 역사적으로 '-의로'의 중간단계를 거쳐서 '-의로>-이로'의 변화를 밟아온 사실에 대하여는 이 글의 §6.2를 참조.

늘날의 표면 형태 '맹이로'의 입력이 되어야 한다는 사실이다.

따라서 글쓴이는 통시적으로 입증하기 어렵고, 오로지 다양한 이형태들을 표면으로 이끌어내기 위해서 설정된 추상적 기원형 '*만기'형 대신에, 예전부터 '맹이로'의 출현 분포와 관련하여 주목받아 온 자립명사 '모양(模樣)'에 조격조사가 연결된 '모양+으로→모양의로>맹이로'의 문법화 과정에 대한 입장을 재확인하고자 한다. 전북방언의 특수조사의 목록을 논의하는 자리에서 이태영(2011:503-527)은 '-가치'와 '맹이로'는 유사를 나타내는 특수조사로 쓰이며, '맹이로' 또는 '모냥으로'의 형태는 명사 '모양'에 조격조사 '-으로'의 통합으로 구성된 것으로 파악하였다. 또한, 이 교수는 '맹-이네/맹-이다'로도 쓰이는 사실을 보면 표준어 '모양'에 상당하는 전라방언의 '맹'은 명사임을 알 수 있다고 하였다(이태영 2011:509). 그러나 여기서 '모양/모냥으로>맹이로'의 역사적 변화의 진로를 지원하기 위한 적극적인 당위와, 그 발달 과정은 구체적으로 언급되지 않았다.

또한, 김홍수(1992:108-118)는 전북방언의 통사적 특성가운데, 동급비교와 비유와의 직접적인 관계를 지적하면서, 중앙어의 '같이/처럼'에 대응되는 '맹이로' 부류가 보이는 형태구조상의 특이한 사실을 주목하였다. 그리하여 김홍수(1992:112)는 '맹이로' 부류에 속하는 다양한 형태 '마이로, 맨키로, 맨씨로, 맨치로' 등에서 '맹'과 '맨'을 (ㄱ) '맹+이+로'와, (ㄴ) '맨+X(ㅋ, ㅅ, ㅊ)+이+로'로 분석하였다.[28] 여기서 '맹이로'의 경우는 한자어 '모양(模樣, 貌樣)'의 전북방언형 '모냥, 마냥' 또는 그 조격형(모양으로/마냥으로)이 같은 통사적 문맥에 등장할 수 있다는 사실에 주목하면서, '맹'은 '모냥, 마냥'이 문법화하면서 축약된 결과로 잠정적으로 파악하였다. 이러한 문법화의 과정 속에서 '맹으로'

---

28 그러나 김홍수(1992:112)는 '맹이로'의 '-이로'를 '-으로'의 변종으로 보기 어렵다고 하였다. 그리하여 '맹이로'의 '-이'와 '-로'에 대해서는 잠정적으로 부사파생접사 '-이'에 유추되었을 가능성과, 조격조사가 파생접사 '-로'로 재구조화되었다는 설명을 상정해 볼 수 있을 것으로 보았다.

와 같은 기본적인 조격형 '으로' 대신 '맹이로'라는 특이형이 '-으로>-이로'
의 변화를 거쳐서 나타나게 된 것으로 김흥수(1992)는 추정하였다.

글쓴이는 오늘날의 전라방언 등지에서 사용되는 동급비교의 부사격조사
'맹이로' 부류에 속하는 일부 구성원들은 기원적으로 구상적인 생김새나 모습
을 의미하는 명사 '모양'(模樣)에서부터 출발하여, 조격조사 '-으로'의 변이형
'-이로'(<-의로)와 통합하여 'N+맹이로/맹이로'와 'N+맹이다/-는 맹이다'와
같은 일련의 문법화의 과정을 밟아왔다고 가정한다. 그리하여 이러한 형태들
은 중부방언에서의 'N+모양으로/N+모양이다'에 적용된 동일한 의미변화의
진행 방향, 즉 [구상적 외형의 모습>[어떤 형편이나 사정이 되어가는 상황>
[어떤 방법이나 방식(명사)>[짐작이나 추측(의존명사)을 거친 것으로 가정한다.
전라방언의 경우에는 여기서 의미의 주관화와 문법화가 더욱 한 단계 진전되
어 유사성을 지시하는 양태성 동급비교의 부사격 조사로까지 발달된 산물이
라는 사실을 이 글의 §4.2에서 제시할 것이다. 이러한 통시적 발달 과정은 전
라방언에서 쓰이는 '맹이로' 부류에 속하지만, 그 계통을 달리 하는 부사격조
사 '처럼'이 '모양'에 준하는 한자어 '톄'(體)에서 조격조사 '-로'가 연결되어
'N+톄로>N+쳬로>N+처럼'으로 문법화를 수행해 온 절차와 대략 일치한
다.[29]

---

29  17세기의 대역 회화자료 『첩해신어』(1676)에서 '-는 톄ᄒ다'에 대응되는 그 당시 일본어는
'かおに'로 나온다.

붓그림으란 모로난 톄ᄒ고 날마다 여긔 와셔 말숨이나 ᄒ시면(9:15ㄱ).

일본어 'かおに'에서 'かお'는 구상적인 형태인 '용모, 얼굴'(顔)을 가리키지만, 접미사적 기능
으로 사용되어 '--한 모양' 또는 '--ㄴ 체하다'의 추상적인 뜻으로 전개되었다.
또한 『첩해신어』(1676) 텍스트에서 'N+텨로'에 해당되는 일본어 구문 'やうに'의 사례도 역
시 구상적인 모양 'やう'(樣)형에서 출발하여 동급비교에 준하는 '-처럼, 같이'의 의미로 발
달하였음을 볼 수 있다. 이와 동시에 같은 자료에서 17세기 국어의 구상적 '양'(樣)과, 여기
서 한 걸음 더 나간 추상적인 '-ㄹ 양으로'의 경우에서도 역시 일본어 'やうに'로 대응되어
있다.

공스오로 홀제 알가 텨로 니르시고(やうに, 4:12ㄴ),

## 4.2. '모양'(模樣)의 문법화의 단계와 음운론적 축약 '모양>맹'

현대국어에서 한자어 '모양'(模樣)은 출현하는 통사적 환경에 따라서 이질적인 통사적 기능과 의미를 보유하고 있다. 이러한 통사적 환경과 연관되어 있는 공시적 다의를 통해서 의미변화의 방향을 추정할 수가 있다. 자립명사로서 '모양'의 원래의 사전적 의미인 "겉으로 나타나는 생김새나 형상"에서부터 화자가 외형적 겉보기를 통해서 주관적으로 파악한 "어떠한 형편이나 방식이 되어가는 상황"을 거치고, 양태적 의미 "짐작"이나 "추측"의 단계로 추상화되어 있다(조규태 1983; 안주호 1997, 2004; 이숙경 2006). 조규태(1983)는 공시적으로 '모양'이 자립명사와 의존명사(준자립명사)의 두 가지 범주에 걸쳐 사용되었을 때, 의존명사로 쓰이는 '모양'은 원래의 자립명사의 의미에서 이끌어낼 수 있는 전용된 추상적 의미 [짐작/추측]을 가지고 있으며, 다만 '매김씨끝+모양 +이다'와 같은 분포상의 제약이 있을 뿐이라는 사실을 논증하였다. 그리하여, 자립명사 '모양'의 구상적 의미에서 의존명사 '모양'으로의 추상적 의미의 전이의 과정은 화자가 어떤 "사물·상태·행위"를 인지하고 그의 주관적 판단에 의해서 해당되는 이러한 "사물·상태·행위"가 취할 수 있는 모양 중 어느 하나의 '모양'으로 불확실하게 규정하였기 때문에 형성되어 나온 결과로 설명하였다(조규태 1983:97).

『표준국어대사전』(국립국어원)에서는 '모양' 항목을 '-는 모양+으로'와 '-는 모양+이다'와 같은 통사적 환경에 한정하여 출현하는 경우에 [짐작], 또는 [추측]의 의미를 부여하고, 따로 의존명사로 독립시켜 자립명사 '모양'과 구분하였다.[30] 그러나 이 사전에서 풀이된 몇 가지 다의성에 관한 설명을 종합해

---

주인의 도리롤 출혀 <u>권홀 양으로</u> 왓스오니(やうに, 3.17ㄱ),
잔 <u>잡는 양을</u> 보오니 어내 잘 흥시는 술이옵도쇠(やうお, 3.6ㄱ),
  cf. 엇디 이러틋시 사오납스온고(kono yooni, やうに, 4.10ㄱ).

30 짐작이나 추측을 나타내는 문맥에서의 '모양'을 의존명사의 범주로 취급한 연구는 지금까지 여러 연구자들 가운데 조규태(1983)와 이병모(1995)가 유일했던 사실을 고려하면, 『표준국어

보면, 동일한 통사적 환경 '-는 모양으로' 구문에 등장하는 '모양'의 범주 설정이 자립명사에서 의존명사에까지 동시에 걸쳐 있다. 따라서 '모양'의 자립명사와 의존명사의 품사적 경계 구분에 애매한 영역이 드러난다(이하 예문에서 밑줄은 글쓴이가 첨가).[31]

(24) ㄱ. 자립명사; 모양「6」─(주로 '모양으로' 꼴로 쓰여) 어떤 방식이나 방법.
    예문: 강 변호사는 어린애를 <u>위협하는 모양으로</u> 눈을 흘긴다.
  ㄴ. 의존명사: ('모양으로' 꼴로 쓰이거나 '이다'와 함께 쓰여) 짐작이나 추측을 나타내는 말.
  ㄴ-1) 어두운 표정을 보니 무슨 일이 <u>있었던 모양이군</u>.
  ㄴ-2) 연적의 물도 <u>다한 모양으로</u> 물은 한 방울도 떨어지지 않았다.
  ㄴ-3) 무슨 일로 한차례 울음까지 <u>뽑았던 모양으로</u> 얼굴 전체가 땟국이다.

위의 (24ㄱ)에서 자립명사로서 '-는 모양으로' 구문은 "어떤 방식이나 방법"이라는 어휘적 의미도 물론 가지고 있으나, (24ㄴ)의 의존명사 '-는/던 모양으로'에서 추출할 수 있는 동급비교의 의미가 첨가된 "-는 것처럼/같이"의 구문과 쉽게 변별되지 않는다. 여기서 '-는 모양으로' 구문은 "명사절(N)+모양으로"로 재분석되기 때문에, '것+처럼/같이'로 대응될 수 있다고 생각한다. 그리하여 (24ㄱ)의 예문에서 의존명사 '것'은 "어린애를 위협하는 행위"를 대변하며, 후속된 '-모양으로'는 그러한 "행위같이/처럼"이라는 동급비교의 뜻이 함축되어 있다. (24ㄴ) 의존명사 '모양'의 통사적 환경 '-는 모양이다'의 경우에는 화자가 외형적으로 드러나는 "상대의 어두운 표정"(모양)으로부터 무슨 일이 그 전에 상대에게 있었던 사실을 추측하여 내는 심리적 연상 작용

---

대사전』(국립국어원)의 취급 방식은 현실어에 기반을 둔 것으로 보인다.

31 본문의 (24)와 (26)에서 제시된 예문들은 『표준국어대사전』(국립국어원)에 실린 '모양' 항목의 뜻풀이에서 인용된 것을 편의상 그대로 사용하였다.

을 반영한다. 그러나 자립명사로 분류된 (24ㄱ)의 예문과 의존명사 '모양'이 출현하는 통사적 환경 '-는 모양으로'의 (24ㄴ)의 예문들과 상호 대조해 보면, 양자 간의 통사적 기능상의 구분이 어렵다. (24ㄴ)에서 제시된 예문에서 밑줄 친 구문은 (ㄴ-1) '물도 다한 모양으로→물도 다한 것같이/처럼', (ㄴ-2) '울음까지 뽑았던 모양으로→울음까지 뽑았던 것같이/처럼'으로 대치하여도 전체 문장의 구조나 의미가 아무런 차이가 일어나지 않는다. 또한, (24ㄱ)이나, (24ㄴ)에서 제시된 예문 '-는 모양으로'에서 추출된 의미는 외형적 상황에 대한 화자의 심리적 추리에서 나온 짐작이나 추측을 전제로 한다. 그러나 이러한 짐작이나 추측의 양태성은 먼저 유사한 성격이나 상태와의 주관적 비교를 거친 이후로 형성된 것이다.

위의 (24)에서와 같은 범주에 속하는 현대국어의 '-는 모양으로'의 구문은 중세와 근대국어의 단계를 통해서 특별히 확인되지 않지만, 19세기 후반에 이르면 '-는 것같이/처럼'의 의미로 사용되어서 뒤늦게 산발적으로 등장하기 시작한다.[32]

(25) 그 죠하ᄒᆞᆫ 바를 맛쵸와 승슌ᄒᆞᆫ 모양으로 속이면(1875, 이언해, 3,29ㄱ),

큰길 네거리의 쓸어안고 결박ᄒᆞᆫ 모양으로 굴오디(1881, 조군령, 15ㄱ),

고로 간ᄉ치 아니 ᄒᆞ여도 간소ᄒᆞᆫ 모양으로 몸을 더레이단 말슴(1883, 명성경, 34ㄴ),

저 ᄋᆞ희는 웨 근심ᄒᆞᆫ 모양으로 안졋ᄂ냐(1894, 천로역, 상, 29ㄴ),

독도의 압ᄒᆞ로 와셔 경히 녁이는 모양으로 보며(샹동.64ㄱ).

---

32 본문에서의 (25)의 '-는 모양으로' 보기들은 의존명사 '모양'이 그 자체 구상적인 형태나 모습을 가지고 있는 단계와, 여기서 한 더 발달한 추상화, 즉 주어진 모습으로부터 화자가 경험상 내적으로 추출하는 "짐작"이나 "추정"의 단계에 공시적으로 걸치고 있었을 개연성이 있다.

　이와 같은 '-는 모양으로' 구문이 이와 같이 짐작이나 추측의 의미로 전용되어 시기적으로 늦게 출현하는 현상은 여기에 쓰인 의존명사 '모양'과 밀접한 유의어를 형성하는 또 다른 양태성 의존명사 '양'(樣)이 관여하는 '-는/를 양으로'의 구문이 동급비교에 가까운 의미로 발달하여 일찍이 중세국어부터 생산적으로 등장하는 사실과 분명한 대조를 이룬다. 그 반면에, 구상적 상황에 대한 화자의 주관적 짐작이나 추측을 나타내는 '-는 모양이다'의 통사적 구문은 대체로 17세기 국어에서부터 관찰되는데, 이와 대비되는 '-는 양이다'와 같은 표현도 같은 텍스트에서 함께 유의어로 쓰이고 있다. (ㄱ) 뎌 놀이 六十이 다둣디 못혼 模樣이러라(不至六十的模樣, 언해 박통사,하.53ㄴ), (ㄴ) 민들기를 섭섭히 ᄒᆞ여시니 여러번 비를 마즈면 다 듧ᄯᅳᆯ 양이로다(樣子, 좌동.중.25ㄴ). 중세국어 단계에서 양태성 의존명사 '양'의 경우에, 'N+양으로'의 구성은 의미의 주관화가 이루어진 "N과 동일한 모습/방식으로→N과 동일하게→N같이/처럼"(如)과 같은 의미 변화의 방향으로 수의적으로 실현시키고 있었다(이 글의 §5.2를 참조). 따라서 이미 중세국어에서 'N+양으로'의 구문은 쓰이는 맥락에 따라서 동급비교의 부사격조사 단계에까지 접근하였을 것이라는 관점에서 동시대에 등장하였던 양태 의존명사 '톄'(體)의 사례와 대략 일치한다.

　또한, 『표준국어대사전』(국립국어원)에서 세분되어 나열된 자립명사 '모양'의 다의성에 기반을 둔 분류 항목 「5」, 'N+모양/모양으로'는 현대국어에서 통상적인 원래 '모양'의 구상적 의미와 유연성을 상황에 따라서 인식할 수 있으나, 원래의 어휘적 의미에서 이탈하여 그 기능이 동급비교의 부사격조사 '-같이/처럼'의 영역에 접근하고 있다.

　　(26) 자립명사 모양 「5」: (명사 다음에 쓰여) 어떤 모습과 같은 모습.
　　　예문: ㄱ. 사과 <u>모양</u>,
　　　　　　ㄴ. <u>벙어리 모양으로</u> 입을 꼭 다물고 열지를 않는다.
　　　　　　ㄷ. 얼굴이 백지처럼 된 영팔이는 <u>미친 사람 모양으로</u> 괭이를 쳐들

고 뛰어간다.


신기철·신용철의『새 우리말 큰사전』(1983)에 따르면, '모양'의 의미 가운데, "많은 사람들이 벌떼 모양 웅성거린다."의 예문을 제시하면서, '모양'이 명사 다음에 쓰이는 환경에서는 "-과 같이" 또는 "-처럼'의 뜻으로 쓰인다고 설명하였다.[33] 현대국어 명사 '모양(模樣)'이 공시적으로 쓰이는 다양한 용례들을 검토하면서 안주호(2004:171-172)는 "ㄱ. 어머니 품속 모양", "ㄴ. 왕족의 후손모양으로"와 같은 구문에서 '모양(으로)'형은 '같이/처럼'과 분포나 통사적 역할에 있어서 동일하기 때문에, 비교나 비유를 표시하는 부사격조사 기능을 하고 있다고 보았다. 그러나 현대국어에서 'N+모양(으로)' 구문이 동급비교의 부사격조사로 전환되는 기능도 역시 구상적인 어휘적 의미를 보유하고 있었던 '모양'의 이전 단계를 거쳐 상황에 대한 화자의 주관화를 통해서 파생되어 나왔을 것이다.[34] 아래의 예문들에서 현대역 신약과 19세기 후기『예수성교전셔』에서 'N+같이'가 20세기 초엽의『신약전셔』(1990)의 텍스트에서 'N+모양으로'로 번역되는 이유는 자료로서 후자의 보수성에 기인하는 것으로 보인다.


    (27) ㄱ. 곳 물에셔 올나 오실식 하늘이 찌여짐과 셩신이 비둙이 모양으로 나
           려 그 우혜 림ᄒᆞ심을 보시고(1900, 신약전서, 마가 1:10),
       ㄴ. 하날이 열니고 셩령이 비들기 갓치 그 우에 강님ᄒᆞ물 보니(1887, 예수
           셩교, 말코 1:10)

---

**33** 신기철·신용철의『새 우리말 큰사전』(1983)에서 이번에는 '-처럼'에 대한 의미 해설은 '-과 같이, -모양으로'의 뜻을 나타내는 조사로 기술되어 있다.
**34** 아래의 19세기 후반의 국어 자료에서 '(ㄱ) 젼디 모양 ᄀᆞ고'에서의 '모양'은 "전대의 모습과 같다"는 구상적인 의미를 보인다. 그러나 같은 문장에 이어서 나오는 '(ㄴ) 젼디 모양일너라'에서의 'N+모양이다'에서는 이중의 의미로 해석될 수 있다. (1) 전대의 모양이다∽(2) 전대와 같다.

비 아리 무어시 잇셔 마치 (ㄱ) 젼디 모양 ᄀᆞ고 가족 ᄭᅳᆫ이 비랄 둘너 민 듯
ᄒᆞ여 은은이 싱젼 ᄎᆞ고 잇던 (ㄴ) 젼디 모양일너라(1852, 태상감응편 3,8ㄱ).

ㄷ. 하늘이 갈라짐과 성령이 <u>비둘기같이</u> 내려오심을 보고(현대역 마가복음).

　중앙어를 반영하는 문헌어에서 역사적으로 이러한 'N+모양으로'의 쓰임은 비교적 늦은 18세기 중반부터 문헌 자료상으로 등장하지만, 그 이후 19세기의 단계에서는 '-는 모양+이다' 유형과 함께 확대되어 나타나기 시작한다. (ㄱ) <u>명화적 모양으로</u> 몬져 츈쳔을 범ᄒᆞ야 군긔롤 노략ᄒᆞ야(1756, 천의해,4,63ㄴ), (ㄴ) 젹뫼 일신의 그 <u>고기 모양으로</u> 죵긔 나니 앏프기 골슈의 ᄉᆞᄆᆞᆺ눈지라(1852, 태상해,2,76ㄱ). 19세기 후기 전라방언의 자료에서도 '-는 모양으로'와 'N+모양으로' 구문이 쓰이는 통사적 환경은 동시대 중앙어의 사례에서 크게 벗어나지 않는다. 그러나 여기서는 '모양'형과 유사한 또 다른 이형태 '모냥' 계열이 산발적으로 교체되어 등장하고 있다. 19세기 후기 전라방언의 자료에 등장하는 '모냥'형은 대체로 여전히 구상적 의미를 보유하고 있었으며, 인식양태를 반영하는 '-는 모냥으로'와 'N+모냥으로'와 같은 구문으로 확산은 20세기 전라방언의 시기에 이르러서야 등장한다.

　　(28) ㄱ. '-는 모양으로':
　　　　　통인이 닥쌈<u>하는 모양으로</u> 마조 업데서(완판 84장본 춘향전,하.12ㄱ),
　　　　　감틱이 <u>니응ᄒᆞ는 모양으로</u> 기별ᄒᆞ고(완판 화룡, 42ㄱ),
　　　　　모든 즘싱이 일시의 ᄃᆞ라들어 밥과 고기롤 먹고 <u>아는 모양으로</u> 도라 보며 가거눌(필사본 슉향전,하.4ㄴ),
　　　　ㄴ. 'N+모양으로':
　　　　　톡기가 죠쎄노라 <u>원싱이 모양으로</u> 압발은 취어 들고(판소리, 퇴별가,310).
　　　　　웨 공연이 안져싸가 <u>솔방울 모양으로</u> 쑥 쩌러저 굴너가오(판소리, 적벽가,516),

마계틀 모양으로 쌧쌧ᄒ고 누어시니(판소리, 변강쇠.562).

민산이 모양으로 젹신으로 달여드러(판소리, 동창, 춘향가 136).

ㄷ-1. '-는 모냥으로': 흐로는 왜인과 셔로 숙낙ᄒ고 오륙인이 조뢰ᄒᄂ는
모냥으로 궐니 드러가셔(필사본, 봉계집 28ㄴ),

ㄷ-2. 'N+모냥': 그 양반 몬냥은 허싀비 갓트되(장자백 창본 춘향가.105),
딕쳬 자네가 왜 저 모냥인가(완판,29장본 춘향.28ㄱ)〜딕쳬 자네가
웨 져 모양인가(완판 84장본 춘향전,하.32ㄱ), 어사 모냥 차일젹의
(좌동,하.23ㄱ),

중신의 모냥으로 관디 조복을 차려 입고(상동 36ㄴ).


오늘날의 전라방언에서 의존명사 '모냥'형은 '-는 것 모냥으로', 'N+모냥
으로', '-는 모냥이다' 등과 같은 구문에서 구상적 형태/모양에서부터 양태성
형편/처지를 거쳐서 "-는 것같이", "N 같이/처럼", "-는 것 같다" 등의 동급비
교의 영역에 접근하고 있다. 그거이 그 철마쇠로 요새 거 오못짜, 거 말모냥으로 활딱
뛰는 거 모냥으로 있네. 시방도 있어(6-5, 전남 해남군 엄더면 16:138). 전남 무안지역의
방언 어휘를 수집한 오홍일(2003)은 '모냥' 항목에 동급비교 부사격조사 "처럼/
같이"를 직접 대응시키며, 해당 방언의 '마냥'과 유의어로 취급하였다. 저 큰애
기는 달모냥 이쁘게도 생겼네(p.125). '모냥'의 이러한 기능은 전북방언 일대에서도
관찰할 수 있다. 이것이 호매질소리 머냐 들소리라고 호매질소리모냥 하는디,(5-3 전북
부안읍, 223).[35]

---

35 최명희의 『혼불』 텍스트에서 동급비교의 기능을 하는 (ㄱ) '모냥+ø'형과, (ㄴ) '모냥+으로',
(ㄷ) '-는 모냥이다'의 예들을 일부 추출하면 아래와 같다.

(ㄱ) 우리 요천수모냥 깨깟헌 물에서만 살어(4.149),
젖 떨어진 아이모냥(4.42), 넋 나간 사람모냥 골똘히 허더가(9.277),
(ㄴ) 그렇게 일도선매모냥으로 넘길 것이면(2.265), 잠자리모냥으로 그리는 것은(4.288),
(ㄷ) 옛날부텀 대가 많었든 모냥이라(4.19),
어린 것이 놀다가 무심코 조선말을 쓴 모냥인데(9.305),

그 반면에, 현대 전라방언 등지에서 전형적인 동급비교의 부사격조사로 쓰이고 있는 '맹이로' 부류의 출현은 시간적으로 매우 급진적인 성격을 나타낸다. 비교적 구어성이 강한 19세기 후기의 전라방언 자료들에서 이러한 형태 '맹이로'는 찾을 수 없기 때문에, 이 형태는 20세기 초반 이후부터 해당 방언 지역에 생산적으로 확산된 것으로 추정된다. 글쓴이는 '맹이로' 형태상의 구조는 '모양'의 축약형 '맹'에 조격조사 '-으로'가 전라방언에서 고유한 '-이로'로 전환되어 하나의 단위로 통합된 '맹+이로'로 분석하는 방식을 취한다.[36] 전북방언의 '맹이로'에 대한 관찰에서 김홍수(1992)가 'N+맹이로'와 'N+모양으로'형이 동일한 통사적 환경에서 등장하는 사실을 지적한 바와 같이, 대체로 두 형태간의 출현 분포는 상호 일치하는 경우가 많다.[37] 또한, 'N+맹이다'와 '-는 것맹이다'와 같은 동급비교의 서술어의 경우도 'N+모양이다'와 '-는 것 모양이다'와 분포상으로 어느 정도 일치를 보인다.

그러나 전라방언에서 문법화를 수용하여 통사적 출현 환경이 확대된 '맹이로/맹이다'의 경우는 구상적 어휘의미를 가지고 있는 '모양'의 통사적 환경과

---

36 '맹+이로'에 대한 '맹이'형도 전라방언에서 등장하는데, 일반적인 예들로는 생각되지 않는다. 여기서 '맹이'는 '맹이로'에서 '-로'가 탈락된 형태로 일단 추정된다. 이와 같은 변화형은 동급비교의 또 다른 부사격조사 'N+만이/마이'에서도 찾을 수 있다.

　(ㄱ) 아, 그런개 이 놈이 알아들은 <u>것맹이</u> 꼬리를 치고(5-2, 전주시 동완산동 12:102).
　(ㄴ) <u>병신만이</u> 이렇게 헌다 이 말여(5-5, 전북 정주시 정읍군편(1), 신태인읍 3:386),
　(ㄷ) <u>독당이마이</u>(6-1, 전남진도군 군내면 16:94).

37 김홍수(1992)는 전북방언에서 '모냥/마냥'은 그 본래의 실질적 어휘의미를 어느 정도 유지하는 경향이 있기 때문에 '맹이로'에 대치할 수 있는 경우는 문법화가 진전된 일부에 제한되므로 '맹이로' 구문과 '모냥'계 구문을 일률적으로 동일시 할 수는 없다고 하면서, 아래와 같은 예문을 제시하였다.

　(ㄱ) 각시 얼굴 생긴 {모냥/*마냥/*맹} 생깄드라고
　(ㄴ) 가만이 본개 밥을 허는 {모냥/*마냥/*맹}이여.

　그러나 (ㄱ)의 예문에서 "각시 얼굴 생긴 {것처럼/것같이}"의 의미로 해석한다면, 문법화를 수행한 '맹으로'가 연결된 "각시 얼굴 생긴 {것맹(이로)}"의 구문이 성립된다. (ㄴ)의 예문의 경우에도 명사절이 개입된 "밥을 허는 {것}맹이여" 구문이 허용될 수 있을 것이다.

는 일치하지 않는다. 이러한 사례를 『한국구비문학대계』(전남·전북 편)의 구술 자료와, 전북방언의 자연스러운 입말이 등장하는 최명희의 장편대하소설 『혼 불』(1996) 등의 텍스트에서 추출해 보기로 한다.

(29-1) 동급비교의 서술어: '맹이다/매이다':

ㄱ. 아, 와 본개 별게 다 있단 말이여… 사람도 맹이고, 얄궂이 용왕도 맹이고…

그러니 용왕국이지(5-1, 전북 남원 이백면 17:221),

ㄴ. 자래끼? 거 들은 것도 맹인디…(조사원의 응답과정에서 제보자가 사용한 말,

전남 방언자료집의 녹음자료, 1991:33, 담양 I.29),

ㄷ. 기냥 호래이매이로 올로 오는디, 그냥 당채 잡아 묵을 거 매여(6-3 전남 고흥군 동강면 6:647),

ㄹ. 그런디 어디를 간께로 원 요상한 캄캄한 밤인디, 뭐 울음소리도 매이고

뭔 소리도 매이고 그런 소리가 난다 말이여(상동, 동강면 20:693),

(29-2) N+맹이다/N+맹기다/N+매다;

ㄱ. 그런디 남편으 죽는 것을 보고 있는 것보다는 내가 먼저 죽는 것이 더 나을 것매서 이 물에 빠져 죽을라 그러요(전남 고흥군 동강면 20:694).

ㄴ. 전설로서 충청도 어디 용보들이란 군데서 그런 말이 있다고 그래. 그 이야기가 허황한 것맹기라(5-1, 남원군 이백면 16:211),[38]

---

38 '-는 것맹기라'에서 '-맹이라'형 대신에 출현하는 '-맹기'형은 우리가 설정한 형태적 변화 '모양>맹'의 범주에서 벗어난다. 『한국구비문학대계』(전남·전북 편)의 구술담화 텍스트에서 '맹기'형은 단지 2회 등장한다.

(ㄱ) 미친 사람맹기로 그래. (ㄴ) 사방으가 산이 병풍맹기 휙 둘러 싸가지고는.

ㄷ. 이 놈이 찾어 와 갖고는 "똑 그 놈이 같은 코 맥쟁이로 똑 엊저녁에 보든 <u>놈맹이다</u> 마는…" 그러고 가드라네(<남도문화> 2집, 1986: 373, 羅老島의 說話, 구술자, 고귀열 67세,남).

ㅁ. 달은 뜨는디 쫄쫄 굶고 체다 보는 달이 똥그람헐랑가, <u>밥그륵맹일 랑가</u>(혼불, 5:170),

양반은 다 <u>신선맹이라도</u> 넘 모르게 속 썩는 일이 한두가지가 아닝 거여(혼불, 2:287),

ㅂ. 아, 이거 참 <u>꿈맹이다</u>. (<그때는 고롱고롬 돼 있제>, 뿌리깊은 나무 민중자서전 12, 벌교 농부 이 봉원의 한평생, 1992:19),

시방 똑 <u>전기불맹이여</u>(상동 1992:27), 굵은 솔밭으 가서 지게 <u>가지 맹인</u> 놈 따다가(상동, 1992:103) cf.똑 갈비맹이로 넓적허니(상동. 1992:116).

ㅅ. 인자 보리 <u>꼽살맹이라도</u> 어떻게 대접을 해주는가 어쩌는가 모르넌 게로(5-5, 전북 정주시. 정읍군 신태읍 17:433).

(29-3) N+맹이로/매이로/매로:

ㄱ. 치매자락을 <u>꼬랑지맹이로</u> 흔들어댐서(혼불, 2:288),[39]

---

또한, 우리가 앞서 (23)의 예문에서 살펴보았던 『전남방언사전』(이기갑 외 1997)에서는 '맹키 로/맹키다'형도 등록되어 있다. 이러한 '맹기/맹기로/맹키' 유형들은 이기갑(2003:93)에서 제 시한 가상적인 *만기'형으로부터 변화를 밟아온 [분화 2] 과정으로 설명된다.

39 김규남(2021)은 문학작품 텍스트에 반영된 지역 정체성 표지와 전북방언의 특질을 검토하면 서, 최명희의 장편소설 『혼불』 등을 대상으로 하여 전형적인 전북 하류층 화자들이 구사하 는 일상적 대화에 등장하는 동급비교의 부사격조사 '맹이로/맹이다' 형들을 관찰하였다. 여기 서 김규남(2021:51-53)은 '맹이로/맹이다' 부류를 형태론적으로 '맹이'로 분석하였다. 이와 같은 '맹이'형은 이 글에서 의도하는 바와 같이, '모양>맹'의 문법화 과정과, 조격조사 '-으 로'에 대한 전형적인 전라방언 '-이로'(<-의로)와의 통합형 '맹+이로', 그리고 서술어 '맹 +-이다'의 구조와는 상이한 분석 방식으로 보인다. 또한, 이기갑(1987:182)도 중앙어의 '처 럼'에 대응되는 전남방언의 견줌자리 토씨로 '맹이/맹키'를 제시한 바 있다. 『혼불』의 텍스트에는 주로 '맹이로/맹이다' 유형이 300여 회 적극적으로 출현하지만, 동급비 교의 '처럼/같이'에 준하는 'N(것)+마냥'과 'N+마냥으로' 부류들도(이 글의 §5에서 취급) 70 여 회 사용되었다. 동시에, 『혼불』의 텍스트에는 또 다른 동급비교의 문법형태 'N+맹키로'

왜 가는 사람을 붙들고 <u>찐드기맹이로</u> 놓들 안히여(혼불, 2:25),

　　cf. 첨으로 본 놈한테 그냥 <u>진드기마냥으로</u> 시주를 받고(5-1, 남원
　　　　송동면, 26:296),

　　이것은 또 무신 소리여 <u>뚱딴지맹이로</u>(혼불, 2:280),

ㄴ. 흰죽을 마당에다 갖다 내 주면 호랭이가 <u>개맹이로</u> 퍼 먹더라(5-2,
　　남원 송동면 25:293),

　　cf. <u>개만이로</u> 호랭이가 졸졸 따르가(5-4, 군산-옥구군, 개정면 17:
　　　　494),

　　말캉밑이서 <u>개마냥으로</u> 가만히 쪼글트리고 인자(상동. 21:510, 국
　　순디 그런개 <u>국수가닥맹이로</u> 뱀이라(5-1, 남원 송동면 39:323),
　　되야지 한마리 쥑여서, 아 <u>애기매이로</u> 묶어서 놓고는 송장겉이 해
　　놓고(5-2, 전주시 동완산동 7:90).

ㄷ. 당신 아들, <u>시골서매로</u> 어떠케 까불고 지랄하다가(5-1, 남원 보절
　　면 7:664),

　　삼형제가 사는디, 그렇게 삼형제 중 <u>우리매로</u> 내가 형, 여그가 동생
　　상동. 12:675).


위의 (29-1)의 예들에서 형용사 '같다'(如)의 동급비교 의미에 대부분 접근
하고 있는 '맹이다/매이다/매다'의 출현환경은 통상적인 '모양이다'의 분포와
일치하지 않는다. 따라서 '맹이다' 부류를 인식양태 단계의 '모양이다'로 일반
적으로 복원하거나, 대치할 수 없다. 그러한 사실은 '맹이다' 부류가 '모양'으
로부터 가장 높은 3단계의 문법화를 수행하여 자체적으로 '같다'에 준하는
형용사로 발달하였기 때문에 일어난 현상이다. 여기서 '맹이다'의 이형태 '매

---

　　형도 관찰된다.

　　머리보톰 깎어야겠네에. 아조 지대앤허니 질어 갖고는 <u>도사맹키로</u> 우서 죽겄네에.
　　<u>떠꺼머리총각맹키로</u> 땋고 댕게도 허겄그만?(혼불 8:292).

이다/매다'는 '맹이다>매이다>매다'의 연속적인 방향을 가리키는 더 부가된
축약현상으로, 비음 ŋ의 탈락과, 이어서 모음 축약으로 형성된 것이다. 이와
같은 동급비교 서술어 '매이다>매다'의 존재는 위의 (29-3ㄷ)의 부사격조사
'-매로'형이 '맹이로>매이로>(음절축약)매로'의 변화과정을 밟아서 형성된 것
임을 나타낸다.[40]

(29-3ㄴ)의 예문 가운데, "되야지 한마리 쥑여서, 아 <u>애기매이로</u> 묶어서 놓
고는 송장같이 해 놓고…"에서 '애기+매이로'의 경우에 동급비교의 부사격조
사 '-매이로'형은 '마니로' 부류에 속하는 정도성 의존명사 '만'에 '-이로'가
통합된 '만이로'에서 '마니로>(움라우트)매니로>(ㄴ 탈락)매이로'의 연속적인
변화를 거쳤을 것으로 판단한다. 그러나 이러한 구문이 쓰인 문맥으로 유추해
보면, 의존명사 '맹'(<모양)이 관여하여 '맹이로>매이로'의 과정을 거쳤을 가
능성도 있다. (29-1ㄷ)에 제시된 '호래이매이로'에서 '호랭이(虎)>호래이'와,
'맹이로>매이로'의 변화 역시 모음 사이 ŋ의 삭제를 반영한다.[41]

그 다음으로, (29-2)의 '--는/을 것/N+맹이다/매다/맹기다' 등의 구문에서
는 '같다'에 해당되는 '맹이다' 부류들은 자체적으로 독자적으로 쓰이지 못하
고, 의존명사 '것'이나 다른 통상적인 자립명사들을 앞세워서 하나의 단위가
되어 서술어 항목을 구성하고 있다.[42] 이와 같이 '-는 것 같다'의 구문과 대조

---

40 중국 연변지역의 한국어(함북지방, 특히 육진방언 사용자들의 후예들의 지역어)에 대한 연구
   에서 채옥자(2002:35)는 '모양'형이 '매, 모이'와 같이 쓰이고 있음을 지적하며, 다음과 같은
   예문을 제시하였다. 동미 매:다(동무인 모양이다).
41 경북방언에서도 동급비교 표지 '-매로'와 '-매이로'형이 구술 담화에서 등장한다(조현준
   2010:71).

   (ㄱ) 우리 <u>동네매로</u> 말이지 아래 부락이 음지의 북쪽에 있고 말이지(한국구비문학대계 7-14,
       경북 달성군),
   (ㄴ) 하늘에서 <u>무지게매이로</u> 무슨 쇠꼬채이가 내리서(7-8, 경북 상주군).
42 그러나 다음과 같은 예문에 등장하는 '맹'의 경우에는 정도 "-만큼"에 해당되기도 한다. '청
   와대+맹이나'에서 '맹'은 정도가 '청와대 모양이나' 정도로 복원될 수도 있다.

   문을 문기를 <u>청와대맹이나</u> 했던가(5-1. 전북 남원 금지면 31:506).

되는 '맹이다'의 의존적 성격은 단독의 서술어로 기능하는 (29-1)들의 예보다 문법화의 정도가 더 낮은 2단계의 상황을 가리키는 것으로 판단한다.

(29-2)의 예들에서는 쓰이는 상황에 따라서 진행되는 문법화의 단계에서 인식양태로 추상화된 '모양'과 상호 교체하여 원래의 '모양'으로 복원 가능성을 보여주는 유형들도 있으며, 동시에 그러한 복원이 어려운 경우들도 존재한다. 물론 전라방언에서 '-는 것+모양/모냥으로'의 구문이 어느 정도 가능하지만, 생산적이지 않다. 이 경우에 의존명사 '모양'의 의미는 동급비교의 '-같이/처럼'에 접근한다. 『한국구비문학대계』(전남·전북 편)의 구술 텍스트 전체에서 '-는 것+모양/모냥으로'의 구문은 단지 2회 출현한다. (ㄱ) 내가 인자 막 얘기헌 <u>것모양으로</u> 잉, 얘기를 혀(5-1. 전북 남원 수지면 2:347), (ㄴ) 앗따 기양 엇떤 천병만보다 <u>끄러오능 거모냥으로</u> 공장허거든(6-2. 전남 진도군 엄다면 6:346).

(29-2ㄱ)의 예문에서 "더 나을 것매서"의 '매서'는 '-을 것+모양이어서'로 복원하기가 어렵다. (29-2ㄴ)의 경우, "허황한 것맹기라"에서는 상황에 따라서 "허황한 것+모양이라"로 복원할 수도 있지만 일반적인 표현으로 수용하기 어렵다. 그 반면에, (29-2ㄷ-ㅅ)에 걸치는 '-는 N(놈, 밥그륵, 꿈, 전기불, 지게가지)+맹이다' 부류에서는 '-는 N+모양이다'로의 복원이 어느 정도 가능하다. 그러나 (29-2ㅅ)의 구문 "보리 꼽살맹이라도"에서 '맹이라도'의 경우는 "보리 꼽살 같은 것이라도"와 같이 해석되어, 원래의 '모양'으로 복원이 사실상 어렵다.[43]

---

43 최명희의 『혼불』 텍스트에는 (ㄱ) 'N+맹이가'와, (ㄴ) '--는 것이 맹이라'와 같은 구문이 서민들의 대화 가운데 등장한다.

(ㄱ) 니 손발 오그라지면 그대로 <u>앉은뱅이맹이가</u> 되야 갖꼬 디져 불고 말 거인디(2,15),
(ㄴ) 알든 못헝게 보손 신고 발등 긁고, 넘의 다리 긁는 <u>것이 맹이라.</u>(4,116).

문학작품 텍스트에 반영된 전라방언을 살피는 자리에서 이태영(2010:278-279)은 최명희의 『혼불』(1996)에 쓰인 위의 (ㄱ)의 예문을 주목하고, 표준어 '모양'에 상당하는 전라 방언형 '맹이'형을 추출하였다. 이 교수는 명사 '맹이'형이 "맹이-네/맹이-고/매이-다/맹-이지" 등과 같은 굴절을 보이며, '맹이로'의 경우에 '처럼'의 의미를 가지기 때문에 특수조사로 취급하는 것은 문제가 있다고 지적하였다. 즉, '맹이로'는 '모양으로'의 구성으로 '-처럼'의 의미

(29-3)의 'N+맹이로/매이로/매로'에서는 대체로 'N+모양으로'의 복원과 그 교체가 어느 정도 가능하다. 그러나 예문에 등장하는 '맹이로' 부류 대신에 '모양으로' 대치하면, '꼬랑지/찐드기/똥딴지/개/시골서/우리+모양으로' 등으로 복원이 이루어진다. 그러나 동급비교의 부사격조사 '같이/처럼'에 비추어 복원된 'N+모양으로' 구문 가운데 일상에서의 자연스러운 표현으로 수용하기 어려운 예들도 있다. 구상적 형태를 갖추고 있는 N(꼬랑지/찐드기/개/국수가닥)에 후행하는 '맹으로'의 경우는 '모양으로'의 대치가 어느 정도 가능하지만, '시골서/우리' 등의 N 뒤에서는 그렇지 못하다. 이러한 차이는 'N+모양으로'에서 문법화를 수행한 'N+맹이로'와의 복원 가능성의 정도가 출현하는 추상적 맥락에 따라서 공시적으로 동일하지 않다는 사실을 가리키는 것이다.

(29-3)의 예들에서 '맹이로' 부류 이외에 역시 동급비교의 기능을 하는 여타의 다른 '매이로/마냥으로' 형태들도 동일한 맥락에서 화자에 따라서 수의적으로 등장한다. '개맹이로∽개만이로∽개마냥이로'. 이러한 유형들은 특히 '-는 것' 명사절 다음 위치에서도 '맹이로/매이로, 마냥으로/매냥으로/만으로' 등과 같은 몇 가지 이형태의 모습으로 쓰이고 있다.

(30) ㄱ. -는 것+맹이로; 썩은 낭구에 부용이 앉은 <u>것맹이로</u> 참말로 기가 맥히게 이뻐(한국구비 5-6, 전북 정주시/정읍군편{2}, 태인면 2:26),

　　 -는 것+매이로; 아척 밥상을 일찌거니, 애기들 학교 갈란 <u>거매이로</u> (6-3, 전남 고흥군 풍양면 5:315),

　　ㄴ. -는 것+마냥으로; 호래이가 똑 말을 알아 듣는 <u>것마냥으로</u> 기양 휙

---

로 일시적으로 사용될 뿐이며, '처럼'의 기능으로 고정되었다고 보기 어렵다는 것이다. 그러나 (ㄱ) '앉은뱅이+맹이가'(앉은뱅이+모양이/앉은뱅이처럼/같이) 구문에서 '맹이가'의 출현은 매우 특이하게 사용된 형태이다(『한국구비문학대계』의 텍스트와 같은 다른 구술담화에서 사용된 적이 없다). 따라서 이 형태는 양태성 의존명사 '모양'에서 축약된 방언형 '맹'에 이 방언에서 생산적인 명사파생접사 '-이'가 연결된 구성으로 추정된다. (ㄴ)의 '-는 것이 맹이라' 구문에서는 '-는 것+모양이라'(-는 것 같다로 복원할 수 있다. 이러한 구문은 전라방언 자료에서 일반적인 구문으로 등장하지는 않는다.

가분다 말이여(6-3, 전남 고흥 점암면 34:514),

　　－는 것＋매냥으로: 죽은 것매냥으로 머리를 사방다 걸어젖혀(5-3, 전
　　북 부안 줄포 23:282),

　ㄷ. －는 것＋만으로; 딱 떠들고 보니까 엊그저끼 죽은 것만으로 있어(상
　　동. 283).

　위의 예들에서 '맹이로' 부류와 계통이 다른 (30ㄴ) '것마냥/매냥으로'와 (30
ㄷ) '것만으로'형의 경우를 제외하면, '것맹이로/매이로'형은 경우에 따라서
'것모양으로'의 구문으로 대치나 복원이 가능하다. 그와 동시에, (30)의 밑줄
친 구문들은 대부분 '것＋같이/처럼' 등과 같은 동급비교의 부사격조사들의
유형을 나타낸다. 내가 인자 막 얘기헌 것모양으로{것맹이로/것매이로}, 잉, 얘기를 혀.
지금으로 말할 것 같으면 강연을 한자리 헌단 말여(5-1, 남원 수지면 2:347/박환우 78세).
　이러한 양태성 의존명사 '모양(으로∞이로/이다)'과, 여기서 문법화를 거친
'맹(이로/이다)' 양자 간의 분포상의 일치는 특히 19세기 후기 전라방언 자료에
서부터 확산되는 'N＋모양으로'의 구문들에서도 그대로 확인된다.[44] 따라서
'맹이로'와 '맹이다' 구문에서 '맹'은 인식양태로 전환된 추상적인 '모양이로'
와 '모양이다'의 단계에서 동급비교의 기능으로 문법화가 진행되어 가는 과정
에서 부수적으로 음운론적 축약을 수행한 형태로 판단한다.[45] 양자 간의 분포

---

**44** 이금영(충남대) 교수는 이 글의 초고에 대한 논평에서 의존명사 '모양＋이다'의 구문에서 서
　술어 '맹＋이다'(같다)로의 변화는 "문법화"가 아니라, "어휘화"로 취급하는 것이 더 적절하
　다고 지적하였다. 이 교수는 그러한 판단의 근거로, '맹＋이다'(같다)의 경우는 문법적인 요
　소라기보다는 다른 의미를 갖는 다른 어휘 항목으로 발달한 것으로 볼 수 있기 때문이라고
　하였다.

**45** 동급비교의 서술어 '-것＋맹이다/N＋맹이다'(-것 같다/N＋같다) 부류가 전북방언에서 쓰이
　는 양상을 최명희의『혼불』의 텍스트에서 일부 추출하면 다음과 같다. 이러한 문법형태들
　의 출현 환경은 문법화의 정도에 따라서 원래의 양태성 '모양'으로 복원할 수 있다.

　1. 양반은 다 신선맹이라도 넘 모르게 속 썩는 일이 한두 가지가 아닝 거여(2,287),
　2. 어찌 그리 너 허고 앉었는 거이 똑 나맹이냐(3,255),
　3. 이 다리를 이불로 덮어 주는 것맹이라. 만고 풍상의 늙은 가쟁이로는 홀에미다리를 보듬

상의 이와 같은 일치 이외에도, 글쓴이는 전라방언에서 일어난 '모양>맹'으로의 축약 가능성을 아래와 같은 3가지의 근거로 제시한다. 첫째는 1940년대 자료집 小倉進平(1944:508)에서 수집된 아래와 같은 기록이다.

(31) 樣子. (1) [mo-jaŋ](模樣)--많은 지역,

　　　 (2) [mɛŋ]([so-mɛŋ-i-da](牛らしい..など.)-[전남-장성, 담양, [전북-남원, 순창, 정읍, 김제.

이와 같은 증언은 1940년대 전라방언에서 '모양'과 '맹'과의 밀접한 관련성을 보여준다고 생각한다. 여기서 '소맹이다'는 "소의 모양이다→소와 모양 같다→소 같다"로의 동급비교의 의미로 쉽게 전환될 수 있다. 小倉進平(1944)에서 예로 제시된 일본어 "牛らしい…など"에서 'らしい'는 진술하는 사항이 화자의 어느 정도 확실한 추측에 기반하고 있음을 나타내는 표현으로, 우리말 '-는 것 같다/-인 듯하다'에 가깝다. 두 번째의 근거는 '모양>맹'으로의 음운론적 축약의 경로에 대한 사실이다. 19세기 후기의 전라방언 자료에 속하는 완판본 고소설 부류의 텍스트 가운데, '모양>맹'으로 이르는 변화의 중간단계인 '모양>뫼양'의 과정이 드물게 등장한다.

(32) 웅이 그 칼을 보니 <u>뫼양이</u> 웅장혼지라(정사본, 조웅전,1.20ㄴ).

　　　 d. 못 가온더 쌍오리는 손임 오시노라 둥덩실 써서 기다리난 모양이요 (완판 84장본 춘향전,상.20ㄴ), 버들가지 느러져 불빗슬 가린 모양 구실발리 갈공이의 걸인 듯 하고(상동.상.20ㄱ), 소탈한 모양이며 단

─────────

아 감싸는 <u>것맹이고</u>(4,133),

4. 야 야, 너 꼭 벌초 안헌 <u>묏동맹이다이</u>? 대가리가(4,207),

5. 아니, 꼭 무신 소리가 저벅저벅 난 <u>것맹이라</u>. 꼭 <u>애들맹이로</u> 왜 그리여?(6,45),

6. 가만 생각해 봉게 또 그럴 일만은 아닝 <u>것맹이라</u>(6,65),

7. 똑 신들린 무당이 춤추는 <u>것맹이라</u>(10,303).

정한 거동이(상동.상.19ㄴ),


　　19세기 후기 전라방언에서 위와 같은 '모양>뫼양'의 변화는 이 시기의 지역에서 생산적인 '오'의 움라우트 현상을 수용한 것이다(최전승 1986).[46] 여기서 형성된 '뫼양'형은 최종적인 형태 '맹'으로의 입력을(뫼양>…>맹) 용이하게 한다. 오늘날 경남지역의 거창방언에서 수집된 '모양'에 대한 '매양'[mɛ-yaŋ]형은 '뫼양'에서 어두음절에 일어난 비원순화를 반영하는 형태로 보인다(최학근 1990:365).

　　'모양>맹'으로의 세 번째 근거는 '모양>뫼양>(비원순화)매양'에서 '매양>맹'으로 이르는 간접적인 통로이다. 이러한 과정은 19세기 후기 경상방언에서 등장하는 시간부사 '미양(每樣)>맹'에서 확인된다. 오늘날 전라방언 등지에서 '미샹(每常)에 기원을 두고 있는 시간부사 '매양'(늘, 언제나)은 축약형 '맹'으로 전환되어 쓰이고 있다. 경북중부 지역방언 어휘 수집자료 가운데 '역시'의 의

---

46 비교적 이른 시기에 일어난 피동화음 '오'의 제1차 움라우트 현상은 '모욕(沐浴)>뫼욕'의 경우에 산발적으로 17세기 초기의 『東國新續三綱行實圖』(1617)의 텍스트로 소급된다. 18세기 초반 月城李氏가 그 아들에게 보내는 한글편지 가운데에서도 '뫼욕'형은 지속적으로 반복하여 출현하고 있다. 또한, '모욕>뫼욕>(비원순화) 믜욕'은 19세기 후기 전라방언 자료에서도 등장하였다.
　　ㄱ. 조히 뫼욕 ᄀᆞ른 후의 드로리라(동국신속 열녀 3.40ㄴ),
　　　　즉시 뫼욕ᄒᆞ기를 다ᄒᆞ고(열녀 6.71ㄴ),
　　　　강이 면티 몯홀가 두려 뫼욕ᄒᆞ고 옫 ᄀᆞ라 닙고(열녀 7,84ㄴ).
　　　　cf. 모욕ᄒᆞ여(열녀 4.54ㄴ), 모욕 곱기거늘(열녀 5.75ㄴ).
　　ㄴ. 네 싱신날 뫼욕지게ᄒᆞ고 츅슈ᄒᆞ노라(1716, 월성이씨 언간 1, 월성이씨(어머니, 1650-1715) → 권순경(아들),
　　　　초ᄒᆞᄅ 보롬 향한의 뫼욕자겨ᄒᆞ고(1716, 월성이씨 언간 3, 상동).
　　ㄷ. 장경을 믜욕 감겨(완판, 장경전,10ㄱ), 믜욕 제계ᄒᆞ고(좌동.3ㄱ), 믜욕 감겨 불젼의 튝원ᄒᆞ고(상동.48ㄴ).
　　이와 같이 역사적으로 '모욕>뫼욕>믜욕⌒메역'을 거친 형태는 20세기 초에 '멕'형으로 축약된다.
　　Baigner: 메역 감다, 멕 감다(1912, 법한ᄌᆞ뎐, 르 장드르 편, p.187),
　　Baignoir: 목욕, 멕(상동, 1912:187).

미로 부사 '맹'형이 등장한다(정철 1991:232). 그리고 전남방언을 중심으로 한 주갑동(2005:133)에서 종결어미 '-지' 다음에 연결되는 경우는 '맹¹'(불확실한 추측)으로, 그 반면에 다른 환경에 등장하는 경우에는 '맹²'(꼭)으로 분류되었다.

이러한 '맹'형은 어떤 원칙이나 행동의 불변적인 양상을 화자와 청자가 서로 인지하고 있는 상황에서 (ㄱ) 화자가 청자에게 다짐 또는 확인을 요구하거나, 동의를 구하며(확인의문문), (ㄴ) 스스로 청자와 동의하여 어떤 내용에 확신을 갖게 하는(확인평서문) 일종의 화용표지(pragmatic marker)로서의 기능을 발휘한다.[47]

> (33) 업다고 밍 업스며 잇다고 밍 잘 살가(1872,『내방교훈』, 능주구씨 경자록)[48]

---

[47] 전북방언의 통사적 특징을 기술하면서 김홍수(1992:116)는 주로 최명희의 『혼불』에 등장하는 대화문을 통해서 어말어미 '-지' 다음에 첨사 '-맹'이 연결되어 추측의 양태를 부여하는 기능 이외에, 약한 감탄과 강조가 첨가된다고 관찰하였다. 최근에, 김규남(2021:53)은 전북방언에서 '-맹'형이 확인의 보조사로서 문말에서만 사용된다고 기술하였다.

이기갑(2003:252)은 서남방언에서 반말의 씨끝 '-제'에 형태 '-메/멩'을 첨가시켜, 확인의 의문을 나타낸다고 지적하였으며, 이러한 '-메'나 '-멩'은 기원적으로 이음씨끝 '-며'에서 온 것으로 간주하였다. (가) 다들 갔제메?(=다들 갔지?), (나) 담:에 곡 오제멩(=다음에 꼭 오지?).

그러나 '맹'형은 전라방언과 경상방언의 구술 자료에서 아래와 같이 문법화의 정도에 따라서 다양한 환경에서 화용표지의 기능으로 출현한다.

(ㄱ) 그래놓고 시방 품종 그거 싱귄 것이 모도 갠찮애. 그르닝께 모도 맹 품종 나온 거다 싱구고(65쪽).

(ㄴ) 그 전이는 연애랑 거 알도 몰라. 맹 모도 중매제.(42쪽).

(ㄷ) 가마이는 인자 전불 일본놈들이 들이옹 거고, 전에 구식이 가마니 안 나와서 모도 맹 멕다리 갖고 허고(91쪽),『그때는 고롱고롬 돼 있제』(뿌리깊은 나무 민중자서전 12, 벌교농부 이봉원의 한평생. 1992.)

(ㄱ) 미느리가 솜씨가 없다든 동 솜씨가 마음에 맘에 안든단 동 하만 그랬어. 맹 "손에 호박 달아 놨나?" 이랬지.

(ㄴ) 옛날에도 맹 복진 사람은 손끝에 물 안 묻칬니다. 몬 사는 사람은 맹 막노동해야 되고 곯지. (161쪽),『베도 숱한 베 짜고 밭도 숱한 밭 매고』(뿌리깊은 나무 민중자서전 6, 안동포 "길쌈 아낙" 김점호의 한평생. 1992).

[48] 이 자료는 19세기 『내방교훈』(1872) 가사집에 수록되어 있는 작품의 텍스트에서 추출한 것

cf. 洋中의셔 偶然히 換風ᄒ고 風浪이 흉용할 때오면 制船홀 슈 업고 <u>미양</u> 漂流 ᄒ옵닌(아스톤본 표민대화, 하.38ㄱ),

절믄 적은 腫物이야 <u>미양</u> 나는 거시오(경도대학본 표민대화, 상.21ㄴ), 北京의셔 我國의 <u>미양</u> 勅使나 오옵시ᄂ듸(아스톤본 표민대화, 중.67ㄱ).


지금까지 제시된 3가지의 언어 내적 사실을 근거로 하여 19세기 후기에서 20세기 초반으로 이르는 전라방언에서 구상적 형태 '모양'에서 일정한 통사적 환경에서 동급비교의 부사격조사로의 문법화를 수행하면서 '맹'형으로 발달한 것으로 판단한다. 그리하여 '모양>(움라우트 현상)뫼양>(비원순화)메양/매양'의 과정을 거쳐, 마지막으로 음운론적 축약을 수행하여 최종적인 축약형 '맹'이 형성되었다고 가정한다.[49]

<hr />

으로, 이상규(2001:93)에서 재인용하였다.

**49** 이 글의 초고에 대한 논평에서 이기갑(목포대) 교수는 '맹이로'의 '맹'을 '모양'에서 변화된 것으로 보면, 의미나 통사적 관계는 자연스럽게 설명되지만 음운론적으로 여전히 다음과 같은 세 가지 관점에서 의문스럽다고 지적하였다.

첫째, 본문의 예문 (31)에서 제시한 小倉進平(1944:508)의 관찰은 '모양'과 '맹'의 단순한 대응에 불과한 것이다. 둘째, '모양>뫼양'과 같은 움라우트 예시는 '모양>맹'으로의 직접적인 축약을 야기했다고 보기 어렵다. 셋째, 유사한 음운환경을 간접적으로 나타내는 '미양(每樣)>맹'의 경우는 비슷한 축약을 보이지만, '맹이로'의 '맹'은 단모음인 반면에 '미양'에서 축약된 '맹'은 장모음인 점에서 서로 상이한 것이다.
이런 사실을 고려하면, 아직은 '맹'이 '모양'에서 왔다는 확신이 들지 않는다.(글쓴이에게 2021년 8월 27일 이-메일로 보낸 논평에서)

단지 글쓴이는 마지막 3번째의 지적에 대해서는 이렇게 답변할 수 있다고 생각한다.
해당 형태소의 모음의 음장은 그 놓이는 환경에 따라서 '장모음→단모음'의 변동을 공시적으로 보인다. 어두음절 위치에서 장모음의 형태소는 비어두음절 위치로 옮겨지면 단모음화 현상을 수용한다.
따라서 '모양'이나 '미양'과 같은 2음절에서 단음절로 축약된 '맹'의 경우에 보유했던 보상적 장모음은 'N+맹이로'의 비어두음절 환경에서 단모음화되었다고 간주한다.

## 5. 구상적 정도성("크기")에서 양태성 유사성으로: '만'

### 5.1. '만' 계열에서 '만+이로→마니로; '만차→만치+로'; 만케→만케로

중세국어에서 구상적으로 유사하거나 동등한 정도를 비교하는 기능으로 비교구문에서 사용하는 '-마' 계열과 '-만' 계열의 다양한 문법형태들 가운데(홍윤표 1994:583-593), '-만', '-만치', '-만콤' 등의 부류는 취급하는 예문의 맥락들과 관점에 따라서 비교의 의미보다는 정도성을 중심으로 나타내는 의존명사의 신분(왕문용 1998:15-197)으로 분류되기도 한다. 이들 문법형태의 원형적 쓰임을 생산적으로 반영하는 초기의 의학서 『구급간이방』(1489) 1-2권에서 주로 체언 뒤에 연결되는 '-만, -만케/-만치/-만훈/-만코' 등의 몇 가지 예들을 추출해서 부분적으로 살펴보면 정도성과 유사성의 두 가지 의미를 중의적으로 반영한다.

> (34) ㄱ. '만':
>
> 　　 굴을 슬고삐만 지버 소음애 삐(如杏大, 구급간이방 2.94ㄱ),
>
> 　　 디훈뿍 둙의 알만 뭉긔니(如鷄子大, 상동.1.56ㄱ),
>
> 　　　 cf. 미양 공심애 머고물 반둘만 그치디 아니ᄒ면(每日空心服之不絶半月, 상동.1.93ㄴ),
>
> 　 ㄴ. '만+ᄒ-'/만케/만코:
>
> 　　 콩낫만 ᄒ닐 곳굼긔 불라(如豆大吹, 상동.1.47ㄴ),
>
> 　　 환 밍ᄀ로디 록두만케 ᄒ야(和丸如綠豆, 상동.1.93ㄴ),
>
> 　　 믜모롭불휘룰 시서 ᄀ라 콩만케 비비아(爲末如豆大, 상동.1.41ㄱ),
>
> 　　 머귀 여름만케 비븨여(和爲丸如桐子大, 상동.2:87ㄴ),
>
> 　　 혀 우히 검고 두서 굼기 빈혓구무만코 피 나디(孔大如簪出血, 상동.2.120ㄱ),[50]

ㄷ. '만치':

밀 탄즈만치 혼 나출 수레 너허(如彈丸, 상동.2.57ㄴ),

디흔 뿍 두 탄즈만치와 쇠갓플 흐량 누르게 봇그니와롤(二彈子大, 상
동.2.99ㄴ).

집보우 횟들글 콩만치롤 녀코(如豆大, 상동.1.60ㄴ).

위의 비교구문에 등장하는 격조사 유형들은 정도나 한도를 의미하는 '-만'
형이 중심을 이루고 있으며, 같은 문맥에서 서로 교체도 가능했던 것으로 보
면, 유사성의 의미도 아울러 일종의 다의로 내포되어 있다. 『구급간이방』(1489)
의 언해 텍스트에 등장하는 '콩낫+만흐니롤(2.83ㄱ), '콩+만케'(1.41ㄴ), '콩만
흐닐'(1.62ㄱ), '콩만치롤(1.60ㄴ) 등의 구문에 대한 한문 원전은 '如豆大'(콩 크기
와 같은), 또는 수의적으로 '如'가 생략된 '豆大'(콩 크기의)로 되어 있다. (34ㄴ)에
서 'N+만혼, N+만케(만흐게), N+만코(만흐고)' 등의 구문에서 '-만'에 뒤따르
는 '흐-'의 활용형들은 맥락에 따라서 생략될 수도 있다. 半夏末올 콩 낫만 곳굼
긔 불라(半夏末如豆大吹鼻中, 1466, 구급방,상, 18ㄱ). 19세기 후기 국어에 등장하는
'만콤'형은 원래의 '만코'에 강조의 기능을 하는 형태 'ㅁ'이 첨가된 구성으로
보인다. 만콤: quantity, amount, size; 만치, 만침(Gale의 한영주뎐, 1897:303).

또한, 『구급간이방』(1489)에서 'N+만-ㄱㅌ-' 구문도 등장하였다. 힌 거시 긔
장뿔만 ㄱㅌ니 잇거든(有白如穀米大, 1.47ㄴ). 여기서 '-만' 다음에 동급비교의 서술
어 'ㄱㅌ-'(如)가 통합된 사실을 보면, '-만'의 핵심 의미는 한도 내지는 정도성
에 있다.[51] 그러나 이러한 구문에서 '기장뿔만 ㄱㅌ니' 부분은 해당되는 한문

---

50 'N+만코'의 예는 같은 계통의 의학서 『구급방』(1466)의 텍스트에도 그대로 등장한다. 혀 우
히 검고 두서 굼기 빈혓구무만코 피 나더 믈십 돗거든(舌上黑有數孔大如簪出血,1466, 구급방,
상.66ㄴ). 그리고 (36)ㄷ의 'N+만치'에 대한 'N+만지'형이 17세기 의학서에 등장하지만, 후
대로 연속되지 못한다. 유향 콩낫만지 ㄱ룰 밍ㄱ라(乳香大豆, 1608, 두창집언해,상.67ㄱ).

51 왕문용(1988:193)은 근대국어 단계에 쓰인 '만'은 대역자료에서 '如, 若, 足'과 대응된다고 하
였다. 그리하여 왕 교수는 근대국어의 '만'은 유사상태 여부를 어림짐작한 정도이어야 한다

원문(如N大)에 따르면 (34ㄴ)에서의 '기장뿔만 ᄒᆞ니-'로 교체될 수도 있기 때문에, 동급비교의 'ᄀᆞ트-'의 연속은 "N과 같은 정도의 크기"를 다시 부연한 표현일 가능성이 있다. 여기서 '만' 뒤에 연속되는 서술어 'ᄀᆞ트-'나 대용동사 '-ᄒᆞ-'가 직접 가리키는 개념은 "(정도가) 크다(大)"에 해당된다.[52]

위의 (34ㄱ-ㄴ)에서 제시된 예들 이외에, 동일한 문법적 기능을 수행하고 있는 'N+마곰' 문법형태도 같은 자료 내에서 생산적으로 사용되었다. 콩마곰(如豌豆大, 2.21ㄴ), 록두마곰(如菉豆大, 1.96ㄴ), 머귀여름마곰(如梧桐子大, 2.10ㄴ), 대초허리 버흐니마곰(如栗大, 2.81ㄴ). '마곰'형은 '마+곰'으로 분석되며, '-곰'은 한문 원문에 따르면 정도성을 강조하는 '-씩'에 해당되는 첨사로 생각되지만, 『구급간이방』(1489)의 한문 원전에서 '如N大', 즉 "선행하는 명사의 크기(정도)와 같은"의 의미를 나타내는 '만', '만치', '만 ᄒᆞ-' 부류들과 같은 범주로 취급되었다. '마곰' 형태는 근대국어부터 원래의 문법적 기능을 유지하면서 '만큼, 만콤' 등의 형태로 전환되며, 여타의 '-만' 계열의 부류들과는 달리 비교격조사로 발달하지는 못하였다.[53] (34ㄷ)의 '만치'의 경우에도 역시 구상적 정도성을 비교하는 '만' 계열에 속하지만, '만+-치'로 분석될 가능성이 크다. 여기서 후행하는 '-치'는 "사람, 대상, 것" 등을 맥락에 따라서 표시하는 의존명사에

---

조ᄒᆞᆫ 홁 닷되ᄅᆞᆯ 뻐젓게 ᄒᆞ야 반만 ᄂᆞ화(分半以 1.80ㄴ).

cf. 양지 夫人만 몯ᄒᆞ실씨(석보상절 6.1), 사ᄅᆞᆷ이라도 즁ᄉᆡᆼ만 몯ᄒᆞ이다(월인천강지곡,143), 燈마다 술위뼈만 크긔 ᄒᆞ야(월석 9.53).

52 의존명사/보조사 '만'의 의미변화에 대해서는 홍사만(1990)과 허귀녀(2004)를 참조. 홍 교수는 중세어에 등장하는 '만'은 주로 수량과 정도 표시어와 공존하면서 '정도'와 '비교'의 기능만 나타냈으나 근세어로 오면서 '만'의 분포상의 제약이 소멸되면서 '한정'의 의미로 발달한 과정으로 기술하였다. 따라서 현대국어에서 '만'이 문맥에 따라서 보이는 '비교/정도/한정'의 의미는 다의성으로 기술되어야 한다고 주장하였다(홍사만 1990:30).

53 그러나 'N+마곰'형은 17세기 후반 安東 장계향이 노년에 작성한 필사본 『음식디미방』의 텍스트에서도 등장하고 있다. 풋낫마곰 싸ᄒᆞ라 몰뢰여(음식디미방,박산법, 4ㄱ), 약과마곰 싸ᄒᆞ라 쓰라(좌동. 박산법 4ㄱ), 식거든 강졍낫마곰 싸ᄒᆞ라(좌동. 족탕, 7ㄱ). 왕문용(1988:194)과 백두현(2020:386)을 참조.

해당한다. 근대국어 단계에 쓰이는 '만치'를 '만', '마곰'과 함께 "정도 의존명
사"의 범주로 파악한 왕문용(1988:195-197)은 대역자료에서 '如…一般, 約'과 대
응되는 것으로, 정도를 비교하여 '같은 정도'를 의미한다고 보았다. 그리하여
명사에 후행하는 '만치'는 비교격조사로 간주되기도 하지만 비교보다는 정도
가 핵심 의미라고 왕 교수는 판단하였다.

근대국어의 자료에서 '만치'가 보유하는 정도성 의미는 선명하게 드러나는
것이지만, 그 정도성이란 먼저 비교를 통한 주관적 인식에서 비롯되어 나온다.
龍眼만치 크고(圓眼來大的, 박통사언해,상.19ㄴ), 콩만치 큰(豆子來大, 좌동.중.27ㄴ), 콩만치
크고(豆來大的, 좌동,하.26ㄴ). '-만치'는 19세기의 국어 그리고 현대 전라방언에서
정도성 비교격조사 '-만침'으로도 등장한다. 그리하여 그 기능 영역이 중복되
는 유의어 '만큼/만쯤'형과 형태적 보조를 같이 한다.[54] (ㄱ) 날을 만일 안이 잇고
손틈만치 싱각흐면(판소리 춘향가 남창, 가람본 16ㄴ)=나를 만일 아니 잇고 손틈만큼 생각
흐면(판소리 춘향가 남창, 신재효본.28), (ㄴ) 손틈만쯤 싱각홀가(가람본 17ㄴ/신재효본 춘
향가 28).

지금까지 위의 (34ㄱ-ㄷ)에 대한 용례들에 대한 논의를 통해서 15세기 국어
의 비교구문에 등장하는 '-만, -만케/-만치/-만훈/-만코' 등의 문법적 신분은
체언에 직접 연결되는 부사격조사에 접근하고 있다.[55] 그러한 문법형태들의

---

54 이기갑(2003:98)은 현대어 '만큼'은 중세국어 의존명사였던 '만'에 '감'이 결합된 '맔감>맛
감'의 발달 형태로 기술하였다. 이 교수는 '만큼'이나 '만침'에 포함된 '만'이 중세국어의 '만'
이기 때문에 '만큼'과 '만침'은 '만'에 '-큼/-침'이 결합하여 '만+큼, 만+침'을 형성한 것으
로 파악하였다.
『한국구비문학대계』(전북 편)에서 정도 또는 한도를 나타내는 의존명사 '만침'의 예들을 일
부 추출하면 다음과 같다.
(ㄱ) 술도 멋지게 먹것다, 팁을 그놈 만침 줬것다, 점잖으겠다(5-5, 정주 19:99),
(ㄴ) 그서 인자 어디 만침 인자 실실 걸어감시로(5-5, 정주 24:111),
     그놈의 사내끼 스발을 걸어서 이렇게 들고 어디 만침을 간개(5-4, 군산 옥구군 편, 군산
     시 63:319).
55 16세기 형태론에서 허웅(1989:87-88)은 '-만, -맔감, -마곰' 등이 관형사형 어미 뒤에 연결
되는 예들이 이 시기에 등장하지 않으므로, 이 문법형태들을 견줌토씨(비교격조사)의 범주로

주된 변별적 기능은 구체적인 형태상의 비교를 거친 한도 또는 정도성에 있으며, 부차적으로 함축된 잉여적 기능은 정도를 기준으로 주관적으로 인식된 유사성에 있었다고 판단한다.

현대 전라방언 등지에서 동급비교의 부사격조사의 유형으로 우리가 지금까지 §4에서 취급하였던, '모양+으로/이로'에 기원을 둔 '맹이로(>매이로>매로)' 부류 이외에, 또 다른 형태 '마니로/만치로/맹키로' 속하는 '마니로' 부류가 사용되고 있다. 이러한 '마니로' 부류의 역사적 기원은 15세기의 『구급방언해』 등의 의학서 부류에서 등장하였던 (34ㄱ-ㄷ)의 형태들로 소급될 수 있다. 먼저, (34ㄱ)의 '만'의 경우는 현대 전라방언에서 조격조사 '-의로>이로'와 연결되어 '만+의로>마니로>마이로∽매니로' 등으로 발달하였다.[56] 이러한 '만+-이로'의 통합과정을 거쳐서 원래의 '만'이 보유하고 있던 변별적 기능이었던 정도성 의미가 퇴조하고, 그 대신 잉여적이었던 유사성 또는 동일성 의미가 변별적인 기능으로 전환되었다. 그와 동시에 양태적 정도성 의존명사 '만'이 초기에 쓰였던 물리적 '크기'(大)의 정도성에서부터 선행하는 체언이 가지고 있는 추상적 속성과의 유사성으로 적용 환경이 확대되었다.

이러한 변화는 역사적으로 전라방언에서 구상적 형태 '쏜(本), 톄(體), 모양(模樣)' 등이 조격조사 '-의로/으로'와 통합되어 점진적으로 문법화를 밟아서 동급비교의 부사격조사로 전개되어온 과정과 일치한다. 아래의 예들에서와 같이, 전라방언에서 '만+이로'(→마니로)의 형태론적 구성은 지속적으로 두 가지의 변화를 수용한 이형태들로도 쓰이고 있다.[57] 하나는 '마이로'(37ㄷ)형인데,

___

귀속시켰다. 그 반면에, 남광우(1997:535)에서 『구급간이방』에 등장하는 '만치'는 조사로, '만케'(만하게)와 '만코'(만하고)는 접미사로 취급하였다.

56  남부방언을 중심으로 이기갑(2003:92-94)은 '만이로∽마니로∽마이로' 부류들은 추상적 기원형 `*만기'에서 모음 간 /ㄱ/이 탈락해서 아래와 같이 일련의 변화를 수용한 형태들로 간주하였다.

　[분화1] ㄱ. `*만기'(로)→만이(로)→마니(로)→마이(로)→마로→말로→말루;
　　　　ㄴ. `*만기'(로)→만이(로)→마니(로)→매니(로)→매이(로)→매로→매루.

57  이 글의 초고에 대한 논평에서 서형국(전북대) 교수는 '만+이로'의 분석에 대하여 '만+-이

'마니로>마이로'와 같은 모음 사이 n의 탈락으로 형성된 것이다(강희숙 1996). 다른 하나는 '마니로>매니로'와 같은 전라방언 등지에서 생산적으로 작용하는 움라우트 적용을 받은 '매니로'형(37ㄴ)이다.[58] 또한, 전라방언에서 같은 범주의 부사격조사로 '매로'형도 쓰이고 있다. 이것은 '만이로>마니로>매니로>매이로>매로'와 같은 일련의 변화를 수용한 형태일 가능성도 있다(이기갑 2003:93). 그러나 우리가 앞서 §4.2 예문 (29-3ㄷ)에서 제시한 전라방언에서 '매로'형이 쓰이는 맥락을 살펴보면, 그것보다는 일련의 '맹이로>매이로>매로'의 음운론적 과정을 거친 형태로 판단한다.

(35) ㄱ. 늙은이가 노맹이 들었어, <u>날만이로</u> 늙었었던가(5-4, 전북 옥구군 서수면 7:840),

개<u>만이로</u> 호랭이가 졸졸 따르가(상동, 군산 개정면 19:497),

눈이 딱 떨어져 버리거든! 그래서 개안했지, <u>심봉사만이로</u>(5-1, 남원 덕과면 1:559),

불쌍한 년들이 <u>촌년마니로</u> 분만 발라(전남 강진, 함 동정월, 1992: 118, 민중자서전, 15.)

---

(부사파생접사)+로(부사어형성의 조사)'의 형태적 구조로 해석할 수 있는 가능성을 제시하였다.

그러나 글쓴이의 생각으로, "정도·한도·비교"를 의미하는 의존명사 '만'에 부사파생접사 '-이'가 통합되어 파생부사를 형성하는 문헌상의 예는 찾기 어렵다는 데에 문제가 있다.

**58** 이기갑(2003:93)은 '매니(로)'형은 /ㄴ/이 개재되어 있으므로 움라우트에 의한 가능성은 없다고 보았다. 그 대신 이 교수는 '매니(로)'의 형성은 다른 동급비교의 부사격조사 '맹기(로)'나 '맹키(로)' 등에 수의적으로 유추되어 나왔을 것으로 기술하였다. 그러나 남부와 중부방언에서 출현빈도가 높은 단어들에는 움라우트 개자음의 제약 요소인 설정성 자질(ㅅ, ㅈ, ㅊ, ㄴ)이 극복되어 있다. 예를 들면, '다님>대님', '다니다(행)>대니다' 등과 같은 움라우트 실현형들은 중앙방언이나 남부방언에 일반적으로 분포되어 있다(최전승 2020:88-89).

(ㄱ) <u>대님</u>, 다님, 보션미기(르 장드르 편 『법한ㅈ뎐』 1912:843),
(ㄴ) 방탕해갖고 술집이 <u>대니고</u>, 여자 집이 <u>대니고</u> 요짓을 히서(한국구비문학대계, 전남·북편),
긍게, 돌아<u>대니면서</u> 주워댕기게 내가(상동).

ㄴ. 그 호랭이가 옆으로 오는 <u>것맨이로</u> 그렇게 혀(5-4, 군산 개정면 17: 493),

저 군사 거시기한 <u>것메니루</u> 훈련을 시켜(5-1, 남원 송동면 36:317),

거기서 얻어 먹고 거기서 <u>자기집매니로</u> 살고 그러지라(6-9 전남 화순군 춘양면 29:420),

짚더미 있잖아? 짚더미 두개를 <u>송장매니로</u> 맹길았어(상동. 화순군 이서면 23:347).

ㄷ. 순사부장이 (크게 멋한 멋칠로), <u>군수마이로</u>, (서장마치), 그렇게 되얏지(전남 진도, 최소심1992:26),

<u>놈마이로</u>, 그래도 <u>놈마이로</u> 술참 저설 메게써(전남 진도, 이진숙 2012: 68).

『한국구비문학대계』 전남과 전북 편에 설린 구술 담화의 전체 텍스트 가운데 구사된 동급비교 부사격조사들의 출현빈도에서 '만이로' 부류의 비중은, '만이로' 73회, '마니로' 25회, '마이로' 20회에 해당된다.[59] 앞서 §4에서 취급되었던 '맹이로'형의 출현빈도가 같은 텍스트에서 90회임을 고려하면, 위의 (35)의 '만이로' 부류들은 상대적으로 출현 비중이 높은 편에 속한다. 이러한 유형 가운데, 움라우트의 적용을 받아서 '마니로>매니로'로 전환된 다음에, 일종의 강화사의 기능을 하는 어말 ŋ이 첨가된 '매니롱'형도 전남방언에서 수의적으로 출현한다. 넋을 잃고, 늘상 미친 <u>사람매니롱</u> 그 지경을 하거든(6-9 화순군 화순읍 56:380), 그놈을 띠방을 해서 <u>함매니롱</u> 딱 짊어지고 넘어가는디… 인자 어떤 수가 있는 <u>고롱</u>…<u>감시롱</u> 칡을 여기다 걸고 헌 것이…(상동. 화순읍, 381). 이와 같은 동급비

---

59 그러나 '만이로'형의 압도적인 출현빈도 가운데에서도 매우 드물게 통상적인 '-으로'가 연결된 '만으로'형이 사용되기도 한다. 아래의 예는 '만이로'에서 통상적인 조격조사 '-으로'형으로 교정이 이루어진 것으로 생각된다.

그 때도 첨에<u>만으로</u> 바지를 벗어서 횃대에다 걸어 놓고(5-2, 완주군 고산면 5:495).

교의 'N+매니롱'형은 같은 전남방언에서 '맹이로' 부류와도 교체될 수 있다.

그랑께 그 귀신이 변덕을 해 갖고 <u>아가씨맹이롱</u> 꾸며 갖고(『남도문화』(목포
대), 2집, 1986:416, 羅老島의 說話), cf. 밥 얻어 <u>묵음시롱</u> 인자(좌동, 416),
그래서 <u>잘람시롱</u> 인자(p.416), 들어가서 묵고 있음시롱(p.416).

또한, 위의 (35)의 예문에 등장하는 '마니로' 부류는 말의 스타일에 따라서
동일 화자의 담화에서도 다른 부류의 비교격조사들로 서로 교체되어 사용되
는 경향을 보인다. 예를 들면, 전북 부안군 줄포면 설화 가운데 이러한 상황이
관찰된다. '-는/은 것만으로∽-는 것맹이로∽-는 것매냥으로; -는 것모양이여∽는/은 것
같애(이 글에서 §4.2의 예문 {29}를 참조). 그 반면에, 전남 강진 토박이 화자(김우식,
1992년 당시 64세)의 구술 담화에는 예의 '만이로/마이로'형과, '같이'(如)에 조격
조사 '-로'가 연결된 것으로 보이는 '같이로'형들만 주로 사용되었다(이 글에서
§3에서 예문 (17)을 참조).[60]

(36) ㄱ. 궤짝만이로(1992:23), 나막신마이로(23), 왜놈들 쓰리빠만이로(23),
질쭉헌 곳간만이로(26), 데릴사우만이로(64), 죄인만이로(97), 가정집
여자마이로(99),

---

[60] 그 반면에, 경상방언 일부에서는 동급비교의 부사격조사에 연결되는 조격조사 '-(이)로'가
'-(이)러'로 출현하는 사례도 보인다.

옛날에 <u>숙종대왕매러</u> 심문하로 나갔어(7-1, 경북 경주 · 월성군 현곡면 3:35),
논이야 다 팔아 묵고 <u>과객매러러</u> 그래 돼이(상동, 현곡면 25:62),
팔도강산 <u>걸뱅이매러러</u>, <u>과객처럼</u>, <u>굿쟁이맨치러</u> 돌아댕기며(상동 현곡면 25:62),
  cf. 헝겊 쪼가리 긑은 거 머시 하나 <u>깃대마이로</u> 이래 꼽아 놨어(상동. 현곡면 73:166),
비가 요새<u>마이로</u> 와, 비가 어제<u>맨트로</u> 여내 왔어(상동. 현곡면 73:167).

이러한 예들을 보면, 경상방언에서도 다양한 동급비교의 부사격조사 형태들이 토박이 화자
들이 구사하는 말의 스타일에 따라서 '매러∽매이러∽맨치러∽마이로∽맨트로' 등으로 교
체될 수 있다(조현준 2010:71-72).

떼돈 벌어갖고 온 것 텍이나 된 거마이로(97),

ㄴ. 이 시상같이로(70, 95), 요새같이로(27), 기계선같이로(김우식.88).

위의 'N+만이로/마이로'의 예들을 보면, 기원적인 구상적인 크기의 정도성 (궤짝, 나막신, 곳간…)의 비교에서부터 추상적 속성에 관한 유사성의 비교(여자마 이로, 죄인만이로, -는 된 것마이로)에 이르기까지 확대되어 있다. 이러한 '만'에 '-이로/으로'가 연결되지 않으면, 한도 또는 정도성을 의미하는 의존명사 신 분으로 쓰인다. (ㄱ) 주먹마이나, 그랗께 궁게 애기럴 주먹마이나 하게 키었제(주먹만큼 이나, 전남 진도, 이진숙 2012:69), 저 사진마이나 한데다(사진만큼이나, 좌동. 134); (ㄴ) 아, 그래갖고 요거이 갱아지마이나 했다 이 말이여… 아이 개모냥으로 생겼어(강아지만큼 이나, 6-2, 전남 나산면 17:441). 따라서 의존명사 '만'을 동급비교의 부사격조사로 전환시키는 성분은 조격조사 '-이로'와의 통합에 달려 있는 것이다.[61] 그러나 담화의 상황에 따라서 '-이로'에서 마지막 성분 '-로'가 수의적으로 탈락하는 사례도 등장하지만, 생산적인 현상은 아니다. 이러한 유형은 앞서 언급되었던 '맹이로' 부류에서도 일부 관찰된다. 병신만이 이렇게 헌다 이 말여(병신처럼/같이, 5-5, 전북 정주 신태인읍 3:386), 독당이마이(돌처럼/돌만큼, 6-1, 전남 진도 군내면 16:94), cf. 아, 그런개 이 놈이 알아들은 것맹이 꼬리를 치고(5-2, 전주시 동완산동 12:102).[62]

현대 전라방언에서 정도성 비교표시 '만' 계열에서 파생된 동급비교의 부사 격조사로 또 다른 형태 '맹키로/맨키로' 부류가 쓰이고 있다. 앞서 언급되었던 동일한 문법범주에 속하는 생산적인 '맹이로/매이로/매로', 또는 '만이로/마이

---

61 전라방언에서 조격조사 '-으로'가 체언의 유형에 따라서 지속적으로 '-의로'를 거쳐서 '-이 로'형으로 실현되는 역사적 배경은 이 글의 §5.2에서 취급될 것이다.

62 그러나 경우에 따라서 '마이로'에서 마지막 성분 '-로' 생략된 형태로 보이는 '마이'형은 앞 선 체언의 물리적 정도성과 추상적 동급비교의 의미가 중복되어 있는 것 같다.

그래 인자 개가 좀 그래도 사람마이 컸던가, 개를 딱 타고(-만큼/-처럼, 6-3, 전남 고흥 점암 면 36:525).

cf. 저 마이 내가 직일 작저을 해도 저기 안 달어나고, 소로 새끼로 물레 가 있는데(만큼/? 같이, 7-2, 경북 경주·월성군 외동면 112:383).

로' 등의 형태들에 비하면, 『한국구비문학대계』(전남·전북 편)의 전체 구술 텍스트에서 '맹키로/맨키로'의 상대적인 출현빈도는 10여 회에 한정되어 있다.[63] 이러한 구술 자료에서 다양한 담화에 등장하는 예들, '(ㄱ) 장화홍련맹키로, 대추씨맹키로, 간짓대맹키로, 사람맹키로, 거머리맹키로, 사람 모인 거맹키로', '(ㄴ) 똥 묻은 쇠발맨키로, 한일자맨키로, 뻐죽 구두 신은 것맨키로' 등은 지금까지 논의되었던 '맹이로'나 '만이로/매니로' 계열로 문맥과 상황에 따라서 쉽게 교체되어 사용될 수 있다. 노적이 막 태산떼미맹이로 있는디… 그 노적, 거그도 태산떼미맹키로 쌓아놓고(5-1 남원군 보절면 1.625).

이기갑(2003:95)이 설정한 동급비교 부사격조사 형태들의 기술 체계에서 '맹키로'는 추상적 '*만기'에서 출발하여 연속적인 분화 과정을 거친 [분화 3]으로 분류되어 있다. 즉, '*만기(로)→만키(로)→망키(로)→맹키(로)'와 같은 분화가 기본 틀을 이룬 다음, 뒤이어 [맹키(로)] 단계에서 경상방언 등지에 분포되어 있는 다양한 표면형 [맹커로/맹쿠로/매쿠로; 맹커로/맹클로; 맨트로] 등이 설명된다(또한, 이기갑(2015:251)에서는 기원형 '*만키'를 따로 설정해서 '만키>망키>맹키>맹키로'의 과정을 설명했다). 그러나 적어도 전라방언 자료에서 이와 같은 방식을 거쳐 나온 '맹키로'의 이전 중간단계의 형태 '만키로/망키로' 부류들은 관찰되지 않는다.[64]

글쓴이는 앞서 15세기 단계의 산물인 『구급간이방』 자료에서 검토하였던 (34ㄴ)의 '만케/만코' 형을 주목한다. 이 형태들은 같은 정도의 비교를 의미하는 의존명사 '만'에 "같다"에 대응되는 대용동사 'ᄒ-'가 연결된 '만ᄒ-'의

---

63 전북 남원 등지의 방언을 반영하는 최명희의 『혼불』의 전체 텍스트에서 부사격조사 '맹키로'의 출현빈도는 2회에 국한되어 있는 반면에, '맹이로'는 230여 회 생산적으로 등장한다. 그러나 주로 전남방언이 반영된 조정래의 장편소설 『태백산맥』의 텍스트에는 동급비교의 '맹이로'형은 전혀 사용되지 않았으며, '맹키로'형 210여 회, '맨치로'형이 130여 회 적극적으로 출현하였다(김규남 2021을 참조).

64 서남방언(전라방언)의 문법 연구를 개관하면서 배주채(1998:880)는 비교를 나타내는 부사격조사 '맹키'는 (ㄱ) '맹키로, 맨치로, 맨씨로, 맹이, 맹이로, 마이로, 마냥'으로도 사용되고 있으며, (ㄴ) '마냥'은 '모양'에서, 나머지는 (ㄷ) '모양-으로'에서 발달한 것으로 정리하였다.

구성에서 '만ᄒᆞ게>만케', '만ᄒᆞ고>만코'로 축약된 형태이다. 이러한 축약형 '만케(만코)'형을 기준으로 후대에 전라방언에서 동등한 비교에서 파악된 정도성을 유사성 '같-'(如)의 의미로 전환시켜주는 조격조사 '-(으)로'가 통합되어 '만케+로'형이 형성된 것이다. 이러한 '만케로'형은 전라방언에서 다음과 같은 일련의 연속적인 변화를 수용한 것으로 추정한다. 즉, '만케로>(모음상승)ᐟ 만키로>(조음장소 역행동화)ᐟ망키로>(움라우트)맹키로'. 전라방언에서의 또 다른 이형태 '맨키로'의 경우는 '만케로>만키로>맨키로'에서와 같이, 조음장소 역행동화 과정이 누락된 것이다. 물론 이러한 '맹키로'의 파생 과정에서도 추정된 그 이전 단계들인 [만케로/만키로/망키로] 형태가 직접 공시적인 방언 자료에서 검증되지 않는다는 난점이 있다.[65]

전라방언에서 또 다른 동급비교의 부사격조사로 쓰이고 있는 '만치로/맨치로'형도 15세기 국어에서 쓰였던 (34ㄷ)의 정도성 의존명사 '만치'형으로 직접 소급된다.[66] 이러한 '만치'형은 조격조사 '-(으)로'가 연결되지 않으면, 19세기 후기와 현대 전라방언에서 15세기 당시와 동일하게 의존명사의 신분으로 정도성 '-만큼'에 해당되는 의미로 사용되고 있다. 그러나 아래의 예문 가운데 (37)에서 '손톱만치나/이태백 문장만치나'에서는 '-만큼'의 한도 또는 정도성 의미가 분명하게 맥락에서 드러나지만, '호랭이만치나' 구문에서는 '호랭이+처럼/같이∽호랭이+만큼'의 "크기"의 비교에서 나온 유사성과 정도성 2가지 중의적 의미로 해석된다. 따라서 '호랭이+만치나' 대신에 다른 유형의 동급비교의 부사격조사 '호랭이+맹이로/매이로/마니로' 등으로 대치하여도 문맥

---

65 이기갑(목포대) 교수는 이 글의 초고에 대한 논평에서 '맹키로'를 '만ᄒᆞ-'의 구성에서 '만ᄒᆞ게>만케'와 같은 과정에서 온 것으로 본다면, 전남방언에 등장하는 서술어 '맹키+다'형을 설명할 수 없다고 지적하였다. 즉, 지정사 '-이다'와 통합하는 '맹키'는 명사로 해석하여야 되기 때문에, '만ᄒᆞ게'로부터 형성된 '맹키'는 '-이다'와의 결합을 설명하기 어렵다는 것이다.

66 '만치로' 유형은 특히 정도성이나 가산성의 측면에서 앞선 체언과 유사하거나 등등한 속성을 나타내며, 그 형태들은 역사적으로 의존명사 '만' 계열로 소급된다. -만: -만도, -맛, -만싼, -만큼, -만치. 이러한 '만' 계열은 동일한 동급비교의 기능을 보유한 '마' 계열과 공존한다. '마, 마도, 맛, 맛감, 마곰, 마치' 등등(홍윤표 1994:584).

에서나, 구문의 의미해석에 큰 차이를 보이지 않는다.

(37) ㄱ. 날갓턴 하방천첩이야 <u>손툽만치나</u> 싱각하올잇가(84장본 완판 춘향가,
상.43ㄱ),

ㄴ. 글을 많이 뱄어, 이태백이 <u>문장만치나</u> 뱄어(5-6, 전북 정주·정읍군,
정읍 12:124),

여자는 자꼬 커 뵈는디 <u>호랭이만치나</u> 무섭게 커 비드라네(상동. 영원
면 10:643),

커지기 시작하더만 <u>호랭이만</u> 허게 커지드래여, 무섭게(상동.643).

이기갑(2003:96-97)은 유사성을 뜻하는 '만치'는 언제나 '-로'와 연결되어 쓰
인다는 사실을 지적하며, 비교구문에서 '만치+로'는 '만치'에 원래의 의미인
<정도>가 '-로'와 결합하여 <유사>의 의미로 기능이 전이된 것으로 파악하
였다.[67] 또한, 이 교수는 상황에 따라서 '만치'가 <정도>와 <유사>의 두 가
지 의미로 중의성을 띠고 있음을 관찰하고 이러한 상황에서 <유사>는 <정
도>의 의미를 거친 이차적 해석의 결과라고 적절하게 설명하였다. 그러나 의
존명사 '만치'는 그 자체 '만큼'에 준하는 기원적인 정도성의 의미를 강하게
가지고 있기 때문에, '만치+로'의 구성이 문맥에 따라서 여전히 한도 또는
정도의 '만큼'과 동시에 '-처럼/같이'에 해당되는 유사성의 의미로 해석될 중
의성을 안고 있다.[68] 따라서 '만치로'형은 동급비교의 부사격조사로 쓰이는

---

67 그 반면, 이태영(2011:510)은 전북방언 지역에서 쓰이는 '-맹키로', '-맨치로' 형은 '-가치'
와 '-맹이로'가 서로 혼태되어 형성된 것으로 해석하였다.

68 1930년대 『사정한 조선어 표준말 모음』(1936:26)에서는 "얼마만큼"을 나타내는 조사로 '만
큼'만 표준어로 선정되었으며, 그 당시 서울 지방에서 쓰이고 있던 다른 이형태 '만콤, 마름,
마콤, 만침, 만치, 마침, 마치' 등은 비표준어로 격하되었다. 그러나 19세기 후기 Gale의 『한
영주뎐』(1897:303-305)에는 '만치/만침/만콤/만큼' 형들이 주로 정도성 의미(size, as much as,
amount)로 대등한 항목으로 등록되어 있다.

다른 '맹이로/마니로' 또는 '마냥/마냥으로' 부류들보다 통상적인 전라방언 구술 자료에서 상대적으로 출현빈도가 낮은 편이다.[69]

아래의 '만치로' 비교구문들은 『한국구비문학대계』(전남·전북 편)의 텍스트에서 추출한 대부분의 예들이다.

> (38) ㄱ. 정도성: '만큼∽처럼/같이'
>
> 하도 가난하고 가난한게로 <u>우리만치로</u>나 가난해서,
>
> 저보고 웃는지를 몰라. 이놈은 <u>나만치로</u> 멍청허던가,
>
>     cf. 나는 평양감사 안은 <u>놈만치</u> 기쁘네.
>
> ㄴ. 유사성: '처럼/같이'
>
> 여자가 쫓아가며, 미친 <u>사람맨치로</u>…
>
> 그때도 <u>요새만치로</u> 그 순행을 쳤던 모냥이지,
>
> 참 <u>천석군만치로</u> 살아. 산중에서,

위의 (38ㄱ)에서 '우리만치로/나만치로'의 구문은 "가난한 정도가 나와 같다/멍청한 정도가 나와 같다"와 같은 정도성의 비교에서 "가난하기가 나와 같다/멍청하기가 나와 같다"의 의미로 '-로'의 통합으로 인하여 의미가 일반화(같은 정도→같다)되었다. 이 구문에서는 여전히 "같은 정도성"을 표시하는 의존명사 '만큼'의 의미도 배경으로 잔존해 있다. 이러한 '상황은 '-로'와 통합되지 않은 '만치+ø'에서도 관찰된다. '평양감사 안은 <u>놈만치</u>' 구문에서 '만치+로'에서와 같은 '…안은 놈같이/처럼'의 일반화된 의미로 수의적으로 해석

---

69 그 반면에, 동급비교의 부사격조사 '맨치로'형은 경상방언 등지에서 일반적으로 사용되고 있다. 김영신(1982:14-15)은 경남방언에서 '-처럼/같이'의 뜻으로 빈번하게 쓰이는 '-맨치로, -맹크로, -매크로' 형을 제시하면서, '-맨치로'는 자립명사 '모양'과 조사 '-테로'와의 겹침(모양+테로)으로 해석하였다.
경북 동해안 방언에서 최명옥(1980:58)은 비교격조사 '맨지로/맨치로'는 후치사 '맨지/맨치'에 조격어미 '-로'가 첨가된 형태로 기술한 바 있다.

된다. 이러한 사실은 비교구문에서 정도성과 유사성은 문법화의 낮은 단계에 서는 어느 정도 서로 넘나들 수 있음을 나타낸다. 그 반면에, (38ㄴ)의 예들에 서 '요새만치로/천석군만치로/미친 사람만치로' 등의 경우에 정도성 표시 '만 큼'으로 교체하기가 어렵다. 이러한 구문에 실현된 '만치로'는 문법화의 단계 (추상화)가 더 높다고 볼 수 있다. 그리하여 (38ㄴ)의 '만치로/맨치로'는 다른 동급비교 부사격조사 부류들과도 말의 스타일에 따라서 수의적으로 교체될 수 있다. 미친 사람{-처럼/같이/같이로/맹기로/매니로/매니롱/마니로/매로/모양으로}.

또한, 이기갑(2003:98)은 '만치로' 계열에 속하는 다른 이형태 '맨치로'의 경 우는 '맹키로' 등에서 유추되어 형성되었다고 보았다.[70] 그러나 '맹키로'형을 기준으로 이루어진 '만치로→맨치로'의 변화는 유추의 원리에 견주어 볼 때 (Fertig 2013), 단순한 유추현상으로 설명하기 어렵다. 그것보다는 현대 전라방언 등지에서 연속된 설정성[+coronal] 개재자음 /ㄴ+ㅊ/의 강력한 제약을 벗어난 움라우트 실현형 '만치로>맨치로'의 과정으로 판단한다. 이와 유사한 음성 환경을 가지고 있는 '만치-/만쳐'(接觸)>맨치-/맨쳐'의 예들이 확장된 움라우 트 현상을 거쳐서 전라방언 등지에 등장하고 있음은 잘 알려진 사실이다.[71]

### 5.2. '만+양(樣)으로>마냥/마냥으로/매냥으로'

지금까지 §§4-5에서 기술된 전라방언에서의 동급비교 부사격조사 '맹으로' 와 '마니로' 부류 이외에, 또 다른 문법형태 '마냥으로' 부류가 [마냥 또는 [마냥/매냥으로] 등으로 실현되어 이 지역 등지에서 광범위하게 사용되고 있

---

70  그 반면, 이기갑(2001)에서는 전라도 말에서 '맨치로'와 같은 뜻으로 '만치, 만치로, 맨치, 매 치로' 등의 이형태들이 쓰인다고 하면서, 여기서 '-로'는 생략될 수 있으며, '만치로>맨치 로'의 변화는 움라우트에 의한 결과임을 지적한 바 있다.

71  내가 잠 맨체 볼랍니다(6-1. 전남 진도 지산면 29:396),
두루두루 맨체서 돌아뵈요. 돌아보니까(상동. 지산면 1:295).
cf. 쩌러진 오슬 만치다가(완판본 장풍운전, 9ㄴ), 그더 오슬 만치며 스러흐믄(좌동.9ㄴ).

다. '마냥'형은 주로 'N+마냥'의 구성으로 중부지역의 구어에서도 등장한다.[72] 그리하여 현대국어 형태론에서 허웅(1995:154)은 '-마냥'은 '-처럼'과 함께 견줌자리토의 범주로 분류하였다. 동급비교 부사격조사 '마냥'은 동음어를 이루는 부사 '마냥'(줄곧, 실컷, 몹시)과는 상이한 어원을 가지고 있다. 그러나 부사격조사로서 '-마냥'이 구체적으로 하나의 항목으로 국어사전에 최초로 등록된 것은 『큰사전』(한글학회, 1947:960)부터였다. 오늘날의 『표준국어대사전』(국립국어원)에서 이 형태는 '처럼'에 해당하는 비표준어로 규정되어 있으며, 첨사(후치사, 격조사)의 일종으로 파악한 Martin(1992:part II, 689)에서도 단순한 방언형으로 취급되었다. 따라서 '마냥'의 형태는 앞에서 언급되었던 같은 범주의 '맹이로'와 '마니로' 부류와 마찬가지로 20세기 이후인 비교적 근자에 형성되어 동급비교의 부사격조사로 발달한 것으로 추정된다.

『한국구비문학대계』(전남·전북 편)에 실린 토박이 화자들의 구술담화 텍스트를 조감하면, 동급비교의 '마냥'형의 출현빈도가 전남·전북에 걸쳐 150여 회로 높게 나타난다. 이 가운데 조격조사 '-으로/-이로'와 결합된 '마냥으로/이로'의 형태는 67회에 이른다.[73] 전북방언이 주로 반영된 최명희의 『혼불』

---

72　채완(1995:13)은 현대국어에서 동등한 비교대상을 지칭하는 비교조사 '마냥'은 '처럼'과 그 의미가 같으며, 전자는 일상적인 문맥에서는 잘 쓰이지 않는 대신에 주로 문학적 표현에서 쓰이는 형태이기 때문에, 최현배(1946)을 비롯한 주요 연구에서 언급된 적이 없다고 하였다.

73　그 반면에, 『전남방언사전』(이기갑 외, 1997:209)에는 '마냥'과 '마냥이로'형의 분포는 장성과 화순 두 지역에 국한되어 있다. 『우리고장 무안의 방언』(2003:116, 오홍일)에는 '마냥'이 등록되어 있다. 그리고 『전라도방언 사전』(2005:126-127, 주갑동)에도 동급비교의 부사격조사 '마냥'과 함께 '마냥으로'와 '마냥이로' 2가지 방언형이 수집되어 있지만, 전남방언 지역에서 쓰이는 구체적인 분포는 표시되어 있지 않다.
　　동급비교의 '마냥'과 '마냥으로'형은 전북방언을 반영하는 최명희의 『혼불』 텍스트에서 생산적으로 등장하였는데, '마냥'형의 출현빈도는 70여회인 반면에, '-으로'가 연결된 '마냥으로'의 경우는 7회에 한정되어 있는 사실을 보면, 주로 '마냥'형으로 쓰이는 비율이 훨씬 높게 반영되어 있다. 이 텍스트에는 통상적인 'N+마냥(으로)'와 '-는 것+마냥(으로)' 2가지 유형만 주로 등장한다.

　　(ㄱ) 마당이 세수라도 한 것마냥 매끄럽게 일을 해냈다(혼불 1,282),
　　　　 냇물에 발 씻는 것마냥 쉬운 줄 아셔단 말인가요?(3,88),

텍스트에서도 이러한 추세가 반영되어 '마냥'은 70회, '마냥으로'의 경우는 7회 사용되었다. 같은『혼불』의 텍스트에서 동급비교의 '맹이로' 부류의 형태들이 230여회 출현하는 사실을 생각하면, '마냥/마냥으로'의 개체 출현빈도는 그 뒤를 잇고 있는 셈이다.[74] 이기갑(2003:96)은 동급비교의 '마냥'형이 충청지역과 전라방언 지역에 분포되어 있음을 밝히며, 이것은 기원적으로 '*만기'에서 출발한 4번째 분화 유형으로 파악하였다. 이 교수는 여기서 '마냥'이 '*만기'와 같은 뜻으로 쓰이며 '-으로'가 첨가될 수 있기 때문에, '*만기'의 '만'에 '양'이 결합된 형태로 추정되지만(만+양→마냥→마냥으로), '양'의 정체는 확실치 않다고 기술하였다.

전남과 전북지역 방언에서 쓰이고 있는 '마냥으로' 부류의 몇 가지 실현형 [마냥/마냥으로/마냥이로/(젓)매냥으로; 마냥이라/매냥하다] 등을 통사적 환경 중심으로『한국구비문학대계』(전남·전북 편) 등에서 추출하여 제시하면 다음과 같다.

(39) ㄱ. N+마냥/매냥으로(부사격조사):

그런개 그 놈은 인도환생을 못해서 그렇게 그것이 해를 붙였드래, 도깨비마냥으로(5-1, 전북 남원 송동면, 6:265),

신수가 좋덜 못허고, 꼭 아픈 사람마냥으로 생겼든게 벼(5-5, 전북 정주 58:205),

생전 애기를 안허고는 꿀먹은 벙어리마냥으로 앉었어요(5-5, 전북

---

(ㄴ) 공배가 노상 염불마냥 외는 말을 미리 제가 해 버리며(2,287),

(ㄷ) 그는 꼭 대 잡은 무당마냥으로 부들부들 떨면서(10,81).

74 전주방언의 격에 관한 전반적인 고찰에서 홍윤표(1978:55)는 표준어에서 '-처럼'에 대응되는 동급비교를 나타내는 후치사 '마냥'에 조격조사 '-으로'와 통합된 '마냥으로' 형태가 전형적으로 쓰이고 있음을 아래의 예문과 함께 제시하였다.

(ㄱ) 어린 애기마냥으로 키웠잉게,
(ㄴ) 지금마냥으로 이런 시상이 없었어요,
(ㄷ) 송장이 무수구덩이마냥으로 들었데요.

신태인읍 14:423),

지그 어머니가 그냥 싹싹 쓸어다 두엄자리에다가 부쳐 버리고 그냥 거름자리 <u>매냥으로</u> 불을 놓아 버렸어(5-1, 전북 남원 송동면 7:267),

그래서 말강밑이서 <u>개마냥으로</u> 가만히 쪼글트리고 인자 바같이를 치다 보니까(5-4, 전북 군산 개정면 21:510),

객사를 지을 때 궁궐만하게 지었어, <u>궁궐마냥으로</u> 지었는데(전북 정읍 영원면 4:615),

ㄴ. '…는 것마냥/매냥으로'(부사격조사):

들어 누었다가 막 이렇게 자다가 일어난 <u>것매냥으로</u> 숭겁을 떨어(5-1, 남원 송동면 19:289),

각시가 죽은 <u>것매냥으로</u> 머리카락을 여기저기 걸어 젖혀(5-1, 남원 산동면 5:368),

헛웃음 침시로 존 <u>것마냥으로</u>, 그냥 당신 좋아하는 모양으로 하고(6-5. 해남군 화산면 65),

작은 동서가 즈가 잘 한 <u>것마냥으로</u> 난리를 피우고 다닌단 말이여(5-1. 남원 대동면 19),

무수 쓸어 넣는 <u>것마냥</u> 뭔 뿌랭이를 쓸어 넣었어(전남).

ㄷ. '…는 마냥(으로)'(양태성 의존명사):

어디서 손님이 오시나따나 <u>피 뿌린 마냥</u> 못써(조사자: 그렇지요). 불긋불긋허니 보기 싫지(전남),

저 하나 행랑채가 뭐 집, <u>집 짓는 마냥으로</u> 이리가 행낭채가 있드란 말이요(전남),

ㄹ. 'N+마냥이다/--는 매냥하다(양태성 의존명사);

ㄹ-1) 지금으로 말하믄 <u>연애마냥이라</u> 잉, 그렇게 좋아라고 허고 헌개(남원 수지면 2:343).

거 한해 농사를 자어논개로 참 <u>부자마냥이지</u>, 그래서 인자(남원 수

지면 2:346),

ㄹ-2) 저녁에 나를 허새비를 만들어 갖고, 두루매기를 딱 입혀서, 갓을
딱 씌어서 술취한 매냥해서 딱 뉘어 놓고 당신이 초석 딱 둘러 놓
고…서방님을. 허새비를 만들어 갖고는, 딱 인자 대체 갓을 씌어서
술을 만장 한 것같이 해서 인자 뉘여 놓고는(상동, 남원 송동면
6:263).

위의 예들을 추출한 『한국구비문학대계』(전남·전북 편)의 구술 담화 텍스트
에서 동급비교의 '마냥으로' 부류에서 '-으로'가 통합되지 않은 '마냥'형이
자체적으로 출현하는 빈도가 매우 높게 나타난다.[75] 그리고 이 자료에서 '마냥
+이로'의 구문도 '마냥+으로'의 예들과 공존하고 있으나, 출현빈도가 단지
4회에 한정되어 있다. 계룡산이란 산이 그 산봉댕이가 닭베실마냥이로 요러고 생겼어
(5-7, 전북 정읍 영원면 4:615).[76] 이러한 경향은 같은 텍스트에서 '맹이로'와 '마니
로' 부류의 경우에 조격조사 '-으로'와 연결된 '*맹으로'나, '*마느로'형이 전
연 등장하지 않는 사실과 대조를 이룬다. 그리고 소수의 '마냥이로'의 예들은
양태성 의존명사 '모양'이 '-으로'와 연결되어 '-는 것같이'에 해당되는 동급
비교의 기능을 하는 예들에서도 '모양+이로'형이 같은 [전남·전북 편]의 구

---

75 동급비교의 '마냥'이 등장하는 예문 일부를 『한국구비문학대계』(5-2, 전북 전주/완주군 편)
에서 추출하면 다음과 같다.

시어머니는 방에서 여시마냥 내다 봤는디(완주군 동상면 15:665),
옛날 한 사람이 나마냥 그렇게 열세살 먹어서 시집 갔더래(상동. 동상면 8:653),
귀신마냥 알고 쫓아와서는 자꾸 곰이 발로 머 이리 쌓트라(상동. 삼례읍 23:782),
배아지는 이만허니 깨구랭이 배아지마냥 올챙이 배아지마냥 뒤집어져 갖고(5-5, 전북 정읍
면 14:738),
아까 그것마냥 잘 채리 놨드래야(5-4, 전북 군산시 64:324).

76 '마냥+이로'의 제한된 사용은 다른 유형의 전남 진도방언의 구술 자료에서도 관찰된다.

우리 메느리능 꼭: 한국싸람마냥이로 이쁘고 몸도 아주 날:씬하고 사람이 그게 영리해(한국
사람처럼, 이진숙(2012), 『전남 진도의 언어와 문화』(p.271).

비문학 텍스트 내에서 '지사모양이로/개모양이로/나막신모양이로/병모양이로' 등으로 매우 낮은 빈도로 출현하는 현상과 어느 정도 일치한다.

위의 (39)의 예문에서 공존하는 '마냥(으로)'의 이형태 '매냥(으로)'는 움라우트의 수용으로 '마냥>매냥'을 거친 형태이다. 전라방언을 포함한 남부방언 등지에서 생산적으로 확산된 움라우트 현상은 [+치조성](coronal) 개재자음의 제약을 종종 뛰어넘고 있는 사례들을 관찰할 수 있다(최전승 1995:228-230). 이 글에서 기술된 여타의 동급비교의 부사격조사 '만치로>맨치로', '마니로>매니로' 등도 이러한 음성변화를 수용한 형태에 속한다.

(39ㄱ-ㄹ)에 걸친 전라방언의 예문에서 '마냥(으로)' 형태가 등장하는 통사적 환경은 크게 3가지로 나누어진다. (ㄱ) 'NP+마냥으로'(부사격조사), (ㄴ) '-는 마냥/-는 마냥으로(의존명사), (ㄷ) '-는 마냥(의존명사)+서술어 -이다/-하다'. 이러한 환경을 고려하면, 통상적인 문법화의 진행 관점에서 '마냥(으로)'형은 먼저 어느 역사적 기원형 자립명사에서 양태성 의존명사로 전환되어 조격조사 '-으로', 또는 '-이다/-하다'와 연결되어 화자의 주관적인 인식의 결과 '-는 것 같-'의 의미로 사용되었을 것이다. (39ㄹ-2)의 예에서 동일한 화자의 담화 가운데 연속하는 "--술 취한 매냥해서… 술을 만장 한 것같이 해서…"의 구문에 등장하는 '-는 매냥해서'와 '-ㄴ 것같이 해서' 구문의 대조가 이러한 사실을 보여준다. 그러나 양태성 의존명사로서 '마냥'의 기능이 약화됨에 따라서(출현빈도의 측면에서), 그 출현 환경이 주로 명사절 NP와 체언 뒤로 이동하게 되면서, '-같이/처럼'에 준하는 동급비교의 부사격조사로 고정된 것으로 판단한다.

(39ㄱ)에서 '개+마냥으로'의 수식을 받는 서술어는 개와 유사한 동작을 나타내는데, 이와 같은 기능에 또 다른 유형의 동급비교의 부사격조사 '개+맹이로/개+마니로'로 방언지역 또는 말의 스타일에 따라서 수의적 교체가 가능하다(§4.2의 예문 32-34 참조). (ㄱ) 흰죽을 끓여 가지고 해서 인자 마당에다 갖다 내 주면 호랭이가 개맹이로 퍼 먹더라(구비 5-2, 남원군 송동면, 25:293), (ㄴ) 개만이로 호랭이가

졸졸 따르가(5-4, 군산·옥구군 편 개정면 17:494). 동급비교의 '처럼/같이'의 기능을 담당하는 문법형태 '-맹이로'가 구상적 모습이나 생김새를 의미하는 '모양'으로 소급되며(이 글에서 §4를 참조), '-마니로'의 경우에 구상적인 크기나 정도 또는 한도를 나타내는 의존명사 '만'에서 출발하였음(§5.1을 참조)을 관찰한 바 있다. 이러한 사실을 상기하면, 역시 같은 범주에 속하는 '개+마냥으로'에서의 '-마냥으로'형의 역사적 기원은 잠재적 기원형 '모양/만' 중에서, 형태의 유사성에 비추어 의존명사 '만' 계열에 귀속될 가능성이 높다. 따라서 예문 (39)의 '마냥(으로)' 부류의 첫 번째 성분은 정도성 의존명사 '만'으로 추출된다. 이러한 정보를 고려하면, 오늘날 전라방언에서 생산적으로 쓰이고 있는 '마냥'형은 '*만+양'의 원형적 구성으로 분석된다(이기갑 2003:96).

역사적 기원형 '*만+양'의 구성체에서 대조를 통하여 유사한 정도성 속성에 근거한 의존명사 '만'은 15세기 국어의 단계에서부터 '만+ᄒ-'의 활용 형태 '만케'(←만ᄒ게), '만코'(←만ᄒ고), '만+ᄒ닐' 등을 "如N大"(N의 크기와 같다)의 의미로 구사하여 왔다(이 글의 §5.1에서 예문 (37)을 참조). 이와 같은 '만'의 활용형들은 오늘날의 전라방언에서도 그대로 사용되고 있다. 위의 예문 (39ㄱ)에서 "객사를 지을 때 <u>궁궐만하게(ㄱ)</u> 지었어, <u>궁궐마냥으로(ㄴ)</u> 지었는데…"와 같이 되풀이되는 구술 담화에서 의미해석으로 '궁궐만하게=궁궐마냥으로'와 같은 의미상 등식이 성립된다.[77] 여기서 '궁궐만하게'의 구문은 중세국어로 바꾸어보면, '궁궐만ᄒ게→궁궐만케'로 소급시킬 수 있으며, 축약형 '-만케'는 §5.1에서 가정한 바와 같이 후대의 전라방언에서 '만케+로>만키로>망키로>맹키로'의 진로를 밟아 왔을 가능성도 존재한다. 그리고 현대 전라방언에서 "한정"의 의미도 보이는 의존명사 '만'은 'N+만'의 구성 다음에 동급

---

[77] 『한국구비문학대계』(5-5, 전북 정주·정읍 편)의 텍스트 가운데, 아래의 인용문은 상호 동급 비교의 대상이 '금덩이: N+만ᄒ 놈'과 같이 대조되어 있다.

금덩이를 뭉침만한 놈을 인제 내놓고…(정주면 58:294).
　cf. 콩낫만ᄒ닐 곳굼긔 불라(如豆大吹, 구급간이방.1.47ㄴ).

비교의 부사격조사 '맹이로'가 연결되는 용례도 아래와 같이 등장하고 있다(40
ㄱ). 또한, 구상적인 형태 '모양'(模樣)과 가까운 의존명사 '양'(樣) 다음에 동급비
교의 '마냥'이 연결되어 쓰이는 구문도 관찰된다(40ㄴ).

> (40) ㄱ. 저 산에 가서 나무를 몇 개 비여다가 인자 그 <u>울막만 맹이로</u> 쳤단
>        말이여(5-1, 전북 남원군 수지면 2:347),
>     ㄴ. 그란디 이렇게 다루기(다람쥐 새끼) 밤에 집에 <u>가는 냥 마냥</u> 이렇게
>        쫑긋쫑긋허니 해 갖고((6-9, 전남 화순군 동면 13, 윤중이(남) 70세).

위의 (40ㄱ)의 예에서 '울막만+맹이로'의 구문은 "(크기가 꼭) 울막만한 모양
으로(>-ㄴ 것같이/처럼)" 정도로 해석될 수 있다. 특히 (40ㄴ)의 예에 출현하는
'…가는 냥 마냥'의 구문에서 '…ㄴ 랑'은 문맥에 비추어 보면 '양'(樣)으로 해
석되어서, "집에 가는 모습/모양+같이/처럼"으로 생각한다. 이와 같은 (40)의
예들은 정도성의 '만' 다음에 다른 성분이 연결될 수 있는 특성을 나타내는
것으로 보인다. 또한, 중세국어에서 정도성의 '만치/마치'형은 의존명사 '마/
만'에 또 다른 의존명사인 '치'와 결합하여 형성된 합성형태이다(최동주 2003:
80, 각주 13). 이와 같이 의존명사 '만' 다음에 동급비교의 기능을 소유한 다른
성분이 연결될 수 있다면, 그것은 우리가 §4.2에서 '모양'의 유의어와 관련하
여 논의한 바 있는 '양'(樣)이 여기에 해당한다.

허웅(1975:280)은 중세국어에서 '양ᄋ로'의 쓰임은 '-대로'의 뜻을 가지는 일
도 있는 반면에, '양ᄒ다'는 '척하다'에 해당되는 가식의 뜻으로 해석하였다(고
영근 1995:84도 참조).[78] 중세국어에서 의존명사 '양'(樣)이 다양한 문맥에서 쓰이

---

78  그러나 왕문용(1988:152)은 중세국어에서 '양ᄋ로'와 '양ᄒ-'는 의미가 두 가지로 구분되기
   보다는 모두 유사한 의미를 나타내는 것으로 간주하였다.
   15세기 국어의 단계에서 공시적으로 '--는 양ᄋ로'와 '--는 다비'(-는 대로)의 구문이 유사
   한 의미로 대응된다.
   巷陌이어나 ᄆᆞ술히어나 제 <u>드론 야ᄋ로</u> 어버시며 아ᅀᆞ미며 이든 벋ᄃᆞ려 힚ᄀᆞ장 널어듣(석보

는 예들은 (ㄱ) 구상적인 형태/모양의 의미에서부터, (ㄴ) 화자의 주관식인 인식을 통해서 추상적인 상황, 형편, 태도를 나타내는 양태의 영역에까지 걸쳐 있다. 그리고 이어서 '양+으로'의 형식으로 일부 명사(N+양으로)와 명사절(-는 양으로) 다음에 위치하여 "--는 모습으로→--는 것과 같이/처럼"; "--N의 모습으로→ N과 같이/처럼"에 준하는 동급비교의 영역으로 향하여 간다.[79] 그러나 'NP+양으로'의 구문은 17세기 초기 『동국신속삼강행실도』(1617)의 단계에서도 여전히 구상적인 형태 '모양'을 의미했지만, 맥락에 의해서 '모양+대로/모양+같이' 등과 같이 화자의 주관이 개입된 유사성의 양태적 의미로 전개되었다. 그 반면에, 이 텍스트에서 동급비교의 문법적 기능은 주로 'NP+フ티'와 'NP+톄로'가 담당하였다.[80]

---

상절 19:1ㄴ)=巷陌과 聚落과 田里예 드룬다빙 父母 宗親 善友知識 爲ㅎ야 히믈조차 넘어든 (월인석보.45ㄱ/ㄴ),

79  ㄱ. '--는 양으로': "-대로, 같은 모양으로→ --는 것 같이"

  쏘 ᄆᆞ레 주근 사ᄅᆞᆷ몰 몬져 ᄒᆞ던 양으로 비롤 산 사ᄅᆞ미 모매 서르 브텨 다혀 그 믜리 나게 ᄒᆞ면 즉재 살리라(如前次, 구급간이방,1.72ㄱ),
  오계 ᄒᆞ나홀 샹녜 먹는 양으로 밍ᄀᆞ라(治如食法, 상동.2.18ㄱ).
  몬져 ᄒᆞ던 양으로 비롤 산 사ᄅᆞ미 모매 서르 브텨(如前法, 상동.1.72ㄱ)
  ᄌᆞ오로미 믈러 니거든 샹녯 양으로 안조미 맛당ᄒᆞ니라(可如常坐, 몽산법어 3ㄱ),
  서르 잡고 우러 처섬 양으로 ᄒᆞ니라(相持泣及如初, 이륜행실도18ㄱ),
  엇뎨 이 양으로 더믈 差等ᄒᆞ야 論量ᄒᆞ며(何得如是, 몽산법어 62ㄱ),
    cf. 이フ티 無ㅎ字롤 도도아 보건댄(如是… 몽산법어 61ㄴ).
  ㄴ. '-롤 양으로': "-를 모양으로→ -를 것같이→의도성 표출"
  六師ㅣ 겻구오려 ᄒᆞ거든 제 홀 양으로 ᄒᆞ라 ᄒᆞ더이다(석보상절 6.27ㄴ),
  필죵이드려 모리 갈 양으로 일오라 ᄒᆞ쇼(청주언간 1)
80  ㄱ. 거상 오ᄉᆞᆯ 벗디 아니ᄒᆞ고 사라실 적 양으로 ᄉᆞ절 오ᄉᆞᆯ 지으되(服象生時制, 동국신속. 열녀.7,2ㄴ),
  상ᄉᆞ잡기롤 너무 셜워ᄒᆞ며 지아븨 사라실 적 양으로 새 옷 지어 졔ᄒᆞᆫ 후에(象其父生時制新衣, 상동, 열녀. 7,25ㄴ),
    cf. 열셰헤 어미 죽거늘 쏘 그 양으로 ᄒᆞ더니(亦如之事, 상동. 효자.13ㄴ),
  혹 ᄉᆞ지 톤 신션 양으로 민ᄃᆞᆫ 沙糖을 노코(或是獅仙糖, 獅仙糖以糖印 故騎獅仙人之形也, 언해 박통사,상.4ㄴ),
  ㄴ. 모미 믓도록 졔복을 벗디 아니코 됴셕 상식을 ᄒᆞ굴ᄋᆞ티 사라실 적 フ티ᄒᆞ니라(朝夕上食如生時, 동국신속, 열녀. 2,61ㄴ),

따라서 '마냥으로/이로' 부류에 속하는 일련의 전라방언의 이형태들은 기원적으로 '(정도성 의존명사)만+(동급비교의 의존명사)양(樣)으로'의 구문에서 점진적으로 발달하여 나왔을 것으로 판단한다. 이러한 구문의 원래의 의미는 "NP와 유사한 정도의 모양/형상으로→NP와 유사한 정도와 같이/처럼→NP와 같이/처럼" 등과 같은 일반화와 추상화를 거쳐 동급비교의 부사격조사 범주로 편입되었을 것이다. 중세국어 단계에서 의존명사 'N¹(정도성 비교의 기준어)+만'에 대용동사 활용형 'ㅎ-'(爲)가 연속되어(ㅎ닐, ㅎ게>케, ㅎ고>코) 비교의 대상어 N²로 이어지는 구문에 비추어, '마냥으로' 부류는 '만+양으로' 대신에, '만ㅎ 양으로'의 구성에서 출발하였을 가능성도 있다.

또한, 중세국어에서 '-는/은 양(樣)+ㅎ-'의 구성은 상황에 대한 화자의 주관적 인식을 거쳐서 "-는 모양을 하다→-는 모양으로 꾸미다→-는 척하다"와 같이 이미 가식적 모습을 외형적으로 나타내는 의미로 전개되었다. 제 實엔 사오나볻더 웃 사룸두고 더은 양ㅎ야 法 므더니 너기며(월석 9.31ㄱ). 이와 같은 의미 발달의 흔적은 오늘날 전라방언에서 쓰이는 '마냥+하다'의 구문에서도 부분적으로 관찰된다. 양태성 의존명사 '마냥>매냥+하다'에 대한 보기로 앞에서 제시한 바 있는 (39ㄹ-2)의 예를 다시 가져오면 다음과 같다. ―갓을 딱 쐭어서 술취한 매냥해서 딱 뉘어 놓고(5-1 남원 송동면 6:263).


## 6. 결론과 논의

### 6.1. 요약과 미해결 사항들

글쓴이가 처음 이 글을 시작할 적에는 다음과 같은 몇 가지 의문으로 출발

---

분묘애 가 졔ㅎ기놀 사라실 적 ᄀᆞ티 ㅎ니(墳墓饗之如生.상동. 효자. 1,5ㄴ).

하였다. 그러나 논지의 전개 과정에서 언급되지 못하였거나, 해당 부분에서 적절하게 취급하지 못하였다. (1) 양태성 '모양'(추정, 짐작)과 문법화를 수행한 '맹'이 전라방언에서 '-는 모양/모냥+이다∞-는 맹이다'와 같이 공시적으로 공존하는 상태를 문법화의 측면에서 어떻게 설명하여야 하는가? (2) '맹이로/마니로/체+로/뿐으로' 등에서 '-으로'가 동급비교로 이끄는 문법적 기능은 어디에서 나오는 것인가?[81] 전라방언에서 '-하면서>-함시로>함시롱', '-가면서>-감시로' 등의 예들과 같은 '-으로'가 화용론적 기능이 있는 것일까? (3) 어떠한 역사적 배경으로 전라방언에서 일정한 체언아래에서 조격조사가 지속적으로 '-의로>이로'로 출현하는가? (4) 문법화의 특징은 음운론적 약화 또는 축약이다. '-테+로>처럼' 등과, '-부터>부텀', '-보다>보담' 등에서와 같이 어말 ㅁ이 첨가되어 형태 강화가 이루어졌는데, 이러한 현상을 어떻게 설명하여야 되는가?

지금까지 이 글에서 전라방언에서 쓰이고 있는 다양한 동급비교 부사격조사들을 그 역사적 기원과, 여기서 점진적으로 파생되어 나온 문법화 과정에 따라서 대체적으로 3가지 부류로 분류하여 기술하였다. 즉, (ㄱ) '맹이로' 부류; (ㄴ) '마니로' 부류; 그리고 (ㄷ) '마냥으로/이로' 부류. 이와 같은 동급비교의 문법형태들이 역사적으로 형성되어 나오는 기본적 원리는 외형적 유사성 자질이 화자들의 주관적 인식 과정을 거쳐서 문법화의 진로에 진입하여 인식양태로 전환되고, 이어서 동급비교의 표지로 발달한다는 가정이었다.

첫 번째 '맹이로' 부류의 기원형으로 구상적 형태를 나타내는 자립명사

---

81  이 글의 초고에 대한 논평에서 이금영(충남대) 교수는 §5.1에서 제시한 '만케'와 '만케+로'와의 대조에서 조격조사 '-으로'가 정도성을 표시하는 형태에 유사성 의미로 전환시키는 기능을 가지고 있다고 보기가 어렵다고 지적하였다.
통칭 조격조사 '-으로'는 쓰이는 통사적 환경에 따라서 '방향(이동의 경로), 자격, 도구, 원인' 등의 의미를 다양하게 포함하고 있는데, 이 가운데, '변화의 방향(『표준국어대사전』에서)의 의미와, 그것이 쓰이는 상황적 맥락의 도움으로 "그와 유사한 정도/모습/상황"으로 유도되는 것으로 추정한다.

'본'(本), '톄'(體), '모양'(模樣)을 설정하고, 일정한 통사적 환경에서 조격조사 '-이로(<-의로)/으로'와 통합한 다음, 양태성 의존명사를 거쳐서 '본+으로>쁜으로', '톄+로>치로/칠로/철로/처럼', '모양+으로>맹이로/매이로/매로' 등으로 전라방언에서 동급비교의 통사 기능으로 전개하여 오는 과정을 관찰하였다.[82] 오늘날의 전라방언에서 19세기에 생산적이었던 '쁜으로/쁜이다' 유형은 더 이상 생산적으로 쓰이지 않는다. 동일한 문법적 기능을 하고 있는 다양한 다른 동급비교 부사격조사들의 경쟁적인 등장으로 열세에 밀린 것으로 추정된다. 경상방언의 구술 자료에서 추출된 '-는/은 본으로' 구문에서(최명옥 2007), '본'은 19세기 후기 전라방언에서 사용되었던 동급비교의 의존명사 '본'(本)과 유관한 형태로 추정하였다.

두 번째 '마니로' 부류는 15세기 국어에서부터 등장하였던 한도 또는 정도성 의존명사 '만'형이 중심을 이루어 다양한 동급비교 형태들이 역사적으로 생산된 것으로 파악하였다. 15세기 단계에서 원래 종도성 의존명사 '만'의 쓰임은 비교 기준과 비교 목표물 간에 존재하는 구상적인 '크기'(大)와 같은 물리적 외형성에서 출발하였지만, 의미의 일반화에 의해서 대상에 대한 상호 속성의 유사성으로 인식이 초점이 이동한 것이다. 우선, '만+이로(<-의로)'의 구성에서 전라방언에서 문법화를 거쳐 생산적인 '마니로/마이로/매니로/매이로' 등으로 전개되어 왔다. 정도성 의존명사 '만'을 동급비교의 형태로 견인한 중요한 문법적 성분은 조격조사 '-이로'라는 사실은 진도 방언에서 추출한 다음과 같은 다른 문법형태와의 대조에서 잘 드러난다.[83]

---

82 김태인(한남대) 교수는 이 글의 초고를 검토하면서 인지체계에서 물리적 '유사함'(같음)과 인식 양태적 '그렇게 생각함'(추정, 짐작)이 심리적으로 연관되어 있다는 사실을 http://www.etymonline.com에서 인용하여 글쓴이에게 알려 주었다. 그리고 김 교수는 영어의 seem(v.)(-인 듯하다, -하는 모양이다)이 '동일하다/같다'로부터 문법화를 거친 동사라는 사실을 지적하여 주었다. 이 사이트에 의하면, 현대영어의 형용사 like(닮다, 유사하다, -는 것처럼 보인다)는 고대영어 gelic으로부터 발달하여 온 형태인데, 그것의 원시 게르만어 *(ge)leika의 원래 의미는 "구상적 형태(身體)"였다는 것이다. 따라서 현대영어의 like는 기원적으로 '신체/몸'의 의미에서 발달하여 나왔다고 한다.

그리고 '만+ᄒ게>만케' 등의 활용형에 전라방언에서는 조격조사 '-로'가 연결되어 '만케로>만키로>맹키로'와 같은 동급비교의 문법형태들이 점진적으로 형성되었을 것으로 해석하였다. 또한, '마니로' 부류에는 '만치로' 문법형태도 포함된다. 정도성 '만'에 의존명사 '치'가 연결된 구성으로 보이는 '만치'의 형태에 예의 조격조사 '-로'와 통합되어 전라방언의 전형적인 동급비교의 '만치로/맨치로' 형태로 전개되었을 것으로 판단하였다.

세 번째 부류 '마냥(이로/으로)' 유형은 정도성 의존명사 '만'에 구상적인 형태를 의미하는 '양(樣)과 합성된 구성체에서 출발하여, 현대 전라방언에서 '마냥/마냥이로/매냥/매냥으로' 등으로 발달하였다고 해석하였다. 이미 의존명사 '양(樣)은 15세기 국어의 단계에서도 조격조사 '-으로'와 연결되어 하나의 단위를 형성하여 통상적인 유사성 또는 동일성의 자질 '如'를 문맥에 의해서 나타내고 있었다. 그리고 이 시기에 사용되었던 또 다른 'N+만ᄒ 양' 등에서와 같은 구문에서 형태소 경계에 개입된 'ᄒ-'의 활용형이 삭제된 다음, "N과 같은 정도의 모양→N같이/처럼"으로 의미변화의 일반화가 이루어진 것으로 해석하였다.

전라방언에서 동급비교 부사격조사의 3가지 부류에 속하는 이형태들은 문법화의 전개 과정상, 먼저 "구상적 자립형태→추상적 양태성 의존명사→동급비교 부사격조사"와 같은 단계를 점진적으로 밟아왔을 것으로 보았다. 그 중간단계인 양태성 의존명사의 실현은 동급비교 '같다'(如)에 해당하는 서술어 'N+맹이다/매다/마냥이다' 등에 한정해서 관찰하였다. 『전남방언사전』(1997, 이기갑 외)의 항목에는 통상적인 '맹이다' 이외에 '맹키다', '메니다' 및 '맹기다' 등과 같은 동급비교 서술어가 수록되어 있으나, 이 글에서는 구체적으로

---

83  ㄱ. '만+이나': 정도성
   그랗께 궁게 애기럴 주먹마이나 하게 키었제(전남 진도, 이진숙 2012:69),
   저 사진마이나 한데다(전남 진도, 상동. 134),
  ㄴ. '만+이로': 동급비교 '처럼/같이'
   그래도 놈마이로 술참 저설 메게써(전남 진도, 상동. 68).

만족스럽게 취급하지 못했다. 그리고 전라방언 등지에서 산발적으로 사용되는 동급비교의 문법형태 '맹키로/맹키', '맹기' 형은 이 글에서 설정된 3부류의 범주에서는 적절하게 포함될 수 없었다.

동일한 문법범주 영역에서 서로 다른 기원적 계통에서 문법화를 거쳐 파생되어 나온 다양한 동급비교의 이형태들이 섞여 사용되고 있는 실정이기 때문에, 이형태들 간에 서로 유추에 의한 혼성어가 출현할 수 있는 여건이 조성되어 있다. §3.1에서 동급비교의 '-처럼'(如)에 대한 지역 방언형 '-치로/칠로/처로' 등과 관련하여 관찰하였던 '멋+칠로', '다+칠로', '매+치로/매+칠로' 등이나, '같이+로'[가칠로] 등도 혼성어의 예로 파악되었다.

또한, 전라방언에서 동급비교의 기능을 하는 또 다른 계통의 양태성 의존명사 '모양'(模樣)의 유의어 '모냥'형이 '-는 것(거) 모냥으로', 'N+모냥으로', '-는 모냥이다' 등의 구문으로 쓰이고 있다.[84] 이러한 '모냥'형은 우리가 §4.2에서 확인한 바와 같이, 19세기 후기 전라방언 자료에서부터 일부 출현하는데,

---

84 '모냥'의 다른 변이형 '모냉'도 전라방언 자료에 등장하는데, 이러한 형태는 맥락에서 후속되는 서술격조사 '-이다'의 영향으로 '모냥이다→모냉이다'과 같은 움라우트 현상을 수의적으로 실현시킨 결과로 형성된 것이다. 이와 같은 유형은 '모양이다→모앵이다'에서도 등장한다.

　(ㄱ) 어떤 부인이 무남독녀 아들 한나를 낳아갖고 키우던 <u>모냉이여</u>, 유복자매이로(6-3, 전남 고흥군 동강면 24:702), 그 노파가 그 규수집 하인이었던 <u>모냉이여</u>(6-3, 상동. 동강면 8:655),

　(ㄴ) 어찌게 변명을 헐 재주가 없던 <u>모앵이여</u>(5-5, 전북 정주 33:130), 거기서 노량진포에 도달을 혔던 <u>모앵이여</u>(5-5, 전북 정읍군 신태인읍 23:481).

충남방언의 비교격조사를 논의하면서 한영목(2008:78)은 이 방언에서 '모양'은 '모냥'으로 쓰이고 있으며, '모냥'형은 모음조화로 '마냥'으로 변화되었다고 기술하였다. 그리하여 한 교수는 충남방언에 넓은 출현 분포를 가지고 있는 동급비교 부사격조사 '마냥이루'는 명사 '모양'이 문법화로 인하여 출현한 '마냥'에 조격조사 '-으로'와 결합한 형태로 간주하였다. 이러한 '모냥'형은 김계곤(2001)에 의하면 경기도 방언 등지에까지 분포되어 있다. '모냥'(경기도 양평군 청운면, p.91, 포천군 군내면, p.116, 평택군 현덕면, p.340, 김포군 대곶면 p.500, 인천시 중구 604, 고양시 일산 660). 특히, 평택군 현덕면에서는 '모냥'형과 함께 '모냉'형도 등장하고 있다.

대부분의 맥락에서 구상적 형태/모양, 또는 양태적인 '상황/지경'의 의미발달 단계에 한정되어 있었다. '모냥'형의 역사적 선대형은 문헌자료에서 확인되지 않기 때문에, 유사한 기능을 담당하고 있는 양태성 '모양'과 동급비교의 '마냥' 간의 개념 인접성에 의한 유추작용을 거쳐서 일종의 혼성어로 형성되었을 가능성이 있다.[85] 아, 지금들 모를 것이여. 독마냥으로 이렇기 질그릇 모냥 맹기럱는디 (6-11, 전남 화순군 도곡면 24).

## 6.2. 전라방언에서 조격조사 '-의로>-이로'의 역사성

전라방언 등지에서 양태성 의존명사 '맹'(<모양), 정도성 의존명사 '만/만치', 복합형태 '만+양' 등에 연결되어 동급비교 부사격조사의 기능을 체언의 유형에 따라서 필수적으로 또는 수의적으로 부여하는 조격조사 '-이로'는 이러한 문법범주에만 한정되어 출현하는 특이한 형태가 아니다. 조격조사 '-으로'에 대한 '-이로'형은 남부방언(정인호 1995; 이혁화 2005; 이상신 2008; 위진 2010)과 중부방언의 일부(임용기 1988; 김계곤 2001) 및 북부방언(이기동 1986) 등지의 구어에서 체언 유형에 따라서 보편적으로 출현하고 있는 문법형태이다. 특히, 19세기 후기 전라방언 자료에서 오늘날의 '-이로'형은 대부분 '-의로'로 반영되어 있다. 이미 이들 자료에서도 19세기 후반에 수행되고 있는 '의' 이중모음의 단모음화 현상 '의>이'로 인하여, 조격조사 '-의로'는 '-이로'의 방향으로 점진적으로 이동해오고 있다(최전승 1986, 2000). 이러한 방언형 '-이로'의 출현에 대하여 종래에 표준형 '-으로'를 기준으로 해당 체언의 말음절 자음의 음운론적 특성에 비추어 "전설고모음화"(김옥화 2004, 2007, 이진숙 2013), 또는 "모음상승 현상"(한영목 2007) 등으로 기술해 온 바 있다.

---

85 경기도 방언을 수집 정리한 김계곤(2001:338)은 평택군 현덕면에 등장하는 부사 '노냥'(노상, 늘)형에 대해서 '노상'(恒常)과 유사한 뜻을 가지고 있는 부사 '마냥'(늘, 每樣)과의 합성어로 파악한 바 있다.

　　19세기 후기 전라방언 자료에서 조격조사 '-의로'는 해당 방언에서 출현하는 처격조사 '-의'와 밀접한 관련을 맺고 있다.[86] 통상적인 처격조사 '-에'에 대한 '-의'의 형태는 중세국어 단계에 출현하였던 일단의 특이 처격형 '-의'로 소급된다.[87] 그리하여 전라방언에서 조격조사 '-의로'형의 형태론적 구성은 처격조사 '-의'에 '-로'가 결합된 복합 조사로 분석된다. 따라서 '-의로'는 <처소+방향>의 결합인 '-에로'에 해당되는 처소의 방향성을 지시하는 표지이다. 19세기 후기 전라방언에서 '-의로'의 반사체들은 '-의로>-이로'의 변화를 수용하여 현대 전남과 전북 일대의 지역방언 구어에서도 그대로 지속되어 있다. 예를 들면, 명사 '집'(家)은 중세국어에서 특이 처격형 '-의'를 취했는데, 이러한 사실은 오늘날의 전라방언에서도 '의>이'의 변화를 밟아서 처격

---

86　19세기 후기 전라방언 자료에서 처격조사 '-의'와 연관되어 있는 지향점의 부사격조사 '-의로'의 출현을 최전승(2000, 2020)에서 일부만 인용하여 제시하면 다음과 같다.

　(1) 밋틔로만 될난인씨(84장본 완판 수절가,상.29ㄴ), cf. 단장밋틔 빅두룸은(좌동.하.29ㄴ),
　(2) 곳틔로 길동의 상을 의논홀식(완판, 길동 5ㄱ),
　　　　cf. 말 곳틔 긔결ᄒ야(완판, 별춘. 29ㄱ), 편지 곳틔 ᄒ여쓰되(병오본,춘. 25ㄴ),
　(3) 장막 밧긔로 나오니(완판, 화룡, 29ㄱ),
　　　곳봉이 밧기로 반만 니다보니(완판, 심청,하. 17ㄴ),
　　　　　cf. 장막 밧긔 나셔니(화룡, 43ㄱ), 옥문 밧긔 다다라셔(완판, 별춘. 26ㄱ),
　(4) 고향의로 도라가(완판, 초한,상. 27ㄱ)∽고힝으로(좌동.상. 28ㄴ),
　(5) 짜의로 소사난야(완판, 충열,하.25ㄴ), 짜릭로 소삿는가 (병오,춘.26ㄱ),
　(6) 뒤히로 함셩이 딘진하며(완판, 대봉,상.32ㄴ), 뒤히로 싸른 비(완판, 화룡.58ㄴ),
　　　뒤히로 함셩이 진동하거늘(완판, 대봉,상.33ㄴ)∽뒤흐로 가난듯(좌동.하.7ㄴ),
　(7) 우희로 향화을 밧들고(완판, 길동.3ㄱ), 우희로 임군을 도와(좌동.14ㄴ),
　　　　cf. 졀벽 우희 올나(상동 16ㄴ), 셤 우의 업더어 (상동.19ㄴ),
　　　수리 우의 놉피 실코(완판, 충열,상.25ㄴ), 우의 지닉가면(완판,퇴. 8ㄴ),
　(8) 셔의로난(완판, 대봉,상.30ㄴ)∽셔으로 도망하여(완판, 초한,상.30ㄱ),
　(9) 층암졀벽승의로 올라가니(정사본 조웅 1.10ㄱ),
　(10) 흔 고듸로 좃ᄎ(완판,길동. 15ㄴ), cf. 흔 고듸 다다르니(좌동.1ㄱ),
　(11) 옥문 궁긔로 손을 닉여(가람본 춘,남. 44ㄴ)∽귀문궁그로 닉다 보니…
　　　　문궁기로 닉다 볼졔(신재효, 춘,남. 74).

87　근대국의 단계에서 처격조사로서 특이처격형 '의'의 분포와 기능에 대한 고찰은 김선효(2011)을 참조. 김 교수는 근대국어에서 처격조사 '의'의 실현분포가 확대되어 실현되는 현상은 중세국어와의 다른 일면으로 주목하였다.

형 '집-이'와 조격형 '집-이로'로 지속되어 있다.

> (41) 미리 죽게 생긴게 <u>집이</u> 들어 가야겠다고, 떡 허니 <u>집이</u>를 갔단 말여,
> <u>집이</u>를 간게나(5-4.『한국구비문학대계』, 전북 군산시 22:123),
> 에이, 작것 그 <u>집이로</u> 머심이나 간다고(5-4, 전북 군산시 25:131),
> cf. 우리 <u>까끔이로</u>… 우리 <u>까끔이서</u> 나무럴 해… 그 집 <u>까끔이로</u>는 나무럴
> 못하러 가것드라(전남 완도, 최소심, p.32).

체언 '집'(家)과 같은 친숙하고 출현 빈도가 높은 유형은 중세의 특이 처격형이 고수되어 근대의 단계를 거치고, 그대로 오늘날의 지역 방언에까지 '의>이'의 단모음화를 밟아서 존재하고 있는 것이다. 니 <u>집의로</u> 나오느라(장자백 창본 춘향가 13ㄱ), 춘향 집의로 나오난듸(좌동. 44ㄱ). 이와 같은 관점에서, 동급비교 부사격조사 '맹이로'형은 문법화 이전의 형태 '모양+의로'로 추정될 수 있다. 그러나 19세기 후기 전라방언 자료에서 '모양의로'형은 그 출현 빈도가 낮으며, '모양으로'형과 수의적 변이를 나타내고 있다. 허슈이비 <u>모양의로</u>(가람본 판소리 춘향가, 남창.33ㄴ)∞허슈아비 모양으로(신재효본, 70). 『한국구비문학대계』(전남·전북 편)에 수록된 구술담화 텍스트에서도 '모양이로'의 출현 횟수는 역시 극히 일부에 한정되어 있다.[88] 따라서 문법화를 거친 부사격조사 '맹+이로'의 조격 조사 '-이로'와 기원형 '모양+으로' 간에 개재된 저간의 사회언어학적 사정은 파악하기 어렵다.[89]

---

88 『한국구비문학대계』(전남·전북 편)의 텍스트에서 '모양+이로'형을 추출하면 아래와 같다. (ㄱ) 음식을 지사(祭祀) <u>모양이로</u> 장만 히 갖고(전북 부안군 줄포면 15), (ㄴ) 옛날에 병 <u>모양이로</u> 둥글둥글 헌 놈이(전남 화순군 한천면 64), (ㄷ) 그 이전에 <u>나막신 모양이로</u> 이케(전북 정읍군 군내면 33), (ㄹ). 개 <u>모양이로</u> 이케 꼬리를 침시로(전북 정읍군 군내면 31).

89 주로 19세기 중반 정도의 경상방언이 부분적으로 반영된 필사본 『표민대화』(아스톤 본)의 텍스트에 조격조사 '-으로'에 대한 '-이로'형이 '츩이로'에서 등장하는 것 같다. 그러나 조격형 '츩이로'는 이 지역 방언에서 생산적인 명사파생 접사 '-이'가 '츩'(葛) 어간에 연결된 형태이다. 참고로 제시한 '널(板)+-이'가 이러한 사실을 보여준다.

오늘날의 전라방언에서 또 다른 부류의 동급비교 부사격조사 가운데 '마냥'
은 3가지 이형태 '마냥/마냥이로/마냥으로'로 화자들이 수의적으로 사용한다.
이러한 수의적 사용은 구술 담화를 진술하는 토박이 동일 화자들의 말의 스타
일에서도 일종의 공시적 변이로 출현하고 있는 것이다.

(42) ㄱ. 산에 범호랭이 와서 곁에가 개마니로 호랭이가 누웠어. 꼭 가정에
　　　개마냥이로 이렇게 지내(6-11, 전남 화순군 한천면 7, 정봉준 78세),
　　　[조사자: 암행어사처럼요?]. 응, 암행어사처럼, 마냥으로, 근디…(상동.
　　　한천면 8).
ㄴ. 대차로 개마냥 다 돼갖고 새리고 있드라우. 개마냥 딱 숙이고 앙겄는
　　　디(6-5, 전남 해남군 화산면 50, 김달심 53세),
　　　아조 개마냥으로 핥으고 좋아서 막 그래 쌓드라우 … 그란디 개마냥
　　　이로 새복에 조르르니 와서 앙겄고… 집에 오면 개마냥으로 딱 눴고,
　　　어디 가면 꼭 영낙없이 개마냥이로 꼬리 치고…(상동. 화순군 54).

위의 예문 (42ㄱ-ㄴ)은 각각 동일 토박이 화자로부터 얻은 전남 화순군 한천
면 설화 (7-8)와, 전남 해남군 화산면 설화(50-54)의 텍스트 가운데 동급비교
부사격조사 '마냥/마냥으로/마냥이로'가 수의적으로 출현하는 맥락을 중심으로
추출한 것이다. 이와 같이 동일 화자의 말의 스타일에 따라서 공시적 변이 현상
으로 출현하는 '마냥으로' 부류에 속하는 3가지 이형태들의 역사적 발달 순서
는 다음과 같은 어느 방향으로도 추정하기가 쉽지 않다. (ㄱ) *만+양(樣)→마냥→마
냥의로→마냥이로→마냥으로, (ㄴ) *만+양(樣)으로→마냥으로→마냥의로→마냥이로

---

외나모롤 즘이로 웰고 그 우희 돗젹을 덧버두는 法이요(하.22ㄱ),
　cf. 비롤 무울 널이롤 믈웃 삼이라 브르읍늬(板, 상동, 하.4ㄱ).

## 참고문헌

강희숙(1996), "진도방언의 /n/ 탈락 현상에 관한 고찰", 『국어학』 27호, 국어학회, 157-178.

고영근(1989), 『국어 형태론 연구』, 서울대학교 출판부.

고영근(1995), 『단어·문장·텍스트』, 한국문화사.

고영근·구본관(2008), 『우리말 문법론』, 집문당.

김계곤(2001), 『경기도 사투리 연구』, 박이정.

김규남(2021), "문학작품에서의 지역정체성 표지와 전북방언의 특징", <2021년 제18회 한국방언학회 전국학술대회>: 문헌 속의 방언(2021.6.25. 온-라인 줌 발표집).

김선효(2011), "근대국어의 조사 '의'의 분포와 기능", 『어문론집』 46호, 중앙어문학회, 141-162.

김영신(1982), "경남방언의 굴곡론적 연구", 『한국방언학』 제2집, 한국방언학회.

김영태(1985), 『창원지역어 연구』, 경남대학교 출판부.

김옥화(2001), "부안지역어의 음운론적 연구", 서울대 대학원 박사학위논문.

김옥화(2004), "전북 서부 지역어의 격조사", 『어문연구』 제32권 제2호, 한국어교육연구회, 95-118.

김옥화(2007), "옥구지역어의 음운과정과 음운론적 특징", 『배달말』 제40집, 배달말학회, 99-125.

김웅배(1991ㄱ), "김우식 씨의 강진말", 뿌리깊은나무 민중자서전 『칠량 옹기배 사공 김우식의 한평생』, 뿌리깊은나무, 15-17.

김웅배(1991), 『전라남도 방언 연구』, 학고방.

김정대(1993), "한국어 비교구문의 통사론", 계명대 박사학위논문.

김태민(2019), "'-다시피'의 의미·기능에 관한 고찰", 『언어와 정보 사회』 제38호, 언어와 정보 사회학회, 1-34.

김홍수(1992), "전북방언의 통사적 특성", "전북방언의 특징과 변화의 방향"(최전승 외), 『어학』 제19집, 전북대학교 어학연구소, 108-114.

남광우(1997), 『교학 고어사전』, 교학사.

남미정(2016), "중세·근대국어 보조사 연구의 쟁점과 과제", 『국어사 연구』 제23호, 국어사학회, 33-68.

박재연(1999), "국어 양태범주의 확립과 어미의 의미기술: 인식양태를 중심으로", 『국어학』

34, 국어학회, 199-225.

박재연(2005), "인식양태와 의문문의 상관관계에 대하여", 『국어학』 56호, 국어학회, 101-118.

배주채(1994), 『고흥방언 음운론, 국어학총서 32, 태학사, 국어학회.

배주채(1998), "서남방언", 『문법연구와 자료』(이익섭 선생 회갑기념논총), 태학사, 876-931.

서정수(1995), "의존명사의 새로운 고찰", 『태릉어문연구』, 5-6호, 서울여자대학교, 195-224.

석주명(1947), 『제주도 방언집』, 서울신문 출판부.

안주호(1997), 『한국어 명사의 문법화 현상 연구』, 한국문화사.

안주호(2004), "명사 '모양(模樣)과 '법'(法)의 공시성과 통시성", 『국어교육』 114호, 국어교육학회.

안주호(2011), "{만큼}의 문법적 특징에 대하여", 『한국언어문학』 제78집, 한국언어학회, 39-62.

오홍일(2003), 『우리 고장 무안의 방언』, 무안군 · 무안문화원.

왕문용(1988), 『근대국어의 의존명사연구』, 한샘출판사.

왕문용(2003), "의존명사의 신생과 소멸", 『국어교육』 112호, 국어교육학회, 273-295.

위진(2010), "전설모음화의 발생과 적용 조건", 『한국언어문학』 제73집, 한국언어문학회.

이기갑(1983), "전남방언의 매인 이름씨-그 공시태와 통시태", 『언어학』 6호

이기갑(1987), "전남방언의 토씨체계", 『장태진 박사회갑기념 국어국문학논총』, 삼영사, 181-199.

이기갑(1997), "서남방언의 의존명사", 『국어학연구의 새 지평』, 태학사, 525-550.

이기갑(2001), "아까맨치로만 허면 쓰겄다", 웹진 전라도 닷컴(2001-06-15).

이기갑(2003), 『국어방언문법』, 태학사.

이기갑(2015), "생긴 것이 꼭 원생이맹이다", 『전라도 말 산책』, 새문사, 250-252.

이기갑 외(1997), 『전남방언사전』, 전라남도

이기문(1972), 『국어사 개설』, 탑출판사.

이상규(1990), "경북방언의 격어미 형태구성과 기능", 『어문론총』 24호, 경북어문연구회, 105-123.

이상규(1999), 『경북방언문법연구』, 박이정.

이상규(2001), "문학방언(Literary Dialect) 연구의 가능성과 그 방향", 『한민족어문학』 제39집, 83-119.

이상신(2008), "전남 영암지역어의 공시 음운론", 서울대 대학원 박사학위논문.

이숙경(2006), "후기 근대국어의 문법화", 『후기 근대국 형태의 연구』(홍종선 외), 역락, 283-328.

이진숙(2012), 『전남 진도의 언어와 문화-찰로 그리고 그 때는 웃기게 살았어』, 지식과교양.

이진숙(2013), "고흥지역어와 진도지역어의 음운론적 대비 연구", 전남대 대학원 박사학위논문.

이태영(1983), "전북방언의 격조사 연구", 전북대 석사학위논문.

이태영(1986), "전북방언의 특수조사에 대하여", 『국어문학』 26집, 국어문학회.

이태영(2010), 『문학 속의 전라방언』, 글누림.

이태영(2011), "전북방언의 특수조사에 대하여", 『전라북도 방언 연구』, 역락, 503-528.

이혁화(2009), "방언사의 현황과 과제-방언 음운사를 중심으로", 『국어학』 제54집, 국어학회, 303-324.

임동훈(1991), '현대국어 의존명사 연구', 「국어연구」 103호.

임용기(1988, "광줏말의 자리토씨", 『기전문화연구』 제17집, 인천교육대학, 223-259.

임채훈(2002), "국어 비유구문의 의미연구-'-처럼, 만큼'을 중심으로", 『한국어 의미학』, 10집, 한국의미학회, 209-226.

장경희(1985), 『현대국어의 양태범주 연구』, 탑출판사.

장경희(1995), "국어의 양태 범주의 설정과 그 체계", 『언어』 20-3, 한국언어학회, 191-205.

정인호(1995), "화순 지역어의 음운론적 연구", 『국어연구』 134호, 서울대학교 국어연구회.

정철(1991), 『경북 중부 지역어 연구』, 경북대학교 출판부.

조규태(1983), "준자립명사 '모양'에 대하여", 『배달말』 8집, 배달말학회, 89-98.

조현준(2010), "경북방언의 격조사 연구-방언 구술담화 자료를 중심으로", 대구가톨릭대학교 석사논문.

주갑동(2005), 『전라도 방언사전』, 수필과비평사.

채옥자(2002), "중국 연변지역 한국어의 음운체계와 음운현상", 서울대학교 박사학위논문.

채완(1995), "한국어 특수조사 연구에 대한 한 반성", 『조선학보』 154집, 일본 조선학회, 1-23.

최동주(2003), "경북 동해안방언의 어휘적 특질", 『동해안지역의 방언과 구비문학연구』, 영남대 출판부.

최명옥(1980), 『경북 동해방언 연구』, 영남대 출판부.

최명옥(2007), "구술발화 자료와 개별방언론", 『방언학』 제6호, 한국방언학회, 7-47.

구상적 형태와 크기에서 인식양태와 동급비교의 부사격조사로 이르는 ⋯ **291**

최명옥·김옥화(2001), "전북방언연구", 『어문학』 73집, 한국어문학회, 203-224.

최전승(1986), 『19세기 후기 전라방언의 음운현상과 그 역사성』, 한신출판사.

최전승(1995), 『한국어 방언사 연구』, 태학사.

최전승(2000), "19세기 후기 전라방언의 처소격조사 부류의 특질과 변화의 방향", 『우리말글』 제20집, 우리말글학회, 101-152.

최전승(2020), 『근대국어 방언사 탐색』, 역락.

최전승 외(1992), "전북방언의 특징과 변화의 방향", 『어학』 제19집, 전북대학교 어학연구소, 49-144.

최학근(1990), 『한국방언사전』, 명문당.

하귀녀(2005), "국어 보조사의 역사적 연구", 서울대 대학원 박사학위논문.

한영목(2004), "충남 방언의 보조사 연구(1)", 『우리말글』 30호, 우리말글학회, 47-80.

한영목(2007), 『충남 방언 문법』, 집문당.

한용운(2003), 『언어 단위 변화와 조사화』, 한국문화사.

허웅(1975), 『-우리 옛말본』, 샘문화사.

허웅(1995), 『20세기 우리말의 형태론』, 샘문화사.

허웅(1989), 『16세기 우리 옛말본』, 샘문화사.

홍사만(1990), "{-만}의 의미변화", 『국어 의미론연구』(형설출판사)에 수록, 11-30.

홍사만(2002), 『국어 특수조사 신 연구』, 역락.

홍윤표(1978), "전주방언의 격연구", 『어학』, 전북대 어학연구소.

홍윤표(1994), 『근대국어연구』(I), 태학사.

홍윤표(2017), 『국어사 자료 강독』, 태학사.

小倉進平(1944). 『조선어 방언의 연구』(上), 岩波書店.

Brinton, L. & E. C. Traugott.(2005), *Lexicalization and Language Change*, Cambridge University Press.

Bybee, J. L.(1985), *Morphology*, A study of the relation between meaning and form, John Benjamins Publishing Company.

Fertig, David.(2013), *Analogy and Morphological Change*, Edinburgh University Press.

Heine, Bernd.(1997), Cognitive Foundations of Grammar, Oxford University Press.

Heine, Bernd & Tania Kuteva.(2002), *World lexicon of Grammaticalization*, Cambridge University Press.

Hopper, Paul & Elizabeth Traugott.(1993/2003), *Grammaticalization*, Second Edition, Cambridge University Press.

Kiefer, F.(1994), Modality, *The Encyclopedia of Language and Linguistics*, 2515-2520 Pergamon Press.

Lyons, J.(1977), *Semantics* 2, Cambridge University Press.

Martin. Samuel.(1992), A Referance Grammar of Korean(한국어문법총람), Charles e. Tuttle Company.

Palmer, F. R.(1986), Mood and Modality, Cambridge University Press.

Traugott, E. C.(1982), From Propositional to Textual and Expressive meanings: Some semantic-pragmatic aspects of grammaticalization. In *Perspectives on historical linguistics*, edited by W. P. Lehmann and Y. Malkiel. Amsterdam: John Benjamins, 245-271.

Traugott, E. C.(1989), On the Rise of Epistemic Meanings in English: An example of subjectification in semantic change. *Language* 65:31-55.

Traugott, E. C.(1990), From Less to More situated in Language: the undirectionality of semantic change. In *Papers from the Fifth International Conference on English Historical Linguistics*, edited by Sylvia Adamson, Vivien Law, Nigel Vincent and Susan Wright. Amsterdam: Benjamins, 496-517.

Traugott, E. C.(1995), Subjectification in Grammaticalization, In *Subjectivity and Subjectivisation*, edited by Dieter Stein & Susan Wright, 31-54. Cambridge Univ. Press.

Traugott, E. and E. Koenig(1991), The Semantics-Pragmatics of Grammaticalization revisited, In Traugott & Heine(eds), *Approaches to Grammaticalization*, Vol. 1, 189-218, John Benjamin.

# 서남방언의 설명과 이야기의 시작 표지*

이기갑

## 1. 역행 대용어

대화 중에 상대가 어떤 일에 대해 설명이나 해명을 요구할 때가 있다. 이 요구는 '왜', '어떻게', '무슨'과 같은 의문사로 이루어지는데 이에 대해 말할이는 짤막하게 대답할 수도 있지만, 긴 이야기를 필요로 할 수도 있다. 이처럼 설명으로서 긴 이야기를 펼쳐 나갈 때 말할이는 설명의 시작을 알리는 신호를 따로 보내기도 한다. 물론 이 시작 신호는 필수적인 것이 아니므로 말할이의 선택에 따라 수의적으로 출현한다. 그럼에도 그 신호의 형태가 방언에 따라 일정한 형식을 따르고 있어 담화 문법의 하나로 볼 만하다. 서남방언에서는 역행대용 표현이 설명의 시작 신호로 쓰인다. 구술자가 말할 내용을 아우르는 대용 표현을 미리 발화함으로써 자신이 앞으로 어떤 설명을 펼쳐 나갈 것이라는 시작 신호를 상대에게 보내는 것이다. 이러한 역행 대용 표현은 상대로 하여금 앞으로 전개될 설명에 주의와 관심을 집중하도록 하는 효과를 갖기도 한다.

---

\* 이 글은 글쓴이의 저서 『서남방언의 문법』(2022년 출간 예정)에 실린 내용의 일부를 고쳐 쓴 것이다.

## 1.1. 그랬다냐, 그랬드라냐

서남방언에서 설명의 시작 신호로 '그랬다냐?', '그랬드라냐?'와 같은 대용 표현이 사용되는데, 상대높임의 위계에 따라 '그랬단가?', '그랬다요?', '그랬 드란가?', '그랬드라요?'와 같은 표현도 가능하다. 이들은 모두 의문문이라는 점이 공통이다.[1] 이 의문은 상대에게 응답을 요구하는 중립적인 의문이 아니 라 상대와의 공감을 유도하는 비중립적 의문이다. 형태적으로 이들은 대용언 인 내포문과 상위문의 의문법 씨끝이 축약된 합성 표현으로 이루어진다. 그래 서 축약되지 않은 '그랬다고 허냐?'나 '그랬드라고 허냐?'는 시작 신호로 쓰이 지 못한다. 내포문의 시제는 과거나 과거회상인데 펼쳐질 설명이 모두 과거의 이야기이기 때문이다. 역행대용어로써 설명의 시작을 알리는 경우는 모두 과 거의 이야기에 한정된다. 따라서 과거시제가 포함되는 것은 당연한 일이다. 그러므로 '그런다냐?'나 '그러드라냐?'처럼 비과거시제는 시작 신호로 쓰일 수 없다. 내포문은 완형 보문 형식을 띠는데 이는 설명의 내용을 아우르는 대용 형식이기 때문이다. 여기에 덧붙는 상위문의 의문형 씨끝은 상대방의 공감을 이끌어내기 위한 것이다. 따라서 '그랬다냐'나 '그랬드라냐'는 [설명의 내용]과 [상대의 공감 유도]라는 두 요소를 포함한다. (1)에서 (가)~(라)는 의문 사를 통한 상대의 설명 요구에 응답하는 과정에서 설명의 시작 신호가 사용되 었다. (1마)는 형식적으로 '먼 애기라?'와 같은 상대의 설명 요구가 있지만 그 이전 발화가 '그란디 할멈한테 한번 나도 묘한 얘기 좀 할라네.'이므로 이 경 우는 설명의 요구에 대한 응답이 아니라 말할이가 자발적으로 이야기를 시작 하면서 제시한 시작 신호로 볼 수 있다. 그러므로 시작 신호는 설명의 요구에 대한 수동적인 반응과, 설명의 요구가 없는 상황에서 능동적이고 자발적인

---

1  '그랬단다/그랬드란다', '그랬다네/그랬드라네', '그랬다요/그랬드라요'와 같은 서술의 대용 표현도 이야기의 시작 표현으로 쓰일 수 있을 듯하다. 하지만 의문문보다는 사용 빈도가 낮 은데, 이는 아마도 상대와의 공감 유도 기능이 없기 때문으로 추정된다.

이야기를 꺼내는 경우의 두 가지로 나눌 수 있을 것이다. 전자를 '설명의 시작', 후자는 '이야기의 시작'으로 구분한다. 설명의 시작은 대화 참여자 간의 상호 작용이 작용한 경우이며, 이야기의 시작은 말할이의 주도적인 담화 행위라는 점에 차이가 있다. 이처럼 담화의 시작 신호는 설명의 시작과 이야기의 시작 두 가지로 크게 구분되는데, '그랬다냐'나 '그랬드라냐' 형식은 이 두 가지 경우에 모두 사용된다. (1)에서 보듯이 '그랬다냐'나 '그랬드라냐' 형식은 모두 전남 지역의 구비문학 자료에서 확인된 것이다.[2] (1바)는 이야기의 시작 신호로 사용된 경우인데, 다른 경우와 달리 '옛날에'라는 시간 부사어가 선행하고 있다. 이러한 부사어의 존재는 이야기의 시작 신호가 관용적인 형식으로 완전히 굳어진 것이 아니라 아직도 서술어로 기능하는 역행 대용어임을 말해 준다. 그래서 '그랬다냐'류의 표현 앞에는 문맥에 맞는 적절한 주어를 상정할 수 있다. 예를 들어 (1)의 (라)-(마)에는 일인칭 주어가 가능하고 (바)에는 '어머니와 아들'과 같은 복수의 삼인칭 주어의 설정이 가능하다. 또한 상대높임의 위계에 따른 마침씨끝의 변화가 가능한 점도 '그랬다냐'류의 표현이 완전히 굳어진 표현이 아님을 말해 준다.

> (1) 가. "먼 손님들이라우?" 그랑께는, "아야, <u>그랬다냐</u> 질 가는 양반들이 이렇게 배고프다고 이렇게…. 그라나 무엇으로 밥 해 주끄나?" 그랑께,(해남구비)
>
> 나. 그랑께는 명가가 "어떻게 해서 성이 내 좃 같다는 것인가?" "<u>그랬다요</u> 우리 시조 할아버지가 강원도 금강산에서 있었든 것입디다. 있어가지고 일찍허니 돌아가서 불고 우리 할머니만 거기 금강산 속에가 살았든 것입디다. 아, 상께는 홀엄씨가 인자 있응께는 월봉사에서 사는 중놈이 와서 우리 함씨를 붙으고 일봉사에서 와가지고 우리 함씨를 붙어갖고

---

2   여기서 구비문학 자료는 한국정신문화연구원에서 간행한 『한국구비문학대계』를 가리킨다.

난 것이 하필 어떤 놈 자식인지 모롱께는, 일(日)자 월(月)자를 보태갖고
밝은 명자를 해가지고 그래서 내가 명가라고 해서 성이 좃 같아서 내가
안 갈쳐 줄라다 갈쳐 디리요." 그랬드라요.(보성 구비)

다. "<u>뭔 일이십니까?</u>" "<u>그랬드란가?</u> 자네 아다시피 내가 마침 젊은 여자를
데꼬 살지 않는가?" "그렇지요."(신안 구비)

라. "그래이, <u>뭔 일 있었든가</u> 할멈도?" 긍께는 "<u>그랬드라요?</u> 아이, 저 어덕
밑에 오막살이 처음에 짓고 지을 때게 영감은 그라고 돌아댕기고 하다
하다 옹색항께 굴씨 영감보고 와서 토수일 짬 해 주라 했습디다. (중략)
아, 그랬드니 막둥이 자 아그를 낳단 말이요." 그랑께,(신안 구비)

마. "그란디 할멈한테 한번 나도 묘한 얘기 좀 할라네." 그랑께, "뭔 얘기
라?" "<u>그랬드란가?</u> 나도 할멈하고 사이 떨어져서 이라고 돌아댕기면서
넘우(=남의) 유부녀하고도 접촉도 해 보고 홀어머니한테도 접촉도 해
보고 묘한 꼴 다 당해 봤어. 그래 참 사람은 가지각색이데, 그러나 다
인제 늙어서 지내가 버린 일이 어짜겠는가?" 그랑께,(신안 구비)

바. 옛날에 <u>그랬드라요?</u> 인제 숯을 굽는디 늙은 즈그 어머니하고 둘이 숯을
굽고 아무것도 없응께 장가도 못 가고 숯을 굽고 산디, 아, 매일 그렇굼
댕기다가 숯 구어 놓고는 인자 또 그놈을 끄러 간 것입디다.(해남 구비)

## 1.2. 그런 것이냐, 그런 것이요

서남방언에서 '그런 것이다'는 선행 발화나 그 내용을 지시하면서 단언하거
나 추정한다. 따라서 이때의 '그런'은 순행 대용어로 기능하는데, (2)가 이를
보여 준다.

(2) 허허, 갈(渴)하믄 잡수라고 말이여, 잔뜩 목은 몰랐겄다, 자기가 기운이 없
소, 총객이. 그러니 물을 마시믄 체래해(=체해). 물 체래하믄 죽어. 그러니

버들 잎사귀가 바가치에 뜨면은, 그놈 부니라고 쪼까씩 쪼까씩 마싱게 체
래 안 한다. 그래서 <u>그런 것이다</u>. 뭐 미와서 <u>그런 거 아니라</u>.(고흥 구비)

　그런데 '그런 것이냐', '그런 것이요?'와 같은 의문문의 '그런'이 순행 대용
어로 해석하기 어려운 경우가 있다. (3가)에서 '그런 것이냐'는 의문사 '어찌'
가 포함된 설명 의문문에 대한 대답의 첫머리에 쓰였다. 이 경우 '그런'의 선
행사를 설정할 수 없다. (3나)는 어머니에게 설명을 강하게 요구하는 아들의
발화에 대한 응답에 '그런 것이냐'가 쓰였다. 이 역시 '그런'의 선행사를 설정
하는 것은 무리하다. 이 경우도 설명의 시작 부분에 사용된 점이 (3가)와 같다.
따라서 '그런 것이냐'는 정상적인 의문문으로 볼 수 없고, 설명이나 이야기의
시작 신호로 쓰이는 1.1의 '그랬다냐'류와 같은 기능의 표현으로 이해해야 한
다. '그랬다냐'가 의문문이듯이 '그런 것이냐'도 의문문이다. 이는 물론 상대
의 공감을 유도하기 위한 것이다. '그랬다냐'의 경우 내포문인 '그랬다'가 역
행대용적 표현임은 쉽게 이해되는 데 반해 '그런 것이냐'의 '그런'이 역행대용
어인지는 불분명하다. 글쓴이의 직관으로도 이런 판단이 쉽게 내려지지 않는
다. 그러나 순행 대용어가 아니므로 남은 선택은 역행 대용어뿐이다. 따라서
'그런 것이냐'의 '그런'을 역행 대용어로 규정할 수밖에 없다. 말할이가 앞으
로 풀어 갈 자신의 설명이나 이야기를 시작하면서 그 설명이나 이야기를 역행
대용어 '그런'으로 먼저 제시한 뒤 이어서 구체적인 설명이나 이야기를 풀어
나가는 것인데, 표준어라면 전혀 불가능한 용법이다.

　(3) 가. "아무 거시기야, 아무 거시기야!" 항게 한 상전이, 아래에 있는 한 30대
　　　　총각으로 장가 안 간 것이거든 "아이고, <u>어찌</u> 저 서방님 이렇게 여기까
　　　　지 올라왔어요?" "<u>그런 것이냐?</u> 저 귀짝(=궤짝)이 내가 벌면은 저 귀짝
　　　　이 다 먹는단다. 그래서 저 귀짝을 없앨라고 하능게, 우리 마누라가
　　　　강물에다는 못 띄우게 하여. 그래 네 절간에는 별 상관없고 하닝게 니

네 절간이나 갖다 써라."(부안 구비)

나. "아이, 꼭 어머니께서 안 갈쳐 주시면 불효한 말로 이 칼로 제 목을 찔러 죽을랍니다. 어머니가 안 갈쳐 주면 제가 살 필요가 있소?" 목에 다 칼을 딱 대네그려. 안 되겄어, 그놈 허는 짓이 안 되겄어. 그래서, "가만있거라. <u>그런 것이냐?</u> 나는 늘 애기를 딸만 낳든 댐이라(=다음이라) 어 정지아그(=부엌데기), 그 아그는 첫애기다. 아, 애기가 한날한시에 비쳐. 그러면 정지 것은 저짝 방에서 비치고 나는 이 방에서 낳게 되는디 나는 애기를 순산해 놓고 보니 여식이여. 그래서 '이것 또 여식이구나.' 하고 한탄하고 있는 참에 저짝에서 애기 소리가 나드라. 그러니까 저놈은 첫애기니까 첫애기를 낳고 나면은 산모는 정신을 바로 나(=놔) 불어야. 그래서 얼른 가 보니까 니를 낳았드라. 그래서 안 갖고 와 불었냐(=가져와 버렸잖니)? 바까서 키운 것이다. 그 죄밖에 없다." 그렇께.(보성 구비)

'그런 것이냐' 외에 '그런 것이요?'도 설명의 시작 신호로 쓰이는데, 이는 단지 상대높임의 위계만 다른 경우이다. 다만 구비문학 자료에서는 '그런 것이냐'보다 '그런 것이요'의 사용 비율이 압도적으로 높게 나타난다. '그런 것이요'는 전남과 전북 전역에서 확인되어, 전남의 자료에서만 보이는 '그랬다요/그랬드라요'와 사용 지역에서 차이를 보인다. (4)의 (가)-(카)는 의문사가 있는 설명 요구에 대한 응답의 발화에 '그런 것이요'가 사용되었다. 반면 (타)-(파)에서는 의문사가 없지만 명시적으로 설명을 요구하는 상대의 발화에 대한 응답에 '그런 것이요'가 쓰였다. 한편 (하)-(ㅏ)는 그러한 상대의 요구가 없는 상황에서 말할이가 자발적으로 자신의 이야기를 펼쳐 나가는 과정에서 '그런 것이요'를 시작 신호로 사용하였다. 이처럼 설명의 시작과 이야기의 시작 신호로 '그런 것이냐'와 '그런 것이요'가 쓰이는 것은 '그랬다냐'류의 표현과 완전히 동일한 것이다. 그러므로 서남방언의 '그런 것이냐'와 '그런 것이요'를 설명이나 이야기의 시작 신호로 해석할 수밖에 없다.

(4) 가. "주인양반! 소실 뒤겠소?" "소실 하나 두긴 뒀소" "언제 뒀소?" "인자
사(=이제야) 몇 개월, 사오 개월 되았소" "그람 그 사람 <u>어서(=어디서)</u>
<u>구득했소?</u>" "<u>그란 것이요?</u> 울 어머니가 뜽금없이 건강한 양반이 배가
아프고 가슴이 아프다고 해서 아주 의원이라고 하는 의원은 다 들여도
백약이 무효란 말이여. 그런디 한 의원이 와서 뭣이라고 하는고 하
니,…"(해남 구비)

나. <u>뭔 얘기냐고</u> 얘기 잔 하라고 "아, <u>그란 것이요?</u> 며칠 전에 딸자식 한나
가 있는디 삼산면 아무 냇갈(=냇가)로 빨래하러 보냈어라우. 그란디
빨래하러 가서 빨래도 않고 빨래통도 거그다 집어내불고 신까지도 내
불고 아, 없습디다. (하략)"(해남 구비)

다. "뇌와라고 써 붙인 것은 <u>무슨 뜻이냐?</u>" "<u>그란 것이요?</u> 그것이 황새,
꾀꼬리 얘기가 나온디 황새, 꾀꼬리가 내 소리가 좋니, 니 소리가 좋니
서로 이김질이 나가지고 따오기한테 누구한테 갔다 하드라? 응, 따오
기하고 꾀꼬리하고, 황새한테 물어보러 갔어. 재판을, 판단을 해 주라
고 (중략) 그래서 인자 벼슬에 나가 봤자, 나는 빈손으로 나가 봤자
아무것도 바친 것이 없능께 늘 떨어지고 떨어지고 했어. 그래서 인자
한탄하고 하는 것이 뇌와란 소리여. 그래서 황새 얘기를 그렇게 한 것
이여."(해남 구비)

라. "어쩐 일이요? <u>누가</u> 죽어서 <u>누구</u> 제사를 지냅니까?" 그렇게, "<u>그런 것이</u>
<u>요?</u> 우리가 팔십 살이 다 넘었소 넘었는디 우리가 한 이십여 세 먹어서
자식을 하나 나갖고 키다가 열댓 살 먹어서 죽었소 그리서 우리 생전
이는 그 지사를 지내 줘. 우리 죽어지면 안 지내지요 그래서 거 우리
아들, 여우도 못헌 우리 아들 지사를 지내 주는디 그저 자식을 못 낳고
봉게 죽은 자식 그놈 생각이 나서 이렇게 시방 거시기 헌다고"(군산

구비)

마. "그서(=그래서) 뭣 헐래?" "그런 것이요? 저 아까 첫번(=처음)에 그 정승급제헌단 놈이라우, 아 요 자식이 엊저녁에 그냥 저녁을 묵고 서당을 같이 오는디, 아, 웃다리에서 쥐란 놈이 지내감서 뽀시락허잉게 이 놈이 깜짝 놀래서 아, 이 큰일 났다고 저한테 달라들으라우. 고런 놈이 정승 급제를 히라우? 고렇게 배짱 적은 것이 정승 급제혀? 고런 놈 좆 하나를 그냥 주뎅이에다 물리야겠소" 그러거든.(정읍 구비)

바. "아니, 경은 말 들으넝게 복이 많으단디, 얼매나 복이 많여?" "아, 그런 것이요? 제가 아들 십이 형제 딸 하나를 뒀습니다. 했는디 아, 전부 십이 형제 아들이 걍(=그냥) 다 천 석 천 석씩이를 받으요. 큰아들도 천 석, 두째 아들 천 석, 세째 아들 천 석, 네째 아들 천 석, 다섯째 아들 오천 석 전부 이 십이 형젱게 열둘도 다 천 석을 받으요."(정읍 구비)

사. "그나 이 구슬이 어이서 났냐?" "아, 그런 것이요? 어저끄 말허자면 아버님 드릴라고 생선 다섯 마리를 샀어라우. 생선 다섯 마리를 사가지고 배를 타 봉게 그 속으가 구슬이 들었어라우."(정읍 구비)

아. "그리여. 그러먼 어트케 히서 그 구슬이 도로 생겼소(=생겼소)?" "아, 그런 것이요? 그서 인자 제가 오늘 여그 올 날 아닌기라우(=아닌가요)? 그리서 아들 십이 형제 내외 시물넷허고 딸허고 사우허고 히서 스물여섯 뫼아 놓고는, 소허고 돼아지허고 잡아 놓고 잔치를 안 힜읍니까?" (정읍 구비)

자. "어쩐 일이냐? 상고(=장사) 안 하고는 왜 집에 와서 두러누워 있느냐?" 그러고 물응게, "그런 것이요? 가서 그 돈으로 물건을 사가지고 한양으로 올라오려고 하였드니 복이 없나 봅디다. 거그서 물건을 사가지고 오다 모두가 화냥을 만나가지고 물건은 다 잃고 뽀듯이 목숨만 살아왔소" 그러거든.(화순 구비)

차. "우리 부락에는 살아생전에 열녀문을 짓니라고, 저 열녀문 짓니라고

집 짜는 소리요." 하면서 자랑 삼아서 이야기를 해. "하기야 살아생전에 열녀문을 짓다니? 열녀문은 거개는 죽어 사후에 짓는 것인디, 이우째 살아생전에 열녀문을 지어?" 그랑께, "<u>그런 것이요?</u> 이얘기를 헐 것이니께 잠(=조금) 들어 볼라요?" 그래 뭐 좀 해 보라고(고흥 구비)

카. 그래 그 연유를, "<u>어짠</u> 일이냐?" 그 연유를 물응께는, "아, <u>그런 것이요?</u> 어느 사람이 그랬는가 금뎅이를 줘서 우리가 살기는 살게크롬 되았습니다마는 우리 아부지 복장에 맞어서 비명치사를 했습니다." 비명치사를 당해서 이렇게 복을 입고 있는 중이라고(해남 구비)

타. 대처(=과연) 그러겄다고 허고 그 영감보고, "아이 경, 그때에 나루를 건널 때에 <u>아무 일이 없었소?</u>" "아, <u>그런 것이요?</u> 나루 사공놈이 관가에 뭣 흐러 갔다 오냐고 히서, 아, 이러저러히서 돈 나루 저 쌌으로 천 냥을 주고 아, 또 말허자면은 뭣 흐러 갔다 오야고 히서 이러이 좋은 보물을 주어서 갖고 온당게 이놈을 보자고 허더니 바닷속에다 던져 버립디다."(정읍 구비)

파. "저그 오는디 들녘도 너릅고 땅이 옥토로 보인디 전부 묵어갖고 누각에 집이 있는디 그 욱으로 올라강께 집이 전부 전복되아갖고 있소 그런디 <u>그 이유를 알라고 왔소</u>" "우리도 시방 오늘만 내일만 하요 <u>그런 것이요?</u> 지리산 저 안에 들어가면 큰 대찰 절이 있소 대찰이 있는디 아, 거 도채비(=도깨비)가 나가지고 (중략) 밤이면 전복을 시켜 불었소 절도 다 자빨써 불고 대웅전만 남아갖고 있소 그래서 인자 우리한트로 침범할 성 부릉께 우리도 시방 오늘만 내일만 어디로 갈 것이냐고 공량하는 중이라고"(해남 구비)

하. "아무개 아버지, 아무개 양반, <u>지 말 들어 보실라오</u>" "어디 해라. 요 따순 디로 앙거라." 그러고는 도란도란 인자 그 머시매 아들이 장개를 갔는디. "아 <u>그런 것이요?</u> 아, 내가 김생원보다가(=보고) 항상 애문소리를 했는디, 아내가 한낮에 가 봉게로 시키면 먹구렁이가 그렇게 방천

을 뚫고 물을 빼던갑디다. 내가 그래서 삽으로 허리를 그냥 내가 딱 삽으로 딱 찍어서, 대를 내가 깎아갖고 꼬쟁이를 해서 전부 대꼬쟁이를 해서 몸뗑이다 내가 박아 놨소."(장성 구비)

ㅏ. 아이, 저놈 부자 된다, 부자 된다 치면은 저 고댕광실 높은 집에 내빈 옹게 접대허고 손님 밥 준단 놈이라우. 아, <u>그런 것이요?</u> 오늘 아침에 분판에다 글씨를 쓰는디 고놈이 와서 깜밥(=누룽지)을 가지고 개와주머니(=호주머니)에다 넣고 내 먹읍디다. "나 조께 도라." "지랄허네, 너 줄 거 없어." 아, 개와에다 남은 놈은 너 버려. 아이, 고런 놈이 아이, 고런 놈이 제 손님을 접대허ㄲ라우? 깜밥을 남 안 준 놈이 지가 손님 접대를 혀? 고놈 주댕이 하나 물리아겼소(정읍 구비)


## 2. '아니라' 구문

### 2.1. 다른 것이 아니라, 나문 것이 아니라

'A가 아니라 B이다' 구문은 A를 부정하고 B를 긍정함으로써 부정과 긍정의 대조를 나타낸다. '이 문제의 정답은 2가 아니라 3이다'와 같은 예가 전형적이다. 그런데 만약 A가 '다른 것'이라면 이때 '다른 것'은 '특별한 것' 또는 '특정한 것'을 가리킴으로써 일반적인 대조가 아닌 후행항 B에 초점을 맞추어 강조하는 해석을 갖게 된다. '이 문제의 정답은 다른 것이 아니라 3이다'는 정답이 바로 3임을 강조하는 것이다. 'A가 아니라 B이다'는 'A가 아니다. B이다'처럼 두 개의 문장으로 나누어서 표현할 수 있으므로 '다른 것이 아니라 B이다' 역시 '다른 것이 아니다. B이다'와 같은 두 문장으로 표현할 수도 있다. 아래의 (5)가 이런 경우를 보여 준다. 이때 '다른 것이 아니다'는 필수적인 표현이 아니지만, 이 표현이 사용됨으로써 후행 발화에 초점이 놓이는 효과가 발생한다.

(5) 가. 야, 불로초가 아무리 구해도 없으니 불로초가 <u>다른 것이 아니다.</u> 쌀이
불로초라. 그러니, 우리가 나락 모가치를 열 명이면 열 명, 다 세 이삭
씩 바칠 밖에 없다. 도저히 목이 달아날 적에 달아나더라도 불로초가
없는데 어떠하냐?(전주 구비)

나. "오늘 가니께는 이라고 이라고 그 큰애기가 나가 저그 오니께는 새암
가에 버드나무를 탁 한나 껑드마는 꺼꿀로 꽂아가지고 가운데 손가락
을 딱 연그드마는(=얹더니마는) 거울을 품에서 내드마는 거울을 딱 비
쳐 보드만 도로 딱 해갖고 덮어갖고 그라고 그냥 가 불드라." 그랑께는,
"잉, 그랄 것이다. 그것이 <u>다른 것이 아니다.</u> (중략) 그믐 사이로 너를
만나자는 그 소리다."(보성 구비)

구비문학 자료에서는 '다른 것이 아니다'보다 '다른 것이 아니라'처럼 이음
씨끝이 포함된 표현의 사용 비율이 압도적으로 높다. '다른 것이 아니라'는
표준어의 글말투인 '다름이 아니라'에 대응한다. '다른 것이 아니라'의 가장
전형적인 쓰임은 (6)과 같이 주제어 뒤에 오는 경우이다. 주제어 뒤에 와서
새로운 정보를 나타내는 논평을 강조하거나 초점화 한다.

(6) 가. <u>내가 여기 온 것은 다른 것이 아니라</u> 내가 부자만 되았제 내의 명예가
아조 나빠서 자식을 여울(=결혼시킬) 수가 없어. 그러니 이제는 돈 갖
다 뭣해? 그러니까 돈하고 자네 딸하고 바꾸세.(해남 구비)

나. 근디 <u>사당골은 다른 것이 아니라</u> 옛날 그 국세를 받아갖고 가는 사람들
이 거그를 지내다가 그 기생들을 그거다 요롱고 술을 팔고 허는 기생들
을 사다가 산 곳이 사당골입니다.(신안 구비)

다. 하야간 그 '지리산 들어간 포수는 있어도 나오는 포수가 없다.' 옛말이
그랬거든. <u>그건 다른 것이 아니라,</u> 지리산에서 호랭이가 사람을 잡는
것이 아니라 사람이 호랭이를 잡어야 사람이 사람을 잡어.(장성 구비)

라. "그래 소원이란 네 소원이 뭣이냐?" 그리고 인자 소리를 지릉께는, "예, <u>우리 소원이란 다른 것이 아니라</u> 우리가 이 집 식구를 다 잡아갔어요 다 잡아갔는디, 오늘 차례가 오늘 저녁에는 큰애기 차렌디 우리가 돈이 잏게 공기를 못 씽께 우리가 기양 돈이 둔갑을 했어요 둔갑을 해서 공기를 못 씽께 소원을, 내 소원을, 우리 소원을 풀어 주시요."(해남 구비)

예 (7)은 (6)과 달리 주제-논평 구조를 보이지 않는다. (7)의 (가)-(마)는 대신 의문사를 통해 설명을 요구하는 상대에게 응답하는 발화의 첫머리에 '다른 것이 아니라'를 사용하고 있다. 이는 1.1에서 논의하였던 설명의 시작 신호와 같은 것이다. '다른 것이 아니라'는 새로운 정보를 초점화 하는 기능을 갖는데, 이러한 기능이 설명에 적용되면 설명의 시작 신호로 작용하게 되는 것이다. (바)-(타)의 '다른 것이 아니라'는 상대의 설명 요구가 없는 상황에서 말할이가 자발적으로 이야기를 전개해 나가는 첫머리에 사용된 이야기의 시작 신호이다. 이처럼 서남방언에서 '다른 것이 아니라'는 설명과 이야기의 시작 신호로 쓰일 수 있다. 이 점에서 표준어의 '다름이 아니라'와 기능적으로 동일하다. '그랬다냐'나 '그런 것이요'는 설명이나 이야기의 전체를 역행적으로 지시함으로써 설명이나 이야기의 시작 신호로 기능한다. 반면 '다른 것이 아니라'는 새로운 정보를 초점화 하는 것이 본래의 기능이지만 그것이 확대 적용됨으로써 시작 신호로 작용한다. 그 결과 '다른 것이 아니라'는 설명이나 이야기의 전체를 시작하는 경우에도 나타나지만, (6)처럼 이야기의 일부를 도입하는 데도 쓰인다. 따라서 그 작용 영역에서 '그랬다냐'나 '그런 것이요'와 차이를 보이게 된다.

(7) 가. 그날 저녁에 있는디 봉께는 그날 저녁에가 어짠 일인지 막 들어갈께 곡성이 나, 막 곡성이 나. "어째 곡성이 난고?" 그라고 하인보고 불러서

물어 봉께는, <u>다른 것이 아니라</u> 금방 당혼한 큰애기가 있는디, 당혼한 큰애기가 금방 기절을 하고 그래서 곡성이 난다고.(해남 구비)

나. "아이, 어느 총각이 <u>어찌 나를 부리냐?</u>" 이렇게, "아이, <u>다른 것이 아니라</u> 내가 아무 날 내일 우리 밭을 가는디 밭을 알으싱께 우리 밭 안 있소? 밭을 맬랑께 좀 와서 하래 매 주시요" 그렇께,(신안 구비)

다. "이 음식이 <u>무슨 음식인가?</u> 자네 생일인가?" "인자 그런 게 아니라, 자네들허고 이런 뭘 알음장 헐려고 허네. <u>다른 것이 아니라</u> 여기 박선생이 안 살아 계셨는가? 돌아계신. 따님이 안 계신가? 그 따님을 나하고 형제간으로 결의형제를 헐려고 자네를 알루케 헐려고 그렇게 음식을 장만혀갖고 불렀네." 그러더니,(화순 구비)

라. 밤에 또 뭐 사람 오락할 것도 없고, 찾응게 어떤 홀엄씨 하나가 나와서, 그 <u>뉘시냐고</u> 대답한다 그것이여. "아니, <u>다른 것이 아니라</u> 길 가는 나그네인디, 이 산중을 들어와갖고 오다(=어디) 올 디 갈 디도 없고 날은 저물어 버려서 불만 보고 찾아왔노라고 하루 저녁 자고 가면 어떠냐?" 고 그런다 그것이여.(화순 구비)

마. "여보쇼, 여보쇼!" 흔들어 깼어. 긍게로, <u>어떤 놈이</u> 잠자는디 으른(=어른) 잠자는디 깨야고 막 호령을 벽락같이 허거든? "아, <u>다른 것이 아니라</u> 우리 수인사나 허고 지냅시다."(군산 구비)

바. <u>다른 것이 아니라</u> 삼대 독자 외아들 한나가 있던 갑디다, 어뜬 사람이. 아, 그랬는디 아들을 여웠어요.(함평 구비)

사. <u>다른 것이 아니라</u> 성명은 잊어 버려서 잘 몰라. 옛날 그 어떤 한 사람이 어디 가서 선정을 했다는 얘긴데,(장성 구비)

아. 지렁이 그 얘기가 아니고 또 다른 얘기가 있어. <u>다른 것이 아니라,</u> 한 부부이 살다가, 아들 하나를 낳어. 해서, 인자 그 아들을 낳고 얼마 안 돼서 서방님이 죽어 뻔졌어.(장성 구비)

자. "자네가 우리 집이서 가지간 돈이 암만여(=얼마야). 긍게 이것 내 자네

가 내 말만 꼭 들으먼 내 이것 탕감도 해 주고 논 한섬지기를 줄 팅게 자네가 내 말만 꼭, 나 허라는 대로만 허라."고 아, 얼매나 존 일여? "그러라."고 "다른 것이 아니라 내가 병이 났는디, 아무 약을 써도 못 낫어. 근디 어서(=어디서) 물어보닝게 저 자식들 간을 내서 먹어야 낫는대야. 그런다니 자네가 그렇게 소문을 퍼트려 달라."고 그것 참 사람으로서는 못 헐 노릇이지.(군산 구비)

차. "내가 너그들기다가(=너희들에게) 헐 말이 있다." "무슨 말씀이요? 아버님. 큰아버님." "다른 것이 아니라 내가 벌써 너그 집으로 온 지가 한 너댓 달이 되아. 그래라도 내가 이 동네 노인 양반들을 술 대접 한 번도 못 힜어. 그맀으니 낼은 내가 이 아랫마을 노인 양반들 전부 데르다가 술을 한 잔 대접해야겄어. (중략) 어쩌면 좋냐?"(정읍 구비)

카. "너, 시방 옳은 정신으로 있느냐?" "예, 시방 정신이 말뚱말뚱헙니다." "그려? 인자 임자 만났다. 다른 것이 아니라, 내가 그전이 이 집 주인여. 주인인디, 재산을 많이 뫼야가지고 시방 뒤안이다가 전부 금싸래기를 묻어 놨어."(부안 구비)

타. "지가 심 닿는 대로 허지요" "다른 것이 아니라 이만저만히갖고서는 시방 경상도 어느 골에 가서나 자리가 비었어. 원 자리가 비었어.(군산 구비)


전남의 일부 지역에서는 '다른 것이 아니라'와 같은 의미로 '나문 것이 아니라'도 쓰인다. 그 용법은 '다른 것이 아니라'와 완전히 동일하다. '나문'은 '다른' 또는 '보통의'를 뜻하는 관형사로서, 함평·영암·해남·신안·화순 등 전남의 서남부 지역에서 주로 쓰이는 말이다. 서남방언에는 '다른'과 '딴'이라는 관형사가 이미 있음에도 불구하고 이들 지역에서 같은 뜻의 전혀 새로운 낱말이 쓰이고 있는 것이다. '나문'은 아마도 동사 '남-'(殘)의 관형형 '남은'에서 온 말로 보인다. 동사 '남다'는 '떠나다'류의 동사와 의미적으로 대립된다. 어떤 한 무리의 사람들이 있을 경우 '떠난 사람'과 떠나지 않고 '남은 사람'은 대립한다. 떠난 사람의 관점에서 남은 사람은 '다른 사람'일 수 있다. 아마도 이런 의미 확대의 결과로 관형사 '나문'이 생겨나게 된 것으로 추정된다. 만약 이러한 추정이 옳다면 '나문'은 떠나지 않고 남을 수 있는, 사람 명사로부터 의미 확대가 시작되었을 가능성이 크다. 구비문학자료에서도 '나문'이 수식하는 명사 가운데 '사람'의 빈도가 가장 높았다. (8)이 이를 보여 준다.

(8) 가. "아이 대사, <u>나문 사람들은</u> 전부 다 거식허는디 왜 이 즉 말허자면 술을 모르고 차꾸 거식허냐?" 헌다 말이여.(함평 구비)

나. 그러잉께 선생질 헌다는 사람이 그렇게 뚜꺼비보고 말을 허느니 보통 <u>나문 사람이</u> 딛기에는 보통 말이 아니거든요.(함평 구비)

다. 그런데 그 사람이 심청머리(=성정머리)가 고약해. 그러면 <u>나문 사람은</u> 가사 오 장이나 되면은 이 사람은 칠 보나 되았든 모냥이여.(해남 구비)

라. <u>나문 이들은</u> 일본놈들이 그렇게 물 끓듯 항께 무상께(=무서우니까) 한나 비쳐도 못 보고(신안 구비)

마. '요놈, 우리집 덕으로 해서 중학교까장 마치고 고등학교까장 마치고 일본 유학까장 갔는 놈이 어디 가서 인자 그 나쁜 기집을 얻어가지고 <u>나문 사람허고</u> 빠져가지고 있는구나.' 허고는(신안 구비)

바. <u>나문 사람은</u> 용케 해가지고 이익들을 보는디 그양반은 꼭 망한단 말이요.(신안 구비)

사. 그래서 마음속으로 '<u>나문 사람들은</u> 나같이 이렇게 부지런치 안해도 잘 먹고 잘사는데 나는 이렇게 부지런히 해도 왜 이렇게 못살고 못 먹고 이러는가?' 이런 마음에 비만감(=비애감)이 들어가서는(신안 구비)

아. 인자 막 옷고름을 내허치고 막 소리를 지르고 오지마는 <u>나문 사람</u> 눈에는 하나도 안 보인다 그 말이여.(신안 구비)

자. 강을 뗑께 그 장안에 <u>나문 구경꾼들이</u> 백결 치듯 모였제.(화순 구비)

차. 가서 음식을 먹은 체 한 그런 순간에 <u>나문 사람들한테</u> 이야기를 해가지고 그 속에 들어 있는 머심 부인을 **빼내고**, 그 <u>나문 관가 직원이 나문 사람이</u> 그 인자 괴짝 속에 들어가고 쇠를 채게 했다 그것이여.(신안 구비)

'나문'은 장소를 나타내는 '데/디' 또는 '곳'을 수식하는 비율이 '사람' 다음으로 높았다. '나문'이 장소를 수식할 경우, '보통의'의 뜻은 없고 오로지 '다른'의 해석만을 갖는다.

(9) 가. 하래는 여자가 마음이 변해가지고는 그 서화담 시부가 올 것이라고 트집잡어가지고 <u>나문 디로</u> 시방 담박질(=달음박질)칠라고.(함평 구비)

나. 그래 <u>나문 디</u> 좋은 디로 출가시킨다 그 말이지요이.(함평 구비)

다. 우리 한국이 지금 남북으로 갈려갖고는 있제마는 <u>나문 디서</u> 그렇게 깔보지는 못헐 것이라 허는 것을,(함평 구비)

라. <u>나문 디서도</u> 외국에서요, 대가족제도를 환영허는 디도 만해요.(함평 구비)

마. 이건 이상하다 하고는 <u>나문 디</u> 놓먼 나문 디가 안 뵈.(신안 구비)

바. 조금만 더 기달리고 있으면은 우리가 곧 하늘로 올라갈 것인데 뭣 하로 한사치(=한사코) 지금 <u>나문 데로</u> 이사를 가야?(신안 구비)

사. 마치 배가 여까지 들어왔는데 <u>나문 데</u> 가서 작업을 하자는 그런 말 하기도 참 어색스럽지마는,(신안 구비)

아. 그 종이가 신기하게 <u>나문 곳으로</u> 와서 그 비재나무라는 나무에가 매져갖고 있었단 말이요.(신안 구비)

그 밖에 '나문 소리', '나문 배' 등의 예가 소수 보인다. 이 경우에도 '나문'은 '다른'으로 해석될 뿐 '보통의'의 의미는 없다.

(10) 가. 열 번 그렇게 해야지 <u>나문 소리</u> 해서는 절대 안 됭께 꼭 그렇게 알으라
　　 고 이렇게 인자 이얘기를 당부를 허고는,(신안 구비)

　 나. 그렇다 해서 가정이 글로 인해서 <u>나문 소리가</u> 있어서 씨겄소?(신안
　　 구비)

　 다. 그 날이 쾡쾡 좋은 날에 <u>나문 배는</u> 다 대 있는디 우리 배는 딴 강에다가
　　 세우라 해가지고,(신안 구비)


　(11)은 의존명사 '것'을 '나문'이 수식하는 경우이다. 구체적인 사람이나 장
소를 수식하던 '나문'이 관용적인 표현에 나타나는 '것'까지 수식하게 되면서,
'다른'과 동일한 분포를 갖는 온전한 관형사로 자리 잡게 된 것이다. 특히 (11
가)–(11라)는 '다른 것이 아니라'와 같은 관용적인 구성에까지 '나문'이 쓰일
수 있음을 보여 준다. 이 '나문 것이 아니라'는 설명이나 이야기의 시작 신호
로 쓰이는 점에서 '다른 것이 아니라'와 완전히 동일하다.


(11) 가. <u>나문 것이 아니라</u> 꼭 느그 남편 붕알 한 쪽만 내가 먹으면 배가
　　 쑥 낫겄다마는. 아이고, 어짜끄나?(신안 구비)

　 나. 한 가지 약이 있는데 그 약은 <u>나문 것이 아니라</u> 느그 남편 그 붕알을
　　 한 쪽 까서 내가 그놈을 먹으면은 아조 속시원허게 이렇게 낫겄다마
　　 는 어짜끄나?(신안 구비)

　 다. <u>나문 것이 아니라</u> 우리 막둥이 씨아재로 말허자면 인자 결혼한 제
　　 엄마(=얼마) 되지도 않고(신안 구비)

　 라. <u>나문 것이 아니라</u> 아, 느그 그 남편 붕알을 꼭 한 쪽만 내가 까서 묵었
　　 으면 내 배가 꼭 낫을 것으로 이렇게 생각을 가지고 있는디,(신안 구
　　 비)

　 마. 둘째 며느리도 가만히 생각해 보니까 <u>나문 것은</u> 다 그렇게 하마고
　　 할 수 있겄다고 대답을 하겄는디,(신안 구비)

바. 그런데 너가 그 모자를 쓰먼 너는 <u>나문 것이</u> 뵈여도 나문 사람들은 너가 뵈이지 않아.(신안 구비)

사. 그러니께 맘 변하지 말고, 꼭 그렇게 받았다고만 주장만 하라고, 그러면 될 것이지 <u>나문 것이</u> 없어.(신안 구비)

## 2.2. 그것이 아니라, 그런 것이 아니라

'그것이 아니라'는 원래 어떤 의견을 반박하거나 부정하면서 그와는 다른 의견을 제시할 때 사용하는 관용적 표현이다.[3] '그것이 아니라'에 포함된 '아니라'는 대조 구문에서 쓰이는 말이므로 이러한 표현이 적절하게 쓰이기 위해서는 선행항의 존재가 전제되지 않으면 안 된다. 예를 들어 (12)에서는 '장수 설화의 주인공이 문화 류씨 집안'이라는 선행항을 제시하고, '그게 아니라'는 이를 부정 또는 반박하면서 후행항인 '이씨 가문'을 대조시키고 있다. 따라서 '그것이 아니라'의 '그것'은 선행항을 가리키는 순행 대용어이다.

(12) 애기 장수의 이야기를 하는 동안에 류ᄋᄋ씨는 애기 장수 설화의 주인공이 세상에는 문화 류씨 집안에 있었던 이야기라고 알려진 듯한데 <u>그게 아니라</u> 이씨 가문에 있었던 얘기라고 극구 강조하는 것이었다.

그런데 구비문학 자료에는 '그것이 아니라'가 선행항 없이 쓰이는 예가 다

---

3  '아니라' 대신 '아니고'고 쓰일 수 있다. 이는 물론 씨끝 '-어 > -고'에 따른 결과이다. (예a) 에서는 '그것'의 선행사가 명시되어 있지만 (예b)에서는 선행사의 설정이 불가능하다. 따라서 이 경우는 설명의 시작 신호로 해석되어야 한다. 이처럼 '그것이 아니라'와 함께 '그것이 아니고'도 설명의 시작 신호로 사용될 수 있다. (예a) '저렇게 변허면 우릴 때려 죽일라 그런 것이다.' 허고 벌벌벌벌 떨었는디 <u>그것이 아니고</u> 참 계속해서 잘 허그든.(신안 구비)/(예b) "아씨가 왜 나를 반가히 해 주냐?" <u>그것이 아니고</u> 당신 기다리기만 내가 바랬다."(장성 구비)

수 보인다. (13)에서는 상대가 의문사를 통해 설명을 요구하므로 여기에는 어떤 의견의 제시가 있을 수 없다. '그것'이 가리키는 선행항이 존재하지 않는 것이다. '아니라' 때문에 '그것'은 결코 역행대용어일 수는 없다. 또한 선행항 또는 선행사가 없으므로 정상적인 순행 대용어라 하기도 어렵다. '그것이 아니라'의 '그것'을 순행 대용어로 해석하려면 '특별한 어떤 것'과 같은 부정(不定)의 대상을 가정하고, 이와의 대조를 통해 '그것이 아니라'는 '다른 것이 아니라'와 동일한 해석을 갖도록 할 수는 있을 것이다. 이처럼 '아니라' 구문에서 선행항이 없이 후행항만 제시된다면 이때의 '그런 것이 아니라'는 대조구문을 형성할 수 없다. 단지 제시된 후행항을 알려 주는 표지로 기능할 뿐이다. 이 점에서 '그것이 아니라'는 '다른 것이 아니라'와 같다. 그렇다면 (13)에서 '그것이 아니라'는 선행항을 부정하면서 후행항과의 대조를 나타내는 원래의 기능에서 벗어나, 설명의 신호라는 담화적 장치로 그 기능이 바뀌어 쓰인 것으로 보아야 한다. '그것이 아니라'는 (13)에서 보듯이 주로 설명의 시작 신호로 쓰이며, 이야기의 시작 신호로 쓰이는 예는 찾아보기 힘들다. 또한 '그것이 아니라'에는 '다른 것이 아니라'와 달리 주제어 뒤의 논평을 이끄는 기능은 없다. 그래서 (6)의 '다른 것이 아니라'를 '그것이 아니라'로 대체하면 어색한 담화가 된다. 설명의 시작 신호인 '그것이 아니라'는 (바)-(사)에서 보듯이 '그게 아니라'처럼 축약형이 쓰일 수 있다.

(13) 가. "아, 먼 일이요? 아자씨! 이렇게 동네 사람을 다 모으고…." 이렇게 해서 헝게, "그것이 아니라 이만저만허고 이만 일이 있다 마시(=말일 세). 근디 이것을 어쩌야 할 것인가? 이것을 없애 버려야 헐 것이요?" 헝께,(함평 구비)

나. "느이 집이는 먼 손님이 와서 이 밤중이 다 되아도 잠을 안 자고 공부만 하고 있냐?" "그것이 아니라 아문 데 아무 자석이 밍이 단명하다고 해서 이 절 공부를 십 년을 하라고 해서 한답니다." 그래.(해남 구비)

다. "아니, 어째서 안에서 <u>무신 곡성이요?</u>" "<u>그것이 아니라</u> 내가 말로에 아들 둘을 두었기에 아, 둘 다 오늘 새벽에 죽어 버리요 그렇께 모도 여자들이 곡성을 낸 것이요"(신안 구비)

라. "잘 죽였다. 그런디 그 구렁이를 자근자근(=여러 차례 짓밟는 모양) 꼴랑지까지 다 죽여갖고, 벳기 놓고 사르제, <u>어찌 죽였냐?</u>" 헝게, "<u>그 것이 아니라</u> 부애 난 뒤라 허리토막을 한가운데를 내가 딱 찍어서 대꼬쟁이를 깎아서 몸뚱이다 전부 꽂아 놨소" 그러거든.(장성 구비)

마. "<u>언제 기다</u>(=그렇다) 하드냐?" 아니, <u>그것이 아니라</u> 어려운 일을 맡아 이러고 이러고 했다고 쭉 헝께, "옳다. 그날이 기다." 그러고(신안 구비)

바. 아이, <u>왜 그라냐고</u> 사정 사정하니까, "<u>그것이 아니라</u> 니는 내직에 있으면서, 중앙 정부에 있으면서 요런 디 해변에 와서 회 같은 걸 안 먹었다. 안 먹고 그란디 어른들이 해변에 오니까 니가 조금 높으다 그래갖고 졸개들이 고기회도 해 주고, 뭣도 해 주고 그래갖고 딱 그 고기 비늘이, 비늘이 식도에가 걸렸다 그것이여.(보성 구비)

사. "하이고 영감님, 감사합니다. <u>무신 부탁이오니까?</u>" "<u>그게 아니라,</u> 내가 신도 아니요, 사람도 아니요, 실지는 내가 용이다. (하략)"(고흥 구비)

아. 저만치 가다 들응게스니 울음소리가 나는디 봉게스니 솔찬히 울음소리가 크게 난다 그 말여. 아장보고 물었어. "야, 이게 <u>어서</u>(=어디서) 나는 울음이냐?" 닝게, "예, <u>그게 아니라</u> 선조대왕께서 지금 장군님이 도로 가싱게 시방 실퍼서 그렇게 웁니다."(군산 구비)

'그것이 아니라'와 함께 '그런 것이 아니라'도 설명의 시작 신호로 쓰인다.[4]

---

4 '그런 것이 아니라'와 함께 '그런 것이 아니고'도 쓰인다. 예에서는 '그런 것이 아니고'와 이 를 수정한 '다른 것이 아니고'가 함께 설명의 시작을 알리고 있다. (예)"당신 소청이 뭐요?" 그렇게는, "<u>그런 것이 아니고, 다른 것이 아니고</u> 저 아룸묵에 시방 누신 할머니가 엉 나허고

'아니라'가 포함되어 있으므로 '그런 것이 아니라'도 원래는 대조의 구문을 형성하였을 것이다. 그러나 (14)에서 보듯이 의문사를 통한 상대의 설명 요구에 대한 응답 발화에 '그런 것이 아니라'가 쓰인 것을 보면 더 이상 대조 구문을 형성하지는 않는다. '그런 것'이 지시하는 선행사가 없기 때문이다. 따라서 '그런 것이 아니라'는 '그것이 아니라'와 마찬가지로 대조 표현에서 시작 신호로 기능이 전환되었다고 할 수 있다. '그런 것이 아니라'는 설명의 시작뿐만 아니라 (14)의 (카)–(하)처럼 이야기의 시작 신호로도 쓰인다. '그것'보다 '그런 것'의 의미 영역이 더 넓기 때문에 이야기의 넓은 영역에까지 적용되는 것으로 보인다. (14)의 '그런 것이 아니라' 역시 '그것이 아니라'와 마찬가지로 '다른 것이 아니라'로의 대체가 가능하다. (14마)는 '그런 것이 아니라'에서 주격 조사 '이'가 생략될 수 있고, (14바)는 '그런 것이'가 '그런 게로'로 축약될 수 있음을 보여 준다.

(14) 가. "아 이 사람아, 자네 돈 삼백 냥을 주먼 머덜라고 도라고(=달라고) 허는가?" 그렇게, "<u>그런 것이 아니라</u> 내가 처음에 나무 장사를 허는디 아침마다 나무를 이고 댕이고 팔아 먹어. 점(店)에 와서 돈 장사 허는 사람이 제일 부렀습다다. 그에 나도 거가서 돈 장사를 한번 해 볼라고 장씨(長氏)한테 와서 허요" 긍게,(함평 구비)

나. "아이, <u>어짜고 지낸가?</u>" "어이, <u>그런 것이 아니라</u> 내가 오늘 아직에(= 아침에) 말이세, 이리저리해서 어응 참봉댁에 가서 내가 돈 삼백 냥 얻어다 놨는디, 그런디 나 이거 점에 가서 전리 장사를 한번 해 볼라고 얻어다 놨는디, 아무리 생각해도 좀 부족헐 것 같네. 그래서 내가 자네보고 돈 백 냥만 어응 얻어 달라고 왔네." 그렇게,(함평 구비)

다. "예 말이여(=여보세요), 도사님! 도사님!" "뭐달라 그라냐?" "<u>어째 오</u>

---

무슨 친갈(=친척)이 된다."고 이야기를 했어.(화순 구비)

셨다 그냥 가시냐?" "그란 것이 아니라 산신령에서 저 내 밥을 줬는디 가서 내가 밥을 묵을라고 보니 배 속에가 애기가 있다고, 한나를 묵으라고 밥을 줬는디 목숨 둘을 못 묵응께 이대로 간다."(해남 구비)

라. "아부지! 어째 그렇게 걱정을 하요?" 그랑께 암만 안 갈쳐 줄락 해. 암만 안 갈쳐 줄락 항께 하다 물어 봐 쌓고 "안 갈쳐 주면 나 죽어 불라우." 그랬어. "그란 것이 아니라 절에 도사님이 오셔서 니가 열아곱 살만 묵으면 호식해 간다고 그래서 그란다."(해남 구비)

마. "왜 안 데꼬(=데리고) 기양 오냐?" 그라거든. 홍정승 딸 말이, "그런 거 아니라, 자기하고 타합(=타협)을 해야 할 거 아니냐고 장거(=장가)는 자기한테 머여(=먼저) 들었지. 저거는 실패했고 그렁께 자기보고 물어야 오고 가고 할 거 아니냐?"(고흥 구비)

바. "할머니, 무신 소원이 간절허시간데, 그렇게 조왕에다 공을 이렇게 드리시요?" "예, 그런 게 아니라, 실은 우리 남편이 죽은 지가 지금 삼 년입니다."(고흥 구비)

사. "그라믄 너는 그 내력을 이약을 해 봐라. 어찌 항우, 패꽹이 나온단 말이냐?" 이렁께, "그런 것이 아니라, 이 집 주인양반 대감께서 열다(=여기다) 성주를 하시고 살기를 방지한다는 뜻으로 대문 벽상에다가 항우하고 패꽹이 화상을 무섭게 기려서 붙여 났습니다. (중략) 그 나무 속에가 시방 항우가 백혀갖고 있습니다. 그기 원귀가 되어가지고 그렇게 됩니다."(고흥 구비)

아. "그라믄 적선할 방침을 잠 갈쳐 주라." "아, 그런 것이 아니라, 이 건네 산골착이가(=산골짝에) 처녀가 삼십이 넘두록 음양 맛을 못 보고, 그 나환자로 문디병이라 말이여. 나환자로 늙어 죽게 되니, 내가 오늘 지녁에 술을 줄 거잉께, 술을 묵고 가서, 그 나환자한테 가서 잠을 한번 자 주믄 어떻겄냐'고 그렇게 이얘기를 한다, 저거 마느래가.(고흥 구비)

자. 이 어째 온 사램이, 새로 온 원님이 돼가지고 이렇게 하냐고 그랑께, "아니, 그런 것이 아니라, 내가 다른 사람이 아이라, 아무 연번에 내 폴을 맽겨 놨던 그 사람이요." 그러고 이약을 하는디,(고흥 구비)

차. "아이고 아버지! 느닷없이 갑자기 사랑이 갔다 오더니 떨고 들오시 우?" "아, 그런 것이 아니라, 내가 담배 먹을라고 담배를 몇 발을 해서 말려 논 게 있는디, 전매청이서 담배를 뒤러(=뒤지러) 나온다고 항개, 얻다 감출 방법이 생각나들 안허고 이러고 몇 집 왔다든디 미구에 올 것 같은디, 어트게 묘책이 안 생겨서 마음이 자꾸 땅긴다." 헝개, (부안 구비)

카. "나하고 얘기 좀 합시다." "뭔 얘기요?" 살던 얘기를 주절주절하네. "그런 것이 아니라 사실이 이렇게 이렇게 돼서 내가 시방 이러고 돌 아다니는 사람이라고" 전적(=지난) 얘기를 죽 했어.(부안 구비)

타. 왜 헛웃음을 치냐고 그랬어요 그니까, "그런 것이 아니라 뭐 나 혼자 생각 중인디 얘기 헐 것 없다." 그링게,(군산 구비)

파. 그 상에다 홍시를 놓았어. 다른 것은 먹어도 그 홍시는 안 먹어. 안 먹어서 이건 우리 어머니 갖다 드릴란다고 안 먹응깨, "그런 것이 아 니라 오늘 저녁에 제사를 지내면 이게 마감이여. 올해는 마감이라, 명년은 다시 인자 홍시를 맨들면 되고, 지금도 있으니까 자시라고" (부안 구비)

하. 와가리란 놈이 하리는 똘 가(=도랑 가)에 가서 붕어 한 마리를 잡어가 지고 소리개(=솔개)한티를 갔어요 "소리개 선생, 소리개 선생." "찾 은 게 거 누군가?" "나 아무골 사는 와가리올시다." "어서 들오소" "아, 그런 것이 아니라 내가 저 똘 가를 지나다 봉게 붕어가 한 마리 좋은 놈 있걸래 선생 생각해서 내 이걸 잡어갖고 왔소"(군산 구비)

(5)에서 '다른 것이 아니라' 대신 '다른 것이 아니다'와 같은 서술문이 옴으

로써 같은 사태를 두 문장으로 표현할 수 있음을 보인 바 있다. (15)에서도 '그런 것이 아니라' 대신 '그런 것이 아니네'와 같은 서술문이 포함된 발화가 사용되었다. 여기서 '그런 것이 아니네'는 상대높임의 위계에 따라 (나)~(마)처럼 '그런 것이 아니요'나 '그런 것이 아닙니다'로도 쓰일 수 있다. 선행 발화에는 '왜', '무슨', '어째서' 등의 의문사가 포함된 상대의 이유 설명 요구가 있고, 이에 대한 반응 발화로서 설명이 뒤따르고 있다. 이 설명의 첫머리에 '그런 것이 아니네'가 사용된 것이다. 부정어 '아니네'가 있기 때문에 '그런 것'은 선행 발화의 내용이어야 한다. 그러나 상대의 선행 발화는 의문사를 포함한 설명의 요구이므로 이로부터 '그런 것'의 지시물을 파악하기는 어렵다. 굳이 '그런 것'의 선행사를 찾는다면 '상대방의 생각 속에 있는 그 무엇'처럼 모호한 대상이 될 것이며, '그런 것은 아니네'는 이를 부정하고 자신의 말을 새롭게 전개하고 있다고 해석할 수도 있을 것이다. 그러나 이러한 추정은 무의미하며, 현실적으로 '그런 것이 아니네'는 단지 자신의 설명을 펼쳐 나가는 시작 신호로 기능할 뿐이다. '그런 것이 아니라'처럼 이음씨끝이 포함된 구성뿐 아니라 서술문 자체가 설명의 시작 신호로 쓰인다는 사실이 특별하다. 1.1의 '그랬다우'나 '그런 것이요' 등에서는 서술문이 불가능하기 때문이다. '그런 것이 아니네'처럼 서술문은 또한 상대의 설명 요구가 없는 말할이의 자발적인 이야기의 시작 신호로는 쓰이지 않는다. 비록 선행사의 정체를 파악할 수는 없지만 '그런 것이 아니네'는 상대의 요구에 대한 반응 발화이기 때문이다. 이런 점에서 '그런 것이 아니라'와는 다르다. '그런 것이 아니라'는 (14)에서 보았듯이 이야기의 시작 신호로도 쓰일 수 있다.

> (15) 가. "아니 어머니를 팔로 간다고 해서 빚을 얻어 줘가지고 다 줬는디 왜 이리 안 팔리고 되돌아왔소? 도로 델고 왔소?" "그런 것이 아니네. 내 말 들어 보소 서울서 나만 팔로 온 거이 아니고 조선 천지 사람이 다 팔로 왔는디, 근(斤)을 떠서 팔데. 근으로 떠서 파는데 닷 근이

모지라데. 닷 근이 모자라서 닷 근을 채와갖고 갈라고 왔네."(화순 구비)

나. "사또, <u>무슨</u> 근심이 계시요?" "<u>그런 것이 아니요.</u> 이것이 참 어려운 난치병이 있다드니 말이여, 참말로 어려운 문제가 있다."고, 이렇게 말을 했거든요(장성 구비)

다. "말이나 한 마리 주시요. 저 애기하고 나허고 팽상 장께 저 애기를 데꼬 갈라요" 아 말(=아무 말)도 안 허거든. "<u>왜</u> 아 말도 안 허요?" "<u>그런 것이 아니요.</u> 나 저 애기가 주기가 싫소" 그래.(보성 구비)

라. "아이, 여보시오! <u>왜</u> 젊은 놈이 마을 뒤에서 콧등을 킁킁킁킁 끼고 있냐?"고 그러니까, "아이, <u>그런 것이 아니요.</u> 다 이유가 있어서 그런 거요."(보성 구비)

마. "니가 <u>어째서</u> 이렇게 울고 있냐?" 그래, 자꾸 울어 쌓게. "<u>그런 것이 아닙니다.</u> 우리 아버지가 이 고을 이방인디, 돈 삼천 냥 국고금을 쓰고 내일 목 자르게 됐습니다. 그래서 여기 와서 이 보살님한테 백 일을 빌었습니다. 그래도 오늘 저녁이 아무런 감각이 없어서 내가 저도 모르게 울은 것이 이렇게 됐습니다."(장성 구비)

## 2.3. 달리 그런 것이 아니라

'그런 것이 아니라'와 형태적으로 유사하지만 기원이 다른 표현으로 '달리 그런 것이 아니라'가 있다. '달리 그런 것이 아니라'의 '그런 것'은 (16)에서 보듯이 말할이 자신의 선행 발화를 가리킨다. '달리'가 없는 '그런 것이 아니라'의 경우 '그런 것'의 지시 대상이 모호하거나 설정하기 어려운 것이었음에 비해 '달리 그런 것이 아니라'에서 '그런 것'의 지시 대상은 분명하다. 더구나 이때의 '그런 것'은 상대가 아닌 말할이 자신의 선행 발화란 점에서 '달리'가 없는 '그런 것이 아니라'와는 완전히 구별된다. (16)의 (가)에서 '그런 것'은 잉어를 팔라는 요구, (나)에서는 형을 자지 못하게 한 동생의 행동, (다)에서는 집으로 들어오라는 주인의 행동 등을 가리킨다. 말할이 자신의 선행 행동에 대해 상대방이 부정적으로 판단하거나 이해를 못 할 경우에, 상대의 오해를 풀어 주기 위해 자신의 새로운 해명을 시작할 때 '달리 그런 것이 아니라'가 쓰인다. 이런 점에서 이 역시 설명의 시작 신호 기능을 한다고 할 수 있다. 다만 이때는 상대의 설명이나 해명 요구가 없으며, 말할이 스스로의 판단에 따라 설명이 필요하다고 생각될 경우에 쓰인다. 따라서 같은 설명의 시작 신호라 할지라도 그 설명이 자발적인지 아니면 상대의 요구에 따른 것인지에 따라 구별된다고 하겠다. '그런 것이 아니라'는 요구에 따른 수동적 설명, '달리 그런 것이 아니라'는 말할이 스스로의 판단에 따른 능동적 설명인 것이다.

(16) 가. "여보시요 그 잉어 좀 팔으시요" 우리 점드락(=저물도록) 서이 이것 한 마리 잡었는디 팔자고 허냐고 "달리 그런 것이 아니라 우리 어머니가 지신디 잉에를 잡수먼 낫는다고 잉에를 구해라고서 오늘 사흘채 이러고 댕기다 저기 잉어를 만났응게 사람 하나 살려 주고 팔으시요"(군산 구비)

나. 성, 성! 나 미워허지 말소 달리 그런 것이 아니라 내가 그때 저 거시기 내가 연을 떨궈서 연을 따라와가지고는 여그 어덕에 밑이가 있응게로 담 너머로 총각 하나가 넘어오더니 이 방으 들와서는 저양반허고 얘기허는 소리가 '오먼은 어떻게 죽일 거냐'고 글드라고 그래서 목을 쳐 죽인다고 그래서 성을 못 자게 했네. 긍게로 저 앞닫이 속에가 시방 저 사람이 들었네.(정읍 구비)

다. "동냥 왔습니다. 소승이 문안이요" 긍게 손 까불름시롱, "이거 들오시쇼" 긍게, "그도 그럴 수가 있냐고" "아이, 꺽정 말고 들오라고" 그 말깡(=마루)에 앉혀 놓고, "내가 달리 그런 것이 아니라 명대감이 사는디 나보고 계집이 갓 쓴 상놈이라고 날마닥, 한두 번도 아니고 듣기

싫어 죽겠다고 그렇게 그렇게 그리라우. 그르믄 동냥을 내가 후히
주마고" 긍게.(정읍 구비)

## 3. 결론

이 글에서는 서남방언에서 설명이나 이야기의 시작 신호로 쓰이는 몇 가지
표현들을 살펴보았다. 이들 표현은 크게 역행대용 표현과 '아니라' 구문의 두
가지로 나뉜다. 역행대용 표현에는 '그랬다냐'류와 '그런 것이냐'류 등이 있다.
이들은 모두 의문문의 형식을 띠는데 이것은 상대의 공감을 유도하기 위한
장치로 작용한다. 또한 시제에 있어서도 과거시제를 포함한다. 설명이나 이야
기의 내용이 과거에 국한되기 때문일 것이다. '그랬다냐'류가 역행대용 표현
임은 분명하지만 '그런 것이냐'류는 과연 역행대용 표현인지 의심스러운 점이
있기는 하다. 이런 점에 두 표현의 차이가 있다. 또한 사용 지역에서도 '그랬다
냐'류는 전남에서만 확인되었지만 '그런 것이냐'는 전남과 전북에서 모두 쓰
이는 차이도 있다.

'아니라' 구문을 사용하여 설명과 이야기의 시작을 나타내는 표현으로는
'다른 것이 아니라', '그것이 아니라/그런 것이 아니라', '달리 그런 것이 아니
라'의 세 가지가 있다. '다른 것이 아니라'는 주제에 대한 논평의 새로운 정보
를 초점화 하는 본래의 기능에서 확대되어 설명과 이야기의 시작 신호로 쓰인
다. '그것이 아니라/그런 것이 아니라'는 선행 발화를 부정하거나 반박하면서
후행 발화를 강조하는 표현인데, 이 용법이 확대되어 선행 발화가 없는 설명
이나 이야기의 시작 신호로 쓰이게 되었다. '달리 그런 것이 아니라'는 말할이
자신의 앞선 행위에 대한 해명이나 설명을 하는 과정에 흔히 나타나서 설명의
시작을 나타낸다. 역행대용 표현이 설명이나 이야기의 전체를 유도한다면,
'아니라' 구문은 상대적으로 국부적인 내용을 이끄는 차이가 있다.

참고문헌

이기갑(2015), 『국어담화문법』, 태학사.
이기갑(출간 예정), 『서남방언의 문법』, 태학사.

# ≪丁巨算法≫에 반영된 元代 物價에 대하여

## —≪朴通事≫의 성립 시기를 탐색하며

서형국

## 1. 서론

  ≪丁巨算法≫은 1355년에 간행된 원나라의 실용 수학서로서 원나라 말의 물가를 반영하는 문헌으로 알려져 있다(펑신웨이 1962/2007, 정승혜·서형국 2009). ≪朴通事≫가 원나라 말의 대도(大都, 지금의 北京) 생활을 반영한다고 할 때, 그 성립 시기가 내용으로부터 추상될 개연성은 다각도로 추적될 수 있다. 이 글에서는 당대의 실용 수학서로서 ≪丁巨算法≫에 반영된 물가(物價)를 개괄함으로써 이 시기와 관련될 것으로 보이는 역학서(譯學書)의 성립 시기를 추적하는 대조 자료로서 가치를 모색하여 보고자 한다.

\*  이 원고의 초고를 읽고 검토해 주신 전북대학교 수학교육과 한상언 교수, 경희대학교 국어국문학과 김양진 교수, 상지대학교 장향실 교수께 깊은 감사를 드린다. 성기게 다루어지거나 미비한 논점은 필자에게 기인하는 것이다.

## 2. 서지 및 간행 경위

본 연구에서 참고한 ≪丁巨算法≫은 청나라 鮑廷博의 지부족재총서(知不足齋叢書)를 근거로 <四庫全書>에 포함되어 영인된 것이다.[1] 표지, 권말, 판심의 제명이 '丁巨算法'이며 권두에는 서명을 따로 제시하지 않았다. 상하 단변, 좌우 쌍변이며 매면 9행 18자이며 흑구가 있다. 주(註)는 소자(小字)이나 행자수(行字數)는 같고 쌍행인 경우와 단행인 경우가 모두 나타난다.

<四庫全書> 子部에 실린 ≪丁巨算法≫은 37장 불분권(不分卷)의 작은 책이나, 권두에 실린 丁巨의 序에 의하면 애초 8권으로 집필하였다고 한다.

> (1) 由唐及宋 皆有專門 自後時尙浮辭 動言大綱 不計名物 其有通者 不過胥史 士類以科舉故 未暇篤實 獨余幼賤 不伍時流 經籍之餘事 法物度軌 則間嘗用心 因於算術 上自九章 下至小法 數十百家 <u>摘取要畧 述算法八卷</u> 以今俗稱 寓之古法

서문은 지정 15년, 즉 元 順帝 15년인 1355년에 작성된 것으로 기록되어 있다.

> (2) 至正什有五年 靑龍[2]在乙未 八月甲寅朔 丁巨記

서문 외에 다른 의지할 만한 기록이 없으므로 ≪丁巨算法≫의 완성 연도는 1355년이 된다.[3]

---

1  따라서 이 글에서는 형태 서지의 본격적인 내용은 전개하지 못한다. 이런 점에서 본 연구는 ≪丁巨算法≫에 대한 본격적인 소개에는 부적절한 측면이 없지 않다. 본 연구에서 참고한 續修四庫全書에서는 판광(版框)으로 높이 12.5cm, 너비 19.4cm로 소개하고 있다.
2  '청룡'은 동방 칠숙(東方七宿: 角宿, 亢宿, 氐宿, 房宿, 心宿, 尾宿, 箕宿)을 아울러 이른다. 일월이 운행하는 하늘의 위치. 여기서는 지정 15년이 '乙未年'임을 나타내는 용법으로 쓰였다.

≪丁巨算法≫ 서문은 '丁巨'의 기술이다. 서명에도 '丁巨'가 기록되어 있어 이 문헌의 저자는 '丁巨'라는 이로 보인다.[4] ≪丁巨算法≫이 널리 알려져 있는 데 반해, 저자인 '丁巨'에 대해서는 관련 기록을 찾기 어렵다. ≪丁巨算法≫의 저자는 앞으로도 계속 관심을 갖고 추적해 보아야 할 사항이지만, '丁巨'가 본명인지 호인지도 섣불리 판단하기 어렵다. 서명에 저자의 '호'나 '필명'을 쓰고 본명을 쓰지 않는 경우는 흔히 발견되기 때문이다.[5]

## 3. ≪丁巨算法≫의 체재와 내용

≪丁巨算法≫은 실용주의 수학을 반영하여 계몽적으로 쓰여진 수학서로 알 려져 있다. 이보다 앞서 朱世傑이 쓴 ≪算學啓蒙≫(1299)이 있었으나 ≪丁巨算 法≫은 그보다 더 쉽게 씌어진 실용 민간 수학서로 본다. 본 장에서는 실용 수학서로서 이 문헌이 어떤 체재를 갖추고 경제사적 내용을 어떻게 반영하고 있는지 살펴보기로 한다.

---

3  다만 앞서 8권으로 이루어진 산법의 서술이 있었다고 하였으므로, 모두 8권으로 이루어진 본디 책은 1355년과 같거나 그보다 앞서 완성돼 있었다고 보아야 할 것이다. 지부족재총서 <四庫全書>에 실린 ≪丁巨算法≫의 내용(품목, 단위, 수치)은 1355년을 하한(下限)으로 하는 문헌을 반영하였을 것으로 본다.

4  ≪丁巨算法≫에 대한 사서(辭書)의 소개에도 저자를 '丁巨'로 보는 데는 이견이 없다.

5  ≪丁巨算法≫이 간행될 시기에 원나라의 관리(漢族)로서 수학에 정통하였던 이로 '丁好禮'라 는 이가 알려져 있다. 그는 생년 1294년 몰년 1368년으로 1355년에는 61세이다. 蠡州人으로 字는 敬可다. 律算에 정통하였고 戶部主事, 戶部尙書, 集賢大學士致仕, 中書平章政事 등에 올 랐고, 越國公에 봉해졌다. 그가 거쳤던 직위보다 더 눈에 띄는 그의 업적은 조운(漕運) 등에 서 일어나는 불합리와 병폐를 저술하여 법률화하였고(著爲成法), 백성들이 이를 편하게 느꼈 다(人皆便之)는 점이다(元史 列傳83 忠義4). 또한 이러한 일이 그가 고위직에 올랐던 지정 20 년(1360년)에 있었던 일에 앞서 기록된 점도 주목된다. 이러한 기록만으로는 丁好禮를 민간 수학으로 알려져 있는 ≪丁巨算法≫이나 '丁巨'와 관련짓기는 어려우나, (1)에서 인용한 서 문이 기왕에 8권의 책을 지어두고, 이를 널리 읽어 사람들의 평가가 일정하게 있었던 점을 감안할 때, 관련 여부를 검토해 볼 필요가 있는 인물로 생각된다.

## 3.1. 체재

중국 수학의 전통이 그러하듯이, ≪丁巨算法≫도 문제와 답, 도출 과정을 주로 서술하고, 증명은 전개하지 않는다. 또 문제와 답, 도출 과정을 설명하는 각각의 항목도 일정한 형식을 따른다.

(3) ㄱ. 今有人共買鷄 不知人數鷄價 但云人出四錢 少一錢 人出五錢 多五錢 問人數物價各幾何

ㄴ. 荅曰 六人 二兩五錢

ㄷ. 置四錢於右上 少一錢於右下 五錢於左上 多五錢於左下 以多五錢少一錢併之 得六錢 爲實 以所出率 以少減多餘一 爲法 實如法 得六人 以所出率四乘之 得二兩四錢 增其所少 得二兩五錢 若以所出率五乘之 減其多 亦得二兩五錢

(4) ㄱ. 이제 사람들이 함께 닭을 사는데, 사람의 수와 닭 값은 모른다. 다만 사람이 4전을 내면 1전이 적고, (사람이) 5전을 내면 5전이 많다고 할 수 있다. 묻노니 사람 수와 물가는 각기 어떠한가?[6]

ㄴ. 답은 여섯 사람에 2냥 5전이다.

ㄷ. 4전을 오른쪽 위에 두고, 적은 1전을 오른쪽 아래에 두자. 5전을 왼쪽 위에, 많은 5전을 왼쪽 아래에 두자. 많은 5전과 적은 1전을 함께 하면 [併] 6전을 얻는 것으로 實(피제수: 中位)을 삼는다. 여기에서 율(率)이 나오는데, 이를 적은 수로 감하면 많은 수에서 1이 남는데, 法으로 삼는다. 實은 法과 같이 6인을 얻는다. 나온 率로 4를 곱하면 2냥 4전을 얻는다. 그 적은 바를 더하면 2냥 5전을 얻는다. 만약 나온 率에 5를 곱하고 그 많은 수를 감하면 또한 2냥 5전을 얻는다.

---

6　이 문제를 현대의 방정식으로 풀면 "4×n+1=5×n-5=x/n를 충족하는 자연수 n과 x는 각각 몇인가?"와 같다.

(3)은 ≪丁巨算法≫의 첫 번째 항목을 옮긴 것이고, (4)는 필자의 번역이다.

(3ㄱ~ㄴ)은 진나라 성립을 전후하여 저술된 ≪九章算術≫의 투식을 이어받은 것이다. 즉, 질문은 "今有… 問… 幾何"로, 답은 "答曰…" 꼴을 갖추어 ≪九章算術≫의 틀을 답습하고 있는데, 이는 ≪丁巨算法≫ 전체를 통틀어 예외가 없다.

(3ㄷ)은 중국의 전통적인 수학 계산 방식인 '산가지 셈법'을 전제로 풀이한 것이다. 산가지 셈법은 산가지로 십진의 수를 표하되, 특히 곱셈과 나눗셈에서 상위, 중위, 하위로 구분하여 수식을 셈하는 방법이다.

(5)

|  | 곱셈 | 나눗셈 |
|---|---|---|
| 上位 | 승수 | 몫[商] |
| 中位 | 곱[積] | 피제수[實] |
| 下位 | 피승수 | 제수[法] |

≪丁巨算法≫은 다음과 같은 순서로 구성되어 있다.

(6) ㄱ. 서                                       1ㄱ~2ㄴ   6행

| | | | |
|---|---|---|---|
| ㄴ. (5)의 계산법 안내 | 1번 문제 | 2ㄴ 7행~3ㄱ | 6행 |
| ㄷ. 용어(實, 法 등) 소개 | 2번 문제 | 3ㄱ 7행~3ㄴ | 5행 |
| ㄹ. 계산식 예시 | 3번 문제 | 3ㄴ 6행~5ㄱ | 5행 |
| ㅁ. 간단한 연습용 계산 | 4~7번 문제 | 5ㄱ 6행~6ㄴ | 9행 |
| ㅂ. 특정 계산법 안내 및 연습 | 8~16번 문제 | 7ㄱ 1행~14ㄴ | 1행 |
| ㅅ. 응용 및 연습문제 | 17~62번 문제 | 14ㄴ 2행~37ㄴ | 7행 |

(6ㅂ)에서 언급한 ≪丁巨算法≫의 특정 계산법은 다음 문제에서 안내하고 있다.

(7) ㄱ. 借收入加法　　8번 문제

　　ㄴ. 谿除減法　　　9번 문제

　　ㄷ. 減免減法　　　10번 문제

　　ㄹ. 重法　　　　　12번 문제

　　ㅁ. 重求　　　　　16번 문제

　　ㅂ. 歸除法　　　　50번 문제

　요컨대 《丁巨算法》은 수학 연산의 기본 방법론과 개념을 먼저 서술하고, 고급 개념과 방법론을 풀이하여 예시한 뒤, 실제에서 있을 법한 상황을 가상하여 이들 개념을 알맞게 골라 적용하는 방법을 서술하고 있다. 수학적 원리와 개념을 연습하되, 이들이 실제 생활에서 효율적으로 적용될 수 있는 한에서 안내하는 데 목표를 둔 것으로 볼 수 있다.

　이에 따라 (6ㅂ)까지는 정답 뒤의 풀이법 설명에서 원리를 이해·습득하기 위한 설명이 길게 부연되는 경우가 대부분이지만, (6ㅅ)에서는 간략한 주석 외에는 특별한 수학적 설명은 두지 않는다. (6ㅅ)에서 긴 설명이 붙는 것은 주로 필법(疋法)과 같은 단위 환산법처럼 실제 연산에 필요한 주변적 수치를 제시하는 경우라든지, 복잡한 수식을 사용하게 되는 경우의 간략한 풀이 정도로 국한된다. 다만 (7ㅂ)은 예외적인 경우로 볼 수 있다.

## 3.2. 경제사적 내용

　《丁巨算法》의 본래 편찬 의도가 당시의 물가를 보고하는 데 있는 것은 아니나, 실용 수학서로서 당시의 경제 상황과 전연 동떨어진 내용을 서술하기는 어려웠을 것으로 볼 수 있다. 본 장에서는 이 문헌이 반영하고 있는 경제사적 사실 몇 가지를 물가에 초점을 두어 검토하고자 한다.[7]

## 3.2.1. 단위

≪丁巨算法≫에서는 여러 가지 단위명에 대한 설명이 제시되어 있다. 또한 일부 실물에 대해서는 단위 환산법만을 간략하나마 제시하고 있다. ≪丁巨算法≫에 제시된 단위 설명을 정리하면 다음과 같다.

먼저 천의 길이 단위인 '匹'과 '尺'의 환산에는 여러 환산법이 쓰였던 것으로 보인다. 대체로 24척 1필의 필법, 28척 1필의 필법, 42척 1필의 필법이 제시되었다. 이들은 각기 24필법, 28필법, 42필법이라 하였다.

(8) ㄱ. 25번 문제: 포(布) 24필법(匹法: 주석으로 제시)

ㄴ. 19번 문제: 포(布) 1필은 28척

ㄴ'. 22번 문제: 비단[羅] 1필은 28척: 28匹法

ㄷ. 23번 문제: 명주[絹] 1필은 42척

ㄷ'. 24번 문제: 비단[羅] 1필은 42척: 42匹法

문헌 기록에 남은 원대 1척(日常用尺)은 기록에 따라 30.6~41.1cm로 다양하다.[8] 당시의 제원이 기록으로 남아 있는 실물 인장(印章)을 바탕으로 제원 기록의 척도 단위를 환산할 때, 원대(元代)의 1척은 35cm 정도가 된다. 반면, 역법에 쓰인 원대의 1척(量天尺)은 24.5cm 정도가 된다. 천을 잴 때 어떤 척 단위를 썼을지, 또는 이럴 때 쓰는 척 단위가 별도로 존재했는지는 필자는 아직 알지 못한다. 이상의 내용을 고증한 키우구양밍(2002:470-478)에서는 세금을 매길 때

---

7  필자가 검토한 연구서에서는 ≪丁巨算法≫에 반영되어 있는 경제사적 내용이 사실(史實)에 부합하는 것임을 밝히고 있다(대표적으로 펑신웨이 1962/2007를 비롯한 여러 辭書).

8  자[尺]을 비롯한 역사 시대의 단위는 그 실체를 추적하는 데 많은 어려움이 있다. 재료에 따라 단위의 수치(길이, 무게, 면적 등)가 다를 수 있다는 점, 시대에 따라 그 차이가 있을 수 있어 확정적 수치를 가정하기 어렵다는 점이 주요한 문제이다. 본고에서는 현재까지 여러 연구의 결과를 종합하면서 ≪丁巨算法≫ 안에서 일관성을 지키면서 살펴보려고 한다.

쓰는 관척이 41.1cm로 가장 긴 편에 속함을 증언하고 있다.[9]

무게 단위에 대해서는 주석을 통하여 미리 제시하였는데, 이는 이후의 문제 풀이에서 이들 무게 단위에 대한 이해가 있어야 풀이가 가능했던 점도 참고가 된다.

(9) 무게 단위(26번 주석)

10서(黍) = 1류(絫)

10류(絫) = 1수(銖)

6수(銖) = 1푼(分)

4푼(分) = 1냥(兩) = 24수

16냥 = 1근(斤) = 384수

15근 = 1칭(稱)

2칭 = 1작(鈞)

4작 = 1석(碩) = 120근

지금 남아 있는 원대(元代)의 저울추 무게를 재면 원대 초기에는 630~640그램 정도에서 편차를 보이며 유동되었다면, 원말 지원(至元) 연간에는 607그램 정도로 가벼워졌다(키우구앙밍 2002). 1근을 607그램으로 보면 1수는 1.58그램 가량이다. 따라서 1푼은 9.5그램, 1냥은 38그램 정도가 된다.[10]

---

9 불경 언해에 달린 주석에서는 이와는 다른 척법이 확인된다. 1459년 간행의 ≪月印釋譜≫ 권1(15장)에서 가루라(迦樓羅)의 크기에 대한 주석을 다음과 같은 해설하고 있음을 확인할 수 있다.

·열 百·빅·이 千쳔·이·오·열 千쳔·이 萬·먼·이·라 / 여·슷·자·히 步·뽕ㅣ·
오 三삼百·빅 步·뽕ㅣ 里:링·라<月釋01,15a>

이 주석은 ≪翻譯名義集≫ 권2에 실린 '가루라'에 대한 설명을 주석으로 단 뒤에, 이 주석의 표현을 해설하고 있는 부분인데, 1보(步)는 6자[尺], 300보가 1리로 기록되었다(따라서 필자는 이 척법의 전거는 확인하지 못하였다). 이곳의 기록을 환산하면 1자는 20㎝를 조금 넘기는 정도이고 1보는 1.2~1.38m가 된다고 한다. 1.38m를 1보로 치면 1리는 414m가 되므로 10리를 4㎞로 치는 근현대의 전통적 거리 개념에 거의 부합한다.

이상의 무게 단위는 다음 문제에서 실물로 제시되었다.

(10) ㄱ. 감초 1칭의 무게는 15근(55번 문제)
ㄴ. 수은 1근의 무게는 16냥(56번 문제)

## 3.2.2. 물가

≪丁巨算法≫에서 제시되는 사항으로 가장 주목을 끄는 부분은 당시의 실물 경제에 대한 것이다. ≪丁巨算法≫에 제시된 물가는 다음과 같다.[11]

(11) 8번 문제: 정액세[正粮]로 걷은 쌀 1石을 흉년에 빌려주었다가 2말 5되를 받음.

9번 문제: 정액세[正粮] 1石 안에 기타세[耗粮]는 6되로 함.

11번 문제: 세금으로 받을 때 소춘포(小春布) 1필은 쌀 7말과 같게 침.

12번 문제: 알곡(子粒) 1石의 정가는 3냥 5전

13번 문제: 죄(粟) 1말의 시가는 1전 2푼 5리, 수운료는 3푼 5리

14번 문제: 붉은 빛 비단[緋羅] 1필을 염색하는 데 드는 염료는 0.28필이다.

15번 문제: 보리[麥] 1석 값은 2냥 4돈. 일꾼을 사서 운송하는 데(西縣 → 東縣) 1석 당 3돈 반이 든다.

16번 문제(주석): 관미(官米) 1석당 수운료는 6되 6홉 6푼이다.

17번 문제: 30냥에 세금 1냥을 납부한다. 여행객이 가진 絲에도 적용된다.

18번 문제: 반오(胖襖)[12] 1벌을 지급하는 데 저사(紵絲) 1장 8척 5촌을 쓴

---

10  여전히 품목에 따라 '근', '냥', '푼' 등의 사용 단위와 각각의 무게가 달랐을 가능성도 있다.
11  (11)에서는 각 문제에 제시된 물품의 환산 가치를 제시한다. ≪丁巨算法≫에서는 가격은 '값' 임을 명기하였고, '값'임을 명기하지 않은 가치는 단위의 환산 가치로 이해할 수 있다.
12  胖襖: 원·명대에 변방의 군사들이 입던 무명 윗도리. 동복(冬服)이다.

대[用].

22번 문제: 비단[羅] 1필 가격은 12냥 반

23번 문제: 명주[絹] 1필 가격은 12냥 8전 8푼

24번 문제: 비단[羅] 1척 가격은 2전 3푼 4리

26번 문제: 포(布) 1척 가격은 1전 9푼 3리

27번 문제: 가루[粉] 1과(裹[13]) 가격은 3냥 2전

28번 문제: 사금(沙金) 1수(銖) 가격은 鈔 1냥 2전 5푼

29번 문제: 실[絲] 1근 가격은 12냥

30번 문제: 감초(甘草) 1근 가격은 5냥 6전(살 때)

31번 문제: 실[絲] 1근 가격은 35냥(살 때)

32 · 33번 문제: 소금[鹽] 1근 가격은 2전 8푼(살 때)

34번 문제: 밀랍[蠟] 1근 가격은 2냥 3전 5푼

35번 문제: 금(金) 1냥 가격은 은 3錠

37 · 38번 문제: 약(藥) 1칭 가격은 84냥

39번 문제: 가루[粉] 1과(裹) 가격은 8전 반

42번 문제: 호초(胡椒) 1근 가격은 2냥 3전 6푼 9리

43번 문제: 설탕[糖] 1근 가격은 6냥 4전 8푼

45번 문제: 면(綿) 1근 가격은 5냥 7전 4푼

46번 문제: 실[絲] 1근 가격은 6냥 9전 4리

47번 문제: 금(金) 1냥 판매가는 81냥 1전 2푼(錢)

50번 문제: 1냥에 살 수 있는 밀가루[麵]는 6근 12냥

52 · 53번 문제: 은 1정(錠)은 50냥(兩)

57번 문제: 소금[鹽] 1인(引)의 가격은 13냥

58번 문제: 건강(乾薑) 1근 가격은 1전 7푼(鈔)

---

13  가루를 파는 단위가 1쌈[裹]일 것으로 생각되지만, 실제 문헌에서는 돼지해밑(亠)이 없는 글
자로 되어 있다.

59 · 60번 문제(주석): 중통초(中統鈔) 1냥을 지원초(至元鈔)로 바꿀 때 드
는 공묵전(工墨錢)은 3푼, 지원초 1정(錠)은 중통초 5정
에 해당

(11)에서 먼저 검토되어야 할 것은 당시 물가 산정의 기준이 되는 항목을
설정하는 것이다. 원대는 은 본위의 금속 화폐제와 지폐제가 병행되었으므로,
은화의 단위를 확인하기로 한다. 52 · 53번 문제에서 은 1정(錠)이 50냥으로
산정되어 있다. 원대의 은화는 단일한 단위로 유통되지 않은 데다 절은(切銀)으
로도 유통이 되었던 점을 감안할 때 은화 단위 확인은 중요한 가치를 갖는다.
또한 지폐 간의 교환 가치가 주목되는데, 이전의 지폐인 중통초(中統鈔) 1냥은
공묵전을 3푼을 제하였으며 중통초는 지원초의 20% 액면가로 환산되었음을
알 수 있다.
　≪丁巨算法≫에서 물가 정보를 확인하는 데 주목되는 다른 사항은 같은 명
목에 서로 다른 가격이 제시된 항목이다. 여기에 속하는 항목은 두 가지가
확인되는데 그 하나는 '실[絲]'이요, 나머지 하나는 '가루[粉]'이다. 이 두 가지
모두 그 재질이 무엇이냐에 따라 품질과 가격이 달라질 수 있는 것으로 보인
다.[14] '가루'의 경우, '밀가루[麵]'[15]가 별도로 제시되었다는 점에서 '가루[粉]'로
구분하여 제시하고자 하였던 별도의 품목이 존재하였다고 이해하고자 한다.

---

14  ≪丁巨算法≫에서는 특히 천의 종류가 가격별로 큰 차이를 보이지 않았지만, 원대의 물가를
　　제시하는 다른 기록에서는 '羅'나 '布'와 같은 표기로 제시한 명목 아래에 5~6배 정도의 가
　　격차를 보이는 물가를 제시하기도 한다. 이를 합리적으로 이해하는 방법은, 해당 품목의 종
　　류와 품질에 따라서 물가가 많은 편차를 보인다고 하여야 할 것이다.
15  '麵'은 '밀가루'가 아니라 국수처럼 가공된 식품이었을 가능성도 배제할 수 없다. 그러나
　　'麵'의 기본 의미를 좇아 밀을 빻아 만든 가루를 나타낸 것으로 보기로 한다.

## 4. ≪朴通事≫와 ≪丁巨算法≫의 대조

실용 수학서로 ≪丁巨算法≫은 당시의 실생활에 적용할 만한 내용을 제시하고 있어, 시대적 상황과 전연 동떨어진 내용을 바탕으로 하지 않을 것으로 기대되었다. 따라서 비슷한 시기를 반영하는 것으로 추정되는 ≪朴通事≫의 시대적 배경을 검토하는 데도 비교 자료로 검토해 보고자 한다.[16] 언어 자료로서 ≪朴通事≫가 반영하는 시대를 확인하고자 하는 취지에서, 경제사적 사실을 추적하는 방법으로 두 문헌의 상대적 연대를 추정하여 보기로 한다.

### 4.1. 물가 대조

≪朴通事≫에 제시된 물가 항목은 53개 항목에 달한다. 이 가운데 ≪丁巨算法≫에서 제시한 물가 항목과 비교될 수 있는 항목들을 서로 대조하여 보기로 한다.

> (12) 52 · 53번 문제: 은 1정(錠)은 50냥
>
>   59 · 60번 문제(주석): 중통초(中統鈔) 1냥을 지원초(至元鈔)로 바꿀 때 드는 공묵전(工墨錢)은 3푼, 지원초 1錠은 중통초 5錠에 해당

52번, 53번 문제에서 제시한 은 1정은, 원나라의 대표적 은정(銀錠)인 '원보(元寶)'의 단위와 같다. 이 문제의 서술은 은 1정이 50냥으로 주조됨을 나타낸 것이므로, 이를 중통초와 같은 지폐의 가치로 환산하여 고려하여야 한다.

---

16 그 일부는 정승혜 · 서형국(2009)로 발표되었고, 김양진 · 장향실(2009) 역시 같은 연구의 입론에 의한 것이다.

(13) 八十五定鈔 計四千二百五十兩 <朴通事, 24장 뒤>

중통초(中統鈔)는 '諸路通行中統元寶交鈔'를 말하는데, 중통 원년인 1260년
부터 지원 24년인 1287년까지 발행된 지폐이고, 지원초(至元鈔)는 '至元通行寶
鈔'를 가리키는데 지원 24년인 1287년부터 지정초가 발행되기 시작한 해인
지정(至正) 원년인 1341년까지 발행된 지폐이다(펑신웨이 2007:430-445).
59번, 60번 문제에서 단 주석의 화폐 교환 가치는 1340년대나 1350년대의
가치를 가리킨다기보다는 애초 발행 시기의 교환 가치를 가리킨다고 보아야
한다. 14세기에 들어서는 이미 지원초마저도 발행액이 늘고 화폐 가치가 떨어
져서 (12)의 초법(鈔法)은 이미 문란해지고, 사초(私鈔)마저도 성행(千家駒·郭彦崗
2014:153-154)하여 결국 새로운 지폐 지정초를 도입하게 되었다는 점을 감안하
면 59·60번 문제와 같은 방식이 유지되기 어려웠을 것이기 때문이다. 지원초
가 중통초를 대치하기 위하여 발행되었고, 이를 바탕으로 화폐 교환을 하였다
는 점, 그리고 그 환산 가치를 감안하면 59·60번이 반영하는 시기는 14세기
가 되기 전이라고 볼 수 있을 것이다.[17]

(14) 22번 문제: 비단[羅] 1필 가격은 12냥 반
24번 문제: 비단[羅] 1척 가격은 2전 3푼 4리
11번 문제: 세금으로 받을 때 소춘포(小春布) 1필은 쌀 7말과 같게 침.
26번 문제: 포(布) 1척 가격은 1전 9푼 3리

(14)에 든 ≪丁巨算法≫의 상품은 부가적으로 가치가 더해지지 않은 천을
필, 척 단위로 제시한 것이다. (14)를 대상으로 '匹'과 '尺'의 교환 가치를 추산

---

17 14세기는 이 문제가 만들어진 시기에 중통초와 지원초의 공식적 화폐 교환 가치를 드러내는
것이라는 점에서는 지정초가 간행되기 이전에 수학서로는 서술될 수 있을 만한 내용으로 볼
수 있다.

해 보면, 22번의 1필 가격과 24번의 1척 가격이 같다고 할 때 1필=5.34척으로 단순 환산된다. 통상 1필을 나누어 팔 때 단순 환산 가격보다 비싸게 값이 매겨진다는 점을 감안하여 비단 1필은 5.5자나 6자 정도가 될 것으로 보인다.

11번 문제와 26번 문제를 단순 비교하는 것은 상품이 같은지 알 수 없기 때문에 무리가 따른다. 다만 다음 곡물 가격을 감안하면 소춘포는 일반 베[布] 보다 훨씬 고급인 것을 알 수 있다.

> (15) 12번 문제: 알곡[子粒] 1石의 정가는 3냥 5전
>
> 13번 문제: 좁쌀[粟] 1말의 시가는 1전 2푼 5리, 수운료는 3푼 5리
>
> 15번 문제: 보리[麥] 1석 값은 2냥 4돈. 일꾼을 사서 운송하는 데(西縣→東 縣) 1석 당 3돈 반이 든다.

(14), (15)에서 살펴본 ≪丁巨算法≫의 물가를 ≪朴通事≫의 물가와 비교해 보기로 한다.

> (16) 11번 문제: 세금으로 받을 때 소춘포(小春布) 1필은 쌀 7말과 같게 침.
>
> 22번 문제: 비단[羅] 1필 가격은 12냥 반
>
> 23번 문제: 명주[絹] 1필 가격은 12냥 8전 8푼
>
> 24번 문제: 비단[羅] 1척 가격은 2전 3푼 4리
>
> 26번 문제: 포(布) 1척 가격은 1전 9푼 3리

> (17) 다홍빛 오조룡 수를 놓은 비단: 살 때- 은 12냥 ≪朴通事, 6화≫
>
> 금실로 짠 흉배 비단            살 때- 은 6냥 ≪朴通事, 38화≫
>
> 암화 비단                  살 때- 은 4~3냥 ≪朴通事, 38화≫
>
> 야청빛 사계화 무늬 든 비단    살 때- 은 5냥 ≪朴通事, 60화≫

(16)에 든 ≪丁巨算法≫의 상품에 비하면 (17)에 든 ≪朴通事≫의 상품은 비단에 수를 놓거나 특별한 방식으로 관리가 정식으로 꾸미는 데 쓰는 고급 상품이다. {原本}≪朴通事≫가 1350년대를 전후한 시대상을 반영하는 점을 감안하면, ≪丁巨算法≫은 ≪朴通事≫보다 앞선 시기의 물가를 반영한다고 볼 수 있다.

(16)의 물가는 환산 가격을 제시하는 것으로 보이고, (17)의 물가는 은 본위로 그 값을 제시하고 있다. 중통 원년에 은 1냥이 중통초 2냥으로 1280년대 지원 연간까지는 유지되었다가, 1335년 지원(至元) 연간부터는 은 1냥이 25~30초 가량이 드는 것으로 보고되어 있다(후나다 2001:110). (16)과 (17)을 단순 비교하기는 어렵지만, 암화 비단이나 사계화 무늬가 든 비단은 필 단위로 거래되었을 가능성을 고려하면 암화 비단이 22번의 비단보다 비쌌을 것으로 추정하여 볼 수 있다. 이런 점에서 ≪朴通事≫의 은 1냥은 ≪丁巨算法≫의 4냥 정도나 그보다 비싼 환산 가격을 가졌을 것으로 추정된다.

은과 지폐(중통초)의 환산 비율을 검토한 후나다(船田善之 2001)에서는 ≪老乞大≫가 13세기 중엽을 넘기지 않을 것으로 추정하였다. 이 연구의 환산법을 단순 대입하면 ≪朴通事≫와 ≪丁巨算法≫의 은 환산 비율은 1290년 이후, 1300년 초 대덕(大德) 연간에 해당하는 것으로 볼 가능성이 있으나,[18] 그 환산 비율을 상당히 큰 차이가 있다. 또한 ≪丁巨算法≫에서 제시하는 은 본위와 지폐의 환산 비율이 원칙적 교환 가치를 제시하고 있었던 점을 감안하면 (59·60번 문제, 12 참고), 추가적인 물가를 고려할 필요가 있다.

(18) 14번 문제: 붉은 빛 비단[緋羅] 1필을 염색하는 데 드는 염료는 0.28필이다.

---

18 정승혜·서형국(2009)는 초법(은정의 정초 환산 비율)을 감안하지 않고 ≪丁巨算法≫의 물가가 ≪朴通事≫의 물가보다 비싼 것으로 판단하였으나, 초법을 반영하면 ≪朴通事≫에 반영된 물가 수치가 ≪丁巨算法≫보다 무척 비싸게 기록되어 있다는 점을 새로 인식할 수 있다.

≪丁巨算法≫에는 천을 염색하는 염료 값이 나타난다. 비단 1필 염색에 0.28 필이 든다고 하였으므로, 이를 22번 문제 (16)에 제시된 값 12냥 반을 기준으로 환산하면 3.5냥이 된다. ≪朴通事≫에서 제시하는 비단(柳黄綾) 염색 삯은 은 0.55냥이다(42화). 다홍빛 명주(大紅絹)를 염색하는 데는 한 필당 0.4냥이 든다고 하였다. ≪朴通事≫는 전문 업자에게 염색을 맡겨서 서비스를 받는 값을 치르는 경우이고, ≪丁巨算法≫은 염료를 직접 구입하는 값이 제시되었다. 염료 값이 3.5냥인 점, 염색 삯이 은 0.55냥인 점을 감안하면 (16)과 (17)에서 추산했던 천 매매 가격보다 환산 비율이 훨씬 큼을 알 수 있다.[19] 염료 값과 염색 삯을 등치로 놓더라도 6.36배가 되므로, 실제는 10배 내외가 될 것으로 보인다.

> (19) 13번 문제: 죄粟] 1말의 시가는 1전 2푼 5리, 수운료는 3푼 5리
>
> 15번 문제: 보리[麥] 1석 값은 2냥 4돈. 일꾼을 사서 운송하는 데(西縣→東縣) 1석 당 3돈 반이 든다.

≪丁巨算法≫의 곡물은 주로 사람이 먹을 만한 것들이고, ≪朴通事≫의 곡물은 말 먹이로 나온 것이 전부이다. ≪朴通事≫에서 대도(大都, 북경)에서 말 먹이로 쓸 검은 콩을 살 때는 은 0.1냥에 2말을 살 수 있다고 하였고, 동안주(東安州, 북경의 동남쪽 교외)에서 말 먹이로 검은 콩을 수레로 살 때 은 10냥을 주었다고 하였다. ≪丁巨算法≫ 13번 문제에서 조를 2말 사면 0.25냥이 되고, 15번 문제에서 보리 1석을 10말로 볼 때(이종봉 2019:358) 보리 2말은 0.48냥이 된다.

말 먹이 검은 콩이 은 0.1냥이었고, 조는 0.25냥, 보리는 0.48냥이다. 은을 10배 정도로 환산하는 초법을 적용하고 보면(앞선 18과 각주 17 참고) 말 먹이

---

19  염료 값에 염색을 맡아 하여 전달해 주는 가격까지를 감안하면 적어도 10배의 은 환산 비율이 적용될 것으로 추산한다. 은 1냥을 중통초 10배 이상으로 환산하여야 하는 시기를 후나다(船田善之 2001)에서는 至元 27년(1290)부터로 보았다.

콩이 1냥일 때, 조는 0.25냥, 보리는 0.48냥이 되는 셈이다. ≪朴通事≫의 물가가 ≪丁巨算法≫의 물가보다 무척 비싼 것임을 알 수 있다. 말 먹이 검은 콩과 조가 같은 값을 가진다고 보는 경우라도 ≪朴通事≫의 물가는 ≪丁巨算法≫의 4배가 족할 정도로 비싼 것으로 해석할 수 있다.

## 4.2. ≪丁巨算法≫을 통해 이해하는 현전본 ≪朴通事≫

이 연구는 ≪丁巨算法≫이라는 원나라 말기의 수학서 내용을 살펴보고 이 내용으로부터 元과 고려, 그리고 조선 전기까지 시대상을 반영하는 ≪朴通事≫를 이해하는 방편을 구하고자 하였다. 이상에서 살펴본 바를 바탕으로 이 세 나라의 지역과 문화, 시대상을 이해하는 방식을 정리하여 보기로 한다.

현전하는 ≪朴通事≫는 1480년을 그 간행의 상한 시기로 볼 수 있고, 이 문헌을 {删改}≪朴通事≫라 부를 수 있다. ≪朴通事≫가 고려시대, 원 대도의 일을 중심으로 서술하고 있는 점을 감안하고, 그 시기가 1386년의 기록까지를 확인할 수 있다는 점에서, 1355년 간행된 ≪丁巨算法≫과 1368년 간행된 <計贓時估>의 물가는 ≪朴通事≫가 반영하는 경제 상황, 특히 물가(物價)를 통하여 견주어질 수 있을 것으로 기대하였다(정승혜·서형국 2009).

본 연구와 앞선 연구를 통하여 明 개국 직후에 간행된 <計贓時估>(1368)의 물가가 가장 싸고, ≪朴通事≫의 물가가 가장 비싸며, ≪丁巨算法≫(1355)의 물가는 그 가운데에서 <計贓時估>의 물가에 더 가까운 것임을 알 수 있었다. 특히 본고의 추정대로 ≪朴通事≫의 물가가 ≪丁巨算法≫의 물가보다 4배 가량 비싸다면, 이 기록만으로는 ≪丁巨算法≫이 간행된 시기보다 앞선 물가를 반영하는 것으로 보기는 어렵다.[20]

본고는 ≪丁巨算法≫이 원나라 말기의 통화 팽창에 따른 비싼 물가를 반영

---

20 이런 점에서 정승혜·서형국(2009)에서 추정하였던 1355년을 바로 앞둔 어느 시기의 물가가 ≪朴通事≫에 기록되어 있을 것이라고 보았던 점은 수정하고자 한다.

하는 것으로 본다. ≪朴通事≫의 물가는 고급 관리의 씀씀이가 엿보이는 점이 있음에도 불구하고, 1355년보다 앞서기는 어려울 것으로 본다. <計贓時佑> 는 공공의 판단 기준으로서, 새로 나라를 연 후 이전 시기의 혼란을 바로잡는 정책적 작용이 있었을 개연성이 더하여져 ≪丁巨算法≫보다 싼 물가를 제시하고 있는 것으로 이해해 볼 수 있다.

≪朴通事≫의 물가는 초법을 적용하여 이해하고자 할 때, 납득하기 어려운 비싼 수준을 보여주고 있다. 이는 ≪丁巨算法≫보다 비싼 물가로서, ≪丁巨算法≫이 반영하는 시기 이후의 물가이거나, 산개 과정에서 기록 내용도 수정되었을 가능성을 추가적으로 탐색해 볼 필요를 제기하는 것으로 이해하고자 한다.

## 5. 결론

이 연구는 원나라 말기에 간행되어 <四庫全書> 수록돼 전하는 ≪丁巨算法≫의 서지 정보와 여기에 담겨 있는 경제상을 간략히 검토하고 이를 ≪朴通事≫에 반영된 시기와 대조하고자 하였다. 본문에서 논의한 사항을 정리하는 것으로 결론을 갈음한다.

(1) ≪丁巨算法≫은 <四庫全書> 서문에 의하여 총 8권으로 저술된 실용 수학서였다. 이 책은 현재 불분권으로 <四庫全書>에 실려 전한다.

(2) ≪丁巨算法≫의 저자는 '丁巨'인 것으로 보이나 분명하지 않고, 다른 가능성을 검토해 볼 필요가 있다.

(3) ≪丁巨算法≫은 1355년이나 그 이전의 원대 사회상(경제상)을 반영하는 것으로 이해된다.

(4) ≪丁巨算法≫은 ≪九章算術≫의 서술 투식을 이어 받아, 문제와 답, 해설의 일정한 양식을 지키고 있는 실용 수학서로, 1299년 간행된 朱世傑의 ≪算

學啓蒙≫보다 쉽게 쓰였다.

(5) ≪丁巨算法≫은 산가지 셈법 안내, 각종 가감법 안내, 실제 응용 문제의 순서로 이루어져 내용을 따라하기 쉽게 구성되었다.

(6) ≪丁巨算法≫에서 제시하고 있는 각종 셈법은 借收入加法, 豁除減法, 減免減法, 重法, 重求, 歸除法이다.

(7) ≪丁巨算法≫에서는 길이 단위로 '匹'을 '尺'으로 환산하는 방법으로 24필법, 28필법, 42필법이 있음을 제시하였다. 본고에서는 1척이 24.5~41.1cm로 환산될 수 있다는 연구 결과를 확인하였으나, 당시의 1척 길이에 대해서는 추산하지 못하였다.

(8) ≪丁巨算法≫에서는 무게 단위로 서(黍), 류(絫), 수(銖), 푼(分), 냥(兩), 근(斤), 칭(稱), 작(鈞), 석(碩)의 환산법을 제시하였다. 원말의 1근은 607 그램 정도로 환산될 개연성이 있었다.

(9) ≪丁巨算法≫에서 제시한 원말의 은화는 50냥의 무게 단위를 기준으로 하였으며, 지폐의 경우 중통초가 지원초의 20% 수준으로 환산되었음을 보았다.

(10) ≪丁巨算法≫에서 비단[羅] 1필은 5.5자~6재[尺] 정도가 될 것으로 보았다.

(11) ≪丁巨算法≫에서 제시하는 화폐 단위는 ≪朴通事≫에서 제시하는 은 본위 물가와 비교할 때, 은 1냥은 6.7냥을 훌쩍 넘는 교환 가치를 가지는 것으로 추산되었다.

(12) ≪丁巨算法≫의 물가보다 ≪朴通事≫의 물가가 4배 이상 비쌀 것으로 추산되었다.

(13) {刪改}≪朴通事≫에 기록된 물가는 1355년 간행된 ≪丁巨算法≫보다 나중의 물가를 기록한 것이거나, 산개(刪改)된 내용이 반영되었을 가능성이 추구될 필요가 있다.

## 참고문헌

1985. <丁巨算法>. 叢書集成初編 1280. 北京: 中華書局 (據知不足齋叢書).

1995. <丁巨算法>. 續修四庫全書 1042. 子部 天文算法類. 上海: 上海古籍出版社

김용운 · 김용국(1996), 『중국수학사』, 서울: 민음사.

이종봉(2019), 「韓 · 中 · 日 中世時期 度量衡制 比較 硏究」, 『석당논총』 73, 341-376.

정광 역주 · 해제(2004), 『原本 노걸대』, 파주: 김영사.

정승혜 · 서형국(2009), 「≪朴通事≫에 반영된 물가와 경제-刪改本의 화폐 단위를 중심으로」, 『어문논집』 60집, 민족어문학회, 153-187.

치엔지아쥐 · 궈옌강(千家駒 · 郭彦崗)(2014), 『中國貨幣演變史』, 上海: 上海人民出版社.

키우구앙밍(丘光明)(2002), 『中國物理學史大系: 計量史(A History of Metrology)』, 長沙: 湖南教育出版社.

펑신웨이(彭信威)(1962/2007), 『中國貨幣史』, 上海: 上海人民出版社.

후나다 요시유키(船田善之)(2001), 「元代史料としての旧本『老乞大』-鈔と物価の記載を中心として」, 『東洋學報』(財團法人 東洋文庫) 83-1, 01~030.

# 정치 담화에 나타나는 '통속어'에 대한 언론의 담론 구축 양상 연구*

## ―대통령 발화를 중심으로

백승주

## 1. 들어가며

1974년 미국의 닉슨 대통령과 그의 보좌관들 사이에 이루어진 대화의 녹취록은 미국인들을 충격에 빠뜨렸다. 미국인들이 놀란 이유는 단지 대화 내용에 담긴 대통령의 불법 행위 때문만은 아니었다. 미국인들을 놀라게 한 또 다른 이유는 대통령의 말이었다. 닉슨 대통령의 말은 이른바 '자유세계의 지도자'라는 지위에 걸맞는 것이 아닌 하역장 인부의 험담 같았던 것이다. 더 놀라운 것은 '일상의 대화를 말 그대로 받아 적었을 때 띠는 형태'였다. 전사된 대화에는 대명사와 생략 현상이 빈번하고, 이해가 잘 안 되는 '말도 안 되는 말'이 많았다(스티븐 핑커 1998:338 참조). 2016년과 2017년, 한국인들도 이와 유사한 광경을 목격한다. 사상 초유의 정치적 스캔들로 인해 그 어느 때보다 대통령의 '말'은 대중의 큰 관심을 끌었다. 언론과 SNS는 대통령의 발화에 '해석 불가능'이라는 딱지를 붙였고, 급기야 '박근혜 번역기'라는 패러디까지 출현하

---

\* 이 논문은 『기호학연구』 52집(한국기호학회, 2017)에 발표된 것을 수정·보완한 것임.

게 되었다. 더 나아가 대통령은 사고 능력이 떨어지는 언어 장애를 가진 존재로 규정되기 시작했다.

이 두 대통령의 발화 양식은 과연 이들의 부도덕함과 부족한 사고 능력을 드러내는 표지인가? 이들 두 대통령의 발화 양식에 대한 시각은 언어가 사고를 결정한다는 강력한 언어결정론에 기반한 것이다. 그러나 언어 문제를 다룰 때 수시로 호출되는 이 강력한 사피어-워프 가설(Sapir-Whorf Hypothesis)은 많은 연구자들에 의해 이미 기각된 지 오래이다.

이 문제를 풀기 위해서는 우선 말을 한다는 행위가 기호의 의미를 교환하는 의사소통에 그치는 것이 아니라는 점을 인식할 필요가 있다. 부르디외(Bourdieu)의 통찰처럼 말하는 행위는 그 자체로 사회적인 실천 행위이기 때문이다. 흔히 정치, 경제, 문화를 '언어'와 분리시켜 생각하기 쉽지만 정치, 경제, 문화 등의 문제는 결국 '언어'의 문제라고 할 수 있다. 특정 화자가 어떠한 언어 자원을 동원한다고 할 때 그 선택의 의미는 단순히 의사소통에 참여한 개인과 개인의 상호작용의 관점이 아니라, 행위가 이루어진 사회적 장면과 그 장면을 성립하게 하는 사회적 조건 및 제도와의 관계 속에서 파악되어야 하기 때문이다.

그렇다면 1974년의 미국인들과 2016년, 2017년의 한국인들이 본 것을 어떻게 설명해야 할까? 먼저 그들이 무엇을 본 것인지 알아보자. 그들이 본 것은 대통령들의 특이한 발화가 아닌 실제 자신들이 사용하고 있는 '날 것' 그대로의 언어였다. 이를테면 이들은 자신들이 사용하는 통속어(vernacular)[1]이자 구어(口語)가 작동하는 모습을 최초로 직접 대면하게 된 것이다. 그러나 이 대면은 많은 이들에게 충격을 넘어서 절대 깨서는 안 될 강력한 금기를 위반한 행위로 인식됐다. 대통령의 통속어 사용은 성스러운 장소에서 금지된 행위를 저지르는 것이나 마찬가지였기 때문이다. 즉 통속어는 국가 체제의 상징이라고

---

1   vernacular라는 용어는 연구자에 따라 '사투리'(이익섭, 2000), '일상어' 등으로 다양하게 번역된다. 그러나 본 연구에서는 김하수(2014)의 의견에 따라 '통속어'라는 용어를 사용하도록 하겠다.

할 수 있는 대통령의 언어여서는 안 되는 것이었다. 한편 일반 대중과 언론에게 대통령의 통속어 사용은 좀처럼 해석이 안 되는 불가해한 현상이었다. 그러나 해석이 안 되는 상태를 그대로 남겨 둘 수는 없었기에 언론은 급기야 언어결정론으로 무장한 '유사 언어학자' 등 각종 전문가를 동원하여 이 현상을 설명하도록 만든다.

이 연구는 대통령의 통속어(vernacular) 사용의 의미와 이를 둘러싼 한국 언론의 담론 구축 과정을 언어사상론적, 사회언어학적으로 추적하는 것을 목표로 한다. '대통령'이라는 상징적 인물이 공적 공간에서 통속어를 사용하는 것은 일종의 금기를 위반한 것으로 받아들여지는데, 이를 둘러싼 언론의 담론 구축 과정은 현대 한국 사회가 자신들의 언어를 어떻게 바라보고 있는지를 보여주고 있다.

## 2. 통속어의 성격

본 연구에서 '통속어'라는 용어로 사용하고 있는 'vernacular'는 연구자에 따라 '일상어'나 '사투리', '속어'로 번역되어 사용되기도 한다. 또한 vernacular는 '비표준형', '낙인형'(stigmatized form)이라는 용어로 번역되는 경우가 빈번하다. 'vernacular'가 이처럼 다양한 용어로 번역되는 이유는 이 개념이 가진 다층적인 성격 때문인데, 아래에서 살펴보겠지만 vernacular를 정확히 이해하기 위해서는 이 용어를 표준어(Standard Language) 또는 언어 표준(Language Standard)과의 긴장 관계 속에서 이해해야 한다(안의정 외 2013:183 참조).

vernacular의 번역어와 그 성격을 논하기 전에 먼저 '속어'라는 용어에 대해 짚고 넘어가고자 한다. vernacular는 '속어'라는 용어로도 많이 사용되는데, 이 '속어'는 그 자체로 여러 가지 용법으로 사용된다. 먼저 slang의 역어로 '속어'가 쓰이는 경우이다.[2] 이때의 속어는 통속적으로 쓰이는 저속한 말 또는 상말을 가리키는 것으로 대상에 대한 경멸적인 평가를 드러낸다. 이와 같은 속어의 의미는 뒤에서 살펴볼 vernacular의 의미와 정확히 맞아떨어지지는 않는다. 그러나 통속성을 가지고 있다는 점과 일상어로 사용된다는 점에서 slang으로서의 '속어'의 의미는 vernacular의 개념과 일부 연결된다.

언어적 근대화를 논의하는 연구물들에서도 vernacular의 역어를 '속어'로 사용하는 경우가 많다. 이들 논의에서는 근대 이전의 언어 상황을 일종의 다이글로시아(diglossia) 상황, 즉 양층 언어 상황이라고 본다. 즉 상위어의 자리는 문어나 고전어가 차지하고 있었고, 하위어의 자리는 일상 언어로 사용되던 속어가 차지하고 있었는데, 속어가 상위어의 자리를 대체하면서 언어적 근대가 성취되었다고 보는 것이다. 이러한 관점 또한 본 연구가 vernacular에 대해 취하는 관점과 밀접한 관계가 있다.

본 연구에서는 vernacular가 크게 세 가지 성격을 가지고 있다고 본다. 제일 먼저 주목해야 할 특징은 '일상어'로서의 성격이다. vernacular는 언어 사용자가 의식하지 않고 자연스럽게 의사소통하는 과정에서 사용되는 언어이다. vernacular는 일상생활에서 가장 많이 사용되며, 무엇보다도 소통 가능성과 효율성을 최우선에 두기 때문에 격식이나 표준 여부를 따지지 않는다. 한국의 경우 지방에 거주하는 사람들이라면 그들의 지역 방언이 곧 vernacular가 될 것이고, 서울 지역 거주자라면 공식적인 상황이 아닌 일상에서 편하게 사용하는 말투가 vernacular가 될 것이다.

vernacular가 가진 두 번째 성격은 '통속성'으로, 여기서 '통속성'이란 '일반 대중의 일상적인 삶, 즉 통속'(김하수 2014)을 표현하는 기능을 가진 것을 말한다. 앞서 언급했듯이 vernacular는 의사소통 가능성과 효율성에 최우선의 가치를 두는 언어이다. 소통이 잘된다는 것은 어떤 사실과 감정을 간명하고 확실

---

2  slang의 역어로서 '속어'는 주로 조어법이나 사용 양상 등 '어휘'의 층위에서 논의된다. 그러나 뒤에서 살펴보겠지만 vernacular는 단순히 어휘 층위의 문제가 아닌, 음운, 통사, 화용 층위 전체를 포괄하는 '말하기의 양식'과 관련된 용어이다.

하게 전달하는 것이기 때문에 vernacular는 소통에 도움이 되기만 한다면 그것의 어원이나 형식이 무엇이든 가리지 않고 다 사용한다. '자신의 이익을 챙기고 빠지는 행위'를 '먹튀'라고 부르는 것이 그 한 예이다(안의정·김현강·손희연 2013:185).

세 번째로 살펴볼 vernacular의 특징은 '구어'로서의 성격이다. 앞서 vernacular가 일상의 의사소통 상황에서 가장 많이 사용되는 언어라는 점을 지적했는데, 이는 이 언어가 즉각적인 대면 의사소통에서 사용되는 언어라는 점을 말해준다. 즉 구어는 vernacular의 실현 형태라고 할 수 있다. 구어로 실현된다는 점에서 vernacular는 단순히 어휘 차원에서만 나타나는 것이 아니라, 구 이상의 단위, 대화 전개 방식으로도 나타난다.[3]

본 연구에서는 vernacular를 '일상어'나 '구어'가 아니라 '통속어'로 부르고자 한다. '일반 대중의 일상적인 삶'을 '통속'이라고 정의한다면, 이 '통속성'이 나머지 일상어로서의 성격이나 구어로서의 성격을 모두 포괄할 수 있다고 보기 때문이다. 특히 '일상어'의 개념은 언어 사용의 상황이 부각되고, '구어'의 개념은 '문어'와 대비되는 개념으로 더 부각되는 반면, '통속어'의 개념 안에는 언어 사용자(일반 대중), 언어 사용 장면(일반 대중의 일상적 삶), 언어 사용 목표(소통의 효율성) 등이 모두 내포되어 있다는 장점이 있다.

통속어라는 용어를 사용하는 또 다른 이유는 vernacular가 위세(prestige)가 약한 기층의 언어, 일종의 은폐된 언어라는 점을 잘 드러내기 때문이다. 제일 많이 쓰지만 위세가 약하다는 일견 모순되어 보이는 사실은 통속어에 대한 인식이 대체로 부정적이라는 점에서도 드러난다. 그러한 대표적인 사례가

---

3  안희정 외(2013)에서는 사전 텍스트 구조에 맞춘 통속어의 유형을 어휘 단위(예: 쌩얼, 멘붕, 훈남), 통속적 관용구 및 통속적 문장을 포함하는 구 이상의 단위(예: 가지고 놀다, 미치고 팔짝 뛰다, xx빼면 시체다, xx가 밥 먹여 주나? xx가 그냥 되는 줄 알아?), 버스[삐스], 센티[센치], 에러[에라] 등 통속적 발음을 포함한 비분절적 단위로 구분하고 있다. 이러한 구분은 어디까지나 사전 기술을 위한 것으로 이를 넘어서서, 발화의 양식, 대화 전개 방식, 대화 유형을 통해서도 통속어가 실현될 수 있을 것이다.

1996년 미국 오클랜드 교육위원회에서 AAVE(African American Vernacular English), 소위 '흑인 영어'를 표준 영어 학습을 촉진시키기 위한 보조적인 언어로 인정하면서 촉발된 논쟁이다.

오클랜드 교육위원회의 결정은 격렬한 반대를 불러일으켰는데, 이 과정에서 일반 대중들이 가진 AAVE에 대한 인식이 고스란히 드러나게 된다. 미국의 대중들은 오클랜드의 흑인 아동들이 일상 언어로 사용하고 있는 AAVE를 '저급하고', '비문법적인 망가진 영어'이자 흑인들의 '나태함'을 드러내는 언어로 인식하고 있었다. 그러나 AAVE는 결함이 있는 언어가 아니라 고유의 문법 체계를 갖추고 있는 영어의 많은 변이형(variety) 중 하나이다. 또한 AAVE는 저급한 언어가 아니라 사용되는 상황과 대상이 다른 언어일 뿐이다. 즉 미국 흑인들은 직장의 회의석상에서는 표준 영어를 사용하지만 가족이나 친구들과의 일상적 대화에서는 AAVE를 사용한다. 특정 언어가 더 우월한 것이 아니라 두 언어가 사용되는 영역이 다른 것이다. 그러나 이러한 사회언어학적 사실과는 관계없이 미국의 일반 대중은 AAVE를 온전한 언어로 받아들이지 않는다.

이러한 태도는 한국인이 표준어와 통속어를 바라보는 태도에서도 유사하게 나타난다. 무엇보다도 일반 대중들은 자신이 사용한다고 생각하는 언어(표준어)와 자신의 실제 사용하는 언어(통속어)가 다름을 인지하지 못한다. 즉 대부분의 사람들은 표준어가 한국어의 수많은 변이형(variety) 중 위세가 가장 큰 변이형일 뿐이며, 자신들이 평소에 위세가 약한 다른 변이형, 즉 통속어를 사용하고 있음을 깨닫지 못한다.

대부분의 한국인들은 자신들이 사용하는 한국어를 단일한 언어라고 인식한다. 이때 '단일한 언어'는 '국어'라는 이름으로 호명되는데, 그것이 구체적인 형태로 드러난 것이 '표준어'라고 할 수 있다. 한국어 사용자들에게 한국어의 실체는 '국어'라는 자명한 이름으로 표상되는데, 이 과정에서 다양한 언어 변이는 그 표상 아래로 사라지고 만다.

이처럼 '국어'라는 이름이 다양한 언어 변이를 지워버리는 이유는 '국어'가

'어떤 국가를 구성하는 국민의 모든 성원이 모든 장면에서 동일한 언어를 사용할 것을 요구하는 언어 체제'이고 '국어라는 표상이 일단 확립되면 현실의 언어 변이는 이차적인 것이며, 상상되는 '국어'의 동일성이야말로 본질적인 것이라는 언어 의식이 생겨나기'(가스야 게이스케 2016:30) 때문이다. 소쉬르가 의도하지 않았지만 랑그(langue)에는 '국어'를 투영하고, 그 외의 다양한 언어 변이를 빠롤(parole)의 범주에 넣어 생략해 버리는 것이다.

이러한 국어라는 체제는 언어의 철저한 동질화와 평준화를 추진하는 제도와 이념에 의해 유지되는데(가스야 게이스케 2016:35) 표준어는 이러한 동질화와 평준화의 결과물이자 동력이다. 대통령의 발화에 대한 한국사회의 반응 역시 앞서 언급한 국어라는 헤게모니 장치의 작동 체제, 즉 모든 국민 성원이 모든 장면에서 동일한 언어를 사용할 것을 요구하는 언어 체제가 작동했기 때문이다.

## 3. 통속성의 발견: 노무현 대통령의 경우

Ferguson(1959)은 이집트에서의 현대 표준 아랍어와 구어체 아랍어, 그리스의 Katharévusa(고전 그리스어)와 Dhimotiki(민중 그리스어), 스위스에서의 표준 독일어와 스위스 독일어, 아이티에서의 불어와 아이티 크레올(Haitian Creole)의 사용 양상을 포착하여 양층 언어 상황(diglossia)이라는 개념을 제안한다. 양층 언어 상황이란 한 언어공동체에서 동일한 언어의 두 변이형―상위어(High variety)와 하위어(Low variety)―이 각각 다른 영역에서 명확히 분리되어 사용되는 것을 말한다.

이집트의 경우 코란(Koran)에서 사용되는 고전 아랍어의 영향을 받은 현대 표준 아랍어가 상위어의 역할을 하는데, 이 상위어는 설교, 강의, 뉴스, 법률, 정치적 발언 등 공식적인 상황으로 사용된다. 이와 달리 하위어로 기능하는 아랍어는 구어체 아랍어로서 사적인 자리에서 친구나 가족들과의 대화, 쇼핑 같은 상황에서 사용된다.

엄밀한 의미에서 한국 사회는 양층 언어 상황이라고 규정할 수 없다. 양층 언어 상황에서 상위어와 하위어는 사용 영역이 엄격히 분리된 상보적 분포를 보인다. 따라서 상위어를 일상어로 사용하는 경우는 있을 수 없다. 그러나 한국어의 경우 표준어를 일상어로 사용할 수 있다. 또한 양층 언어 상황인 언어 공동체의 구성원들의 모어는 하위어인데, 한국에서는 자신의 모어가 표준어일 수 있다는 점에서 한국 사회의 상황을 Ferguson이 제안한 양층 언어 상황이라고 규정하기에는 무리가 따른다.

특히 '언어의 철저한 동질화와 평준화를 추진하는 제도와 이념에 의해 유지되는 '국어'의 체제'(가스야 게스케 2016:35)가 확립된 한국 사회의 경우 이러한 양층 언어적 상황이 더욱 존재하기 힘든 것처럼 보인다. 표면적으로 한국 사회에서 '국어'라는 체제는 다양한 변이형들이 멸균된 상태처럼 인식되거나, 그러한 상태여야 한다고 주장된다. 언어의 균질화는 소위 표준어라는 언어 규범을 제정하면서 이루어지는데 김하수(2016)는 이를 두 가지 방향에서 해석한다. 하나는 방언을 배제하는 우생학적 접근과 외래 어휘를 배제하는 위생학적 접근이다. 이러한 우생학적/위생학적인 규범화 과정을 통해 확립된 표준어라는 언어 규범은 이를 한국 사회에 모든 영역과 모든 장면에 사용하도록 유도하며, 이렇게 생성된 '국어'라는 체제는 한국 사회 구성원의 자발적 동의하에 기능하는 헤게모니 장치로 기능하게 된다.

우생학적/위생학적인 규범화 과정을 거치긴 했지만 한국 사회가 단일한 언어 변이형만 존재하는 '멸균 상태'인 것은 아니다. 본래의 양층 언어 상황이라는 개념이 정확히 적용되지는 않지만 공적인 상황에서 사용하는 말과 일상적인 상황에서 사용하는 말은 분명히 구분된다. 양층 언어 상황에서 하위어가 수행하는 역할을 한국어의 경우 통속어(vernacular)가 차지하고 있다. 서울이 아닌 지방의 경우는 이러한 구분이 선명히 드러나는데, 이 경우 통속어는 지역 방언이 된다.

그렇다면 하위어의 역할을 하는 통속어가 상위어인 표준어의 영역을 침범하면 어떤 일이 벌어지는가? 그 생생한 사례가 노무현 대통령의 경우이다. 결론부터 이야기하자면, 노무현 대통령의 사례는 통속어로 인해 말하기의 내용보다 말하기의 방식이 정치 문제화되는 예를 보여주었다.

대통령이 사용하는 언어는 대통령이라는 지위가 가진 상징성과, 업무의 성격 때문에 언제나 공식적이고 정제되어 있을 수밖에 없다. 즉 대통령은 그 자체로 헌법 기관, 즉 국가 제도라고 할 수 있다. 이 때문에 대통령이 발화를 하는 순간, 그 상황은 한 개인의 발화가 이루어지는 장면이 아니라 대통령이라는 상징적 권력이 실현되는 공공의 장이 된다. 이런 이유로 통상 대통령의 발화는 가장 표준어의 규범에 가까운 형태로 다듬어져서 제시되기 마련이며 따라서 발화의 내용이 아닌 발화의 양식이 정치적인 문제가 되는 경우는 드물다. 그러나 취임 이후 노무현 대통령은 자신의 발화 양식과 관련된 문제로 끊임없이 언론과 대립각을 세우게 된다.

(1) 박정희(朴正熙) 대통령은 말수가 적었다. "격동 30년" 드라마에서도 나오듯, 박 대통령은 "임자" "추진해 봐" "잡아 들여" 같은 단문장을 즐겨 쓰곤 했다. 아마 역대 한국 대통령 가운데 가장 말을 아꼈던 인물이 아닌가 싶다. 박 대통령은 정국이 꼬이고 시름이 깊어갈 때 팔짱을 낀 채 집무실 창밖을 응시할 때가 더러 있었다. 중앙정보부장이나 비서실장이 보고차 들어가도 시선을 그대로 창밖에 두고는 응대가 없는 경우도 있었다고 한다. 말은 없고, 그렇다고 함부로 말을 걸 수도 없는 긴장된 상황이 몇 분간 지속된다. 보고자의 뇌리에는 "대통령이 무슨 고민을 할까?" "내가 뭘 해야 하지?" 등등의 생각들이 번갯불처럼 스쳐 간다. ① 얼마간 무언(無言)의 대화가 있고 나서, 보고자는 조용히 방을 빠져 나간다. 그 다음부터는 "알아서" 처리한다. 시쳇말로 "코드"를 읽었다는 뜻이다.

상대적으로 노무현(盧武鉉) 대통령은 다변가(多辯家)이다. 역대 최고다. 청와대 수석-보좌관회의, 국무회의 발언과 토론, 외부인 초청 오찬-만찬 발언, 참모들과의 토론 등 수면시간을 제외하면 말문을 열어놓고 사는 것처럼 보인다. ② 청와대 출입기자들은 공개되는 말만 받아 적는 데도 헉헉거린다. 노 대통령이 하루에 쏟아놓는 말을 모으면 책 한권이 될 것이란 푸념도 늘어놓는다.

노 대통령은 ③ 저잣거리에서나 통용될 법한 속어를 공식적인 자리에서 스스럼없이 내뱉는 걸로도 호가 나 있다. "개판" "쪽수" "백수" "깡통" "깽판" "새우처럼 팍 오그려서"…, 무수하다. 그런 생생한 표현들이 소시민들에게는 사실 귀에 팍팍 꽂혀서 그리 싫지 않은 측면도 없지는 않다. 하지만 정작 본인은 다변과 속어, 거친 표현을 언론이 가감 없이 보도하는 데 불만인 모양이다.

그는 2일 취임 100일 기자회견에서 "대개 적절치 않은 말은 (언론이) 거르는 게 관행이었는데 노무현의 것은 샅샅이 뒤집어 내서 재미거리로 삼았다"고 불만을 쏟아냈다. 1970년대의 박정희 대통령과 2000년대의 노무현 대통령은 1세대가 벌어진 다른 시대에 살고 있고, 그래서 ④ 누구의 표현법과 통치술이 딱히 옳다고 말하기는 어렵다.

노 대통령이 모든 지시를 토론을 거쳐 말로 한다면, 박 대통령은 침묵과 절제된 언어, 표정, 눈빛, 명령, 고함 등을 다양하게 구사한다는 것이 차이점이다.

대북송금사건과 아들의 구속 등으로 곤욕을 치르고 있는 김대중(金大中) 대통령조차도 말을 무척 아낀다. 꼭 해야 할 때는 이리 재고 저리 재면서 하곤 한다. 말이 많으면 실수가 잦고 나중에는 자신의 말이 덫이 되기도 한다. 노 대통령의 경우는 그 기복이 심한 편이다. 그렇다면 노 대통령도 박 대통령의 "침묵의 미학 (美學)"을 원용해 본다면 어떨까. ⑤ 토론과 말이 능사는 아니기 때문이다.

말을 줄이는 데는 참모들의 역할도 짐짓 중요하다. ⑥ 대통령의 의중을 눈빛으로, 감으로, 상황론으로 읽어낸다면 그는 1급 참모다. 박 대통령 곁에는 그런 참모들이 많았다. 국민의 정부 때는 박지원(朴智元) 전 비서실장이 DJ의 의중을 가장 정확히 감지, 정국 운용에 활용해 나름의 평가를 받았다.

⑦ 참모가 대통령의 지시를 듣고 이행한다면 2급이요, 질타를 받아야 움직인다면 추후 개각 때 소리 없이 바꿔야 한다. 꾸중을 듣고도 안 되면 당장 갈아치워

야 할 것이다. <趙敏皓 정치부장>

- 세계일보 2003년 6월 4일. <세계타워-대통령의 말>

(2) 노무현 대통령의 말실수가 최근 부쩍 줄었다. 측근들에 따르면 노 대통령은 스스로 ① 말실수를 줄이기 위해 의식적으로 노력하고 있는 것으로 알려졌다. 각종 행사에서의 발언도 되도록이면 참모들이 적어준 '말씀 자료'에서 크게 벗어나지 않으려 노력한다고 한다.

노 대통령은 ② 지난해 말부터 특유의 거칠고 투박한 말투가 대통령의 위상을 떨어뜨리고, 결국에는 국정 운영에 도움이 되지 않는다고 느낀 것으로 보인다.

(중략)

노 대통령은 "일만 잘하면 되지 않습니까"라면서 "말실수 안한 지 6개월 정도 되지 않나요"라고 되묻기도 했다. 이어 ③ "말실수하면 서민들이 좋아할 줄 알았는데, 서민들도 별로래요"라면서 "앞으로 말실수 안할 겁니다"라고 다짐했다. "보통 국민들에게 친구 같은, 허물없는 대통령이 되겠다"는 말도 했다.

- 국민일보 2004년 2월 8일, <[Mr.president] 말실수 줄이려 노력하는

盧대통령>

(1)에서는 노무현 대통령의 발화의 문제를 '개판', '쪽수', '백수', '깡통', '새우처럼 팍 오그려서…' 등 '저잣거리'에서 통용되는 '속어'의 사용으로 규정하고 있다. 통속어는 기층의 언어이기 때문에 관심의 대상이 되지 않을뿐더러 공식적인 상황에서는 사용되지 않기에 그 존재가 잘 드러나지도 않는다. 그런데 언론은 노무현 대통령의 입을 통해서 잘 보기 힘들었던 통속어를 '발견'하게 된다. 이후 언론은 대통령 발화의 '통속성'을 부각시키며 대통령의 말하기 양식이 가진 문제점을 집중 조명하기 시작한다. 그 증거 중 하나는 2003년 3월 검사와의 대화에서 나온 '이쯤 되면 막 하자는 거지요?'라는 발언이다. 이 발언의 정확한 내용은 '막 하자'이지만 대부분의 언론에서는 이를 '막가자'

로 발언한 것처럼 기술하고 있다. 이처럼 언론은 '막 하자'라는 발언을 '막가자'라는 어휘로 교체하여 노무현 대통령의 말하기 양식이 가진 공격성과 통속성을 더 과장하고 이를 극적으로 부각시키고 있다.

여기서 주의하여 볼 점은 언론이 말하기 내용이 아니라 말하기 방식을 문제 삼고 있다는 점이다. (2)의 '특유의 거칠고 투박한 말투가 대통령의 위상을 떨어뜨리고'라는 설명도 말하기 방식의 문제점을 지적하고 있다. 실제 노무현 대통령의 발언 중 가장 문제가 되는 '이쯤 되면 막 하자는 거지요?'라는 발언을 '이거 너무 하네요.'로 '대통령직 못해먹겠다'를 '대통령직을 수행하는데 어려움이 많다'로 바꾸어보면 그 내용에는 문제가 없음을 알 수 있다. 당시 언론에서는 이러한 '말하기 양식'의 문제를 '말실수'라는 프레임으로 설명하는데 이는 말하기 양식과 말하기 내용의 구분을 모호하게 만든다. 즉 대통령의 말과 관련된 사실들을 '말실수'라는 해석틀로 바라보게 만들면 대통령의 발화 내용 자체에 문제가 있다는 해석을 유도할 수 있다.

대통령의 언어라는 점에서 보면 노무현 대통령의 통속어 사용은 일종의 금기를 깬 것이고, 따라서 이는 매우 유표적인 언어 사용 양상이다. 그런데 이러한 유표적인 언어 사용은 단순한 말실수가 아니라 노무현 대통령의 대화 전략이라고 할 수 있다. 2장에서 설명했듯이 통속어는 소통 가능성과 효율성을 최우선에 두는 언어이기 때문에 자신의 의도와 감정을 정확하게 전달하는데 유리하다. 노무현 대통령의 통속어 사용은 이러한 효과를 노린 코드 전환(code-switching) 전략이라고 할 수 있다. 코드 전환이란 언어 사용자가 처한 상황에 따라 특정 언어(코드)에서 다른 언어(코드)로 언어를 바꾸는 현상을 말하는데, 노무현 대통령의 경우 표준어를 사용하는 상황에서 통속어라는 코드를 사용함으로써 자신이 노리고자 하는 의사소통적 효과를 얻는다.[4] 언어가 권력

---

4   노무현 대통령의 발화 중 가장 문제가 되는 것 중 하나인 '검사와의 대화'를 보면 한 검사로부터 공격을 받는 상황에서 '이쯤 되면 막 하자는 거지요'라는 발언을 한다. 그런데 이 발화는 억압적인 어투가 아니라 농담조로 이루어지며, 이 발화가 이루어지는 순간 대화 참여자들

을 행사하고 창출하는 도구라는 관점에서 볼 때 노무현 대통령은 다른 언어 양식을 통해 새로운 방식의 통치를 시도한 것이라고 할 수 있다. 이는 (2)의 ③에서 인용된 '말실수하면 서민들이 좋아할 줄 알았는데'라는 노무현 대통령의 발언에서도 확인된다.

그러나 이러한 말실수는 부적절한 통치의 문제로 전환되어 재규정된다. (1)의 사례가 그러하다. (1)에서는 박정희 대통령의 말하기 양식과 노무현 대통령의 말하기 양식을 대조하는 전략을 통해 노무현 대통령의 말하기 양식이 적절하지 않음을 주장한다. 구체적으로 살펴보면 (1)에서는 박정희 대통령의 침묵을 노무현 대통령의 다변과 대조하는 전략을 사용하고 있다.

먼저 눈에 띄는 것은 두 대통령의 말하기 양식을 '효율' 대 '비효율'이라는 이분법적 대립과 연결시켜 구성하고 있는 점이다. (1)의 ①에서는 박정희 대통령의 침묵과 절제된 언어를 효율적인 것으로 묘사하지만(얼마간 무언(無言)의 대화가 있고 나서, 보고자는 조용히 방을 빠져 나간다. 그 다음부터는 '알아서' 처리한다) 노무현 대통령의 말하기 양식은 비효율적인 ('공개되는 말만 받아 적는 데도 헉헉거린다', '하루에 쏟아놓는 말을 모으면 책 한권이 될 것이란 푸념도 늘어놓는다.') 것으로 묘사된다.

마지막으로 이 기사에서는 '대통령의 의중을 눈빛으로 알아내는 것은 1급 참모'라는 표현과 '대통령의 지시를 통해 아는 2급 참모'를 대조하며 박대통령에게 1급 참모가 많았다라는 말을 통해 박대통령이 훌륭한 1급의 통치자임을, 그리고 노무현 대통령은 문제가 있는 통치자임을 암시한다. 이러한 텍스트의 구성을 통해서 (1)은 '대통령의 표현법=통치 행위'라는 도식[5]을 구축하고,

---

사이에 웃음이 터져 나오는 것을 확인할 수 있다. 이는 일종의 은유적 코드 전환(metaphorical code-switching)으로 의사소통 상황을 재규정함으로 대화의 분위기를 바꾸는 효과를 낸다. 즉 노무현 대통령은 자신의 발화를 통해 심각하고 무거운 분위기를 해소함과 동시에 대화의 주도권을 자신에게로 돌리는 효과를 노리고 있는 것이다.

5  (1)의 ④에서 '표현법'을 '통치술'과 바로 인접하여 사용하고 있는데 이 또한 표현법이 곧 통치술이라는 도식을 암시한다.

부적절한 말을 하는 노무현 대통령을 부적절한 통치 행위를 하는 지도자로 그려내고 있다.

(3) 나라를 혼란에 휩싸이게 만든 탄핵 정국의 원인도 <u>노무현 대통령의 말실수가 바탕에 깔려 있다</u>고 생각하는 사람이 많다. 대통령의 직무수행에 대한 평가를 정책 이행 상황이나 정치 행태로 하지 않고 사적인 스타일이나 발언을 가지고 하는 것은 올바르지 않지만 <u>최고통치자가 말에 신중해야 한다는 것은 주지의 사실이다.</u>

- 한국일보 2004년 4월 7일, <이 생각 저 생각-공무원·정치인 어느 때보다 말조심을>

(3)에서도 앞서의 지적과 마찬가지로 말하기 내용이 아니라 대통령의 말하기 양식을 부적절한 통치 행위로 파악하고 있다. 즉 노무현 대통령의 말하기가 탄핵과는 직접적인 관련이 없다고 하면서도 탄핵의 주요한 원인으로 지목하고 있는데 이는 대통령의 말하기는 곧 통치 행위라는 전제를 기반으로 한 것이다. (3)의 두 번째 문장에서는 후행하는 내용을 강조하는 '-지만'을 이용하여 일반 전제(presupposition, 직무수행에 대한 평가를 사적인 스타일이나 발언을 가지고 하는 것을 올바르지 않다)와 반대되는 내용('최고통치자가 말에 신중해야 한다')을 부각시킨다. 이때 말에 신중해야 하는 행위 주체를 '대통령'이 아니라 '최고통치자'로 지명하고 있는데 이를 통해 '말하기 방식'이 통치 행위라는 점을 암시한다. 또한 '주지'와 '사실'이라는 전제유발자를 통해 '최고통치자는 말에 신중해야 한다'라는 명제를 청자가 당연히 알고 있는 화용적 전제(pragmatic presupposition) 또는 '공적 지식'으로 자리매김 시키고 있다. 기사 (3)은 결국 말하기 방식이 사실상의 통치 행위이며, 잘못된 통치 행위가 결국 탄핵이라는 정치적 문제로 연결되었음을 시사한다.

노무현 대통령의 통속어 사용에 대한 언론의 담론 구성 중 눈에 띄는 또 다른 점은, 노무현 대통령의 말하기 양식과 그의 계급적 정체성을 연결함으로써 그를 통치자로의 자질을 갖추지 못한 인물로 자리매김하는 경향이 있다는 점이다. 이는 노무현 대통령에게 비교적 우호적인 언론에서도 나타나는 현상이다.

(4) ▲차예지(25, 대학원생)－"솔직함만 필요한 게 아닌데…"
<u>"평소 노무현 대통령의 말이 수준 낮다고 생각했다. '고등학교만 나온 사람이 맞구나'하는 편견도 있었다.</u> 그러나 오늘 대면하고 이야기 들어보니 친절하고 소탈했다. 언론을 통해 볼 때보다 친근하고 인간적이었다. 고모부 같은 편안한 인상이었다. 국민에게 가식 없이 다가서려 하는 것은 좋은 것 같다. <u>그러나 대통령에게는 솔직함만이 필요한 게 아니다."</u>
　　－오마이뉴스 2007년 2월 28일, <"노무현 로또 당첨될까?"… 임기 4년째, 바닥과 대박 사이-오마이뉴스> 시민기자 10인의 대통령 회견 뒷담화>

노무현 대통령에게 비판적인 SNS의 글이나, 기사에서는 그의 말하기 양식과 그의 고등학교 졸업 학력을 연결시키는 경향이 있다. 이를테면 노무현 대통령이 사용한 통속어는 그가 가진 사회적 정보를 말해주는 간접적인 표지(indirect indexing)로서, 그 표지가 드러내는 사회적 정보란 노무현이란 인물이 통치자가 가져야 할 문화적 자본(cultural capital), 또는 언어 자본(linguistic capital)을 갖추지 못한 인물이라는 점이다. 여기서 언어 자본이란 문법적으로 완벽한 표현을 생산할 수 있는 능력뿐만 아니라 특정한 언어 시장(linguistic market)에 맞는 적절한 표현을 생산할 수 있는 능력까지를 포함한다(강현석 외 2014:152).

한국어의 여러 변이형 중 표준어는 행정, 정치, 법, 교육 제도와 강력하게 연결되어 있고 따라서 표준어는 정치 문화적 권력을 가진 언어라고 할 수 있다. 국가의 사회적 제도에서 통용되는 표준어의 화법을 구사할 수 있는 능력을 언어 자본－부르디외가 말한 의미에서 '상징자본'－이라고 한다면, 노무현 대통령의 통속어 사용은 그가 그러한 언어 자본을 갖추지 못한 인물임을 보여주는 표지가 되는 셈이다. 즉 노무현 대통령은 언어 시장에 출입할 자격인 '언어 시민권'이 없는 인물이 되는 것이다. 이렇게 해서 노무현 대통령의 통속어 사용은 그가 자격이 없는 통치자임을 보여주는 증거가 된다.

또 통속어는 균질해야 하는 '국어'라는 체제 내에서 일종의 불순물로 인식되며, 따라서 노무현 대통령의 통속어 사용은 순수해야 하는 국어 체제에 균열을 내는 행위로 간주된다. 다음의 칼럼을 살펴보자.

(5) 2002년 김 의원이 노무현 대통령후보의 '정치적 사부' 역할을 할 때의 이야기다. 노 후보가 실언(失言)을 자주 하면서 인기가 날로 떨어지는 상황이었다. 그는 노 후보가 기자들을 만난다는 이야기가 들려오면 후보 비서실에 전화를 걸어 ① "내가 갈 때까지 지둘러"라고 말하고 현장에 도착해 노 후보의 발언 내용을 사전 감수(監修)했다. '지둘러'는 '기다려'의 호남 사투리로 김 의원의 닉네임이기도 하다.

노 후보가 대통령에 당선되고부터는 대통령의 발언을 감히 감수할 사람이 없어졌다. 노 대통령의 지지도는 상당 부분 말로 까먹었다고 해도 틀림없다. 노 대통령을 국내외에서 자주 만나는 80대 인사는 "나이 먹은 사람을 어쩌겠나 싶어 대통령에게 '말을 좀 줄이시는 것이 좋겠다'고 충고를 한 적이 있다"고 털어놓았다. 그는 "나로서는 힘들게 꺼낸 말인데 공연한 말을 한 것 같아요. 아무 효과가 없었어요"라고 덧붙였다.

노 대통령은 서민적인 표현이 대통령의 권위를 낮추고 국민을 즐겁게 한다고 생각하는 것 같다. ② 그러나 아이들이 배울까 봐 걱정된다고 말하는 사람들도 있다. 국회와 청와대에 있는 386들은 ③ 비속한 말을 쓰지 않으면 세상의 불의(不義)에 침묵하는 것이라고 여기는 분위기다. 무릎을 치게 하는 절묘한 표현은 없고, ④ 칼끝으로 생채기를 찌르고 후빈다.

인터넷 정치기사마다 젊은 누리꾼들이 편을 갈라 험한 댓글을 주고받는다.

⑤ 청소년들에게 '독극물'이나 '불량식품'처럼 유해한 언어가 뉴미디어를 타고 확산되고 있다. 막말정치, 편 가르기 정치가 바로 누리꾼 언어의 오염원(源)이다.
(중략)

정치인들은 발언이 언론에 보도돼 파문이 일면 ⑥ "앞뒤를 잘라 전체 맥락이 제대로 전달되지 않았다"고 곧잘 변명한다. 지면과 방송시간의 제약을 받는 언론을 상대하는 공인이라면 앞뒤가 잘려도 문제가 되지 않게 말하는 법부터 배워야 할 것이다.

대통령을 비롯한 고위 공직자의 언어는 전파력이 높다. ⑦ 한국어를 아름답게 가꾸자면 공인의 언어부터 속옷을 입어야 하겠다. 정진석 추기경이 "단 위에 올라가는 사람은 속옷을 입으라"고 참 좋은 말을 했다.

- 동아닷컴 2006년 9월 26일 &lt;[황호택 칼럼] 속옷 벗은 言語&gt;

이 칼럼의 제목은 &lt;속옷 벗은 언어&gt;이다. 칼럼 내용에 대한 해석의 틀로 작용하는 이 제목은 노무현 대통령의 언어는 물론 노무현 대통령이 속한 정치인 그룹 전체의 언어가 '추하고' '부정적인' 속성을 가지고 있음을 암시한다. 그리고 이는 칼럼 내용 곳곳에 반복되어 드러난다. 즉 (5)의 ②에서는 그들의 언어가 '비교육적'이고, (5)의 ③에서는 '비속하며', (5)의 ④에서는 '공격적임'을 주장한다. 더 나아가 (5)의 ⑤에서는 '독극물'과 '불량식품'과 같은 은유를 동원하여 노무현 대통령을 비롯한 정치 그룹의 말을 '언어의 오염원'으로 지목하고 있다. 이들 은유는 이들 정치 그룹의 언어가 '비합법적'(독극물, 불량식품)이며, '더럽고 불순'하기 때문에(오염원) 모범적인 언어의 철저한 동질성을 추구하는 국어라는 체제 내에서는 용인될 수 없는 것임을 강력하게 암시한다.

국어 체제는 순수하고 균질한 언어로 구성되어 있다고 상상되며, 따라서 그 국어를 사용하는 국가의 국민은 동일한 언어를 말할 것을 기대하고 요구받는다.[6] 이 때문에 국어 체제의 확립은 언어 표준 또는 표준어가 아닌 변이형들 —대개는 소수 언어와 지역 방언—의 배제를 통해 이루어진다. (5)의 ①에서는 내용 전개상 필요가 없음에도 노무현 대통령의 정치적 사부인 '김의원'의 별명이자 호남 사투리인 '지둘러'라는 어휘를 소개하고 있는데, 이 또한 노무현 대통령을 위시한 정치 세력이 국어에서 배제해야 할 언어-지역 방언과 저급한 언어-를 사용하는 그룹임을 암시한다.

'국어라는 표상이 일단 확립되면 현실의 언어 변이는 이차적인 것이며, 상상되는 '국어'의 동일성이야말로 본질적인 것이라는 언어 의식'(이연숙 2006:19)이 생기는데, 이 칼럼의 필자가 상정하는 아름다운 한국어란 결국 지역 방언과 사회 방언이 제거된 순수한 상태의 '상상된 국어'라고 할 수 있다. 페어클럽(2012)의 주장처럼 담론을 '사회적 실행(social practice)'[7]이라고 할 때, 한국 언론이 노무현 대통령의 통속어 사용에 대한 담론을 구성하면서 행한 사회적 실행은 이연숙(2006)이 말한 '상상되는 국어의 동일성이 본질적이라는 언어 의식'의 강화였다. 그리고 이는 노무현 대통령의 경우뿐만 아니라 박근혜 대통령의 말을 둘러싼 담론 구성 과정에서도 다른 양상으로 반복된다.

이러한 언론의 태도는 국어라는 헤게모니[8] 장치의 작동을 보여준다. 즉 언론은 그들의 정치적인 의도와는 별도로, 통속어라는 비표준 변이형의 사용에

---

6  가스야 케스케는 '헤게모니 장치'의 주요 개념인 '치안'과 '규격화'가 '국어'와 어떤 관계를 맺고 있는지에 대해 다음과 같은 통찰을 보여준다. "다시 언어의 문제로 돌아가기로 한다. 그람시는 국민적 언어 순응주의가 형성되는 회로를 구체적으로 들고 있는데, 그것들은 위에서 본 규격화의 회로와 정확하게 일치한다. (중략) 그러나 근대 이전의 어느 국가도, 모든 주민이 동일한 언어를 말할 것을 요구하지 않았으며, 바라지도 않았다. '국어'란 치안의 확대와 규격화의 진전과 결부된 특이한 헤게모니 장치인 것은 아닐까." 가스야 게스케 저, 고영진·형진의 역, 『언어·헤게모니·권력—언어사상사적 접근』, 소명출판, 2016, 82-83쪽.

7  페어클럽(2012)에 따르면 담론은 세 가지 방향에서 사회구조 형성에 영향을 미친다. 첫째는 사회 주체들의 정체성(identity)을 형성하고, 둘째 사람들 사이의 사회적 관계 형성에 영향을 미치며, 셋째 지식 및 신념체계를 형성한다.

8  헤게모니는 단순히 패권이나 주도권으로 해석될 수 없다. "사회 공간 전체가, 그 세부에 이르기까지 교육 장치가 되고, '규율'의 학교가 된다는 것이다. 순응주의를 길러내는 자발적 동의라는 것은 그 교묘한 전략에 다름 아니다. 사실 '시민 사회는 제재와 구속적 의무 없이 활동하지만, 그럼에도 불구하고 집단적 압력을 행사하고, 습관이나 사고와 행동 양식과 도덕 등등을 아우르는 가운데에 객관적인 성과를 거두는' 것이다. 이것이 바로 그람시가 헤게모니 장치라고 부르는 것이다." 가스야 게이스케 저, 같은 책, 79-80쪽.

강력하게 반발하는데 이는 소위 '국어'라는 표상의 공고화에 기여한다. 이를테면 언론은 국어라는 헤게모니 장치의 회로인 것이다.


## 4. 구어성의 발견: 박근혜 대통령의 경우

노무현 대통령과 마찬가지로 박근혜 대통령도 자신의 말 때문에 구설에 올랐지만 그 성격은 달랐다. 노무현 대통령에게 '통속성'이 주로 문제가 됐다면, 박근혜 대통령은 통속어가 가진 입말의 성격 즉 '구어성'이 문제가 되었다.

박근혜 대통령의 사례를 살펴보기 전에 먼저 구어의 특징을 살펴보자. 실제 구어를 전사하여 기술할 때 가장 많이 눈에 띄는 점은 구어가 무질서하고 규칙이 없는 것처럼 보인다는 점이다. 음운 층위에서 구어는 음운의 변화, 축약, 첨가 현상이 많으며 형태·통사 층위에서 보면 문장이 단순하며 축약이나 주어 같은 문장 성분의 생략 현상이 빈번하다. 또한 어순이 도치되거나 연결어미로 문장이 종결되는 현상, 부사어 같은 말이 반복되는 등의 현상이 나타난다. 이 때문에 문장 문법의 관점에서 보면 주술 관계가 맞지 않는 것처럼 보이는 구어 자료도 많이 나타난다. 이러한 특징을 보고 많은 연구자들은 구어의 특징을 '비문법적' 규칙화될 수 없는 '자유로움'으로 파악한다. 그러나 이는 '문장 문법'의 관점에서 구어를 기술했기 때문에 나타나는 인식이다. 구어의 기본 단위는 '문장'이 아닌 억양 단위이며, 문장 문법으로는 기술되지 않는 내재적 규칙을 가지고 있다.[9] 그러나 문장이라는 틀로 구어의 현상을 바라보면 구어는 설명이 불가한 무질서와 혼돈의 표본처럼 보일 수밖에 없다. 뒤에서 살펴보겠지만 박근혜 대통령의 구어 발화는 이러한 문장 문법의 관점에서 기술되고 논의되었다.

---

9  백승주, 「한국어교육에서의 실제성 연구를 위한 구어의 특징 연구」, 『외국어로서의 한국어 교육』 44, 연세대학교 언어연구교육원 한국어 학당, 2016 참조.

박근혜 대통령의 발화에 대한 평가는 시기에 달랐는데 먼저 대선 후보 시절과 취임 초기의 언론의 평가를 살펴보면 대체로 긍정적인 평가가 많았다는 점을 알 수 있다.

(6) 박 후보의 화법은 ① '정제된 단문단답형'입니다. 군더더기 없이 간결하게 필요한 메시지를 전달합니다. 특히 거두절미하고 핵심만 반문하는 반어법은 꽤 유명합니다. "전방엔 이상이 없습니까" "국민도 속고 나도 속았다"라는 어록들이 대표적이죠. 이는 ② 원칙과 신뢰를 중시하는 이미지로 이어집니다. 포용력을 느끼게 합니다. 그러나 ③ 문어체 스타일이라는 게 단점입니다. 청중 입장에선 국어교과서를 읽는 듯한 지루함, 답답함을 느낄 수 있습니다. TV토론처럼 돌출 질문이 나오는 상황에선 유연성이 부족할 수도 있습니다. 물론 최근에는 유권자들의 호응을 유도하는 쪽으로 화법이 바뀌었다는 평가도 나옵니다.
　　　－ 연합뉴스TV, 2012년 11월 20일 <[대선상황실] 그들에겐 특별한 화법이 있다>

(7) 박근혜 대통령의 ① 간결한 화법은 말 많은 세상에서 ② 말의 적음이 오히려 더 강력할 수도 있다는 역설을 과시했다. 그의 ③ 다듬어진 문어체는 ④ 절제된 인격의 표현인 듯 고고한 인상을 주었고 ⑤ 때로는 비수처럼 예리한 정치적 효과를 발휘하기도 했다. 참여정부 말년 노무현 대통령을 향해 "참 나쁜 대통령"이라고 쏘아붙인 단도직입적 논평은 그 말이 나오게 된 배경이 희미해진 뒤에도 사람들 입에 남아 여전히 다양하게 활용되고 있다.
　　　－ 한겨레 2013년 10월 6일, <[염무웅 칼럼]－참 나쁜, 더 나쁜, 가장 나쁜>

대통령 취임 전후의 박근혜 대통령의 말의 특징은 '단답형', '간결함', '문어체'로 정리된다. 이러한 말하기 양식은 '원칙', '신뢰', '절제된 인격'((6) ②, (7) ④, (7) ⑤ 등과 같이 긍정적인 가치를 가리키는 것으로 평가를 받고 있다. 이러한 말하기 양식은 취임 이후 바뀌게 되는데 이에 대한 언론의 평가 또한 긍정적이다.

(8) 박근혜 대통령 당선인 입에서 연일 비유(Metaphor) 화법이 쏟아지고 있다. 평소 딱딱하고 절제된 화법을 자랑하던 '정치인 박근혜'와 180도 달라진 말투에 당선인 주변 사람들도 놀랄 정도다. 대선 승리 때까지 늘 긴장과 절제 화법을 써야 했다면 이제는 ① 여성 대통령이라는 차별된 리더 모습을 구축하기 위해 부드러운 통치 화법을 구사하고 있다는 분석이다.

박 당선인이 최근 분과별 국정과제 토론회에서 쏟아낸 대표적 비유 화법은 '손톱 밑 가시'와 함께 '신발 안 돌멩이'다. 그는 지난 25일 경제1분과 토론회에서 ② "신발 안에 돌멩이가 들어 있어서 걷기가 힘들고 다른 이야기가 귀에 들어올 리 없다"며 새 정부가 현장 애로사항 청취에 주력해야 할 것이라고 당부했다. 이틀 뒤 경제2분과 토론회에서는 '분만실 산모, 정책의 등대' 등 더 많은 비유 표현을 제시해 인수위원들 ③ 귀를 사로잡았다. 그는 분만실에서 진통하는 산모 때문에 안달이 난 남편과 담당 의사 간 대화 사례를 거론하며 ④ "애를 낳는 게 다가 아니라 (앞으로)어떻게 잘 키우고…(하느냐가 문제)"라고 강조했다. 정부 역시 어떤 정책을 만들고 적용하는 데만 역할을 한정하지 말고 그 정책이 실제 현장에서 잘 실행되는지 챙겨야 한다는 설명이었다. (중략)

연일 ⑤ 소탈한 단어들을 조합해 제시하는 ⑥ 박 당선인 비유법에 대해 심리학과 교수들은 두 가지 목적이 있다고 해석한다. 한 국립대 심리학과 교수는 "비유법은 잘만 쓰면 특정 현안에 대해 장황한 설명을 할 필요 없이 상대방 이해를 높일 수 있다"며 "이는 비유법이 근본적으로 절제 화법을 지향하는 박 당선인과 어울리는 부분"이라고 말했다. 그러면서 "최근 자신에 대한 국민 지지도가 낮은 상황에서 여성 대통령이라는 부드러움과 대중적 친밀도를 높이기 위해 더욱 비유를 많이 쓰는 것 같다"고 덧붙였다. 또 다른 심리학계 인사는 박 당선인 비유법은 모두 부처 공무원들을 상대로 당선인 메시지를 전달하는 데 동원된다는 특징을 지적했다. 이 관계자는 "비유는 이해하기도 쉽지만 그래서 더욱 머릿속에 오래 남는 특성이 있다"며 "당선인이 의도적으로 비유를 쓰는 것은 고압적이고 일방향적인 공무원들에게 자기 메시지를 되도록 오래 기억하게 하려는 ⑦ 고도의 통치 기술"이라고 평가했다.

- 매일 경제 2013년 1월 28일, <박근혜 당선인, 절제 화법서 비유 발언 변신>

(9) 최근 들어 박근혜 당선인은 자신의 국정 비전과 철학을 ① 다른 사람들이 쉽게 이해하도록 다양한 비유적 표현을 쓰고 있습니다.

[② 금강산 구경을 가자 그래도, 다 좋지만 손톱 밑의 가시 때문에 흥미가 없는 겁니다. 이것부터 해결을 해야지.]

[똑같은 옷을 만들어 놓고 키가 큰 사람이고 작은 사람이고 다 입으라 하면 그걸 어떻게 입겠습니까?]

'손톱 밑 가시'나 '신발 안 돌멩이' 같은 말은 국민이 당장 불편해하는 부분을 파악해 신속하게 해결책을 제시한다는 새 정부의 정책기조를 상징하는 표현으로 자리 잡았습니다. ③ 누구나 쉽게 이해할 수 있는 비유를 활용하고 유난히 현장을 강조하는 박근혜 당선인의 변화된 화법엔 ④ 국민과 소통을 강화하겠다는 의도도 담긴 것으로 보입니다.

- SBS 8시 뉴스 2013년 2월 2일, <내가 가봤더니…박 당선인의 달라진 화법>

취임 이후 언론에 공개된 박근혜 대통령의 말하기 양식에 대해 언론들은 '귀를 사로잡았다'((8) ③), '소탈한 단어'((8) ④), '쉽게 이해할 수 있는 비유'((9)①, ② 등으로 긍정적인 평가를 하고 있다. 또한 언론들은 이러한 박근혜 대통령의 말하기 양식을 '여성 대통령이라는 차별화된 리더-부드러운 통치 화법'((8) ①), '고도의 통치 기술'((8) ⑦)과 같이 통치자로서의 훌륭한 자질과 연관시킨다. 흥미로운 점은 긍정적인 평가의 근거로 제시하고 있는 박근혜 대통령 발언의 실제 모습이다. (8)의 ②는 연결어미의 반복 사용으로 어색한 말이 됐으며, (8)의 ④는 필요한 말들이 생략되어 있어서 기사에서는 생략된 부분을 복원하여 전달하고 있다. (9)의 ② 또한 어색한 문장이다.[10] 그러나 이 시기의 언론에서는 이러한 박근혜 대통령의 말하기 양식을 이해하기 쉽고 전달이 잘 되는 화법으로 평가하고 있다. 이는 이 시기의 박근혜 대통령의 말하기 방식이 언론에게 특별한 문제로 인식되지 않았음을 보여준다.

대통령 당선 이전의 문어투 말하기와는 달라진 새로운 말하기 방식에 대한 언론의 호의적인 반응은 노무현 대통령에 대한 반응과 대조적인데, 이는 부르디외가 분석한 프랑스 베아른(Béarn) 지방의 수도 포(Pau)의 시장이 행한 베아른어 연설에 대한 신문 기사를 연상시킨다. 베아른 지방의 시인에 대한 수상식에서 포의 시장은 표준 프랑스어를 구사할 수 있고, 공식적인 상황에서 표준 프랑스어만 유일하게 허용됨에도 불구하고 베아른어로 연설을 하였는데, 이를 신문 기사에서는 '감동적인 배려'라고 평가하고 있다. 이에 대해 부르디외는 이것이 '감동적인 배려'가 되기 위해서는 프랑스어가 공식 석상에서 허용되는 유일한 합법적인 언어라는 것을 암묵적으로 인정해야 하며, 베아른어로 연설한 시장이 높은 지위 등 여러 측면에서의 우월한 위치에 있어야 한다고 주장한다. 또한 부르디외는 만약 포의 시장이 충분한 프랑스어 구사 능력을 가지고 있다고 전제되지 않았다면 베아른어 연설은 '감동적인 배려'가 되지 못했을 것이라고 지적한다(강호신 2014:155 참조). 이는 박근혜 대통령의 발화 양식에 대한 초기 평가도 이와 유사하다. 박대통령이 자신의 지위에 걸맞는 언어 자본을 가지고 있다는 전제와 그의 대통령으로서의 지위를 전제했을 때야만 박대통령의 발화는 상징적인 이윤—즉 언론의 호의적인 평가—을 낳을 수 있는 것이다.

그러나 국정농단 스캔들 이후, 박대통령에게 대통령 지위에 맞는 언어 자본

---

10  그러나 이러한 특징들은 앞서 기술한 '구어'의 특징과 정확히 일치하는 것이다.

이 없다고 판단한 언론의 태도는 정반대로 바뀌게 된다. 상징적인 이윤을 가져왔던 박근혜 대통령의 발화 양식은 박근혜 대통령이 통치자로서의 자질 없음을 증명하는 결정적인 증거로 인용된다.

(10) 3일 문화일보의 보도에 따르면 최 대표는 기자간담회 당시 ① 박 대통령의 발언에 대해 "(박 대통령은) 기본적으로 만연체여서 주어와 목적어가 자주 분실되거나 뒤섞이는 바람에 어법이 맞지 않는 '연상지체' 현상을 보인다"면서 "더구나 자신은 오류가 없다는 착각에 빠져 도무지 사과할 줄을 모른다"라고 말했다.

최 대표는 ② 박 대통령이 불필요한 부사어를 애용하는 버릇이 있다고 지적했다. 그는 "'뭐 이렇게', '굉장히', '또' 같은 말을 반복적으로 사용하는 것은 만연체의 단점이고 어휘력과 논리적 조어 능력이 결핍된 사람들에게 흔히 드러나는 현상"이라고 했다.

최 대표는 ③ "박 대통령은 TV드라마를 통해 배웠을 법한 저급한 단어를 수시로 썼다"고 비판했다. 최 대표는 그 예로 '뒤로 받고 그런 것', '확 그냥' 등을 들며 "일상 속에서도 잘 쓰지 않을 말들을 여과 없이 보여줬다"면서 "미리 준비된 원고나 수첩이 없는 자유로운 질의 응답 시간에 특히 이런 경향이 두드러졌다"고 덧붙였다.

④ 박 대통령의 말이 길어지면 주어와 목적어, 또는 서술어가 꼬이는 점도 비판의 대상이 됐다. 최 대표는 "정부 시책으로 잘 펴 보자, 그리고 또 특히 그런 문화 쪽이나 창업할 때 어려운 처지에 있는 젊은이들이 있잖아요"라는 대통령의 말을 문장의 앞뒤가 어색하게 연결된 예로 들었다.

- 조선일보 2017년 1월 3일, <'박근혜 화법' 전문가, 박대통령 말 분석…"확, 그냥, 뭐 이렇게" 드라마서 배운 저급 단어 사용>

(11) ① 문장은 흔히 그 사람을 드러낸다. 문장의 길이와 깊이는 사고의 그것

들과 일치한다. ② 그녀의 문장은 독해가 되지 않았다. 번역기가 출현했다. 대통령의 문장은 조롱의 대상이 됐다. 국어 교육의 폐해를 고스란히 보여주는 반면교사였다. ③ 긴 문장은 구사하지 못했다. 아니 긴 문장은 사용했지만 거의 비문이었다. 그러니 주어가 없는 짧은 문장만 나열했다. 적어놓은 걸 읽지 않으면 3분 이상 발언하기 어렵다는 소문이 거짓은 아닌 듯했다. 미리 적어둔 게 없이 3분 이상 발언하면 앞뒤가 맞지 않는 경우도 많았을 것이다.

- 경향신문 2016년 12월 1일, <[김경집의 고장난 저울] 그림자놀이는 끝났다>

박근혜 대통령의 말에 대한 비판 중 가장 많이 등장하는 것은 박대통령이 제대로 된 문장을 구사하지 못한다는 것이다. (10)에서 소위 언어 전문가가 지적하는 바와 같이 주어 등 주요 문장 성분의 생략 현상, 잦은 부사어 사용, 주술 관계가 맞지 않는 문장의 사용 등도 박근혜 대통령 발화의 문제점으로 지적된다. 비판은 여기에서 그치지 않는다. (10)의 ③에서는 '저급한 단어'의 사용이 문제가 된다. 이러한 언어 사용 양상은 (11) ①과 같은 사피어-워프 가설(Sapir-Whorf Hypothesis)과 연결되어 박근혜 대통령의 빈약한 사고를 증명하는 준거가 된다.

그런데 언론에서 지적한 박근혜 대통령의 발화 양식이 영국의 사회학자 번스타인(Bernstein 1971)이 제안한 '제한된 코드(restricted code)'라는 개념에 부합한다는 점을 눈여겨 볼 필요가 있다. 번스타인은 중산 계층 아동과 하류 계층 아동의 언어 사용 방식을 연구하여 두 집단의 말하기 방식이 다르다는 사실을 밝혀내고 중산 계층 아동들의 언어를 '정교한 코드(elaborated code)'로, 하류 계층 아이들의 언어를 '제한된 코드(restricted code)'로 규정하였다. 먼저 정교한 코드 (elaborated code)는 다양한 어휘 사용, 통사 규칙을 잘 준수한 복잡한 문장 생성, 접속사의 적절한 사용을 통한 논리적 전개를 특징으로 한다. 정교한 코드의 특징은 맥락 독립적이기 때문에 특정 내용에 대한 배경 지식을 갖추고 있지 않아도 구체적이고 명확하게 의미를 전달할 수 있다는 점이다. 이에 반해 제한된 코드(restricted code)는 단순한 접속사의 반복 사용, 단문이나 미완성된 문장의 사용, 의미전달을 위한 강세나 억양 등 비언어적인 요소의 동원, 짧은 의문문과 명령문의 사용, 직선적이고 개인적인 표현 사용, 상대방의 배경 지식을 전제로 하는 대화 진행 등을 특징으로 한다. 제한된 코드는 맥락 의존적이며 배경 지식을 공유한 소수의 집단 구성원들 사이에 사용되기 때문에 그 의미가 암시적이고 함축적이다.

그런데 번스타인의 코드 이론은 결정적인 문제점을 지니고 있다. 그것은 번스타인이 정교한 코드와 제한된 코드라고 명명했던 것이 다름 아닌 각각 '문어'와 '구어'를 가리키는 것이라는 점이다. 다시 말해 번스타인은 '문어'와 '구어'의 차이를 인지하지 못하고 이를 특정 계층의 언어적 특질과 연결시키는 우를 범했고, 이는 번스타인의 의도와는 다르게 다시 하류 계층의 아동들이 언어적, 인지적으로 결함을 가지고 있다고 주장하는 결손 가설(deficit hypothesis)을 지지하는 근거로 사용되기에 이르렀다.

박근혜 대통령 발화의 많은 특징도 다름 아닌 '구어'의 특징에 해당한다. 소위 언어 전문가가 박근혜 대통령 발화의 문제점이라고 지적한 것들 중 일부를 보면 대부분의 사람들의 일상 대화 속에서 빈번하게 나타나는 구어의 양상을 가리키는 경우가 많다. 그런데 구어에서 그 현장과 맥락을 제거해 버리면 그 내용을 인지하기가 어렵기 때문에, 그 상황에서 벗어난 지점에서 구어를 바라보면 문제적인 언어 사용으로 인식되기 쉽다.

사실, 박근혜 대통령 발화가 가진 가장 큰 문제점은 그가 정교한 코드, 즉 문어체의 발화를 제대로 구사하지 못하는 것에서 비롯된 것이다. 공적인 상황에서 문어체로 자신의 사고를 정리해서 전달하고 의견을 교환하기 위해서는, 교육을 통한 훈련이 필요하다.[11] 박근혜 대통령의 발화는 그가 국가 최고 통치

---

11 번스타인의 연구에 따르면 하류층 아이들은 경제적 여건 때문에 이러한 교육을 받지 못하고, 그 결과 정교한 코드를 제대로 사용할 수 없게 된다.

자의 자제였지만 역설적으로 정교한 코드를 이용한 공적 의사소통 훈련을 제대로 받지 못했음을 암시하는 것이다.

그러나 언론을 비롯한 많은 이들은 박대통령의 발화에서 나타나는 구어적인 특징 자체를 '문제'로 파악한다. 능숙하지 못한 문어 사용 양상을 언어 구사 능력 자체가 떨어지는 것으로 간주하는 것이다. 이렇게 해서 구어는 문제가 많은 불완전한 언어이자, 저급한 사고 능력과 수준을 드러내는 표지가 된다.[12]

박근혜 대통령의 말하기 양식이 대통령 취임 이후 바뀐 것은 아닐 것이다. 대통령 취임 이후, 연출되지 않은 그의 구어가 언론에 의해 노출될 기회가 늘어난 것일 뿐이다. 국정 농단 스캔들을 계기로 언론은 박근혜 대통령의 말을 다시 들여다보게 되었고 비로소 '구어'를 발견하게 된다. 그러나 언론이 발견한 것은 맥락이 제거된 상태에서는 해독이 불가능한 불완전한 언어였고, 이런 발견은 아래의 인터뷰 기사와 같이 박근혜 대통령의 언어적, 인지적 결손(deficit)을 증명하는 데 동원된다. 이렇게 박근혜 대통령의 언어는 취임 초기부터 중기까지 원활한 통치를 위한 방법론으로 그려지다가, 촛불 시위 이후 정신병리학적으로 다루어진다.

(12) 신간 <박근혜의 말>(원더박스 펴냄)은 "대전은요?"로 대표되는 박 대통령의 언어를 해석한 책이다. 언어와 생각 연구소 공동 대표인 한국어 연구가 최종희는 <박근혜의 말>에서 ① 박 대통령이 심각한 언어 장애를 앓고 있고, 이 때문에 무대공포증 역시 앓아 타인과 대면하지 않는 특유의 정치 행보를 낳았다고 강조했다.

▶ ② 불완전한 언어 체계는 박 대통령의 사고 체계도 극도로 단순화했고, 그 때문에 그는 피아만이 존재하는 흑백의 세계에 갇혀 정치 복수극을 이어갔다

---

12 뒤에서 자세히 살펴보겠지만 구어의 특징이 '문제'로 파악되는 또 다른 이유는 구어를 '문어'라는 잣대를 바탕으로 살펴보기 때문이다.

고 했다. 무엇보다, '왕의 언어'와 '길거리의 언어' 사이를 오가는 그의 말에서 민주주의자가 아닌 공주 박근혜가 뚜렷이 드러난다고 했다.

▶ 최종희: ③ 쉽게 말해 언어발달장애를 앓는 인물이다. 불운한 사람이다. 박근혜뿐만 아니라 박근령, 박지만 역시 어느 정도 언어발달장애를 앓는다. (중략) 언어가 제대로 발달하지 못하면, 그에 따라 사고도 발달하지 못한다. 하이데 거는 "언어가 사고의 집"이라고 했다. 박근혜의 사고도 비정상적이다.

▶ 최종희: ④ 박근혜 말의 가장 큰 문제는 앞뒷말이 맞지 않는다는 점이다. 주술관계가 완전히 불일치한다. 놈 촘스키의 개념으로 말하자면 심층구조(deep structure)에 문제가 있다. 촘스키에 따르면, 사람의 심층구조는 성장하면서 자연스럽게 발달한다. 하지만 박근혜는 특수한 환경으로 인해 심리가 불안정해졌고, 이 때문에 언어 발달 구조가 불완전했다.

▶ 프레시안: 박 대통령이 ⑤ 공주로 비유될 만큼 우아한 삶을 살았음을 모두가 안다. 최근에는 변기도 남들과 같이 쓰지 못한다는 증언이 이어졌다. 그렇다면, 말을 아무리 못해도 기본적으로 고상한 언어를 써야 할 것이다. ⑥ 하지만 박 대통령의 말은 때로 충격적일 정도로 공격적이고 솔직하다. 왜 그럴까?

▶ 최종희: ⑦ 결국 박근혜는 TV와 인터넷에서 거친 말을 학습했다. ⑧ 하지만 외양으로는 공주로서 결벽을 추구했다. 이 불일치가 그의 말에서 드러난다. 그가 긴장하지 않았을 때, 화났을 때 감정적으로 내뱉는 말을 보면 그의 수준을 알 수 있다. 길거리 용어, 인터넷 용어가 마구 튀어나온다.

▶ 최종희: ⑨ 정치인 박근혜 언어의 특징은 한 마디로 '언어 성형'이다. 물론 모든 정치인은 언어를 성형하지만, 이는 기본적으로 정치적 교정(political correctness, PC함)이다. '감옥'이라는 말이 부정적이니 '교도소'로 수정하는 식이다. (중략) 하지만 ⑩ 박근혜 언어 성형은 다른 차원의 문제다. 무식함을 숨기려 화려함을 억지로 구사한다.

- 프레시안 2016년 12월 22일, <'근혜체', 무지가 과시욕을 만나다-인터뷰 '박근혜의 말' 저자 최종희>

(12)는 박근혜 대통령의 말에 대한 책을 출간한 자칭 언어 전문가가 진보 온라인 매체와 한 인터뷰 내용이다. 이 유사 언어 전문가의 발언은 진보 언론뿐만 아니라 조선일보와 같은 보수 언론을 포함한 많은 언론사에 소개되어 반복, 재생산되었다. (12)의 ①,②,③,④의 발언을 통해 이 전문가는 박근혜 대통령을 제대로 된 언어를 갖지 못한 '비정상'의 범주로 분류한다.[13] 노무현 대통령의 경우 그의 발화가 통치자로서 적합하지 않은 사회적 계급의 표지임을 보이는 방향으로 담론이 구성되었다면, (12)에서는 박근혜 대통령의 발화를 정신 병리의 문제를 가진 '환자'의 표지로 설명하고 있다. 박근혜 대통령을 정상적인 언어를 갖지 못한 존재로 묘사한다는 것은, 박대통령이 언어를 통한 '사고 능력'이 떨어지며, 사회와 '언어를 통한 교류'를 할 수 없는 존재((12)의 ⑦)임을 부각시키는 것이다.

(12)에서 살펴볼 수 있는 이러한 해석은 '국어'(national language)에 대한 개념이 형성되는 18세기 유럽에서 등장한 계몽 언어학의 기획과 유사하다는 점에서 흥미롭다. 계몽의 언어학에서는 언어에 의한 교류만이 인간에게 있어서 '내적 세계=사고'와 '외적 세계=사회'를 연결하는 유일한 계기라고 여기고 그 반대항에 언어가 결여된 존재인 '야생아'와 '농아자'를 타자로 설정하는데(가스야 게이스케 2016:155-157 참조), (12)에서도 계몽의 언어학과 마찬가지로 박근혜라는 인물을 정상적인 언어를 가지지 못한 존재로 타자화하고 있다.

(12)에서는 또 박근혜 대통령을 '공주'로 지칭하거나, 편견을 배제한 용어 사용인 '정치적 올바름'(political correctness)이란 용어를 '언어 성형'이라고 부르면서, 언어적 결손을 '여성성'과 연계시키는 모습이 보인다. Jespersen(1922)이 여성어의 특징을 여성의 언어적·인지적 피상성에 기인한다고 해석한 이래 이러한 시각은 흔하게 볼 수 있으나(강현석 외 2014:170) (12)가 흥미로운 점은 박근혜 대통령의 발화를 단순하게 여성성과 연관시키는 것이 아니라, 이상적

---

13  이 인터뷰에서 촘스키의 '심층 구조'와 관련된 발언은 완전한 궤변이라고 할 수 있다. 촘스키가 말하는 생성 문법은 환경에 관계없이 인간이 생득적으로 타고나는 것이기 때문이다.

인 여성상('공주', '성형'을 안 한 여성)을 설정해 놓고, 박근혜 대통령을 그러한 여성상에서 벗어난 범주―발달이 멈춘 미성숙한 여성―로 분류하고 있다는 점이다.

이제 (12)에서 주장했듯이 박근혜 대통령의 발화에 나타나는 언어적 '결손' 이 (12)에서 '언어 발달 장애'를 주장하는 것만큼 심각한 '결손'인지 따져보자. 박근혜 대통령이 조리 없이 말을 하는 것은 맞지만, 그의 말을 바라보는 기준 이 구어가 아니라 문어라는 점은 눈여겨 볼 필요가 있다. 박근혜 대통령의 말을 문어의 관점에서 바라보고 있다는 것은 (10)에서 박근혜의 말을 '만연체' 로 설명하고, (11)에서 '문장이 독해가 되지 않는다'(②), '긴 문장을 말하면 비문이 된다(③, ⑤)'라고 표현하는 것에서 확인되는데, 이러한 문제점[14]들 대부분은 박근혜 대통령의 말을 글말 즉 '문어'의 기준으로 분석하면 나타날 수밖에 없는 것들이다. 구어는 문장 단위가 아닌 억양 단위로 발화가 이루어지며, 상호작용을 통해서 대화가 조직되기 때문에 맥락이 중요하다. 또한 생략이 빈번하게 일어난다. 문장 문법의 입장에서 구어는 무질서한 혼돈처럼 보이지만, 사실 구어는 체계적이고 질서정연한 규칙을 바탕으로 움직인다. 앞서 지적했듯이 대통령 발화의 문제점은 정교한 코드를 사용하지 못하기 때문에 나타나는 것이라고 할 수 있다. 즉 그의 발화는 문어 스타일로 말하는 훈련을 제대로 받지 못했기 때문에 생기는 것이지 인지적 장애 때문에 생기는 것이 아니다. 그러나 언론은 박근혜 대통령의 발화 중 번스타인이 '제한된 코드'라고 착각했던 구어성에 주목하고 이를 비정상의 근거로 삼고 있다.

그렇다면 왜 박근혜 대통령에 대한 담론이 문어 문법을 바탕으로 구축되고 있는가? 그리고 왜 구어의 특징이 비정상의 범주로 분류되는가? 그 이유는 박근혜 대통령 발화를 둘러싼 담론 구축 과정 역시 노무현 대통령의 경우와 마찬가지로 국어라는 체제의 헤게모니 장치가 개입하고 있기 때문이다. 국어

---

14  이는 이전의 언론에서 박근혜 대통령의 말을 '문어체 스타일'((6) ③), '다듬어진 문어체'((7) ③)로 규정했다는 점에서 아이러니하다.

는 언어 규범으로 구체화되는데, 가스야 게이스케에 의하면 국어라는 체제는 이러한 언어 규범이 '국민' 전체의 구어 영역에도 규범력을 행사할 수 있게 되어야 확립된다. 근대 국가에서 방언과 소수 언어를 향한 억압 정책이 탄생하는 것은, 언어 규범이 모든 구어의 영역을 포괄하려고 하는 권력 의지를 품고 있기 때문이다(가스야 게이스케 2016:189). 그런데 언어 규범은 문어를 바탕으로 하고 있다는 점에서 언어 규범이 구어의 영역을 포괄하게 한다는 것은 결국 문어의 규칙을 구어에 적용하려는 시도라고 볼 수 있다. 이렇게 언어 규범을 구어에 적용한다는 것은 국민의 일상에서도 언어 규범이 작동함을 인식시키는 것으로, 국어 체제의 헤게모니 회로 안에서 '국민'은 문어의 규범을 내면화하고, 자신의 실제 구어 발화가 그러한 규범을 따르고 있다고 착각하게 한다. 이를테면 한국인들은 대통령의 입을 통해서 우연히 자신들이 실제로 사용하고 있는 구어의 모습을 발견했지만, 국어라는 헤게모니 장치는 한국인들이 그 구어의 모습을 비정상으로 여기게 만들었던 것이다.

## 5. 결론

지금까지 이 연구에서는 대통령의 발화를 둘러싼 담론 구성 과정을 '통속어'라는 개념을 중심으로 살펴보았다. 본 연구에서 말하는 통속어란 단순히 어휘나 표현의 문제가 아니라 언어 표준 또는 표준어와의 긴장 관계 속에서 이해해야 하는 언어 양식이다. 긴장을 풀고 다른 사람들에게 자신의 감정과 생각을 전하려 할 때 우리는 '통속어'를 사용한다.

소통 가능성과 효율성을 중시하는 통속어는 '일상성', '통속성', '구어성'이라는 속성을 가지며, 이런 이유로 통속어는 실제 우리 생활 속에서 가장 많이 사용하는 언어 양식이기도 하다. 그러나 통속어는 표준어 또는 언어 표준에 비해 낮은 위세를 가졌기 때문에 일반 언중들은 자신들이 이러한 언어 양식을 사용한다는 사실을 인지하지 못한다. 이를테면 통속어는 '보이지만 보이지 않는' 은폐된 언어 양식이다. 본 연구에서는 이러한 은폐가 '국어'라는 헤게모니 장치의 작동에 의해 이루어진다고 보고, 대통령의 발화 속에 나타나는 통속어를 언론이 어떻게 담론으로 구성하는지를 분석하였다. 이때 '국어 체제'란 순수하고 균질한 언어로 구성되어 있다고 상상되는 것으로, 이러한 국어를 사용하는 국가의 국민은 모든 장면에서 동일한 언어를 말할 것을 기대하고 요구받는다. 한국의 경우 이러한 체제는 표준어의 확립으로 유지되는데 이는 곧 지역 방언 및 사회 방언을 비롯한 현실의 많은 변이형의 배제를 말하는 것이다.

이런 점에서 공식적인 상황에서의 통속어의 사용은 국어 체제를 위반하는 것이라고 할 수 있다. 특히 금기의 위반이 국가의 수장인 대통령의 발화를 통해 이루어지는 경우 이는 더욱 유표적이 되는데, 노무현 대통령과 박근혜 대통령의 사례는 언론이라는 국어 헤게모니 장치의 회로가 그러한 금기 위반에 대응하여 어떻게 작동하는지 잘 보여주고 있다.

분석 결과 노무현 대통령은 통속어의 속성 중 통속성을 많이 드러내는 발화의 양상을 보였다. 노무현 대통령의 사례에서 특기할만한 점은 언론이 말하기 내용이 아닌 말하기의 양식을 문제 삼았다는 점이다. 언론은 말하기의 양식을 통치 양식과 연결시킨 후, 말하기 양식의 부적절함을 강조하며 노무현 대통령의 통치에 문제가 있음을 암시하는 방향으로 담론을 구성해 나갔다. 또한 노무현 대통령의 통속어 사용을 그의 계급적 정체성과 연결시키며, 그가 통치 계급이 가져야 할 언어 자본을 가지지 못했음을, 즉 통치자로서의 자질 없음을 부각시키고 있었다.

노무현 대통령 발화가 '통속성'이란 측면에서 주목을 받았다면, 박근혜 대통령의 발화는 '구어성'으로 인해 주목을 받았다. 박근혜 대통령 발화에 나타난 구어성은 언론에 의해서 언어적, 인지적 결손(deficit)의 표지로 가공된다. 이러한 담론 구성 과정을 통해 박근혜 대통령은 정상적인 언어를 가지지 못한 미성숙한 여성으로 타자화되었다. 결국 박근혜 대통령의 발화에서 드러나는 구어성은 그가 대통령의 자질을 갖추지 못한 인물임을 보여주는 증거가 된다. 이처럼 구어를 비정상의 범주로 분류하는 이유는 국어 체제가 문어를 바탕으로 하는 언어 규범 위에 서 있으며, 이 언어 규범은 모든 구어의 영역을 포괄하려는 권력 의지를 가지고 있기 때문이다.

두 대통령의 발화를 통해 한국인들은 자신들이 실제로 사용하고 있는 통속어의 모습을 발견하게 되었다. 그러나 국민 대표 기관이라고 할 수 있는 대통령의 통속어 사용은 균질한 언어로 상상되는 국어 체제에 균열을 내는 행위이며, 이는 언론의 담론 구성에 의해 금기의 위반으로 규정되었다. 이렇게 두 대통령의 발화를 둘러싼 언론의 담론 구성 양상은 언론이 국어라는 헤게모니 장치의 일부임을 증명하고 있다.

가스야 게이스케(2016), 『언어・헤게모니・권력―언어사상사적 접근』, 고영진・형진의 역, 소명출판.

강현석・강희숙・박경래・박용한・백경숙・서경희・양명희・이정복・조태린・허재영 (2014), 『사회언어학: 언어와 사회, 그리고 문화』, 글로벌콘텐츠.

강호신(2014), 「부르디외의 사회학적 언어이론의 이해」, 『프랑스문화연구』 28집, 한국프랑스문화학회, 127-164.

김하수(2014), 『문제로서의 언어 3』, 커뮤니케이션북스

김하수(2016), 「진짜 한국어, 다시보기」, 『'국어'의 사상과 실제 국제 심포지엄』, 연세대학교 언어정보연구원, 19-32.

노먼 페어클럽(Norman Fairclough)(2012), 『언어와 권력』, 김지홍 역, 도서출판 경진.

백승주(2016), 「한국어교육에서의 실제성 연구를 위한 구어의 특징 연구」, 『외국어로서의 한국어교육』 44, 연세대학교 언어연구교육원 한국어 학당, 154-190.

스티븐 핑커(Steven Pinker)(1998), 『언어본능 1』, 김한영・문미선・신효식 역, 그린비.

안의정・김현강・손희연, 「사전 기술을 위한 통속어의 개념과 유형」, 『한국사전학』 21, 한국사전학회, 177-209.

이연숙(2006), 『국어라는 사상: 근대 일본의 언어 의식』, 고영진・임경화 역, 소명출판.

이익섭(2000), 『사회언어학』, 민음사.

한국사회언어학회(2012), 『사회언어학 사전』, 소통.

Bernstein, B., *Class, Codes and Control, Vol I: Theoretical Studies towards a Sociology of Language*. London: Routledge and Kegan Paul.

Ferguson, C.(1959), "Diglossia", *Words 15*, 325-340.

Jespersen, O.(1922), *Language: Its Nature, Development and Origins*. London: Allen and Unwin.

보도 자료

세계일보 2003년 6월 4일, <세계타워―대통령의 말>

국민일보 2004년 2월 8일, <[Mr.president] 말실수 줄이려 노력하는 盧대통령>

한국일보 2004년 4월 7일, <이 생각 저 생각-공무원・정치인 어느 때보다 말조심을>

동아닷컴 2006년 9월 26일, <[황호택 칼럼] 속옷 벗은 言語>

오마이뉴스 2007년 2월 28일, <"노무현 로또 당첨될까?" … 임기 4년째, 바닥과 대박 사이
   -오마이뉴스> 시민기자 10인의 대통령 회견 뒷담화>

연합뉴스TV, 2012년 11월 20일 <[대선상황실] 그들에겐 특별한 화법이 있다>

매일 경제 2013년 1월 28일, <박근혜 당선인, 절제 화법서 비유 발언 변신>

SBS 8시 뉴스 2013년 2월 2일, <내가 가봤더니…박 당선인의 달라진 화법>

한겨레 2013년 10월 6일, <[염무웅 칼럼]-참 나쁜, 더 나쁜, 가장 나쁜>

경향신문 2016년 12월 1일, <[김경집의 고장난 저울] 그림자놀이는 끝났다>

프레시안 2016년 12월 22일, <'근혜체', 무지가 과시욕을 만나다-인터뷰 '박근혜의 말'
   저자 최종희>

조선일보 2017년 1월 3일, <'박근혜 화법' 전문가, 박대통령 말 분석…"확, 그냥, 뭐 이렇
   게" 드라마서 배운 저급 단어 사용>

# 매체의 훈육 이데올로기 재현에 대한 비평적 담화 분석*

## —강백호 선수의 보도 사례를 중심으로

이정애

## 1. 서론

본 연구는 2020 도쿄올림픽 야구 경기에서 한 유명 선수의 껌 씹는 모습을 보도한 매체 텍스트를 분석함으로써 단순히 한 운동선수의 경기 중 이루어진 사적 행위인 껌 씹기가 매체 보도를 통해 공적 담화로 확대 재생산되면서 어떻게 사회와 문화의 중요한 변화들을 촉발하였는지를 매체 담화의 비평적 분석에 근거하여 논의하고자 한다.

본 연구의 관심이 된 사건의 줄거리를 간략히 설명하자면, 지난 8월 7일 올림픽 야구 경기 도중 우리나라는 도미니카 공화국과의 경기가 지고 있는 상황에서 매체에 의해 한 유명 선수의 껌 씹는 모습이 중계되었고 이는 껌 씹기의 논란으로 이어져 언론의 뭇매를 맞았으며, 결국 이 선수는 한참이 지난 8월 15일 국내 경기에서 수훈을 세운 후 마련된 인터뷰를 통해 자신의 행위를 사과함으로써 이 사건은 일단락되었다. 일반적으로 경기 중에 선수들이 긴장감 해소 등을 이유로 껌을 씹는 행위는 크게 문제될 일이 없는데도

---

* 이 논문은 『배달말』 69집(배달말학회, 2021)에 발표된 것을 수정·보완한 것임.

불구하고, 어떻게 매체에서 한 선수를 특정하여 '담화에 의한 과잉 공격' (Fairclough 1995)이 일어났는가가 본 논문의 관심이다. 무엇보다도 이 사건을 보도한 매체의 담화 관행을 언어를 사용하는 담화 질서의 관점에서 봤을 때, 지배 집단이 담화 질서 내부와 담화 질서 사이에서의 특정한 구조화를 주장하고 유지하기 위해 투쟁함으로써 잠재적인 문화적 지배권의 영역을 보인 것으로 볼 수 있다(Fairclough 1995, 이원표 역 2004:80-81). 본 연구는 한 운동선수의 '껌 씹는 모습'에 대해 어떻게 다양한 매체 담화들이 함께 결합하여 언어적인 총공격을 퍼부었는가를 그와 관련한 기사들을 분석함으로써, 매체가 우리 사회의 지배 계급이나 단체에 의한 문화적 지배권을 지속적으로 행사하고 있음을 살펴볼 것이다.

매체 텍스트는 사회, 문화적인 변화를 보여주는 민감한 자료이며, 변화를 연구하기 위한 가치 있는 자료이다(Fairclough 1995, 이원표 역 2004:76). 여전히 우리 사회를 지배하는 이데올로기적 담론과 그 양상이 어떻게 신문(언론 매체)에서 구현되는가는 대중매체 생산물의 성격을 살펴보아야 하며, 언어 분석은 물론 사회적 · 문화적 연구와 분석을 겸해야 한다. 이는 대중매체 언어를 담화 (discourse)로서 분석할 필요가 있으며, 담화 분석은 텍스트뿐만 아니라 담화 관행(discourse practices) 및 사회 · 문화적 관행(sociocultural practices)과도 관계되어 분석되어야 한다는 Fairclough(1995, 2001, 2016)의 비판적 담화 이론과 맞닿아 있다. 담화 관행이란 대중매체 텍스트가 사회적으로 배포되는 방법뿐만 아니라, 텍스트가 대중매체 기관에서 일하는 사람들에 의해 생성되는 방법과, 텍스트가 청자들(독자, 청취자, 시청자)에 의해 받아들여지는 방법을 의미한다. 그리고 담화 관행이라는 맥락의 부분들을 구성하는 다양한 단계들의 사회 · 문화적 관행들이 있다(Fairclough 1995, 이원표 역 2004:25).

본 연구는 경기 중 한 야구 선수의 껌 씹는 모습이 매체 텍스트 안에서 내포되면서 그 텍스트가 담화 관행 그리고 사회 · 문화적 관행 사이의 체계적 연결 관계를 보여주는 것을 밝히면서, 이러한 분석의 기저에는 다분히 사회문화적 이해를 통하여 제시되어야 함을 전제로 한다. 즉 본 연구에서 기술되는 매체의 언어학적 특성들은 한국어만의 특정 언어적인 것이며, 담화적 실제의 생산 및 해석 과정과 텍스트의 관계들이 해석되고, 담화 과정과 사회적 과정 간의 관계가 설명되는 방식도 이러한 관점에서 전망될 수 있다고 보기 때문이다. 그래야만 언어 사용과 힘의 행사 사이에 존재하는 관계에서, 당연시되는 강력한 가정들(assumptions)이 설명될 수 있다고 생각한다. 물론 Fairclough는 이러한 가정에서 형성된 관행들은 정상적인 경우 관련된 사람들에게는 인식되지 않으며, 이념적 가정과 관행의 밑바탕이 되는 힘 관계가 좀처럼 쉽게 보이지 않음으로써 이런 힘 관계를 지속하는 데 도움이 된다고 하였다. 그런 점에서 Fairclough의 사회·문화적 분석은 특정한 담화 유형의 출현과 지속에 밑바탕이 되는 힘의 관계, 관련되는 이념적 결과, 담화 유형이 투사하는 문화적 가치 등을 다룰 수 있다.

따라서 본 연구의 비평적 담화 분석의 주제는 1) 어떻게 특정 선수의 껌 씹는 모습이 보도를 통해 '질책'의 대상으로 선택되고 왜곡되었는가, 2) 이를 보도한 매체 텍스트들은 어떤 방식으로 담화 표현을 구성하였는가, 3) 보도 과정에서 우리 사회를 지배하고 있는 '사람됨'이라는 '훈육' 이데올로기는 어떠한 원리에 의해 작동되고 재현되었는가를 분석하고자 한다. 우리 사회에서 훈육은 기존 세력이 사회화 과정에 어긋나는 잘못된 행동을 고치고 길들이는 과정으로 매우 다양한 형태로 실현되는 삶의 양태이다. 이 훈육은 언어적 질책(linguistic reprimand)과 회초리와 같은 신체적 체벌(corporal punishment)로 이루어지며, 이러한 지속적 과정을 통해 개인의 버릇고치기는 물론 집단의 길들이기(taming)가 행해진다. 이러한 길들이기 과정은 우리 사회가 오랫동안 견지해 온 '사람만들기' 또는 '사람됨'이라는 이데올로기를 공고하게 되며 부각시키게 된다. 본 연구는 특정 선수의 껌 씹는 행위의 보도를 통해 우리 사회를 지배하는 이데올로기가 훈육의 작동 원리에 의해 재현되었음을 밝히고자 한다.

## 2. 자료 수집 현황

본 연구는 빅카인즈(bigkinds)와 다음 포털(daum.com)에서 '강백호 선수'와 '껌'을 키워드로 하여 교차 검색한 총 163편을 분석 대상으로 하였다(인터넷 전용 매체, (비)주류 언론사의 신문, 방송기사를 모두 포함함). 이 두 개의 키워드를 동시에 검색했을 때 수집된 기사는 8월 7일을 시작으로 하여 더 이상 올림픽과 관련한 강선수의 기사를 찾을 수 없었던 8월 25일에 이르기까지 한정한다.[1]

수집한 기사들에 대해 양적 내용 분석은 기사 횟수, 그리고 스트레이트 또는 해설기사 등을 포함하였으며, 양적인 측정을 통해 보도의 경향을 추론할 수 있는 기사의 형식적 요소들을 대상으로 하였다.

해당 신문 기사는 제목을 통해 기사의 주제를 확인할 수 있는 방법으로 수집하였는데, 제목은 텍스트를 구성하는 기사 내용에 있어서 가장 핵심적인 요소로서 주제를 함축하고 있다. 신문 기사는 제목을 통해 특정 프레임을 선명하게 드러내어 수용자에게 전달되는 내용을 인지적 측면에서 통제하는 기능을 수행하기 때문에(임순미 2012, 김지혜 2018:47에서 재인용 Van Dijk 2014, 허선익 뒤침 2020 참조), 기사 제목을 중심으로 신문사의 보도 경향을 제일 먼저 확인할 수 있다. 본 연구는 8월 7일부터 8월 25일까지 기사 제목을 중심으로 신문사의 보도 경향을 양적 내용분석을 통해 다음과 같이 확인하였다.

하나는, 야구 경기의 실패 및 그 패인을 분석한 보도로서, 우리나라가 도미니카 공화국에 6 대 10으로 역전패한 내용을 다룬 기사이다. 7일 보도된 강선수와 관련한 기사는 총 48편이었으며, 이 중에서 33편은 도미니카 공화국 과의 경기에 패배한 경기 내용을 다룬 것으로, 강선수에 대한 부정적 기사 내용은 싣지 않았다. 가령, 경기 후 김경문 감독과 선수의 기자 회견에서 기대에 부응하지 못한 결과에 대한 소감(김경문 감독 "국민 기대 부응 못해 죄송…강해질

---

1　총 163편의 기사는 8월 7일(48편), 8일(28편), 9일(18편), 10일(16편), 11일(1편), 12일(2편), 13일(11편), 15일(9편), 16일(18편), 17일(7편), 19일(2편), 20일(1편), 23일(1편), 25일(1편)이다.

준비하겠다", 8.7 한국경제)과 실망한 팬들의 반응(야구, 결국 노메달로… "군대 가자"
차가운 반응, 8.7 YTN뉴스) 등의 내용이 통상적으로 보도되었다.

한편으로, 특정 선수의 껌 씹는 모습을 다룬 것으로 7일 대략 오후 5시 이후
작성된 15편의 기사이다. 7일 한국 팀은 5회 말 6대 5로 역전에 성공했지만
8회 초 6대 10으로 역전을 허용하면서 중계화면에 벤치에 있는 선수들이 잠깐
잡혔는데, 이때 강선수가 더그아웃에 몸을 기댄 채 껌 씹는 장면이 포착되었
고 이를 본 해설위원이 "강백호의 모습이 잠깐 보였는데요. 안 됩니다. 비록
질지언정 우리가 보여줘서 안 되는 모습을 보여주면 안 됩니다. 계속해서 미
친 듯이 파이팅해야 합니다. 끝까지 가야 합니다."라고 언급한 내용에 매체가
주목하면서부터이다. 이후 언론은 이 선수의 껌 씹는 모습을 집중적으로 다루
었고 소위 '껌 논란'이 시작되었다. 본 연구는 껌 논란의 시작과 종식이 되는
시점의 자료를 대상으로 한다.


## 3. 자료 분석 방법

본 연구의 비판적 담화 분석(Critical Discourse Analysis)은 우리의 전반적인 사회
적 관행과 우리가 특정한 언어를 사용하는 것이 우리의 정상적인 상황에서는
전혀 의식하지 못할 수도 있는 인과관계로 묶여 있다는 것을 인식 하는 일
(Bourdieu 1977; Fairclough 1995, 이원표 역 2004:56 재인용)이며 '담화'라는 언어 사용
을 사회적 관행의 한 형태로서 분석하는 일이다. 사실 언어 사용을 사회적
관행으로 보는 것은 일찍이 언어 철학과 화용론에서 언어 사용이 행위의 한
방식이라는 것으로 인식한 것과 같으며(Austin 1962, Levinson 1983), 동시에 언어
가 사회의 다른 단면들과의 변증법적 관계 속에서, 사회적·역사적으로 위치
해 있는 행위의 방식이라는 것도 암시한다(Fairclough 1995, 이원표 역 2004:79).
Fairclough는 이 변증법적 관계를 언어가 사회적으로 구성되지만 또한 사회적

으로 구성한다는 것, 또는 사회적으로 구성 요소가 된다는 것이며, 따라서 비평적 담화 분석은 언어 사용의 이 두 가지면, 즉 사회적으로 구성되는 것과 사회적으로 구성 요소가 되는 것과의 사이의 긴장 관계를 연구하는 일로 간주하였다(Fairclough 1995, 이원표 역 2004:79).

본 연구는 Fairclough의 이론적 틀을 바탕으로 하여, 뉴스 담화를 다양하고 복잡한 목소리들을 갖는 말과 글의 표현들이 함께 조립하여 질서와 해석을 부과하는 복합망(a complex web of voices)으로서 분석하고자 한다. 이러한 분석은 텍스트적 분석, 담화 관행의 분석, 사회·문화적 분석 외에도 상호텍스트적 분석을 포함하는데, 상호텍스트성이란 모든 텍스트는 인용의 모자이크로 구성되어 있어서 다른 많은 텍스트의 변형으로 본다(서덕희 2003:62, 김병홍 2012:18 재인용). Fairclough는 텍스트와 언어 그리고 사회와 문화 사이의 간격을 좁히기 위해 상호텍스트의 틀에서 텍스트와 담화 관행 사이의 경계선에 초점을 맞추면서 텍스트를 담화 관행 사이의 관점에서 바라보고, 텍스트에 있는 담화 관행의 흔적을 밝히고자 하였다(Fairclough 1995, 이원표 역 2004:155).

이에 따라 뉴스와 같은 매체 생산물은 결국 많은 사람들에 의한 담화 표현들이 다양한 방식으로 표현된 목소리들의 복합망으로 간주하며, 비평적 담화 분석은 이것을 만들어낸 방식을 분석하게 된다. Fairclough의 이런 방식의 접근은 대중매체의 언어적 분석으로 가능하며, 원래 내용이 다른 목소리들을 인용하고 있는 텍스트 속에서 재맥락화되는 것을 살펴봄으로써 생산자의 이념이 드러나게 된다.

가령, 신문 기사를 담화로서 분석할 때 이 담화 분석은 텍스트뿐만 아니라 담화 관행과의 관계가 있으며 사회·문화적 관행과 관계가 있다. 담화 관행이란 뉴스라는 텍스트가 사회적으로 배포되는 방법뿐만 아니라, 텍스트가 청자들에 의해 받아들여지는 방법을 의미한다. 텍스트 생산 및 소비과정의 다양한 측면들을 포함하는 담화 관행은 매체 텍스트가 생산과 소비과정에서 거치게 되는 변형을 논의하며, 이 때 사람들이 어떻게 특정한 발화문의 해석에

도달하게 되는가에 대한 심리학적이고도 인지적인 관심사를 의미하는 해석과 정(interpretive processes)을 포함한다. 이러한 해석과정에는 매우 특정한 문화적 배경을 배제할 수 없는데 본 연구는 민속화용론적 관점(ethnopragmatic perspective)에서 중시하는 내부자 관점(insider's or emic view)의 문화 설명적 방법을 이에 적용하려고 한다(Wierzbicka 2003[1991], 2003; Yoon 2011; Lee 2021).

본 연구가 적용하려는 문화 특정적인(culture-specific) 관점이란 주제를 다루는 문제로 접근된다. 먼저, 특정 선수의 껌 씹는 모습이 매체에서 선택되고 부각된 것은 우리 사회에서 형성된 '껌'의 사회·문화적 기능과 그에 의해 생성된 이미지가 왜곡되어 작용한 것으로 간주되며, 매체 텍스트의 담화 표현을 뉴스의 상호 텍스트적 관점에서 분석할 때, 한국어만의 담화 표현 방식으로 이루어지며, 보도를 통해 '사람됨'이라는 훈육 이데올로기가 작동되고 재현될 수 있는 것도 우리 사회만의 매우 특정적인 문화 가치를 기반으로 설명된다는 점에서 확인된다.

이에 신문은 사회의 공식적 대변자로서 다양한 관점과 가치를 포함하고 있으나 한편으로 다양한 가치에 대해 다른 태도를 보임으로써 결과적으로 사회의 지배적이고 선호되는 가치를 재생산하게 되는 것을 재차 확인할 수 있을 것이다(김해연 2017; 김지혜 2018).

## 4. 실제 분석

### 4.1. 질책 대상의 선택과 왜곡

#### 4.1.1. 질책의 정당화

사건이 언론에 의해 인지되고 뉴스의 메시지로 만들어지는 과정에서 선택과 왜곡이 발생하며, 뉴스가 개인에게 인지되는 과정에서도 선택과 왜곡이 발생하는 것은 널리 알려져 있다(김병홍 2012; 김해연 2017).

먼저, 올림픽 야구 경기에서 보여줬던 특정 선수의 껌 씹는 모습의 보도는 매체가 이를 어떻게 뉴스로 선택하고 부각하였는가를 잘 보여주고 있다. 무엇보다 매체는 껌 씹는 모습을 질타 대상으로 선택하고 그 과정에서 왜곡된 이미지를 부각했다는 점이다. 이 과정에서 매체는 스포츠 정신의 위배라는 명분을 내세웠으며, 우리 사회에서 만들어진 '껌' 이미지를 활용하여 질책을 정당화하였다.

우리 사회에서 '껌'이란 단순히 기호식품이기에 앞서 많은 내포적 의미를 지닌 문화적 기호로서, 크게 세 가지의 시대적 단면을 보여주며 변화해왔다. 첫째, 6.25 이후 미군 문화와 함께 이 땅에 도입된 껌은 초콜릿과 함께 힘들고 가난한 당시 상황에서 새로운 미각의 세계를 보여준 신세계 문물이었다. 둘째, 껌은 60년대 근대화의 격동기에서는 고단한 삶을 견디게 해준 기호 식품 또는 심심한 입안을 달래주는 군입정부리로 자리매김하였다. 이 때 영화나 드라마에서 묘사된 껌 씹는 모습은 여성의 천박함을 이미지화하는데 기여한 차별적 기호로 사용된다. 셋째, 오늘날에 이르러 껌은 과거 일탈된 시절을 소환하는 매개체로서, 가령 '노는 아이들'(또는 '노는 언니들')의 과거를 회상하게 해주는 향수의 매개체로서, '거들먹거림'이나 '건방짐' 등을 표현 하는 비언어적 장치로 작용한다.[2]

이처럼 우리 사회의 껌에 대한 이미지는 부정적인 것이었고 이 부정적 이미지로 인해 '스포츠 정신의 위배'라는 명분에서 껌 씹는 행위는 정당히 지적

---

2  우리 사회에서 '껌 씹는 행위'는 '껌'의 사회·문화적 기능과 형성된 이미지에 의한 행위 반사체인데, 이를 시대별로 대략 다음과 같이 정리해 볼 수 있다. 매우 흥미롭기는 하지만 본 연구는 이에 대한 본격적 연구는 아니다.

|  | 해방 군정 | 60년대 근대화 | 오늘날 |
|---|---|---|---|
| 사회·문화적 기능 | 구호물자, 또는 신세계의 문물 | 기호식품, 또는 군입정부리 | '노는 아이들'의 향수의 매개체 |
| 이미지 | 부끄러움, 가난함 | 점잖지 못함, 천박함 | 거들먹거림, 건방짐 |

되며, 마땅히 시정되어야 할 '잘못된 행동'임을 쉽게 드러낼 수 있었다. 그러나 매체는 이 껌 씹는 행동을 잘못으로 지적하고 시정을 요구하는 질책의 화행을 대부분 원 발화를 그대로 옮기는 경우보다는 변형을 거쳐 다른 표현으로 대체하였다(김용진 2004; 김정남 2005; 김병건 2016; 김해연 2017). 실제 해당 선수는 마운드에서 뛰고 있지 않았으며, 더그아웃에서 경기를 지켜보고 있는 중이었는데도 껌 씹는 모습은 '보여주면 안 될 모습'(8.7 한경스포츠), '저런 모습 안 돼'(8.7 서울신문), '박찬호(를) 화나게 한 모습'(8.7 중앙일보) 등으로 대체되었다.

변형된 기사들은 왜곡된 껌 이미지와 강요된 스포츠 정신을 더욱 재생산하며 확산되었다. 가령 (1)의 예는 '스포츠 정신의 위배'(10편)를, (2)의 예는 '스포츠 정신의 분발'(3편)을, (3)의 예는 '헝그리 정신의 부재'(6편) 등을 보여준다.

(1) · "보여주면 안 될 모습"… 껌 질경이는 강백호에 일침 날린 박찬호(8.7 한경 스포츠)
　　· "강백호 저러면 안 됩니다" 중계하던 박찬호 화나게 한 모습(8.7 중앙일보)
　　· "그런 모습 안 됩니다."…박찬호가 일침한 강백호의 행동(8.7 머니투데이)
(2) · 껌 씹는 강백호에 "미친 듯 파이팅해야" 박찬호 일침(8.7 서울경제)
　　· 껌 씹는 강백호에게서 패배봤나, "파이팅해라" 박찬호 쓴소리(8.7 매일신문)
　　· "군메달 축하…수영해 독도 찍고 와라" 노메달 때린 야구팬(8.7 중앙일보)
(3) · 김응용 "한국야구 정신 차려야…애들도 안 그래" 쓴소리(8.9 국민일보)
　　· 김응용 "韓 야구 정신차려야…배에 기름 찬 상태에서 뛰었다"(8.9 중앙일보)

· "배에 기름찬 채 뛴 올림픽…어린이들도 그렇게 안 해" 김응용의 쓴소
리(8.9 MK뉴스)

### 4.1.2. 모욕주기

모욕주기는 훈육의 과정에서 주로 자존심을 건드는 일에 해당하며, 일종의
'남의 시선 의식하기'에서 일어난다.[3] 일본은 역사적 또는 정치적으로 한국인
이 주관적 성향을 강하게 갖는 국가이다. 우리 선수가 이웃나라인 일본 언론
에 어떻게 비쳐지고 보도되었는가를 우리 매체에서 일본의 보도 내용을 인용
함으로써 개인뿐만 아니라 국가 전체의 자존심을 자극하려는 의도가 있었다
면 매체는 모욕주기를 실행한 것으로 볼 수 있다.

우리나라 매체는 껌 씹는 선수의 사진과 기사를 보도한 일본 언론의 기사를
인용하면서 질책의 대상을 부각하고 있다. 가령 일본 매체의 태도를 '비아냥'
으로 표현하였고(5회 언급), '벤치에 앉아 껌 씹으며'(8.8 아주경제), '껌이 입가에
대롱대롱'으로 표현하였고(8.8 조선일보), '충격 받았거나 집중력 부족'(MK)의
표현을 그대로 인용부호 안에 넣었다.

특히 '부끄러움은 국민 몫'(8.8 한국경제)의 인용 제목도 우리 매체에서 독자
들을 자극하기에 충분하며, 모욕주기로 의도된 제목 선정이라고 할 수 있다.
8월 8일 보도된 총 28개의 기사 중에서 일본 언론을 인용한 기사는 6편이다.

(4) · 강백호 태도에 日 언론 "벤치에 앉아 껌 씹으며…"(8.8 아주경제)
· 올림픽 경기중 껌 질겅질겅…일본 언론 비아냥(8.8 연합뉴스)
· 日 언론도 '강백호 껌' 비아냥… 부끄러움은 국민 몫(8.8 한국경제)
· "껌이 입가에 대롱대롱, 본인만 몰라" 강백호 비아냥댄 日 언론(8.8 조

---

3  Yoon(2011)은 '보는 눈'(other people's eyes)이라는 표현을 통해 한국 문화에서 다른 사람의 시
선을 강하게 의식하고 이를 중요시 여기는 것이 문화적 가치로 자리하고 있음을 민속화용론
적 관점을 적용하여 기술하고 있다.

선일보)

· "충격 받았거나 집중력 부족"… 日 언론 강백호 껌 비아냥(8.8 MK뉴스)

## 4.2. 매체 텍스트의 담화 표현

앞서 언급한 대로, 대중매체는 담화 표현들을 조합하는 과정에서 다양한 목소리의 복합망을 구성하고 있다. 본 장은 '직시의 투사', '주관적 묘사와 사진의 의미', '충고 프레임 부여하기' 등을 통해 이러한 복합망을 분석하고 자한다.

### 4.2.1. 직시의 투사

뉴스는 많은 사람들에 의한 담화 표현들이 조합된 결과물로서, 이를 '목소리'의 관점에서 표현한다면, 목소리들의 복합망이 만들어낸 결과물이다(Fairclough 1995, 이원표 역 2004:118). 목소리들은, 여기에서 신문의 경우, 직접 인용과 같이 인용부호에 의해 직접 표시되며, 동사의 시제나 대명사의 인칭, this, that 와 같은 '직시어(deictic words)'를 바꾸지 않음으로써 원래의 표현(목소리)이 보존되는 직접 화법이어야 한다. 그러나 많은 경우 간접 화법이 사용되며, 이로 인해 표현되는 매체 담화는 그대로 인용되어 전달되기 보다는, 요약되어 담화에 간접적으로 통합되고 있다. 이때 간접 화법은 실제 로 사용된 단어들을 단순히 그대로 옮겨 놓을 수도 있지만, 보도하는 사람의 목소리와 좀 더 쉽게 어울릴 수 있는 담화로 변형되거나 해석될 수 있다(Fairclough 1995, 이원표 역 2004:121-122).

이번 껌 사건의 제목(또는 기사)에서 사용된 직시어들도 큰 따옴표 안에서 '그'와 '저'의 유형을 자유롭게 사용함으로써 원래의 표현(목소리)을 변환하였다. 일반적으로 직시 표현은 직시 중심(deictic center)에 화자가 자리하고 있으면서 지시대상을 직접 가리키면서 화자 자신과 가까운 지칭은 '이'를 사용 하고,

화자와 물리적 또는 심리적으로 멀게 느껴지는 대상에게는 '그'와 '저'를 사용한다. 그러나 여기에서 매체의 직시 표현들은 취재원(박찬호 해설위원)의 원 목소리를 직접 인용으로 표시하면서도, 지시의 대상에 대해 매체가 직시의 투사를 실행하여 목소리의 경계를 모호하게 하였다. 즉 실제로는 직시의 중심이 화자(박찬호 해설위원)에 두고 지시대상(강백호 선수)을 가리키고 있었음에도, 매체는 직시의 중심을 박찬호 해설위원 쪽으로 이동하여 마치 박찬호 쪽에 매체가 위치한 것처럼 직시의 중심을 이동하여 가리킴으로 써 직시의 투사를 일으킨 것이다(윤평현 2020:376-377).

(5) · 껌 씹으며 멍…강백호 표정에 박찬호 "저런 모습 안 돼" 쓴소리(8.7 서울신문)

· '질겅질겅' 껌 씹는 강백호에…박찬호 "그런 모습 안 돼" 일침(8.7 조선일보)

· 강백호 껌 씹는 장면에…박찬호 "저런 모습 안돼" 쓴소리(8.7 부산일보)

· 껌 씹는 강백호에 박찬호 "그런 모습 안돼" 일침(8.7 국민일보)

기사의 제목에서 발생한 직시의 투사는, 화자(매체)가 스스로 위치한 곳에서 취재원(박찬호) 쪽으로 이동하여 그곳에 화자 자신(매체)이 위치한 것처럼 '그'와 '저'의 직시적 표현을 사용한 것에서 나타난다(직시어 '그'와 '저'는 둘 다 6회가 사용됨). 이 때 '그'와 '저'의 직시어로 표현된 제목들은 '이'보다 거리감이 느껴지는 직시어가 사용되어 껌 씹는 모습이 매우 바람직하지 않음을 부각하고 있다.[4]

_____

4  한편으로 한국일보는 유일하게 직시 표현 '이'를 제목으로 사용하였는데, 이 신문은 직시어 '이'를 사용함으로써 기자가 취재원(박찬호)으로 직시적 투사하여 대상(강백호)을 비교적 가깝게 여기고 있음을 나타낸다(패색 짙은 야구, 껌 씹은 강백호 박찬호 "이러면 안 됩니다", 8.8). 다음의 제목을 살펴보면 이 매체가 타 매체와 달리 이 사건을 객관적으로 보도하고 있음을 알 수 있다.

#### 4.2.2. 주관적 묘사와 사진의 의미

한편 매체는 껌 씹는 모습을 주관적이고 감정적 표현으로 묘사하였는데, '질겅질겅', '대롱대롱' 또는 '멍'이라는 부사어들을 적극적으로 사용하거나, '넋 놓고'(8.8 OSEN), '멍 때린'(8.8 세계일보) 등으로 표현하였다. 이러한 제목들은 기자(또는 매체)의 생각이나 의견을 드러내는 목소리내기(voicing)로서, 원문(취재원의 모습)을 인용할 때 기자의 생각을 덧입히면서 생산자인 매체의 이념을 보여준다(Fairclough 1995, 이원표 역 2004:119).

자연스럽게 목소리내기는 원문의 '의도적 혹은 의도하지 않은' 왜곡들을 일으키며 재맥락화하는 과정에서 독자들에게 '의도된' 함축적 의미를 전달하게 되고 그럼으로써 '질책적 효과'는 더욱 강화된다.


(6) · 넋 놓고 껌 씹은 강백호(8.8 OSEN)

· 올림픽 경기 중 껌 질겅질겅(8.8 연합뉴스)

· "껌이 입가에 대롱대롱, 본인만 몰라"(8.8 조선일보)

· 껌 질겅거리며 멍 때린 강백호에…(8.8 세계일보)

· 메달 날아갔는데 껌 '질겅질겅'… 강백호 태도에 '보기싫다'(8.8 쿠키뉴스)

· 지고도 껌 질겅질겅…실력도 정신력도 부족했다…(8.8 매일 경제)


또한 신문 및 텔레비전의 경우, 사진의 이미지, 지면 배열, 지면의 전체적인 시각적 구성에 대한 분석과 영상 및 음향 효과 분석 등을 포함한다. 기호적인 (multisemiotic) 방식들이 언어와 상호작용을 하면서 의미를 만드는 데 기여하게 된다(Fairclough 1995, 이원표 역 2004:84).

---

· 야구대표팀 '노메달'…도미니카공에 6-10 패배(8.7)
· 김경문감독 "야구 대표팀 강해질 계기로 삼아야"(8.7)
· 김인식 "운동장 밖에서도 상식선 활동을" 한국야구에 쓴소리(8.8)

　　본 연구가 수집한 163편의 기사들은 해당 선수의 껌 씹는 모습을 담은 사진을 62회 게재하였다. 특히 상반신을 중심으로 얼굴이 크게 클로즈업된 사진은 크기가 동일하고 화면 배치가 단순하게 편집되었다. 이는 매우 짧은 순간을 화면에 담은 것인데, 인터넷 매체의 신문들이 껌 씹는 모습을 거의 동일하게 반복하여 보여줌으로써 껌 씹는 동작의 지속성을 오히려 효과적으로 구성하였다.

　　특정 선수의 껌 씹는 사진은 언어 이외에도 시각적으로 사진이 만들어내는 의미들과 그 의미들이 다시 언어와 어우러져 매체들이 만들어내는 의미 들을 더욱 강화하는 데 사용된 것이다.

### 4.2.3. 충고 프레임 부여하기

　　강선수의 질책 보도에서 박찬호 해설위원의 말이 매체 텍스트 안에 내포될 때 가장 많이 사용된 단어가 '일침'과 '쓴소리'이다. 둘 다 비유적인 표현으로 '일침'은 '따끔한 충고'를 나타내며, '쓴소리'도 듣기에는 거북하고 기분이 나쁘지만, 실제로는 유익한 말의 뜻을 가진 '고언'의 우리말이다. 충고 화행을 나타내는 '일침'에 비해, '쓴소리'는 조언과 비판적 태도를 함께 나타내는 저널리즘 용어로 정착된 담화 형태의 하나이다(김용진 2007 참조).

　　매체의 두 용어는 박해설위원의 말을 인용하면서 '따끔한 충고'(일침) 또는 '듣기에는 거슬리지만 유익한 조언'(쓴소리)의 의미를 전달하게 된다. 사실 이 두 용어는 유독 '싫은 소리'를 꺼려하는 우리 문화권의 언어 사용과 관련 되는데,[5] 그 이유는 우리 사회는 '싫은 소리'와 같은 거슬리는 말을 상대에게 대놓

---

5　원래 동양권 문화에서는 자신의 의견에 불일치(disagreement)하는 경우, 이에 대한 불만과 반대 의사를 분명하게 전달하거나 또는 비판하는 것은 매우 조심스럽거나, 억제되어왔다(Vo 2016). 우리 문화에서는 화행에 따라 말의 형태를, 일종의 민속 용어(folk term)로, '좋은 소리'와 '싫은 소리'로 구분하였으며, 상대의 귀에 거슬리는 '듣기 싫은 소리'(또는 싫은 소리)를 남에게 하는 것을 경계해왔다. 다음의 예처럼 '싫은 소리'는 다양한 발화 상황의 화행을 나타낸다.

고 하기는 매우 어려운 일이지만, 실제로는 매우 이익이 되는 말이라는 뜻을 전하는 '쓴소리'가 '싫은 소리'를 상대에게 할 수 있는 유익한 발화장치 일 수 있기 때문이다. 우리 문화권에서 '일침'과 '쓴소리'가 충고성 비판의 성격을 갖는 것도 이러한 이유에서 설명되며, 매체의 담화들은 충고 프레임으로써 이 두 용어를 쉽게 사용한다.

매체들은 이번 사건의 보도에서 대부분 비판적 입장과 의도를 지녔음에도 불구하고 취재원의 말을 '일침'과 '쓴소리'로 인용한 것은 이러한 충고의 프레임을 설정하면서, 이 두 단어들이 보도자의 주관과 가치관을 우호적으로 담아 낼 수 있는 일정한 담화 장치로 사용될 수 있었기 때문이다(김용진 2007). 따라서, '쓴소리'의 경우, 매체(또는 기자)가 취재원에 대한 발언을 긍정적으로 판단한 것으로 '이 발언은 올바른 지적이며 당장은 귀에 거슬리게 들릴 수 있으나 궁극적으로는 도움이 될 말'이라는 뜻을 전달하게 된다(김용진 2007:4). '일침'도 역시 '화자는 충고의 행위가 청자에게 이익을 주리라는 어떤 믿음'을 성실 조건(sincerity condition)으로 취하게 된다.[6] 더 나아가, 이 기사를 작성한 기자는

---

- 저는 남한테 싫은 소리 못하는 성격입니다. 8살이나 차이나는 동생한테도 싫은 소리 잘 못합니다. 예를 들면, 어제 일인데, 동생이 엄마한테 '반찬 왜 이래.' 하는 데 제가 '야 엄마한테 말하는 게 그게 뭐냐'라고 싶은데 싫은 소리를 못했어요('질책'의 경우).
- 남에게 싫은 소리 못하는 성격이라 가끔 절 보면 엄청 손해보고 사는 것 같습니다. 돈 빌려달라고 해도 저도 쪼들려 죽겠는데 빌려주고는, 달라는 소리도 못하고 있어요('요청'의 경우).
- 난 진짜 아무리 힘들어도, 남한테 '힘들다'는 얘기를 못하는데, 그냥 타고난 성 격인 듯합 니다. 다른 사람들은 힘들 때, 뭐해 달라 이거저거 부탁도 하는 데 나는 싫은 소리를 못한 다('부탁'의 경우).
- 저는 사실 독설을 잘 못해요. 남한테 싫은 소리를 못하죠('비난'의 경우).
- 나는 평소 누군가 나에게 부탁을 하면, 못한다고 해야 하는데, 싫은 소리를 못해 서 들어 주곤 힘들어한다('거절'의 경우).

6  Searle(1969:66~67)의 충고발화의 '적정조건(felicity condition) 참조(윤평현 2020:421~422).
 ㄱ. 명제내용조건: H가 장래 수행할 행위 A
 ㄴ. 예비조건: ㉠ S는 A가 H에게 이익을 주리라고 믿을 어떤 이유가 있다.
        ㉡ 정상적인 경우에 H가 A를 할 것이라는 것이 S나 H 모두 분명하지 않다.
 ㄷ. 성실조건: S는 A가 H에게 이익을 줄 것이라고 믿는다.

취재원(박찬호)의 발언에 대해 '쓴소리' 또는 '일침'이라는 '충고' 프레임을 부여함으로써, 적어도 취재원의 발화를 평가할 만한 능력과 지위가 있다는 것을 전달하면서, 동시에 기자도 취재원과 함께 비판의 대상(강선수)에 대해 우호적이며, 역시 잘되기를 바라는 입장임을 함축한다. 결국 매체(또는 기자 자신)는 이 '쓴소리'를 하거나 또는 '일침'을 가하는 화자(박찬호)와 '쓴소리(또는 일침)'를 듣는 대상(강선수) 모두를 평가할 지위에 있거나 힘이 있음을 보이면서 양쪽 모두에게 우호적인 자세를 취할 수 있는 이점을 취하게 된다.

일반적으로 텍스트 구성에서 취재원(화자)의 말을 그대로 전달해야 하지만, 이처럼 '쓴소리'는 그 전달하는 과정에서 기자의 의도가 포장될 수 있고 전혀 다른 언표효과행위(perlocutionary act)가 전달될 수 있다. 즉 '쓴소리'의 화행이 갖는 언표수반행위(illocutionary act)가 실제는 '지적' 또는 '비난'이면서도 취재원(박찬호)의 말을 '일침'과 같은 충고 또는 '쓴소리'와 같은 우호적 비판을 담은 충고 프레임으로 부여하면서, 기자의 의도는 교묘히 포장된다. 여기에서 기자의 의도란 이 기사가 독자에게 전달되면서 단순히 '우호적인 입장에서 들려주는 충고' 그 이상을 전달하는 언표효과행위이다. 결국 많은 독자들이 '일침'과 '쓴소리'라는 표제어를 읽으면서 해석하게 되는 것은 교묘히 지적하는 행위에 대해 갖는 비우호적 감정들이다.

다음과 같은 표제어들은 이러한 언표효과행위를 효과적으로 발생시키고 있음을 보여준다.

> (7) · '역전 당했는데' 박찬호 "강백호 저러면 안 됩니다" 참다못해 일침(8.7 매일경제)
>
> · 역전당했는데 껄끄럽던 강백호, 박찬호도 참지 못하고 일침(8.7 스포츠조선)

---

ㄹ. 본질조건: A는 H의 최대의 이익이 된다는 보증으로 간주한다.

- "배에 기름 찬 채 뛴 것"… '한국야구의 거목' 김응용의 <u>쓴소리</u>(8.9 서울
  경제)
- "어린애들도 그렇게는 안 해!…" 호랑이감독 한국야구에 <u>쓴소리</u>(8.9 디
  지털타임스)

위의 예는 매체가 박찬호와 김응용의 말을 전달하면서 인용된 화자들(박찬
호와 김응용)이 강선수보다 지위가 높고 힘이 있는 사람임을 드러내면서 동시에
매체는 양쪽 다 평가하고 있다. 힘과 지위가 우세한 쪽에서 사용할 수 있는
'일침'과 '쓴소리'의 담화를 인용 술어로 사용하면서 '조언'과 '이로운 비판'이
라는 충고 프레임 속에서 기자는 취재원의 의도를 크게 고민하지 않으면서도[7]
양쪽 모두에게 우호적인 태도로 보도 내용을 전달할 수 있다. 이 때문에 우리
매체들은 타성적으로 이 프레임 부여하기를 즐겨 사용하게 된다.

## 4.3. 훈육 이데올로기의 작동 원리와 재현

훈육은 아직 제도권의 성인으로 진입하기 전인 어린 아이들로 하여금 바람
직한 행동을 하게 하는 것이며, 그들의 소속감을 돕는 것일 뿐만 아니라, 잘못

---

7  기자는 취재원의 의도를 고민하고 결정해야 한다. 일반적으로 취재원이 비명시적 수행발화
   를 했을 때 기자는 취재원의 발화를 수행동사를 사용하여 인용함으로써 명시적 수행발화로
   드러내게 된다. 즉 어떤 장면에서 취재원이 문장을 발화했을 때, 이 발화에 대한 상위 수행
   절의 해석을 기자가 어떻게 인용 · 전달하느냐에 따라 전혀 다른 해석이 가능하고, 그 해석
   에 따른 언표수반효력이 다르다. 실제 신문기자는 화자(취재원)의 발화와 기자의 해석 사이
   의 큰 차이가 생기게 하지 않으려고 노력하는 데, 이때 최대한 명확한 수행동사를 사용함으
   로써 발화와 해석 사이에 발생할 수 있는 불명확성을 줄이려고 한다. 가령 취재원이 '내가
   직접 서울로 가겠다.'라고 말했다고 한다면, 이 때 가장 중립적인 상위수행 동사는 '화자는
   청자에게 직접 서울로 가겠다고 말한다.'이지만, 기자의 해석에 의해 '화자는 청자에게 서울
   로 가겠다고 위협(명령, 약속 등)했다.'가 가능하다. 이처럼 상위수행절의 전제로 하여 있을
   수 있는 기자의 해석이 결국은 전혀 다른 언표수반효력을 발생할 수 있다(Ross(1970)의 '수행
   가설(performative hypothesis)' 참조, 윤평현 2020:418-421).

된 행동을 규명하고 교정하는 것이다(Charles 2002, 김선혜 2006 재인용). 그리하여 아이들이 바람직한 방향으로 행동하도록 하고, 그들로 하여금 공동생활을 통해 사회구성원으로서 소속감을 갖도록 하며, 그들의 잘못된 행동을 바로잡기 위한 것임을 기본적인 전제로 한다(김선혜 2006:128).

일반적으로 우리 사회에서 이루어지는 훈육의 단계를 내부자적 관점에서 본다면, 1) 잘못된 행동(antisocial behaviours)임을 질책하는 단계, 2) 연장자(선배 또는 감독)로서 본보기가 되지 못함을 반성하며 자책하는 단계, 3) 행동이 변화되기를 어르고 달래는 단계, 4) 본인의 사과가 이루어지는 단계, 교정과 순응으로 훈육이 완성된 단계에 걸쳐 이루어진다. 본 연구는 껌 씹는 모습을 보도한 매체들이 과거의 통제와 훈련 방식을 그대로 준수한 훈육의 방식을 따라, 껌 씹는 행위는 잘못된 행위로 규정하고 이를 시정하기 위한 언어적 질책 행위를 하였으며, 결국 질책을 수용하고 교정과 순응에 이르는 과정으로 보도하였음을 유추적으로 분석하였다. 그리고 이 훈육의 과정에 따라 매체의 이데올로기가 작동되고 재현되었음을 관찰할 수 있다.

다음은 본 연구가 분석한 훈육의 단계와 언론의 보도 내용이다. 본 연구는 훈육의 과정에 따른 매체의 보도 내용을 1) 질책의 전이, 2) 질책의 완화와 위로, 3) 질책의 수용, 4) 교정과 순응 등으로 논의할 것이다.

| 보도 일자 | 매체의 보도 내용 | 훈육의 단계 |
|---|---|---|
| 8월 7일~9일 | 껌 씹는 태도 | 질책 대상의 선택 |
| 8월 10일 | 연장자의 반성 | 질책의 전이 |
| 8월 11일~13일 | 달래기와 어르기 | 질책의 완화와 위로 |
| 8월 15일~17일 | 당사자의 사과와 반성 | 질책의 수용 |
| 8월 17일~25일 | 회복된 이미지 | 교정과 순응 |

### 4.3.1. 질책의 전이

꾸짖거나 나무람을 통해[8] 질타된 대상은 다시 언론에 의해 연장자에게로 질책의 대상이 전이된다. 우리 사회에서 질책의 전이란 가령, 가정에서 부모가 잘못을 저지른 동생을 혼내면서 동시에 '본보기가 되지 못한 탓'으로 손위 형제도 함께 혼내거나, 부모가 잘못을 저지른 자식을 혼내면서 '내가 잘못 키운 탓'이라고 질타를 본인에게 돌리는 상황에서 발생한다. 사실 질타된 행동의 결과와 손위 형제는 아무런 관련이 없지만 손위 형제에게 책임을 묻고 질책함으로써, 부모는 형제간의 위계와 집안의 질서를 바로잡게 된다. 이처럼 훈육의 과정에서 먼저 질타 대상에게 본보기를 보여야 하는 책임을 묻는 것은 우리 사회에 드문 일이 아니다.

이번 껌 사건에서 질책의 전이는 해당 선수의 선배와 지도자들(김경문, 이순철 등)에게 발생하는데, 이들은 해당 선수의 모습에 대해 그 순간 본인의 행동을 의식하지 못한 실수였으며, 이것을 미리 연장자인 그들이 주의를 주거나 가르쳤어야 했음을 반성하고 있다. 즉 그들은 해당 선수가 본인도 의식 하지 못한 채 저지른 행동임을 확인하고, 이에 대해 양해를 구했을 뿐만 아니라 연장자로서 미리 교육하지 못함을 반성하고 사과한 것이다.

질책 상황에서 먼저 연장자가 질책 대상을 제대로 가르치지 못함에 대한 잘못을 시인하고 스스로를 질책하는 경우, 질책의 효과는 배가된다. 매체들은 본보기가 되지 못한 선배 또는 감독들이 '본인도 본인 행동 모르더라'(8.8 중앙일보)임을 변명하고 '선배·지도자들이 주의줘야'(8.8 매일신문)하는 일임을 자책하고 반성하고 있음을 보도하고 있다. 껌 씹는 모습에 대한 질책이 본인의 사과보다 앞서 연장자의 반성이 매체를 통해 먼저 발표된 것은 본보기가 되어야 하는 그들 자신의 질책 효과와 함께, 조직 전체의 길들이기 효과도 있다.

---

8  [질책]의 발화 동사들에는 '꾸중하다, 꾸지람하다, 꾸짖다, 나무라다, 야단치다, 질책하다' 등이 쓰이며, 주체(윗사람)가 객체(아랫사람)를 질책하는 발화 행위를 나타내는데, 여기에서 '질책하다'만 공적 상황에서 사용되며, 나머지는 모두 사적인 상황에서 사용된다(조경순 2013: 160-161).

(8) · <u>김경문</u>, 강백호 '껌'논란 대신해명 "자기도 몰랐더라, 선배 · 지도자들이 주의줘야"(8.8 매일신문)

　　· 강백호 '껌'논란에…<u>김경문</u> "본인도 본인 행동 모르더라"(8.8 중앙일보)

　　· 야구 대표팀의 고개숙인 귀국길…<u>김경문</u> 감독 "죄송합니다"(8.8 헤럴드경제)

　　· <u>이순철</u> "야구팀에 대한 조롱, 후배들이 자초…대오각성해야"(8.8 머니투데이)

　　· <u>김인식</u> "껌 씹던 강백호, 내가 보기에도 안 좋아…교육해야"(8.9 머니투데이)

　　· '껌논란' 강백호에 <u>이강철</u> 감독 "죄송하게 생각한다"(8.10 마이데일리)

### 4.3.2. 질책의 완화와 위로

질책은 상대에 대한 비판만은 아니며 한편으로는 상대의 진의를 확인하고자 하는 탐색의 의도 또한 내포하기 때문에 상대에게 일정한 해명의 기회를 포함하며, 이때 위로하기가 수반된다(김서윤 2019). 본 연구는 질책 후의 달래기 또는 어르기는 훈육 프레임에서 매우 중요한 단계로서, 의도한 대로 행동을 교정하기 위해 그럴듯한 말로 부추겨 마음을 움직이기 위한 중간 과정을 언론 매체의 '달래기' 또는 '어르기'로 명명한다.

원래 '달래다'는 '기분을 맞추어 가며 구슬리거나 타이르다'의 의미로, '어르다'는 '그럴듯한 말로 부추겨 마음을 움직이다'의 의미로 사용되지만(우리말 큰사전, 1994, 한글학회), 질책에서 이러한 '달래기'와 '어르기'는 매체가 질책 대상에 거리감을 두고 사태를 진정시키면서 질책의 대상자에게 우호적인 시선을 내보내는 일종의 숨고르기라고 할 수 있다.

첫 보도 이후 강한 질책으로 일관했던 신문 매체들이 8월 11일부터 해당 선수에 대해 교육이 필요한 일임을 해명하거나(김응용 "몇 억씩 받는 저런 선수도 나쁜 짓하면 큰 벌 받는다 산교육 필요해", 8.11 KBS 라디오), 또는 감독이나 선배들이 해당선수를 감싸며 위로하는 모습('괜찮아~' 태도 논란 강백호, 막내처럼 감싸주는 이강철 감독, 8.12 스포츠조선)을 보여주며, 또는 헝그리정신을 정신력 타령으로 (새카만 후배들 반발 부른 어느 원로의 '정신력 타령', 8.13 MK 스포츠) 보도 태도를 바꾸면서 거리두기를 갖는다. 동시에 국내에 돌아온 강백호선수의 활약을 우호적으로 보도하였다(흔들림 없는 여전함, 강백호 8.13 중앙일보). 이러한 보도들은 해당 선수에 대한 매체의 달래기와 어르기의 한 형태로 나타난다.

(9)  · 김응용 "몇 억씩 받는 저런 선수도 나쁜 짓하면 큰 벌 받는다 산교육 필요해"(8.11 KBS 라디오)

· '괜찮아~' 태도 논란 강백호, 막내처럼 감싸주는 이강철 감독(8.12 스포츠조선)

· 새카만 후배들 반발 부른 어느 원로의 '정신력 타령'(8.13 MK 스포츠)

· '4할 도전' 강백호, 출루율도 '역대 1위 보인다'(8.13 SBS)


### 4.3.3. 질책의 수용

질책의 단계에서 본인의 사과와 반성은 가장 성공적으로 질책이 수용되었음을 보여준다. 본 연구가 수집한 자료에 의하면, 8월 15일부터 17일(5편 해당 32회에 걸쳐 해당 선수의 사과와 반성이 다루어졌는데, 해당 선수는 인터뷰를 통해 '변명의 여지없는 제 잘못'(8회 사용)임을 시인하며, 자신의 개인적 행위가 안일한 태도였음(강백호 사과 "나 하나 때문에… 안일하게 생각", 8.16 CBO)을 사과함으로써 질책에 대한 완전한 수용을 보여주었다. 구체적으로 매체는 해당 선수의 말을 직접적으로 인용하면서 '사과'의 표현을 17회 사용하였고 '사죄'의 표현도 사용하였다. 사과의 표제어에는 부모님이 언급되기도 했다("저희 부모님이…" 껌만 씹던 강백호, 결국 '한마디' 남겼다, 8.16 WIKITREE).

또한 해당 선수는 인터뷰를 통해 "선수보다 사람으로 인정받겠다"(9회) 또는 "모범적인 선수가 되겠다"(4회) 등의 표현으로 반성하고 있음을 드러내었는

데, 이러한 표현들은 우리 사회에서 중시하는 '사람됨'의 훈육 이데올로기를 함축한다.[9]

(10) · '태도 논란' 강백호 사과, "충분히 질타 받을 행동…사람으로 인정받겠다"(8.15 OSEN)

· '껌 논란'에 입 연 KT 강백호 "선수보다 사람으로 인정받겠다"(8.15 경향신문)

· '껌논란' 입 연 강백호 "좋은 인성, 좋은 행동 보여드릴 것"(8.15 조선일보)

· '논란 그 후' 강백호 "변명의 여지없는 잘못, 많이 반성했다"(8.15 마이데일리)

· '태도 논란' 사과… "모범적인 선수가 되겠습니다"(8.16 SBS)

· '고개 숙인' 강백호 "더 좋은 사람 되겠습니다"(8.16 MBC)

· "저희 부모님이…" 껌만 씹던 강백호, 결국 '한마디' 남겼다(8.16 WIKITREE)

### 4.3.4. 교정과 순응

8월 17일(2편 해당) 이후 강선수의 보도는 모두 훈육의 만족스러운 성과를 표현하고 있다. 이제 질책의 대상이 되었던 한 선수는 올림픽 후유증을 털어냈으며, 일본 언론의 상세한 보도가 분석되고 껌 사건의 의학적 해명까지 나와 갈등이 해소되었음을 보여준다. 이후의 강백호 선수는 이전의 이미지 회복은 물론이며 코치의 말에 귀를 기울이는 모범적인 선수의 모습을 보여 준다.

(11) · '올림픽 후유증' 털어낸 kt와 강백호(8.17 연합뉴스)

---

9  심사위원 중의 한 분은 '훈육 이데올로기'가 한국 사회만의 특수한 현상이라는 점과, '사람됨'이라는 용어의 추출 과정 등이 더 논의되어야함을 지적하였으나 추후 연구를 기대한다.

- 강백호 껌 논란, 일본에서도 화제. 日 언론 상세보도(8.19 MK 스포츠)
- (사진기사) 강백호, '코치님 말씀 잘 들어야죠'(8.19 마이데일리)
- 올림픽 이후의 강백호, 스트라이크존이 작아졌다(8.20 엑스스포츠)

## 5. 결론

본 연구는 2020 도쿄올림픽 야구 경기에서 한 유명 선수의 껌 씹는 모습을 보도한 8월 7일부터 25일까지의 163편의 기사들을 중심으로 Fairclough(1995)의 이론적 틀 안에서 민속화용론적인 관점을 부분적으로 적용한 분석을 하였다. 이러한 분석을 통해 본 연구는 한 운동선수의 '껌 씹는 모습'이 어떻게 해석되어 보도되었으며 다양한 담론들이 함께 결합하여 매체들의 언어적인 총공격을 퍼부었는가를 그와 관련한 기사들을 분석함으로써, 매체가 우리 사회의 지배 계급이나 단체에 의한 문화적 지배권을 지속적으로 행사하고 있음을 살펴볼 수 있었다. 구체적인 논의 내용은 다음과 같다.

먼저, 질타 대상이 된 껌 씹는 모습은 우리 사회에서 만들어진 껌에 대한 사회·문화적 기능과 이미지에 기인하며 스포츠 정신의 부재라는 명분하에 질타 대상으로 선택되었다. 둘째, 매체 텍스트의 담화 표현 방식은 직시의 투사, 주관적 묘사와 사진, 그리고 '일침'과 '쓴소리'의 충고 프레임의 관점에서 분석하였다. 마지막으로 훈육 이데올로기의 작동 원리는 질책의 전이, 질책의 완화와 위로, 질책의 수용, 교정과 순응 등을 통해 이루어지며 궁극적으로 '사람됨'이라는 훈육의 이데올로기가 재현되었음을 살펴볼 수 있었다. 즉 특정 선수의 껌 씹는 모습을 보도한 매체들은 과거의 통제와 훈련 방식을 그대로 준수한 훈육의 방식을 따라, 껌 씹는 행위를 '잘못된 행위'로 규정하고 이를 시정하도록 언어적 질책 행위를 하였으며, 훈육의 작동 단계에 따라 매체는 '사람됨'이라는 훈육 이데올로기 재현을 실행한 것이다.

특히 언론이 '쓴소리'라는 충고 프레임과 우리 문화의 훈육 이데올로기를 통해 담론을 형성하고 특정 대상 나아가 대중을 길들이는 현상을 유추하는 일이 그리 어려운 일이 아닐 것이다. 본 연구는 비평적 담화 분석이란 인간의 언어 사용이 오히려 인간 현실을 왜곡할 수 있고, 사회의 기득권들이 권력을 유지하거나 부당한 가치 체계를 고착시키거나 확대재생산할 수 있는데, 비판적 이론으로서 이러한 것들을 밝혀냄으로써 사회 전체를 비판하고 변화시키는 것을 지향하며 여러 학제 간 연구를 가능하게 하는 통합된 이론임을 확인하고자 하였다.

# 참고문헌

김병건(2016), 「신문 보도문 직접 인용의 비판적 담화 분석」, 인문과학연구 48, 강원대학교 인문과학연구소, 115-139.(UCI: G704-SER000001626.-2016..48.002)

김병홍(2012), 「대중매체 언어분석 방법론」, 우리말연구 30, 우리말연구학회, 5-39.(UCI: G704-001207.2012..30.005)

김서윤(2019), 「<유씨삼대록>의 질책 화행과 일상 대화 교육」, 고전문학과교육 41, 한국 고전문학교육학회, 85-127.(DOI: 10.17319/de.2019..41.85)

김선혜(2006), 「'훈육'의 교육적 의미 재해석」, 열린교육연구 14-2, 열린교육학회, 123-138.(UCI: G704-001282.2006.14.2.012)

김용진(2004), 「신문 뉴스 인용문의 담화 기능—미국 신문의 9-11 사건 보도를 중심으로」, 담화와 인지 11-2, 담화와 인지학회, 19-42.(UCI: G704-000477.2004.11.2.003)

김용진(2007), 「'쓴소리'의 담화기능」, 담화와 인지 14-1, 담화와 인지학회, 1-19.(UCI: G704-000477.2007.14.1.001)

김정남(2005), 「신문 기사 인용문의 특성에 대하여」, 국어학 46, 국어학회, 277-296.(UCI: G704-000064.2005..46.003)

김지홍 뒤침(2011), 언어와 권력(Fairclough, N. (2001), Language and Power), 도서출판 경진.

김지혜(2018), 「한국 언론의 중국동포(조선족) 담론 분석—조선, 동아 경향, 한계레신문의 프레임을 중심으로」, 다문화사회연구 11-2, 숙명여자대학교 아시아여성연구원, 37-73.(DOI: 10.14431/jms.2018.08.11.2.37)

김해연(2017), 「신문 보도 기사 텍스트의 전달 구문 분석」, 텍스트언어학 42, 텍스트언어학회, 1-29.(DOI: 10.22832/txtlng.2017.42..001)

김현강 외 역(2021), 비판적 담화 연구의 방법들(Wodak, R · Michael Meyer-(2016), Methods of Critical Discourse Studies), 경진출판.

서덕희(2003), 「교실붕괴 기사에 대한 비판적 담론 분석: 조선일보를 중심으로」, 교육인류학연구 6-2, 한국교육인류학회, 55-89.

신동일(2018), 「언어학적 전환, 비판적 언어학 전통, 그리고 비판적 담론연구의 출현」, 질적 탐구 4-3, 한국질적탐구학회, 1-42.(DOI: 10.30940/JQI.2018.4.3.1)

윤평현(2020), 새로 펴낸 국어의미론, 역락.

이원표 역(2004), 대중매체 담화 분석(Fairclough(1995), Media Discoure), 한국문화사.

임순미(2012), 「정치인의 이미지프레이밍: 안철수에 대한 보도 양태 분석」, 현대정치연구 5-2, 서강대학교현대정치연구소, 5-43.(UCI: G704-SER000002419.2012.5.2.003)

조경순(2013), 「발화동사 구문에 대한 연구―보고, 명령, 청구, 비하, 질책 행위를 중심으로」, 한국어 의미학 41, 한국어의미학회, 141-167.(UCI: G704-001001.2013.41..001)

쪼우옌, 강진숙(2020), 「중국 동포 이미지 재현에 대한 비판적 담론분석: <조선일보>, <중앙일보>, <한겨레>, <경향신문>을 중심으로」, 한국방송학보 34-3, 한국방송학회, 211-248.

허선익 뒤침(2020), 담화와 지식: 사회 인지적인 접근(Van Dijk(2014), *Discourse and Knowledge: A Socilcognitive Approach*), 경진출판.

Austin, J. L.(1962), *How to do things with words*, Oxford University Press.

Bourdieu, P. (1977), *Outline of a theory of practice*, trans. Nice, R., Cambridge University Press.(DOI: 10.1017/CBO9780511812507)

Charles, C. M.(2002), *Building classroom disciple and management*(3rd ed.). NY: John Wiley & Sons.

Lee, Jeong-Ae(2021), Using Minimal Language to Help Foreign Learners Understand Korean Honorifics, *Minimal Languages in Action*, Goddar-ds(ed.), Palgrave macmillan. 195-221.(DOI: 10.1007/978-3-030-64077-4_8)

Levinson, S.(1983), *Pragmatics*, Cambridge University Press.(DOI: 10.1017/CBO9780511813313)

Ross, J.R.(1970), On declarative sentences, *Readings in English Transformational Grammar*, In Jacobs & Rosenbaum(eds.), Ginn and Company, 222-277.

Searl, J.R.(1969), *Speech Acts; An Essay in the Philosophy of Language*, Cambridge: Cambridge University Press.

Vo, L.-H.(2016), *The Ethnopragmatics of Vietnamese: An Investigation into the Cultural Logic of Interactions Focusing on the Speech Act Complex of Disagreement*, Unpublished PhD thesis, Griffith University, Brisbane, Australia.(DOI: 10.25904/1912/1560)

Wierzbicka, A.(2003[1991]), *Cross-Cultural Pagmatics: The Semantics of Human Interaction*. Berlin: Mouton de Gruyter.(DOI: 10.1515/9783110220964)

Wierzbicka, A.(2003), The theory of cultural scripts as a tool of cross-cultural communication. 한국어학 18, 한국어학회, 191-218.(UCI: G704-000626.2003.18..007)

Yoon, Kyung-Joo(2011), Understanding cultural values to improve cross-cultural communication: An ethnopragmatic perspective to Korean child rearing practices, 언어연구 26-4, 한국현대언어학회, 879-899.

# Ⅲ. 인접성

# 외지 출신 문인의 제주도 기행문

## —1930년대 신문 연재물을 중심으로

정승철

## 1. 머리말

1935년에 조선총독부는 관광 산업을 "활성화"할 목적으로 '조선 팔경'을 선정하였는데 이 작업의 결과, 한라산이 제1위를 차지하였다(박찬모 2015: 237-241). 또 이 시기에 출간된 "조선여행안내기(조선총독부 철도국, 1934)"나 "조선의 관광(조선지관광사, 1939)" 등과 같은 일본어 여행 안내서에도 한라산을 필두로 하여 제주도의 풍물, 박물(지질과 식물), 명소, 등산 등에 관한 사항이 매우 자세히 소개되었는바(박찬모 2015: 241-248) 이러한 사실들은 당시에 제주도가 '조선'의 대표적인 관광지로 주목받고 있었음을 알려 준다.

특히 1930년대 중후반 무렵, 신문·잡지 등의 언론매체는 관광 여행지 홍보 등을 위해 유명 문인 등 명사들의 제주도 기행(한라산 등반 포함)을 기획하고 해당 신문·잡지의 주요

[사진 1] 《신동아》 1935년 8월호

지면을 할애하여 그들의 기행문을 단편 또는 연재의 방식으로 게재하였다. 이러한 차원에서 제주도 기행문을 집필한 당대의 대표적인 문인으로 이무영 (李無影), 이은상(李殷相), 정지용(鄭芝溶)을 들 수 있다.[1] 이들은 「동아일보」나 「조선일보」 등 언론매체의 청탁을 받아 제주도를 탐방한 후, 한라산이나 바다 및 해녀 그리고 제주도 사투리 등에 관해 자신의 감상과 느낌을 적은 기행문을 남겼다.

## 2. 이무영의 <꿈속의 나라 제주도를 찾아서>(1935)

충북 음성 출신의 이무영(1908~1960)은 동아일보사 기자로 근무하면서 일종의 기획 기사로 제주도 기행문 <꿈속의 나라 제주도(濟州島)를 찾아서>를 《신동아》(1935년 8월호, 147-159면)에 발표했다. 이 기행문의 서사와 말미에 적힌 집필 날짜(7월 4일)를 참조할 때 그는 나중에 내용을 가감하고 구성을 조금 바꾼 개작 원고를 써서 「동아일보」(1935.7.30~8.8)에 <수국기행>(1~8)이란 제목으로 연재했음을 알 수 있다.[2] 제주에 머무는 기간 내내 폭우가 내린 까닭에

---

1 이들 이외에도 해당 시기의 일간지에 제주도 탐방기를 게재한 이는 여럿이나 여러 가지 이유로 이 글의 논의 대상에서 제외했다. 가령, 함북 학성 출신의 김기림(金起林, 1908~?)도 「조선일보」(조간, 1935.8.2~8.9)에 <생활 해전(海戰) 종군기: 제주도 해녀 편>(1~7)을 연재한 바 있지만 이 연재물은 기행문이라기보다 해녀에 관한 '집중 취재 기사'에 더 가까워 여기에서 다루지 않았다. 한편 이 논문에서는 특별한 경우(작가의 고유 문체나 표현 등)가 아니라면 작품의 원문을 인용할 때 대체로 현행 한글맞춤법(띄어쓰기 및 문장부호 포함)에 맞추어 제시한다. 아울러 이해의 편의를 위해 원문의 한자도 대부분 한글로 바꾸되 필요할 경우에는 이를 병기하기로 한다.

2 1920년 4월 1일에 창간된 「동아일보」(석간)는 1932년 11월 25일부터 조간과 석간을 모두 발행하는 조·석간제를 시행하였다. 이러한 체제 아래에서 <수국기행>의 1회(7.30), 2회(7.31), 5회(8.5)는 석간에 실렸고 3회(8.3), 4회(8.4), 6회(8.6), 7회(8.7), 8회(8.8)는 해당 일자의 조간에 실렸다. 한편 원문을 인용할 때 《신동아》에 실린 것은 면수, 「동아일보」에 실린 것은 연재 횟수를 표시하여 그 출처를 달리 밝혀 준다. 다만 여기서는 서사와 표현 및 표기의 면에서 좀 더 완결성을 보이는 《신동아》 게재 기행문을 중심으로 논의를 진행하기로 한다.

기행문의 제목도 "꿈속의 나라 …"에서 "수국(水國) …"으로 변경했던 것으로 여겨진다.

이무영은 '목포(17:00)→제주' 여객선으로 1935년 6월 26일(水) 새벽 3시, 제주도에 도착해서 5일간 머무르다가 6월 30일(일)에 목포행 배를 타고 제주를 떠났다. <꿈속의 나라 제주도를 찾아서>에 따르면 원래는 한라산 등반을 하려 했으나 폭우로 인해 어쩔 수 없이 이를 포기하고 대절차를 빌려 1박 2일간 도내 일주를 하였다(폭우 때문에 이틀은 시내에 머묾). 그는 비가 내리는 가운데 읍내(삼성혈-공자묘-용연)-조천-김녕-서귀포(1박, 천지연폭포-정방폭포)-모슬포-협재-읍내까지 해안도로를 따라 제주도 일주를 하며 보고 듣고 느낀 바를 기행문으로 썼다.

이 기행문에 나타나 있는 제주도에 대한 이무영의 지배적 인상은 '신기함(=믿을

[사진 2] <수국기행 1>
(「동아일보」 1935.7.30)

수 없을 정도로 색다르고 놀라움)' 또는 이를 넘어서는 '신비함(=도저히 이해할 수 없을 만큼 신기하고 묘함)'이다. 그리하여 원고 곳곳에서 "진기스러운 인상"(148면)이나 "여기 아니면 못 볼 풍치"(153면), "동양에서도 진기한 존재"(제8회) 나아가 "인어(人魚)의 나라"(제1회), "지상낙원, 꿈속의 나라"(158면) 등의 표현을 통해 그러한 인상을 직접적으로, 때로는 상징적으로 그려냈다.

이는 제주방언에 대해서도 마찬가지였다. 전혀 알아듣지 못하는 제주도 사투리가 그에게는 그저 신기했을 따름이다.

밭머리의 여인 한 분이 "저리 가면 어떠쑤까!" 하고 고함을 칩니다. '쑤까'는 '데쓰까?'에서 온 방언인 상싶습니다. 이 씨는 한동안 그 여인과 이야기를 합니다. 그러나 '햇쑤까'라든가 '그랬쑤까' 하는 말 이외에는 한마디도 알아들을 수 없더니(153면)

그런 신기함에 경도되어 제주방언의 의문 종결형 '-수까(=-습니까)'를 외국어에서 기원한 어미로 파악하는 우를 범했다. 이때의 '-수-'는 15세기 한국어의 겸양 선어말어미 '-습-' 또는 '-ᅀᆞ오-'에서 유래한 것인데(정승철 1995:156) 이무영은 이 어미를 일본어의 의문 종결형 '-ですか(=-입니까)'의 "쓰까"와 잘못 연결 지은 것이다.[3] 그 외, 외지인이 보기에 신기해할 제주도 사투리 두 개를 더 소개했다.

"우러러!" … 이 신호가 자기의 말을 부르는 소리라 합니다.(158면)
'육지' 제주도에서는 조선 본토를 이렇게 불른다.(제6회)

아울러 생계 때문에 불가피하게 부단히 물질을 해야 하는 '해녀' 또한 그가 느끼는 신기함의 대상에서 크게 벗어나지는 못했다.

대정리를 지나 모슬포에 이른 것은 오후 4시 … 해녀들의 작업하는 광경을 구경하였습니다. 고목 줄기 같은 그네들의 팔다리 … 이것이야말로 현대과학으로도 정복하지 못할 수중국(水中國)을 정복하는 위대한 권세를 가진 것이외다.(158-159면)

---

3  '족수까(=작습니까)/크우까(=큽니까)'에서 보듯 이 어미가 모음으로 끝나는 말 뒤에서 '-우까'로 나타난다는 사실, 그리고 '족수다(=작습니다)/크우다(=큽니다)'에서 보듯 이에 대응하는 평서문 어미가 '-수다/우다'라는 사실 등을 참조할 때 이 '-수까'를 일본어의 '-ですか'에서 기원한 것으로 보는 견해는 명백한 잘못이다.

밤낮으로 대양 창파와 싸우는 그들인 만큼 그 체격의 균형됨은 말할 것도 없거니와 남국인 기후와 극치를 다한 자연의 감화인지 아름답기가 비길 곳이 없다.(제6회)

해녀들이 처한 고단한 현실에 대한 인식 없이[4] 그들의 딴딴한 육체만을 "위대"하고 "아름답"게 바라보고 있는 것이다. 이에서 더 나아가, 실제 생활이 결핍된 외지인 관찰자의 낭만적 시선 속에 제주도는 풍요로운 "자유국"이 된다.

제주도의 여성들은 헤엄 못 치는 여성이 하나도 없다. … 그들이 근면하니 어찌 생활이 군색하다 하랴.(제8회)
제주도는 꿈의 나라! 미(美)의 나라! 그러나 그보다도 어느 정도의 자유국입니다.(159면)

이처럼 이무영은 다소 편향된 시각을 가지고 제주도를 바라보았는바 자신이 소속된 신문사의 기획 의도에 따라 주로 관광지 홍보 차원에서 해당 기행문을 작성했기 때문이라고 할 만하다. 물론 제국주의 일본에 대한 의식이 이 글의 시점(視點)이나 서사 구조에 영향을 미친 바도 없지 않다. 단적으로 <수국기행>의 결말 부분에서 "꿈의 나라"에 대한 서술과 "너무 동떨어지는" 이야기로 끝맺음을 한 것은 그러한 의식의 직접적 발현이라 할 수 있다.

마지막으로 소개할 것은 요새지로서의 제주도다. … 두 곳에는 군용비행장이 있어서 지하에 중유가 채워있다고 한다. … 너무 동떨어지는 것 같으나 극동의

---

4  물론 1930년대, 제주도 해녀들이 일치단결하여 일제에 항거했던 "사건"에 대해 언급하기도 했다; 해녀 300여 명이 자기네의 생명선인 해상권과 작업 임금에 대한 불평으로 … 최후까지 항쟁한 사건 등은 아직도 우리의 기억에 새로운 사건이다. … 그것은 대개 남성 사회의 일이었고 여성들이 정의를 위하고 자기네의 이권을 위하여 싸운 기억은 아직도 없다.(제6회)

풍운이 이러도록이나 순조롭지 못할 때에는 이 또한 어찌하지 못할 것이다.(제8
회)

중일전쟁 발발(1937년) 전, 중국에 대한 본격적인 침략을 준비하기 위해 일제
가 제주도의 모슬포 지역을 해군 항공기지로 요새화한 사건에 관한 이야기다.

## 3. 이은상의 ≪탐라기행 한라산≫(1937)

경남 창원 출신의 이은상(1903~1982)은 조선일보사가 주최한 제2회 산악순
례 사업의 한라산 탐험단 단장으로 한라산 등정에 참여했다.[5] 이 탐험단 일행
(총 53명)은 전날 "밤"에 출발한 '목포→제주' 여객선을 타고 1937년 7월 26일
(월) 아침 6시, 제주도에 도착해서 3박 4일간의 여정을 마친 뒤 29일(목) 밤
"열한 시"에 여수행 배를 타고 제주를 떠났다. 그들은 26일과 27일 양일간,
제주 읍내(삼성혈)-애월-한림-안덕(산방산-안덕계곡)-중문(천제연폭포)-서귀포(1
박, 정방폭포-천지연폭포)-성산포-구좌(비자림)-김녕-조천-읍내(1박)까지 "자동
차"로 도내 일주를 하고 28일과 29일 양일간은 "트럭"으로 산천단까지 가서
관음사-백록담(1박)-영실 코스로 한라산 등반을 마쳤다.
이은상은 이 기간 동안의 행적과 느낌을 적은 기행문을 써 「조선일보」(석간)
에 2개월가량 연재했는데(1937.7.27~9.23)[6] 두어 달쯤 뒤에 이 연재 기사들을

---

5  조선일보사의 산악순례 사업은 1936년 8월의 백두산 탐험단(단장: 서춘)으로부터 시작되었
다.
6  이 기행문은 연재 시기에 따라 기사 제목이 다르다. 7월 27일에서 7월 29일까지 그리고 8월
4일에서 8월 22일까지는 <한라산 등반기>(1~20)이며 8월 24일에서 9월 3일까지는 <한라
산 순례기 해안선 행각>(21~30), 그리고 9월 5일에서 9월 23일까지는 <한라산 순례기 등산
편>(1~16)이란 제목으로 연재되었다. 다만 9월 23일 기사의 마지막 연재 번호가 '15'로 표
기되어 있으나 9월 9일과 10일의 두 기사의 연재 번호가 똑같이 '4'이므로 '등산편'은 총 16
편의 연재 기사가 실린 것으로, 이를 바로 잡아 둔다.

[사진 3] <한라산 등반기 6>(「조선일보」 1937.8.6)　　　　[사진 4] ≪탐라기행 한라산≫ 표지

한데 묶어 조선일보사에서 단행본(≪耽羅紀行 漢拏山≫, 1937년 12월)으로 간행하
였다.[7] 구성과 내용, 표현 및 표기 등 여러 가지 면에서 이 두 기행문을 비교해
보면 양자는 표기 이외에는 그다지 큰 차이를 보이지 않는다.[8] 표기의 경우,
「조선일보」 연재본은 조선어학회의 <한글맞춤법통일안>(1933)을 따르지 않
은 데 반해 단행본은 이 표기법을 전적으로 따른 까닭에 양자 사이에 근본적
차이를 시현하고 있는 것이다.[9] 그러기에 여기서는, 둘 중에 단행본을 대상으

---

7　≪반도산하≫(1944)에 실린 이은상의 <탐라의 한라산>(총 39면)은, ≪탐라기행 한라산≫의
　　내용을 순서대로 일부 발췌하여 별도의 여행기로 엮은 것이다(표현 및 표기를 약간 수정하
　　였다).
8　이 두 기행문에는 본 기행담 외에도 관련 설화나 전설, 민요 그리고 연관된 역사적 사실 및
　　창작시가 공히 베풀어져 있다.
9　이처럼 단행본에서 표기법의 근본적인 수정이 이루어지게 된 것은 이은상이 조선어학회 회
　　원이었던 데에 기인한다(그는 '조선어학회 사건'으로 투옥된 33인 중의 1인이다). 단행본 간
　　행에 이은상 자신이 주체적으로 관여하면서 표기 전반을 조선어학회의 맞춤법에 맞게 수정
　　하였으리라는 말이다. 한편 「조선일보」는 1946년 3월부터 <한글맞춤법통일안>(1933)에 따

로 논의를 진행함으로써 인용의 편의를 도모하고자 한다.

다소 방대하지만, 이 기행문 전체를 관통하는 제주도에 대한 이은상의 지배적 심상은 '거룩함(=뜻이 매우 높고 위대함)'이다. 그는 "거룩한 순례의 길"(30면), "이 순간의 거룩한 감화"(99면), "거룩한 의도"(101면), "거룩한 산악"(220면) 등 직접적인 표현을 사용해 기행문 곳곳에서 그러한 심상을 명시적으로 드러냈다. 그러기에 제주도를 찾는 대부분의 사람들이 그저 "신기하게만" 바라보던 "잠녀"를 대할 때도 그는 '건숙함(=경건하고 엄숙함)'을 잃지 않는다.

> 말로만 듣고 그림으로만 보는 그 해녀들을 만나려는 우리는 모두가 극도의 흥미를 가진 것이다.(49면) … "저기, 저기다." 하고 일행은 모두들 외쳤다. … 잠녀들이 혹은 나란히, 혹은 떨어져 물결 따라 넘노는 것을 볼 때 내 입에서는 '저런, 저런' 하는 경탄의 소리가 나오는 것뿐(51면) … 이것을 신기하게만 볼 사람이 뉘가 있느냐. 열 살에 헤엄을 배우고 오십이 넘도록 물속에 살아 추운 겨울도 생활을 위하여 오히려 저 물속에 몸을 던지고 어린 자식을 물가에 앉혀 두고서 저녁 끼니를 얻으려고 저 깊은 바다 밑을 더듬는 것이어늘 뉘가 저들을 '재주'라고만 이를 것이냐.(53면)
>
> 방수경 우에 주름 잡힌 이맛살은 그대로 고해일생(苦海一生)이 상으로 주고 간 금선(金線)일런가 하매 나는 여기서 다시 한번 저 늙은 해녀 앞에 고개를 숙이고 건숙(虔肅)하게도 경의를 표하지 않을 수 없다.(108면)

위 인용문에서 보듯 그는, 식구들의 생계를 위해 극한의 환경에서 평생토록 물질을 해온 해녀를 거룩하게 바라보고 있는 것이다. 이러한 '거룩함'은 "한라산 상"의 백록담에 이르러 '신성함(=함부로 가까이 할 수 없을 만큼 고결하고 거룩함)'으로 발전하기도 했다.

---

른 표기를 전면적으로 보여 준다.

운하(雲霞) 속으로 백록담을 나려다보매 이것은 신선(神仙)의 동부(洞府)일 수 밖에 없고 지금 이 홍몽한 경관은 천지창조의 첫 페이지를 실연하는 듯하다.(188면) … 이 거룩하고 신비한 한라산 상(198면) … 지금 이곳이야말로 최고의 영장(靈場), 최대의 성전(聖殿)으로 뽑은 곳(202면)

나아가 결코 "다른 데서는 들을 수 없는" 제주도의 "이상한 사투리" 또한 그에게 "거룩함"의 대상으로 인식되었다.

저 바당에 배 많이 뜬들 어느 배에 님 온 줄 알리. 명주바당 실바람 불어 귀에 쟁쟁 열위건마는 님도 배도 안 오람서라.(106면) … 포녀(浦女)가 이상한 사투리로 부르는 노래를 듣노라매(107면)[10]

한자로 무슨 '봉'이라, 무슨 '악'이라 쓴 것은 전부 '오름'이라고 부르는 것이 다른 데서는 들을 수 없는 이곳 특수한 언어(205면)

경관이 이러하고야 이름인들 함부로 지을 것이랴(114면) … 이름의 거룩함과 실상의 장려함을 고맙게 보고 느껍게 생각(115면)

특히 제주도 곳곳에 남아 있는 고유한 옛 지명은 '조선어'의 원형을 간직한 "조선 민족"의 성스러운 문화유산으로, 어원론적으로나 민속학적으로 탐구할 만한 가치를 지닌 것이었다.

'도근천(都近川)' … '독내'일 것 … '도근포(都近浦)'라 함은 곧 '독개'니 그 지형에 따라 '도가니'같이 생긴 포구라는 뜻(59면)

우리말에 '북(北)'을 '뒤'라 하는 점에 의하여 '도(刀)'의 '도'와 '북(北)'의 '뒤'

---

10  이때의 "포녀"는 서귀포에서 들른 주점의 여인을 가리킨다. 한편 해당 여인이 부른 "민요"에 대한 표준어 대역은 다음과 같다, 저 바다에 배가 많이 뜬들 어느 배에 님 온 줄 알리. 명주 바다(=명주 결처럼 잔잔한 바다)에 실바람 불어 귀에 쟁쟁 울리건마는 님도 배도 안 오더라.

가 같은 것이요, '별(別)'의 음과 '화(禾)'의 '벼'가 또한 그 넘나든 자취를 볼 수
있는 점에서 '별도(別刀)'와 '화북(禾北)'은 같은 명칭의 서로 다른 번역한 자임이
분명하다.(143면)

한라(漢拏)라는 것을 '하늘'로 해석하는 것과 아울러 백록(白鹿)이라는 것은
'불늪'의 역자(譯字)로 보려 한다. 광명(光明)이란 것이 이미 조선 민족의 고신도
(古神道)에 있어서 표어(標語)와 중심이 되어 있음은 여기 중언을 요할 것도 없는
일이요, 또 '백(白)'자가 '불'의 대표 역자(譯字)임도 새삼스러이 고증할 것이 없
다.(191면)

그리하여 그는 탐방 기간 내내 이르는 곳마다 관련 지명에 대한 자신의
어원론적 · 민속학적 견해를 드러냈다. 그가 언급한 지명들을 순서대로 정리
해 보이면 다음과 같다(한자표기/한글표기).

毛興穴(40면)/명굴(42면), 甕浦/독개(79면), 沙浦/모실개(85면), 保閑里/불ㅅ개
(118면), 漢拏山~頭無岳(148면), 굴치(155면), 갈밧(166면), 蟻項/개모~개암이목
(168면), 안막은다리, 막은다리(174면), 釜岳/가마오름, 막울, 움텅밭(203면), 방아
오름, 모새밭(205면), 영실(209면), 三兄弟山/세오름(214면), 圓峯/못뱅디(215면),
御乘山~御乘馬山~御乘生岳~御乘馬生岳/얼시목~얼시심오름(218면), 노루오름,
검오름(219면)

그는 제주도의 옛 지명 속에 한국어의 기원적인 모습이 마치 화석처럼 잔존
해 있다고 생각하였다.

제주도의 명칭 … 탐모라(耽毛羅), 섭라(涉羅), 담라(儋羅) … '탐, 섭, 담' 등은
모두 다 '섬'이란 말의 음역자요, '라'라고 한 것은 '나라'란 말의 음역자이어서
'섬나라' 즉 '도국(島國)'이란 뜻(32면) … '모라, 부라'는 … '무라' 즉 '촌(村)'이

란 말 … '무라'란 것이 'ムラ(村)'이지만은 원래에는 조선어이었던 것(33면)

　제주도의 옛 "명칭"을 구성하는 요소 '(모)라'가 본래 "나라"를 뜻하는 말이었으며 훗날 일본어로 전해지면서 "무라", 즉 '마을'로 뜻의 전이가 일어났다는 것이다. 이를테면 그는 고대 한국어의 선대형 중에 일본어보다 기원적으로 앞선 형태들이 존재한다는 사실로부터 한국의 언어나 문화가 일본의 그것보다 더 원형에 가까움을, 구체적인 예를 들어 주장하고자 했던 셈이다.

　이처럼 이은상이 자신의 기행문에서 상당한 지면을 할애하여 제주도 지명에 대해 어원론적·민속학적 해석을 베푼 것은, "조선"의 독자들에게 민족의식을 고취하려는 데 궁극적인 뜻이 있었다.[11] 고유 지명에 깃들어 있는 우리 민족의 문화적 원형을 찾아 이를 일반 대중에게 전달함으로써 민족적 정체성을 함양하는 기회로 삼고자 했다는 말이다. 결국 이은상은 제주도 "순례" 기행문을 통해 우리 민족 문화의 독자성 및 우수성을 주창하여 민족정기를 앙양하는 민족주의의 한 단면을 보여 주었다고 할 만하다.


## 4. 정지용의 <다도해기>(1938)

　1938년 8월, 충북 옥천 출신의 정지용(1902~1950)은 전남 강진 출신의 김영랑(金永郎, 1903~1950)·김현구(金玄鳩, 1903~1950)와 함께 제주도 탐방(한라산 등반 포함)을 하고 기행문 <다도해기>(1~6)를 써 「조선일보」(석간, 1938.8.23~8.30)에 연재했다.[12] 이 연재물은 '학예면'에 실렸는데 해당 지면에 배정된 특집 연재 기획의 큰 제목은 '해변 풍정기(風情記)'다.

---

11　이은상의 탐방 일정이 당시의 "여행 안내서 코스"와 "대체로 일치"한다는 점(박찬모 2015: 254)에서 그의 기행문이 관광지 홍보의 목적을 전혀 가지지 않았다고 말하기는 어렵다.
12　이들은 훗날 ≪문학독본≫(1948, 박문출판사, 108-129면)에 재수록되었다.

「조선일보」의 <해변 풍정기>는 '동해편'(백철, 8.18~8.21), '남해편'(정지용, 8.23~8.30), '서해편'(임학수, 8.31~9.2)으로 나뉘어 세 명의 필자가 각각 동해·남해·서해의 특정 해안 지역을 탐방하고 해당 지역의 '바닷가 풍광'에 대해 쓴 세 편의 기행문으로 구성되었다.[13] 이로써 정지용의 <다도해기>가 '바다'에 관한 연속 기획의 하나로, 해당 신문사의 청탁을 받아 쓴 글이었음이 분명해진다. "내가 본래 바다 이야기를 쓰기로 한 것"(<다도해기 6>)이라는 진술에 그러한 사정이 명시적으로 드러나 있다.

정지용은 제주도에 2박 3일간 머무르며 한라산 등반을 하고 떠나는 날 당일 오전 바닷가에서 해녀들을 만났다. 하지만 그의 <다도해기>에는 한라산 등반 이야기가 매우 소략하게 서술되어 있는바 아마도 이는 바다 이야기를 써 달라는 '해변 풍정기'의 원고 청탁 지침에 따라 산 이야기를 줄여 쓴 데에서 비롯한 결과로 여겨진다.[14] 당시의 정지용 일행의 개략적인 제주도 탐방 일정 및 그가 쓴 기행문의 대략을 쉽게 알아볼 수 있도록 각 기사의 제

[사진 5] <다도해기 3>
(「조선일보」 1938.8.25)

---

13 '동해편'은 평북 의주 출신의 백철(白鐵, 1908~1985)이 '서호진 산경(西湖津散景)'이란 제목으로 총 4회 연재를 했다. <서호진 산경>은 함경남도 홍남시의 해안에 면해 있는 '서호진'에서 며칠 묵으며 해당 명소에 대해 "처음"(제1회) 탐방한 감상을 적은 기행문이다. 게재된 날마다 '해면대(海面臺)의 낙조(落照)'(제1회) 등 부제가 붙어 있다. 한편 '서해편'은 전남 순천 출신의 임학수(林學洙, 1911~1982)가 '몽금포 소묘(夢金浦素描)'란 제목으로 총 3회 연재한 것이다. 그는 <몽금포 소묘>에서 "처음 온 곳"(제1회)으로서 황해도 장연군 '몽금포' 및 그 인근 명소에 대한 감상을 적었다. 역시 '사구(沙丘) 야취(夜趣)'(제1회) 등의 부제가 붙어 있다. 이로써 보면 정지용의 '남해편'을 포함한 세 편의 '해변 풍정기'는 동일한 연재 기획물에 속한 기행문으로, 글의 체제나 성격에서 어느 정도 일관성을 띠고 있었던 셈이다.

14 한라산 등반에 관한 이야기는 사실, 그의 시 <백록담>(≪문장≫ 3호, 1939.4)에 베풀어져 있다고 해야 할 듯하다.

목(부제 포함)과 해당 기사의 주요 내용을 표로 정리해 보이면 다음과 같다. 이 표를 통해 볼 때 정지용의 '제주도(濟州島)' 기행 본문은 <다도해기 5>('일편 낙토')와 <다도해기 6>('귀거래')의 기사만으로 한정된다고 하겠다.

<표 1> 정지용의 <다도해기> 일람

| 게재 날짜 | 제목 | 시간적 배경 및 주요 서술 내용 |
|---|---|---|
| 8.23.(화) | 다해기[15] 1: 이가락(離家樂) | 목포행 호남선 열차(23:30)를 타기 전, 등산 여행 준비 ('서울→목포' 기차에서 1박) |
| 8.24.(수) | 다도해기 2: 해협병(海峽病) 1 | 제주행 여객선(21:30)을 탄 후, 선실 안 풍경 및 뱃멀미에 관한 단상 |
| 8.25.(목) | 다도해기 3: 해협병(海峽病) 2 | 갑판 위 정경 및 갑판에서 바라본 다도해 풍광 ('목포→제주' 배에서 1박) |
| 8.27.(토) | 다도해기 4: 실적도(失籍島) | 갑판 위에서 맞은 새벽, 중간 기착점으로서의 추자도 풍경 |
| 8.28.(일) | 다도해기 5: 일편낙토(一片樂土) | "한숨 실컷 자고 나서도 날이 새인 후" 아침, 제주항 어귀에서 바라본 한라산의 모습 (입항) 제주 읍내 풍경 및 생활상 개요 (한라산 등반 중 1박) |
| 8.30.(화) | 다도해기 6: 귀거래(歸去來) | (하산 후 제주 읍내에서 1박) "오시(午時)"(12:00)의 여수행 여객선 타기 전, 한라산의 잔상 및 등반의 여운, 해녀에 대한 관찰 |

이 기행문을 일관하는 정지용의 제주도를 대하는 기본적 심성은 '동심(=어린아이의 마음)'이라 할 수 있다. 정지용과 그의 일행은 제주행 배를 타고 목포에서 다도해를 빠져나가면서부터 마치 "소년" 시절로 되돌아간 듯 동심을 발현하기 시작하였다.

갑판 우에서 통풍기를 통하여 "지용! 지용! 올라와! 등대! 등대!" 하는 영랑의

---

15  영문은 잘 모르겠지만 제1회의 제목만은 '다도해기(多島海記)'가 아니라 '다해기(多海記)'다.

소리였습니다.(<다도해기 2>)

　저 섬들이 총수(總數)가 늘 맞는 것일지, 제 자리를 서로 바꾸지나 않는 것일지, 몇 개는 하루아침에 떠들어온 놈이 아닐지, 몇 개는 분실하고도 해도(海圖) 우에는 여태껏 남아 있는 것이 아닐지 모르겠으며(<다도해기 3>)

　동행인 영랑(永郎)과 현구(玄鳩)도 푸른 언덕까지 헤엄쳐 오르랴는 물새처럼 이나 설레고 푸드덕거리는 것이요, 좋아라 그레는 것이겠지마는 갑판 우로 뛰어 돌아다니며 소년처럼 히살대는 것이요, 꽥꽥거리는 것이었습니다.(<다도해기 5>)

　그러한 동심은 제주도가 지니는 순수함(=다른 것의 섞임이 전혀 없음/사사로운 욕심이나 못된 생각이 없음)에 대한 기대에서 유발되는 것이었다. 그러기에 바다와 관련하여 해녀 이야기를 쓸 때도 "너무도" 상업적인 어른 해녀는 그의 서술 대상에서 제외되었다.[16]

　　"반 시간 시민 우리들 배 타그넹애 일하레 가쿠다.(반 시간 있으면 우리들이 배 타고 일하러 갈 것입니다.)" 우리 서울서 온 사람이니 구경 좀 시키라니간 "구경해그넹애 돈 주쿠강?(구경하고 돈 주겠습니까?)" 돈을 내라고 하면 낼 수도 있다고 하니간 "경하민 우리 배영 가찌 탕 안 가쿠가?(그러면 우리 배에 같이 타고 안 가겠습니까?)" 돈을 내고라도 볼 만한 것이겠으나 어짠지 너무도 bargain's bargain(매매계약)적인 데는 해녀에 대한 로맨티시즘이 엷어지는 것이다.(<다도해기 6>)

　어른 해녀와의 대화를 끝내고 "축항"을 돌아다니는 도중에, 생활전선에 뛰

---

16　여기에서 인용하는 제주방언의 구술발화에 대한 표기는 가급적 원문을 따랐으나 형태 분석 상의 오해를 불러일으킬 수 있는 경우(띄어쓰기 포함)에 한해 원문을 수정하였다. 아울러 이 해의 편의를 위해 해당 발화에 대한 표준어 대역을 (  ) 속에 따로 붙였다.(이하 동일)

어들었음에도 "천진한 부끄림을 속이지 못하여 약간 뺨을 붉히"기도 하는 어린 해녀들이 그들의 눈에 포착되었다.

> 우리는 축항(築港)을 달리 돌아 한편에서 해녀라기보담은 해소녀(海少女) 일단을 찾아냈으니 … 우리는 그들이 뭍에로 기어 올라오기를 기다리고 있었던 것입니다. 열육칠 세쯤 되어 보이는 해녀들이 인어와 같은 모양을 하고 올라오는 것입니다. … 그러고도 천진한 부끄림을 속이지 못하여 약간 뺨을 붉히는 것입니다. 우리는 그중에 한 소녀를 보고 그것을[잠수경] 무엇이라고 하느냐고 물으니깐 "거 눈이우다.(그거 눈입니다.)" … 소녀의 육안(肉眼)을 손고락으로 가르치며 저 '눈'은 무슨 눈이라고 하노 하니깐 "그 눈이 그 눈이고 그 눈이 그 눈입주기, 무시거우깡?(그 눈이 그 눈이고 그 눈이 그 눈이죠, 무엇입니까?)" 소녀는 혹시 성낸 것이나 아니었을까? 그러나 내가 웃어버리니깐 소녀도 바로 웃었습니다. (<다도해기 6>)

"잠수경"이란 말을 아예 모를 정도로 제주도의 언어적 순수함을 간직하고 있던 "해소녀". 그는 그런 순수함을 놀림감으로 삼은 자신이 그녀를 화나게 했을까 걱정하며 그 상황을 웃음으로 모면하였다.

> 소라와 같이 생기었으나 그보다 적은 것인데 '꾸정이'라고 이릅니다. 하나에 얼마냐고 물으니 "일 전(一錢)마씸.(일 전입니다.)" 이것을 어떻게 먹는 것이냐고 물으니 "이거 이제 곳 깡 먹으민 맛좋수다.(이것을 지금 바로 까서 먹으면 맛있습니다.)" … 소녀는 돌멩이로 꾸정이를 까 알맹이를 손톱으로 잘 발라서 두 손으로 공순히 바치며 "얘, 이거 먹읍서.(여기요, 이거 잡수세요)" 맛이 좋고 아니 좋고 간에 우리는 얼골을 찡그리어 소녀들의 고운 대접을 무색하게 할 수가 없었습니다.(<다도해기 6>)

더 나아가 돌맹이로 소라를 깨서 알맹이만 발라 주는 어린 해녀 앞에서 그들은 더이상 장난기나 싫은 내색을 드러내 보이지 못하였다. 순수함에다가 진지함(=마음을 쓰는 태도나 행동 따위가 참되고 착실함)마저 갖춘 "소녀들의 고운 대접"을 그저 기꺼이 받아들일 수밖에 없었던 것이다.

이처럼 정지용은 "자연과 근로와 직접 격투하는 여성"으로서 아직 순수함을 그대로 유지하고 있는 "해소녀"들을 만나면서 자신이 목적한바 "제주에 온 보람"을 비로소 "다" 찾을 수 있었다.

> 호-이, 호-이, 회파람소리.[물속에서 나오면 호흡에서 절로 회파람소리가 난다.] 두름박을 동실동실 띄우고 물속을 갈매기보다 재빨리 들고 나는 것입니다. 제주에 온 보람을 다 찾지 않았겠습니까. … 잠수경을 이마에 붙이고 소중의[잠수의(潛水衣)]로 간단히 중요한 데만 가린 것에 지나지 않았으나 그만한 것으로도 자연과 근로와 직접 격투하는 여성으로서의 풍교(風敎)에 책잡힐 데가 조금도 없는 것이요, 실로 미려하게 발달된 품이 스포-츠나 체조로 얻은 육체에 비길 배가 아니었습니다.(<다도해기 6>)

그녀들과의 만남을 통해 꽤 오랫동안 잊고 있었던 순수하고 진지한 "청춘"의 감정을 완전히 되살려 내게 된 것이다. 물론 그러한 감정은 이미 제주항에 들어서면서부터 "불현듯" 다시 살아난 것이었다.

> 나는 이날 아침에 평생 그리던 산을 바로 모시었습니다. 이지음 슬프지도 않은 그늘이 마음에 나려앉아 좀처럼 눈물을 흘린 일이 없었기에 인제는 나의 심정(心情)의 표피가 호두 껍질같이 오롯이 굳어지고 말았는가 하고 남저지 청춘을 아주 단념하였던 것이 제주도 어구 가까이 온 이날 이른 아침에 불현듯 다시 살아나는 것이 아니오리까.(<다도해기 5>)

"제주도 어구"에서 "평생 그리던" 한라산을 대하며 한동안 무뎌졌던 감성이 분출하기 시작했다는 말이다. 이러한 서술에 의지해 판단하건대 이미 굳어져 버린 "심정의 표피"를 벗겨 슬픔도 느끼지 못하는 "그늘"에서 벗어나고자 함, 그것이 곧 정지용의 제주도 탐방(한라산 등반 포함) 목적이고 또 <다도해기>에 드러난 작가의 심경이라 할 수 있다.

## 5. 맺음말

앞서 밝혔듯 조선총독부의 '조선 팔경' 선정 작업에서 '한라산'이 1위를 차지하였지만 정작 당시의 제주도 탐방객들이 가까이에서 꼭 만나보고 싶어 했던 제1의 대상은 '해녀'였다. 이는 위의 세 기행문 모두에서 해녀가 비중 있게 다루어져 있다는 것 외에도 1930년대 후반의 양대 신문(동아·조선일보)에 매년 3차례 이상 제주의 '해녀'가 기사의 주 제목으로 등장했다는 사실만으로 어느 정도 가늠해 볼 수 있다.[17]

> 서울서 산 표 한 장으로 해녀의 나라에(「동아일보」 1935.3.24)
>
> (사진) 제주의 해녀(「동아일보」 1935.7.9)
>
> (사진) 해중(海中) 작업 나가는 제주 해녀(「동아일보」 1935.8.8)
>
> 제주에서만 보는 해녀 어조(漁組) 통제(「조선일보」 1936.5.28)
>
> 바다를 제집같이: 부러워 뵈는 해녀(「조선일보」 1936.7.24)

---

17 물론 '한라산'도 당시의 신문 기사 제목에 '해녀' 이상으로 자주 등장하기는 했다. 다만 '한라산 탐방대 모집(안내)' 광고와 이은상의 <한라산 등반기>(1937)를 제외하면 30년대 후반에 주 제목으로 '한라산'이 등장한 것은 다음에 제시하는 기사 정도에 불과해('사진' 제외) '해녀'에 비하여 수적으로 결코 많았다고 말하기는 어렵다. <경성제대 스키대 한라산 등산>(「동아일보」 1935.12.24), <성대 산악부원 한라산서 조난>(「조선일보」 1936.1.6), <한라산·지리산 국립공원 계획>(「동아일보」 1937.6.12), <세의전 등반대 장백산과 한라산에>(「조선일보」 1937.7.10), <연전 산악부 일행 한라산을 정복>(「동아일보」 1938.7.28)

해녀 삼십여 명 인천에 기항(「조선일보」 1936.10.7)

해녀 삼백여 명 일본 내지에 원정 작업(「조선일보」 1937.4.10)

제철 만난 해녀군(海女群)(「조선일보」 1937.5.1)

(사진) 해녀(「동아일보」 1937.8.1)

당시의 시대 상황 속에서 "잠수경을 이마에 붙이고 소중의로 간단히 중요한 데만 가린"(<다도해기 6>) 해녀가 외지 탐방객들에게 호기심의 대상이 되었으리라는 점은 충분히 짐작되고도 남는다. 하지만 그들이 그런 해녀를 매우 엄격하게 비하의 시선을 가지고 바라보았다는 사실도 여기에 언급해 두어야할 일이다.

제주도의 해녀라는 이름은 즉 해산물을 캐는 직업부인을 가르쳐 말함이외다. … 몰상식한 일부 인사들은 해녀를 천대합니다. 직업에 무슨 귀천이 있겠습니까? 이에 대하여는 참으로 유감이라 안 할 수 없습니다. 바라건대 해녀를 천대하는 여러분! 해녀는 결코 하등인종이 아닙니다. 바꾸어 말하면 해녀는 해산물 캐는 직업부인의 대명사입니다. 직업 종류에 따라서 귀천을 구별하며 색안경으로써 보는 것은 시대의 착오라 안 할 수 없습니다. 부디 각성하시오(<내 지방 소개: 절해의 제주도>, 「조선일보」 1927.2.3)

위의 기사에서 보는 대로 당시에 해녀는, 심지어 "하등인종"으로 치부될 정도로 멸시와 "천대"를 받았던 모양이다. 그러기에 이 글을 쓴 무명(無名)의 필자는 해녀를 "직업부인"이라 부르며 일부 "몰상식한" 이들에게 절대로 그들을 "천대"하지 말라고 단호히 주장하였다. 이 기사 하나만으로도 제주 해녀에 대한 편견이 전국적으로 사회 전반에 걸쳐 널리 퍼져 있었음이 단적으로 드러난다.

또 제주 해녀를 고소득의 원천으로 간주하여 그로 인해 제주도민들의 생활이 풍족했으리라고 여기는 것도 일정 부분 오해되고 있는 사실 중의 하나다. 진관훈(2004)에서는 "일제하" 제주도 경제에서 "해녀 노동에 의한 소득"(149면)이 차지하는 비중이 대단히 큰 것은 분명하나[18] 그러한 수입을 포함하더라도 제주도 해안 마을의 "경제력"은 전국의 다른 지역(1930년대 기준)과 비교해 "가장 열악한 지역"보다 "약간 낮게"(173면) 나타났다고 보고하였다.[19] 이로 미루어 볼 때 해녀들의 상당한 근로 수입에도 불구하고 당시의 제주도민들은 그리 풍족한 삶을 영위하지 못했음을 알 수 있다. 앞서 검토한 세 편의 기행문 또한, 이러한 편견과 오해에서 완전히 벗어나 있었다고 말하기는 어려운 듯해 사족으로 이러한 사실을 덧붙인다.

---

18  1939년 기준, 해안 마을 농가의 평균 총수입(962엔 92전) 중에 외지 "출가" 수입을 포함한 해녀 총수입 평균은 231엔 45전으로(진관훈 2004:175) 그 비중은 약 24% 정도를 차지했다고 할 수 있다.
19  진관훈(2004)에 따르면 당시 중산간 마을의 "경제력"은 해안 마을의 70% 정도에 불과했다.

참고문헌

김동윤(2008), ≪제주문학론≫, 제주대 출판부.

김복희(2015), 국토의 알레고리, 한라산, ≪한국시학연구≫ 43, 179-204.

박찬모(2015), 1930년대 제주도·한라산 기행문 고찰-여행 안내서와의 상호 관련성을 중심으로, ≪한국언어문학≫ 92, 237-265.

송기한(2014), ≪정지용과 그의 세계≫, 박문사.

송상조(2007), ≪제주말 큰사전≫, 한국문화사.

이은상(1944), 탐라의 한라산, ≪반도산하≫(김동환 편), 삼천리사, 229-267.

정수연(2017), 정지용과 백석의 기행시편 연구, 박사논문(고려대).

정승철(1995), ≪제주도 방언의 통시음운론≫, 태학사.

정승철(1997), 제주도 방언 어미의 형태음소론, ≪애산학보≫ 20, 67-107.

정승철(2010), <제주도 언어 자료> 해제 및 주해, ≪한국어연구≫ 7, 211-386.

정지용(1941), ≪백록담≫, 문장사[1946, 백양당].

진관훈(2004), 일제하 제주도 경제와 해녀 노동에 관한 연구, ≪정신문화연구≫ 27-1, 149-178.

최동호 엮음(2015), ≪정지용 전집≫, 서정시학.

편집위원회 편(2009), ≪제주어사전≫(개정증보판), 제주도

# Eckardt 신부의 『조선어교제문전』(1923) 〈읽기자료〉와 구전 설화 「한라산 신션 니야기」의 텍스트 형성과 그 변이에 대한 일고찰*

최전승

## 1. 서론: Eckardt의 한국학 연구 기점으로서 문법학습서와 설화 수집*

이 글에서 글쓴이는 20세기 초반 독일 선교사 안드레아스 에카르트 신부 (1884~1974)가 편찬한 한국어–독일어 대조 문법학습서 『조선어교제문전』(1923, 朝鮮語交際文典)을 중심으로 로마자 표기로 작성되어 있는 〈읽기자료〉(Lesestück) 와, 이 책의 부록편인 『부주해』(1923)에서 한글 표기로 다시 전사된 설화 가운 데 일부를 조감하며, 특히 「한라산 신션 니야기」(Die Berggeister des Hallsan)의 텍 스트 구성과, 그 변이 과정을 여기에 반영된 당시의 20세기 초반 서울말의 언어 현상과 함께 관찰하려고 한다.[1] Erkardt가 강독자료 텍스트로 제시한 설

* 개화기 민담 「한라산 신선 이야기」의 기원과 전래에 대한 글쓴이의 자문에 친절하게 응하여 준 이월영, 한창훈, 주재우 교수(전북대), 구사회 교수(선문대) 등, 고전문학 전공 교수님들께 깊은 감사의 인사를 올린다. 조원형(서울대) 교수는 이 글의 초고를 통독하고 건설적인 비평 을 보내주셨다. 이에 감사드린다.

1 20세기의 한국학 창시자로서 에카르트 신부/교수의 그 당시 한국에 대한 언어학, 미술과 음 악, 그리고 문학과 민속학, 철학과 종교 등에 걸치는 다양한 업적과 활동 및 그를 배출한 독일 성 오틸리엔 베네딕토 수도회의 시대적 선교 목적에 대한 개요는 Riekel(1960:11-12), Huwe (1987), 요한네스 마르(2009), 조현범(2010), 홍미숙(2019:5-35) 등을 참조

화 「한라산 신선 니야기」에는 앞서 또 다른 변종 설화가 존재한다. 그것은 19세기 후기에 프랑스 신부 Ridel의 『한어문전』(1881, Grammaire Coréenne)에서 교재 후반부에 배정된 일종의 심화학습인 <단계적 연습>(Excercices gradués) 가운데 제21과 「정신 나간 어떤 편집광」(Une monomanie spriritiste confondue)이라는 표제로 한글 원문과 여기서 번역된 프랑스어로 실려 있다. 20세기 초반 Erkardt가 수집해서 강독교재로 실린 「한라산 신선 니야기」와 그 당시 40여 년 앞선 Ridel의 19세기 후반의 설화 「정신 나간 어떤 편집광」과의 텍스트상의 대조와 비교를 이 글에서 시도하려고 한다.

Erkardt의 문법학습서 제목 *Koreanische Konversations-Grammatik mit Lesestücken und Gesprächen*(Heiderberg, 1923)에서 "대화"라는 단어가 표제어의 일부로 지칭된 바와 같이, 본서의 특징은 44과 전체에 배정된 다양한 강독용 교재 <읽기자료>와, 일상생활에 근거한 살아있는 구어 중심의 회화 제시에 그 방점이 있다. 특히 이 문법서에 포함된 일종의 강독용 교재인 <읽기자료>는 Eckardt가 그 당시 13년 동안 한국에 체류하는 과정에서 전국을 답사하면서 몸소 수집한 20세기 초반의 한국의 전설, 민담(옛날이야기), 우화/일화, 전통과 풍습에 대한 대부분 독창적인 자료들로 구성되어 있다.[2]

또한, 이 책과 같이 간행되었으며, 일종의 자매편(下卷)으로 딸린 『부주해』 (*Schlüssel zur Koreanische Konversations-Grammatik*)는 독자적인 저자 서문과, 동양 전통적 제책 방식에 따른 역순 쪽 매김으로 되어 있다. 원래의 제목에 "해답/열쇠"(Schlüssel)라고 첨부된 『부주해』에는 문법학습서에서 한글 텍스트를 로마자로 전사한 <읽기자료>의 부분에 대한 독일어 번역과 함께, 그 당시의 관용적인 한글 표기로 그 전문이 제시되어 있다. 이어서 『부주해』에는 전체 45과

---

2 이 글에서 '설화'라는 용어는 일반적으로 신화, 전설, 민담(옛날이야기), 우화/소화 등을 포괄하는 상위 개념으로 사용한다(장덕순 1970, 조희웅 1983, 최운식 2002). 여기서 취급하려는 「한라산 신선 이야기」는 일종의 옛날이야기로 민담에 속한다. 이 설화의 유형론적 분류로는 "神異譚"에 해당된다.

각과마다 독일어로 작성된 작문 연습(Aufgabe; 과제)을 한국어 문장으로 옮긴 번역문이 포함되어 있다.[3]

이 『조선어교제문전』의 머리말 중간 부분에서 Eckardt는 자신의 저서에 대한 특징과, 그 이전 시기에 나온 다른 문법서 부류들과 상이하다는 사실을 다음과 같이 지적하였다.

> (1) 본 문법서는 최초의 독일어-한국어 문법이다. 이 책은 많은 점에서 Underwood
> (초판 1895, 개정판 1914, 원래 단지 문장들을 수집해 놓은 것에 불과하다.)
> 가 저술한 영어-한국어 문법이나, *Grammaire Coréenne*(1880)과는 상당히 다
> 르다. 복잡하고 어려운 한국어 동사에 대한 설명에서 이 문법서는 아주
> 새로운 체계를 도입하였다. 이러한 방법은 저자가 서울 숭신학교(교사 양
> 성소) 수업을 위해서 1913년에 간행한 한국어 문법서 『조선어 문전』
> (Tjosŏn-ŏ muntjŏn)에서 맨 처음 시도한 것과 같다.
>
> (Vorwort IX)

위의 언급을 통해서 이 문법서(1923)에 대해서 우리는 두 가지 사실을 파악

---

3  『조선어교제문전 부주해』는 원래의 『조선어교제문전』 텍스트와 독립적으로 역순으로 뒷부
분서부터 시작하는 쪽 매김이 책 하단부에 한자 숫자로 매겨져 있으며, 제45과 <련습> 한
글 번역이 종료되는 130쪽 다음에 석판 손글씨로 독자적인 판권과 한글명 저자 玉樂安과 조
선 元山 주소가 한문으로 기재되어 있다. 이 문법서의 『부주해』는 1923년 3월에 간행되었다
는 기록이 판권에 있는데, 독일어로 작성된 『조선어교제문전』의 저자 서문 말미에는 1923년
6월로 나와 있다. 여기서 Eckardt 신부는 『조선어교제문전』과 이것에 딸린 『부주해』를 "上下
二篇"으로 묶어서 정가 5원으로 명시하고 있다.
『부주해』에는 Eckardt 신부가 국한문 혼용방식으로 자필로 다음과 같이 따로 쓴 머리말이
첨부되어 있다.
著者 情密한 材料를 募集ᄒ기 爲ᄒ야 13개 星霜을 苦心ᄒ며 朝鮮 13도를 통ᄒ야 방방곡곡을
답사ᄒ며 연구에 연구를 가ᄒ 결과, 45과로 分ᄒ 문법, 어학, 此類 연습, 회화 등을 일체 망
라ᄒ야 세밀한 번역을 가ᄒ 쑨 안이라 더욱 문전의 發音을 따라 羅馬字로 세밀히 並解ᄒ엿
슴으로 獨逸 人士나 朝鮮 人士로 語學을 연구홈에 最適當홈으로 信ᄒᄂᆞᆫ 바라(일부).

할 수 있다. 하나는 『조선어교제문전』이 독일어로 작성된 최초의 문법서라는 주장이며, 본격적인 이 책 이전에 이미 1913년에 같은 저자가 저술한 한국어 문법서 『조선어 문전』이 생도들을 가르치기 위한 학습 교재용으로 이미 존재 했었다는 정보이다. 다른 하나의 사실은 1909년 12월 말에 당시 25세의 젊은 나이로 한국에 도착한 Eckardt 신부는 한국어를 익히고 공부하기 위한 방편으로 앞서 19세기 후반과 20세기 초기에 프랑스와 미국과 영국 및 캐나다 선교 사들이 간행한 일련의 한국어 학습문법서들을 이용하였으며, 자신의 독일어-한국어 문법서를 작성할 때에도 충분히 참고하였을 것이라는 점이다.[4]

그러나 1830년대부터 한국에서 선교 활동을 시작한 프랑스 파리외방전도회 천주교나, 미국과 영국 등지에서 파견되었던 일단의 개신교에 비하면 비교적 늦은 1909년을 기점으로 한국에 파견된 후발주자로서 상트 오틸리엔 소속 베네딕토회 선교사들이 니바우어(Niebauer, 1912)와 로머(Romer, 1922)와 같은 한국어 학습문법서를 이미 간행했었다고 알려져 있다(조현범 2010, 박보영 2015, 조원형 2016). 그리고 Eckardt 자신이 위의 서문에서 언급한 Eckardt(1913)의 존재를 고려하면 『조선어교제문전』(1923)이 독일어로 작성된 맨 처음의 한국어 학습 문법서라고 보기는 어려운 점이 있다.[5] 이 문법서(1923)가 간행되기 이전의

---

4 1950년에 Eckardt가 자신이 한국에서 20년간 체류했던 회고담을 엮은 *Wie ich Korea erlebte*(『조선, 지극히 아름다운 나라』, 이기숙 옮김, 2010)에서 한국에서 한국어를 습득하는 과정을 기술하는 가운데 다음과 같은 언급을 하고 있다.

-언어학습 교재도 조금 낡은 프랑스어 문법책과 1882년에 나온 한불사전 외에는 없었다. 결국 나는 참고서도 없이 언어에 익숙해질 수밖에 없었다(1950/2010:71).

여기서 그가 언급한 "조금 낡은 프랑스어 문법책"은 Ridel의 『한어문전』(Grammaire Coréenne, 1880)을 가리키는 것 같다. 이 프랑스어 문법책이 Eckardt가 자신의 문법서 『조선어교제문전』을 작성할 때에 특히 <읽기자료>의 일부와, 『부주해』(1923)의 편집방식에 대해서 영향을 끼치게 되었다는 사실은 이 글의 §3에서 논의된다.

5 Eckardt가 1913년에 저술했다는 『조선어 문전』의 존재와 내용은 지금까지 구체적으로 알려진 바 없다. 그러나 Eckardt(1923)의 원고가 1914년도에 완성되어 독일 출판사에서 인쇄에 붙여졌다는 사실로 미루어, 『조선어 문전』의 내용을 대략 유추해 볼 수 있다. 또한, 1922년에 저술되었다는 로머(Romer) 신부의 문법서 역시 1927년에 제2판으로 나온 등사판 원고본

여타의 문법서들은 정식으로 출판되지 않은 등사판 원고본이었으며, 베네딕토 수도원 내부에서 당장의 필요에 의한 한국어 학습용으로 사용되었다. 그 반면, 『조선어교제문전』(1923)은 독일 출판사에서 정식 인가를 받아 간행되었으며, 학문적인 체계를 갖춘 본격적인 한국어 문법 학습서로서 그 대상을 독일이나 유럽에 거주하는 동양학자 계층까지 포함하였다는 점에서 최초의 학술 문법서라고 Eckardt가 내세운 것이다.[6]

『조선어교제문전』(1923)은 1923년에 간행되기는 하였으나, 그 원고가 이미 작성되어 1914년부터 독일의 Heiderberg, Julius Groos 출판사에 보내어져 인쇄가 시작되었다고 머리말에서 밝히고 있다(Vorwort, x). 그러나 이 문법서(1923: 333)의 제36과에 실려 있는 <과제>(련습) 항목 가운데 "Heute ist der 6. Juni 1921."(『부주해』, 36 련습에서 "오늘은 一千九百二十一年 六月이 올시다.")와 같은 예문을 보면, 도중에 많은 기간 동안 인쇄가 중단되는 등의 우여곡절을 겪었으며, 그러면서 원고는 그 사이에 부단히 첨가되고 수정되었을 것으로 추정된다.[7]

---

*Koreanische Grammatik*을 통해서 확인될 뿐이다(박보영 2015, 조원형 2016).

6  이러한 사실은 저자의 서문 말미에 반영되어 있다. Eckardt 신부는 자신의 문법서를 바탕으로 해서 고국의 독일 학자들이 계속 정진해서 독일 민족의 영광에 기여하기 바란다고 소망하였다.
저자 서문 다음에 독일의 Müller 교수의 추천서가 뒤따라 있다. 거기에서 Müller 교수는 Eckardt(1923)의 장점을 몇 가지로 압축하여 소개하면서, 독일어로 최초로 출간하는 이 문법서는 1881년에 파리 외방전교회 조선 교구에서 간행한 『한어문전』(*Grammaire Coréenne*)과 쌍벽을 이루며, 실재적인 사용에서 훨씬 더 뛰어나는 업적이라고 했다. 끝으로, 본 문법서가 독일에서 지금까지 가장 소홀한 상태로 있던 한국어 연구에 새로운 자극을 줄 수 있기를 바란다고 하였다.

7  Eckardt 신부는 이 문법서의 서문에서 길고 지난했던 인쇄 과정을 다음과 같이 밝히고 있다.
-이 문법서의 인쇄는 이미 1914년에 시작되었다. 이러한 과정은 엄청난 인내와 작업을 요하는 일이었다. 세심한 배려를 베풀어준 간행인 하이텔베르크의 줄리우스 그로스씨에게 특별한 감사를 올린다. (1차 대전이라는) 시대의 불리한 여건 속에서 아주 어려운 저작물을 인수하여 완성하고, 교정지 일부도 출판사에서 스스로 감당했던 것이다. 책 인쇄물 전체가 (독일에서) 두 번, 세 번 동아시아로 운송되는 긴 여정을 겪었으며, 도중에 분실되어 버리는 경우도 많았다. 그렇기 때문에 인쇄 자체가 지연되어 과도한 기간이 소요되었다. 세심하게 정성을 드린 교정지가 마지막 순간에 식자공에게 전달되지 못하거나, 교정이 전연 이루어지지

이 문법서(1923)의 체제는 다음과 같은 구성을 갖추고 있다. 제1과가 시작되기 전에, 따로 독립된 <발음규칙>(Ausspracheregeln)(pp.1-6)이 모음과 자음으로 분류하여 제시되었다. 여기에 20세기 초엽 한국어의 단모음과 이중모음의 음가(§§1-11)와, 자음에 대한 발음상의 특질과 움라우트 현상을 포함한 몇몇 중요한 음운현상들(§§1-24)이 독일어의 경우와 대조되어 정밀하게 관찰되었다.[8]

그 다음으로 연속되는 제1과에서 제45과 전체에 걸쳐 한국어의 문법 전반의 얼개가 독일어 문법체계의 관점과 술어를 이용하여 일관된 항목번호(§§1-321)를 첨가한 규칙과 많은 예문들로 기술되었다. 그 다음 순서로 두 부류로 분류된 <단어모음>(Wörter)이 순차적으로 뒤따랐는데, (a) 부류에서는 기본적인 일상 기본어휘들이, (b) 부류 어휘에서는 한글을 로마자로 전사한 강독교재 <읽기자료>(Lesestück/읽을거리)의 본문에 출현하는 새로운 어휘들이 독일어 대역으로 풀이되어 있다. 그리고 이어서 <과제>(Aufgabe) 부분에서는 앞서 제시한 문법규칙들과 내용을 이용한 짤막한 문장들로 구성된 한글 작문이 독일어로 제시되어 있다. 여기서 각 문장마다 한글로 옮길 적에 필요한 문법 정보(5단계로 설정된 높임법 등)도 적절하게 표시하였다. 끝으로, 앞서 습득한 문법 정보를 이용한 가상적인 甲과 乙의 화자를 내세운 <대화>(Unterhaltung)가 일상적인 구어로 현장감 있게 제시되었다.

이와 같은 일관된 문법 학습서 체제를 갖추고 있는 『조선어교제문전』(1923)에서 Eckardt는 주로 <읽기자료>와, 일부 <과제> 항목을 이용하여 자신이 그 당시 1911년부터 직접 수집하기 시작했던 20세기 초엽 한국설화 자료를 20여 편 소개하였다. 그는 이 문법서(1923)의 머리말에서 <읽기자료>와, <대화> 항목은 대부분 한국의 정서와 생활, 그리고 풍습, 민담과 전설 등은 한국

---

않기도 하고, 심지어 잘못 교정되는 일도 있었던 것이다(Vorwort des Verfassers, p.x.).

8 이 문법서에 기술된 설명과 예시된 문장들에서 20세기 초 서울말의 일부 음운현상과, 공시적 움라우트 현상의 생산성에 대한 고찰은 정인호(2014:116-118)와 최전승(2020:21-102)을 참조

의 역사를 고려해서 선정한 것이라고 밝혔다. 특히 <읽기자료> 텍스트는 전부 자신이 수집한 독창적인 이야기인데, 단지 제4과에 실린 "나는 노루"(경향신문 1910.9.30)와, 제10과—제11과에서 연속된 笑話 "우슴 거리 1-2"의 내용은 「경향신문」에서 가져왔으며, 여기에 약간의 변경을 가해서 전재한 것이라고 밝혔다.[9] 또한 그는 이 문법서에 각 과마다 제시된 한국어 <대화>의 내용도 본 문법서를 위해서 새로 작성되었으며, 실제 한국인들의 삶을 바탕으로 하고 있다고 강조하였다.

일찍이 Riekel(1960)은 독일 뮌헨 대학 한국학과 Eckardt 교수 75세 생신에 헌정한 기념논총 *Koreanica*(Verlag August Lutzbyer)의 머리말에서 전 생애에 걸친 다양한 한국학 연구 업적을 조감하면서, 1923년에 출간된 문법서『조선어교재문전』이 가지고 있는 상징성을 아래와 같이 지적한 바 있다.

> (2) Eckardt의 포괄적이고 다양한 한국학 연구의 출발은 한국어의 기술과 분석에 있다. 이러한 성과를 바탕으로 나온 최초의 업적인 한국어 문법서『조선어교제문전』(1923)을 기점으로 하여 한국의 문화와 예술, 한국 문자의 기원과 형성, 학교제도, 설화(신화와 동화), 그리고 종교와 철학에 걸치는 전 영역으로의 연구가 체계적으로 전개되어 나갔던 것이다.(pp.11-12)

이와 같은 관점에서 Eckardt가 한국문학, 특히 민속설화의 영역에서 세운 본격적인 업적의 출발점 역시『조선어교제문전』(1923)에 기반을 두고 있다. 이 문법서(1923)에 수록된 전체 44편의 <읽기자료>와 한국어 작문 연습인 <과제> 부분에서 Eckardt는 한국어 습득용 강독교재로 1911년에서부터 1923년 사이에 자신이 직접 수집하고 정리한 한국 설화들을 소개하였다.[10] 그는 여기

---

9  「京郷新聞」은 한국에 파견되었던 프랑스 가톨릭 교단에서 애국계몽 운동의 일환으로 1906년에 창간한 신문이다(1906년 10월 19일 창간-1910년 12월 30일 폐간). 전면이 한글판 주간 신문으로, 발행인 겸 주필은 프랑스 신부 안세화(安世華, Florian Demange)였다.

에 수록되었던 한국 설화를 발판으로 38편으로 더욱 확대하여 5년 후에 독일 어로 번역된 본격적인 한국의 설화집 『한국의 동화와 옛날이야기-한라와 백 두산 사이에 걸친』(Koreanische Märchen und Erzählungen. Zwischen Halla- und Paektusan, 1928)을 상트 오틸리엔 선교출판부에서 간행하였다. 최석희(2005:380)에 의하면, 이 설화집의 서문에서 그는 1923년에 『조선어교제문전』에 수록된 한국 설화들 이 독자들로부터 적극적인 호응을 얻으면서 아시아 문학, 특히 한국문학에 대한 연구 성과의 하나로 발표하려는 용기를 얻어서 이 한국 설화집을 간행하는 것이 라고 밝혔다고 한다.[11] 또한, Eckardt는 1950년대에 들어와서도 예전의 한국에서 20년간 체류하면서 전국에서 수집한 자료를 바탕으로 전설과 동화, 민담을 더 욱 확대한 두 권의 설화집 『오동나무 아래에서』(Unter dem Odongbaum. Koreanische Sagen, Märchen und Erzählungen. Während eines zwanzigjährigen Aufenhalts in Korea, 1950)과, 모두 43편이 수록된 『인삼뿌리』(Die Ginsengwurzel, Koreanische Sagen, Volkerzählungen und Märchen, 1955)을 간행하였다.

이 글에서 글쓴이가 주로 살펴보려는 20세기 초반에 수집된 민담 「한라산 신선 니야기」(Die Berggeister des Hallsan) 텍스트 한 편은 Eckardt의 『조선어교제문 전』(1923) 가운데 실린 44편의 <읽기자료> 가운데, 제21과-제23과(pp.198-211) 를 거쳐 연이어 3회 연속된 비교적 긴 이야기에 속한다. 이 텍스트 전문은 앞서 언급한 바와 같이 한글 문장을 정밀하게 로마자화한 것으로, 본문 가운 데 적절한 곳에 각주 형식을 취해서 독일어로 부연 해설이 첨가되어 있다.

---

10  Eckardt(1923)에 게재된 민담과 전설, 우화 등이 조현범(2009:89-90)에서 20여 편이라고 하였 으나, 최석희(2007:284)에서는 <읽기자료>에서 20편, <과제>(Aufgabe)에서 4편을 추가하여 모두 24편이 수록되어 있다고 보았다.

11  글쓴이는 지금까지 Eckardt의 독일어판 한국 설화집(1928)을 구해서 보지 못하였다. 이 설화 집을 조감한 조현범(2009:190)과 최석희(2007)에 의하면, 여기에는 전국에서 수집된 민담과 전설 그리고 민요 등이 포함된 38편이 조선시대의 풍속화 16점(김홍도 10점, 성협 6점)과 함 께 수록되어 있다고 한다. Eckardt의 『조선의 동화와 옛날이야기』(1928)을 전후하여 동 시대 에 출간된 여타의 대표적인 민담집들은 다음과 같다. 최초의 전래동화집 『조선동화집』(1924, 조선총독부), 심의린의 『조선동화대집』(1926), 손진태의 『조선민담집』(1930).

그리고 이 문법서의 독립된 자매편『부주해』(『한국어교제문전의 해답』; *Schlüssel*)에서는 먼저 이 민담을 독일어로 번역한 전문이 실려 있다. 이어서, 동양식 제책 방식에 따라 역순으로 쪽수 매기기가 부여된『부주해』부분에서 <대역>이라는 표제로 한글 원문이 20세기 초반 표기법의 관례에 맞추어 석판인쇄를 사용해서 정갈한 손 글씨로 제시되어 있는데(데이십일 더역(一)-데이십삼 더역(三), pp.163-161). 이것은 Eckardt가 만년에 집필한 새로운 한국어 문법서 *Grammatik der Koreanischen Sprache*(개정 3판)에 의하면, 그 글씨는 자신의 자필이었다고 한다 (Eckardt 1966).

이와 같이 처음으로『조선어교제문전』(1923)에 등장하였던 설화「계쥬 한라산 신선 니야기」원전은 그 이후 간행된 설화집『한국의 동화와 옛날이야기』(1928:4-6)를 거쳐, 두 번째로 독일에서 1950년대 펴내었던 또 다른 설화집『오동나무 아래에서』(1950:114-120)에서도 원래의 독일어 번역문에 수정이나 가감 없이 그대로 전재되었다(최석희 2007:286-289). 이러한 사실로 미루어 보면, 이 이야기는 Eckardt 본인에게 한국의 여러 설화들 가운데 각별한 의미가 있었을 것이다.

지금까지 Eckardt가 편찬한『조선어교제문전』(1923)에 대한 개략적인 관찰과 평가, 그리고 국어문법사의 관점에서 이루어진 본격적인 연구는 1930년대부터 최근까지 지속되어 오고 있다(정희준 1938; 小倉進平 1931/1964; 이숭녕 1965; 고영근 1977, 1983). 최근에는 19세기 후반~20세기 초반에 이르는 외국인이 작성한 일련의 개화기 한국어 교재들을 교육학적으로 분석하는 노력의 일환으로 이 문법서(1923)에 대한 검토가 집중적으로 수행되기도 하였다(이은정 2008; 고예진 2012, 2014; 원윤희·고예진 2012; 고예진·원윤희 2014). 원윤희(2015)는 이 문법서(1923)의 <과제>(Aufgabe, 련습) 영역을 유형과 내용면으로 분석하여 그 시대적 의의를 추구하였다. 조원형(2019)는 이 문법서(1923)의 주요 내용을 분석하고, 앞서 19세기 후반 Ridel의『한어문전』(1880), 미국인 선교사 Underwood의『한영문법』(1890), Eckardt가 후대에 간행한『한국어 문법』(1965)의 내용과 대조하였다.

한국 설화학사의 관점에서 20세기 초반에서부터 1950년대에 이르기까지 Eckardt가 수집하고 간행한 일련의 한국 설화와 설화집에 대한 상세한 고찰과, 당시의 자료제공자들에 대한 조사가 조희웅(1986, 1988)에서 이루어졌다. 또한, 한국문학의 독일에서 수용과 번역의 역사적 관점에서 이 문법서(1923)에 실린 한국 민담들이 논의되었다(이은정·이영석 2009; 최석희 2005, 2007).[12] 그리고 20세기 초반 한국에 파견되었던 독일 베네딕토 회 선교사들의 한국어 연구와 인식, 및 한국문화 연구에 대한 관점에서 Eckardt가 1911년부터 수집하고 편찬한 일련의 한국 설화 전반에 걸친 고찰이 이루어졌다(조현범 2009; 박보영 2015). 이성희(2021)는 이 문법서 『부주해』(1923)에 실린 한글 원문 <읽기자료>의 제재와 특징, 그리고 그 의미와 한계를 분석하여 추출한 바 있다.

이 글의 제2장에서는 예비적 고찰로, 먼저 Eckardt가 편찬한 문법학습서의 시대적 형성 배경과, 그 이후 이 문법서가 보여준 수용과정과 그 국내외에 끼친 영향 몇 가지를 살펴보았다(§2.1), 그 다음, 이 문법서의 텍스트 본문과, 한국 설화가 수록되어 있는 <읽기자료> 등에서 당대의 통일되지 못한 표기법과 대중들의 실제 발화 사이에서 Eckardt가 『조선어교제문전』과 『부주해』를 통해서 고안해낸 해결책을 제시하였다(§2.2). 또한, 이 문법서의 <읽기자료>의 텍스트 등에서 Eckardt가 한국어의 구어와 지역방언의 다양성에 주목하였던 노력의 일단을 찾아서 자료와 함께 부분적으로 제시하였다(§2.3).

제3장에서 Eckardt(1923)의 <읽기자료>에 수록된 구전 설화 텍스트들의 유형과 언어적 특성을 개관하였다(§3.1). 이어서 <읽기자료>에 포함된 한 편의 민담 「한라산 신선 이야기」가 40여 년 전에 Ridel(1881)의 <단계적 연습> 가운데 "정신착란을 일으킨 어느 편집광"의 텍스트와 유연성을 가지고 있음을 지

---

12 특히 최석희(2007:286-289)는 독일어로 번역된 한국문학을 예시하면서 『조선어교제문전』 (1923)의 『부주해』에 한글 원문으로 실려 있는 「졔 쥬 한라산 신선 니야기」의 전문을 그대로 옮겨 소개하였다.

적하고, 그 계통을 부분적으로 추정하였다(§3.2).

제4장에서 Ridel(1881)과 Eckardt(1923)의 두 가지 「한라산 신선 이야기」의 변종 설화 텍스트를 발단과 전개 그리고 결말 중심으로 일정한 단락별로 구분하여 상호 대조하면서, 변이와 그 수용의 과정을 관찰하였다. 이러한 작업을 통해서 선행하는 19세기 후기의 Ridel(1881) 텍스트가 근대국어 어느 단계에 유포되어 있던 문헌설화에 근거하였을 가능성과, 20세기 초반의 Eckardt(1923)의 텍스트는 자료 제공자 미라내 강도영 신부의 구어적 구술과 Ridel(1881)을 적극적으로 참조하였다는 가정을 하였다. 끝으로 제5장 결론에서 이 글이 가지고 있는 제약과 문제점을 요약하고, 이 설화의 기원적 계통과 수용과 변이 과정을 시대적으로 선행하는 <金剛誕遊錄>(1687)과, 송만재(宋晚載)의 <觀優戲>(1843)에 실린 "가짜신선타령"을 이용하여 대조하였다.

## 2. 『조선어교제문전』(1923)에 반영된 20세기 초반 한국어의 구어와 다양성

### 2.1. 『조선어교제문전』의 형성 배경과 그 영향

Huwe 교수가 유럽 한국학의 대부 안드레 에카르트의 평생에 걸치는 학문적 이력을 요약해서 소개하는 논문인 "Andre Eckardt-eine biographische Skizze" (1987:587-596)을 참조하면, 다음과 같이 정리될 수 있다. 당시 25세의 젊은 Eckardt는 독일의 상트 오틸리엔 베네딕토회 수도원에서 사제 서품을 받은 그해 1909년 12월에 한국에 파견되어 서울 동소문 근처 백동 수도원으로 배정되었다. 그곳 서울 수도원의 목적은 좁은 의미의 선교 활동이 아니고, 주요 임무 중에 하나는 교사양성소(Lehrerbildungsanstalt)와 수공업학교(Handwerkrschule)를 세우고 학도를 선발해서 교육시키는 사업이었다.[13] 독일 베네딕토회 상트 오틸리엔 연합회의 선교사들이 한국 진출 100주년을 기념하기 위해서 위임받은 요한네스 마르 신부가 저술한 『芬道通史』(2009, 왜관수도원 옮겨 엮음)의 서문에서도 이와 같은 선교단체의 목적을 밝히고 있다. "개방화되는 근대 한국사회에서 교육의 의미가 중대한 시대적 징표가 될 것임을 파악한 베네딕토 선교회는 한국인 교육에 종사하면서 중간 지식층을 형성하고, 훌륭한 전문 수공업자를 양성하는 임무를 맡게 되었다."(2009:34).

한국어 습득에 대단한 열성을 보였던 Eckardt는 초등과 중등교사를 양성하는 교사양성소에서 주로 교육활동에 종사하게 되었다. 그는 학습용 교과서가 전무한 상태에서 각각 3권으로 구성된 『물리학』(Handbuch der Physik, 1921)과 『화학』(Handbuch der Chemie, 1922)을 한국어로 저술하여 내었다.[14] 그러나 교사양성소 운영은 일본 조선총독부의 적극적인 간섭과 압력으로 오래 지속되지 못하였다. 그리하여 그가 교장으로 있던 사범학교가 폐교된 이후로 Eckardt는 사제로서 본 직문 이외에 자신의 연구 활동에 많은 시간을 얻게 되었으며, 그 결과로 『조선어교제문전』, 『한국 예술사』(1929), 『한국의 음악』(1930), 전국 답사를 통한 구전설화의 수집과 설화집 간행(1928) 등 한국 문화의 다양한 분야에 대한 수많은 저술이 나오게 된 것이다.

독일어와 한국어의 대조문법에 기반을 둔 20세기 초반의 한국어 문법학습

13  1911년에 한국으로 파견된 독일 베네딕토회 선교사업의 현황을 시찰하려고 한국을 방문했던 대수도원장 Norbert Weber의 여행기 『고요한 아침의 나라』(Im Lande der Morgenstille, 1915, 박일영/장정란 옮김, 2012)에서도 이와 같은 선교의 목적이 나온다.

   -사실 우리는 독일의 교원양성기관(Lehrerseminar)같은 사범학교(Normalschule)를 세워 초등교사를 양성하는 일 때문에 한국에 왔다고 해도 과언이 아니다. 1909년 이 사업을 위해 상트 오틸리엔을 떠 난 베네딕토회 신부 셋과 수사 넷은 극복할 수 없는 장애에 봉착했다. 현지어의 철저한 습득 없이 학교를 연다는 것은 무모한 일이었다. 신부들은 우선 책과 씨름해가면서 언어를 배운 후, 유럽어가 통하지 않는 현장에서 능통해질 때까지 부딪쳐 보는 수밖에 달리 방도가 없었다(pp.179~180).
   -그리스도를 지향하는 국민의 간절한 소망을 헛되이 하지 않으려면 무엇보다 사범학교가가 필수 불가결하다. 자, 힘을 내서 사업에 매진하자(p.184).
14  이 교과서들의 견본품은 상트 오틸리엔 선교박물관에 전시되어 있다고 한다(Huwe 1987).

서로서 『조선어교제문전』(1923)은 우선 언어학적 측면에서 당대와 그 이후에 국내와 국외의 한국어 연구 영역에 상당한 영향을 주었다. 알타이어 비교언어학자 Ramstedt는 *Korean Grammar*(1939:iii)의 서문에서 Eckardt(1923)를 위시하여 Underwood(1914), Gale(1916) 등의 외국 선교사들이 저술한 3권의 문법서에서 도움을 크게 받았다고 밝힌 바 있다.[15] 사실, Ramstedt(1939)의 문법기술 내용을 점검해 보면, 항목에 따라서 Eckardt(1923)의 설명방식이나, 예문을 그대로 원용한 부분도 발견된다(최전승 2020:648-649).

그러나 일찍이 Ramsted(1928:441-453)는 한국어에 관한 자신의 최초의 중요한 논문에서 외국선교사들이 저술한 여러 한국어 문법서의 내용, 특히 Eckardt(1923)의 한국어 동사체계 기술에 대해서 다음과 같이 비평한 바 있다.

> (3) 외국인이 작성한 문법은 대부분 선교사들이 전도활동에 이용하기 위한 것이고, 너무 많은 오류들이 있다. 이러한 사실은 잘못된 방법론 또는 체계적인 사고의 결여에서 비롯된 것이다.
> 한국인들 속에서 거의 20년을 살았던 독일인 선교사 Eckardt는 방대하지만, 매우 혼란스러운 그의 문법서에서 한국어에 25개의 분사(participle)가 존재하는 반면에 일본어에는 2개밖에 없어서 이들 두 언어는 기원적으로 친족관계가 존재하지 않는다고 언급하였다(1928:448-449).[16]

19세기 후반에서 20세기 초기에 걸쳐 외국인들이 저술한 여타의 문법서 계열에서 찾아 볼 수 없는 Eckardt(1923)의 특징은 본문에 등장하는 한국어 단어들을 비교 언어학적 관점에서 대조하려고 시도한 점이다. Eckardt는 한국어

---

15  그 반면, Ramstedt(1939)는 서문에서 한국인들이 작성한 몇몇 문법서들은 새롭거나 중요한 사실이 전혀 없다고 하였다.
16  Ramstedt(1928)은 분사((participle)라는 용어를 일종의 관형사형 어미로 파악한 것 같다. 그는 한국어의 분사는 2개로 기술하였다. (ㄱ) -n: 현재완료, (ㄴ) -l: 현재와 미래(본 사람, 볼 사람).

와 인도-게르만어와의 친족관계 연관 가능성을 주로 단어의 유사성을 중심으로 소개하였다. 그리하여 그는 한국어와 일본어, 아이누어를 포함해서 주로 인구어 어족에 속하는 언어들의 단어들과의 형태상의 유사점들을 20여 가지 항목에 걸쳐 상호 대조하여 본문의 텍스트에서 각주의 형식으로 제시하였다. 또한 Eckardt 는 『부주해』에서 한국어와 인도-게르만어와의 27여 가지의 어휘 항목들을 일목요연한 도표로 비교 대조한 다음, 이러한 예들을 통해서 한국어와 인구어 어족과의 흥미 있는 친족관계가 도출된다고 지적하였다. 나중에 그는 1929년 고국으로 돌아간 이후에도, 한국어와 인도-게르만어와의 비교연구를 꾸준히 지속하여, 그 성과를 단행본 Eckardt(1966)로 간행하였다. 따라서 Eckardt의 이러한 시도는 한국어를 알타이 어족의 구성원 하나로 첨가시키려고 했던 Ramstedt(1939, 1949)의 가설과 정면으로 배치되었다.

또한, 언어의 계통분류와 관련하여 1930년대 후반 미국에서 권위 있는 일반 언어학 개론서 *Foundations of Language*(1939:373)에서 H. Gray는 <일본어와 한국어> 항목에서 한국어를 인도-게르만어들과 친족관계를 구축하려는 시도도 행하여졌다는 사실을 간단하게 언급하였다. 이러한 지적은 간접적일 수도 있지만, Eckardt(1923)의 직접적인 영향이라고 생각된다.

국내에서 『조선어교제문전』(1923)의 존재와 그 반응은 1930년대부터 등장하기 시작하였다. 『朝鮮語學史』에서 小倉進平(1931:89)은 서양인의 한국어 연구 분야에서 이 문법서 개요를 간략하게 제시하면서, 한국어 동사의 활용을 17가지로 분류하여 한국어의 속성을 복잡하게 기술하였다는 지적을 하였으며, 국어 단어와 인도-게르만어와의 20여 개의 단어 비교는 신중한 태도를 다소 결하였다고 비평하였다. 그 반면에, 정희준(1938)은 『한글』 제6권 제8호(pp.6-7)에서 『조선어교제문전』(1923)을 소개하며, Erkardt가 그 동안 이 문법서에 쏟은 수고와 한국어에 대한 그의 애정을 극찬하였다. 이어서 같은 『한글』 제6권 제8호(pp.26-28)에 올바른 맞춤법과 표준말로 수정하는 「말과 글 바로잡기」 연습에서 "에르카르트 지음: 재미있는 이야기"라는 제목으로 <거짓 이인

(異人)>과 <나는 노루> 2편의 한글 전문이 제시되어 있다. 이것은 『조선어교제문전, 부주해』(1923)에 한글 표기로 수록되어 있는 "제14과 뎨역; 거짓 이인 (pp.181-180)과, 제4과 뎌역, 나는 노루(p.193)"에서 가져온 것이다. 여기서 Eckardt (1923)의 한글 텍스트에 사용된 개화기 단계의 표기와 맞춤법을 새 맞춤법과 표준어에 준해서 수정해 보였다. 한 가지 예를 보이면, 노루가 덤불 <u>우헤</u>로 가<u>는더</u> →노루가 덤불 <u>우로</u> 가는대→노루가 덤불 <u>위로</u> 가는데.

최현배는 『한글』 제3권 5호(1935)에 실린 논문 "풀이씨(用言)의 줄기잡기(語幹 決定)에 관한 문제(5월 11일 조선어학회 월례회 강연초)"(pp.17-21)에서 용언의 어간 과 어미 사이에 소리 고루기 위해서 들어가는 '-으-'의 문법적 해결 방안을 3가지로 논의하였다. 이 가운데, 예를 들어 용언 '잡다'에서 '잡-'을 줄기의 으뜸꼴로 보고 '잡으시다'의 '잡으-'를 그것의 늘어진 꼴(확장된 어간, erweiterte Stamm)로 간주하는 독일인 Eckardt의 풀이법을 두 번째로 제시하면서, 이러한 확장된 처리 방식을 채택하지 않았다(고영근 1983:325).[17] 또한, Eckardt(1923:277) 는 한국어의 대명사를 기술하면서 3인칭 대명사 '저, 제가' 형태는 연상이나 상위자에게 자기를 말할 적에 겸양해서 사용한다고 기술하였다. 최현배도 역 시 『우리말본』(1955/1994:231)에서 1인칭의 '저'는 본래 3인칭 대명사 '저'(彼)이 나, 스스로 낮추어서 말할 적에 전용해서 쓰이게 된 것으로 판단하였다.[18]

Eckardt(1923:8-9)는 한국어의 격 체계를 제1격(주격)에서부터 대립 또는 대조 의 제8격(절대격)까지 이르는 8격으로 분류하면서, 절대격(Casus absolutus)은 독자

---

17 Eckardt(1923)는 동사의 활용체계를 17 유형(모음어간 동사-제1유형에서 제5유형의 활용, 자 음어간 동사-제6유형에서 제10유형의 활용, 가변적 어간 동사 제11유형-제17유형까지)로 분류한 다음, 본 문법서 제10과에서 소위 매개모음이 없이 어간과 어미가 직접 연결되는 활 용형을 단순 어간, 매개모음이 출현하는 활용형을 확장 어간으로 분류하였다.
   그 반면, 최현배(1935:18-21)는 '-으-'를 어간과 어미 사이에서 소리를 고루는 한 조각으로 보는 법을 취하고, 그 까닭을 자세하게 제시하였다. Ramstedt(1939:33-34)에서도 한국어에서 자음어간에 자음어미가 연결될 때 '매개모음'(binding vowel) '-으-'가 등장한다고 보았다.
18 1인칭 겸양어 '저'가 3인칭 '저'의 형태에서 전용되었다는 동일한 견해는 Eckardt(1923)과 최 현배(1953/1994)에서 각각 독자적으로 형성되어 왔을 가능성도 있다.

적 기능으로 쓰이며 예시된 2개의 개념을 대조·강조하는 의미를 가지고 있다고 설명하며, 다양한 예문을 제시하였다. 그리고 이 절대격은 주격, 속격, 대격과 호격에는 연결될 수 없다고 하였다. 1950년대에 들어 와서, 이숭녕(1955:280)은 국어의 기본격을 설정하면서 '-ㄴ, -은, -는'에 대해서 절대격(absolutive)이라는 명칭을 사용하였는데, 이 술어는 Eckardt가 사용한 격형태 용어 Casus absolutus를 그대로 채택한 것이라고 밝혔다.[19] 그러나 나중에 그의 개정판『중세국어문법』(이숭녕 1981:149-150)에서 현대국어 '-는/은'의 기능은 이야기의 주제가 되는 것이므로 주어와도 다르다는 이유로 예전에 사용했던 절대격에서 '주제격'이란 용어로 교체되었다.

또한, Eckardt(1923:8)는 속격(제2격) 형태로 '-의'ŭi(=ê)와 '-네'ne 2가지를 제시하였으며, 이 가운데, '-네'형은 기본 후치사(후명사)로 분류하고, 주로 인명 뒤에 연결되어 속격과 동일한 기능을 가지고 있다고 기술하였다. 부모-네 집이오 아모개-네 집에 바느질이나 하엿소(Eeckardt 1923:391). 제주도 방언의 형태론적 연구에서 이숭녕(1957/1978:2-3, 30-31)은 소유격 '-의' 형태와 관련하여 이 방언에서 인칭대명사 뒤에서 자주 쓰이는 '-네'형을 주목하였다. 그리하여 이숭녕 선생은 '느-네 어멍, 봉수-네 집, 三寸-네 둑(鷄)' 등과 같은 구문에 등장하는 문법형태소 '-네'가 소유격의 기능을 가지고 있음을 지적하면서, 이것은 인칭

---

19  Ridel의『한어문전』(1880:3)과 Underwood의『한영문법』에서는 대조격(oppositive)이란 용어를 사용하였다. 이러한 명칭은 Roth(1936:59-60)로 계승되는데, 여기서 Roth는 두 체언이 대립하거나, 또는 하나의 체언을 특히 강조할 경우에 쓰는 대조 첨사로서, 일종의 강조 기능을 하는 후치사로 간주하기도 하였다. 그 반면에, Ramstedt(1939:37)는 한국어의 '-는(-은)'이 선행 체언을 주로 강조하는 데 사용되기 때문에 일본어 첨사 -wa와 기능이 같으며, 종래에 Casus absolutus(절대격)라는 술어로 사용되어 왔지만 이제는 강조첨사(emphatic particle)로 바꾸는 것이 좋다고 하였다.
이와 거의 동시대에 이극로(1935)는 우리말 격조사에 대한 체계적 기술에서 '-은/-는'에 대해서 "가르침토"(지정격)으로 아래와 같이 규정한 바 있다.

"어찌씨의 도움토(부사적 첨가보조격); 도움토-어찌씨의 뜻을 가지고 토의 자리를 나타내는 것인데, 9가지가 있다. 3. 가리침토(지정격)→ 특별히 집어내서 말하는 토이다. '-는/-은', '-(으)ㄹ랑'"(『한글』, 제3권4호, "조선말 임자씨의 토(3)" pp.2-6).

대명사 또는 인명에 첨가되는 소유격의 한 형태로 간주하였다.[20]

## 2.2. <읽기자료>에서 문자 표기와 당대 대중들의 발음과의 거리

19세기 후기 단계에서나 20세기 초반에 걸쳐 한국으로 파견된 일단의 외국의 선교사들이 토박이들의 대중 언어를 습득해서 민족 고유한 정신의 세계와 그들의 정서로 들어가려는 노력(Erkardt 1923, Vorwort)에 대두된 첫 번째 난관은 성문화된 맞춤법이 확립되어 있지 않았던 그 당시의 관용적인 한글 표기와 실제 발음과의 불일치였다. 대중들의 현실 발음과 문자 표기와의 괴리와 여기에서 파생된 표기법의 혼란은 그 이전 근대국어 단계로 소급되어 내려오던 전반적인 현상이었다(이기문 1963:142-143). 이러한 형편은 한국어 습득을 위한 한국어-영어 대조사전을 준비하였던 외국 선교사들의 작업을 어렵게 하는 요인 가운데 하나였다(Gale 1897, Preface). 그리하여 Underwood는 『한영ㅈ뎐』(1890)의 서문에서 당시 표기의 난맥상을 지적하며, 『全韻玉篇』에 달린 한글 표기에 준해서 써야 함을 논하는 <글ㅈ고뎌법>을 통해서 대중들이 일정한 기준이 없이 혼란스럽게 사용하는 속격 형태 '-의'와 처격 형태 '-에'의 올바른 표기 사용법을 아래와 같이 제시하였다.[21]

---

20  그러나 Erkardt에서 속격조사의 한 유형으로 파악된 '-네'와 이숭녕(1957/1978)에서의 제주도 방언 '-네'와의 연관성은 분명하지 않다. 소유격과 처격의 비교 연구에서 이숭녕(1955: 274)은 소유격 '-네'가 고대국어에 존재하며, Altai어의 소유격이 기원적으로 -n계임을 추정하기도 하였다.

21  『全韻玉篇』은 18세기 후반에 편찬되었으며, 그 당시 조선 한자음을 한글 표기로 사용한 최초의 옥편이다. 이 옥편은 『奎章全韻』(1796)의 규범음(정음)과 당시 통용되었던 조선 한자음, 그리고 『華東正音通釋韻考』(1747)의 한자음 3가지 종류의 한자음을 나란히 반영하고 있다(이돈주 2003).
    Gale의 『한영ㅈ뎐』(1897)의 서문에서도 당시의 구어와 문어를 나타내는 표기체계(book-form system of spelling) 사이의 차이에 큰 어려움을 느끼고 구어 형태를 따르려고 노력하였다고 언급하였다. 여기에서도 Gale은 '玉篇'을 참고로 삼았다고 했는데, 역시 『규장전운』을 가리키는 것으로 보인다. 따라서 외국인 선교사들이 작성한 한글 표기는 18세기 후기-19세기 후기에 쓰였던 역사적 표기법에 의존하였을 것이다.

(4) 또 '의'ᄌ와 '에'ᄌ룰 분간 업시 셰상 사롬이 쓰니 이는 무식홈이로다. ᄌᄎ치 쓸양이면 처음 언문 녈째에 두ᄌ룰 엇지 ᄌᄎ치 마련 ᄒ엿시리오 대개 '의'ᄌ 는 갈지ᄌ(之) 뜻 되는디 써야 올코 '에'ᄌ는 늘어ᄌ(於) 뜻 되는디 써야 올 흐니 대개 늘어 흔즉 '에' ᄒ는 거시 올코 갈지 흔 즉 '의' ᄒ는 거시 올흐니, 가령 '틔가 눈에 드럿소, 집에잇소, 됴회에 쓰오' ᄒ면 한문으로 쓰면 (入於 木, 在於家, 書於紙) 홀거시니 이런디는 다'에'ᄌ룰 써야 올코, '눔 의집이오, 사롬 의 손이오, 공ᄌ의 말슴이오' ᄒ면 한문으로 쓰면 '他人之家, 人之手, 孔子之言' 홀거시니 이런 디는 다'의'ᄌ룰 써야 올흐니라(pp.ii–iii).[22]

Underwood(1890)의 이러한 속격과 처격의 정확한 사용 기준은 한국어 문법에 근거한 타당한 관찰이었다. 그러나 근대국어, 특히 18세기 이후 지방에서 간행된 문헌에서 속격 형태 '-의'가 '-에'로 표기되는 경향이 지속되어 왔으며, 실제로 그 발음도 처격 형태와 같은 [e]이었다. 19세기 후기 개화기 자료인 서재필 주간의 『독립신문』(1896–1899), 이와 같은 시기의 Gale의 『텬로력뎡』 (1895)의 텍스트에서도 속격형 '-에'가 '-의'형과 함께 반복되어 등장하였다. (ㄱ) 빅셩이라 ᄒ는거슨 나라에 근본이라(독립, 1896.9.19), 죠션 대신들은 나라에 체모와 영광을(1896.11.3), 나라에 큰 복이요 인민의 다힝이라(1896.10.22); (ㄴ) 흔 사롬에 일홈은 심경이오 또 흔 사롬의 일홈은 회의라(텬로 44ㄴ), 쌍이 뵈이지 아니ᄒ고 들즘싱에 소릭만 들니니(텬로1 48ㄱ).

그 당시 Erkardt가 접하였던 20세기 초엽 서울 또는 경기도 말에서 속격형의 구어적 발음은 [e]였지만, 표기상으로 '-의'가 사용되었을 뿐이었다. 그는 『조선어교재문전』(1923:2)의 <발음규칙> 제11항 이중모음 ŭi(의)에서 자주 ŭ 성분이 소실되어 ki(긔), phita(픠다), kita(긔다), hita(희다)로 발음되는 경우가 많다고 관찰하였다. 그리고 변모음인 ŭi(의)의 발음은 úi, üi이지만, 단모음 i로 발음되

---

22 원문의 띄어쓰기와 표기 방식은 Underwood(1890)에서 그대로 인용했으나, 편의상 따옴표와 문장부호는 글쓴이가 첨가했음.

는 사례가 빈번하며, 속격어미로 사용될 적에는 단모음 ĕ로 전환된다고 하였다. sarâmŭi=sarâmĕ(사룜의=사룜에). 또한 관용적인 평칭 여격의 문자 표기 '-의게'와 존칭 여격 '-끠'의 경우에도 실제로는 sarâmŭike=sarâmĕke(사룜의게=사룜에게), imkungŭisyŏ=imkungĕsŏ(임군끠셔=임군께서) 등과 같이 발음된다고 설명하였다.[23] 그리하여 Erkardt는 한국어의 제2격 속격어미 형태로 ŭi=ĕ, ne, 제3격 처격은 ĕke 또는 e로 설정하였다. 여기서 전자의 ŭi는 『부주해』(1923)에 실린 <디역>과 <런습>의 한글 번역문 부분에서 전통적인 표기('-의게'와 '-끠'도 포함)로 배정하였으며 후자의 ĕ와 ĕke, gĕsŏ는 『조선어교재문전』의 한글 로마자 전사에 사용하였다.

Erkardt가 그의 문법서(1923) 텍스트에서 20세기 초엽 당시 대중들의 구어 발음에 따라서 속격형을 로마자 표기 ĕ로 전사한 용례 몇 가지를 제시하면 다음과 같다.[24]

> (5) ㄱ. talke pyŏsal(닭의 벼슬, p.378)
>
> alkĕ al(닭의 알, p.271), nunĕ mul=nun mul(눈의 물)
>
> mŏriĕ thŏl=mŏrithŏl(머리의 털, p.271)
>
> namĕ tjipesŏ(남의 집에서, 129)

---

23 Erkardt(1923)에 이어서 베네딕토 회 Roth 신부가 元山에서 간행한 한국어 문법학습서 *Grammatik der Koreanischen Sprache*(1936:8)에서도 속격어미 '의'는 구어에서 대부분(meistens) e와 같이 발음된다고 지적하였다. 아버지의 집=abÓdschie tschip.
   Ramstedt(1939:20)에서도 '의'는 on-glide가 약간 후설 방향으로 이동하여 j로 끝나는 이중모음이지만, 아주 흔하게 i로 발음되며, 속격어미의 '의'는 자주 단모음 e처럼 발음된다고 기술되었다.

24 Erkardt(1923)의 텍스트에서 속격형으로 단모음 로마자 전사 ĕ가 원칙이지만, 교정 상태의 미비로 간혹 위첨자가 누락된 e로 인쇄되기도 하였다. 또한, 본문에서 예문들의 로마자 전사에서 이러한 위첨자의 누락으로 ŏ→o(어→오), ŭ→u(으→우)와 같은 인쇄상의 오식이 산견되기도 한다.
   (ㄱ) tjopsi(접시→좁시), tjokarak(저가락→조가락, p.128), kopnata(겁나다→곱나다, p.292), intjolmi(인절미→인졸미, p.165), (ㄴ) isulpi(이슬비→이술비, p.152).

kŭ nongpuĕ kuie tâihiko(그 농부의 귀에 대고, p.372)

kamakui ôa katchiĕ mŏri(가마귀와 가치의 머리, p.344)

namĕ tonŭl ssŭko(남의 돈을 쓰고, p.254)

Kyŏnu ôa Tjiknyŏĕ(견우와 직녀의l, p.344)

tangsinĕ pyŭntji(당신의 편지, p.352)

sŏul saramĕ tâitapi(서울 사람에 대답이, p.153)

tjŭntjange pyŏngpŏp(전쟁의 병법, p.287),

ㄴ. 풀쩍 몃푼의 치를 사가지고 가리라 ᄒ고(부주해, 제19과 디역 .p.167)
=phuldŏk med phunê tchirŭl(Eckardt 1923:174),

여긔다 더 풀쩍 몃푼의 치만 싸 주시오(부주해, 제19과 디역, p.167)
=phuldŏk myŏd phunêtchiman(Eckardt 1923:174).[25]

따라서 Erkardt는 자신의 문법서에서 한국어를 로마자 전사방식과 전통적인 표기방식 2가지로 반영한 사실이 개화기 또는 그 이후 단계에서 외국인들이 작성했던 여타의 문법서들과 대조되는 특징이다. 즉, 『조선어교재문전』(1923) 텍스트에 열거한 일체의 예문과 <읽기자료>에서 쓰인 한글 로마자 전사는 그 당시 대중들의 현실적인 발음을 가능한 음성적으로 충실하게 반영하였다. 그 반면에, 이 문법서의 부록인 『부주해』에 수록된 <읽기자료>에 대한 한국어로의 번역 <디역> 한글 본문과, 한국어 작문 <련습>(Aufgabe; 과제)은 19세기 후기 정도에 해당되는 역사적인 표기법을 구사한 것이다.[26] 이와 같은

---

25 Roth(1936:284)의 제24과 단어모음(Wöter)에서 이 접미사 형태는 '-어치(-에치)' 등장하였는데, "금전액수에 붙어서 그만한 가치"(Wert in verbindung mit Geldbezeichnungen)로 풀이되어 있다.

26 Eckardt(1923)에서 제시된 한국어의 <발음 규칙>과 소위 변모음(umlaut)의 성격과, 로마자 전사방식은 최전승(2020:28-47)을 참조.
Eckardt(1923)는 그 서문에서 한국어 표기법에는 문장부호가 없어서 음절, 단어 및 문장성분들이 서로 쉽게 구분되지 않아서 초보자들이 습득하는 어려움을 쉽게 하도록 로마자 전사를 사용한다고 언급하였다. 그러면서, 이러한 로마자 전사는 단지 언어 습득자나 인쇄에 편의

방식으로 Eckardt는 앞서 (5)의 예에서 보인 한국어 속격형태 의 문자표기 '-의'와 실제의 발음 '-ĕ'와의 불일치를 로마자 전사로 절충하려고 한 것이다.

Erkardt가 『조선어교재문전』(1923)에서 구사한 한글의 로마자 전사는 일관성이 있으며 매우 정확한 음성학적 관찰을 보여준다. 그렇기 때문에 그의 로마자 전사 자료를 통해서 당시 20세기 초반 서울말 또는 경기도 지역어에 출현하였던 몇 가지 음운현상을 세밀하게 파악할 수 있다(최전승 2020:13-14). 특히, 높임의 선어말어미 '-시-'가 부사형 어미와 연결되는 '-셔-, -셧-' 등의 환경에서 예외 없이 상향이중모음 y-가 탈락하는 현상을 Eckardt는 『조선어교재문전』(1923)에서 로마자 표기로 전사하였다. Eckardt(1923:9-10)가 제시한 자음항목 제 10항 발음규칙은 대략 {ㅅ, ㅈ, ㅉ, ㅊ}+{야, 여, 요, 유}→{ㅅ, ㅈ, ㅉ, ㅊ}+{아, 어, 오, 우}의 형식으로 요약된다. 그 반면에, 『부주해』에 반영된 전통적 표기에서는 'ㅅ'에 후속되는 y를 그대로 반영하였다. 높임의 선어말어미 '-시-'가 문장에서 쓰이는 예들을 제시한 Eckardt(1923:114)를 그대로 인용하면 아래와 같다.[27]

----

를 주기 위해서 이며, 결코 쉬운 한글 문자로 정확하게 대체될 수 없다고 밝혔다(Vorwort, vii).

여기서 한글의 로마자는 일본 문자를 라틴어로 전사하는 기관의 협약을 준수하면서, 모음은 독일어 발음에 따라서, 자음은 영어 발음에 준해서 전사했지만, 몇 가지의 예와가 있다고 하였다. 즉, 한국어에서 평음, 유기음, 경음의 삼지적 의미 대립을 분명히 표시하기 위해서 'ㅈ, ㅊ, ㅉ' 자음을 각각 tj, tch, dj 방식으로 전사하며, 모음 ŏ(어)와 ŭ(으), ŭ(어→으)는 한국어만의 고유한 모음으로 보았다.

또한, Eckardt는 여타의 '애, 에, 외, 위, 의' 모음은 각각 '아, 어, 오, 우, 으'에서 '-ㅣ' 첨가를 거쳐서 움라우트(變音)된 모음으로 파악하고, 해당 모음에 각각 -i를 부가하여 전사하였다. 따라서 ai(독일어=ä), oi(독일어=ö), ui(독일어=ü), ŭi(=독일어 ui, 자주 단모음 i, 속격첨사로는 단모음 ĕ)(Vorwort, viii).

27 Eckardt(1923)에 후속되는 Roth(1936)의 텍스트 본문과 <연습>(übung)에서 모든 한글 예문들은 "신철자"라고 규정된 『한글 맞춤법 통일안』(1933)의 표기법을 따르고 있다. 그러나 이 문법서에서 하나의 예외적 표기가 따로 존재한다. 그것은 '-셔-, -셨-'의 표기가 대부분 그 당시의 발음에 따라서 '-서-, -섰-'으로 반영된 예들이다.

(ㄱ) 아버지 오섰기에(오섰길래) 아무 일도 아니 하였어요(p.307), 먹지 말라고 금하섰다(p.409), 죄인을 벌하게 하섰다(p.409).

(6) ㄱ. 기본동사(Grundverb); 높임형태 현재; 높임형태 과거

  hata(하다) hasita hasŏdta(하섯다)

  padta(받다) padŭsita padŭsŏdta(받으섯다)

  mantalta(만달다) mantasita/mantasŏdta(만다섯다)

  mantarŭsita mantarŭsŏdta(만다르섯다).

 ㄴ. ŏtâisŏ osŏdsŭmniga?(어대서 오섯습니까?)

  kongpu manhi hasŏdsŭmnita.(공부 많이 하섯습니다)

  tjintj tjapsusŏdsŭmniga?(진지 잡수섯습니까)?

Eckardt(923:61)는 한국어에서 동사어간에 '-요'가 첨가되면 해당 문장이 제1
등급의 높임(상등말, vornehmste form)과 제2등급의 중간 높임(중등말, mittere form)에
대응하는 높임말의 형식이 된다고 하면서, ankeseyo(안 게세요!)는 kesŏ'yo에서
형성되었다고 설명하였다. 이러한 사실은 그가 앞서 제시한 변모음 e(에)의 발
달에 관한 발음규칙 제(2)항, 즉 (y)ŏ+-i→(y)ŏi→(y)e와 같은 과정이 관여하고
있음을 보이는 것이다(Eckardt 1923:1).[28] 또한 그는 "uri tjipe osŏyo"(우리 집에 오서
요)와 같은 문장에서 -osŏyo(-오서요)는 -oseyo(-오세요)와 동일하다고 지적하였
다. 이러한 음운론적 과정에서 나타나는 '-서->-세-'로의 대치는 -osŏyo→
-oseyo와 과정 사이에 위에서 관찰되었던 '-sŏ-'의 단계가 개입되어야 한다.
이러한 중간단계의 형성은 일정한 자음 앞에서 '여'가 수행하여온 고유한 변
화 '-셔->-셰->-세-'일 수도 있지만, Eckardt(1923)는 뒤에 연결된 종결어미

---

(ㄴ) 제마음을 조금도 알아주지 못하서요, 강론으로 유명하다는 신부가 오섰다.(p.438), 언제
   종부성사를 세우섰다는 것은(p.439). 자조 교제는 하여 보섰겠지요?(p.512), 황제가 고해
   를 하섰다?(p.394). 탄생하섰습니다, 주유하섰으나(p.201), 안녕히 주무섰습니까?(p.200).
28 Roth(1936:226)에서도 동사어간에 '-요'가 연결되면 높임의 구어형(eine höhere Umgangsform)
   이 되는데, 공손성의 위계는 중간과 높임의 사이에 선다고 하면서 '-어요→-에요'와 같은
   당시의 실제 발음을 제시하고 있다.
   -사랑이어요(gesprochen '사랑이에요'), -하였어요('하였에요'로 발음),
   -받겠어요('받겠에요'로 발음), -하여요('해요'로 발음),

**448** Ⅲ. 인접성

형태 '-요?'(-yo)의 전설적 y에 의한 역행동화를 거친 öi→ö의 과정으로 파악하고 있다. 그렇다면 그는 20세기 초반의 서울말에서 움라우트 현상을 거친 피동화 모음이 전설모음 Vi 또는 V'으로 도출되어 나오는 현상으로 파악하는 셈이다.[29] 위와 같이, 20세기 초엽 Eckardt(1923)에서 기술된 '-셔-, -셨->-서-, -섰-'과 같은 음운현상은 오늘날 서울말에서(이병근 1992:17) 산발적으로, 그리고 경기도 방언(임용기 1984, 1988; 김계곤 2001)에서 생산적으로 등장하고 있다.

## 2.2. <읽기자료>와 문법서 본문에서 구어와 방언에 대한 관찰

19세기 중엽부터 개화기를 전후해서 한국으로 파견된 일단의 외국 선교사들은 한국어의 다양한 표현을 익히며 그 정체성을 파악하기 위해서 서울말 중심의 구어만 아니라, 여러 지역의 말들을 수집하고 대조하려고 하였다. 그러한 노력의 일단이 Gale의 『ᄉᆞ과지남』(1894) 서문에 명시적으로 언급되어 있으며, 텍스트본문에서 제시된 예문들 가운데에서도 지역 방언형들 일부가 등장한다.[30] 그는 서울과 북부지역, 그리고 경상도 출신의 토박이 화자들을 한국어 교사로 채용하였다고 한다.

그러나 20세기 초반 당시 대중들이 구사하는 서울말의 구어형과 지역 방언

---

29  경기도 광주방언의 격조사 유형을 기술하면서 임용기(1988:28-29)는 '계시어요'→'기시어요'
→'기셔요'→'기서요'→'기세요'→'기시오', '없어요'→'읎에요'→'읎이요'의 음운과정에서 특수
토씨 '-요'의 역행동화 작용이 '-서->-세'에 관여한 것으로 해석하였다.
30  예를 들면, Gale(1894)에서 종결어미 '-랴'('-럄, -럄우냐'로 발음)가 쓰이는 예문 가운데, '집
웅'과 '겨울'(冬)의 처격형으로 각각 '집웅-게'와 '겨울-게' 열거되어 있다.

  (ㄱ) 닭집웅게 올으지 못흐게 흐여라(p.25), 힝낭 집붕게 기와 한잘 씨여졋스니(p.173),
  (ㄴ) 부산은 겨울게도 못시 만히 핍데다(p.28). 그 사롬이 겨울게 옷을 못닙엇기에(p.57).

  Gale(1894)를 검토한 남기심(1988:170)은 구어를 수집하는 과정에서 지역적 방언을 고려하지
  않은 것은 이 문법서의 결점이라고 지적하면서, 지역방언의 구분 없이 이질적 방언을 텍스
  트에 섞어 놓은 것은 저자가 언어학적 소양을 구비한 전공자가 아닌 이유로 범한 실수라고
  하였다.

형들에 대한 특별한 관심과 문법 텍스트에서 수용은 특히 Eckardt(1923)의 경우에 두드러지게 나타난다. 바로 이러한 언어적 관찰이 여타의 같은 계통의 외국 선교사들의 문법서들과 구별되는 Eckardt(1923)의 주요한 특질 가운데 하나이다. Eckardt는 이 문법서의 텍스트와 <읽기자료> 및 본문의 각주 형식을 이용하여 실제 발음을 제시했는데, 여기에 서울과 경기지역의 말에서 일정한 어휘에 적용된 구개음화의 유형도 포함되어 있다. (ㄱ) k-구개음화; kitjang(tji-): 기장(Buchweizen), p.222. 자주 ki=tji로 발음한다. 예: kil(=tjil, 길=질), kim(=Tjim, 김=집)". 집다→집다, tjipta,(p.209), nähen, (ㄴ) h-구개음화; hyutji(휴지, sutji로 발음, 161), putjarŏni pâihokirŭl him(chim으로 발음; 힘(力)→심) ssŭke(p.205). 이와 동시에 20세기 초반 서울 방언에서 생산적인 움라우트 실현형들도 다양하게 관찰되어 있다. 그 가운데 일부를 추출하면 다음과 같다. (ㄱ) 물고기→물괴기; mulkoki(물고기), kôiki로 발음, p.128), sokoki(소고기, sokôiki로 발음한다, p.128); (ㄴ) khŏri: 구두, 신, 양말, sin han khŏre(=kheri) pŏsŏ nohadtŏni(p.322), 각주에서: 또한, khyŏlli, khelli로 발음한다(p.322), (ㄷ) mŏkitji modhayŏsŏ(먹이지 못하여서), 각주에서 mŏ ikita, 거의 mekita로 발음한다(p.175).[31]

또한, Eckardt는 이 문법서의 텍스트 본문에서 당시의 서울말과 형태음운상

---

31 그 이외에 Eckardt(1923)에서 본문과 각주 형식을 이용한 실재의 발음에 대한 구체적인 언급 가운데 생산적인 예들, 즉 (ㄱ) 자음 뒤에서 '여>에' 현상과 (ㄴ) 'ㄴ'의 유음화 현상 2가지 유형을 보이면 아래와 같다.

　(ㄱ) myŏnŭri(며느리)는 menŭri(메느리)로 발음된다(p.116).
　　kalpibyŏ(갈비뼈)=kalpibe로 발음(p.48), byŏ(뼈, 骨)는 be(뻬)로 발음된다(p.202).
　　myŏt(med으로 발음, '몇→멧, p.68).
　　manil pika ol tjikyŏngimyŏn(만일 비가 올 지경이면)의 구문에서 tjikyŏngimyŏn은 자주 tjikengimyŏn(지겡이면)으로 발음한다(p.353).
　　nyŏphyŏnne(녀편네, 자주 nephenne로 발음한다. p.344),
　(ㄴ) 근래→글래; kŭnrâi(近來, kŭllâi로 발음한다, p.145)
　　한량→할량; hallyang ŭpsi(할량없이, p.308)
　　신령→실령; sinryŏnghata(siiyŏnghata로 발음, p.25)
　　전라도→절라도; Tjŏnrato(Tjŏllato와 같이 발음한다, p.108)
　　신랑→실랑; sillang(108), 안녕히→알령히; allyŏnghi kapsio!(p.91)
　　인력거→일력거; illyŏkkŏ(p.183)

으로 상이한 지역 방언형에 대한 꾸준한 관심을 보이며, 그 형태를 대조하여 정밀하게 제시하였다. 이러한 사실은 그가 한국어를 서울말 중심으로서만 아니고, 다양한 지역적 변종으로 구성되어 있는 실체임을 간파하였음을 가리킨다. 20세기 초반에 파견된 일단의 독일 베네딕토회 선교사들이 당시에 공유했던 한국어의 연구와 인식을 고찰한 박보영(2015:59)은 서울 중앙어만을 습득하는 것보다는 여러 상이한 지역 말과 옛이야기 설화들이 한국어와 한국문화 이해에 필수적인 것으로 간주하였다고 지적하였다. 그렇다면, 대중들의 실제 구어와 지역 방언형에 기울인 Eckardt의 관심은 베네딕토 수도회의 강령에서 비롯되었을 것으로 보인다.[32]

(7) ㄱ. '-는 고사하고' 구문: 일이 잘 되길랑 고사하고 못 되기가 쉽소(p.341), 여기서 '-되길랑'(-tôikillang)은 방언(Dialekt)이다.

<주의>: '고사하고' 대신에 종종 또한 '새로히'(sâirohi), 또는 '새로에'(sâiroe)가 쓰인다.

예문: 칭찬하기는 새로히 흉을 본단 말이오?

ㄴ. '나려가다'(naryŏkata)의 방언은 na'rikata(내리가다, p.292),

ㄷ. <대화 5> 가운데 甲과 乙의 대화에서,

甲: 조흔 말삼이오 또 뵙시다. 편안이 가시오!

다른 작별 인사말 '편안이 댕겨옵시오!'와 '편안이 가시기오!'를 소개하면서, 후자는 방언(p.45),

---

32 그 반면에, 같은 베네딕토 수도원 소속인 Roth(1936)의 경우에는 문법서 본문에서 한국어 문장 전사에 신철자법(맞춤법 통일안, 1933)을 이용한 한글 표기를 이용하였으며, 대중들의 구어 또는 지역 방언에 대한 관심을 대체로 나타내지 않았다. 그리하여 Roth(1936)은 문어 중심의 한국어 문법학습서가 되었다. 물론, Roth는 문법서 서론 부분에서 문어에 출현하는 음운현상에 대해서 따로 상세한 <음운론>(Lautlehre, pp.7-17)을 두어 설명하고 있다. Roth (1936:226)에는 일부 예문에서만 철자와 상이한 실재 발음 내용을 지적하기도 하였다.

하였어요(→'하였에요'로 발음한다), 사랑이어요(→'사랑이에요'로 발음한다).

ㄹ. '-니간도로'(-nigantoro): 방언에서 원인(darum, deshalb)의 접속어미 '-니, -니까' 대신으로 자주 사용된다(p.85),

ㅁ. 후치사 '-서'(-sŏ)는 동사어간에 연결되면 자주 인과적 의미를 갖게 된다. 방언에서 '-서'는 '-설랑'으로 쓰이며, '-서는' 형태는 방언에서 '-설랑은'으로 길어지게 된다. '해서→해설랑, 해설랑은'(p.64).

ㅂ. 강원도에는 '입 읍다'라는 표현은 '관계 읍다'(kôanke ŭpta, es macht nichts를 뜻한다. 그렇게 자주 사용하지는 않는다. ssŭltai ŭpta와 같은 말이다(p.29).

이 문법서의 본문과 <읽기자료>에 반영된 이와 같은 한국어의 다양성에 대한 각별한 관심은 Eckardt 자신이 지난 한국 체류 13년 동안 직접 전국에 걸쳐 이루어진 부단한 답사 활동에서 수집된 산물이다.[33] 그가 Eckard(1923) 이후에 간행한 첫 번째 구전 설화집(1928)에 수록된 자료들의 제보자들의 지역적 분포는 경기도 안성 미리내의 강성도 신부를 포함해서 거의 전국에 걸쳐 있다. 서울의 김봉제, 대구의 오창식, 원산의 오평주, 함흥의 박조학, 제주의 고양필(조희웅 1988:119; 조현범 2009:190).

---

[33] Eckardt의 『부주해』에 따로 실려 있는 저자의 국한문 혼용체 "緖言"을 참조(이 글의 각주 2). 그의 지역방언에 대한 관심과 배려는 이 문법서의 <대화>(Unterhaltung) 가운데에서도 등장하고 있다. 제40과에 배정된 "무우 장사"(Rübenhändler)에서 화자 甲과 무장사와의 대화를 예로 들면 다음과 같다.

갑: 나는 저 장사에(tjansaĕ) 소래를 당최(tangtchŏe) 알아들을 수 읍소(ŭpso).
을: 내 역시 그런 소래를 알아듣지 못 하오 그러면 저 장사를 불러 무삼 말인지 물어봅시다.
갑: 여보, 여보, 이 장사, 이리 좀 와!
장사: 우에(ue) 오라노?('오라고 하나/하오'의 방언.)
갑: 장사에 사라하난 소래를 알아든지 못하니, 살 수 잇나?
무삼 소랜지 불기(pǎlki) 알아야 아니 사겟나?
장사: 알면, 사시라우(sasirɤau)?('사시랴오'의 방언.)
"무드롱(mutŭrong) 사라우"란 말은 "무우를 아니 사시랴오?"란 말이오
갑: 그러면 이 무우(각주: mū와 같이 발음한다) 한 단에 갑시 얼마요?
장사: 네, 이 무우는 매우 조코 연한(yŏnhan) 무우니 다른 무우보다 갑시 더 만소

또한, Eckardt는 본 문법서(1923)의 끝부분에서 <부록>(Anhang, pp.416-422) 항목을 설정하고, 한국어에 고유한 §322. "자연음의 묘사"(새와 동물의 울음소리),[34] §323 "의성·의태어"(Allitearation), §324. "한문 경전 『大學』의 첫 부분" 한글로 새김(Tāihak), 그리고 §325. "방언들 간의 상이"를 일부 제시하였다. 그가 수집해서 열거한 몇몇 지역의 특이한 방언은 자신이 그 당시 만주 북간도 지역을 포함해서 한국 전역을 직접 답사여행하면서 주목하게 된 예들이라고 <부록>에서 밝히고 있다. 한국의 방언 조사와 연구를 본격적으로 시작한 일본인 방언학자 小倉進平(1882-1944)이 1911년부터 제주도 방언에서부터 출발하여 1924년에 『南部朝鮮의 方言』을 간행하였다.[35] 이러한 사실을 고려하면, 그보다 1년 앞서 Eckardt(1923) <부록>에 제시된 아래와 같은 "방언간의 상이"(Abweichungen der Dialekt, pp.421-422) 목록은 비록 단편적이지만, 함경도와 북간도를 포함한 희귀한 20세기 초반의 방언 자료로서 소중한 가치를 가지고 있다.

(8-1) 평안도; (ㄱ) '-이' 모음 앞에서 'ㄷ'의 발음은 'ㅈ'이 아니고 ㄷ이다. 따라서, '도타'(好, tōtha=tjotha), '텐주'(天主, thentju=tchŏntju), (ㄴ) 해뎃다(-하엿다, haiteda=hayŏdsŏdta), 해뎃쇼(=hayŏdsŏdso) 등등

(8-2) 전라도; 제주도(Tyella-to: Tyejuto): (ㄱ) 오랏다(=오섯슴니다), (ㄴ) 먹어마심(=먹엇소, 먹엇슴니다), (ㄷ) 이듸 마심, 이듸 잇스다(=여긔 잇슴니다), (ㄹ) 질 궃수다(=길이 사납슴니다), (ㅁ) 비 오쿠데(=

---

34 참새(지절거리다): 재잘재잘, 까치(짇다): 깍깍-깍깍, 가마귀(짇다): 까아-까아악, 까와-까왁, 두견(울다): 뻑국 뻑국, 꾀고리(울다): 꾀꼬롱-꾀꼬롱, 소리개(울다): 비오오오…, 비달기(울다): 구구꾸-구구꾸, 종달새(울다):비비-비비, 닭(울다): 꼬기오…꾀꾀, 꿩(울다): 껴껴, 꾀더독, 게유(울다): 게게. 매아미(울다): 매암-매암, 개(짇다): 컹컹, 강아지(울다): 깽-깽, 여호: 챙챙, 호랭이: 웅훙, 시계(가다, 울리다): 째각-째각(탁상시계), 쩨격-쩨격(벽시계), 나막신(딸각거리다): 딸각-딸각. 총(놓다): 탕, 박맹이 소래: 또딱-또딱, 철석-철석.

35 또한, 일본인 田島泰秀는 1910년대에 함북 鏡城방언에 대한 세밀한 연구 보고서 "咸鏡北道의 訛言"(1918, 『조선교육연구회 잡지』 8월호, pp.60-69)에서 경성방언의 전반적인 특질과 생산적인 움라우트 현상을 기술하였다.

오겟슴니다), (ㅂ) 어드래 감수가, 어드래 감수가 마심(=어대로
감니까?), 어드래 감서(=어대 가시오), 어드래 감슌(=어대 가나
야?: 여성어)

(8-3) 충청도와 전라도; (ㄱ) 'ㄱ'이 자주 'ㅈ'으로 발음된다. 예: 질(=kil), 짐
주사(=Kim tjusa) 등등.

(8-3) 경상도; (ㄱ) -은제(=wie sollte doch…!),[36] (ㄴ) 그럽데다(=그러슴니다)

(8-4) 함경도; (ㄱ) 하우다(=함니다; 하십시오), (ㄴ) 일수다(=일슴니다), (ㄷ) 치와
라(=흔히, häufig), (ㄹ) 식그럽다(=귀찮다, 성가시다, unangenehm
sein), (ㅁ) 자븐 것(=연장, 긔구), (ㅂ) 하니까나(=니)=하니까,
(ㅅ) 나과, 나쾨(=나 하고, 나고), (ㅇ) 에미나(=여인), (ㅈ) 오래
문(=대문), (ㅊ) 아(=아해), (ㅋ) 오리대(=재목, Bauholz), (ㅌ) 어
미, 오미아(=어머니), (ㅍ) 아지미(=아자모니), (ㅎ) 아재(=아자
씨), (아) 욕보다(=수고하다; 안 좋은 일을 당하다, sich ansterngen;
Ungemach erleiden), (야) 일 웁다(il ŭpta)(=괜찮다, 좋다, es macht
nichts, es geht gut), (어) 호박 떨어지다(=수나다; 행운을 얻다),
(여) 여보다(=여보시오!), (으) 낭구(=나무), (이) 하서라모네(=
하엿서), 심부랑(=신부님).

(8-5) 북간도(한국인 이주지역인 만주); (ㄱ) 왓서고만(=-고문)=왓소, (ㄴ) 함
둥둥(-m 체언어간에 붙는다), (ㄷ) 잇
서고마(동사어간에 붙는다), (ㄹ) 잇슴
둥둥.

---

36 Eckardt가 경상도 방언에서 수집한 '은제'형은 "어떻게 하면 좋을까…" 정도의 의미로 풀이
되어 있다. 오늘날의 경북방언에서 부정을 나타내는 감탄사로 '언:제(예)'와 '오데'(예) 등의
부류와 관련되어 있는 것 같다.
언:제(지)예→아닙니다. 아니올시다; 오데←아니! 오데예→아닙니다(김영태 1985, 『창원지역
어 연구』 '어휘목록'편), 46-47쪽 참조), 경남대학교 출판부.

## 3. Eckardt(1923)의 <읽기자료>와 Ridel(1881)의 <단계별 연습 강의>에 게재된 한국 민담 "한라산 신선 이야기"의 유연성

### 3.1. Eckardt(1923) <읽기자료>의 구전 설화 텍스트의 성격

Eckardt는 한국에서 선교사역과 교육을 시작한 초기부터 그가 스승으로 삼은 서울의 김봉제(1865~1932) 등의 자료제공자를 통해서 한국의 옛이야기, 민담이나 전설과 우화 등을 일종의 언어 연습으로, 그와 동시에 민족의 시대적 정신과 사고를 이해하기 위해서 부지런히 수집하고 정리하였다(Eckardt/이기숙 2010:76).[37] 그리하여 그는 1911년부터 독일 상트 오틸리엔 수도원에서 발행하는 <선교 소식지>(*Missionsblätter*)에 자신이 수집한 설화 일부를 독일어로 번역

---

[37] 한국에 파견된 상트 베네딕토 수도회 선교사들이 언어 습득과 더불어 피선교지의 문화와 역사를 이해하는 수단으로 구비문학에 집중하였던 역사적 배경과, 독일 민속학(Volkskunde)에 근거한 시대정신에 대해서는 조현범(2009)과 박보영(2014, 2015, 이성희 2021)를 참조. 조현범(2009:191)은 1911/1912년에 걸쳐서 독일 <민속학회지>에 "한국의 이야기들"이란 제목으로 속담, 전설, 민담 등 51가지를 수집하여 소개한, 같은 상트 오틸리엔 베네딕토 수도회 소속 Enshoff(1868-1939)나, Eckardt(1923, 1928) 등의 한국에서 설화 수집은 한 세기 이전의 Grimm 형제의 작업과 결부지어 이해하는 것이 필요하다고 보았다. 즉, 민족의 문화적 정체성과 원류를 파악하기 위한 하나의 수단이었다는 것이다.

20세기 초반 이전 개화기의 단계(1893년)에서도 독일인 H .G. Arnous가 편찬한 한국 설화집 *Koreanische Märchen und Legenden*, nebst einer Einleitung über Land und Leute, Sitte und Gebräuche Koreas(『한국의 동화와 전설』-한국의 나라와 국민들의 풍속과 일상생활에 대한 소개도 덧붙여서)이 간행된 바 있다. 최근에 원문과 더불어 번역본 『조선의 설화와 전설』-개화기 독일인 아르노스가 기록한 조선의 이야기(2007, 송재용·추태화 역)이 나왔다. 이 설화집에는 모두 7편의 고대소설에서 추려낸 이야기가 담겨 있다. 그 가운데, §5. Chun Yang, die treue Tänzerin(춘양, 충절이 있는 무희/기생) 한 편은 1889년 Allen이 번역해서 간행한 <Korean Tales> 가운데 영어판 춘향전 이본의 텍스트를 그대로 독일어로 번역한 것이다. 인명과 제목 표기가 전연 동일하다. (Chun Yang-The faithful dancing-girl Wife-from *Korea: Fact and Fancy*(재간, 1904) by Horace N. Allen, 1889 in New York.)

이러한 사실을 보면, Arnous가 그 당시 수집한 한국 설화는 주로 어떤 자료에서 독일어로 번역한 것으로 보인다. 송재용·추태화(2007)에 첨부된 원전 영인본을 보면, 그의 설화집 안표지에 Deutsche autorisierte Uebersetzung von H. G. Arnous am Royal Coreum(?) Custom in Pusan. 으로 명기되어 있다.

하여 게재하기 시작하였다(박보영 2015:59, 홍미숙 2019:16).[38] 이러한 구전설화 수집을 꾸준히 지속한 Eckardt는 그의 『조선어교제문전』의 한국어 강독자료 <읽기자료>(Lesestück; 읽을거리)로 편성된 제1과-제45과에서 대략 20편, 그리고 작문 <련습>(과제)에서 4편을 게재하였다.

Eckardt(1923)의 문법서 교재 <읽기자료>에 실린 순서에 따라서 이야기 제목 위주로 『부주해』에서의 한글 표기와 함께 살펴보면 다음과 같다. 제1과는 일상적인 짧은 문장으로 되어 있어서 <련습>의 내용과 동일하다. 그는 여기에 실렸던 한국 설화에 대한 독자들의 호의적인 반응을 얻으면서 한국문학을 알리고자 하는 마음에서 몇 년 후에 38편으로 확대된 본격적인 설화집 『한국의 동화와 이야기-한라에서 백두산 사이에서』(1928)을 간행해 낼 적에 <읽기자료>에 수록되었던 민담 20여 편을 포함시켰다(조현범 2009:190).[39]

(9) 제2과: 잉무새와 오리 니야기(Erzählung von Papagei und von Ente), 제3과: 도젹을 속인 진담(Der betrogene Dieb, 속아 넘어간 도적), 제4과: 나는 노루(Die fliegende Roh), 제5과: 병 곳친 니야기(Erzählung von der geheilten Krankheit), 제6과: 세 병신 니야기(Die drei Kranken), 제7과: ㅇ희들의 쇼원(Die Kinder Wunsch), 제8과-제9과: 아모것도 모르는 션비1,2.(Stockgelehrter), 제10-11과: 우슴 거리1,2.(Ein Stück zum Lachen: Der Pferdschwanz, 말꼬리), 제12-13과: 됴션에 혼인후는 법 1,2.(Koreanische Hochzeitsgebräuche, 제14

---

38 20세기 초엽 독일 선교사들이 번역해서 소개한 한국 설화를 고찰한 박보영(2014:6)에 의하면, Eckardt가 『선교 소식지』(Missionsblätter, 1911/1912)에 처음으로 발표한 민담 3편은 <한국인들이 이야기 하는것>(Was die Koreaner erzählen(pp.165-170)라는 제목으로 3가지의 이야기가 소개된다고 한다. 1. 지하 세상에 사는 3명의 술주정뱅이, 2. 황새는 어떻게 재판에서 판결했는가, 3. 늙은 두꺼비.

39 Eckardt의 첫 번째의 한국 설화집의 간행연도는 박보영(2014:9)에서 1925년, 조희웅(1988: 119), 조현범(2009:190) 및 홍미숙(2019:16)에서 1928년, 최석희(2005, 2007)에서는 1929년, 그 반면에, Eckardt의 75세 기념논총(1960)에 제시된 Koreanica에서의 저서목록에는 1931년으로 각각 다르게 명시되어 있다. 글쓴이는 Eckardt의 학문적 이력과 업적을 기술한 Hwe(1987)에 준해서 1928년으로 잡는다.

과: 거짓 이인(Der Lügenprophet), 제15과: 정신이 업는 ㅇ희(Das dumme Kind, 어리석은 아이), 제16-제19과: 셔울(京城 경성) 구경1-4,(Besuch in Seoul), 제20과. 졔쥬(濟州) 친 계칰(Die listige Einnahme von Quelpar), 제21-23과: 한라산 신션 니야기, 1-3(Die Berggeister des Hallasan), 제24-26과: 왕몽 1,2,3.(Königstraum), 제27-28과: 님군이 피란함이라, 1,2.(Die Flucht des Königs), 제29-30과: 긔신을 위ᄒᆞᄂᆞᆫ 니야기 1, 2(über Geisterverehrung), 제31-32과: 물품 운전ᄒᆞᄂᆞᆫ 긔계 1, 2(Kreanische Weise, Sachen zu tragen), 제33-36과: 긔신을 위ᄒᆞᄂᆞᆫ 니야기, 3-6, 제37과: 견우직녀셩 니야기 (Erzählung von Altair und Wega), 38. 지혜로온 의원(Die Kluge Arzt), 제39-41과: 농민이 벼슬ᄒᆞᆫ 니야기, 1-3,(Wie der Bauer Staatsbeamter wurde= 어떻게 농부가 관장이 되었나?), 제42-43과: 놈의 셩미 맛초기가 어려움 1, 2,(Es ist schwer, sich dem Charakter anderer anzupassen), 제45-46과: 도젹 의 긔과홈(Die bekehrte Dieb).

Eckardt(1923)의 <읽기자료>에 실린 이야기들 가운데, 나중에 간행되어 나온 그의 단독 설화집『한국의 동화와 옛이야기』(1928)에 다시 그대로 수록된 설화들은 모두 제21-23과 "한라산 신션 니야기"(3회 연속)을 포함해서 모두 19편이다(조현범 2009:190, 각주 38). 여기에 제10-11과 "웃음거리"(2회 연속)가 들어가 있는데, Eckardt의 관점으로 일종의 寓話 또는 笑話도 설화의 범주로 귀속된 것이다. 위에서 제시한 44편의 민담과 전설, 우화 등의 옛날이야기 가운데, 자료제공 구술자는 단지 세 사람만 Eckardt(1923)에서 각각의 설화에서 각주의 형식으로 제시되었다. 제2과는 1911년에 경기도 하우고개에서 김반지고(Kim Pantjko)가 구술한 것이고,[40] 제21-23과는 미리내 강성도 신부에게서, 제37과는 그의 스승 김봉졔(Kim pongtje)에게서 수집한 내용이다.[41] 그 이외에, 제4과와

---

40 이야기 구술자 '김 반지고'의 이름 '반지고'는 프란치스코 성인의 한자명으로 세례명을 가리키는 것으로 보인다. '방지거'라고도 쓴다.

제10-11과의 소화(우숨거리)는 1910년대 프랑스 가톨릭 교단에서 발행했던 「경향신문」에 실린 기사에서 선택한 것이라고 한다.

로마자로 전사된 <읽기자료>들을 다시 한글로 풀이한 『부주해』(1923)의 <딕역>에서 '--니야기'라는 표제가 덧붙은 설화는 모두 6편이다. 제2과 "잉무새와 오리 니야기", 제5과 "병 곳친 니야기", 제6과 "세 병신 니야기", 제21-23과 "한라산 신션 니야기"(1회-3회 연속), 제37과 "견우직녀셩 니야기", 제39-41과 "농민이 벼슬흔 니야기"(1-3회). 이들 설화에 붙인 표제의 '-니야기'는 『부주해』의 전반부에 실린 독일어 번역문에서 Erzählung으로 대응되기도 하고, 일부는 제거되어 있다. 이러한 용어가 몇 년 후에 간행된 그의 첫 번째 설화집(1928)의 제목에서도 Märchen und Erzählung으로 사용된 사실을 보면, 그 사용 영역이 넓은 개념이지만 대체로 우리의 통상적인 민담에 해당되는 "옛날이야기" 정도로 파악된다. 그러나 제6과 "세 병신 니야기"와 제20-23과 "한라산 신션 니야기"에서 독일어 번역문 제목에서 Erzählung이 생략되어 있으며, 제39-41과 '농민이 벼슬흔 니야기'에서는 '어떻게 농부가 관장이 되었나?(Wie der Bauer Staatsbeamter wurde)로 바뀌어져 있다.

또한, 표제어로서 '-니야기'는 <읽기자료> 일부에서만 아니라, 『부주해』의 <련습> 한국어 작문(독일어 문장에서 한국어 문장으로 옮기는)에 실린 텍스트에도 첨가되어 있다. 제22 련습: "간사흔 여호 니야기", 제23 련습: "미련흔 곰의 니야

---

41 Eckardt는 서울에서 말공부하면서 스승으로 삼은 김봉제에게서 여러 가지 설화를 듣고 채록하는 상황을 그의 회고록 『조선, 지극히 아름다운 나라』(1950/2010)에서 이렇게 언급하였다.

그러는 동안 말공부에도 진척이 있어서 나는 속도는 느리지만 선생님과 정신적인 문제까지도 이야기할 수 있게 되었다… 벌써 따뜻해진 4월과 5월에 나는 김봉제 선생님과 함께 서울 근교나 좀 더 먼 곳으로 산책을 하며 조선말 공부를 보충했다. 얼마 후 우리는 절에도 가고 폭포가 쏟아지는 계곡에도 갔다. 그곳으로 가는 도중에 선생님은 동화나 우화와 전설을 들려주었고 나는 들은 내용을 다시 이야기해 보았다. 그것은 내게 언어 연습이기도 했지만 그와 동시에 이 민족의 사고까지 알려주는 것들이었다. 나는 공부하고 들은 내용을 힘들여 학습했지만, 훗날 내가 책을 펴낼 때는 그것이 풍부한 자료가 되었다(2010:75-76).
내 친구이자 옛날 공부를 한 유명 학자였던 김봉제 선생님은 십여 가지가 넘는 설화와 동화를 내게 들려준 적이 있었다(2010:165).

기", 제25 런습: "농민과 선비 니야기", 제40 런습: "비둙이와 긔암이 니야기." 따라서 최석희(2005:380)는 <런습> 부분에서 '-니야기' 표제가 붙은 4편의 텍스트도 역시 Eckardt가 수집한 설화의 하위범주에 속하는 민담의 일종으로 취급한 바 있다.

『부주해』의 "뎌역" <읽기자료>의 유형 가운데 표제로서 '-니야기'가 이러한 전형적인 민담의 경우에만 첨부된 것은 아니다. 그 당시 한국사회의 풍속과 여러 민간신앙을 문답의 형식을 취해서 상세하게 소개하는 내용에서도 '긔신을 위흐는 니야기'(제29-30과; 1-2회, 제33-36과: 3-4회 연속)와 같은 제목을 보인다.[42] Eckardt는 한국 전래의 조상제사, 옥황상제, 성황당, 조왕신 등의 토속적인 신들을 언급하면서 Gott란 정식 용어를 사용하지 않고, 단순히 '귀신'(鬼神) 또는 '신령'(神靈) 정도에 해당되는 Geister와 같은 단어를 구사하였다. 여기서 질문하는 조사자와 응답하는 자료제공자를 등장시켜 대담 형식을 취하여 다음과 같이 이야기를 전개하여 간다. 셔ㅅㅣ 됴ㅅ더러 뭇더 당신 나라에서 여러 가지를 신으로 밋고 공경흐다 흐니 무엇 무엇인지 내게 밝이 닐음을 바르ㄴ이다 흐니 됴ㅅㅣ 더답흐되 선성이 우리나라 풍속을 알고져 흐야 이 ズ치 무르니 나의 아ㄴ대로 몇 마더 말하오리다…(부주해 1923:143).[43]

Eckardt(1923) 이후에 우리나라에서 간행된 초기의 설화집 부류들에서 위에서 제시한 같은 유형 또는 변종의 설화를 수록한 작품은 대부분 발견되지 않는다. 단지, 제6과 "세 병신 니야기"(Die drei Kranken)의 내용과 유사한 변종 설화한 가지가 박영만(1914~1981)이 간행한 『조선전래 동화집』(1940, 권혁래 옮김,

---

42 『부주해』의 한글 표제에 등장하는 표기 '긔신'은 '귀신'(鬼神)으로, '귀신'의 어두음절 모음 [uy]가 20세기 초반 서울말의 실제 발음에서 비원순화되어 uy>iy의 변화를 수용한 과정을 나타낸 것이다. 즉, '귀신>긔신'. Eckardt(1923:263)의 <읽기자료> 로마자 전사에서도 역시 kŭisin (uihanan nia'ki)로 등장한다.

43 이야기 가운데 두 사람사이에 일어나는 대담 형식에 속하는 독일어 번역을 참고하면, '셔ㅅ'와 '됴ㅅ'는 각각 ein europäischer Gelehrter(유럽 학자)와 ein koreanischer Gelehrter(한국 선비)로 나와 있으니, '西師'와 '朝師'에 해당되는 단어로 보인다.

Eckardt 신부의 『조선어교제문전』(1923) <읽기자료>와 … **459**

2013:144-145)에 "22. 헌데장이, 코흘리개, 눈첩첩이"의 제목으로 실려 있다. 그러나 2편의 설화가 보이는 이야기 전체적 내용과 구성은 대체로 동일하지만 구술 방식이 서로 상이하다. Eckardt(1923)와 박영만(1940/2013)에서 각각의 이야기 전개 시작 부분을 대조하면 다음과 같다.

> (10) ㄱ. 흐로는 머리 헌 사롬 과 코물 흘니는 사롬 과 안질난 병신 세히 서로 맛나 나기 흐기를 「우리가 다 이샹흔 병이 잇스니 쥬막에 가져 쩍을 슬컷 먹고 오 분 동안에 누구던지 먼져 병난 곳에 손을 다히면 그 쩍 갑슬 그 사롬이 다 물게 흐자」 흐고…(Eckardt 1923:192-191)
>
> ㄴ. 옛날도 옛날, 어떤 곳에 헌데장이, 코흘리개, 눈첩첩이 세 사람이 있었습니다… 이 세 사람이 하루는 서로 같이 길을 가게 되었습니다. 해가 낮녁이 되니까 배가 쌀쌀 시장하였습니다. 떡집을 찾아 들어갔습니다. 그런데 헌데장이가 이런 말을 하였습니다…(박영만 1940/2013:144).[44]

<읽기자료>의 제24-26과 "왕몽"(王夢)은 일종의 이성계 건국신화에 해당되는 구전설화인데, 무명의 젊은 시절의 꿈 해석과 연관된 전설에 속한다. Eckardt는 이 전설을 들려준 자료제공자를 명시적으로 텍스트에서 밝히지는 않았으나, 그의 회고록을 참고하면, 그의 스승이었던 서울의 김봉제로 추정된다.[45] 이렇게 3회 연속된 내용을 한글로 번역한 『부주해』의 원문 표기에는

---

44  박영만(1940/2013:145)에서 이 조선전래 이야기는 평안남도 안주군에서 수집한 것으로 기록되어 있다.

45  조선에 체류하였던 첫 해에 나는 왕릉을 한 곳 찾아갔다. 서울에서 북동쪽으로 약 40킬로미터 떨어진 곳에 있는 능이다. 나와 함께 간 사람은 옛날 공부를 한 조선인 선비였다. 그분은 내게 태조대왕(재위 1392-1399)에 대한 많은 이야기를 들려주었다. 범상한 집에서 태어난 태조는 젊은 시절 양을 돌보는 청년이었다. 한번은 기이한 꿈을 꾸었다. 소년은 해몽장이에게 갔다… 나의 스승은 잠시 쉬었다가 이야기를 계속했다. 羊이 王으로 바뀐다는 첫째 전설은 언어를 통해 운을 맞추는 식으로 형성되었고, 둘째 전설은 한자로 인해 발생했다(『조선, 지극히 아름다운 나라』, 이기숙 옮김, 1950/2010:109-112).

실수로 인한 몇몇 誤記도 드러난다. 해당 부분을 이 문법서의 한글 로마자 전사와 대조하면 다음과 같은 종류이다. (ㄱ) 션죠의 끼친 업을 쓴치 안이 ㅎ겟다 (guntchianihakedta, p.154), (ㄴ) 도룡님끠셔 장춧 왕이 되실터히니(toryŏnggĕsŏ, p.152), (ㄷ) 로인은 간더 업고 씀이 분명ㅎ지라(gumi, p.151), (ㅁ) 목이 마른더 문만 쩌 드리면(mulman tǔrimyŏn, p.148), (ㅂ) 셩덕이 일국에 쏠지ᄂ지라(doltjinantjira, p.147). 여기서 (ㄱ)의 오기 는 Eckardt 방식에서 '으' 모음을 반영하는 로마자 전사 ǔ에 위첨자 ˇ 표식이 교정에서 누락된 인쇄상의 문제인데, 제24과 읽을거리를 위한 단어모음에도 역시 guntha(=unterbreche, p.216)로 누락되어 있다. (ㄴ)의 '도룡님'은 로마자 전 사(toryŏngnim)에서 옳게 나온다. 그리고 (ㄷ)과 (ㅁ)의 경우는 역시 한글 표기에 서 실수한 것이다. 다만, (ㅂ)에서는 한글 표기 '쏠지-'와 로마자 전사 doltji-가 동시에 잘못 인쇄되었다. 특히 당시 표기로 '쎨치-'에 해당되는 부분의 2음절 유기음 '-치-'도 한글 표기와 로마자 전사에서 평음 tji(지)로 반영된 것은 외국 인으로서 한국어의 특유한 평음과 유기음 계열을 변별적으로 인지하는 데 한 계를 드러낸 것으로 보인다.[46]

또한, <읽기자료> 가운데 전설에 속하는 제20과 "졔쥬 친 계칙"(pp.183-184, Die listige Einnahme von Qulpart)의 텍스트에는 19세기 후기 춘향전 계열 고대소설 『남원고사』(김동욱 외 1983)에서 어사가 된 이 도령과 소로 논을 갈고 있는 어느 농부 사이에 벌어지는 유명한 말놀이 장면이 적절하게 윤색되어 아래와 같이 차용되어 등장한다.

> (11) 엇던 로인이 검은 소로 밧을 가는더, 소롤 쑤지져 굴ㅇ더 "그 소가 미련ㅎ 기는 최영이와 갓다." ㅎ거늘, 최영이가 듯고 이상이 넉여 갓가이 가셔 무러굴ㅇ더 검은 소로 밧을 갈면 어둡지 안이 하겟소? 로인이 디답ㅎ더

---

46 또한, Eckardt(1923)의 텍스트에는 평음과 경음의 변별이 비어두음절 위치에서 이루어지지 않는 예들이 눈에 띈다. (ㄱ) 저가락 혼 켜락(부주해, 련습 35, p.79), sukarak(수가락, p.330), (ㄴ) kâinari potjim, potari(개나리 봇집, 보따리, p.146).

"그러기에 볏을 달앗지요." 볏을 달면 쑤겁지 안이ᄒ겟소? 그러ᄒ기에 송
에를 언젓지오. 송에를 언즈면 손스럽지오! 그러ᄒ기에 양지 머리를 쥐엿
소(『부주해』, 20과 대역, p.164).[47]

이러한 장면에서 최영과 노인 간의 말놀이의 묘미는 단어의 동음어를 이용
한 이중적 의미를 구사하는 것인데, 제20과 강독자료를 읽기 위해서 정리한
<단어모음>(Wöter zum Kapitel)에서 Eckardt(1923:182)에서 자세하게 두 가지의
의미를 풀이하여 놓았다. 예를 들면, '볏'(1. 보습 위에 비스듬히 대어 흙이 한쪽으로
떨어지게 한 쇳조각, 2. 햇볕), '성에'(1. 쟁기 술의 윗머리에 앞으로 뻗치어 나간 긴 나무,
2. 얼어붙은 서리), '양지머리'(1. 陽地, 2. 소의 양지머리 살). 위의 『부주해』한글 대
역 인용문에서 '쑤겁지, 송에' 등과 같은 한국어의 '으'와 '어' 모음에 관련된
誤記가 드러나 있다. 그러나 Eckardt(1923:182-183)에 제시된 <단어모음>에서
나 한글 로마자 표기에서도 dukŏptji-와 songe로 등장하는 사실은, 교정의 미
비 또는 외국인으로서 Eckardt의 착오로 보인다.

Eckardt(1923)의 <읽기자료>에 포함된 민담이나 전설, 소화나 우화 등의 부
류에 속하지 않는 유형으로, 나중에 한국 설화집 Eckardt(1928)으로 이어진 이
야기로 제31-32과 "물건을 운반하는 한국적인 방식"(Koreanische Weise, Sachen zu
tragen, 1-2)이 있다. 1-2회 연속된 이 텍스트는 그 당시 한국 특유의 사회적
풍물을 소개하는 내용이다(Eckardt 1923:282). 이 문법서에서 한글 로마자 전사된
내용과 『부주해』에서 제시된 한글 표기를 대조하면서, 각주의 형식으로 첨부
된 Eckardt의 설명을 1회분만 보이면 다음과 같다(대역 한글표기 본문을 주로 하고,
발음 위주의 로마자 전사와의 차이가 있는 부분을 중심으로 괄호로 첨부한다).

---

47 필사본 『南原古祠』에서 해당 구절은 아래와 같다.

"져 농부, 여보시오! 검은 소로 논을 가니 컴컴ᄒ지 아니 ᄒ지?" 농부 딕답ᄒ딕 "그러기에
볏 다랏지요." "볏 다라시면 응당 더우려니?" "딥기에 셩엣장 다랏지요." "셩엣장 닯시면 응
당 츠지?", "츠기에 쇠게 양지머리 잇지오."(김동욱 외 1983:366).

(12) 데삼십일 더역: 물품 운젼ᄒᆞ난 긔계(1. pp.140-139)[48]

도션 사롬의(Tjosŏn saramĕ) 일용ᄉᆞ에 지고, 니고(niko), 메고, ᄆᆡᄂᆞᆫ(ginan) 것이 잇스니(idsŭni) 메ᄂᆞᆫ 것은 ᄋᆞ희들이(ahŭitŭri) 엿모판을 메히고(mehiko) 「엿 안쇠[1] 엿 안쇠!」(yŏdansôi)라 ᄒᆞᄂᆞᆫ 소리(hanan sorâi)로 사라 ᄒᆞᄂᆞ니라. 청근 쟝ᄉ(tjangsaka)가 무를(muurŭl=mūrŭl) 질머지고 골목으로 돈니며 (ta'nimyŏ)[2]「무드롱 사오[3], 무드롱 사오」(mutŭrŏng sao)ᄒᆞᄂᆞᆫ 소리로 사라 ᄒᆞᄂᆞ니라.

옹긔쟝ᄉ가 옹긔를 질머지고 고리로(koriro) 돈니며 「옹긔사리」[4] ᄒᆞᄂᆞᆫ 말 노 사라 ᄒᆞ며(ha'myŏ) 넉마툭박이(nŏngma thukpaiki)를 지고 돈니며 (ta'nimyŏ)「넝마툭박이!」ᄒᆞᄂᆞᆫ 말노(mallo) 사라 ᄒᆞᄂᆞ니라.

Eckardt는 이 문법서 <읽기자료>(Lesestück)의 한글 로마자 본문 가운데에 필요에 따라서 각주를 첨가하여 해설을 덧붙이고 있다. 각주 (1)은 엿장수의 외치는 소리 "엿 안쇠!" 구절을 설명한 것으로 "엿 아니 사랴오"(yŏd ani saryao) 하는 외침이라고 했다. 그리고 각주 (2)에서는 한글 표기 '돈니며'의 실제 발음이 [대니며]인데, tannita(단니다)=tangkita(당기다)는 당시의 대중들이 a'nnita(대닌다)=ta'ngkita(댕기다)로 사용한다고 하였다. 이어서 각주 (3)은 '무드렁'이란 표현에 대한 설명인데, 이것은 시골말로서 mu(u)tŭl하는 말을 길게 늘인 말이라

---

48 Eckardt(1923)의 『부주해』 전반부에 실려 있는 해당 제31과 읽을거리의 독일어 번역문을 옮기면 아래와 같다. 특히, 전통적인 '엿'에 대한 독일어 대역어가 특이하다.

-한국인들이 자신들의 일상에 일거리 짐을 운반하는 종류와 방식은 네 가지이다. 등에 지기, 머리에 이기, 어깨 위로 올리기, 팔로 옆구리에 끼기. 어깨에 올리는 것은 아이가 쌀로 만든 터키식 꿀이 있는 사각의 평평한 모판을 어깨 위에 끈으로 매고 "여러분, 꿀 아니 사려오?" 하면서 사라고 외친다. 무를 파는 상인은 등에 무를 가득 지고 길거리 구석구석으로 다니면서, "무요!, 무요! 하면서 사라고 외친다.
옹기그릇 등물을 파는 상인은 옹기를 등에 지고 거리를 다니면서, "옹기 사시오!" 하며, 넝마 수집하는 사람은 넝마와 단지(바꿔주려고)를 지고 거래하기 위해서 "넝마와 단지요!" 하고 외친다.

고 했다. 끝으로 각주 (4)에서 "옹긔 사리!"라는 외침은 "옹긔 사랴오?"(ongŭi saryao)라는 설명을 하였다.

위의 한글 표기 본문에 등장하는 '됴션 (사롬)'은 그 당시의 관용적 표기법에 의한 것이고, Eckardt(1923:282)의 로마자 표기에는 t-구개음화가 실현된 실제의 발음으로 전사되어 있다. 셔울이 춤 됴키는 됴콘(제16과 셔울구경, 1=tjokinŭn tjokhon, 부주해 대역, p.148).[49] 또한, '옹긔를 짊어지고 <u>고리</u>로 돈니며'의 구절에서 '거리'(街)에 대한 잘못된 표기 '고리'가 로마자 전사에도 그대로 kori로 반영되어 있다. 이러한 인쇄상의 잘못은 Eckardt(1923)가 한국어의 고유한 모음간의 구분 '어'(ŏ)와 '오'(o)의 차이를 숙지하고 있었기 때문에, 불충분한 교정 과정에서 기인되었을 개연성이 있다. 쥬막에 가셔 쏙을 사먹자(쩍, 『부주해』, 연습 6, p.105), 집을 쏙 잘 지엇쇼(쩍, 연습, 11, p.101), 보구니를 엽헤 씨고(바구니, 32과 대역, p.139), cf. 업을 묻치 안이ᄒ겟다(믄치, 24과 대역, 154). 그리고 무장수의 외침 '무드롱 사오'에서 한글 표기 '무드롱'에 대한 로마자 전사는 mutŭrŏng[무드렁]으로 나온다. '무드렁 사오'에서 '무드렁'에 대한 설명은 Eckardt가 제시한 설명보다, 같은 1920년대 이완응이 『고등조선어회화』(1925~1928)에서 제시한 설명이 사실에 더 가까운 것 같다.[50]

---

49 이와 같은 유형의 역사적 표기는 Eckardt가 언어습득에 참고하였을 가능성이 있는 개화기 초기의 문법서인 Underwood(1890)의 한글 예문에서도 등장하고 있다.

   집신 한 커리 사면 됴켓쇼(p.58), 됴키는 됴타마는 갑시 만타(p.151), 보기에 됴쇼(p.133).

50 Eckardt(1923)에서 관찰된 서울 골목에서 물건을 팔기 위한 장사꾼들의 외침은 거의 같은 1920년대에 조선어연구회장 이완응이 펴낸 『고등조선어회화』(1925-1928)에서 "六, 장사의 외는 소리"와 거의 일치한다.

   『고등조선어회화』에서 이완응은 당시 서울 골목에서 수레를 끌고 다니며 "싸구료/려" 행상인들이 호객하는 여러 다양한 외침을 소개하고 있다(6회분:12-14). 이 가운데, '1. 무들엉 서우(무들엉 사료), 2. 배추엉 서우(배추엉 사료), 3. 미나리엉 서우(미나리들엉 사료), 17. 헌 녁마에 오지쑥배기(사긔)들 사오' 등등과 같이 '-서우/-사료/-사우' 등이 나타난다. 이완응은 장사의 외침 '무들엉, 배추엉, 미나리엉'의 '-엉'은 "엉=안=아니"라는 주석을 달았다. '29. 엿안세, 엿들 사랴오(가위를 제깍제깍하면서)'에서 엿장사의 외침 '-안세'는 Eckardt(1923)에서의 '-안쇠'와 연결된다.

## 3.2. Ridel(1881)과 Eckardt(1923)의 강독자료 텍스트 제시 방식의 유사성

19세기 후반에서부터 20세기 초엽에 이르기까지 등장한 여러 외국인들의 다양한 한국어 문법서 가운데에서 본문에서 구어를 기초로 설명한 문법 규칙을 실제로 이해하고 응용할 수 있는 강독자료 항목을 특별히 설정하고, 읽을거리로 한국의 구전 민중설화를 수집해서 텍스트로 본격적으로 제공한 사례는 일찍이 Ridel(1881)의 <단계적 연습>과 Eckardt(1923)에서의 <읽기자료>에만 한정되는 중요한 특징이다.[51] Ridel(1881:v-vi)은 머리말에서 한국어의 고유한 문법규칙을 기술하기 위해서 단지 사전은 그 자료만 제공하는데 지나지 않으며, 언어 자료에 대한 적절한 형식과 그 용법을 부여하는 것은 바로 '문법'이라고 지적하였다. 그러면서, <단계적 연습 강의>(Cours d'exercises gradudés)에 제시된 텍스트는 언어의 실제 연구를 편리하게 하며, 동시에 문법서 본문에서 습득한 언어 규칙을 연습할 수 있도록 배려한 것이라고 강조하였다.[52]

이러한 사실과 관련하여, Ridel(1881)과 Eckardt(1923)에 나란히 등장하는 한 편의 민담 옛날이야기가 특히 주목된다. Ridel(1881)의 <단계적 연습>에 실린 17편의 한국 설화 가운데 제21과 "정신착란을 일으킨 어느 편집광"(Une monomanie spriritiste confondue. pp.11-14)이란 텍스트가 있다.[53] 그리고 그것과 아주

---

51  1930년대 후반에 본격적인 한국어 문법을 기술한 Ramsted의 *A Korean Grammar*(1939/1997)에도 <부록>으로 한글을 로마자화한 읽을거리 독본(texts, pp.189-199)이 첨부되어 있다. 그러나 그것은 5편의 민요와 성서의 구약 창세기 37장과 신약의 마가복음 6장, 요한복음 3장에 한정되어 있다.

52  이 문법서의 명칭을 Ridel(1881)이라고 한 것은 편의에서 나온 것이다. 원래 *Grammaire Coréenne*의 안표지에는 파리외방전도회 한국 선교단으로 명기되어 있다. 그리고 문법서의 제목도 안표지에는 *Grammaire Coréenne et Exercises gradudés*로 <단계적 연습> 부분이 강조되어 있다.

국어문법 연구의 관점에서 *Grammaire Coréenne*의 내용과 형식을 세밀하게 검토한 장소원(2005)은 이 문법서의 지은이를 파리외방선교회 소속 한국의 선교사들이 아니고, Ridel 신부였으며 완성되기까지 15년이라는 오랜 집필 기간 동안에 여러 한국 주재 선교사들이 지속적으로 수정하고 보완하는 과정을 거쳐 완성되었을 판단하였다.

53  장소원(2006:1559-1560)은 Ridel(1881)의 <단계별 연습> 가운데 제21과의 민담에 붙인 원래

유사한 변종 설화 한 편이 Eckardt(1923)의 <읽기자료> 가운데 제21-23과 "한라산 신선 이야기"(Die Berggeiste des Hallasan)라는 다른 제목으로 실려 있다. 양자 간에 이 설화에 붙인 제목은 서로 상이하지만, 그 이야기의 구성과 전개방식은 아주 접근되어 있다. 그러나 두 가지 변종 설화는 모두 제주도 한라산을 배경으로 신선 사상에 헛되이 집착하는 어느 서울양반이 제주관아에 목사로 부임해 와서 작당한 아전들이 조작한 가짜 신선에게 속아서 결국에는 망신을 당하게 된다는 줄거리로 요약된다.[54] 이와 같은 내용을 보면, Eckardt(1923)가 이 이야기의 제목으로 설정한 "한라산 신선 이야기"라는 명칭이 Ridel(1881)의 것보다 더 적절하다.

Ridel이 *Grammaire Coréenne*(1881)에서 19세기 후반 17편의 한국설화를 <단계별 연습>에서 제시한 방식과 Eckardt가 Koreanische Konversations-Grammatik (1923)의 <읽기자료>에 배당한 20세기 초반의 20여 편의 한국설화를 제시한 편집의 방식에는 일정한 유사점과 차이점이 드러난다. Ridel(1881)의 안표지에 Grammaire Coréenne et Exercises Gradués로 명시한 바와 같이, 이 책의 체제는 전반부의 <한국어 문법> 기술과, 후반부의 <단계적 한국어 연습> 텍스트로 크게 구분되어 있다.

전반부의 Grammaire Coréenne의 내용은 한국어와 문자, 그리고 음운론과 음절에 관한 일반적 원리를 상세하게 기술한 <들어가기>(introduction)를 시작으로, 단어와 형태론 중심의 제1부(pp.1-160)가 중심을 이룬다. 이어서 제2부(pp.161-187)에서 문장론(Syntaxe)으로 배정되어 있으며, 그 말미에는 한국어의

---

의 표제 "Une monomanie spriritiste confondue"(pp.11-14)를 내용에 의거하여 적절하게 "신선을 만난 제주목사"로 의역하였다. 그리고 장 교수는 이 구전민담을 다른 유형들과 함께 상세하게 요약하여 제시하였다. 또한, 고예진(2012)와 장소원(2013)도 아울러 참조

54 Eckardt(1923)의 <강독교재>에서 제21과-23과에 걸쳐 3회 연속으로 실린 "한라산 신선 이야기"(Die Berggeiste des Hallasan)는 최석희(2007:286-289)가 1920-1950년대 독일어로 번역된 한국문학에 대한 소개의 일환으로『부주해』(pp.160-156)에 <디역>(對譯)으로 실려 있는 해당 설화 한글 원문을 표기법은 약간 수정하여 그대로 옮겨 놓은 바 있다.

텍스트와 그 발음을 보이기 위해서 이솝 우화에서 인용해온 "까마귀와 여우"(faible du coreau et renard) 우화 한글 전문이 그 당시 표기법으로 실려 있다. 이 한글 전문은 세로쓰기로 한 행씩 배열되었으며, 각 단어 또는 음절마다 해당되는 발음을 전사하였다. 이어서 같은 문면의 하단부에 프랑스 번역이 구절에 번호를 붙여 제시되었으며, 한 구절 한 구절마다 촘촘하게 세밀한 <문법적 분석>이 뒤따랐다(pp.180-187). 그 다음으로 <부록>을 끝으로 문법 텍스트는 종료된다.

Ridel(1881)에서 후반부로 배정된 <단계적 학습>은 자체적으로 새로운 쪽수 매김으로 출발하여 제1부와 제2부로 나뉜다. 여기서 제1부(pp.1-40)는 유럽식 쪽수 매김이라는 표시가 첨부되어 있으며, 제1과에서부터 11과까지는 기초 일상어휘 목록에서부터 통상적으로 구사하는 구절, 여러 가지 상황에 따른 높임법 사용하는 예문들이 주를 이룬다. 그러나 제12과-제16과에서는 비교적 중급 강독수준의 5편의 한국 민담 원문이 프랑스어 번역과 함께 실려 있으며, 제16과 "어느 영리한 젊은이"(Un jeune homme intelligent)의 마지막 부분에 "끝"(fin)이라는 표식이 첨부되어 이어서 계속되는 제2부와 구별하고 있다. 여기에 따로 "알림"(Nota)이란 표식에서 후속되는 단계적 연습에 사용되는 인쇄상의 배치 문제로 동양식의 쪽수 매김 방식을 사용하기 때문에, 본 문법서의 맨 뒷부분에서부터 역순으로(pagination inverse) 시작하겠다고 고지하였다.[55] 이와 같이 Ridel(1881)의 <단계적 연습>에서 한국설화 17편을 문법의 실제적 학습을 돕기 위한 읽을거리로 제시한 독특한 역순 쪽수표시 방식은 그 이후 40여 년 뒤늦게 20세기 초엽에 간행된 Eckardt(1923)의 <읽기자료>에서 20여 편의 설화가 별책 『부주해』에서 취급된 방식과 아주 유사하다. 물론 양자의 문법서에

---

55 *Grammaire Coréenne*(1881)의 강독 텍스트 분석과 검토를 하면서 장소원(2013)은 <단계적 연습> 가운데 읽기 수준에 따라서 유럽식 쪽수 매김이 있는 비교적 기본적인 강독자료 제1과-11과까지는 "초급연습 부분", 5편의 짧은 설화가 포함된 제12과-16과까지에는 "중급연습 부분", 그리고 이러한 부분과 구분되어 동양식 역순 쪽 매김으로 시작하여 본격적인 설화가 실린 제12과-33과까지는 "고급연습 부분"으로 구분하여 각각 논의하였다.

서 한국설화 텍스트를 제시하는 구체적인 양식에는 근본적인 차이가 있으나, 후대에 Eckardt가 자신의 문법서를 편찬할 적에 일단 Ridel(1881)의 편집방식을 크게 참고한 것으로 생각된다.

19세기 후반에 들어서 처음으로 선보이는 Ridel(1881)의 <단계적 연습> 가운데 제21과 "정신착란을 일으킨 어느 편집광"이라는 구전 설화의 출처는 구체적으로 확인하기 어렵다. Ridel(1881)의 <단계적 연습>에 실린 여타의 16편의 민담에 대한 편집자의 수집 경위나, 지역, 그리고 특정 자료 제공자에 대한 정보가 명시적으로 드러나 있지 않기 때문이다. Ridel(1881)의 <단계별 연습>에 한국어 학습 강독교재로 실린 일련의 민담 내용을 분석하고 검토한 장소원(2006, 2013)은 이러한 텍스트들이 대체로 19세기 후반에 민간에 유포되어 있었던 『靑邱野談』이나, 일종의 소화집 『續禦眠楯』 부류와 같은 일종의 문헌설화에 근거하여 적절하게 윤색되었다는 사실을 밝혔다.

그러나 장소원(2013:114)에서 예의 제21과 "정신착란을 일으킨 어느 편집광"(신선을 만난 제주목사)에 대한 명확한 원전 출처는 규명되지 못하였으며, 단지 동일한 이야기 형태는 아니지만 숙종 때 안서우(安瑞羽)가 "가짜신선타령"을 배경으로 지은 한문소설 『金剛誕遊錄』과 긴밀한 연관을 보인다는 사실만 지적된 바 있다. 그 반면에, Eckardt(1923:191)는 제21과 "한라산 신선 이야기(一)" 표제에 각주를 달아서, "이 이야기는 미리내(mirinâi) 강 신부에게서 구술로 전해 받은 것이다. 그렇지만 전국적으로 잘 알려져 있다."와 같은 언급을 하면서 이야기 수집 출처를 밝히고 있다. 그렇다면, 우선 이와 같은 가짜 신선 이야기 유형은, Eckardt의 진술에 따르자면, 20세기 전반기에 민간에서 대체로 전국적인 분포를 보였을 것이다. 그러나 Eckardt(1923)에서 제시된 부류와 줄거리가 동일하거나 유사한 제주도 한라산 가짜 신선 이야기 또는 그 변종 설화는 1920년대부터 그 이후 간행된 일련의 조선 동화집/설화집 또는 최근에 채록된 전국 구비문학 등의 부류에서 글쓴이는 아직 확인하지 못하였다.[56]

Eckardt에게 민담 "한라산 신선 이야기"를 들려준 자료 제공자인 미리내 강 신부는 그 당시 경기도 안산지역 천주교 본당(美里川 聖堂) 신부로 사역하고 있던 강도영(姜道永, 마르코, 1863~1929)을 말한다. 미리내 공소에서 Eckardt와 강도영과의 첫 만남은 1911년경에 이루어졌을 것으로 추정된다. 상트 오틸리엔 연합회 총수도원장 Norbert Weber가 1911년 2월부터 6월까지 4개월 동안에 걸쳐 한국 선교지를 방문했던 여정을 기록한 기행문 『고요한 아침의 나라』(Im Lande der Morgenstille, 1915, 박일영/장정란 옮김, 2012)에는 Eckardt와 동행해서 1911년 4월에 미리내 강 신부를 방문했던 일정이 등장한다.[57]

1896년 한국에서 세 번째로 신부 서품을 받고, 그해 미리내 본당으로 부임해온 강도영과 Eckardt와의 첫 만남이 1911년이라면, 그 당시 강도영의 나이는 48세, Eckardt는 27세 정도이었을 것이다. 두 신부가 그 이후에도 서로 교제가 계속되었을 것이지만, 한국의 설화를 열심히 수집하고 있던 Eckardt는 그 첫 만남의 자리에서 강도영에게서 "한라산 신선 이야기"를 구술 받았을 개연성이 있다. 그리고 Eckardt는 Ridel의 *Grammaire Coréenne*(1881) 후반부 <단계적 연습> 가운데 제21과에 실려 있던 같은 내용의 민담을 나중에, 또는 그 전에 인지하고 있었던 것 같다. 그리하여 Eckardt는 Ridel(1881)의 <단계적 연습> 제21과 "정신착란을 일으킨 어느 편집광"(Une monomanie spriritiste confondue.

---

56 한국에서 간행된 최초의 전래 동화집이라는 『조선 동화집』(1924, 조선총독부), 심의린의 『조선동화대집』(1926), 손진태의 한국 개화기 설화를 담은 『조선 설화집』(1930), 그리고 박영만의 『조선전래동화집』(1940) 등에서도 역시 예의 설화 유형은 수집된 바 없다. 근자에 전국적인 규모의 『한국구비문학대계』에서나 여타의 지역별 설화집 등에서도 이러한 부류의 설화는 등장하지 않는다. 또한, 개화기 이전의 조선시대 문헌설화집 부류에서도 이러한 이야기는 확인되지 않는다.

57 "친절한 강 신부가 우리를 좁은 사제관으로 안내했다. 강 신부는 미리내 신자 150명 말고도, 인근 신자 2~400명을 사목하고 있었다. 그는 제대로 교육 받았고, 실로 엄청난 과업들을 온전히 감당해 냈다. 나와 동행한 안드레아 신부는 어떻게든 더 많은 한자를 익히려는 '성벽'(性癖)을 가누지 못했다. 한자의 뜻이야 간단한 알파벳 자모 몇 개만으로 충분히 전달된다. 그래서 한자 공부 자체를 위한 한자 공부는 내게 시간과 에너지 낭비로 여겨졌다. 그럼에도 그는 열정을 내게도 심어 주려고 애썼다.
사람 좋은 강 신부도 저녁 식사 자리에서 안드레아 신부에게 자기가 아는 것을 다 털어 내놓아야 했다."(Weber 1915/2012:276-281).

pp.11-14)의 원문 텍스트를 참조해서 이야기의 내용을 재구성하여 자신의 1923
년 문법교재 <읽기자료>에 포함시켰고, 나중에 독자들의 좋은 반응을 얻으
면서 독일어로 번역하여 1928년과 1950년에 간행된 한국설화집에도 지속적
으로 연재하였던 것으로 추정된다.

그렇다면, 강도영은 1910년대에 Eckardt에게 구술해준 "한라산 신선 이야
기" 민담을 어디에서 전해 들었을까. 그는 Ridel(1881)의 <단계적 연습>을 통
해서 줄거리를 습득하였거나, 혹은 주위의 신자들로부터 그 당시에 구전으로
내려오던 이야기를 접하였을 두 가지 가능성이 있다. 그러나 그러한 민중들의
전래민담 텍스트는 1920연대부터 채록된 한국 설화 자료집 부류에서 등장한
적이 없다. Ridel(1881)의 <단계적 연습>에 포함된 한국 설화 대부분이 직접
자료 제공자들로부터 채록된 것이 아니고 주로 전통적인 문헌설화에 기초하
였음을 전제하면(장소원 2013),[58] 제21과 "정신착란을 일으킨 어느 편집광"(한라
산 가짜 신선 이야기) 민담 역시 이와 같은 문헌설화의 범주에서 크게 벗어나지
않을 것으로 생각한다. 그러나 그 원전 텍스트나, 그 변종을 게재하고 있는
근대 시기의 문헌 기록은 아직까지 구체적으로 확인되지 않는다.

Ridel(1881)의 <단계적 연습>에 실려 있는 강독교재 제21과 "정신착란을
일으킨 어느 편집광"의 텍스트와 그보다 40여 년 후에 Eckardt(1923)의 <읽기
자료>에 3회에 걸쳐 연재된 제21-23과 "한라산 신선 이야기"의 구성과 사건
의 전개는 언어적 표출에서 나오는 차이 외에는 거의 동일하다. 이 이야기의

---

58 『한어문전』(1881) 작성에 관여했던 파리외방전교회 한국 주재 선교단들이 1년 앞서 간행한
『한불ᄌ뎐(1880)의 표제항에도 문헌설화에 근거한 이야기가 아래와 같이 간단하게 소개되기
도 하였다. 조선 순조 때 조재삼(趙在三)이 엮은 『송남잡지(松南雜識)』에 이 속담의 유래가
나온다.

'구럭도 게도 일타'(kou-rek-to-kei-to-ilta), 해망구실(蟹網俱失): 한꺼번에 두 개를 잃다.
-구럭과 게는 친구사이였다. 못생긴 남자의 아내가 잘 생긴 친구를 사랑해서 결혼하기를 원
했다. 그러기 위해서 그 남자의 아내는 자기 남편을 높은 낭떠러지 위에 있는 버섯을 따오
게 하여서 떨어져 죽게 하였다. 그러나 잘생긴 그 남자 친구는 자기 친구의 죽음의 원인을
알게 되었고, 슬픔에 겨워 그의 무덤 위에서 죽었다(1880:210).

내적 주제는 가짜 신선에게 속아서 망신당함, 즉 도교에서 전래된 조선의 전통적인 신선의 존재나 신선사상의 허구와 허망함을 표출한 것이다. 동시에 그 외적 주제는 향리 토족 아전들이 작당해서 서울에서 내려온 멋모르는 수령을 골탕 먹이는 사건을 드러낸 것이다. 그리고 이 민담의 형성과 전파 과정은 불분명하지만, 대체로 다음과 같은 전파의 진로를 일단 추정해 볼 수 있다.

> (13) 민중들의 구전 설화(17-18세기에 성행하던 神仙 설화)→(2-1)安瑞羽의
> <金剛誕遊錄>, (2-2) 판소리 열두마당 가운데 지금은 실전된 "가짜신선
> 타령"(18세기: 宋晩載의 觀優戲 절구 50수 가운데 {18}, 참조)→(3) 가짜
> 신선 유형의 설화 지속과 창작(문헌과 구전으로)→(4) Ridel(1881)에 수록
> →(5) 1910년대 초반 미리내 강도영 신부의 구술→Eckardt(1923)에서 강
> 도영 신부의 구술과 Ridel(1881)을 기반으로 재구성.

이러한 잠정적인 가정을 전제로 하고, 이 글의 §4에서는 Ridel(1881)에서 수용된 19세기 후반의 제21과 "정신착란을 일으킨 어느 편집광"의 텍스트와, 20세기 초반에 다시 형성된 Eckardt(1923)에서의 제21-23과 "한라산 신선 이야기"의 텍스트를 상호 대조 비교하여 그 변용과 재구성된 언어적 과정을 살펴보기로 한다.


## 4. Ridel(1881)과 Eckardt(1923)에서 "한라산 신선 이야기"의 수용과 변이

지금부터 동일한 이야기의 주제와 전개 방식을 가지고 있는 Ridel(1881)과 Eckardt(1923)에서 제시된 한글 텍스트를 이용하여 담화의 수용과 변이의 과정을 직접 대조하며 검토하기로 한다. 우선, 신선을 만나려다 봉변을 당한 주제

의 "한라산 신선 이야기"의 텍스트를 제시하는 내적 방식에 있어서도 Ridel (1881)과 Eckardt(1923)에는 차이를 보인다. Ridel(1881)의 제21과 "정신착란을 일 으킨 어느 편집광"(pp.11-14)에서는 다른 민담 텍스트에서와 동일한 방식으로 해당 문면을 이등분하여 상단에는 세로 행으로 한글 본문을 제시하였으며, 이야기의 전개에 따른 적절한 문단으로 나누어 일련번호를 앞에 첨가한 다음 에, 같은 문면 하단 부분에서 그 일련번호에 따라서 프랑스어로 옮긴 대역을 꼼꼼하게 제시하였다. 상단부의 한글 텍스트는 일종의 문어체에 가까우며 대 체로 19세기 후반의 전통적인 역사적 표기법을 따르고 있다.

그 반면에, Eckardt(1923)의 경우는 본 문법서(상권)의 읽기자료 제21과 "한라 산 신선 이야기"(Hallsan sinsŏn ńiaiki)와 같은 표제로 제21과-제23에 걸쳐 3회 연속으로 전문을 나누어 연재하였다. 여기서 설화의 텍스트는 어느 정도 당시 의 현실 발음을 그대로 반영한 로마자로 정밀하게 전사되어 있다. 따라서 Eckardt(1923)의 텍스트에 반영된 로마자 전사 자료에는 20세기 초반의 음운현 상들이 부분적으로 실현되어 있다. 이러한 사실은 Eckardt가 자료 제공자로부 터 이야기의 내용을 구술 받은 실제 정황을 나타내는 것으로 보인다. 그리고 Eckardt는 로마자화한 한글 텍스트 본문에 필요에 따라서 서양 독자들을 염두 에 두고 생소한 단어나 구절에 각주의 형식으로 세밀한 주석을 첨부하였다.[59]

Eckardt(1923)의 하권에 해당되는 별책 『朝鮮語 交際文典 附註解』(Schlüssel zir Kreanischen Konversations Grammatik, II Teil, Koreanische Schrift)에는 당시의 표기법으로 "디역: 졔쥬 한라산 신선 니야기"라는 제목으로 한글 원문이 실려 있다. 그리 고 같은 책 <부주해> 전반부에는 제21과-23과 민담에 대한 독일어로 번역된 Die Berggeister des Hallsan(pp.28-32)이 배정되어 있다. 이 민담의 독일어 번역문

---

59 예를 들면, 본문 앞부분에서 각주 (1) Hallasan=jetzt erloschener Vulkan auf der Insel Quelpart (Tschttschu) 2000m hoch(할라산=제주도에 솟아있는 지금은 휴화산인 해발 2.000미터의 산). (2) sinson=Geist(귀신), (3) Die Erzählung stemmt von Kang Sinpu in Mirinai, ist aber in ganz Korea bekannt(이 이야기는 미리내 강 신부에게서 나온 것인데, 전국적으로 잘 알려져 있다.)

은 나중에 6년 후에 『조선민담집』(*Koreanische Märchen und Erzählung zwischen Halla und Päktusan*, 1928)에 그대로 다시 전재되었다고 한다(최석희 2007).

Ridel(1881)과 Eckardt(1923)의 텍스트에서 각각의 문단 중심으로 비교 대조하는 하나의 방법으로, Ridel(1881)에서 이야기의 흐름에 따라 적절한 문단으로 구분하여 일련번호를 붙인 (1)-(42)까지의 구절을 기준으로 하여 Eckardt(1923)의 텍스트도 이에 따라서 구절별로 제시한다. 이어서 각 문단에 제시된 언어 내용과 그 변모 과정에 대한 글쓴이의 관점을 필요에 따라 덧붙이기로 한다. 먼저 Ridel(1881)에서의 텍스트 단락을 일련번호에 따라 제시한 다음, 순차적으로 Eckardt(1923)의 해당 구절을 대조하는 방식을 쓴다.[60]

> Ridel(1881:1). 셔울 냥반 ᄒᆞ나히 졔쥬 한린산에 흥샹 신션이 ᄂᆞ려와 논다 말을 듯고 샹히 말ᄒᆞ디 내가 졔쥬목ᄉᆞᄅᆞᆯ ᄒᆞ면 신션님을 ᄒᆞᆫ번 뵈오련마ᄂᆞᆫ <u>나빅을 참에 홀 수 잇ᄂᆞᆫ가</u> ᄒᆞ더니,[61]

> Eckardt(1923:1). "한라산 신션 니야기"-{묘션 젼라도(각주 4) 졔쥬 짜에 데일 놉흔 산 ᄒᆞ나히 잇스니 일홈은 한라산이라. 엇지 놉흔지 쳥명ᄒᆞᆫ 날이라야 산 꼭닥이를 보고, 그러치 안이ᄒᆞ면 상상봉 에는 흥샹 비가 오는 모양인디, 묘션 사람들이 말ᄒᆞ기를 그 한라산 꼭닥이에 각금 신션이 ᄂᆞ려와 논다.(홈으로)} 셔울 ᄒᆞᆫ 량반 ᄒᆞ나히 한라산에 신션이 ᄂᆞ려와 논단 말을 듯고 흥샹 원ᄒᆞ고 말ᄒᆞ기를 "내가 언졔나 <u>졔쥬목ᄉᆞ</u>를 ᄒᆞᆫ번 ᄒᆞ야, 이 신션 노는 구경을 홀고?" ᄒᆞ더니,[62]

---

60 Ridel(1881)의 한글 텍스트에는 19세기 후반 한글 문헌에서와 동일한 방식으로 일체의 문장 부호는 생략되어 있으며, 띄어쓰기도 적용되어 있지 않다. 그 반면에, Eckardt(1923)의 『부주해』에서는 일정한 기준에 맞춘 띄어쓰기가 실시되어 있으며, 따라서 문장부호도 첨가되어 있다.

61 Ridel(1881)에서 일련번호 (1)에 해당하는 프랑스어 번역은 아래와 같다.

Un noble de la capitale, ayant entendu dire qu'un genie avait l'habitude de descendre et de se reposer sur le mont Han-Rai a Quelpaërt, disait toujours: <<Si je devenais préfet de Quelpaërt, je desidireais bien voir le génie; Mais le moyen d'entrer dans l'administration de la province de Tijen-ra···?(p.15).

본 이야기가 시작하는 서두는 두 텍스트에서 차이가 있다. Ridel(1881)에서는 통상적인 민담, 옛날이야기의 구술 전개와 유사하게 어떠한 중심인물이 먼저 등장해서 사건이 전개되어가는 방식인 반면에, Ridel(1881)에서 20세기 초반의 신소설 유형의 방식을 따라서 사건의 배경에 대한 설명이 먼저 등장한다. 따라서 이러한 서두 부분은 Eckardt가 자료 제공자로부터 직접 구술 받았을 가능성을 가리킨다. Ridel(1881:1)의 단원에서 지명 '한리산'(漢拏山)이 매우 특이하다.[63] Eckardt(1923)에서는 발음대로 로마자 Hallasan으로 전사된 반면에, '한리산'이란 명칭은 오늘날 제주도 방언에서도 발견할 수 없다. 아마도 이 명칭의 구성성분인 한자음 '한라'(漢拏)의 '拏' 자체에 이미 접미사 '-이'가 연결되어 '라+-이→리'가 형성되었을 것으로 추정된다. 그러나 오늘날 제주방언에서 이 산의 명칭은 '할락산', '활로산', '할로-영산'(『제주어사전』, 1995:585) 등으로 분포되어 있다.[64]

Ridel(1881:1)에서 "--나빅을 참예홀 수 잇는가 ᄒ더니" 구절에 대한 해당 프랑스어 번역은 "le moyen d'entrer dans l'administration de la province de Tijen-ra…?"(전라도 행정부에 들어갈 방법은?)으로 옮겨있는 사실을 보면, '나빅'은 '羅伯'에 대한 한자음으로 全羅道의 官伯을 가리킨다. 이와 같은 문어적

---

62  Eckardt(1923)의 『부주해』에 실린 이 단락에 대한 독일어 번역문을 다시 현대국어로 옮기면 대략 아래와 같다.

조선에 있는 전라지방의 제일 높은 산이 제주도에 솟아 있는데, 할라산으로 불린다. 그 산이 어찌나 높은 지, 아무도 말할 수 없다. 사람들이 그 산의 산봉우리를 보려면 아주 청명한 날이어야 한다. 그렇지 않는 날에는 산의 제일 높은 꼭대기에 언제나 비가 내리는 것 같은 모습을 보인다. 그래서 조선 사람들은 "할라산의 산봉우리에는 자주 신선이 내려와서 논다." 고 말한다.
서울에 사는 어느 양반이 할라산에 신선이 내려와서 논다는 이야기를 들었다. 그래서 그는 소원을 하나 품게 되었고 이렇게 말하곤 했다.
"언제 내가 제주의 목사가 되어서, 이 신선님들이 노는 것을 볼 수 있을까"

63  지명 '한리산'은 Ridel 1881:5 단락과 12 단락에서도 각각 반복되어 등장한다.

64  "<제주도 언어 자료> 주해, 4."(정승철, <제주도 언어 자료> 해제(2010:211-224)에서는 토박이 화자의 1950년대 설화 가운데 '할락산 봉구리'로 출현한다.

수사 표현은 당대 자료 제공자의 현장 구술을 통해서가 아니라, 선행 시기에 존재하였던 어느 문헌설화를 기반으로 이 텍스트가 형성되었을 가능성이 높다. Eckardt(1923:1)의 단락에 대한 본 문법서(上卷)에 수록된 한글의 로마자 전사는 일반적으로 음운현상이 적용된 발음 중심이지만, 한글 표기에 이끌린 철자식 전사도 혼용되어 있다. 예를 들면, "--놉흔 산 ᄒᆞ나히 잇스니"에서 'ᄒᆞ나히'에 해당되는 로마자 전사는 그대로 hanahi idsŭni로 등장하지만, 20세기 초반 토박이 화자들이 '하나'(一)를 'ㅎ' 종성체언으로 구사했을 것 같지 않다. Eckardt(1923:2)의 단락에서도 '즉시 아젼 ᄒᆞ나흘 불너 말ᄒᆞᄃᆡ'와 같이 '하나'의 대격형에도 'ㅎ'이 지속되어 있다.[65] 또한, 표기 '일홈'(名)의 경우에 당시의 문어체 방식에 해당되며, 로마자 전사에도 철자식으로 irhom으로 나온다.

그 반면에, Eckardt(1923:1)의 단락에 대한 로마자 전사에서 당시의 한글 표기 '뎨일'은 구개음화가 실현된 tjeïl로 출현하는데, Eckardt(1923)에서 로마자 표기 ï는 앞선 모음 e와 음절경계를 표시하여 [tje-il]을 나타낸다. 그리고 역사적인 한글 표기에 등장하는 '니야기', '량반'(兩班) 등은 해당되는 로마자 전사에 n의 묵음기호 n̸으로 나온다. n̸ia$^{i}$ki, Sŏul han n̸yangpan hanahi. 여기서 '니야기'에 대한 n̸ia$^{i}$ki와 같은 위첨자 i의 로마자 전사 표기는 Eckardt(1923)의 텍스트 전체를 통해서 20세기 초반 서울방언에서 생산적으로 등장하는 움라우트 현상 [이아기]→[이아$^{이}$기] 과정을 음성적으로 반영한 것이다.[66] Eckardt(1923:1)의 단락에서 '산 쏙닥이를 보고, 그러치 안이ᄒᆞ면' 구절의 로마자 표기에서 형태소

---

65 Eckardt(1923)의 <읽기자료>에 실린 다른 설화 텍스트에서도 문헌어적인 체언 어간말 'ㅎ'이 한글표기와 한글의 로마자 전사에도 유지되어 있다. 그 나라흘 치려ᄒᆞᄃᆡ(narahŭl, 부주해, 제20과, p.165), 병신 세히 서로 맛나pyŏnhsin sehi, 부주해 제6과, p.7).

66 Eckardt(1923)의 한글 로마자 전사에 등장하는 1920년대 서울방언에서의 움라우트 규칙과, 움라우트 실현형 $V^{i}$ 유형에 대해서는 최전승(2020)을 참조.

발음규칙 (20): 뒤따라오는 i 또는 y가 정말로 자주(oft schon) 앞선 음절(의 모음)에 첨가되며 (Vorschlag), 이것은 쉽게 변모음(Umlaut)을 거친 단모음으로 바뀌진다.
예: sarămi=sară$^{i}$mi(사람-이), pŏpi=pŏ$^{i}$pi(법-이), tjukyo=tjûikyo(주교), syotjyu=sôitju(소주)' (1923:6-7).

내부 '꼭닥이'와 형태소 경계 위치에 움라우트가 실현되어 있다. san goktâikirŭl poko, kŭrŏtchianihâimyŏn(산꼭대기를 보고, 그렇지 아니해면).

> Ridel(1881:2). 우연이 급뎨롤 ᄒ야 이외에 그 목ᄉ롤 ᄒ여간지라. 도임 후에 졍ᄉᄂ 변변치 못ᄒ고 홍승 말ᄒ디,
> Eckardt(1923:2). 천만 뜻밧게 ᄒ로는 천만 님굼이 불너 졔쥬 목ᄉ를 가라 ᄒ미, 빅비사례ᄒ고, 뎨일 깃븐 ᄆ음은 ᄒ상 원ᄒ고 ᄇ라던 신션을 보게 됨으로 엇지 다ᄒᆼᄒᆫ지 몰나, 급한 ᄆ음으로 그날노 써나 몃칠만에 졔쥬읍에 도임ᄒᆫ 후, 즉시 아젼 ᄒ나흘 불너 말ᄒ디 네, "골에 한라산이 잇ᄂ냐?" "예, 잇습니다".

사건의 전개를 위해서 서울 양반이 제주목사가 되는 계기가 Ridel(1881:2)에 서는 전형적인 옛날이야기 방식에 따라서 "우연이 급뎨를 ᄒ야 이외에…"로 작위적으로 설정되었다. 이 부분에 대한 프랑스어 대역은 Par hasard reçu docteur, il fut, contre son attente, (investi de la prefecture en question)으로 옮겨져 있다. 여기서 과거시험에 급제를 한다는 한국적인 표현을 유럽식으로 '박사학 위를 받았다'로 Ridel(1881)은 이해한 셈이다. 프랑스어에서 'etre recu docteur'는 'to take a doctor's degree' 정도로 대응된다. 이와 같은 표현은 Ridel(1881)의 <단계적 연습> 제20과 "도깨비에 의해서 결정된 내기"(Un part décidé par lutin) 의 민담 텍스트 가운데에서도 등장한다. lequel lui dit "Je te marie avec ma fille" et le traite aussitot *comme un docteur*. 이 구절에 대한 한글 원문은 '(졍승이 굴ㅇ디) 내 ᄯᆯ과 혼인ᄒᆫ다 하고 즉시 급뎨ᄒᆫ 모양으로 부른더니'로 되어 있다.[67]

이와 같이 Ridel(1881:2)에서 주인공이 제주목사로 임명된 사건의 발단을 비

---

67 『한불ᄌ뎐』(1880)에서 '급뎨'(及第) 항목에 대해서 Docteur es-lettres, Docteur로 풀이하고 이 어서 팔호로 "이 학위는 모든 시험 중에서 식별되는 아주 높은 것이다. 그 학위를 받은 사람 에게 붉은 종이에 꽃다발로 장식된 학위증이 수여된다."와 같은 설명이 부가되어 있다(p.170). 그 반면에, 같은 사전에서 '과거'(科擧) 항목은 "국가시험이며, 공적 기능을 하는 대상을 선 발한다."(p.177)로 풀이되어 있다.

현실적인 방식으로 처리한 반면에, Eckardt(1923:2)에서는 "천만 이외로 임금님이 명을 내린 것"으로 통상적인 고대소설의 전개 방식을 취하고 있다.[68] 또한, Eckardt(1923:2)의 단락에서는 담화 가운데 이야기 구술자의 감정 표현이 개입되어 있다. 한글 텍스트 자체에서는 "데일 깃븐 ᄆᆞ음은 ᄒᆞ상 원ᄒᆞ고 ᄇᆞ라던 신션을 보게 됨으로 엇지 다힝ᄒᆞ지 몰나, 급한 ᄆᆞ음으로…"와 같이 주인공의 감정이 기술되었으나, 독일어 대역에서 다음과 같이 이야기하는 구술자 주체가 담화 가운데 드러난다. 독일어 대역문을 다시 옮기면 아래와 같다.

> (14) 그런데 어느 날, 아주 예상 밖으로 임금님이 그 양반을 부르셔서 제주목사로 가라는 명을 내리셨다. 그 양반은 왕에게 백배사례하였고, 신선들을 한번 만나보고자 하는 그의 마음속의 소원이 이루어졌기 때문에 그의 마음이 얼마나 흥분해서 기쁘게 뛰었는지, 나는 모르겠다. 조급증이 나서 그 양반은 바로 그 날 (제주도로) 길을 출발하였으며(『부주해』 1923:28).

Eckardt(1923:2)에서 "엇지 다힝ᄒᆞ지 몰나"에서 부사 '엇지'는 로마자 전사로 ŭdtji로 전사되어 있는데, 이것은 장모음 '어'의 모음상승 '엇:지→웃:지'의 변화가 수행되는 20세기 초엽 서울말의 생산적인 음운론적 과정이 반영된 것이다.[69]

---

68 19세기 후기와 20세기 초반에 간행되었던 완판본 29장본 『별춘향전』과 33장본 『열녀춘향수절가』의 텍스트에서 이야기 전개의 발단 부분은 각각 이렇게 전개된다.

　(ㄱ) 잇써 삼쳔동 이한임을 젼하의 낙졈ᄒᆞᄉ 남원부ᄉ 졔슈ᄒᆞ니(별춘향전, 1ㄱ)
　(ㄴ) 일일은 젼ᄒᆞ게옵셔 충효록을 올여보시고 츙효자로 퇵출ᄒᆞᄉ 자목지관 임용ᄒᆞ실시 이할임으로 과쳔현감의 금산군수 이비ᄒᆞ야 남원부사 졔수ᄒᆞ시니(영녀춘향, 1ㄱ)

69 Eckardt(1923)의 텍스트 전체를 통해서 로마자 한글 전사에 모음상승 '어→으'가 충실하게 반영되어 있다. 일부의 보기를 찾아서 열거하면 다음과 같다.

　ㄱ. 성→승; sŭng nâita(성내다, 220), 성미→승미; sŭngmi(398), 성깔→승갈; sŭngkal(398), 성품→승품; sŭngphum(398)
　ㄴ. 떨고(震)→뜰고; 그날 저녁부터 dŭlko 알앗슴니다(357)

Ridel(1881:3). 엇지 ᄒ면 신션님을 뵈옵겟ᄂ냐 아젼들의게 무르니 아젼들이 셩가스고 고로와 서로 의론ᄒ듸,

Eckardt(1923:3). <u>그러면 그 산에셔 신션이 ᄂ려와 논단 말 올흐냐?</u> 아젼이 그 말을 듯고 속으로 싱각ᄒ듸 "이번 쳔치가 우리 졔쥬 목스를 ᄒ야 왓고나!" ᄒ고, "ᄒ번 <u>속여</u> 보리라!" ᄒ고 즉시 듸답ᄒ듸 "과연, 신션이 ᄂ려와 <u>놀니다</u>" ᄒ니 <u>목스</u> "내가 셔울셔 듯던 말과 ᄀ고나!" ᄒ고 한번 보기를 원ᄒᄂ지라,

Eckardt(1923:3)의 단락이 이야기의 전개에서 단순한 Ridel(1881:2)의 것보다 구성상 더 현장감을 띄고 있으며 묘사가 사실적이다. Eckardt(1923:3)에 대한 본 문법서(上卷, p.191)에 실린 한글 로마자 전사에서 "ᄒ번 속여 보리라!"의 한글 표기 구문은 hanpŏn soʹkyŏpŏrira! hako…(한번 쇠겨 버리라 하고…)와 같이 전사되어 있다. 여기서 soʹkyŏpŏrira에는 두 번째 위첨자가 잘못 첨가된 것이다. ⁻pŏrira→porira. 또한, '속여->쇡여'의 움라우트 현상이 로마자 전사에 실현되어 있다. 제21과 강독교재에 새로 출현하는 단어를 소개하는 <단어모음> (Wörter zum Kapitel)에서도 '속이다'는 기본적으로 soʹkita(쇡이다. p.190)로 제시되어 있다. 이와 같은 움라우트 현상은 같은 단락에서 '그러면→kŭrŏʹmyŏn[그레면]'에서도 등장한다.

Eckardt(1923:3)에 대한 한글 로마자 전사에 출현하고 있는 이와 같은 음운현상의 존재는 당시 민담 자료 제공자로부터 현장감 있는 구술을 채록했음을 전제로 한다. 그러나 같은 문면에서 관용적인 한글 표기 '목스'(牧使ㅣ)형이 한

ㄷ. 성명(姓名)→승명; 아모게네 sŭngmyŏng을 잊어 바리지 말라고(307)

ㄹ. 넘다(越)→늠다; nŭmta(310), 22. 戰爭→즌쟁; tjŭntjâing(353)

ㅁ. 점잖→즘잖⁻; tjŭmtjantha(406), tjŭmtjanhi 꾸지즌이(407)

ㅂ. 거즛→그잗; kŭtjădmal(358), kŭtjad kŏsintji morŭkedso(361)∽kŏtjăd(129)

ㅅ. 賤히 되다→tchŭnhi tôita(222), 26. 처음→츰; tchŭŭm 보겟다(181)

ㅇ. 썰물→쓸물; ssŭlmul(退潮, 152), cf. milmul(152)

ㅈ. 어른→으른; ŭrun(으룬, 24, 116), cf. ŏrusine(어르신네, 116)

글 로마자 전사에서도 역시 그대로 moksâi로 등장하는 사실은 이상하다. 이보다 시기적으로 40여 년 앞선 Ridel(1881:5)의 문어체 구문에서도 '목ㅅ'의 주격형은 '목ㅅ가'와 '목싀'로 같이 쓰였다.

> Ridel(1881:4). 긋ㄱ짓놈이 두어 쓸 디 업스니 쏘차 보내셰. 그리 하셰 ᄒ고, ᄒ로ᄂ 사ᄅᆷ ᄒ나 한ㄹ산 쏙닥이에 보내여 퉁소ᄅ 잘 부니,
> Eckardt(1923:4). 아젼들이 그 긔미를 알고 서로 의론ᄒ고, ᄒ로ᄂ 사ᄅᆷ ᄒ나흘 한라산 쏙닥이에 올녀보니여 퉁소를 불게 ᄒ엿더니,

Eckardt(1923:4)의 단락에서 "그 긔미를 알고" 부분에 대한 『부주해』 전반부에 있는 독일어 대역(p.29)은 잘못 되었다. 즉, Als die Kammerdiener dies seltene Verlangen erfahren hatten에 대한 구절은 '아젼들이 이러한 기이한 요구를 들었을 적에…' 정도로 해석되기 때문이다. 아마도 Eckardt는 한자어 '긔미'(機微)의 의미를 잘못 파악하였기 때문에 이러한 독일어 번역을 했던 것으로 보인다. 제21과 강독교재를 읽기 위한 <단어모음>에서도 kŭimi(긔미)는 역시 "기이한 요구"(sonderbares Verlangen)로 풀이되어 있다.[70]

> Ridel(1881:5). 목ㅅ가 듯고 그 무슴 소리냐 무르니 아젼이 디답ᄒ디 이거시 한ㄹ산 우희 신션님이 ᄂ려오샤 노ᄅ시ᄂ디 심심ᄒ시닛까 옥퉁소 부ᄂ 소리올

---

70 Eckardt(1923)의 텍스트에는 한국어의 단어 또는 일정한 숙어를 잘못 이해한 부분들이 더러 출현한다. 예를 들면, 본 문법서 제16과에 딸린 두 사람간의 "대화"(Unterhaltung) 가운데 나오는 '-는 바람에'(--의 원인으로 인하여)의 뜻을 물리적 '무게'(Wucht) 또는 '바람'(Winde)으로 파악하였다.

甲: 하, 큰일 날 번 하엿네, 그랴! 웨 작대기가 읍다?(-고 하나냐?),
乙: 작대기가 잇스면 무얼 하나? 무어. 나무짐이 넘어가난 바람에 웃지 할 수가 읍데!

여기서 乙의 대화에 나오는 밑줄 친 부분을 Echradt는 독일어로 이렇게 잘못 번역하여 제시하였다. Wie kann man denn der Wucht(=Winde) einer umfallenden Holzlast stanhalten(-ist unmöglich!. (넘어가는 나뭇짐의 무게(=바람)을 어떻게 지탱할 수 있나(-불가능하지!).

셰다.

Eckardt(1923:5). 목시 듯고 쌈작 놀나 "이것이 무슨 소리냐?" ᄒ니, 아젼이 디 답ᄒ디 "이것이 신션님이 ᄂ려와셔 노시노라고 부는 옥통소 소리올시다."

Eckardt는 위의 단락 가운데 "이것이 신션님이 ᄂ려와셔 노시노라고 부는 옥통소 소리올시다."와 같은 구문은 로마자 전사 본문의 각주에서(1923:192) 동 일한 서술어에 주어가 둘이 개입되어 있는 이중주어격어(Doppelter Nominativ) 구문 으로 분석하였다.[71] 그리고 그는 이 구문은 사실은 2개의 문장(ㄱ. 이것이 옥통소 소리올시다. ㄴ. 신선이 내려와서 옥통소를 붑니다.)으로 이루어진 내포문이라고 하 였다. 또한, 그는 이 문장에서 성분 '부는'(punân)은 통소가 분다는 것이 아니라, 신선이 분다는 뜻이라고 지적하였다. 『부주해』의 독일어 번역에서 이 구절은 3개의 문장(하나는 내포문)으로 분리하였다. ㄱ. Das ist der Ton einer Schmalei: ㄴ. die Geister sind herabgekommen und ㄷ. blasen, um sich zu belustigen.

Ridel(1881:6-8). 그러냐. 엇지ᄒ면 ᄒᆞᆫ번 뵈옵겟ᄂ냐. 아젼이왈 뵈옵기롤 ᆫ결 이 원ᄒ시면 뵈옵지오 그럴터히면 미우 됴타마는 뵈온 후는 엇더 ᄒᆞ냐. 디답ᄒ 디 그 됴흔 거슬 다 말홀 수 업ᄂ니다. 목시 왈 대개라도 말ᄒ여라.

Eckardt(1923:6-8). 그러냐? 엇지ᄒ면 한번 보겟ᄂᄂ냐? 보옵기를 간절이 원ᄒ시 면 보2옵지오! 그러면 내원을 풀겟다마는, 신션님을 뵈온 후는 엇더ᄒᆞ냐? 그 됴

---

71 Eckardt(1923:145, §93)는 한국어에서 '중동사'(mittelwörter: 감정형용사)들의 특성은 이중주어 격(불연속 구문)을 가지고 있다고 지적하며 다음과 같은 예들을 제시하였다. 그리하여 중동 사의 범주가 형용동사(Zeitwort der Eigenschaft)와 자동사 사이에 존재하는 증거가 된다고 하 였다.

(ㄱ) 내가 골치가 아프다(Ich habe Kopfweh, mir tut der Kopf wehr=ich (bin krank), der Kopf tut (mir) weh

(ㄴ) 내가 호랑이가 무섭소=(내가 호랑이를 무서워한다)

(ㄷ) 내가 산에 올라가기(가) 슬타

(ㄹ) 내가 돈이 읍쇼(없소)=(나 돈 업소)

코 신긔한 것을 다 말홀 수 없습니다. 목시 "그러면(kŭrŏmyŏnŭn) 디개라도 말하
여라!"

위에서 제시한 6-8까지의 단락은 구사된 구문에서의 미세한 차이를 제외하
면, 거의 일치하는 담화 구조를 보여준다. 이와 같은 구성은 차후의 단락에서
도 대략 동일하게 나타난다. 아마도 Eckardt(1923:6-8)가 이 이야기를 기록할
적에 기준으로 참고한 Ridel(1881:6-8)의 선행 텍스트가 없었으면, 이와 같은
한글 표기와 구문상의 일치가 구술 과정에서 이루어지지 않았을 것으로 보인
다. Ridel(1881:6-8)에서 "뵈옵기…뵈옵지요"는 대응되는 Eckardt(1923)에서는
"보옵기…보옵지오"로 약간의 차이를 보인다. 그러나 이 구절에 대한 Eckardt
(1923)의 한글 로마자 텍스트에는 그대로 pôiaptjio(뵈압지오)로 전사되어 있다.
Eckardt(1923:192)는 해당 부분에 대한 각주에서 poapki, poiaptji는 목사를 아전
이 공손하게 말하는 입장에서 이중의 존칭을 표시한 최고의 존칭형태라고 언
급하였다. 명사와 동사 형태들의 존대어를 취급한 Eckardt(1923:113)에서 '보다'
의 존대형은 '뵈다'(poita)로 분류되었으며, 다시 여기에 공손의 '-ㅂ-'이 첨가
된 것으로 간주하였기 때문에 이중의 존칭으로 파악된 것이다.[72]

Ridel(1881:6-8)의 구문 가운데 '그럴터히면 미우 됴타마논'에서 의존명사
'터'는 중세국어 단계의 'ㅎ' 곡용을 여전히 보여주는데, 관용적 표기에 이끌
린 것이다. 이러한 의고적 표기는 Ridel(1881)의 텍스트에서만 아니라, Eckardt
(1923)의 한국어 예문에서도 등장한다. 집에 돌아갈 <u>터히오</u>… 그럴 <u>터히면</u> 됴켓다
ㅎ니(Ridel 1880: 단계별 학습 제22과, p.18), 내가 쥬막을 ᄀᆞᆯ쳐줄 <u>터힌즉</u> 어서 말ㅎ라
(Eckardt, 1923. 부주해. 71쪽).[73] Ridel(1881)과 Eckardt(1923)에서 일치하는 이와 같은

---

72  Roth(1936:228)는 한국어의 높임법에서 보다 더 공손하게 표현하기 위해서 용언어간에 ㅂ을
    삽입한다고 설명하였다. 합지요, 먹읍지요, 받겠읍지요, 압지요. Ramstedt(1939:147)에서도 용
    언 '주다'의 공손형태는 '줍다, 주웁다, 주시다' 등이라고 기술한 바 있다.

    cf. 좀 쉬게 둡시오, 나를 말니지 맙시오(법한ᄌᆞ면, 1912:865).

19세기 후기와 20세기 초반의 역사적 표기는 '됴타, 됴혼, 됴코'에서도 나타나는데, Eckardt(1923)의 한글 로마자 전사에서는 모두 구개음화 실현형 'tjoh-'로 반영되어 있다.

> Ridel(1881:9-11). 신션님을 혼번 뵈오면 셰월이 가는 줄 몰나 여러 천년이라도 흐로와 곳흐야 먹지 아니 흐여도 비 곱흐지 아니 흐고, 닙은 오시 흥샹 새로와 걱졍이 업고 쏘 <u>향내나는 술을 흥샹 먹어 늙지도 아니흐고 쇼년 모양으로 잇습느이다.</u><sup>ㄱ</sup>) 야. 그러면 아모죠록 보게 흐여주려무나. 아젼이 왈 그리 흐오리다 흐고 나와셔 아젼끼리 의논흐고,
>
> Eckardt(1923:9-11). 아젼이 "신션님을 혼번 뵈오면 셰월이 가는줄 몰나 하로가 여러 천년이 되옵고 먹지 안이흐여도 비곱흐지 안이흐고, 닙은 옷이 흥샹 새로와 걱졍이 업고, <u>향내 나는 술을 먹어 늙지 안이흐고 쇼년 모양으로 잇습느이다.</u><sup>ㄱ</sup>)"(미완),
>
> 제22과. 뎨이십이 디역 <한라산 니야기 二>: 목시 "그러면<sup>ㄱ</sup>) 아모죠록 보게 하여주려모나!"아젼이 "그리 흐오리다." 흐고 서로 의론흔 후에,

위의 두 문단에서 서로 일치하는 밑줄 친 (ㄱ) 구문에서 Ridel(1881: 단계적 연습, p.11)은 다음과 같이 프랑스어로 번역하였다. on boit un vin odoriferant qui empéche de vieillir et qui conserve indéfinitment la fleur de la jeunese(늙음을 방지하며, 청춘의 꽃을 무한정으로 보존하는 향내 나는 술을 마십니다.) 따라서 한글 원문에 나오는 "소년 모양으로" 구절은 상당히 의역된 편이다. 그 반면에, Eckardt(1923: 부주해, p.123)는 글자 그대로 "언제나 소년의 모습/형상을 가지고 있습니다"(man hat

---

73 Eckardt(1923:370)는 한국어에서 thŏïmyŏn(ㄹ- 터이면, wenn man müsste, -sollte)의 용법을 소개하면서(오날 구경 갈 <u>터이면</u> 한가지로 갑시다.), 각주로 "자주 -thŏhïmyŏn(-터히면)으로 쓴다"는 사실을 지적하였다. Ramstedt(1939:112-113)에서도 '터 이다' 형태가 '터히다'로 잘못 표기된다고 관찰하였다.

immer die Gestalt eines Jünglings)와 같이 독일어로 옮겼다. 이러한 사실을 보면, 20세기 초반의 서울말에서 'N+모양으로'의 구성이 쓰이는 상황에 따라서 여전히 구상적 의미로 사용된 것으로 보인다. 그러나 Ridel(1881: 단계적 연습)에 제시된 한글 민담 텍스트에는 'N+모양으로' 또는 'N+모양이다' 성분의 의미가 19세기 후기의 단계에서 '-같이, --와 같다'에 해당되는 동급비교의 영역으로까지 부분적으로 전개되어 있음을 알 수 있다. (ㄱ) 춤으로 부즈 형데 모양으로 지내어'(entre aux comme etant reellement pere, fils, et freres, p.18), (ㄴ) 그놈들이 다 놉흔 냥반 모양이오 쏘 돈이 만흔지라(Ces gredins sont sur le pied de grands nobles, p.19).

Eckardt(1923:9-11) 단락 가운데 (ㄱ) '그러면'에 대한 한글 로마자 전사는 움라우트 현상이 개입된 형태 kŭrŏ̆myŏn으로 실현되어 있다.

Ridel(1881:12-17). 인물이 묘흔 아히 둘흘 의복을 곱게 ᄒᆞ여 닙히고 됴흔 퉁소를 가지고 됴흔 병에 믈오좀을⁷⁾ 혼병 ᄀᆞ득이 너허 들고 산에 올나가 퉁소를 부니, 목시 듯고 쏘 무른대 오늘 쏘 신션임이 ᄂᆞ려와 노르시나뵈다. 야, 그러면 내가 가겟다. 그리ᄒᆞ옵쇼셔 이졔야 됴흔 의관을 잘 찰히고 갈시 아젼과 다른 하인들이 만히 츄죵ᄒᆞ여 한리산 아래 니르러 하인들은 산아래 쳐겨 잇고, 다만 목스 ᄒᆞ나만 보내어 굴ᄋᆞ딕 신션 계신 곳에 인간 범샹흔 사롬은 마고 못가는 법이오니 스쏘 계옵셔 혼자 힝츠ᄒᆞ여 올나가옵쇼셔 ᄒᆞ니, 목시 왈 그리ᄒᆞ라 ᄒᆞ고 가는지라 하인들이 그 ᄉᆞ이에 믈쎠와 쇠쎠와 죽은 사롬의 쎠를 만히 모화 그곳에 두루 흣허두고 다 도라 옵ᄂᆞ로 드러 온지라. 쏘 관가 문 모양과 빗츨 다 젼과 다르게 ᄒᆞ고 아젼과 하인들도 다 젼에 아던 사롬은 업시 ᄒᆞ고 모도 새 사롬 모로ᄂᆞᆫ 이로 예비ᄒᆞ고 기ᄃᆞ리게 ᄒᆞ엿더라.

Eckardt(1923:12-17). 묘흔 ᄋᆞ히 둘을 의복을 곱게 닙히고 션묘히 쑴인 후에 퉁소 하나흘 가지고 병에는 믈오줌을⁷⁾ ᄀᆞ득히 너허 들고 산에 올나가 퉁소를 부니, 목시 듯고 쏘 (반가와) 무른더 아젼 이 "쏘 오늘ᄂᆞᆯ 신션님이 ᄂᆞ려와 노시ᄂᆞ뵈다." 목스 "야, 그러면 내가 가겟다!" ᄒᆞ고, 됴흔 의관을 잘 츠리고 하인들을 연슐ᄒ고 한라산 아래 니르미<sup>ᄃ)</sup> 아젼이 "여보시오! 사쏘님! 우리들은 다 이곳에 쳐져 잇셔 사쏘님 ᄃᆞ녀 오실 ᄶᆡᄭᅥ지 기ᄃᆞ릴터ᄒᆞ니, 사쏘님 혼자 올나가십쇼셔! 신션님 계신 ᄃᆡ는 법상 ᄒᆞᆫ 사ᄅᆞᆷ은 마고 못 올나가ᄂᆞᆫ 법이외다."<sup>ㄹ)</sup> ᄒᆞ니, 목ᄉᆞ "그러면<sup>ㅁ)</sup> 그리 ᄒᆞ랴" ᄒᆞ고 혼자 올나 간지라. 그 동안에 하인들이 말ᄲᅧ 와 소ᄲᅧ 와 죽은 사ᄅᆞᆷ의 ᄲᅧ를<sup>ㅂ)</sup> 만히 모화 그곳에 흣허놋코 읍으로 도라와 쏘 관가 문모 양과 빗츨 다 젼과 다ᄅᆞ게 ᄒᆞ고 아젼과 하인들도 다 젼에 아던 사ᄅᆞᆷ은 업시 ᄒᆞ고 모도 새 사ᄅᆞᆷ 모로ᄂᆞᆫ 이로 예비ᄒᆞ고 기ᄃᆞ리게 ᄒᆞ엿더라.

Ridel(1881)과 Eckardt(1923)의 두 가지 변종으로 제시된 가짜신선 설화의 이야기 전개에서 여기까지의 단락이 전반부를 형성한다. 제주도 한라산에 신선이 내려온다는 헛된 소문만 믿고 졸지에 서울에서 제주목사가 되어 내려온 서울 한량이 행정에는 무능하고, 단지 허황된 신선 사상에 빠져 아전들에게 신선만 한번 만나보기를 재촉하면서 사건이 시작한다. 드디어 제주 아전들이 서로 작당해서 무능하고 귀찮은 목사를 골탕 먹여 축출시키려는 작전에 들어간다. 이러한 신선에 대한 허황된 생각을 품고 있는 주인공과, 가짜신선을 만들어 주인공을 속이는 주위 인물들의 공모는 17세기 후반의 한문소설 『금강탄유록』이나, 실전된 판소리 <가짜신선 타령>의 구성과 깊은 유연성을 보인다.

위의 두 민담의 단락에는 공모한 가짜신선이 속아 넘어간 미련한 주인공에게 먹이는 대상으로 동일하게 (ㄱ) '물오좀'이 등장한다. 프랑스 번역에서는 글자 그대로 'urine de cheval'(말 오줌)인 반면에, 독일어 번역에서는 'Jauche'(오물, 더러운 물)로 옮겨졌다.[74] 이러한 '물 오줌'은 지금까지 알려진 가짜신선 계통의 안서우(1664-1735)의 한문소설 『金剛誕遊錄』(1687)에 등장하는 "소 오줌에 인분을 섞은 물"(김종철 1992; 인환권 2002:264)이나, 송만재(1788-1851)의 <관우희>에 실려 있는 실전된 판소리 <가짜신선타령>에 나오는 "천년바다 복숭

---

[74] Eckardt(1923:201)의 강독교제용 <단어모음>에서 '오줌'은 Urin, Jauche로 제시되어 있다.

아와 천일주"와 대조가 된다. 그러나 Ridel(1881)과 Eckardt(1923)의 두 가지 변종 설화에서 사건이 일어나는 공간적 설정이 금강산이 아니고, 제주도 한라산이라는 사실이 특이한 것이다. Eckardt(1923:202)는 한글을 로마자화한 텍스트의 각주에서 주인공과 아전 일행이 관아에서 한라산에 이르는 여러 과정이 사건들의 빠른 연속으로 이루어졌음을 주목해야 된다고 지적하였다. 제주 읍에서 부터 한라산까지는 아주 험준한 길이며, 일행이 그곳에 도착하려면 적어도 10-12시간이 걸리기 때문이라는 것이다.

위에서 대조된 두 가지 텍스트의 단락에서 구사된 단어와 구절, 그리고 문장의 종결어미에 이르기까지 서로 일치하는 양상을 드러낸다. 이러한 사실은 Eckardt(1923)가 시대적으로 선행하는 Ridel(1881)의 민담 텍스트를 직접 참조하지 않고는 이해하기 어려운 일이다. 혹시 1910년대에 미리내 강도영 신부가 Eckardt 신부에게 이 민담을 들려주면서, 동일한 이야기가 Ridel(1881)에도 실려 있음을 언급하였을 것으로 보인다.

두 가지의 텍스트에 공히 등장하는 "인간 범상훈 사롬은 마고 못가는 <u>법이 오니</u>/ 법샹훈 사롬은 마고 못 올나가는 <u>법이외다</u>."의 구문에서 동작이나 상태가 당연함을 의미하는 19세기 후반에서 20세기 초의 관용어 '-법이다'가 등장한다. 이 구문에 대해서 Ridel(1881: 단계적 연습, p.12)은 '-적절하지 못하다'(il ne convient pas)라고 번역한 반면에, Eckardt(1923)는 '-는 것이 쉽게 접근하기 어렵다/금지되어 있다'(umzugänglich(versperrt))로 번역하였다. Eckardt(1923:12-17)의 한글 로마자 텍스트에는 위의 (ㅁ) '그러면'은 그대로 움라우트 비실현형 kŭrŏmyŏn으로 전사되어 있다. 이러한 사실은 앞서 민담 단락 가운데 (9-11)에서 '그러면'에 대한 kŭrŏ'myŏn 움라우트 실현형에 비추어 볼 때, 이야기 또는 구술 상황에 따른 구술자의 발화에서 일어난 변이를 반영한다. 담화에 개입된 구술자의 실제 발음은 이 단락 가운데 (ㅂ) "말쎠와 소쎠 와 죽은 사름의 쎠를" 구절에 대한 로마자 전사에서도 관찰된다. malbe(=byŏ) ŏa sobē ŏa tjugŭn saramē berŭl(Eckkardt 1923, p.203).

Ridel(1881:12-17)에서 "인물이 묘혼 아히"(deux beau jeunes gens: 2명의 고운 젊은이) 구절은 Eckardt(1923:12-17)에서는 단순히 (ㄱ) "묘혼 ᄋ힉"(wundershönen Knabe: 아주 예쁜 소년)으로 대응된다. 또한, Eckardt(1923)에는 "션묘히(꿈인 후에)"와 같은 표현이 등장하는데, 독일어 구문에서는 '이 소년들을 신령처럼 곱게 치장하고'(schmücken sie geisterhaft schön) 정도로 옮겨 있다. 이러한 '션묘(鮮妙)ᄒ-'와 같은 어휘는 Eckardt(1923)의 텍스트에서 여기서 유일하게 1회 사용되었지만, Ridel(1881: 단계적 연습)의 또 다른 민담 텍스트(제23과 <아이의 지략으로 죽음을 면한 종의 주인>)에서 등장하고 있다. "혼 션묘혼 쇼년이 나와 무르디…"(un beau jeune homme, qui l'interrogo. p.19).[75]

Eckardt(1923:12-17)의 단락에서 한글 표기 'ᄋ'와 관련하여 (ㄴ) '오늘'에 대한 로마자 전사에는 onal로 대응된다. 또한, '몰 오좀'에서도 mal otjum으로 나온다. Eckardt(1923:2)는 서두에 제시된 <발음규칙>(Aussspracheregeln)의 "모음 제7항"에서 그 당시 관용적 철자 'ᄋ'에 대해서 로마자 전사 부호 ă를 배정하며, 실재의 발음은 대부분 '아'(a)이지만, 또한 '어'(ŏ)나 '으'(ŭ)로도 자주 실현된다고 기술하였다. 그러나 실제의 텍스트에서는 한글 표기 'ᄋ'에 대해서 로마자 전사 ă와 a를 혼용하였으며, 간혹 철자식 발음에 이끌리기도 하였다.[76]

---

75 한자어 '鮮妙하다'는 Eckardt(1923:201)의 <단어모음>에서 "신령과 같이, 동화처럼 아름답다"로 풀이되어 있다. 또한 여기서 '妙하다'의 의미는 "아름답게, 찬란하도록 곱게 치장하다"로 나온다.

cf. 션묘ᄒ다, 鮮妙: beau(한불ᄌ뎐, 1880:399).

76 (ㄱ) 마ᄋᆷ∽ᄆᄋᆷ; ᄆᄋᆷ에 근심되는 일(디역 38:133)=maame kŭnsim tôinan il(355), mažm tjakŭn saram(302), maamtâiro(264)=ᄆᄋᆷ(=ᄋᆷ)디로 될 수 업소(련습 29, 53), tcham maŭmŭro(참 마ᄋᆷ으로, 266), maam sim(마암 心, 420), nâika onal nol maami idso(내가 오날 놀 마암이 잇소, 238), 상을 받으매 기쁜 maami manso(337), maŭmi 편하니(346), kidpŭn maamti manso(337), 분혼 ᄆᄋᆷ에(디역 39: 130)=punhăn măăme(363), măămtâiro (마음대로, 362)

(ㄴ) 가라치-; karatchita(210, 305)=사룸을 ᄀᄅ치는 것이 예스 일이 안이오(련습 33:80)

(ㄷ) 그룰∽그릇(器); kŭrasio(그릇이오, 293), kŭrasŭn putjokhani(그릇은 부족하니, 283), pap tamnan kŭrŭd(272), kuk han kŭrasimyŏn pap han kŭrasŭl ta mŏkŭptjia(275)

(ㄹ) 벼살; pyŏsal(57, 237), phyŏsalhan ḿia'ki(벼살, 363), talke phyŏsal(닭의 벼살, 378)

Ridel(1881:18-20). <u>목수가</u>[7] 츠츠 산꼭닥이에 올나가 보니 두 <u>청의동지</u> 안자 통소롤 부는지라. 압희 니르러 졀ᄒ야 뵈오니 동지 ᄀᆯᄋ디 여긔가 인간이 아닌디 웬 사름이 왓는고. <u>목시</u> 디왈 쇼인이 졔쥬목시올너니 신션님을 한번 뵈옵고져 ᄒ오나 이째ᄭ지 못ᄒ엿습다가 이번은 <u>텬우신조ᄒ와</u> 여긔롤 왓습니다.

Eckardt(1923:18-20). <u>목수가</u>[7] 츠츠 한라산 꼭닥이에 올나가 보니, 두 <u>청의동 즈가</u> 단졍히[ㄴ] 안자 통소를 부는지라. 목수가 그 압헤 니르러 졀ᄒ야 뵈오니 동 지 ᄀᆯᄋ디 여긔가 인간이 안인디 셰속 사름이 엇지 왓는고? 목시 「예, 쇼인은 졔쥬 목수로셔 신션님을 ᄒ번 뵈옵고져 ᄒ오나 못 뵈옵더니, 이번에는 <u>텬우신조 ᄒ와</u> 여긔를 왓습ᄂ이다」

이 민담의 단락은 안서우의 신선소설 『金剛誕遊錄』(1687)에서 주인공 김생 이 깊은 산속에서 조우한 신선의 모습과는 상이하게 묘사되어 있다. 그 신선 소설에서 두 사람의 신선이 바둑을 두고 있다가, 김생을 보고 靑衣童子를 시켜 여기 온 내력을 캐묻는다. 주인공 제주목사가 한라산 정상에서 가짜신선으로 분장하고 있는 두 명의 청의동자를 만나서 대화가 이루어지는 장면은 두 민담 의 변종 텍스트에서 약간의 표현상의 차이만 제외하면 구사된 단어와 어말어 미에 걸쳐 거의 일치한다. '목수'(牧使), '청의동자' 등과 같은 개음절 인명 주격 형태의 역사적 표기에도 위의 두 가지 텍스트의 단락에서 부분적으로 동일한 양상을 나타낸다.

Eckardt(1923:18-20)의 단락에 등장하는 '꼭닥이'에 대한 로마자 전사는 같은 텍스트에서 상황에 따른 움라우트 비실현형 goktaki와 실현형 goktâiki와의 변 이 현상을 보여준다. 이러한 사실로 미루어 보면, Eckardt는 당시 구술자의 구술 발화를 어느 정도 그대로 반영하면서 구체적인 관용적 한글 표기로 작성 은 Ridel(1881)의 민담 텍스트를 전적으로 참조한 것으로 추정된다. Eckardt (1923:18-20)의 단락 가운데 Ridel(1881)에는 등장하지 않는 (ㄴ) "단졍히"(端正)라 는 부사어는 『부주해』의 독일어 번역(p.30)에서 gefällig(dasetzen)(기분좋게)으로 대응시켜 놓았다. 제22과 강독교재를 위한 <단어모음>에서 '단정하다'(tantjŏnghata)의 의미로 'gefällig'와 'aufrecht sein'(몸을 꼿꼿하게 세우다)가 제시되었는데, 차라리 후자의 의미가 더 정확하다.

> Ridel(1881:21-25). 두 동지 글 ᄋ 디 인간의 희한 ᄒ 일이니 우리 먹는 술이나 한잔 먹으라 ᄒ고 물 오좀 ᄒ잔을 부어주니, 황승이 두손으로 밧아 다 마시니 동지 무러 왈, 셰샹 술과 맛시 미우 다르거 니와 엇더 ᄒ고 황승 복디더 왈, 인간에셔 엇지 이런 술을 맛볼수 잇습 ᄂ 잇가 그러면 한간(잔) 더 먹으라 ᄒ고 쏘 주니, 밧아 먹은 후에 신션동지 왈[ᄀ] 여긔는 셰샹과 미우 달나 직금 ᄂ려가도 가셔 보면 발셔 여러 쳔 년이 지낫실 거시니 어셔 밧비 ᄂ려가라.
> Eckardt(1923:21-25). 두 동지 글 ᄋ 디 "이런 인간의 희한 ᄒ 일이니, 우리 먹는 술이나 ᄒ 잔 먹으라" ᄒ고 물오줌 ᄒ 잔을 쳘쳘 넘게 부어 주니, 목시 두 손으로 황승이 밧아 다 먹으니 동지 무러 왈, "셰샹 술과 맛이 엇더 ᄒ고" 목시 황공복지 ᄒ며, "인간에셔 엇지 이런 술 맛을 보앗겟습닛가? 참 됴키도 됴습니다." ᄒ니 동지 "그러면 ᄒ 잔 더 먹으라" ᄒ고 쏘 부어주니, 목시 "곰압습니다" ᄒ고 죽으러 마신후에 동지 왈[ᄀ] 여긔는 셰샹과 미우 달나, 지금 ᄂ려가도 발셔 여러 쳔년이 지낫슬 터히니 밧비 ᄂ려가라.」(미완)

제주목사가 신선주라고 속인 말오줌 두 잔을 가짜신선으로부터 연이어 얻어 마신 후에 자신도 신선이 된 것으로 착각하는 이 단락의 희극적 구성은 전통적인 가짜신선 유형의 소설이나 (실전된) 판소리의 전개에 필수적인 요소로 보인다. Eckardt(1923:21-25)의 단락 가운데, 여기서만 등장하는 구절 "죽으러 마신후에"(tjūkŭrŏ masinhue)에 대한 독일어 번역은 조금 잘못된 것 같다. 즉, "…leerte es schlürfend"(소리를 내면서 맛있게 마시다)로 되어 있는데(Eckardt 부주해, p.31), 이 구절은 '몸을 쭈그리고 앉아서 마신 후에'에 해당되는 의미로 파악하는 것이 더 적절하다. 위의 두 가지의 단락에서 같이 등장하는 문어체 표현

"(신선)동지 왈"에 대해서 Eckardt(1923, p.202)는 <단어모음>에서 한자 'ŏal'(曰)은 'karatăi'(가라대)와 같은 말이며, er sagt, sagte에 해당된다고 규정하였다.[77] 이와 같은 문어체 표현은 자료 제공자인 강 신부의 구술에서 사용되지 않았을 것이다.

> Ridel(1881:26-28). 목시 하직ᄒ고 ᄂ려와 하인 두엇던 곳을 보니 아젼과 하인은 도모지 업고 물뼈와 사람의 뼈가 만히 잇스니, 싱각ᄒ디 {그 ᄉ이 잠깐 인듯 ᄒ나 발셔 여러 쳔년이 되어, 내가 올나갈 ᄯ에 다리고 왓던 하인들이 기드리다가 여러 ᄒ가 지난고로 다 죽어 이거시 그 사ᄅ들의 뼈ㅣ오 이거시 내 물의 뼈ㅣ니 신션은 늙도 아니 ᄒ고 죽도 아니 ᄒ다더니 그 말이 과연 참으로 올타ᄒ고}[ㄱ], 이 사ᄅ들이 나를 기드리다가 다 죽엇ᄂ보다」ᄒ고,
>
> Eckardt(1923:26-28). 제23. 데이십삼 디역: 목ᄉ 하직ᄒ고 ᄂ려와 하인 둔 곳을 본즉, 하인과 물은 간 디 업고 물뼈와 소뼈와 사ᄅ의 뼈쑨인고로, 목시 싱각ᄒ디 "아마 멋 쳔년이 된 것이로곤! 이 사ᄅ들이 나를 기드리다가 다 죽엇ᄂ보다」ᄒ고,

위의 단락에서는 Ridel(1881:26-28)에 실린 (ㄱ)으로 표시된 상당 부분이 Eckardt(1923)에서는 생략되어 있다. 전자에서는 제주목사가 아전들이 속임수로 위장해 놓은 흔적들을 보면서 자신이 생사를 초월한 신선이 되었다는 헛된 확신을 스스로 하게 되는 반면에, 후자의 텍스트에서는 이러한 과정이 자세하게 부언되지 않았다.

> Ridel(1881:29-32). ᄂ려와 관가 문압희 니ᄅ러 보니 관가 문모양이 젼과 다롤

---

77 Eckardt(1923:182)는 전설의 범주에 속하는 <읽기자료> 제20과 "제주 친 계략"에 나오는 단어들을 정리한 <단어모음>에서 '가로되'(曰)의 기본형은 karata로 설정하고, 그 뜻을 sagen, sprechen으로 풀이하였다.

쑨 아니라 빗도 미우 다르고 전에 아던 하인을 <u>하나토</u> 보지 못ᄒ더니 의외에 혼사름을 만나니 마치 전에 보던 사름ᄀᆺᄒ지라. 붓들고 무르디 네가 아모 사름 아니냐 그 사람이 무르디 뉘시온잇가 목시 왈 내가 이러이러ᄒ 목시로다. 그 사름이 굴ᄋ디 예 올소이다. 쇼인이 어려실 때 듯스오니 여러 쳔년전에 엇던 스쏘 혼 분이 신션되어 올라가 계시다 말이 잇습더니,

Eckardt(1923:29–32). 관문 압헤 와셔 본즉, 문젼이 다 변ᄒ고 그 전에 보던 아젼도 <u>ᄒ나도</u> 업ᄂᆫ지라. 목수 싱각에 "춤, 신션님을 뵈오면 늙도안이ᄒ고 하로가 몃 쳔 년이 된다더니, 춤 그러코나!" ᄒ고 머믓머믓홀 쎄에 사람 하나히 지나가ᄂᆫ고로, 목수 붓들고 뭇디 여긔가 졔쥬도가 안이냐? 과연 그러소이다. 그러면 내가 졔쥬 목수로셔 신션 구경을 ᄒ고오노라. 예, 올치! 몃 쳔 년 전에 졔쥬목사 ᄒ나히 신션 구경ᄒ라 갓다가 오지안이ᄒ고 하늘노 올나갓다 함닌다.고 <u>고죠ᄭ셔</u> 브터 ᄂᆞ려오ᄂᆫ 말이외다." ᄒ니

두 가지 변종의 민담에서의 단락들은 아전과 하인들이 작당해서 그럴 듯하게 연기를 베푼 덕분에 제주목사는 완전히 속임을 당하고 낭패하게 되는 상황이 현장감 있는 대화 중심으로 구성되어 있다. 문어체 중심의 Ridel(1881:33–34)의 단락에 '하인을 <u>하나토</u> 보지 못ᄒ더니'의 구절에서 이전 단계에 굳어진 구어적 발음 '하나토'(하낳+-도)가 등장하는 사실이 주목된다. 그 반면에, Eckardt(1923)에서는 오히려 문어체 '하나도'로 대응되어 있다.

Ridel(1881:33–34). 아마 스쏘계셔 그 냥반이신가 뵈다. 만일 그러ᄒ시면 임의 수쳔년젼 일이오니 알슈 업습고 그쩨 사름들은 다 죽어 업스오며, 직금 잇ᄂᆫ 사름은 다 그쩨 사름의 몃디 후에 난 사름들이오니 혹 팔구디된 이도 잇습고 혹 십여디된 이도 잇스와 다만 류젼ᄒ여 ᄂᆞ려오ᄂᆫ 말만 드럿습고 그일을 붉이 아ᄂᆫ 사름은 <u>ᄒ나토</u> 업습ᄂᆞ이다.

Eckardt(1923): 해당 단락 없음.

Ridel(1881:33-34)에 해당되는 단락은 Eckardt(1923)의 텍스트에는 등장하지 않는다. 선행하는 Ridel(1881)의 원문을 Eckardt가 이야기 전개의 단락마다 충실히 대조시켜온 사실을 고려하면, 『부주해』 작성할 때에 지면상의 사정이 있었거나, 중언부언의 장면 설명이 불필요하다고 생각한 것 같다. 혹은, 1910년대 그에게 구술해 주었던 강 신부의 이야기 가운데 위의 단락이 누락되고 처음부터 등장하지 않았을 가능성도 있다.

Ridel(1881:35-39). 춤 그런 줄노 알고 조긔 혼자셔 셔울노 와셔 졔 집을 ᄎᄌ간 즉 안희와 아ᄃ과 며ᄂ리 다 놀나 맛져 굴ᄋ디, 엇지훈 일노 이 모양 혼자 거러 오시ᄂ잇가 디답ᄒ디 내가 그 ᄉ이 신션이 되여신즉 너희들이 다 내게 몃더 손ᄌ며 엇더케된지 모로겟다 ᄒ고, 졔 안희롤 ᄀᄅ치며 굴ᄋ디 너는 내게 몃더 손ᄌ며ᄂ리되는 사름이냐 뚝 젼에 우리 마누라와 ᄀᆺ다 ᄒ니 온 집안사람이 다 우ᄉ와 견딜수업고 또 아돌ᄃ려 왈, 너는 몃 디 손ᄌ가 되ᄂ냐 아돌이 굴ᄋ디 엇지 말숨을 그러케 ᄒ시옵ᄂ잇가 졔쥬 목ᄉ로[7] 가신지 겨유 칠팔삭이 되엇ᄂ디 여러 쳔년이란 말숨이 웬일이오며, 과만이 ᄎ지 아니ᄒ야 무슴 연고로 오시오며 하인은 엇지 ᄒ나도 업시 와 계시온잇가.

Eckardt(1923:35-39). 목ᄉ 홀일업시[ㄱ] 셔울 본 집으로 올나와 쳐ᄌ를 보니 아돌이 쌈작 놀나 말ᄒ디 아버지 웬 일이오닛가? 졔쥬 목ᄉ 가신 졔가 몃칠이 못되어 혼자 거러오심닛가? 목ᄉ 디답ᄒ디 "내가 그 시 신션이 되엿슴즉, 너희들이 내 아돌이 안이오 몃더손이라!" ᄒ며 졔 안희를 ᄀᄅ치며 "너는 내 몃더 손ᄌ며 누리라 ᄒ며 네가 뚝 그젼에 우리 마누라 ᄀᆺ다." ᄒ니 온 집안 사람들이 우슴을 춤지못ᄒ고, 우리 아버지 졔쥬 목ᄉ를 가시더니 독갑이의게 홀녓고나! 그러치안이ᄒ면 밋치셧ᄂ보다, ᄒ즉 걱정이 ᄌᄌᄒ며 "무슴 말을 그러케 ᄒ심닛가?" ᄒ즉 졔쥬 목ᄉ ᄒ신제가 몃 칠이 못되엿슴ᄂ디 [ㄷ]몃 쳔년이란 말이 웬 말이오닛가? ᄒ즉, 과만이 ᄎ지 아니ᄒ야 무슴 연고로 오시오며 하인은 엇지 ᄒ나도 업시 와 계시온잇가.

위의 두 가지 변종의 단락에서 가짜신선 이야기의 절정을 이룬다. 이 단락들에서도 표현상의 다소 차이는 있을지언정, 선행하는 Ridel(1881:35-39)의 단락이 Eckardt(1923:35-39)에 뚜렷한 영향을 끼치고 있다. 두 텍스트 가운데, "쏙젼에 우리 마누라(와) ㅈ다." 등의 표현은 일치한다. 주인공은 제주를 떠나서 서울 자신의 집으로 돌아와서 식구들 앞에서도 여전히 허황된 신선 노릇을 하다가 미친 사람으로까지 의심받는 수모와 비웃음을 당한다. 집안 아들의 합리적이고 명료한 전후 사실 지적에 주인공은 완전히 낭패하게 된다. Ridel(1881:33-39)에서는 아들이 집으로 돌아온 아버지에게 제주목사로 부임한 지 7.8개월(朔)이라고 하였는데, Eckardt(1923:33-39)의 단락에서는 불과 며칠이 못되었다고 나온다. 제주목사가 되어 제주에 부임한 이후부터 다시 서울의 본가로 귀환하는 일련의 사건의 시간 경과에 대한 두 가지 변종 설화 간에 이러한 시간의 인식의 차이가 무엇을 의미하는지 알 수 없다.

Ridel(1881:33-39)의 단락에서 집안 아들의 대화 가운데 처음으로 등장하는 "졔쥐 목사"는 지명 '졔쥬'(濟州)의 어간 말에 '-ㅣ'가 연결되어 주목된다. 이러한 '졔쥐'(졔쥬+ㅣ)의 구성은 지명에 명사파생접사 '-이'가 연결된 것으로 근대국어 문헌자료에 산발적으로 등장하고 있다. 예를 들면 다음과 같다. 진쥐 빅셩(晉州, 1617, 동국신속, 효자, 12), 광쥐 사롬(光州人, 좌동. 열녀 8.53), 명손은 진쥐 사롬이라 디션쥐스 임덕의 아돌이니라(知善州事, 상동.효자 1,50). 이러한 사실을 보면 Ridel(1881)에 실린 가짜신선 이야기는 이전 단계에서 유포되어 있던 어느 한글 원전 작품에서 기원되었을 가능성이 있다고 높다고 생각한다.

Eckardt(1923:33-39)에서만 등장하는 관용적 표현 (ㄱ) '홀일업시'(셔울 본집으로 올나와)에 대한 독일어 번역은 schleunigs(얼른, 빨리)로 대응되어 있다. 제23과 텍스트를 위한 <단어모음>에서도 haril ŭpsi=ohne Zögern(지체하지 않고, 주저하지 않고)로 풀이된 사실을 보면, 그 당시 Eckardt가 이 부사어의 의미를 잘못 파악한 것으로 보인다.[78]

위의 두 변종의 단락에서 공통으로 등장하는 "제 안힉를 ㄱ른치며" 구절의

'ㄱ른치-'에 대한 프랑스 번역은 'en designant sa femme'로 나와 있으며, 1차적 의미로 '指'에 해당한다. 그 반면에, Eckardt(부주해, p.31)는 이 단어에 대해서 belehren으로 대응시켰으며, 제23과 강독교재를 위한 <단어모음>에서 다음 과 같이 '指/敎'를 포괄하는 중의적 의미로 풀이하였다. karatchita: belehren, unterweisen, unterrichten, zeigen.

> Ridel(1881:40-42). 츠츠 명오가 씨여 싱각ᄒ니 그 아젼들의게 분명이 속은 줄을 씨둧고 <u>분홈을</u> 이긔지 못ᄒ여[ᄀ] 왈, {신션이 됴타 ᄒ더니 그런 괴악ᄒ 거시 어듸 잇겟ᄂᆞ냐 ᄒ며 밧긔 누셜치 말나 ᄒ엿더니 즈연이 밧긔 견ᄒ야 일가와 친구 들이 보기를 위ᄒ야 오면 흥샹 칭병ᄒ고 나가지 아니 ᄒ더니, 붓그러온 거시 늙어 춤으로 병이 되어 곳치지 못ᄒ고 죽으니 <u>졔쥬에셔 포목디젼을 여러 빅낭가 져 왓다</u> ᄒᄂᆞ니라.[ᄂ]
>
> Eckardt(1923:40-42). 목스 츠츠 졍신을 츠려 싱각ᄒ미 아젼의게 속은 줄을 알 고 그졔야 <u>붓그러움을 이긔지 못ᄒ야[ᄀ] 코를 싸쥐고 방으로 드러가 츌입을 못ᄒ 고[ᄂ]</u> 늙어 죽도록 방에만 <u>잇셧다더라.</u>

지금까지 두 가지 변종 민담의 사건 전개와 그 연속적 흐름에 대한 기본적 서술구조는 서로 일치했으나, 그 이야기의 종결부분에서는 서술자의 관점에 따른 큰 차이를 나타낸다. 프랑스 파리외방전교회 중심의 Ridel(1881)은 그 당 시 한국 민속신앙의 일부를 이루는 신선사상이 허황된 것임을 설화를 통한 교훈으로 강력하게 드러내려고 하였다. 그리하여 Ridel(1881)은 이야기의 주인 공으로 하여금 분함을 이기지 못하여, "사람들이 신선의 모든 좋은 점들을

---

78 '홀일업다'에 대해서 19세기 후반 Gale의 『한영ᄌᆞ뎐』(1897)은 현대국어의 의미에 접근하는 뜻풀이를 제시하고 있다. 無可奈何, to be necessarily so, to be without help(p.132). 그러나 Eckardt(1923) 이후에 간행된 Roth(1936:206)에서는 '할일이 없이'에 대해서 원래의 구상적 의미와 여기서 추상화된 의미를 같이 제시하고 있다. ohne das zu tuende Ding, da ist nichts zu machen=ohne etwas auszurichten.

이야기 하더니, 과연 어디에 그렇게 더 혐오스러운 것을 찾을 수 있을까?"(프랑스어 텍스트의 번역) 하며, 가짜신선에게 농락을 당한 사실을 무한히 수치스러워하게 한다. 그리하여 주인공은 그 부끄러움으로 늙어 병이 되어 결국에는 죽음에 이르게 된다. Ridel(1881:40-42)에서 "츳츳 명오(明悟)가 씨여"의 구절을 <단계적 학습>의 프랑스어 번역에서는 '조금씩 그의 정신의 주의력이 되살아나서'(1881:14)로 옮겼으며, 이 부분은 Eckardt(1923:40-42)에서는 "츳츳 정신을 츠려"로 바꾸었다.

독일 상트 오틸리엔의 베네딕토회 소속 Eckardt(1923)이 제시한 설화의 결말은 주인공이 자신의 허황된 믿음과 어리석음으로 인하여 Ridel(1881)에서와 동일한 갖은 수모를 당하지만, 속은 줄을 알고 크게 부끄러워한다. 그러나 그러한 수치심이 결국 병이 되어 죽음으로 이른다는 언급은 나오지 않는다. Eckardt(1923:40-42)의 단락에서 "코를 싸쥐고(방으로 드러가 출입을 못ᄒ고…)"에 대한 독일어 번역은 'seine Nase schwoll ganz auf'(코가 아주 부풀어 오르다)인데, 본문의 각주(1923:211)에서 "'코를 싸쥐다'는 말은 수치심의 표시로서, 부끄러워서 얼굴을 들 수 없게 되다."와 같이 풀이되어 있다. 또한, Ridel(1881)에서는 주인공이 죽은 후에, 제주에서 목사로 잠시라도 일한 보수로 베와 무명 대신으로 몇 백량의 돈을 가져왔다는 사실이 전해온다는 후일담이 첨가되어 있다.[79] 그러나 Eckardt(1923:40- 42)의 단락에서 그러한 부분이 전부 생략되어 있다. 그리고 Eckardt(1923)에서 당시의 사회에 유포되어 있던 허황된 신선 사상을 통렬하게 비난하는 교훈은 등장하지 않는다. 이러한 이야기 말미의 처리 방식은 이 가짜신선 민담을 대하는 Eckardt의 태도에서 나왔을 가능성이 있다. Eckardt(1923)의 <읽기자료>에서 4회에 걸쳐 연속된 "귀신을 위하는 이야기"(über

---

[79] Ridel(1881:40-42)의 단락에서 "졔쥬에서 포목디젼을 여러 빅냥 가져 왓다 ᄒᆞ느니라."의 프랑스어 번역(<단계적 연습>, p.14).은 다음과 같다. 제주에서 올라온 '포목대전'布木代錢(물건 대신으로 주는 돈)은 주인공이 몇 개월 그곳에서 목사로 근무했던 수당이었던 것으로 보인다.

A cette ocassion, on dit qu'on envoya de Quelpaert, au lieu de toile(布, 織物) de chanvre et de coton(綿布), un somme de plusieurs centaine de ligatures

Geisterverehrung)를 통하여 그가 한국의 민속신앙과 전통적인 신들에 대하여 보여준 존경심에서도 이러한 태도가 드러난다(이 글에서 §3.1 참조). 이러한 그의 관점은 독일 상트 오틸리엔에서 파견된 베네딕토회 한국주재 신부들의 한국 문화와 민속을 대하는 선교의 기본적 접근방식이었다(박일영 2013; 박보영 2015).

## 5. 결론: <짜고 속여 망신주기> 유형에 속하는 仙人見欺說話의 아류

### 5.1. Eckardt(1923)와 Ridel(1881)의 두 가지 변종 설화의 수용과 변이

글쓴이는 Eckardt의 『조선어교재문전』(1923)의 텍스트에 반영된 20세기 초반 서울말 또는 경기지역 말의 몇 가지 특성을 살펴보는 가운데, 그 당시 저자가 직접 전국에서 수집해서 일종의 한국어 강독교재로 제시한 20여 편의 한국 설화 텍스트를 접하게 되었다. 처음에는 글쓴이가 여기에 실린 한국 설화들에 적절한 관심을 돌릴만한 능력과 여유가 없었다. 이 텍스트들은 먼저 한글 로마자로 정밀하게 전사되었으며, 그 다음에는 『부주해』에서 다시 독일어 번역과 함께 그 당시 관용적인 표기법에 의한 한글 원문이 손 글씨로 작성되어 있었다. 따라서 로마자로 전사된 당시 대중들의 실제 발음과 해당 한글 표기들을 비교하면서, 동시에 그 설화들을 옮긴 독일어 번역문을 대조하게 되었다. 이러한 작업과정에서 글쓴이는 이 문법학습서의 제21과-제23과 3회에 걸쳐 전재된 「한라산 신선 이야기」의 텍스트 구성과 전개가 이보다 40여 년 앞서 간행된 19세기 후반 한국어 문법서 Ridel의 『한어문전』(1881)에 있는 한국어 강독교재 <단계적 연습>에 실린 제21과 「정신 나간 어떤 편집광」의 그것과 매우 유사함을 감지하게 되었다. 그리하여 두 가지 변종을 형성하는 가짜신선 부류의 설화가 그 이전 어떤 원형설화에서 기원하였으며, 20세기 이후에 어떻게 민간설화에 변형되고 유포되어 있는가 하는 단순한 호기심을 가지게 되었다. 그러나 글쓴이는 이내 극복하기 어려운 막다른 골목에 봉착하게 되었을 뿐이었다. 그것은 이 두 가지 변종 설화가 바탕을 두었을 이전 단계에서의 원전 자료는 물론, 20세기 이후에 유포되어 존재하는 이러한 유형에 속하는 민간설화들의 형태를 글쓴이의 능력으로 전혀 확인할 수 없었기 때문이었다. 이러한 가짜신선 설화에 대한 글쓴이의 자문에 응하였던 고전문학 전공 몇 분이 이 텍스트 자체를 단순한 자료로 제공하여 보라는 권유를 적극 하였기 때문에, 부득이 이 글이 작성된 것이다.

우선 글쓴이는 이러한 한국설화가 수집되어 강독교재로 실린 『조선어교재문전』(1923)의 텍스트에 대한 문법학습서로서의 교재 구성과 그 시대적 특질들을 주로 언어적 관점에서 살펴보았다. 19세기 후반에 간행된 Ridel의 『한어문전』(1881)을 필두로, Underwood의 『한영문법』과 『선영문법』(1890) 등의 한국어 문법서들이 주로 그 당시의 중앙어인 서울말 중심으로 텍스트가 구성되어 있는 반면에, Eckardt(1923)의 경우는 한국어의 다양성, 즉 지역 방언의 대안적 의사 표현과 대중들의 입말에도 대단한 관심을 표출하였다. 이러한 특질은 선교사역에서 지역의 다양성을 우선적으로 고려한 독일 베네딕토회 수도원의 정책을 그대로 반영한 산물이었다(박영일 2013). 또한, 개화기 단계 외국인들이 작성한 문법서 부류에 반영된 한국어는 대부분 관용적인 전통 표기법으로 작성되었으나, Eckardt(1923)에서는 한국어 문장을 1910년대 현실 발음 중심의 로마자로 전사되어 있기 때문에, 20세기 초기 한국어 음운론 관찰에 큰 기여를 한다.

Eckardt(1923)에서 특별히 <대화>(Unterhaltung) 부분을 각과마다 설정하여 가상적인 두 화자간의 생동감 있는 현장언어 사용을 습득케 하는 방식은 개화기 단계인 19세기 후기와 20세기 전기에 걸쳐 간행된 외국인에 의한 다양한 한국어 문법서들에서는 찾아볼 수 없는 특징이었다.[80] 그러한 대화를 이용해

---

80 Eckardt(1923)의 텍스트에는 제1과~제45과에 이르는 각과마다 독일어 문장에서 한국어 문장으로 바꾸는 작문 <과제>((Aufgabe) 영역이 설정되어 있다. 그리고 한국어 문장으로 옮길

서 Eckardt(1923)는 1910년대 한국사회의 고유한 풍물과 전통, 그리고 한국인의 품성을 소개하였다.

특히, 문법서 교과에서 습득한 일련의 문법규칙을 활용하는 방식을 구사한 한국어 강독교재 <읽기자료> 부분의 설정은 Eckardt(1923)와 Ridel(1881)의 <단계적 연습>에서만 등장한다. 이 두 문법서에서 한국어 강독교재 자료를 공간적으로 배정하는 방식은 여러 면에서 서로 매우 유사하다. 그러나 시대적 선후관계로 미루어, Eckardt(1923)가 Ridel(1881)의 방식을 크게 참고한 것으로 보인다. Ridel(1881)에 게재된 한국설화의 대부분은 문헌설화에 근거하고 있다고 한다(장소원 2013). 그 반면에, Eckardt(1923)의 <읽기자료>의 다양한 한글 텍스트는 일부만 제외하면, 저자가 직접 전국에서 수집한 구술 설화들로 배열되어 있다.

그러나 두 문법서 강독교재로 공히 등장하는 「한라산 가짜신선 이야기」 설화의 담화 구성을 사건 발단과 전개, 그리고 결말의 문단 중심으로 나누어 대조해 보면, 1910년대 Eckardt가 미리내 강도영 신부로부터 구술로 전달받은

---

적에 어말어미에 붙여야 하는 높임법(Redeformen)의 위계에 따라서 로마자 숫자로 구분지어 표시되어 있다. 20세기 초엽 한국어 높임법의 등분을 종결어미에 따라서 5단계로 구분한 Eckardt(1923)는 각각의 위계에 대해서 아래와 같은 설명을 제시하였다.

I. **높임 형태**(상등말, vornehmer Form): 하위자가 상위자에게, 대등한 신분의 사람이 높여 서로 사용한다. 낯선 사람이 낯선 사람에게. '-ㅂ니다'.

II. **중간 형태**(중등말, mittlere Form): 대등한 신분의 사람이 대등한 사람에게, 대부분의 경우에 상위자가 하위자에게 사용한다. '가오', '가시오', '주시오'.

III. **동료간 사용 형태**(평등말, Kameradlich Form): 친구끼리 서로, 상위자가 겸손하게 자기를 낮추어 하위자에게, 말한다. '가네', '가나?', '가데', '가세'.

IV. **축약된 형태**(반말, halbe Form): 동료간 친근하게 사용, 또한, 상위자가 하위자에게, 또는 어린애에게 사용. 형태는 독립되어 있지만, 그 의미에 있어서는 제3의 평등말과 별로 구분되지 않는다. '가', 또는 '가지'(의문, 평서, 명령형에). '그렇지, 옳다, 몰라'. 주의: 이 형태는 말투/어조에 따라서 모욕/불쾌감을 줄 수 있다.

V. **낮춘 형태**(하등말, niedere Form): 언제나 어린애에게, 하위자에게 많은 경우에 사용된다. 특히 간접인용문(indirekten Rede)에 사용되며, 외침과 놀람에 사용. '간다, 가난야=가니? 가거라, 가자'.

내용을 나중에 정리하면서 시대적으로 선행하는 Ridel(1881)의 동종의 이야기를 면밀하게 참고하여 적절하게 다듬은 것으로 파악된다. 이 설화의 시작과 결말 부분에서 Eckardt(1923)는 Ridel(1881)과 선교사역의 관점에서 중요한 차이를 보인다. 이러한 이야기를 Eckardt에게 그 당시 구술해준 강도영 신부는 Ridel(1881)에 수록되어 있는 제21과 「정신 나간 어떤 편집광」을 인지하고 있었을 가능성이 높다. Eckardt(1923)의 것보다 시대적으로 앞선 Ridel(1881)의 한글 텍스트 제21과는 구술 자료이기보다는 문어체의 특성을 강하게 보여주지만, 그 바탕이 되는 원전 자료는 이 글에서 전혀 파악하지 못하였다.

## 5.2. 『금강탄유록』(1687) 및 판소리 <가짜신선타령>(1843)과의 계통적 유연성

지금까지 대조하여 살펴본 Eckardt(1923)와 Ridel(1881)의 제주 가짜신선 이야기 설화의 서사적 구성과 내용은 대체로 "仙人見欺說話"에 속하는 17세기 후기 안서우(安瑞羽, 1664~1735)의 한문소설 <金剛誕遊錄>(1687)과, 19세기 중반 송만재(宋晚載)의 <관우희>(觀優戲, 1843)에 등장하는 칠언절구 관극시 "가짜신선타령"과 계통적으로 동일한 유형으로 판단된다(김종철 1992; 권인환 1999/2002; 남상윤 2002). 이러한 유형이 17세기에는 한문소설로, 19세기 중반에는 판소리 타령으로, 그리고 19세기 후기와 20세기 초반에는 구전설화로 형상화되어 내려온 것이다. 이조 봉건시대 일부 양반 지식층을 중심으로 확산된 낙원사상 또는 현실을 이탈한 천상지상주의에 근거한 도선사상의 이념이 점진적인 사회의 변화와 근대적 산업화와 더불어 약화되어간다. 그와 동시에 반대급부로 신선도에 대한 풍자와 조롱이 전반적으로 팽배하였던 사회적 상황에서 민간에 자연발생적으로 형성된 일련의 가짜신선 이야기들이 이러한 소설과 판소리 그리고 구전설화로 각각 문학형식을 달리하여 계승되었다고 생각한다.

이와 같이 시대를 달리하는 한문소설 <금강탄유록>, (실전된) 판소리 "가짜신선타령", 그리고 민간설화 「제주 가짜신선 이야기」의 서사 구조 얼개와 그

전개 과정을 대조하면 아래와 같은 공통점과 약간의 차이점이 드러난다.[81]

(1) 소설: 서울 사는 金生이 성격이 방탕해서 평소에 신선을 동경한다.

판소리: 光風이란 어리석은 자가 신선이 되고자 한다.[82]

설화: 서울 양반 하나가 <u>제주 한라산</u> 신선 만나 보기를 간절히 원한다.

(2) 소설: <u>금강산</u>에서 왔다는 山僧이 회양고을의 가짜 원 申生과 공모하여 금강산에서 신선으로 꾸며서 김생을 속이기로 작당한다.

판소리: 광풍이 <u>금강산</u>에 찾아가서 노승을 만나자, 그 노승은 (허망함을 알고) 그를 속여먹기로 계획한다.

설화: 우연하게 제주목사가 되어 그곳에 도임해서 한라산 신선 보기만 소원한다. 그러자 관아아전들이 공모해서 청의동자로 가짜신선을 만들어 어리석은 목사를 골탕을 먹여 쫓아내려고 작전을 세운다.

(3) 소설: 김생은 금강산에서 바둑 두는 두 명의 가짜신선을 만나서, 불경죄로 곤욕을 당하고는, 신선이 된다며 <u>소 오줌</u>에 사람 똥을 탄 이슬 등을 얻어먹는다. 그리고 인간세상은 사백년이 흘렀다고 한다.

판소리: 신선이 된다는 꼬임에 속아서 천년에 한번 열리는 복숭아와 千日酒를 먹고 마신다.

설화: 신선으로 분장한 청의동자 두 명이 제주목사에게 신선주라고 속여 <u>소 오줌</u> 두 잔을 연이어 마시게 한다. 그리고 여러 천년이 지났다고 하며 인간세계로 내려가라고 한다.

(4) 소설: 김생은 자신이 신선으로 착각하여 다시 집으로 돌아오지만, 미친놈으로 온갖 망신과 모욕을 당하며, 결국에는 가족들에게서 쫓겨난다.

---

81 한문소설 <금강탄유록>과 (실전된)판소리 "가짜신선타령"의 해설과 간추린 내용은 주로 김종철(1992), 인환권(1999/2002), 윤광봉(1989), 남상윤(2002), 구사회 외(2013)을 참조하였음.

82 구사회 외(2013:71)에서는 송만재의 <관우회> 번역에서 '光風'(光風凝骨願成仙)을 주인공 이름으로 해석하지 않고, "봄날에"로 하였다. 여기서는 주인공이 그저 이름 없는 "어리석은 놈"이다.

판소리: 주인공 광풍은 결국 가짜신선에게 망신만 당했다고 한다.

설화: 신선이 된 것으로 착각한 주인공이 다시 제주관아로 돌아오지만, 아전들의 철저한 눈속임 작전으로 서울 본가로 철수하여 가족들에게 심한 조롱과 비웃음을 받는다.

(5) 소설: 가족들에게까지 배척당한 김생은 비로소 자신이 속았다는 사실을 깨닫고, 분해서 홧병으로 죽는다.

판소리: 가짜신선에게 속임을 담한 사실을 깨달은 주인공 광풍의 뒷이야기는 생략되어 있다.

설화: Ridel(1881): 주인공은 아전들에게 속은 줄을 알고 분함을 이기지 못하여, 신선이 좋다하더니 이렇게 고약한 것이 있는가 한탄하며 부끄러워 병이 되어 죽는다.

Eckardt(1923): 속은 줄을 뒤늦게 알고, 주인공은 심히 부끄러워 늙어 죽도록 바깥출입을 못하였다.

위에서 사건의 시작과 전개 그리고 결말 중심으로 세 가지 문학 형식을 이용한 가짜신선 이야기 줄거리를 간략하게 대조하여 드러난 공통된 얼개와 몇 가지의 수용상의 변이 과정이 추출된다. 오늘날 여러 지역에 유포되어 있을 이러한 유형의 다른 구전설화들이 발굴된다면, 그 서사 구조는 역시 위에서 열거한 특질들의 범주에서 크게 벗어나지 않을 것으로 추정한다.

## 참고문헌

고영근(1977), "『조선어교제문전』 해설", [역대문법대계] 김민수·하동호, 고영근 편, 1977, ② 23. 탑출판사.

고영근(1978), "19세기 전반기의 서양인의 국어연구 자료", 『관악어문연구』 제3집, 서울대 국문과, 27-40쪽.

고영근(1983), 『국어문법의 연구』, 탑출판사.

고예진(2013), "19세기 서양인의 한국어 교재 연구", 부산대대학원 박사학위논문.

구사회 외(2013), 『송만재의 <관우희> 연구』, 보고사.

권혁래(2013), "손진태 『조선민담집』 연구-설화의 성격과 분류체계를 중심으로", 『한국문 화논총』 제63집, 27-57쪽.

김계곤(2001), 『경기도 사투리 연구』, 박이정.

김동욱 외(1983), 『춘향전 비교연구』, 삼영사.

김종철(1992), "실전 판소리의 종합적 연구", 『판소리연구』, 판소리학회, 87-153쪽.

남상윤(2002), "실전 판소리 연구", 원광대학대학원 석사학위논문.

박보영(2014), "20세기 초 독일 선교사들의 한국설화 번역", 『대구사학』 제117집, 대구사학 회, 1-25쪽.

박보영(2015), "독일 선교사들의 한국어 연구와 한국어 인식", 『교회사연구』 47, 한국교회 사연구소, 51-90쪽.

박보영(2015ㄱ), "일제 강점기 성 오틸리엔 베네딕토 회 선교지(Missionblätter)에 나타난 한국 인식과 의례변화", 경북대대학원 박사학위논문.

박영만(1940), 『조선 전래동화집』(권혁래 옮김, 2013), 보고사.

박일영(2012), "노르베르트 베버의 한국 선교정책 연구", 『종교연구』 제67집, 한국종교학 회, 115-138쪽.

박일영(2013), "독일인 선교사가 본 20세기 초 한국의 민속", 『비교민속학』 제51호, 비교민 속학회, 11-33쪽.

원윤희(2015), "독일어 화자를 위한 개화기 한국어 교재 『조선어교제문전』의 과제활동 연 구", 『우리말연구』 제41집, 우리말연구학회, 203-225쪽.

원윤희·고예진(2012), "최초의 독일어권 한국어 학습서 『조선어교제문전』 연구", 『독일어 문학』 제56집, 독일어문학회, 247-272쪽.

윤광봉(1989), "송만재의 <관우희> 증석,『논문집』제17호, No.1, 제주대학교, 67-97쪽.

이기문(1963),『국어표기법의 역사적 연구』, 한국문화원.

이돈주(2003),『한중한자음 연구』, 태학사.

이병근(1992), "한상숙 노인의 말",『서울토박이 부인 한상숙의 한평생』(뿌리깊은나무 민중사저전 18), 뿌리깊은나무.

이성희(2020), "독일 선교사 에카르트의『조선어교제문전』<읽기> 문화 항목 연구",『돈암어문학』제38집, 돈암어문학회, 7-32쪽.

이성희(2021), "근대 초기 외국인 선교사의 한국어 교재 내 이야기 수록 양상 연구",『이중언어학』제84호, 이중언어학회, 263-285쪽.

이숭녕(1955), "소유격과 처격의 비교시도",『음운론 연구』, 민중서관, 255-319쪽.

이숭녕(1965), "천주교 신부의 한국어 연구에 대하여",『아세아연구』18호, 고려대학교, 205-217쪽.

이숭녕(1978),『제주도방언의 형태론적 연구』, 국어학 연구선서 5, 탑출판사.

인환권(1999), "<가짜신선타령>과 <金剛誕遊錄>,『어문논집』제40호, 민족어문학회.

인환권(2002), "<가짜신선타령>과 <金剛誕遊錄>,『판소리 창자와 실전 사설 연구』, 집문당, 259-288쪽.

임용기(1984), "양주 지방말의 말소리연구(1)",『기전문화연구』12 · 13 합집, 기전문화연구소

임용기(1988), "광줏말 자리토씨-중부 방언학을 위한 기초연구",『기전문화연구』17집, 기전문화연구소

장소원(2005), "국어문법의 연구와 Grammaire Coreenne",『우리말연구 서른아홉 마당』, 태학사, 1007-1031쪽.

장소원(2005ㄱ), "Grammaire Coreenne의 재조명",『형태론』제7호, 형태론학회, 489-506.

장소원(2013), "<Grammaire Coreenne>의 강독 텍스트 분석",『관악어문연구』제38집, 관악어문연구회, 102-118쪽.

정인호(2014), "개화기의 몇몇 서양인과 한국어 음운론",『우리말글』62호, 우리밀글학회, 101-126.

조원형(2016), "독일인 로마 신부의『Koreanische Grammatik』(한국어 문법), 제2판(1927) 연구",『한글』제313호, 한글학회, 301-328쪽.

조원형(2019), "독일인 에카르트의 한국어 문법 학습서 연구: 1923년판『조선어 교제 문전』과 1965년판『한국어 문법』을 대상으로",『한글』제80권 제1호, 한글학회, 99-136.

조현범(2009), "분도회 선교사들의 한국문화 연구",『교회사연구』33, 한국교회사연구소, 167-222쪽.

조희웅(1983), 『한국설화의 유형론적 연구』, 한국연구원.

조희웅(1986), "한국 설화학사 기고, 서구어자료(제3기)를 중심으로", 『동방학지』, 연세대학교, 53-97쪽.

조희웅(1988), "한국 설화학사 기고-서구어자료(제3기)를 중심으로", 『어문학논총』 제7권, 국민대학교, 7-67쪽.

최석희(2005), "한국 문학의 독일어 번역-한국민담을 중심으로", 『헤세연구』, 375-387.

최석희(2007), 『독일문학 그리고 한국문학』, 푸른사상.

최운식(2002), 『한국서사의 전통과 설화 분석』, 민속원.

최전승(2020), "20세기 초엽 서울방언의 음운론과 움라우트 현상의 공시성-Eckardt의 『조선어교재문전』을 중심으로", 『근대국어 방언사 탐구』, 역락, 21-102쪽.

홍미숙(2019), "안드레아스 에카르트의 『조선미술사』에 관한 연구", 명지대대학원 박사학위논문.

小倉進平(1931/1964), 『朝鮮語學史』, 刀江書院.

Eckardt, P. A.(1923), *Koreanische Konversations-Grammatik* mit Lesestücken und Gesprächen, Heidelberg: Julius Groos. [역대문법대계] (김민수·하동호·고영근 편, 1977, 탑출판사) ② 23에 수록.

Eckardt, P. A.(1950), *Wie ich Korea erlebte*(이기숙 옮김, 『조선, 지극히 아름다운 나라』, 살림, 2009.

Eckardt, P. A.(1966), *Koreanisch und Indo-germanisch*, Untersuchungen über zu Gehörigkeit des Koranischen zur Indo-germanischen Sprachfamilie, Heidelberg: Julius Groos.

Huwe, Albrecht.(1987), Andre Eckardt, -eine biographische Skizze, pp.587-596, 『동서문화의 만남』(청암 권혁면 교수 회갑기념논문집), 보성문화사.

Mahr, J.(2000), 『분도통사』, 왜관수도원 옮겨 엮음, 분도출판사.

Ramstedt, G.J.(1939/1997), *A Korean Grammar*, Helsinki: Suomalais-Ugrilaisen Seura.

Ridel, Félix-Clair(1881), *Grammaire Coréenne*, Yokohama: Imprimerie de L. Lévy et S. Salabelle. [역대문법대계(김민수·하동호·고영근 편, 1977, 탑출판사) ② 19에 수록.

Riekel, A.(1960), Einführung, *Koreanica*, Festschrift Professor Dr. Andre Eckardt zum 75. Geburtstag, pp.9-14, Verlag August Lutzeyer.

Roth, P. Lucius.(1936), *Grammatik der Koreanischen Sprache*, Abtei St. Bennedikkt. [역대문법대계 (김민수·하동호·고영근 편, 1977, 탑출판사) ② 25에 수록.

Underwood, H.G.(1890), 『한영문법』(*An Introduction to the Korean Spoken Language*), Kelly & Walsh, L'd. [역대문법대계] (김민수·하동호·고영근 편, 1977, 탑출판사 ②.

# 본풀이의 의례적 확장

## —동복신굿을 실마리 삼아

강정식

## 1. 논의의 단서

본풀이는 뚜렷한 형체를 지닌 존재가 아니다. 본풀이는 고정적인 존재가
아니라는 말이다. 이들은 수시로 변하는 생물과도 같은 존재이다. 게다가 생물
처럼 일정한 모양새를 지니고 있지도 않다. 연구하는 동안에도 변하는 것이
이들의 특징이다. 연구가 본풀이에 영향을 미쳐 변화를 야기하기도 한다. 그러
므로 본풀이와 관련해서 확고한 진실이라고 하는 것이 있을 수 없다. 그렇다
고 해서 상상력만을 토대로 해서 연구할 수는 없다. 이 방면의 연구도 학문이
라면 객관적인 방식으로 이루어져야 한다.

본풀이에 대한 기존의 논의는 일정한 해답이 있다는 전제를 바탕으로 한다.
그러나 본풀이 연구에 일정한 해답이 있다는 전제는 틀렸다. 이러한 상황에서
논의를 지속하는 것은 그저 도락에 불과하다. 그럼에도 불구하고 논의를 지속
할 가치는 있다. 다만 타당한 전제를 새롭게 마련해야 한다. 새로운 전제는
지향성을 찾자는 것이다. 확정적인 해답을 찾기는 어려울지 몰라도 전반적인
흐름은 얼마든지 찾아볼 수 있다. 제한적 논의일 수밖에 없으나 이를 통하여
쓸데없는 논의를 배제할 수 있다.

이러한 논의를 하는 까닭은 본풀이의 전승에는 혼란이 있기 마련이기 때문이다. 그 혼란은 변이의 양상이기도 하다. 그러나 그 양상이 모두 의미 있는 것은 아니다. 굳이 혼란이라고 하는 단어를 선택한 이유가 여기에 있다. 연구자가 현장의 혼란상을 그대로 따르는 것은 문제가 있다.

본풀이 전승의 전반적인 양상에 대해서는 새로운 접근이 필요하다. 본풀이의 전승을 살필 때 흔히 변이에 주목한다. 본풀이의 변이에 대한 연구는 흔히 이본을 검토하고 하위 유형을 찾는 방식으로 이루어진다. 그런데 이본이 모든 것을 말해주지는 않는다. 각 이본은 대등한 자료로 보기 어려운 경우가 많다. 일반적인 경우 조사의 불균형 문제가 따르기 때문이다. 그럼에도 불구하고 이본의 세세한 동이를 분석함으로써 웬만한 전승 양상을 확인할 수 있다고 믿는다. 이와 같은 방식의 연구에서는 이본에 따라 개별적으로 존재하는 변이 요소들은 주목의 대상에서 제외되곤 하는 문제가 따른다.[1] 이본에서 두루 확인되는 변이 요소는 유형 차원의 해석에는 도움이 되지 않지만 전승 양상을 이해하는 데는 나름대로 의미가 있다. 이를 보완하기 위해서는 전반적인 흐름에 주목해볼 필요가 있다.

이 글은 본풀이의 전승과 관련하여 알아두어야 할 배경 지식을 다룬다. 본풀이에 대한 분석을 시도하거나 전승 양상에 대한 구체적인 논의를 시도하지는 않는다. 본풀이에 대한 접근을 할 때 알아두어야 할 기본적인 정보를 제시한다. 본풀이의 전승에는 의례적인 영향이 따른다. 이는 본풀이의 전승 양상에 대한 접근을 어렵게 하는 요인이 되기도 한다. 이러한 사실을 인식한다고 해도 섣부른 접근은 오히려 문제를 키울 뿐이다. 우리는 아직도 의례에 대해서 아는 바가 많지 않다. 의례에 대한 연구를 먼저 심화할 필요가 있다. 의례에 대한 지식이 뒷받침되기만 한다면 본풀이의 전승 양상을 검토하는 데 큰 도움

---

1   흔히 서사단락을 견주는 데 집중한다. 그 결과 서사단락 차원에서 벗어나는 변이 요소는 다루기 어렵게 되는 문제가 생긴다. 이들 요소에 대해서는 편의적인 해석을 해버리는 경우도 보인다. 사정이 이러하다 보니 오히려 여러모로 본풀이에 대한 이해를 어렵게 하곤 한다.

을 얻을 수 있다.

이 글에서는 동복신굿, 그 가운데서도 김명선 심방의 문서를 실마리로 삼아 논의를 전개한다.[2] 물론 동복신굿 그 자체로 주목할 만한 가치가 있다. 그러나 동복신굿에 대한 전반적인 논의는 이 글의 관심사가 아니다. 이 글은 의례적인 측면에서 본풀이가 어떻게 확장되는지를 살펴보는 데 목적이 있다. 그 단서를 김명선 심방의 문서에서 찾는다.

논의의 실마리는 전반적인 전승 양상을 통해서 광범위하게 찾을 수 있다. 동복신굿이 소개된 것을 기회로 삼아 논의를 본격화해볼 수 있다. 굿판에서 벌어진 논쟁과 토론 과정을 통해서 심방들의 생각을 구체적으로 확인할 수 있어 큰 도움이 된다. 논의를 일반화하는 데 필요한 단서를 다각도로 마련할 수 있다.


## 2. 의례적 접근 필요한 까닭

본풀이의 전승에 대해서는 의례 관련해서 접근할 때 그나마 어느정도 밝혀낼 수 있다. 본풀이는 무속 사회 중심의 전승이다. 그들의 필요에 따라 전승의 방향이 결정된다. 따라서 본풀이는 제주도 일반인의 이야기 전통이나 일반인의 관념과는 일정한 거리가 있을 수밖에 없다. 대체로 기본 서사는 그대로 두고 필요한 서사를 덧붙이는 방향으로 바뀌어왔다. 물론 본풀이 유형에 따라

---

2 동복신굿을 전사하면서 문서를 소상하게 살핀 바 있다. 그 과정에서 김명선 심방에 대해서도 어느정도 이해하게 되었다. 김명선은 본래 대정 지역 출신으로 대정 지역 문서를 보유한 상태에서 제주 지역에서 다년간 활동하였다. 동복신굿을 진행하는 동안 두 지역의 차이로 인한 충돌을 오랫동안 경험해온 사정을 확인할 수 있었다. 동복신굿을 하는 동안에도 자신의 소신을 분명히 밝히려고 한 점이 인상적이었다. 동복신굿은 1984년 조천읍 동복리 박인주 심방 집에서 벌어졌다. 이때 고광민이 촬영하여 얻은 자료를 문화재청에 기증한 바 있다. 이 자료를 정리한 결과가 근래 발간되었다. 이 책은 해설편 1권, 무가편 6권으로 이루어져 있다. 문화재청 국립무형유산원(2019)

그 양상이 다를 수는 있다.

본풀이 전승의 지향성을 확인하기 위해서는 기준을 마련할 필요가 있다. 가장 뚜렷한 성과가 기대되는 기준은 본풀이와 의례의 관련성이다. 의례는 지속적으로 규모를 확대해왔다. 그 결과 본풀이와 의례의 관련성도 변화를 거듭해왔다. 이를 확인하기 위해서는 의례 규모의 확대에 따라 본풀이를 어떻게 활용해왔는가를 검토할 필요가 있다.[3] 본풀이와 의례의 상관성은 본풀이 유형에 따라 다르다는 사실은 재삼 기억해두어야 한다.

일반신본풀이의 경우, 본풀이와 의례, 곧 본풀이와 기능이 본래 별개였던 경우가 많다. 이에 따라 본풀이의 전승은 의례와 관련된 내용을 보완하는 방향의 지향성을 가지고 있는 경우가 많다. 대개 본풀이와 의례는 관련성을 밀접하게 갖추는 것을 지향한다는 말이다. 일반신본풀이의 경우, 원칙적으로는 의례마다 다른 본풀이가 구연되어야 한다.

본풀이는 의례의 경우와 마찬가지로 경제성을 바탕으로 전승되기도 한다.[4] 의례의 경우, 의례별로 전혀 다른 짜임의 제차가 연행되는 것이 아니라 의례마다 같은 짜임의 제차를 거듭한다. 마찬가지로 의례마다 별도의 본풀이가 구연되는 것이 아니라 같은 내용의 본풀이가 구연되기도 한다. 그 결과 본풀이와 의례의 상관성이 떨어진다. 본풀이와 의례의 상관성이 그저 명칭과 일부 의례적 내용에 한정되는 사례가 있다. 전형적인 사례는 차사본풀이의 경우이다. 이를테면 차사본풀이 하나를 데명왕차사본, 인간차사본, 요왕차사본으로 활용한다. 이때 내용뿐 아니라 차사인 강림조차 바뀌지 않고 그대로 유지한다.[5] 의례의 확대에 간편하게 대응하는 방법이 이렇게 해서 마련된 셈이다.

---

3 의례의 지속적 확장은 제주굿을 이해하는 데 있어 중요한 화두일 수 있다. 구술전승이 의례의 확대에 어떠한 양상으로 대응하는지에 관심을 가질 필요가 있다. 제주도는 이를 구체적으로 확인할 수 있는 현장이다.

4 여기에서 경제성이라는 말은 금전적인 수익성이 아닌 준비 과정의 편의성을 의미한다.

5 각각의 차사로 설정된 존재가 차사본풀이의 주인공이 되어야 하지만 실제 그러한 사례는 없다. 이를테면 요왕차사는 거북이라고 하니 요왕차사본풀이의 주인공도 거북이로 바뀌어야

시왕맞이, 요왕맞이는 여러 맞이 가운데서도 의례적으로 가장 규모가 확대된 사례이다.

신굿의 경우에는 더욱 특별한 양상을 확인할 수 있다. 신굿은 굿 가운데 의례적으로 가장 규모가 확대된 사례이다. 그러므로 확대된 의례 규모에 걸맞은 본풀이를 갖출 필요가 있다. 차사본풀이만 해도 맹도맹감차사본이 추가로 필요하다. 신굿은 안팟굿으로 진행하는 것이 원칙이다. 이에 따라 주요 본풀이도 안팟으로 구연해야 한다. 예를 들면 안초공, 밧초공에 대하여 제각기 본풀이를 따로 구연해야 한다.[6] 그러나 따로 구연한다고 해도 실상은 같은 본풀이를 구연할 뿐이다.

본풀이와 의례의 거리를 좁히려는 시도도 꾸준히 이루어졌다. 본풀이와 의례의 관련성에 대한 의문이 현장에서 꾸준히 제기되었다. 그에 따른 해결책을 마련하는 일도 지속되었다. 본풀이와 의례의 거리 좁히기가 이루어져왔다. 본풀이와 의례의 상호 관련성이 어느정도 확보되는 경우도 생겼다.

이상의 논의를 통하여 본풀이 전승의 방향으로 다음과 같은 두 가지를 찾을 수 있다. 이를 통하여 본풀이 전승의 중요한 양상을 살필 수 있다.

> 방향1: 주요 사항에 대한 의례, 그것에 상응하는 본풀이
> 방향2: 확대된 의례에 대응하는 본풀이. 본풀이와 의례의 거리 좁히기

의례 규모가 급격히 확대됨에 따라 방향1만으로는 대응하기 어렵게 되었다. 방향2가 급한 대로 선택되었다. 문제는 방향2에 대한 무속 사회의 수용도이다.

---

하지만 그러한 사례는 없다는 말이다.

6    안이공·밧이공, 안삼공·밧삼공에 대해서도 마찬가지이다. 안팟으로 짝을 이루는 경우는 초공·이공·삼공으로 한정된다. 안시왕·밧시왕이라고는 하지만 이는 앞서의 초공·이공· 삼공과는 성격을 달리한다. 이는 안칠성·밧칠성, 안문전·밧문전의 경우도 같다. 한편 안팟 본풀이를 얼러서 구연하는 사례는 제차 얼르기의 한 유형으로 거론할 수 있다. 동일 의례의 얼르기 사례라고 할 수 있다. 여기에 대해서는 강정식(2015)에서 미처 거론하지 못하였다.

신굿이 활발하게 전승되던 시기에는 여기에 대한 적극적인 논의를 거쳐 수용이 이루어졌다. 그 사례를 집중적으로 살펴볼 필요가 있다.

## 3. 의례의 확대에 따른 본풀이의 대응 사례

본풀이 전승 집단은 편의적인 조치에 머물지 않았다. 의례마다 제각기 다른 본풀이를 마련하려는 시도도 확인할 수 있다. 멩도멩감차사본을 대신하여 초공본풀이를, 아이차사본을 대신하여 이공본풀이를 활용하려는 시도가 대표적인 사례이다. 김명선 심방은 이러한 시도를 보여준 대표적인 인물이다.

### 1) 멩도멩감차사본

김명선은 멩도멩감차사본풀이가 따로 필요하다고 생각하였다. 이러한 생각을 바탕으로 적극적인 대응책을 마련하고자 하였다. 김명선의 시도는 삼멩두를 멩도멩감 차사로 보는 데서 출발한다. 이는 다음과 같은 대목을 통해서 확인할 수 있다.

> 김명선: 나도 이 집이 심방칩이 굿허멍 우겨밧는디, 본명디가 저 본명두가 처서(差使)라 헌 것은 어떵 허연 본명뒤가 처서냐 허면은, 이것을 멩뒤 질 때 흠끼 지질 아녀고 임정국이, 삼천 선비를 중이 ᄌ식이엔 해서 천(賤)ᄒ게 베려서 궁이 과거를 낙방(落榜)을, 낙방을 시켯이니, 임정국이 이걸로 쳐서 본명뒤 비사(比首) 천금(槍劍)을 삼천 선비를 원수 가프기를 목적 해서 이걸로 져줘서 삼천 선비를 굴려낫기 따문에, 그 자식 궁이 아덜 삼시왕이 삼처서(三差使)난 경 허여서게 삼시왕이, 삼시왕이 들고 삼시왕으로 올라가도 우린 경 해서 굴아가민. 어디 멩도멩감 삼처서(三差使)를 곡절을 담아근에 네세울 데목이 엇어게. 만날

해밧자.

(…)

김명선: 응. 삼시왕이 이걸로 삼천 선비를 굴여낫기 때문에 궁이 아덜 삼시왕이 삼시왕으로 올랏주만은, 멩도멩감 삼처서다.

박인주: 아 경 허난 이제 멩, 젯부기 아덜덜이 체서로 갓구나.

김명선: 게.

박인주: 아 기영 풀어붑서. (삼시왕맞이 멩도멩감삼처서본풀이 직전의 논쟁)

전싱 굿인~ 신이 성방~ 둘고 가던 체선, 옛날에 옛적엔~ 셍각을 흑곡 상상해여 보민, 멩두멩감(明圖冥官) 삼처서(三差使)난에, 젯부기가 삼멩두여 심방체서여, 너승산 너사메 삼형제가 심방처서여 흡네다~. (초이공맞이 초감제 신도업)

김명선은 평소 차사본풀이와 의례의 간극에 대하여 많은 생각을 했던 것으로 보인다. 이러한 생각을 차사본풀이 순서를 앞두고 벌어진 심방들간의 논쟁에서 적극적으로 드러내었다. 김명선 심방이 나름의 해석을 하고 이를 고집한 데는 이유가 있겠다. 김명선의 생각은 삼멩두가 삼시왕이라고 하는 보편적인 이해와 상충된다.[7] 그럼에도 불구하고 동료 심방들도 용인할 수밖에 없었다. 멩도멩감차사본을 구연한다면서 정작 멩도멩감차사본풀이라고 할 만한 것이 따로 없기 때문이다. 삼시왕이라는 세계와 삼시왕·멩도멩감 차사라는 신을 따로 설정하고 있으나, 차사본풀에는 이와 같은 사정을 담지 못하고 있다. 시왕은 일반인이 가는 저승이고, 강림은 일반인을 저승으로 데려가는 신이다.

---

7  일반적으로 삼멩두가 삼시왕이 되었다고 하고, 멩도멩감 차사가 따로 있다고 하면서도 누가 그 신직을 맡았는지에 대해서는 구체적으로 언급하는 일이 없다. 김명선도 삼멩두가 삼시왕인 점은 인정하면서도 아울러 멩도멩감 차사이기도 하다고 본다. 삼멩두가 삼시왕과 멩도멩감 차사의 일을 두루 맡는다고 이해하는 셈이다. 이는 삼멩두가 선비들을 죽여 어머니의 원수를 갚은 일이 있기 때문에 멩도멩감 차사라는 신직에 걸맞은 행적을 갖추었다고 이해하는 데서 비롯되었다. 이러한 이해가 적절한지 의문이지만 여기에서는 굳이 논의하지 않기로 한다.

김명선은 자신의 생각을 본풀이에 적극적으로 반영하려고 하였다. 그 결과
초공본풀이를 이용하여 맹도맹감 차사의 내력을 담게 되었다.

저승으로
도올라 갈 떼에
야~ 삼시왕에선
여
시왕이면 혼 불은 아닙니다.
염라 데시왕도 시왕이요
완여
데시왕도 시왕이오
열 시왕도 시왕이오


삼시왕맞이>맹도맹감삼처서본풀이>본풀이>초공본풀이
옛날에 옛적에
황금산(黃金山) 주접선성(朱子先生)
어~ 여
아~ 나용안당 금벽산
어
임정국 뜨님아기
열두 가지 부술(符術)로
아~ 여
셍불(生佛)을 주어서
완 어~ 석 둘 열흘 벡일(百日)은 뒈여
야~ ○○○
아 이에 유테(有胎)를 가지언

황금산 주접선성 준 아기

날 거는 ᄉ실(事實)이라. (멩도멩감차사본풀이 중 초공본풀이로 이어지는 대목)

    김명선은 필요한 대로 본풀이를 변형하거나 새롭게 만들어내지는 않았다. 차사본풀이에 멩도멩감 차사의 내력을 담으려 하지 않았다. 차사본풀이를 버리고 대신 초공본풀이를 구연한 것도 아니다. 그저 기존의 차사본풀이 다음에 초공본풀이를 덧붙였다. 즉, 차사본풀이를 구연한 뒤에 초공본풀이를 이어서 구연하는 방식을 택하였다. 두 본풀이를 연속적으로 구연하였을 따름이다. 매우 소극적인 접근을 한 셈이다. 심방들과 논쟁을 벌이면서 삼멩두가 멩도멩감 차사라고 강력하게 주장한 것에는 미치지 못하는 대응 방식이다. 그러나 초공본풀이가 멩도멩감 차사의 내력을 담고 있고, 그래서 신굿의 멩도멩감차사본풀이로 구연해야 한다는 생각을 가지고 있는 것만큼은 분명하다.

    김명선이 삼멩두가 멩도멩감 차사라고 보는 데는 나름의 이유가 있다. 심방은 죽어서 삼시왕으로 가고, 이때 멩도멩감 삼차사가 데리고 간다고 한다는 생각은 제주 무속 사회에서는 보편적인 것이다. 이에 따르면 멩도멩감 차사는 강림과 전혀 다른 존재여야 마땅하다.

    김명선본은 초공본풀이에 삼시왕과 멩도멩감 차사의 존재를 설정한 데 근거를 두고 한 발 더 나아간 셈이다. 결과적으로는 하나의 본풀이에 전혀 다른 두 의례의 규범을 담으려고 한 셈이다. 김명선의 구연 방식이 대정 지역의 전승을 대표하는 것인지, 아니면 김명선 개인의 일회적 시도인지는 확인하기 어렵다. 그러나 분명한 것은 본풀이를 대하는 심방들의 경향성을 확인할 수 있다는 점이다. 심방들은 의례적 해석을 본풀이에 반영하려고 끊임없이 노력한다는 사실을 확인할 수 있다.

## 2) 아이차사본

김명선의 시도는 다른 본풀이에서도 이어진다. 김명선 구연본 이공본풀이에서는 사라도령이 장자의 작은딸마저 죽여버린 할락궁이를 악심차사로 좌정시킨다. 다음이 그 대목이다.

> 죽은딸애기가 앞이 상에 비핏살 놀리멍 걸음 걸어가난 남저(男子)이 기십이라
> 우으로 확허게 보니 순간 정 못 춤안 팍허게 혼 주먹 허연
> 삼도전에 강
> 목 굴라 집어 던져두고 신체 간 곳 없이,
> 버려두고
> 할락궁이는
> 삼각술 거스리고
> 붕(鳳)에 눈을 ㅂ짝 떤
> 안 서천꼿밧 간
> 아바님 네웨(內外) 아바님은 얼굴을 보니 눈에 황고지가 삿더라.
> "이 ᄌ식아 저 ᄌ식아.
> 애비 없이 열다섯 십오 세
> 베운 디 없이
> 컹 너비 질롸망정
> 왕아 삼강오륜법(三綱五倫法)을 모르겟느냐?"
> 구타를 ᄒ는 것이
> 바들랑 바들랑 허여가난
> 엉허 "궤씸허다. 보기도 싫다."
> ᄂ려사근에
> 서천꼿밧

시왕수리 악심처서(惡心差使)로 느려사라. (이공본풀이)

무속 사회에서는 악심차사를 아이차사로 이해하는 경향이 있다.[8] 그렇다면 김명선은 이공본풀이를 아이차사본풀이로 해석하고 있는 셈이다. 이공본풀이를 아이차사본풀이로 이해하는 시도는 김명선만 해본 것이 아니다.[9] 여기에는 서천꽃밭에 대한 보편적인 인식이 영향을 미쳤다. 서천꽃밭은 단순한 이상세계가 아니라 어린이의 저승세계이기도 하다.[10] 이와 같은 세계관은 아이와 어른의 저승이 다르고, 그에 따라 신과 의례도 달리해야 할 필요성에 따라 마련되었다.

이공본풀이를 아이차사본풀이로 이해하려는 경향에는 이공본풀이가 차사본풀이와 많은 유사점을 지니고 있다는 점도 영향을 미쳤겠다. 할락궁이의 서천꽃밭 여행과 장자 멸족, 모친 원강아미의 환생, 좌정으로 이어지는 내력이 강림이의 저승 여행과 과양셍이 징치, 버물왕 3형제 환생, 좌정으로 이어지는 내력과 상통한다. 이는 어린아이 대상의 차사본풀이로 설정하기에 적절한 요건이다. 당장 적합한 내용을 온전히 갖추고 있지는 않으나 그 위상으로는 어느정도 인정할 만하다.

이공본풀이를 아이차사본풀이로 이해하는 데는 혼란이 있을 수밖에 없다. 어린아이의 저승차사는 따로 있기 때문이다. 구차사, 구삼승이다.[11] 게다가 할

---

8  구삼승할망이 악심차사라고 하는 사례도 있어 혼란이 있으며, 악심차사가 구체적으로 어떤 구실을 하는 차사인가에 대해서도 혼란이 있다. 구삼승할망이 악심차사라고 하는 것은 삼승할망과 상대적인 위상이 있기 때문이다. 삼승할망이 서천꽃밭에서 인간세계로 생명을 전해 주는 구실을 하는 데 반해, 구삼승할망은 인간세계에서 생명을 거두어 서천꽃밭으로 되돌려 보내는 구실을 한다. 관련 사실들을 통하여 의례가 확대되고 신위가 늘면서 충돌이 일어나고 혼란이 생기는 것을 피하기 어려웠음을 확인할 수 있다.

9  이러한 시도가 김명선 개인에 한정되는 것은 아니다. 김명선으로 대표되는 대정 지역에서 광범위하게 이루어진 시도라고 할 수 있다.

10  여기에 대해서는 강정식(2015)에서 밝혔다(p.168, p.170).

11  이공본풀이와 할망본풀이는 불도맞이, 서천꽃밭 등 공유하는 대목이 많아 혼란이 가중되곤 한다.

락궁이가 어린아이를 저승으로 데려가는 구실을 하는 내용이 없다. 그러나 앞서 본 바와 같이 할락궁이가 악심차사로 좌정한다고 하는 이본이 더러 있다. 이러한 이본을 통해서 이공본풀이의 변화 방향을 확인할 수 있다.

여하튼 할락궁이가 차사라면 이공본풀이는 어린아이 대상의 차사본풀이라 고 할 수 있는 셈이다. 이것이 전반적인 양상은 아니나 이공본풀이가 아이차 사본풀이로 바뀌는 과정에 있다는 사실은 확인할 수 있다. 악심차사는 악심을 주어 어린아이를 괴롭히고 저승으로 데려가는 존재라고 할 수 있다. 이때 적 베지 대신 악심꽃을 이용하는 것이라고 볼 수 있겠다. 그러나 본풀이에서 이 와 같은 내용이 언급되는 사례는 없다. '서천꽃밭을 오가며 꽃을 이용하여 악 심을 준다.' 정도로 할락궁이의 역할을 설정하고 있다고 할 수 있다.[12]

이공본풀이를 아이차사본풀이로 이해하려는 시도는 도처에서 확인할 수 있 다. 이본에 따라 사라도령을 서천꽃밭으로 데려가기 위하여 차사가 등장하는 것으로 설정하기도 한다.

> 쳇ㄷ식 생불을 ㅇ진다. 저싱선 / 서천꽃밭 꽃감관질로 오랜 ᄒ연 / 가게 되는 디, / 그 애기가 돌이 찬 / 걱정이 태산ᄀᆞᆮ은다. / ᄒᆞ를날은 임정국 ᄯᆞ님애기가 / 물질레 나가단 보난 / 서천꽃밭디서 삼체ᄉᆞ가 ᄂᆞ리고
>
> "말 ᄒᆞᆺ술 물으쿠다." / "미신 말이우꽈 / "이 고을에 사라도령이 / 어디 살암쑤 가?" / "저 쪽 질로 돌앙가멍 보민 / 춫아집네다."
>
> 임정국 ᄯᆞ님애긴 지 서방을 / 심으레 오는 삼체술 멀찌거니 / 보내여 두언 / 산 자국서 되돌아오고,
>
> "애이구 가장님아! / 삼체ᄉᆞ가 가장님을 돌젠 / 저디 ᄂᆞ려십다다." / "어디레 갑디가? / ᄃᆞ랑 오주기" / "저 알 골목데레 보내여불었쑤다." / "아맹ᄒᆞᆫ민 아니갈

---

12 다만, 이공본풀이에서는 그 대상이 아이만이 아니라 모든 연령대라는 점이 다르다. 이 점에 있어서는 차사본풀이 강림의 경우도 마찬가지이다. 차사본풀이에서는 강림이 차사가 되는 과정을 분명하게 설정하고 있는 점이 이공본풀이와는 다르다.

질이우꽈?” / “애이구, 이게 미신 말이우꽈, / 체스님이 오민 / 밥이라도 해여 놓아사 / ᄒ젱 ᄒ민 / 쑬이라도 꾸어와사 ᄒ 게 / 아니우꽈.”/ 사라도령은 어먼신딜 가고 / “어머님아 어머님아 / 저디 날 심으레 / 삼체스가 ᄂ렸쑤다.” / “애이구! 설른 애기야 / 이게 미신 말고?” / “어머님아, 이 체스가 오민 / ᄒ 상 ᄒ여 놓아사 ᄒ 건디 / 쑬이나 싯건 두되만 줍서.” / “애이구, 이 애기야 / 쑬이 뒤되랑마랑 ᄒ홉도 엇다.”

이젠 울멍 어멍국이 하직ᄒ고 / 아방국에 하직ᄒ연 / (…) / 신발단속 ᄒ연 ᄀ읏이 나가는디, / 시커림질을 나스난 / 삼체스가 돌아오고

“말 물으쿠다.” / “이 ᄀ올에 사라국 사라도령이 / 어디 살암쑤광?” / “저가 기우다.” / “게난 어드레 감쑤광?” / “아멩ᄒ민 아니갈 질이리엔 ᄒ연 / 체스님이 저를 돌레 오람시니 / 앞이 상 가젠 나감쑤다.” / “이 놈 저 놈 괴씸ᄒ 놈, / 집이 가민 정심밥이나 / ᄒ여 놓아지카부댄 / 미리 나오람꾸나.”

쒜몽둥이로 웃둑짓꽝을 내후리난, / 사라도령은 그만 줌미치고, / 부인 원강아민

“애이구! 체스님아 살려줍서. / 집이 가민 ᄌ냑쑬 ᄒ줌이 / 엇이난, ᄀ읏이 가젠 나오람쑤다.”

원강아민 / 줌미친 가장네, 붙은 닐 떼멍 / 숙그락으로 물을 거려놓난 / 숨이 돌아오난, / 체스님은,

“게민 불쌍ᄒ구나 ᄀ읏이 글라.”[13]

차사의 행동이 차사영맞이에서 보는 바와 일치한다. 영락 없이 영혼을 데리러 온 차사의 모습이다. 차사를 대하는 원강아미의 태도나 행위도 다를 바 없다.

그런가 하면 할락궁이가 장자의 집을 탈출하여 서천꽃밭으로 가는 도중에

13 조홀대 구연, “이공본”, 진성기(1991) 72-73.

까마귀 차사가 등장하는 사례도 있다.[14] 이러한 사례 역시 이공본풀이를 아이 차사본풀이로 해석하려는 시도가 반영된 것으로 볼 수 있다.

　김명선의 시도는 무속 사회의 보편적인 인식을 반영하고 있는 것이기도 하다. 관련 본풀이와 의례의 관계는 다음과 같이 정리해 볼 수 있다.

할망본
↓
이승
삼승할망(生)

이공본 → 아이(할락궁이)　　　　　　어른/심방(강림/멩도멩감) ←차사본/초공본
　　　　　↓　　　　　　　　　　　　　　　　↓
　　　아이(구차사)
　　　저승
유모어멍 · 유모아방　구할망(死)　　　　시왕/삼시왕

　세상 모든 곳, 모든 일에 신이 있다는 관념은 제주 무속에서 보편적인 것이다. 어른의 저승이 있는 만큼 어린이의 저승도 따로 있다. 물론 그곳의 신도 따로 있다.[15] 어린 영혼을 대상으로 귀양풀이나 시왕맞이를 하지 않는 까닭이 여기에 있고, 대신 불도맞이를 하는 까닭이 여기에 있다. 그 근거를 제시하고 있는 것이 이공본풀이이다. 어른은 서천꽃밭에서 생을 얻어 인간 세상으로

---

14　까마귀를 차사로 관념하는 근거는 차사본풀이에 있다. 까마귀가 강림이를 대신하여 적베지를 가지고 가다가 떨어뜨리는 바람에 사람들의 죽음이 질서가 없게 되었다고 한다. "까마귀도 반차사"라는 말도 있다. 까마귀도 절반은 차사라는 뜻이다. 조흘대 구연, "이공본", 진성기(1991) 79; 고산옹 구연, "이공본", 진성기(1991) 92.

15　마찬가지로 심방의 저승도 따로 있고, 관련 신도 따로 존재한다고 믿는다. 이렇게 해서 마련된 것이 삼시왕, 멩도멩감차사이다.

나왔다가 차사에 의해 시왕으로 간다. 아이는 서천꽃밭에서 생을 얻어 인간 세상으로 나왔다가 아이차사에 의해 서천꽃밭으로 되돌아간다.[16]

김명선의 시도는 제한적인 의미만 있을 따름이다. 기존의 본풀이를 그대로 두고 약간의 내용을 덧보태거나 수정하여 재차 활용하려는 수준의 시도이기 때문이다.[17] 하나를 두루 활용하려는 경제적인 노력 대신 나름의 보완을 통하여 제각기 활용하려는 조금은 비경제적인 노력을 한 셈이다. 물론 이는 의례의 급격한 확대에 쉽사리 대응하는 방법이었을 수도 있다. 어떻게 보면 경제성이 기본 바탕이었는데, 경제성을 어느 정도 유지한 상태에서 확장을 시도한 것으로 이해할 수 있다.

## 4. 의례의 확대에 따른 본풀이의 대응 방향

의례마다 별도의 본풀이를 마련하려고 한 뚜렷한 시도도 있다. 할망본풀이, 구할망본풀이, 마누라본풀이가 그 사례이다. 이들 본풀이가 구연되는 불도맞이 또한 시왕맞이, 요왕맞이처럼 규모가 크게 확장된 의례이다. 불도맞이가 의례적으로 확대되면서 다양한 본풀이가 필요해졌다. 그렇게 해서 마련된 본풀이가 앞서와 같은 셋이지만 실상 셋은 뚜렷이 구분되지 않는 사례가 많다.[18] 이는 경제성을 바탕으로 하는 전통 탓에 혼란이 지속되어왔기 때문이라고 이해할 수 있다.

---

16 무속사회의 인식이 정리된 상태인 것은 아니다. 어린아이를 죽음에 이르게 하는 요인이 악심만은 아니다. 강림, 새 등도 있다. 단일한 신의 영향으로 통일되어 있지 않다.

17 본풀이의 명칭을 멩도멩감차사본풀이라고 하지도 않았다. 다만 신굿에서 초공본풀이를 구연할 때는 멩도멩감차사의 내력을 담아야 한다고 생각하였을 뿐이다. *여기에서 주목할 만한 사실은 현장에서 김명선이 구연하는 내용에 대하여 아무런 이의도 제기하지 않았다는 점이다. 적어도 김명선으로 대표되는 대정 심방, 나아가 대정 지역의 본풀이는 그러한 시도가 허용된다는 점을 인정한 것으로 이해할 수 있다.

18 여기에 대해서는 강정식(2003)에서 다룬 바 있다.

이상의 논의를 바탕으로 본풀이의 전승 양상을 정리하면 다음과 같다. 대체로 세 가지 방향성을 확인할 수 있다. 용어는 편의상 마련한 것이므로 앞으로 다듬어 쓸 필요가 있다.

    (1) 돌려쓰기

    (2) 바꿔쓰기

    (3) 나눠쓰기

(1) 돌려쓰기는 하나를 여러 의례에 그대로 가져다 쓰는 경우이다. 철저한 경제성에 바탕을 두는 방향이다. 따로 본풀이를 마련해야 하는 번거로움을 피한다. 앞서 언급한 바와 같이 차사본풀이가 대표적인 사례이다. 같은 맥락에서 본풀이를 질침, 푸다시 사설로 활용하는 사례도 함께 거론할 수 있다. 의례와 괴리될 수 있는 여지가 있다.[19]

(2) 바꿔쓰기는 약간의 보완 혹은 절충을 거쳐 바꿔씀으로써 다른 의례에 활용하는 경우이다. 바꿔쓰기의 가장 흔한 방식은 덧붙이기이다. 덧붙이기는 차별화의 사례이기도 하다. 초공본풀이는 일찍이 이러한 차원의 덧붙이기가 이루어진 사례이다.[20] 유정승 따님 내력이 바로 그러하다. 관련 사례로 동방삭 전승을 들 수 있다. 다만 유정승 따님 내력은 어떤 초공본풀이에나 덧붙고, 동방삭 전승은 어떤 차사본풀이에도 덧붙기 때문에 바꿔쓰기에 해당하지 않는다. 의례에 따른 확장 사례로 보기도 어렵다. 물론 전반적인 의례의 확대에

---

19 질침, 푸다시 사설로 활용하는 경우는 본풀이와 의례의 거리를 굳이 거론할 필요가 없겠다. 본풀이 자체는 내용적으로 축약되기는 하지만 의례의 확대에 간단히 대응할 수 있는 방법이기도 하다. 본풀이를 안팎으로 구연하는 사례도 물론 함께 거론할 수 있다.

20 초공본풀이뿐만 아니라 이미 있는 이야기를 본풀이로 삼은 경우는 애초에 바꿔쓰기가 이루어진 셈이다. 다만 여기에서는 이미 특정 유형의 본풀이로 성립한 상태에서 다른 유형의 본풀이로 바뀌는 경우에 한하여 바꿔쓰기라고 한다. 이러한 의미에서 실제로 바꿔쓰기가 완성된 사례는 없다. 바꿔쓰기로 나아가려는 시도를 확인할 수 있을 뿐이다. 그 시도의 대표적인 양상이 덧붙이기이다.

대응하는 본풀이의 확장 사례로 거론할 수는 있다. 곧 분량 확대 사례라고 할 수 있다.[21]

(3) 나눠쓰기는 한 유형의 본풀이 일부를 제차별로 나누어 쓰는 경우이다. 본풀이의 내용이 의례와 상통하게 되는 결과가 생긴다. 나눠쓰기의 사례로 할망본풀이·구할망본풀이·마누라본풀이를 들 수 있다. 이들의 경우는 엄밀하게 따지면 돌려쓰기, 덧붙이기를 거쳐 나눠쓰기로 진행되었다고 본다. 그러나 결국 지금도 돌려쓰기 상태인 경우가 많다. 애초의 출발점은 일뤳당신본풀이를 가져다 쓴 데서 비롯된 것으로 본다.[22] 불도맞이 여러 제차에 두루 쓰는 돌려쓰기가 이루어지다가 덧붙이기를 하면서 확장하고, 이어서 제각기 제차마다 다른 본풀이를 구연하는 방향으로 나아갔다고 본다. 종국에는 통합본이라고 할 만한 것을 돌려쓰기 하는 결과가 되고 말았다.

이상에서 보듯이 본풀이가 의례에 대응하는 방식은 여럿이다.[23] 이들 방식이 단일하게 적용되는 것만도 아니다. 복합적으로 적용되기도 한다. 이는 제주굿의 상황에 따라 의례를 펼치는 방식과 관련되어 있다.

바꿔쓰기가 적극적으로 시도되는 사례가 있다. 본풀이에 의례적인 내용을 더하여 차별화함으로써 새로운 유형의 본풀이를 만들어 쓰려는 시도가 있다는 말이다. 이는 적은 노력으로 의례의 확대에 대응하는 시도, 곧 돌려쓰기로 대신하는 것과는 전혀 다른 방향이다. 그런데 이러한 차별화 시도도 돌려쓰기를 바탕으로 이루어지기도 한다는 점도 주목할 만하다. 구체적인 사례로 이공본풀이와 할망본풀이를 들 수 있다.

---

21 덧붙이기는 분량 확대, 차별화 두 가지 방향으로 이루어짐을 확인한 셈이다. 초공본풀이는 분량 확대이면서 차별화의 방향이기도 한데 제주도 무속의 사정에 맞는 내용을 갖추기 위한 시도이기 때문이다. 그러나 기존 본풀이와 차별화하는 방향은 아니기에 바꿔쓰기라고 할 수는 없다.

22 이는 강정식(2003)에서 한 논의의 연장선에 있다.

23 셋을 예로 들고 여럿이라고 하는 까닭은 예로 든 것 말고도 다양한 방식이 있을 수 있기 때문이다.

이공본풀이는 일반적으로 여러 의례와 관련되다보니 본풀이와 의례 사이에 어긋나는 부분도 많아졌다. 무속 사회에서 이 대목에 의문을 가지고 해결책을 제시하려는 시도를 꾸준히 해왔다.[24] 그 결과 전승에 있어 혼란도 많은 편이다. 이공본풀이에서는 생불꽃의 정체가 구체적으로 드러나지 않는다. 생불꽃은 할망본풀이에서 제대로 쓰인다. 이공본풀이에서는 생불꽃보다 악심꽃의 정체가 뚜렷하게 드러난다. 그런데 정작 악심꽃을 이용했던 할락궁이의 의례적 위치는 모호하기만 하다. 신직이 모호하거나 혼란스럽다. 이본에 따라 아이차 사로 설정되기도 하고 꽃감관으로 설정되기도 한다.

김명선은 할망본풀이와 관련지어 서천꽃밭의 공간적 성격을 재설정함으로써 해결책을 마련하고자 하였다. 동복신굿에서 구연한 이공본풀이에서 이를 확인할 수 있다.

> 만민이 백성을
> 생불을 주저,
> 네우저 그늘루저
> 하도 복잡허난 할마님이 완예 옥황상제에 제민(諸民) 등장(等狀) 드난 완예 서천꽃밧은 서립허여근에 꽃 번성(蕃盛) 뒈는 데로 인간백성 거늘루라 영 허여 명령(命令)을 느류우난 옥황상제에 꽃은 꽃씨 타단 세경 남데전(南大田) 나경 노각성 데 다가 데 무언 황세곤간 도세곤간 거느려산 완예 모두 초불이여 두불이여 제삼불 모두 봉을와지 꽃을 피여 수둠주고 완예 수둠주곡 물 주어 수축(修築)허여사난 인간이 백성은 생불(生佛) 주저 네우저 그늘루저 서천꽃밧 책임(責任)허저 더군다나 없는 근심은 점점 올라사단 뒈걱정이 만허여간다.

---

24 본풀이의 서사와 무관한 의례의 요소를 본풀이에 담으려는 시도도 이루어져서 혼란이 가중되었다. 제주 무속의 근본을 이야기하는 중요한 위치에 있지만, 본풀이 자체에 그만한 내용을 갖추고 있는지는 않다. 본풀이에 고리동반의 근원을 제시하고는 있지만, 굿의 여러 제차에서 고리동반의 쓰임과 어떤 연관이 있는지 분명치 않다. 이를테면 아궁이전상에서 쓰이는 고리동반과 이공본풀이의 고리동반이 어떤 관계가 있는지 구체적으로 드러나는 사례는 없다.

아이고 가지 가지 亽만 오천

육백 가지

번성(繁盛)이 뒈여나산다.

완예 느는 새라도 들카 도둑놈이 들카 영 허여

완예 걱정이 뒈여나지영

"아이고 어떵 허민 좋으리요" 할마님이 다시 제처 옥황상제에 제민 등장(等狀) 들어갑데다예ㅡ.

제민 등장 드난

옥황상전

말을 ᄒ뒈

"경 말아근에 서천꼿밧디 가지 가지 亽만 오천육백 가지에 번성허여 걱정이 시러와지곡 근심이 시러와져 먼 걱정을 못ᄒ곡 못허커거들랑 꼿감관 메겨 줍서영 허영 꼿감관은 어디 강 메기곡 주량산하에 짐진국 아덜 사라도령 똑똑ᄒ고 영력ᄒ니 꼿감관 메기라." 맹령을

느리와가는구나ㅡ.

영 허여 만조데신(滿朝大臣)을,

조훼(朝會)를 호 직은

그젯날은 아닐써라

완이여

조훼가 오는디

완이여

도령

완예 좋은 택일ᄒ시고

또 이젠

김진국 아덜아기

사라도령신드레

도네려가는구나.

여기에서는 멩진국할망이 서천꽃밭 관리가 어려워서 꽃감관을 마련해 달라고 한 데 따라 사라도령이 꽃감관으로 가게 된다고 하였다. 서천꽃밭이 애초에 생불꽃을 가꾸는 곳이면서 멩진국할망이 관리하던 공간으로 설정되었다. 그 결과 삼승할망과 생불꽃의 근거가 뚜렷해졌다. 이는 이공본풀이와 의례 사이의 거리 좁히기 시도 사례라고 할 수 있다.

김명선의 시도는 또 다른 혼란을 일으키기도 한다. 서천꽃밭의 생불꽃에 대한 설정을 강화한 결과 일부 이본처럼 차사가 사라도령을 데리러 온다고 하지는 못하게 되었다. 서천꽃밭이 지닌 저승세계의 면모나 할락궁이가 지닌 저승차사의 면모와도 거리가 멀어졌다. 결국 이공본풀이를 아이차사본풀이로 삼으려는 방향과는 배치되는 셈이기도 하다. 이공본풀이에 멩진국할망이 등장하는 점도 문제이다. 특정 본풀이에 다른 본풀이의 주인공이 등장하는 사례는 없다. 달리 보면 할망본풀이의 문제를 이공본풀이를 통해서 해결하려고 하였다고 볼 수 있다. 할망본풀이에서 생불꽃을 서천꽃밭에서 가져다가 포태를 시킨다고 하였는데, 서천꽃밭에 대한 설정을 따로 하지는 않았다. 이공본풀이에서 설정한 서천꽃밭을 그대로 차용하였을 뿐이다.

이공본풀이는 아이 관련 의례에서도 삶과 죽음 양면에 대응해야 하는 위치에 있다. 이와 같은 사정이 본풀이에 충분히 반영되기에는 시간이 필요하겠다. 실제로 이공본풀이가 상황에 따라 달리 구연되는 사례도 따로 없는 듯하다. 즉 일반적으로 아이 영혼을 위한 불도맞이와 기자를 위한 불도맞이에서 구연하는 본풀이가 다르지 않다는 말이다.[25] 상이한 조건에서 적절한 내용을 갖춘 본풀이가 제각기 필요하지만 실상은 그렇지 않은 셈이다.

한편 이와 관련하여 동방삭 전승이 사만이본풀이에 덧붙는 경우도 함께 살

---

25 불도맞이는 다양한 목적으로 벌이지만 그 가운데 상반된 성격을 대표하는 경우가 바로 아이 영혼 달래기와 기자이다.

필 수 있다. 사만이본풀이의 주제와 관련해서 판단해보면 동방삭 전승을 덧붙이는 것은 적절치 않음을 알 수 있다. 차사본풀이는 사람은 누구나 차사를 피할 수 없으니 결국 죽기 마련이라는 주제를 가지고 있다. 반면 사만이본풀이는 사람도 차사를 피하여 수명을 이을 수 있다는 주제를 담고 있다. 따라서 동방삭 전승은 차사본풀이에나 적합하다고 할 수 있다.[26] 동방삭 전승을 차사본풀이와 사만이본풀이에 두루 가져다 쓰는 것은 일종의 돌려쓰기에 해당한다.

여기에서 주목할 만한 사실은 돌려쓰기에서 바꿔쓰기를 거쳐 나눠쓰기로 나아가려는 방향성을 확인할 수 있다는 점이다. 이는 앞서 살펴본 김명선의 사례에서 구체적으로 확인할 수 있다. 이러한 방향성은 의례의 확대에 대응하려는 시도였다고 본다. 의례가 확대되는 만큼 사정에 의해서 축소해야 할 때 쉽게 축소할 수 있어야 한다. 돌려쓰기가 여전히 유효하고, 안팎을 얼러서 구연하는 방식도 그래서 널리 용인된다. 이는 곧 나눠쓰기가 적극적으로 이루어지기 어려운 조건이 되기도 한다. 의례의 확대가 어려워진 사정도 크게 영향을 미쳤다.

일반신본풀이의 경우로 한정하면, 바꿔쓰기가 실제로 완성된 사례는 없다. 바꿔쓰기로 나아가려는 시도를 확인할 수 있을 뿐이다. 그럼에도 불구하고 이러한 시도가 오랜 세월 동안 이루어진 본풀이의 전승 양상을 이해하는 데 도움이 된다. 새로운 유형의 본풀이가 필요할 때는 민간의 이야기를 끌어다 쓰거나 새롭게 본풀이를 만들어내는 방식을 따랐을 것으로 추정할 수 있다. 일부는 기존의 본풀이를 가져다가 쓰기도 하였다. 당신본풀이나 조상신본풀이에서 흔히 볼 수 있는 방식이다. 당신본풀이나 조상신본풀이를 가져다가 일반신본풀이로 활용하는 사례도 당연히 있을 수 있다. 이는 칠성본풀이를

---

26 동방삭이 삼천갑자를 살았다고 하는 내력에 견인되었을 뿐이겠다. 동방삭이 차사에게 잡혀가는 내용을 갖추면 사만이본풀이에 덧붙이기에는 부적절해진다. 그러나 이러한 평가가 전승집단에게는 의미가 없다. 무속사회에는 빌미만 있으면 무엇이든 해보려는 경향이 있다. 한편 차별화 사례 가운데 일부는 배타적 전승을 내세움으로써 공고한 단골판을 구축하려는 시도로 해석할 수 있는 여지도 있다.

그러한 사례로 들기도 한다는 데서 확인할 수 있다.

한편 본풀이의 흥미성 강화도 그 대응 양상 가운데 하나일 수 있다. 따라서 이와 관련한 논의도 필요하다. 의례적 연관성이 아예 없이 흥미성이 강화되는 경우도 있다. 이 경우는 진정한 의미에서 흥미성이 확장된 사례로 볼 수 있다. 반대로 흥미성과 무관하게 의례성이 강화되는 경우도 물론 가능하다. 초공본풀이는 그다지 흥미성이 강하지 않음에도 불구하고 대폭 확장되었다. 의례성이 강하게 반영되어 확장된 결과이다.

의례성과 흥미성은 양극단인 듯하지만 실은 본풀이 전승에 있어서는 그 전승력을 유지하는 두 축이라고 할 수 있다. 이 두 축이 튼튼해야 본풀이가 전승력을 유지할 수 있다.

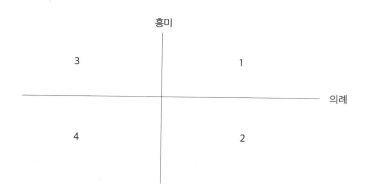

두 축을 기준으로 하여 이루어진 좌표의 어느 곳에 놓이는가를 살피면 해당 본풀이의 전승력을 어느 정도 가늠할 수 있겠다. 사람들의 신앙심이 강하면 의례성이 강화되고 신앙심이 약화되면 의례성도 약화된다. 사람들의 본풀이에 대한 관심이 많으면 본풀이의 흥미성이 강화되고 본풀이에 대한 관심이 떨어지면 흥미성도 약화된다. 의례성과 흥미성을 두루 갖추면 본풀이의 전승에 문제가 없다. 의례성 혹은 흥미성 어느 한쪽만으로도 본풀이의 전승력은 어느 정도 유지될 수 있다. 그러나 의례성과 흥미성 모두 약화될 때 본풀이의

전승에 큰 문제가 닥친다. 사람들의 신앙심이 옅어지고 본풀이에 대한 관심이 떨어지면 본풀이는 점점 의례와 동떨어질 뿐 아니라 이야기 문학의 자격마저도 잃게 된다.

본풀이의 수요가 감소하고 있는 점은 분명하다. 전통적으로 분화된 의례가 많은 탓에 다양한 본풀이가 요구되었으나 점차 의례가 소멸되거나 통합·축소되고 있기 때문이다. 흥미성이 입증되어 일반인 이야기꾼에 의하여 수용된 본풀이도 있으나, 이미 이야기의 시대가 종언을 고한 만큼 흥미성에 의존하여 그 전승력을 유지하기는 기대하기 어렵게 되었다.[27]

청중이 없는 자리에서 심방은 흥을 잃게 되고 따라서 본풀이를 길게 구연할 의욕마저 잃게 된다. 의례가 없어지면 본풀이 구연 기회도 잃게 되기 마련이다. 예외적인 사례도 있으니 다 그러한 것은 아니다. 세경본풀이는 의례는 없어졌으나 그 흥미에 기대어 전승이 유지되는 사례라고 할 수 있다. 달리 보면 본풀이가 워낙 성장하여 다른 의례(이를테면 세경놀이)를 대신해 버리게 된 것이라고 할 수도 있다. 세경신에 대한 의례는 큰굿에서 한 자리를 차지하지 못한다. 이는 다른 굿의 경우에도 사정이 다르지 않다. 영등굿·잠수굿에는 씨들임·씨점이 있지만 이들 의례가 세경신을 대상으로 한 것도 아니다.

본풀이의 의례적 확장 양상은 본풀이 전승의 상태를 가늠하는 척도일 수 있다. 본풀이의 의례적 확장이 앞으로 어떠한 양상을 보일지 가늠하기는 쉽다. 의례적 확장은 지금도 나타나는 현상이지만 과거와는 사정이 달라졌다. 본풀이는 여전히 의례에 기대어 전승된다. 이 때문에 본풀이가 의례적으로 확장되는 양상은 여전하다. 그러나 그 양상이 예전과는 많이 다르다. 심방 자신을 돋보이기 위한 방편으로 활용되는 사례가 많다. 그것도 단골을 대상으로 한다기보다 조사자를 대상으로 하는 경향이 있다. 이와 달리 흥미성을 강화하는

---

27 민간의 본풀이 수용은 흥미 척도 중 하나일 수 있다. 이를 근거로 할 때 세경본풀이와 문전본풀이의 인기는 분명히 확인할 수 있다. 이러한 인기가 의례마저 사라진 큰굿에서 구연 기회를 확보할 수 있게 한 것이 아닌가 한다.

사례는 예전보다 확연히 줄었다. 본풀이 전승의 위기 징후를 여기에서도 찾을 수 있다.

## 5. 본풀이 확장으로 인한 혼란 걷어내기

본풀이를 돌려쓰고, 바꿔쓰고, 나눠쓰는 사례는 제주굿에서나 확인할 수 있다. 이는 제주굿과 본풀이의 전승이 그만큼 활발하게 이루어져왔기 때문이다. 그러나 이는 구술 전승에서는 어디에서나 이루어지던 방식이라고 할 수 있다. 특히 민요에서 쉽사리 확인할 수 있고, 설화에서도 적지 않게 확인할 수 있다.

본풀이와 의례가 확장하는 데는 여러 가지 요인이 있다. 그 가운데 하나는 조금의 빌미만 있으면 가져다 쓰는 행위가 널리 용인되는 것을 들 수 있다. 이와 관련해서는 추가적인 논의가 필요하다. 온갖 빌미를 적용한 결과로 나타나는 문제는 다양하다. 그러나 일부 학문적으로 볼 때 문제가 있다고 할 수 있는 경우도 있지만 전승 현장에서는 이를 문제로 거론하기 어렵다. 다양한 시도가 가능하고 일회적인 시도도 가능하다. 다만 이러한 시도가 무속 사회의 합의에 이르는 데는 오랜 세월이 필요할 뿐이다.

본풀이의 확장 시도는 불가피하게 혼란을 일으키곤 한다. 이러한 시도 가운데는 그야말로 엉뚱한 경우도 있어서 혼란이 가중될 수밖에 없다. 의례적 근거가 전혀 없음에도 불구하고 일단 가져다 쓰게 되면 거기에 견인되어 새로운 해석이 이루어지기도 한다.[28] 이러한 양상이 중첩되면 보편화되기에 이르고 결국 근본을 잃게 되기도 한다.[29] 그러나 본풀이에 의례 관련 규범적 내용을

---

28 빌미만 있으면 가져다 쓰는 전통은 말붙임에서 잘 드러난다. 무속 사회에서 쓰는 모든 말이 의미가 있는 것은 아니다. 따라서 세세한 해석을 하고자 하는 시도조차 불필요한 경우가 많다. 괜한 시간 낭비가 될 수도 있다.

29 새드림과 지장본풀이가 대표적인 사례라고 할 수 있다. 이와 관련해서는 따로 논의 기회를 마련한다.

담으려는 시도는 지속될 수밖에 없다. 이에 따른 혼란도 불가피하다.

본풀이의 확장에 따른 혼란상을 걷어낼 필요가 있다. 이는 전승의 혼란상을 바로잡자는 뜻이 아니다. 혼란상의 정체를 이해하자는 뜻이다. 혼란상에는 양면성이 있다. 본풀이의 확장 시도가 일으키는 혼란상은 본풀이 전승의 중요한 밑거름이기도 하다는 사실을 인정해야 한다. 활발한 전승이 이루어질 때 혼란상도 가중되곤 한다. 본풀이의 전승은 무속 사회에 맡겨두어야 한다.

본풀이의 확장에 따른 혼란상을 걷어내기 위해서는 그 혼란상 속에서 일정한 흐름, 곧 방향성을 찾을 필요가 있다. 무속 사회의 의도가 뚜렷이 드러나고 어느정도는 합의에 이른 사례를 주목할 수 있다. 이들 사례를 통하여 본풀이 전승에 따른 여러 가지 문제를 살필 수 있다. 이렇게 함으로써 본풀이의 부분적인 요소에 천착해서 그 의미를 확대 해석하는 문제를 우선 피할 수 있다. 이것이 헛수고를 피하기 위해서 우선적으로 해볼 수 있는 일이다.

본풀이가 어떠한 의례에서 구연되는지도 따져서 살펴야 하겠다. 그간의 연구에서는 의례와 상관없이 본풀이만 가지고 연구하는 경우가 많았다. 의례와 무관하게 구연되는 경향이 많기는 하지만, 더러 의례적 상황을 반영하는 경우도 있다. 특정 유형의 본풀이는 연속적인 순서로 구연되기도 한다. 이때 그 선후에 따른 영향이 반영되기도 한다. 본풀이 연구가 본풀이 자체만으로 온전히 이루어질 수 없는 이유이다.

본풀이와 의례의 전승에는 무속 사회의 혼란상이 반영되어 있다. 무속 사회조차 분명한 해답을 얻지 못한 사례가 그대로 전승에 반영되어 있다. 문제는 연구자가 그 혼란을 그대로 따르는 경우가 많다는 사실이다. 특히 이본에서 부분적으로 확인되는 사실을 유형 차원의 문제로 해석하는 일도 있다. 이렇게 하면 기껏 힘들여 연구한 결과가 오히려 혼란을 가중시키기도 한다. 이러한 혼란상이야말로 걷어낼 필요가 있다.

참고문헌

강정식, 『제주굿 이해의 길잡이』, 민속원, 2015.

강정식, "할망본풀이의 전승양상", 『본풀이의 세계』(경기대학교 인문과학연구소 학술세미나 자료집), 경기대학교 인문과학연구소, 2003.

문화재청 국립무형유산원, 『제주도 동복 신굿』, 문화재청 국립무형유산원, 2019.

진성기, 『제주도무가본풀이사전』, 민속원, 1991.

현용준, 『제주도무속자료사전』, 신구문화사, 1980.

# 제주도 구비문학 속의 여성, 연구자의 시각 들여다보기*

## —설화, 민요, 속담을 중심으로

---

### 문순덕

## 1. 서론

1960년대 서구사회에서 여성주의운동이 사회적 이슈가 되면서 여성들도 모든 영역에서 남성들과 동등한 권리를 주장하기에 이른다. 이와 같은 사회현상은 문학에도 영향을 미쳤으며, 그 결과 여성문학이 자리잡게 되었다. 즉 문학작품에서는 여성을 어떻게 다루고 있는지, 여성들의 행동을 어떻게 규정하고 있는지 등 여성주의 이론으로 분석하기도 하고, 작가의 성별에 따라 여성과 남성을 어떻게 묘사하고 있는지에 대한 연구들도 있었다.

보편적으로 여성주의 이론에는[1] 자유주의 여성주의, 급진적 여성주의, 마르크스주의–사회주의 여성주의 등이 있다. 각각의 이론들은 여성 해방의 중요성, 여성 억압의 요인, 가부장제사회의 모순 등을 온건하게 접근하거나 과격하게 표현한다. 한편 이 글에서는 각각의 여성주의 이론을 적용하기보다는 제주도 구비문학 속의 여성들을 해석하는 연구자의 시각을 살펴보는데 연구 목적

---

\* 이 논문은『한구문학과 예술』제28집(숭실대학교 한국문학과예술연구소, 2018.12)에 발표된 것을 수정·보완하였다.
1 이소영 옮김, 로즈마리 퍼트남 통 지음,『페미니즘 사상–종합적 접근』, 한신문화사, 2000.

이 있다.

우리사회에서 여성주의 이론에 대한 명확한 개념이 정립되어 있지 않았던 일제강점기에도 여성들의 자주적, 저항적인 사회참여 활동이 나타난다. 더욱이 1980년대 이후 여성주의운동이 부각되면서 현대문학, 고전문학, 구비문학 등 학문 분야에서도 여성과 남성의 언어를 관찰하기 시작했다.[2] 이후 구비문학을 대상으로 여성들의 정치적 · 사회적 위상, 여성들에게 적용된 사회제도, 여성들에 대한 고정관념 등 여성의 시각에서 해석하는 시도들이 있었다.

구비문학은 구전되는 문학으로 당대 사람들의 생활문화 전반이 응축되어 있어서 기록문학의 공백기를 이해하는데 귀중한 자료로 선택되어 왔다. 구비문학 장르에는 설화, 민요, 무가, 속담, 수수께끼, 민속극 등이 있다.

이 글에서는 여성 인물의 특성을 분석한 제주도 구비문학 연구물을 통해 연구자의 시각을 살펴보고자 한다. 우리들은 남성중심사회의 정형화된 관점으로 여성 인물의 행적을 분석하는 경향이 있다. 이때 특정의 여성주의 이론을 적용하여 연구물을 분석하기보다는 여성들의 역할과 위상을 어떻게 해석하고 있는지 등에 역점을 두었다. 또한 여성을 규정한 단어들이 여성어인지 남성어인지 등 성별어(性別語)[3]의 관점에서도 살펴보고자 한다.

따라서 제주도 구비문학 중에 연구 목적에 적합한 설화(무속신화, 전설), 민요, 속담 등을 분석 범위로 정하고, 1980년대부터 2010년대까지 40년 간 발표된 연구물[4] 41편(설화 27편, 민요 10편, 속담 4편)을 최종 선정하였다.

---

2  한국고전여성문학회는 한국고전문학의 여성적 시각에 의한 접근과 여성관련 분야에 대한 연구를 목적으로, 여타의 연구 성과들과 활발한 교류를 도모함으로써 한국고전문학과 여성문화 연구의 활성화에 기여하도록 한다는 목적 하에 2000년 1월에 창립되었다.

3  사회언어학은 인종, 지역, 성별, 계층, 연령 등에 따른 언어 변화 요인을 다룬다. 여기서 성별에 따른 언어적 특징을 성별어(성별방언, 성별언어)라고 한다. 남성이 쓰는 말(발화어)이나 남성을 지칭하는 말(대상어)을 남성어라고 하고, 여성이 쓰는 말이나 여성을 지칭하는 말을 여성어라고 한다.
    여성어란 "하나는 여성들이 사용하는 단어이며, 다른 하나는 다른 사람이 여성들을 향해 사용하는 언어이다."라고 정의하였다(데보라 태넌, 『남자를 토라지게 하는 말 여자를 화나게 하는 말』, 한언, 2001, 169쪽).

연구 목적에 해당되는 연구물이 1980년대 이전에는 없어서 1980년대 이후를 논의 범위로 정하였다. 이를 구체적으로 보면 1980년대 5편(설화 1편, 민요 3편, 속담 1편), 1990년대 6편(설화 4편, 민요 2편) 2000년대 12편(설화 7편, 민요 3편, 속담 2편) 2010년대 18편(설화 15편, 민요 2편, 속담 1편) 등 41편이다.

이 글에서는 논의 대상인 41편의 연구물을 하나하나 분석하지 않고 구비문학 속에 등장하는 여성(여신 포함)들을 바라보는 연구자의 시각을 관찰자의 시선으로 들여다보고자 한다.


## 2. 설화에 대한 연구자의 시각

### 1) 무속신화

제주도 무속신화는 '본풀이'로 알려졌으며, 무가(巫歌)는 굿 의례를 집행할 때 무당이 부르는 노래나 사설을 뜻한다. 여기서는 제주도 무속신화를 다룬 논문 중에 여신의 성격이나 위상을 알 수 있는 자료 23편을 대상으로 연구자의 시각을 들여다보고자 한다.

우리나라에서는 적어도 1990년대부터 여신들을 분석 대상으로 삼은 신화 연구가 많아졌다. 그 내용을 보면 대체로 신화의 주인공인 여신들을 남신과 비교하여 신격의 지위 획득 여부와 신으로 좌정하는 과정, 그들이 속한 사회의 지배이데올로기와 맞서서 자신들의 권리를 당당하게 쟁취한다는 이야기까지 다양하다.

---

4　이 글에서 다루고자 하는 연구물은 학술연구정보서비스(http://www.riss.kr)에서 검색하여 연구 목적에 적합한 자료 41편을 선정하였다. 즉 '제주 설화(신화, 전설), 민요, 속담' 등을 핵심어로 검색한 후 여성 인물의 특징을 구체적으로 분석할 수 있는 목록을 추출하여 본문에서 논의 자료로 삼았다.

이런 관점은 제주도 무속신화[5] 분석에도 적용되었다. 다만 여신들의 위상을 분석할 때 남성과 여성의 특징을 구분 짓는 고정관념이 남아 있기 때문에 그에 준하여 제주 여신들의 도드라진 행동을 여성성이라는 이름으로 부각된 측면도 있다.

본풀이 중에 '초공본풀이, 이공본풀이, 삼공본풀이, 세경본풀이, 문전본풀이, 차사본풀이, 천지왕본풀이, 송당계본풀이' 등을 다룬 연구물을 보면 대체로 여신들의 활약성과 성격, 특징 등을 추출하여 남신과 비교하거나 여신의 위상을 규정하고 있다.

연구자들은 대체적으로 「세경본풀이」의 주인공인 자청비는 기존 질서에 순응하지 않고 자신만의 사랑을 찾아나서는 등 부모의 안전한 보호막을 벗어나는 행동을 긍정적으로 분석하고 있다(서경림, 1998; 좌혜경, 1998; 권복순, 2010; 박종성, 2016).

한편 자청비는 자유와 사랑의 아이콘으로 규정되기도 한다. 자유와 사랑은 남성의 주도적 권리라는 남성중심사회의 관점으로 접근할 때, 여성이 주도적으로 추진했다는 점에서 자청비의 적극적 행동에 후한 점수를 주기도 한다. 반면 자청비가 남편인 문도령을 살려내고, 문도령이 자신에게로 돌아오기를 기다리는 역할 등을 논의할 때는 자청비의 신적인 요소와 인간적인 요소가 혼재되어 있는 것처럼 해석하는 관점이 내포되어 있다.

「문전본풀이」의 주인공인 노일저대귀일의딸은 계모의 전형으로 고착화되고, 처첩간의 갈등을 부분적으로 보여주면서 결국은 악한 여성의 상징으로 규범화하고 있다(이지영, 2006; 길태숙, 2009; 정진희, 2017). 이는 다분히 남성중심사회의 고정관념이 신화 분석의 주요소로 작용됨을 보여준다. 그래서 본부인(여산부인)은 고난을 극복하고 그 대가로 조왕할망(조왕신)으로 추앙받는다는 선

---

5   무가를 문학 장르로 구분하면 서사무가(敍事巫歌), 희곡무가, 서정무가, 교술무가 등이 있는데, 이 중에 서사무가는 문학성이 강한 편이다. 제주도에서는 신의 내력을 풀이한다는 뜻으로 '본풀이'라고 하며, 무속신과 관련이 있다는 뜻으로 '무속신화'라고도 부른다.

악의 대결로 귀결되고 있다. 여기서 두 여성의 행동을 여성의 입장에서 접근하기보다는 처첩간의 갈등으로 해석하는 것은 남성중심사회의 시각으로 바라본 것이다. 또한 여산부인이 조왕신으로 좌정하기까지는 아들의 헌신이 절대적이었음도 보여주고, 막내아들이 문신으로 좌정(남선비가 문신으로 좌정했다는 이야기도 있음)한 것을 보더라도 이 신화는 남성중심사회의 단면을 보여준다.

따라서 「문전본풀이」를 해석할 때는 기존 연구자의 시각에 더하여 남선비와 여산부인, 노일저대귀일의딸 등의 행적을 신들의 역할과 권리로 바라보는 시각이 필요하다. 다만 지금과 같이 이 신화를 가장의 의무, 가족 구성원의 역할 등 가족의 범주로만 살펴보게 되면 조왕신으로 좌정하게 되는 여신의 위상이 약화될 수도 있다.

「삼공본풀이」의 주인공인 감은장아기의 주체적 삶을 다룬 연구들(한창훈, 1998; 하경숙, 2016)의 공통점을 보면 감은장아기는 부모에게 순종하지 않고 자신의 운명을 개척하는 도전정신을 의미 있게 다루었다. 연구자들은 감은장아기는 부모에게서 버림받아 집을 떠나는데 방점을 둔 것 같다. 이는 여성은(결혼 전) 부모의 울타리를 벗어나는 것이 용납되지 않는 남성중심사회임을 인정하고 그 규범을 일탈한 감은장아기의 행동을 가치 있게 해석했다고 볼 수 있다. 또한 감은장아기의 적극적인 행동에 비해 두 딸(은장아기, 놋장아기)은 부모와 사회질서에 순종적인 면모를 드러냄으로써 같은 여성이면서도 서로 다른 행동양식의 소유자임을 고민해 보는 여지를 주고 있다. 이런 점에서 감은장아기의 여성성을 부각시키려는 연구자의 시각을 읽을 수 있다.

권복순(2012)에서는 여성 주인공들이 기존의 주류사회와 대립과정을 통해 자신들의 지위를 획득한다는 관점에서 결혼이주여성의 현실과 신화적 요소를 접목하였다. 이는 남성중심사회에서 자청비와 감은장아기의 자주적 행동, 외부문화와 충돌 극복 등을 여성들의 기질로 해석한 측면이 있다.

한편 「초공본풀이」를 비롯한 「이공본풀이」와 「세경본풀이」의 주인공인 여신들을 신적인 존재로 대우하고, 그들이 겪는 고통을 당연하게 관찰하기보다는 여성으로서 고통의 강도가 높다는 해석이 있다(신연우, 2013). 또한 여성의 삶을 추구하는 입장에서 여신을 관찰함으로써 자청비는 아내의 자리 획득, 자지맹왕아기씨는 온갖 역경을 헤치고 무조신을 만든 어머니의 역할에 방점을 둔 시각도 있다(이유경, 2012).

김순이(2001)에서는 문화영웅의 성격을 지니고 있는 여신들(벽랑국 세 공주, 설문대할망, 자청비, 영등할망, 백조할망)의 활약상을 통해 영웅신의 면모를 찾고 있다. 즉 남성의 시각에서 해석해 오던 방법을 탈피하여 여성의 입장으로 신화를 재해석하였다.

김정숙(2002)에서는 제주 여신인 자청비와 가믄장아기, 백주또, 원강암이, 강림의 큰부인, 노일저대귀일의딸 등을 대상으로 여성의 입장에서 이들의 역할을 분석하고, 여성의 자주적인 역할을 높게 평가하였다.

문순덕(2009a)에서는 「삼성신화」(문헌신화)의 주인공인 세 여성들, 무속신화의 주인공인 자청비(세경본풀이), 벡줏도(송당 본향당신), 삼승할망(삼승할망본풀이) 등과 전설적인 요소를 지니고 있는 설문대신을 대상으로 여신의 위상을 다루었다. 이를 좀더 살펴보면 「삼성신화」에서 세 왕자는 신격화되어 있는데, 세 여성들은 신의 배우자로만 등장하고 제주도 모신(母神)으로 자리매김 되었다는 이야기는 전해오지 않는다. 자청비는 평범한 생활을 거부하고 자신의 의지대로 도전적인 삶을 살다가 농경신으로 좌정하게 된다는 신의 생애사를 보여주기는 하지만 결국은 문도령(남신)에게 예속되는 여성의 전형성을 보여준다. 백줏도는 자신의 영토를 유지하고 지키면서 신으로 좌정함으로써 여신의 품격 유지에 의미를 부여하였다.

제주도 무속신화의 주인공인 여신들이 유교적인 덕목들을 타파하는 행동이나 남성중심사회에 저항하는 여성상을 도출하고, 유교사회의 제도를 거역하는 능동적인 행동의 소유자로 규정한 연구가 있다(표정옥, 2011; 김영주·이석주, 2017).

이 외에도 제주도 무속신화에서 여성 신화의 여러 양상을 다룬 연구에는 이수자(1996), 조현설(2003), 강진옥(2005), 양영수(2011), 권태효(2011), 류정월(2013/ 2015) 등이 있다.

이상으로 1990년대 이후 무속신화 속의 여성 관련 연구 경향을 살펴보았다. 무속신화 연구 제목을 보면 '여신, 여성신, 여성신화, 여성성' 등 여성대상어를 강조하는 단어가 보인다. 이는 여신들을 논의 대상으로 삼았기 때문에 나타나는 현상이고, 여신과 비교 대상으로 남성신화, 남신 등을 선택하는 정도이다. 일반적으로 신은 남신의 의미로 쓰이고, 그에 대응되는 여성을 지칭할 때는 여신 또는 여성신이라는 단어를 사용한다. 이는 남성중심사회에서 남성을 기준점으로 삼은 결과이다.

제주도 무속신화에서 여신들은 스스로 독자적인 세계를 만들고 활약하다가 남신을 만나면서 그들에게 종속되는 삶으로 그려져 있다. 이는 여신이 먼저 등장한 후 남신이 등장해서 수평적인 관계를 유지하다가 죽거나 아내로 역할 축소를 유도하는 것으로도 해석할 수 있다.

무속신화에서 기자치성을 드릴 때 기도제물의 무게에 따라 백을 온전한 수로 정하고, 아들(남성)을 기준점에 놓은 후에 이 기준에 미치지 못하면 딸(여성)이 태어났다는 내용이 있다. 따라서 무속신화에 대한 연구자의 시각은 여성과 남성의 역할을 규정하는 기준에 따라 다를 수 있다.

제주도 무속신화 연구물 중에 여신들의 성격과 역할 등을 다룬 연구자들은 일반적으로 남성중심사회에서 규범화된 여성에 대한 진단을 과감히 해체해 보고, 여성의 주체적 역할을 살펴보려는 시각이 있음을 알 수 있다.

따라서 무속신화 속의 여성을 분석할 경우 성별어의 관점도 적용해 볼 수 있다. 이는 여신과 남신을 구분하는 기준만이 아니라 신화 내용에서 여신과 남신의 행적 등 모든 기술된 내용을 분석하는 기준이 될 수 있다.

## 2) 전설

제주도 전설은 인물전설, 신앙전설, 풍수전설, 자연전설, 지명전설, 역사전설 등 유형별로 분류가 가능하며 채록된 자료 편수도 많은 편이다. 여기서는 연구 목적에 적합한 전설 관련 연구물 4편을 분석대상으로 삼았다.[6] 즉 연구자가 전설에 등장하는 여성 인물의 주체적인 역할을 다루고 있는 내용을 살펴보겠다.

제주도 구비문학 속 여성 인물의 대표격인 설문대는 신화로 접근할 때는 설문대신/설문대신화라고 하는데, 전설적인 요소가 많다는 입장에서는 설문대전설로 다루기도 한다. 따라서 제주도 전설 영역에서는 설문대를 논의한 연구물이 중심을 이룬다. 이에 설문대 이야기를 통해 여성을 바라보는 연구자의 시각을 짐작할 수 있다.

제주도 설화 중에 설문대는 신화와 전설의 요소를 지니고 있다. 설문대를 창조의 여신으로 명명하면서 한국의 마고할미와 비교하거나 일본과 중국의 거인신화와 비교하는 관점이 있다(허남춘, 2013). 또한 설문대의 창조정신을 제주도 교육이념으로 적용할 수 있다는 관점이 있다(장영주, 2012).

허춘(1996)에서는 제주도 설화에 나타난 여성의 특징을 전반적으로 살피고 있다. 이 연구는 전설과 민담을 통하여 제주 여성의 특징으로 '巨女, 力士, 妻妾, 繼母, 姑婦, 寡婦' 등을 추출하고 이 유형에 따른 설화를 예로 들었다. 무속신화에서는 자청비의 진취성을 확인할 수 있고, 감은장아기는 도전정신은 있지만 자청비에 비해서 자신의 운명을 적극적으로 개척하지는 않았다고 보았다. 한편 힘 센 여성 장사는 그 힘을 발휘하여 어떤 영향을 미쳤다는 전개가 없고, 단순히 힘자랑하는 남동생의 기를 꺾었다는 내용으로 결말을 맺고 있다.

---

6 무속신화에 비해 전설 속의 여성을 다룬 연구자의 시각을 확인할 수 있는 연구물은 적은 편이고, 연구 목적에 합당한 민담을 다룬 연구물 검색에 한계가 있어서 이 글에서는 논의하지 않았다.

이는 여성이 남성에 비해 약한 존재라는 고정관념이 지배적인 사회에서 남성을 이기는 여성 장사의 존재가 특별하게 부각되었다.

문순덕(2009a)에서는 설문대신은 제주의 자연을 창조하였고, 제주도 물의 깊이를 실험해 보는 등 도전정신이 뛰어나다고 보았다. 그런데 설문대신의 활약상이 기록된 내용을 보면 자연물을 빨래터로 이용하기, 속옷을 입으려는 인간적인 욕망 드러내기, 자식(아들) 양육하기 등 여성의 일상적인 역할에 초점을 두고 있어서 제주를 창조한 신적인 존재임에도 불구하고 평범한 여성으로 그려져 있다는 관점이다.

제주 여성의 특징으로 분류한 단어 중에 巨女로 지칭되는 설문대는 대다수 연구자들의 공통된 시각이다. 이는 여신을 단순히 신적인 존재로 바라보기보다는 거구라는 신체적 특징을 강조하면서 남신[7]에게 적용되지 않는 평가 항목을 설문대에게는 적용했다고 볼 수 있다.

제주도 전설에 등장하는 처첩과 계모는 부정적인 의미를 지닌 절대여성어[8]이다. 처첩이란 단어가 쓰인 것은 축첩제도를 인정한 사회제도임을 엿볼 수 있으며, 첩은 여성비하어의 대표격이라 할 만하다.

또한 전설에 계모가 등장하는 것은 남성의 재혼이 허락된 사회이고, 계모 역할을 맡은 여성의 성품이 악독하게 그려진다. 간혹 전처 자식의 교육에 힘쓴 훌륭한 계모 전설도 있지만 일반적으로 전설 속의 계모는 악행의 상징으로 규정되어 있다. 이렇게 처첩과 계모가 나오는 전설을 남성중심사회의 관점으

---

7   제주 신화에서 남신에게 거인의 이미지를 부각하는 등 신체적 특징으로 조명한 사례는 없고, 설문대에게만 거녀라는 이미지를 강조하는 경향이 있다.

8   절대여성어란 여성에 대해서만 쓰이는 어휘이고, 절대남성어는 남성에 대해서만 쓰이는 어휘로 구분하였다. 또한 상대여성어는 남성보다 여성에 대해서 더 쓰이는 어휘이고, 상대남성어는 그 반대의 의미이다. 이에 비해 통성어는 남녀 두루 비슷하게 쓰이는 어휘를 가리킨다(민현식, 「국어 남녀 언어의 사회언어학적 특성 연구」, 『사회언어학』 제5권 2호, 1997, 541쪽).
    따라서 이 글에서는 여성대상어는 절대여성어와 상대여성어를 포괄한 의미로 사용하고, 남성대상어는 절대남성어와 상대남성어를 포괄하는 의미로 사용하였다.

로 접근하면 여성의 위상은 가정의 틀 안에만 멈출 수밖에 없다는 해석이 가능하다.

이 외에도 제주도 전설에는 열녀, 효자, 효부, 과부, 악한 며느리와 시어머니, 여성 장사 등 여성대상어로 쓰이는 어휘들이 보편화되어 있다. 앞으로 전설에 등장하는 여성들의 주도적인 역할을 찾아보고, 여성어와 남성어의 특징과 의미 등도 논의해 볼 만하다.


## 3. 민요에 대한 연구자의 시각

제주도 민요 중에 여성 노동요가 많은 것은 제주 여성들이 밭일과 바닷일에 적극적으로 참여했음을 말해준다. 여기서는 여성의 역할과 위상이 잘 드러나는 10편의 연구물을 통해 연구자의 시각을 살펴보겠다.

노동요 중에서도 '맷돌·방아노래'와 '해녀노래'의 사설에는 근면, 자립, 시집살이, 신세한탄, 생활고, 사랑 등 여성의 입장에서 접근한 연구가 있다(김영돈, 1980/1982; 한창훈, 1999; 김수정, 2008).

맷돌과 방아는 곡식을 장만하는 정미소의 기능과 같다. 여성 노동요로 '맷돌·방아노래'가 핵심인 것은 노동요 사설을 통해 여성들이 짊어져야 하는 삶의 무게 이외에 여성들의 강인함과 근면성을 강조함으로써 여성들의 노동 참여를 정당화하는 요인이 된다.

오출세(1981)에서는 여성들이 부르는 부요(婦謠) 중에서도 첩의 노래와 과부의 노래를 논의대상으로 삼고 있다. 여기서 여성어인 부요, 첩, 과부 등을 사용한 것은 남성중심사회에서 여성의 지위를 적나라하게 보여준다. 민요 사설은 첩을 둔 남편을 원망하고 자신의 신세를 한탄하거나 처가 첩을 비난하는 내용이다.

여성들의 생활상을 파악할 수 있는 시집살이노래(양영자, 1992)를 통해 결혼

제도의 불합리함, 신세한탄, 생활고 등을 추출함으로써 여성의 위상을 짐작케 한다. 한편 생명을 관장하는 삼승할망이 민요에서도 신의 역할을 잘 수행하고 있음(양영자, 2012)을 보여준다.

해녀노래[9]는 해녀들이 뱃물질을 하면서 부르는 노래인데 이 사설에는 해녀들의 목숨 건 물질, 신세 한탄 등 여성으로서 견디기 힘든 노동현장이 잘 드러나 있다. 해녀노래의 주인공들은 당연히 여성이므로, 굳이 해녀노래를 통해 여성들의 입장에서 해석할 필요가 없다는 관점이 있을 수도 있다. 그런데 해녀들이 가정경제를 책임지는 가장의 역할만을 강조하기보다는 가정과 지역사회 경제 활동의 중요한 재원 제공자라는 사실까지 확대해서 해석해 볼 수 있다.

1980년대 이후부터 민요에 드러난 여성의 특성을 살펴본 결과 민요 사설에 나타난 단어들을 통해 그 사설의 주인공을 여성으로 규정하고 있다. 이에 민요 사설을 통해 여성의 입장에서 현재 삶의 고달픔, 시집살이의 애환, 여성 가장으로서 의무, 경제적인 책임 부여, 남편의 무능함 등을 추출하는 연구자의 시각이 있다.

일반적으로 제주도 노동요를 다룰 때 여성들 앞에 놓인 열악한 노동환경, 경제적인 무게 등은 당연하게 여기고, 여성들이 노동을 할 수밖에 없는 가난한 제주사회를 이해하게 만든다. 그래서 제주 여성들이 험난한 현실을 극복하는 강인함, 근면함에 역점을 두는 경향이 있다.

따라서 민요에 따라 제주 여성들은 생활력이 강하고, 가정을 책임져야 하는 의무를 당연하게 여기는 사회풍조를 제공할 수도 있다. 결국 민요 사설을 통해 여성들이 강인하고 진취적이며 가장의 역할을 성실히 수행했다는 해석이 가능하다.

이와 같은 연구자의 시각은 여성의 울타리는 가정이라는 전제하에 남성(남편)이 가장의 의무를 다해야 한다는 남성중심사회의 관점으로 해석했다고 볼

---

9　해녀노래 사설을 전반적으로 다룬 연구로는 변성구(2006)과 이성훈(2005/2010)이 있다.

수 있다. 이에 노동요 사설이 애잔하더라도 여성의 위상이 비극적이고 한스럽다는 다분히 고전적인 관점에서 벗어나서 여성의 주도적인 역할로 접근해 보는 것이 필요하다.

또한 민요라는 한 대상을 중심으로 여성과 남성의 역할 또는 위상을 논하는데는 한계가 있겠지만 여성과 남성의 삶의 방식이나 태도 등을 새롭게 해석할수 있는 연구자의 시각도 중요하다.


## 4. 속담에 대한 연구자의 시각

우리나라에서는 1960년대부터 성별어가 연구되었으며, 어휘와 여러 문법 기능 중에 여성어와 남성어의 특징이 다루어졌다. 이 중에 속담은 구비문학에 속하면서 여성을 규정한 어휘들을 잘 보여주는 자료이다.

이에 여성어의 쓰임을 통해 사회제도를 확인할 수 있는 속담 관련 연구물 4편을 대상으로 연구자의 시각을 들여다보았다.[10] 언어는 문화의 주요소이므로 제주방언은 제주사회의 제요소를 이해하는데 기초자료가 되고, 여성의 제 특성을 분석하는 데도 유용하다.

고재환(1981)에서는 제주도 여성관련 속담[11] 중에 여성들이 남편(남성)에게 의지하지 않고 노동현장에 뛰어들어 근면하고 자립심이 강하다는 해석을 하고 있다. 또한 동서, 고부, 계모, 처첩 등 여성들 간의 갈등 양상을 보여주는 속담을 소개하고 있다. 이는 여성대상어가 보편적으로 쓰이고 있음은 물론 여성을 바라보는 시각이 고정화됨을 보여준다. 여성의 특성을 규정한 속담을

---

10  연구 목적과 범위를 고려하여 연구물을 검색한 결과 4편이 확인되었다. 속담은 성별어의 관점으로 논의 가능한 구비문학이므로 적은 편수이지만 분석 자료로 삼았다.

11  여기서 여성 속담은 여성을 언급하거나 여성의 행동을 가리키는 등 여성에게 해당되는 것을 말한다.

예로 들면 다음과 같다.

① 소나이 잘못 만나민 죽 삼시 메 삼시

(사나이 잘못 만나면 죽 세 끼, 메 세끼)

② 씨앗 새에 곤말 시랴.

(시앗 사이에 고운 말 있겠는가.)

또한 고재환(2013)에서는 제주도에서 전승되고 있는 속담 일체를 기록화하여 주제별 연구 자료로 제공함으로써 여성관련 속담의 쓰임을 다양하게 파악할 수 있는 이점이 있다.

문순덕(2002)에서는 여성의 입장을 고려하여 제주도 세시풍속 관련 속담의 의미를 해석하였다. 특히 정월과 이월에는 여성들이 남의 집을 함부로 방문하지 못한다는 행동제약을 통해 성차별적 언어 사용이 만연되어 있다고 보았다. 이와 관련이 있는 속담은 다음과 같다.

③ 정월 초ᄒᆞ를날 여자 놈이 집이 안 간다.

(정월 초하룻날 여자 남의 집에 안 간다.)

④ 샛절 드는 날 여자가 놈이 집이 촞아가지 말라.

(입춘에 여자가 남의 입에 찾아가지 말라.)

문순덕(2004; 2012에 재수록)에서는 제주 속담 중에 여성과 관련이 있는 속담을 추출하여 과거부터 현재까지 전승되는 정도, 속담에 나타난 여성의 지위, 그 속담을 인지하고 있는 여성들의 태도 등 여성의 입장에서 분석하였다. 이 연구는 여성을 비하하는 속담, 여성을 성적 대상으로만 바라보는 속담, 여성들(아내와 어머니 등)의 의무만을 강조하는 속담 등을 제시하여 여성들의 사회적 위상을 다루었다.

여성을 다룬 속담을 보면 여성의 사주, 여성의 운명, 여성의 행동 제약, 처첩 간의 갈등, 고부간의 갈등 등 여성을 인격적으로 대접하지 않았던 사회 환경을 짐작할 수 있으며, 그 사례는 다음과 같다.

⑤ 여잔 동산드레 돌아앚앙 오줌 싸도 치메깍 젖는 중 몰른다.
　(여자는 동산으로 돌아앉아서 오줌을 누워도 차마끝이 젖는 줄을 모른다.)
⑥ 지집년이 공부허영 뭐 헐티, 일만 잘허믄 뒈주.
　(계집애가 공부해서 뭐 할래, 일만 잘하면 되지.)
⑦ 여자 쉣ᄇ름 불지 말라.
　(여자 휘파람 불지 말라.)
⑧ 여자 구월 생이믄 ᄉ주가 쎄다.
　(여자 구월 생이면 사주가 세다.)

한편 여성의 근면함을 긍정적으로 다룬 속담도 있고, 일생의례(출산, 혼인, 상·장례, 제사)에 따라 여성들에게 강요된 역할과 행동 금기를 요구하는 속담도 다루었다.

제주도 속담을 유형별, 주제별로 구분하여 여성과 남성의 시각에서 해석이 가능하고, 사회제도와 가치관 등 당대사회를 이해할 수 있도록 접근해 보는 연구도 가능하다.

## 5. 결론

제주도 구비문학(설화, 민요, 속담)에 등장하는 여성들을 분석한 연구물을 통해 여성들의 위상과 사회적 지위, 여성을 바라보는 관점 등에 대한 연구자의 시각을 살펴보았다.

제주도 구비문학 연구물 중에 여성을 논의 대상으로 삼은 것은 1980년대 5편, 1990년대 6편, 2000년대 12편, 2010년대 18편 등 41편이다.

연구 목적에 적합한 연구물은 1980년대 이전에는 없었고, 그 이후부터 점진적으로 연구되기 시작하였는데, 2000년대 이전에는 11편이고, 2000년대 이후는 30편으로 대폭 증가하였다. 이는 여성주의 이론이 학문에 적용되면서 나타난 현상이라 볼 수 있고, 여성주의운동이 사회전반에 확산되면서 연구자의 관점도 이쪽으로 이동한 결과로도 볼 수 있다.

또한 우리사회에서 2000년을 전후하여 신화에 대한 관심이 많아졌고, 이에 부응하여 제주도 신화 또한 학자들의 많은 관심을 끌게 되었다. 한편 무속신화인 경우 여성의 입장에서 접근한 연구물이 많아졌다.

무속신화의 단골 주제인 자청비는 자신의 의지대로 행동했고, 감은장아기는 부모에게 순종하지 않고 자신의 운명을 개척했다는 연구자의 시각이 있다. 또한 여산부인은 조강지처의 역할을 성실히 수행하고, 아들들의 효도 대상으로 자리매김되었다는(조왕신으로 좌정) 관점으로 접근한 시각도 있다.

한편 제주도 문헌신화인 「삼성신화」를 여성의 입장에서 분석한 연구물이 미미한 것은 이 신화의 주인공을 남성으로만 인식한 결과이다. 이 신화에서 세 명의 왕자는 자신들의 터전에 그대로 있고, 다른 곳에서 배필이 될 세 명의 여성이 찾아온다. 신화의 내용을 보면 이 세 여성은 부친의 명령에 따라 삶의 공간을 이동하였고, 아무런 저항이나 요구 없이 배우자로 자리매김되었다. 이는 유교사회의 전형적인 혼인제도와 같다. 따라서 이 신화는 남성중심사회에서 형성된 신화로 볼 수 있는데, 향후 여성의 관점에서 다양한 논의가 가능할 것이다.

반면 '송당계 본풀이'의 주인공인 백줏도는 자신의 의지대로 살 곳을 찾아오고, 배우자를 선택하여 신의 가계를 이룬다. 백줏도는 무조신으로 추앙받았으며, 현재 굿 의례를 통해 전승되고 있어서 신의 위상이 유지된다고도 볼 수 있다. 이에 백줏도의 자주적 위상을 긍정적으로 관찰한 연구자의 시각이 있다.

따라서 무속신화 주인공(대체로 여신들임)의 역할과 위상을 남성의 관점으로 접근할 것인지, 여성의 관점으로 접근할 것인지 등은 연구자의 시각에 따라 달라질 수 있다. 이는 결국 연구자가 어떤 방법으로 대상을 분석하느냐에 따라 다각적인 해석이 가능하다는 뜻이다. 적어도 여성이 주인공이거나 여성들의 활동을 다루는 연구라면 여성의 입장에서 접근해 보는 것도 연구 방법의 다양화를 위해서 의미가 있을 것이다.

무속신화에서 여신들의 성격을 규정하면서 대체로 남성의 행동과 비교하여 용기 있는 도전, 부모의 그늘을 벗어나서 자립하기, 남성과 동등하게 대결하기 등을 특징으로 분석한 것은 여신의 진취적인 행동도 결국은 남성의 행동이라는 고착화된 특징과 비교한 결과이다. 즉 남성과 비교하여 여신들의 행동이나 성격이 보통의 여성들에 비해 높게 평가하는 정도에 머물러 있다.

이와 같은 결과는 연구자에 따라 여신이기 때문에 좀더 특출한 요소를 찾아보기 위하여 남신과 비교하거나 다른 지역(국가 포함) 여신들과 비교한 것이다. 따라서 우리사회에 만연해 있는 여성다움과 남성다움이라는 정형화된 틀에서 벗어나서 여신의 본래적인 특성을 고려하는 시각이 있어야 한다.

제주도 설화 중에 설문대는 신화와 전설의 요소를 지니고 있는데, 연구자들은 설문대를 巨女로 규정하여 전설로 접근하는 시각이 일반적이다.

제주도 전설 속의 여성 중에 처첩과 계모는 부정적인 의미지로 그려져 있고, 이에 대한 연구자들의 시각도 고정화되어 있다.

제주도 민요 중에 여성 노동요가 많은 것은 제주 여성들이 밭일과 바닷일에 적극적으로 참여했음을 말해준다. 일부의 연구자들은 제주도 노동요를 다룰 때 여성들 앞에 놓인 열악한 노동환경, 경제적인 무게 등은 당연하게 여기고, 여성들이 노동을 할 수밖에 없는 가난한 제주사회를 이해하게 만든다.

제주도 속담을 유형별, 주제별로 구분하여 여성과 남성의 시각에서 해석이 가능하고, 사회제도와 가치관 등 당대사회를 이해할 수 있도록 접근해 보는 연구도 가능하다.

　따라서 제주도 구비문학 중에 설화(무속신화, 전설), 민요, 속담 등을 분석할 때 단순히 여성의 특성을 추출해서 남성과 비교하거나 여성을 지칭하는 단어의 의미를 해석하는데 머물지 말고 여성의 주도적 역할을 살필 수 있는 시각이 중요하다.

　이 글은 구비문학 속에 등장하는 여성들을 관찰한 연구자의 시각을 살펴보았다. 그런데 구비문학 자료에서 여성들의 특징을 추출하는 것도 중요하지만 이야기 속에 그려진 여성들의 위상, 그들을 가리키는 단어, 여성들에게 요구되는 사회제도, 남성들과 비교하여 수평적·수직적 관계 등을 분석하게 되면 구비문학의 연구 폭이 더욱 확대될 것이다.

강주헌 옮김, 마리나 야겔로 지음, 『언어와 여성 – 여성의 조건에 대한 사회언어학적 접근』, 여성사, 1994.

강진옥, 「무속 여성신화와 농경적 생명원리 – 바리공주와 세경본풀이를 중심으로」, 『구비 문학연구』 제20집, 한국구비문학회, 2005, 307-345쪽.

고재환, 「제주도의 여성속담」, 『국어국문학』 제86호, 국어국문학회, 1981, 254-276쪽.

고재환, 『개정증보판 제주속담사전』, 민속원, 2013.

권복순, 「자청비의 세계구조와 양면성 고찰」, 『실천민속학연구』 제16호, 실천민속학회, 2010, 191-215쪽.

권복순, 「<가믄장아기>와 <자청비>의 겨루기 양상과 다문화성 연구」, 『배달말』 제51 집, 배달말학회, 2012, 189-218쪽.

권태효, 「제주도 일반신본풀이에 나타난 여성신의 성격과 양상」, 『한국무속학』 제23호, 한국무속학회, 2011, 7-30쪽.

길태숙, 「제주도 신화에 나타난 악인형 여성 캐릭터의 이미지 연구 – <문전본풀이>와 <차 사본풀이>를 중심으로」, 『열상고전연구』 29집, 열상고전연구학회, 2009, 327-362쪽.

김수정, 「제주도 노동요에 나타난 여성의식 연구 – <맷돌 · 방아노래>, <해녀노래>를 중 심으로」, 서울시립대 교육학석사논문, 2008.

김순이, 「문화영웅으로서의 여신들」, 문화예술과 · 제주도지편찬위원회 편찬, 『제주여성문 화』, 제주도, 2001.

김영돈, 「제주도 민요 맷돌 · 방아노래」, 『국어국문학』 제82호, 국어국문학회, 1980, 23-52쪽.

김영돈, 『제주도 민요 연구: 여성 노동요를 중심으로』, 동국대 박사학위논문, 1982.

김영주 · 이석주, 「제주여신신화에 투영된 여성들의 통합적 사유규조에 관한 연구」, 『한국 사상과 문화』 제86집, 한국사상사학회, 2017, 332-356쪽.

김정숙, 『자청비 · 가믄장아기 · 백주또 – 제주섬, 신화 그리고 여성』, 도서출판 각, 2002.

류정월, 「세경본풀이와 제주도 농업관 – 신화의 특수성에 관한 시론」, 『여성문학연구』 제 30집, 한국여성문학회, 2013, 193-219쪽.

류정월, 「무속신화의 젠더화된 죽음관과 위무의 두 가지 방식 – 바라공주와 차사본풀이를 중심으로」, 『여성문학연구』 제35호, 한국여성문학회, 2015, 69-90쪽.

문순덕, 「세시풍속에 나타난 제주 여성 속담」, 『반교어문연구』 제14호, 반교어문학회,

2002, 37-48쪽.

문순덕, 「제주의 창조여신들」, 『제주여성사Ⅰ』, 제주특별자치도 · 제주발전연구원, 2009a, 62-133쪽.

문순덕, 「제주여성문화 연구의 현황과 과제」, 『제주도연구』 제32집, 제주학회, 2009b, 87-112쪽.

문순덕, 『제주여성 속담의 미학』(『제주여성 속담으로 바라본 통과의례』, 2004 재수록), 민속원, 2012.

문순덕, 「제주 여성 생활문화사의 연구 동향과 전망」, 『한국문학과 예술』 25호, 숭실대학교 한국문학과 예술연구소, 2018, 221-251쪽.

민현식, 「국어 남녀 언어의 사회언어학적 특성 연구」, 『사회언어학』 제5권 2호, 사회언어학회, 1997, 529-560쪽.

박종성, 「여신 자청비의 노정기와 역할 대리자-체쳉, 고아 선녀, 황우양 부인, 제우스와 견주어」, 『구비문학연구』 제43집, 한국구비문학연구회, 2016, 67-98쪽.

변성구, 「해녀노래의 사설과 유형 구조」, 『한국언어문화』 제29집, 한국언어문학회, 2006, 55-80쪽.

서경림, 「제주 신화와 여성의 위상-세경본풀이를 중심으로」, 『법과 정책』 4호, 제주대 법과정책연구소, 1998, 1-11쪽.

신연우, 「제주도 신화와 '고통'의 문제-<초공본풀이>를 중심으로」, 『열상고전연구』 제37집, 열상고전연구학회, 2013, 207-236쪽.

양영수, 「제주신화에 나타난 여성성의 특징들」, 『탐라문화』 제38호, 제주대탐라문화연구소, 2011, 109-156쪽.

양영자, 「제주민요 시집살이 노래 연구」, 『탐라문화』 제12호, 제주대탐라문화연구소, 1992, 41-101쪽.

양영자, 「제주민요에 형상화된 삼승할망」, 『한국민요학』 제36집, 한국민요학회, 2012, 237-273쪽.

오출세, 「민요에 나타난 여성: 제주도 부요를 중심으로」, 『새국어교육』 제33호, 새교육연구회, 1981, 311-324쪽.

이경하, 「여성주의 문학연구의 효용성과 고전문학사」, 『여성문학연구』 제16호, 한국여성문학회, 2006, 7-30쪽.

이성훈, 『해녀의 삶과 그 노래』, 민속원, 2005.

이성훈, 『해녀 노젓는소리연구』, 학고방, 2010.

이소영 옮김, 로즈마리 퍼트넘 통 지음, 『페미니즘 사상-종합적 접근』, 한신문화사, 2000.

이수자, 「무속신화 <생불할망본풀이>에 나타난 여신상, 여성상－한국 무속신화에 나타난 여성 인식(2)」, 『이화어문논총』 제14집, 이화여대, 1996, 25-40쪽.

이유경, 「무속신화에 나타난 여성정체성 탐색의 양상과 의미－바리공주, 세경본풀이, 초공본풀이를 중심으로」, 『어문연구』 제40권-1호, 한국어문교육연구회, 2012, 187-212쪽.

이지영, 「<문전본풀이>에 나타나 악인형 여성의 전형성 연구－노일제대귀일의 딸을 중심으로」, 『한국고전여성문학연구』 제12집, 한국고전여성문학회, 2006, 199-233쪽.

장영주, 「설문대신화에 나타난 교육이념 연구」, 영남대 박사학위논문, 2012.

정명진 역, 데보라 태넌 저, 『남자를 토라지게 하는 말 여자를 화나게 하는 말』, 한언, 2001.

정진희, 「제주도 본풀이의 젠더 담론과 그 여성문학적 의의」, 『한국고전여성문학연구』 제20호, 한국고전여성문학회, 2010, 5-42쪽.

정진희, 「제주도 무속 신화 <문전본풀이>의 가부장제와 '어머니로 살기'」, 『국문학연구』 제35호, 국문학회, 2017, 149-182쪽.

조현설, 「설화 연구의 새로운 흐름과 전망」, 『동악어문논집』 제37집, 동악어문학, 2001, 239-270쪽.

조현설, 「제주 무속신화에 나타난 이중의 외부성과 젠더의 얽힘」, 『한국고전여성문학연구』 제18호, 한국고전여성문학회, 2003, 455-487쪽.

좌혜경, 「ᄌᆞ청비, 문화적 여성영웅에 대한 이미지」, 『한국민속학』 30호, 민속학회, 1998, 181-199쪽.

표정옥, 「한국 여성 신화에 나타난 양성성의 욕망과 문화적 의미작용 연구－제주도 무속신화 속 여성의 현대적 의미 해석을 중심으로」, 『인문과학연구』 제16집, 대구가톨릭대학교 인문과학연구소, 2011, 387-413쪽.

하경숙, 「<가믄장아기>에 구현된 여성인물의 형상과 특질」, 『온지논총』 제48집, 온지학회, 2016, 63-83쪽.

한창훈, 「제주도 무가에 형상화된 여성(신)의 성격」, 『제주도연구』 제15집, 제주학회, 1998, 85-112쪽.

한창훈, 「제주도 민요와 여성: 특히 '잠수(潛嫂)'의 생활과 연관하여」, 『여성문학연구』 창간호, 한국여성문학회, 1999, 81-98쪽.

허남춘, 「설문대할망과 여성신화－일본·중국 거인신화와의 비교를 중심으로」, 『탐라문화』 제42호, 제주대탐라문화연구소, 2013, 101-136쪽.

허춘, 「설화에 나타난 제주 여성고」, 『탐라문화』 제16호, 제주대탐라문화연구소, 1996, 1-18쪽.

학술연구정보서비스(http://www.riss.kr)

# 김지홍 교수의 연구 역정에 관한 간략한 지형도 그리기

한창훈

## 1.

2022년 1학기를 끝으로 경상국립대학교 사범대학 국어교육과 김지홍 교수가 정년퇴임을 한다. 김지홍 교수는 지난 시간 언어학과 언어교육, 그리고 제주 방언과 관련하여, 수많은 논문과 저서, 번역서를 통해 학계에 기억될 만한 업적을 남겼으며, 앞으로도 그 연구는 그칠 것 같지 않다. 필자는 여기서 다소 자유로운 형식으로 김지홍 교수의 연구 역정에 관한 간략한 지형도를 그리고자 한다. 이를 통해 같은 학문 공동체에 있는 이들이 김지홍 교수를 좀 더 이해하고 다양한 형식의 새로운 관계 맺음의 기초가 되기를 기대한다. 대학이라는 제도로 하여 정년퇴임은 있으나, 실제 학문의 세계에서의 정년은 나이로 계산되지 않는 것으로 알고 있다. 특히 학문적으로 볼 때, 앞으로도 더욱 원숙한 모습을 후학들에게 보여주시리라 믿어 의심치 않는다.

필자가 개인적으로 김지홍 교수를 처음 뵌 것은, 1987년 제주대학교 사범대학 국어교육과에 입학하면서부터였다. 당시 김지홍 교수는 서강대학교에서 박사과정을 밟으면서 학과 조교를 하고 있었는데, 국가가 교사 발령을 책임지던 당시 국립사범대학에서 교사를 그만두고 학문의 길을 선택한 분들은 그리 많지 않은 상황이었다. 당시 김지홍 교수와 더불어 탐라문화연구소 조교로 근무하면서 건국대학교에서 고전문학으로 박사과정을 밟던 윤치부 교수(제주대학교 교육대학)가 기억난다.

필자는 당시 제주대학교 탐라문화연구소장으로 계셨던 고 양순필 교수의 훈도로 연구소 한 켠에 책상을 마련하고 공부하고 있었기에, 두 조교 선생님을 비교적 근거리에서 뵐 수 있었다. 김지홍 교수는 제주제일고등학교 선배로 10년 이상의 연령 차가 있었기에, 당시 필자가 느끼는 감정은, 선배님이라기보다는 학문적으로 대단히 엄격한 가까이하기 힘든 선생님이었다고 볼 수 있다. 그리고 본심은 아니었겠지만(?), 김지홍 교수 성격 자체가 그리 인간적으로 다정다감한 면을 상시적으로 주는 편은 아니라고도 할 수 있다.

당시 학부생들은 각 전공별로 분과를 나누어서 교과 외 활동을 했는데, 필자는 한문학반에 속해 있었다. 당시 『논어』를 텍스트로 하여 강독을 진행하는데, 김지홍 교수는 실제 강독에도 틈틈이 참여할 뿐만 아니라, 텍스트 선정에도 관여하셔서 당시 학부생으로는 감당하기 힘든 거대한 『사서대전』을 무조건 읽기 시작했던 기억이 난다. 읽다가 모르는 글자가 나오면, 조교 책상 위에 가지런히 놓여 있던, 모로하시 데쓰지(諸橋轍次, 1883~1982)의 『大漢和事典』(다이슈칸 쇼텐 大修館書店)을 활용하여 읽었다. 개인적으로는 이 때, 고전문학 공부를 위해서는 한문, 중국어도 해야 하지만, 일본어도 공부해야 한다는 점을 명심하게 되었다. 돌이켜보면, 김지홍 교수는 아주 이른 시기부터 영어와 한문을 거의 쉬지 않고 읽어온 것이 아닌가 한다.

본인의 전공이었던 국어학반에 대해서는 상당히 어려운 수준의 영어책 강독이 많았던 것으로 기억한다. 필자는 여기에는 참석하지 않았으나, 과사무실과 붙어 있는 세미나실에서 놈 촘스키의 큰 사진을 붙여 놓고 주로 통사론 관련 영어책을 열심히 읽던 광경이 선하게 기억난다. 개인적으로는 이때 공부에 있어 이론 공부의 중요성을 막연하게나마 느끼게 되었는데, 이후 대학원에 진학하면서 전공에 상관 없이 이론과 실제 자료의 균형 있는 접근이 학문 활동에서 대단히 중요하다는 점을 새삼 깨닫게 되었다.

비판적 시각으로 보면 대학원도 아니고, 졸업 후 대부분이 중등학교 교원이 되는 이들에게 이런 류의 학문 탐구 활동의 독려는, 결국 자신이 하고 싶은 공부를 남들에게 강요한 것 아니냐고 볼 수도 있다. 그러나 많은 학부생들에게 그 내용 자체의 이해를 떠나, 대학이라는 공간에서 학문 탐구의 태도와 기본이 어떤 것이냐는 것을 몸소 보여주고 있다는 점에서는 큰 의의가 있다고 생각한다.

이 사이에 학부 수학여행이 있었는데, 김지홍 교수의 소개로 학부 동기 몇 명과 연세대학교에서 국어학을 전공하는 고영진 교수(일본 도시샤대학)도 알게 되었다. 이후 대학을 졸업하고 필자는 고려대학교 대학원에 진학해 고전문학을 공부하기 시작했고, 자연히 김지홍 교수도 자주 뵐 기회가 사라졌다. 필자도 이때부터 학문의 길로 들어선 이후 수많은 학자들을 뵙게 되었는데, 진지하게 그리고 철저하게 열심히 연구 활동을 하는 분으로서는 김지홍 교수를 자신 있게 다섯 손가락 안에 꼽을 수 있다.

## 2.

영어와 한문에 큰 강점을 지닌 김지홍 교수는 국어학을 전공했다. 연구자로서 디딤돌을 삼는데 큰 역할을 하는 학위 논문 목록을 심사위원과 함께 묶어 정리하면 다음과 같다.

석사학위(이숭녕, 이익섭, 김충회) 『제주 방언의 동사구 보문 연구』(한국학중앙연구원 한국학대학원, 1982)

박사학위(정연찬, 이승욱, 서정목, 안병희, 임홍빈) 『국어 부사형 어미 구분과 논항구조 연구』(서강대학교 국어국문학과, 1992)

　개인적인 경험으로는 석사학위 논문 특히 주제가 연구자들에게 중요하게 작용함을 자주 본다. 석사 논문의 수준 그 자체보다 처음으로 진지하게 주제를 걸고 연구 활동을 하게 됨으로써 그 문제의식이 평생을 가는 경우가 많기 때문이다. 김지홍 교수의 경우에도, 석사 논문의 주제가 제주 방언이었다는 점을 일단 기억하자.

　하여튼 90년대 들어 김지홍 교수는 경상대학교 사범대학 국어교육과에 부임하게 된다. 당연히 가족들은 진주로 이사하게 되고, 여기서 새로운 학문적 출발을 하게 된다. 필자도 이즈음 학우들과 진주를 방문하여, 경상대학교 사범대학 국어교육과 교수님들이나 학생들과 인사하고, 김지홍 교수 연구실도 구경하고, 댁에 들러 한국사를 연구하시는 사모님과도 인사 나누고 극진한 대접을 받았다.

　아는 사람은 별로 없지만, 이때부터 김지홍 교수는 더욱 가열차게 기존의 언어 이론 중심의 공부에 매진함은 물론 언어교육을 중심으로 한 국어교육 관련 연구에도 본격적으로 나서게 된다. 특히 영어권 관련 저서들을 단순히 읽어 내는데 그치지 않고 구체적으로 번역하여 이해의 폭을 확장하는데 노력한다. 당시 개인 홈페이지를 통해 그때그때 작업성과를 공개하였는데, 필자도 여러 편을 다운로드 받으면서 그 내용의 질과 양에 놀랐던 기억이 난다. 이런 축적은 몇 년 후 어머어마한 양과 질의 학술도서 뒤침으로 세상에 드러난다.

　필자도 이런 모습에 자극 받으면서 나름 열심히 공부하였다. 2000년에 박사학위를 취득하였는데, 이후 운 좋게도 전북대학교 사범대학 국어교육과에 발령을 받게 되었다. 그런데 참 묘하게도 전북대학교 사범대학 화학교육과에 근무하는 김자홍 교수를 뵙게 되었는데, 이 분이 김지홍 교수 친형임을 알게 되어 깜짝 놀라게 된다. 김자홍·김지홍 형제 교수의 부친은 고 김봉옥 선생님이신데, 이 분은 제주도에서 평생 교편을 잡으신 교장 선생님으로, 특히 향토사학자로서 명저 『제주통사』의 저자로 유명하다.

김봉옥(1987) 『제주통사』(제주문화)

김봉옥(2000) 『증보 제주통사』(세림)

김자홍·김효진(2011) 『만화로 보는 화학』(신아출판사)

이렇게 제주와 진주와 전주로 이어진 인연 끝에 김자홍 교수는 2011년 전북대학교에서 정년을 맞이하고, 2022년 김지홍 교수는 경상국립대학교에서 정년을 맞이하게 되었다.

## 3.

김지홍 교수는 현재까지 엄청난 양의 번역서를 출판하였다. 아마 앞으로도 당분간 그 행보는 이어질 것이다. 김지홍 교수는 번역서를 출판할 때마다 뒤침이란 용어를 쓴다. 본인은 번역을 '옛날 새김 뒤칠 번(飜)을 살려 '뒤치다, 뒤침'을 썼음. 구체적인 물건을 옮기거나 집을 옮기는 일(이사, 옮김)은 추상적 언어들 사이의 번역에 걸맞는 낱말이 아님'을 누차 강조하는데, 필자도 이를 옳게 여긴다.

겉으로 드러난 면면을 보고 많은 이들이 김지홍 교수는 주로 영어를 통해 현대 언어학 이론 특히 언어철학 이론에만 밝은 사람으로 오해한다. 그러나 김지홍 교수는 영어 못지 않게 한문을 열심히 공부하는 분이다. 이는 동양철학의 전통에도 깊은 조애가 있다는 뜻이기도 하다.

김봉옥·김지홍 뒤침(2001) 『옛 제주인의 표해록』(전국문화원연합 제주도지회)

김지홍·원창애 엮고 뒤침(2003) 『제주삼읍교학사료집』(전국문화원연합회제주도지회)

김지홍(2008) 『언문지』(지만지)

김지홍(2009) 『최부 표해록』(지만지)

김지홍(2009) 『장한철 표해록』(지만지)

김지홍 외(2017) 『국역 노상추 일기 1-3』(국사편찬위원회)

이제 정년을 앞두고 『13경주소』를 읽으면서 번역해야겠다는 김지홍 교수의 다짐을 듣고 속으로 그러려니 했는데, 얼마 지나지 않아 실제 번역에 착수하여 파일을 보내 주셨을 때 정말 필자는 경악을 금치 못했다. 공부하는 사람들은 다 알지만, 책을 읽는 것과 책을 뒤침하는 것은 그 에너지 투입의 강도가 엄청나게 다르다. 더구나 김지홍 교수는 역자 주 혹은 해설이라는 형식을 선호하므로 들어가는 품이 상당하다.

김지홍 교수가 단순히 책을 읽는 것을 넘어 뒤침이라는 행위를 통해 새로운 텍스트를 끊임없이 만들어낸다는 사실은 앞서 지적한 바 있다. 2003년 범문사에서 옥스퍼드 언어교육 지침서를 12권으로 발행하였다. 이 중에서 8권을 김지홍 교수가 뒤침했는데, 이후 지금까지 이어지는 언어학 및 언어교육 관련 목록을 제시하면 다음과 같다.

김지홍(2000) : 윌리스(1998) 『언어 교육현장 조사 연구 방법』(나라말)

김지홍(2008) : 르펠트(1989) 『말하기, 그 의도에서 조음까지 1-2』(나남)

김지홍(2009) : 클락(2003) 『언어 사용 밑바닥에 깔린 원리』(경진출판)

김지홍(2010) : 머카씨(2010) 『입말, 그리고 담화 중심의 언어교육』(경진출판)

김지홍·문선모(2011) : 킨취(1998) 『이해 : 인지 패러다임 1-2』(나남)

김지홍(2011) : 페어클럽(2001) 『언어와 권력』(경진출판)

김지홍(2011) : 루오마(2001) 『말하기 평가』(글로벌콘텐츠)

김지홍(2012) : 페어클럽(2003) 『담화 분석 방법: 사회 조사연구를 위한 텍스트 분석』(경진출판)

김지홍(2013) : 벅(2001) 『듣기 평가』(글로벌콘텐츠)

김지홍·서종훈(2014) : 앤더슨·브롸운·쉴콕·율(1984) 『모국어 말하기 교육』(글로벌콘텐츠)

김지홍(2015) : 올더슨(2001) 『읽기 평가 1-2』(글로벌콘텐츠)

김지홍(2017) : 페어클럽(1980) 『담화와 사회 변화』(경진출판)

김지홍(2018) : 위도슨(2004) 『텍스트, 상황 맥락, 숨겨진 의도』(경진출판)

김지홍(2019) : 무어(1953) 『철학에서 중요한 몇 가지 문제』(경진출판)


이러한 학문적 축적을 바탕으로 꾸준히 논문들을 써온 김지홍 교수는, 그동안 쌓인 논문들을 기반으로 하여, 2010년부터 지속적으로 저서들을 출판해 왔다. 현재까지의 목록을 보면 대략 다음과 같다.


김지홍(2010) 『국어 통사·의미론의 몇 측면: 논항구조 접근』(경진출판)

김지홍(2010) 『언어의 심층과 언어교육』(경진출판)

김지홍(2014) 『제주 방언의 통사 기술과 설명: 기본구문의 기능 범주 분석』(경진출판)

김지홍(2015) 『언어 산출 과정에 대한 학제적 접근』(경진출판)

김지홍(2020) 『제주 방언의 복합 구문: 접속문과 내포문』 1·2권(경진출판)

김지홍(2021) 『여러 학문에서의 언어 산출 접근』(경진출판)

김지홍(2021) 『제주 방언 통사의 몇 측면』(경진출판)


이렇게 출판이 되어 세상에 빛을 본 저서들이 많으니, 우리 후학들은 이를 열심히 읽고 이해하고 비판하고 대안을 세워나가면 될 일이다. 필자는 개인적으로 2021년에 출간된 두 저서에 주목한다. 특히 제주 방언을 다룬 책의 서문을 의미심장하게 읽었는데, 많은 분들의 정독을 권하며, 단순히 읽고 이해하는 데서 그치지 말고 많은 학문적 토론과 담론 형성이 이어지기를 기대한다. 한 제주 방언을 중심으로 일반 언어 연구와 지역학 연구를 묶은 학술서 편찬을 기획하면서 필자는 김지홍 교수의 생각을 들을 기회가 있었다. 다음에 제시되는 방법이 김지홍 교수가 제안하는 방법인데, 후학으로서는 시간과 비용이 좀 들더라도 구현시키는데 최선을 다해야 하는 방안이라고 생각하여 아래에 제시해 본다.

『인문학의 토대로서 제주도학』 혹은 『인문학의 토대로서 지역학: 제주도의 경우』 정도를 생각해 볼 만하다고 판단합니다. 물론 이런 임시 주제도 참여하시는 분들의 의견을 수용하면서 변동될 수 있습니다.

둘째, 발간일을 특정할 필요가 없고, 1년이 걸리든, 2년이 걸리든, 3년이 걸리든(기획이 힘들수록 어려움에 비례하여 기간이 더 늘어날 수 있음) 중요한 것은 <울림이 있는 글들>을 모으는 일이라고 판단합니다.

셋째, 제주도 자료를 놓고서 인문 분야 쪽으로 오래 고민해 온 분들이 우선 참여해 주시는 것이 좋지 않을까 싶습니다.

모든 하위 영역에 구색을 맞출 수는 없겠지만, 응락해 주시는 분들을 중심으로 글을 모을 수밖에 없지 않을까요?

하위 영역들도 취지에 동감하는 분들에 따라 융통성 있게 넘나들 수 있을 듯합니다.

이런 기회에 하위 분야에서 쓰는 타성화된 용어 오용의 문제도 같이 문제가 제기되고, 대안이 제시되는 쪽이 바람직합니다. 가령, '해녀'(바다 여자)라는 잘못된 말도 '잠수'로 고쳐지는 것이 좋겠죠(잠녀는 '잡녀'와 표면 발음이 동일하여 피해야 할 듯함).

넷째, 하위 영역에서 참가자들이 결정될 경우에, 그 연구자의 판단에 제주도 연구에서 가장 중요한 연구 업적들을 결정하고, 그 연구 업적들을 비판하는 글을 쓰고, 그 비판들에 제기된 문제들을 해결할 수 있는 제안들을 써 주도록편집

의도를 분명히 하면 어떨지요? 가령, 제주 방언의 경우에도 여러 연구자들이 있는데, 그 분들의 고유한 판단으로 가장 중요하다고 보는 기존 업적들을 제주도학이 발전을 위하여 심도 있게 비판하도록 하는 글들을 실을 수 있습니다. 제주 방언 통사만 해도, 서너 사람이 참여하여 각자 중요한 업적들을 선정하고 비판할 수 있습니다.

다섯째, 이런 글들이 1차적으로 모이면, 참가자들 사이에서 그 글들에 대한 비판이나 평가 글을 붙이고, 그 비판에 답변을 다시 받는 것입니다.

이런 편집 방식은 이미 세상에 널리 알려져 있는 Paul Arthur Schilpp이 편집해 온 "Library of Living Philosophers"(살아 있는 현대 철학자들에 대한 도서관, 남 일리노이 대학 출판부에서 출간해 오다가 Open Court[공개 법정] 출판사에서 계속 발간되어 오고 있음)총서에서 심도 있게 진행되어 왔습니다. (https://en. wikipedia.org/wiki/Library_of_Living_Philosophers).

아무튼 한 번 모이기도 참으로 어려운 일입니다. 만일 모처럼의 기회를 기획하고자 한다면, 우리나라 학문의 수준을 높여 줄 수 있는 분명한 기여 내용이 담겨 있을 필요가 있겠다고 봅니다. 제가 보는 좁은 식견에만 국한하여 말할 경우에, 특히 지역학이 무의미해져 버리고 있는 현재 최악의 상황에서, 인문학이 출발하려면 왜 보편적인 인류 지성사의 논의와 개별적인 지역학이 서로 융합해야 하는지를 보다 분명히 다룰 필요가 있을 것입니다.

새의 두 날개와 같이, 마치 3천년이나 되는 인류지성사에서 고민해 온 "보편성과 개별성, 일반성과 특수성, 필연성과 우연성, 구심력과 원심력, 뭉치기와 뛰어 넘기" 등에 대한 성찰을 처음의 기회이라도 서로 진지하게 본격적으로 다룰 필요가 있다고 믿습니다. 스스로 아주 부족한 생각라고 여기지만, 보내 주신 계획서를 보면서 몇 줄 덧붙여 놓습니다.


자신의 인생을 온전히 학문 연구에 던지는 자는 "운명적으로 고단함을 느끼며, 자주 의기소침해지는 자신과 맞서야 한다. 아마도 이런 상황은 자기 정체성을 다루는 한국학 전반이 거의 다 비슷하지 않을까 한다." 이를 성공적으로 극복해내는 연구자라 하더라도 "연구자의 시각조차 단박 갖춰지는 법이란 없다. 정성과 기량에 따라 때로 평생이 걸릴 수도 있는 것이다. 관심과 열정을 지닌 분들이 한데 모여 기탄없이 토론을 진행함으로써, 서로 터득한 지혜를 나누면서 '집단 지성의 힘'으로 전반적인 지도를 차츰차츰 단계별로 완성할 수 있을 것이다."